经济学名著译丛

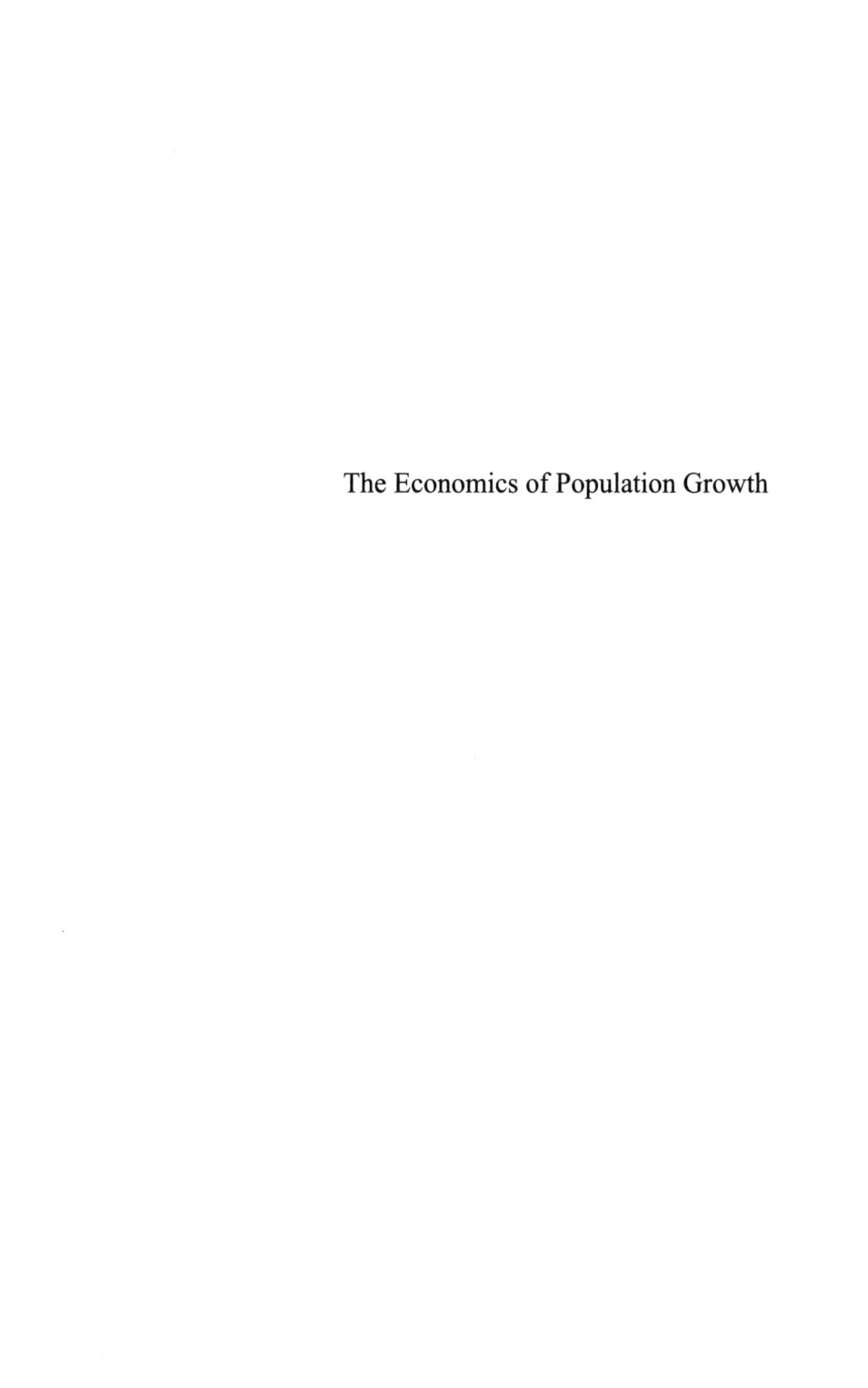

The Economics of Population Growth

人口增长经济学

〔美〕朱利安·L.西蒙 著

彭松建 胡健颖 译

The Economics of Population Growth

Julian Lincoln Simon
THE ECONOMICS OF POPULATION GROWTH
Copyright © 1977 by Princeton University Press
根据普林斯顿大学出版社
1977年版翻译

All rights reserved. No part of this book may be reproduced or transmitted in any form or by any means, electronic or mechanical, including photocopying, recording or by any information storage and retrieval system, without permission in writing from the Publisher

中译本序言

朱利安·L.西蒙（Julian L. Simon）是美国伊利诺伊大学经济学和工商管理学院教授，先后担任过一些公立和私营组织的顾问。他于1977年出版了《人口增长经济学》（*The Ecnomics of Population Growth*），1981年发表了《最终的资源》。同时，他和当代乐观主义人口经济理论的主要代表人物美国赫德森研究所原所长赫尔曼·卡恩（Herman Kahn）合作主编了《资源丰富的地球》（1984年）。其中《人口增长经济学》一书是当代人口经济学界具有较大影响力的代表作。该书从宏观和微观的视角全面阐述了人口经济学的理论和方法。作者分别从发达国家和发展中国家去分析人口经济诸多方面的相互影响和相互关联。该书阐述的理论观点是针对当代人口经济理论的悲观主义的，也是对当代世界上出现的各种人口经济现象和人口经济问题进行的科学研究，阐发了朱利安·L.西蒙（以下简称西蒙）的观察和科学分析。人口与经济之间的关系是指一个国家或地区的人口与资源（主要指自然资源）、人口与工农业生产、人口与国民收入及其分配、人口与规模经济、人口与土地、人口与储蓄、人口与交通运输、人口与环境污染等方面的关系。除了一般对人口与经济之间的关系进行定性分析之外，该书大部分篇幅由西蒙进行定量分析，西蒙提出了分析人口经济问题的模型和数据以及历史的和当代的经验证据。针对发展中国家开展节制生育运动的状况，提出了节制生育运动的成本-收益分析和制定节制生育政策方案。《人口增长经济学》一书内容丰富，旁征博引，追源溯流，对于我国学术界和读书界了解当代人口经济学和人口政策是十分有益的，对于展望未来人口增长的演变态势、阐述人口增长对经济发展的影响具有前瞻性的思考和主张。

一、背景和针对性

西蒙的《人口增长经济学》一书的出版不是偶然的，也不是西蒙心血来潮之作，而是对当代人口经济发展的观察和深入研究的成果，是一种具有代表性学术思潮。该书发表于20世纪70年代后期，分析的是从20世纪40年代中期以来，发达国家和发展中国家的种种人口经济现象和人口经济问题：从发达国家来看，第二次世界大战（以下简称"二战"）之后的近20年，这些国家和地区出现了颇具补偿性的人口出生高潮，即"婴儿潮"，人口增长加快，人口数量大为增加。然而好景不长，从20世纪60年代后期开始，人口出生率明显下降，到70年代，其自然增长率在5‰上下波动。有些国家逐渐趋向零增长或负增长。本书作者认为西欧发达国家人口增长似乎出现了停止的趋向。相对应的经济方面，发达国家在人口增加较多的那20年左右时间里，经济增长较快，市场经济繁荣，生活大为改善，人们称之为经济发展起飞。然而，从20世纪70年代初开始，出现了石油短缺的能源危机，物价飞涨，经济增长速度大幅度下降,甚至趋向停滞,失业人数大幅度增加,资源耗费加快,环境污染严重,人们生活困难,种种人口经济问题丛生。这些被人们称为经济滞胀。

"二战"之后,发展中国家纷纷摆脱殖民地和半殖民地状态,走上了民族独立道路。获得独立之后,许多发展中国家(如印度和中国)进行了不同程度的土地改革,没有土地的贫苦农民获得了土地和耕种自己土地的权力,生产积极性高涨,由此带来了经济发展。与经济发展相伴随的是人口出生率快速上升,人口死亡率快速下降,人口数量快速增多。这种人口现象被某些西方学者称为"人口爆炸"。虽然发展中国家的经济有了一定程度发展,但是,科学技术水平很低,经济落后,人民生活贫困,大批劳动力人口处于没有就业岗位的失业状态,出现了大量过剩人口,也可谓人口经济问题严重。

针对上述发达国家和发展中国家存在的种种人口经济现象和人口经济问题,西方不少经济学家和人口学家分别从不同视野和角度进行了大量的分析研究,提出了各种各样的理论和观点。归纳起来,大体分为悲观主义的理论观点和乐观主义的理论观点。[①]悲观主义理论观点以"罗马俱乐部"为主要代表。其主要代表作品有美国生态学家P. R. 埃利希的《人口爆炸》(1968年)和D. 梅多斯等人的《增长的极限》(1972年)。悲观主义人口经济

[①] 有兴趣的读者可参阅商务印书馆1974年出版的《增长的极限》和北京大学出版社2014年出版的《现代西方人口经济学教程》两书的相关内容。限于篇幅,本文不展开阐述。

理论主要有"人口爆炸论""资源耗竭论""人口压力论"和"增长极论"等。

悲观主义学者们认为,人口快速增长和人口数量庞大造成了自然资源即将耗尽,经济增长趋向停滞,环境严重污染,人民生活贫困……如果人口继续快速增长下去,最终将导致人类毁灭的"世界末日"的到来。因此,他们主张人口零增长或负增长。这就是本书经常提到的 D. H. 梅多斯等人编写的《增长的极限》一书的主要理论观点。西蒙把梅多斯等人提出的人口零增长模型称为现代计算机化的马尔萨斯主义模型。他说,《人口增长经济学》提出的模型连同经验证据否定了现代计算机化的马尔萨斯主义模型,如 D. H. 梅多斯等人 1972 年出版的《增长的极限》一书提出的零增长模型。

乐观主义人口经济理论学者正是针对悲观主义人口经济理论学者所提出的各种理论观点,分门别类地提供数据和经验证据,构建理论分析模型加以分析和驳斥。西蒙等乐观主义学者认为,人口适度增长可以刺激科学技术发明和创新,推动工农生产,促进经济发展和经济增长;零人口增长尽管在短期内可能有利于经济增长,但在长期会降低经济增长,不利于经济发展,不利于改善人们的生活,因为人口零增长会减少劳动力供给,不利于科学技术创新,甚至可能出现零技术进步,减少知识存量,……何况人口零增长并不能减少资源耗费和环境污染。西蒙正是从否定人口零增长和人口过快增长出发,提出了有利于经济发展和经济增长的适度人口增长的理论和模型,他特别论述科学技术发明和创新,增加知识存量和发展教育对解决当代人口经济问题的重要作用。这是《人口增长经济学》一书的一个突出的特色。

二、主要内容和中心思想

本书内容丰富，涉及面广，资料繁多，经验证据和论述充足。概括地来说，本书主要阐述下述三个课题：（一）人口变化（增加和减少，主要分析增长）对经济发展和经济增长的影响，主要通过探讨人口增长对每个工人产值和人均收入的影响；（二）经济条件及其变化对人口增长的影响，主要探讨经济条件的变化对生育率的影响；（三）制定人口政策的价值标准。以上三个课题又围绕着一个中心思想展开论述。西蒙认为，人口不是一直按指数增长，人口数量不是一条直线般地上升。世界各国各地区人口增长是时高时低（一段时期高另一段时期低）向前推进。当人口增长率在某些时期达到顶峰之后又会逐渐地降下来。"如果认为未来的人口增长，将按指数般持续下去是一种妄想，因为这种预言只不过是在不了解真正原因的情况下，把某种特殊阶段的特殊经验，推延到无限未来的一种外推法而已"。[①] 在西蒙等人看来，随着经济发展，人口增长会出现人们逐步趋向自我控制的状态。本书表述出一个中心思想是"从长期来看……人口适度增长则比不增长或增长过快都更有好处"（本书第43页）。

西蒙认为，"作为一门科学，人口学是一门地地道道的经济学科"（本书第16页）。这是因为经济发展的快慢，经济增长速度

---

① 参阅康恩、西蒙等：《下一个200年》，芝加哥大学出版社，1977年英文版，第30页。

的高低，农业产品（主要是粮食）、工业产品、住房及其他财富是否富裕还是贫乏，在很大程度上都与人口规模、人口增长相关联。人口增长率高与低，人口增长的快与慢，人口规模的扩张和收缩，都是人口经济学研究的主要课题。

西蒙针对处于农耕社会的人口变动，批评性借用人口推力假说和发明拉力假说来说明人口增长。所谓人口推力假说，是指人口适度增长，人口数量增加，推动人们（父母亲）的劳动投入量增加，推动市场需求上升。需求增加推动人们利用已经出现的新知识、新方法和新技术来生产更多更好的产品。也就是说，人口增长能够推动科学技术进步和改良经营管理。为了促进生产技术发生变化，人口增长是必不可少的。所谓发明拉力假说，是指一次又一次发明和创新科学技术，就可以拉动生产力的提高，从而生产和销售各种各样的产品去满足人们的需求。简单地说，科学技术创新和发明，拉动生产，拉动经济，能养活更多的人口。西蒙在《人口增长经济学》一书中特别强调知识发明和科学技术创新在解决人口经济问题方面的巨大的重要作用。

本书作者不否认在社会发展的某个阶段某些自然资源出现某种短缺的可能性。西蒙认为，这种短缺不是偶然发生的，而是与社会的、制度的和政治的因素有关联。而克服自然资源短缺的关键因素是人类的创造力。他说，"就自然资源和人口增长之间的关系而论，其关键在于发展防止短缺的新方法……在很大程度上，发明和发展新技术是对即将发生短缺的信号所做的反应"（本书第143页）。在作者看来，随着经济社会的发展，科学技术不断进步，人类总是会运用已有的知识或发明新技术去发现、创造新的资源，所以，一味地认为资源耗尽而无可奈何地忧虑是没有科学根据的。

对于那种认为人口增长会引起环境污染的观点，作者分为几个层次来加以否定。其一是衡量污染程度的标准。他认为，人的预期寿命是衡量标准。"几个世纪以来，新生婴儿的预期寿命已大大延长，并且在许多发展中国家也迅速延长。因此，影响健康的'污染'（指广义的污染）总量已经减少"（本书第148页）。总之，他认为人口增长与环境污染之间的关系甚微。

其二治理污染取决于社会意志和政治力量。他说，"与为市场生产和交换的商品不同，产生污染物的数量和消除污染的价格，都不是因公众的需求（既不是靠公民投票又不是靠美元表决）来自动控制的。同时，还有妨碍采取补救行为的强大的私人利益。所以，治理污染的成就，在很大程度上取决于社会意志和政治进程"（本书第151页）。

其三治理污染靠科学技术的进步。随着污染程度的加重，人们会不断发明新知识和创造新技术去治理污染。西蒙列举了英国治理曾经遭受严重污染的泰晤士河和治理曾经的雾都伦敦严重雾霾的案例来加以论证和说明科学技术的进步，可以治理污染。

作者用四章的篇幅来分析发达国家的人口与经济之间的关系。从西欧、北美和日本等经济、人口状况来看，首先是人口增长趋于停止，甚至有些国家出现人口负增长。另一方面，经济增长对劳动力的需求上升，特别对高质量（受教育多）的熟练劳动力的需求上升。劳动力供给不足和对劳动力需求增加形成了矛盾。人口增长趋于停止，劳动力供给不足已经对经济增长产生了不利的影响，人口零增长和劳动力供给不足已经拖了经济增长的后腿。所以，西蒙认为，在发达国家，人口适度增长对其经济增长是有利的。

发达国家人口增长趋于停止。这是经历了人口转变的历史过程。所谓人口转变是指人口从高出生率、高死亡率、低自然增长率转变到高出生率、低死亡率、高自然增长率，再转变到低出生率、低死亡率、低自然增长率。西蒙等人估算，西欧、北美等完成人口转变所用的时间约为40年；日本大约只用了25年就完成了人口转变。根据发达国家完成人口转变的历史事实，可以预计发展中国家也许或迟或早会发生同样的人口转变。

西蒙分析，在发达国家的家庭人口增长，有利于增加储蓄，从而有利于投资，推动经济增长。微观来看，每个人的生命周期中，准备组成家庭和青年夫妇准备要孩子，大多趋向于增加储蓄，因为在个人的生命周期中，总是储蓄在先，花费储蓄在后。发达国家经济增长对高质量劳动力的需求上升，推动家庭中的父母亲适应这种需求增加储蓄以备孩子受教育之需。西蒙指出："当代中产阶级家庭强烈感到有必要为孩子们的高等教育而储蓄，子女的增加可能因此而使储蓄增多。况且，增加的孩子并未被认为像现代化实现之前那样，减少父母对退休储蓄的需要。这就是两条充足的理由，说明储蓄和家庭规模的关系，在现代化的富裕经济中，比在贫困情况下，更有积极意义。"（本书第83—84页）。这就是说，为了子女受到高等教育，家庭有必要增加储蓄，以增加家庭教育投资。

对于工商企业来说，西蒙认为，由于看到人口增长和增多而引起消费需求上升，工商企业也会增加储蓄和投资。他指出，"假设其余情况均相同，人口增加越快，工商企业储蓄率就越高。于是，假如企业投资是私人投资中的支配因素，那么，人口增长对私人储蓄和投资的全面影响，则很可能是积极的"（本书第80页）。

西蒙认为，发达国家人口增长对规模经济和技术进步有积极影响。从规模经济来说，人口太少，不利于发达国家发挥规模经济的效应。相反，人口较多，规模经济的效应才得以发挥。人口较多，劳动力供给较充足，使投资者有足够的劳动力可供雇佣，从而有利可图，有利于形成一种利润上升的规模经济。

人口增长对科技进步是有利的。在西蒙看来，关键性的资源是人类的创造力。人类的知识和技术是具有决定性的资源。只有知识和技术可以限制按适当或较低价格享有无限的能源和资源的能力。正是从这样的观点出发，即认为人类智力、知识和创造力是最基本的资源的观点出发，认为在人口众多的地方和国家，科学发明也多，外来技术、知识的传播和开发也比较快，因而"假设其余情况均相同，则较多的劳动力总会使发达世界的技术进步更快"（本书第109页）。

发展中国家人口增长对经济发展的影响，西蒙从微观和宏观两个维度进行分析。西蒙认为发展中国家的经济是以农业生产为主体的非工业化或前工业的农耕经济，因此，分析人口增长对经济发展的影响，主要分析人口增长对农业生产的影响。

从微观来说，发展中国家的家庭规模扩大，由于有新增孩子的出生及其消费需求，农民就会把更多的劳动投入农业生产，会更加艰辛地劳动，包括更多地精耕细作，更多地开垦荒地，以获得更多的产品产量，维持生活。西蒙引用俄国经济学家 A. B. 查耶亚诺夫 1966 年出版的《农民经济理论》一书的资料来说明家庭规模扩大，抚养系数上升，劳动者一年内劳动的天数增加。

从宏观来说，发展中国家人口增长有利于社会资本的增加和更有效地利用基础结构社会资本。社会资本是指间接而有力地影响生产和市场活动的基础结构社会资本（infrastructure social capital）。基础结构社会资本是指道路交通设备、灌溉设施和市场构建及某些社会条件。这些条件帮助各种生产要素（包括资本、土地、劳动、物资设备）更有效地进行生产。基础结构本身作为社会产品，都是随着人类生产活动而变化的。

在基础结构中，西蒙主要分析发展中国家人口增长对交通运输的影响，因为交通运输是社会基础结构中的主要组成部分。他认为，交通运输是发展中国家发展经济的一个关键性的环节。交通运输把农民与市场联系起来，提高了农民与商人在市场上销售产品的能力，从而促进了发展中国家农村发展商品经济，推进商品市场的形成和发展。

人口增长对交通运输有积极影响，人口增多为交通运输的发展提供了较多的劳动力，又提高了利用交通工具的经济效益。他说："人口密度同人员和物品运输及信息传播之间显然有密切的相互关系，这是一种互为因果的关系。一方面，密集的人口使运输系统既更有必要，又更加经济。一个村庄的人口增加一倍，就意味着多一倍人去使用铁路，还意味着多一倍人去修筑道路……"（本书第395页）因此，他认为，人口增长对交通运输具有积极作用，即产生正效应。

悲观主义人口经济理论认为，人口增长会妨碍每个劳动者平均产量的增加，家庭内孩子多，储蓄少或没有储蓄，也不可能有投资，因而对经济发展具有负效应或产生不利的影响。西蒙针对这种悲观主义人口经济理论，运用模拟模型进行运算推导，认为，从长期（60—120年）来看，适度人口增长比零值人口增长要引导出更好的经济行为；尽管从短期来看，适度人口增长比零值人口增长的家庭负担和公用设施的使用负担都会大些，但是，"根据多次试验，用一个典型的亚洲发展中国家的'最好'的参数估算值所进行的基础运算结果，从长远看，中等人口增长（五十多年翻一番）的情况胜过快速的人口增长（35年翻一番）或缓慢的人口增长（大约200年翻一番）"（本书第445页）。西蒙提出，他的这种结论，是综合考察了劳动-闲暇的选择、规模经济、加速投资函数和折旧等诸多因素，而不是单独考察某一个变量，这些因素中，没有一个因素起支配作用。他由这些推导出考察人口经济问题的方法，其一，是动态地而不仅仅是静止地或静态地分析；其二，是定量模型而不只是定性理论分析；其三，长期而不只是短期分析；其四，多因素而不只是某一单个因素分析。

三、研究方法和规律探讨

西蒙在《人口增长经济学》一书中，介绍了悲观主义的人口经济观点，阐述了乐观主义的人口经济理论，提出了解决人口经济问题和人口经济困境的途径。透过书里洋洋洒洒的几十万字的字里行间，我们也可以了解、分析和研究人口经济现象的方法，我们也可以看到，西蒙对人口经济问题的分析和研究，是在探讨或探索人口经济运行的规律，是在探讨或探索人口和经济作为两个变量之间互动的内在联系以及两个变量互动的运行趋势。

客观地讲，人口和经济两者是紧密联系在一起的或者捆绑在一起的。人们不可以想象没有人，没有人类、没有人口的经济活动或经济运行。人、人类、人口是经济活动或经济运行的主体力量或主导因素。同样，离开一定的社会生产力发展水平，离开一定的经济条件或经济基础，人、人类、人口的生存繁殖都是不可能的。因此，人们观察、分析和研究各种经济社会现象，都不能抛开人、人类、人口或人口经济因素。在《人口增长经济学》一书中，西蒙总是把人口和经济两者紧密联系起来，把人口经济现象放在一定的经济社会背景和一定的经济社会发展阶段去进行分析和考察。发展中国家和发达国家可以在一定意义上看作经济社会发展的不同阶段；在发展中国家存在前工业化阶段，即农耕阶段和工业化进程中阶段……不同的经济社会发展阶段，人口经济运行的状态和特点是不同的，因此，要客观地进行不同阶段的分析研究。

人口经济运行是从来不会停止的。人类每天都会发生出生与死亡的现象，经济运行也每天都在进行之中，从不中断。研究人口经济运行状况，可以采用某一时间点或某一时段的静态研究，去观察在某一时点或某一时段人口和经济两者之间的关系，并进行定性的理论分析。当然这种理论研究是必要的、不可少的。然而，仅仅停留在静态研究是远远不够的。西蒙往往强调进行动态研究，设计模拟模型，加入多种变量，进行运算，测算出不同参数（变量）条件和不同结果。即进行计量的动态分析，可能更加贴近人口经济运行的实际变化。

在进行计量动态分析中,西蒙主张进行长期观察分析。他和乐观主义者的分析时段放在60年、120年或180年进行考察。西蒙的这种研究方法是有可取之处的。在传统人口经济理论研究中,往往分析时段只取20—30年,进行短期观察。从人的生命周期来看,人从出生到最后死亡。生命周期可能延续70—90年,甚至更长。人口经济活动具有长期性,人口对经济发展和经济增长影响具有长期性和阶段性。如果我们以中国为案例,观察中国人口增长对经济发展的影响,20世纪50—70年代30年期间,中国人口快速增长,人口总量翻了一番还要多。这对那30年中国的生产和消费产生了巨大的压力,在一定程度上不利于经济健康快速发展。然而,在20世纪80年代至21世纪20年代的40年中,巨大的人口总量为这40年经济发展提供了巨大的劳动力人口资源,在推动这40年的经济发展过程中获得了巨大的人口红利。所以,西蒙提出的对人口经济运行进行较长时间跨度的分析和研究,不失为一种可供借鉴的分析方法。人们在对人口经济运行的走向进行研究和决策时,千万不可短视,要有长远甚至超长远的眼光,尽可能科学地观察和预估未来长远的人口经济运行的演变。

人口经济年复一年周而复始地运行着。人口经济运行有没有规律可循,我的回答是肯定的。在我看来,人口经济理论研究者,不论悲观学派,还是乐观学派,两者都在试图探寻或探讨人口经济运行的规律,只是两者因出发点不同、视角不同和分析的时长和维度不同,得出的结论大相径庭。

四、有待进一步探讨的问题

在《人口增长经济学》一书中，西蒙提出了人口适度增长的主张，分析了人口与经济、人口增长与经济增长之间互为动因的关系。他指出了人口负增长对经济发展和经济增长的不利影响，但尚未深入分析，这正是需要进一步探讨的问题。

在我看来，人口生存和人口增长（含负增长）都离不开自然资源、经济社会条件和科学技术进步水平。从一个国家或一个地区来说，人口数量的多寡及其人口增长快慢应和该国或该地区的自然资源（土地、水、地上地下的各类资源）相适应相均衡；同时，人口数量的多寡及其人口增长也和该国或该地区一定时期的社会生产力达到的水平、经济社会条件和科学技术进步的水平相适应相均衡。人口增长过快，人口数量过多，人们寻求控制人口增长，努力发展经济，推进科学技术创新，提高社会生产力水平，力求实现上述两种相适应相均衡。人口出现负增长的收缩形态，人们寻求鼓励生育政策，给予要孩子的家庭提供多种物质帮助和扶植，政府和民间组织都应出手，提供分档次的生育津贴和奖励资金。这种生育津贴和奖金应使得生育孩子的家庭人均收入高于一定区域内（如省域内）的人均收入水平，才可能达到鼓励多生孩子的目的。这也是在力求实现上述两种相适应相均衡。

人口增长（含负增长）过程中，人口变动惯性也是有待进一步探讨的课题。以中国为例，在尚未实现工业化和现代化的农耕时期，社会生产力水平低下，科学技术落后，人们生活较为贫穷，人口增长率高，育龄妇女总和生育率达到5或5以上的水平（20世纪50年代至20世纪70年代中期之前的大多数年份如此），人口数量增加较快，从1957年的6亿多人口增加到1997年的12亿多人口。然而，育龄妇女总和生育率从20世纪70年代中后期的1977年从2.84下降到2017年的1.5左右。21世纪20年代，总和生育率逐渐趋向低于生育更替水平。40年时间，中国育龄妇女总和生育率出现如此巨大的变动。近十年来，中国人口增长趋缓，人口自然增长率过低，其中有些特大城市和地区的户籍人口出现了零增长或负增长的收缩形态。对此人们要有清醒的认识和观察。之所以如此，有经过市场经济大潮的冲击和洗礼，人们生育意愿发生了巨大的转变的原因，也有人口变动惯性使然。人口变动惯性对人口增长的影响不可低估，这正是有待学术界进一步探讨的课题。

在研究人口变动惯性时，有必要关注人们的生育心理、生育预期和生育养育教育环境。和经济发展有预期一样，人们对生育的未来也有预期。对于人们生育预期要进行科学研究，正确研判和有益引导，切忌一切不负责任的炒作。

在此书即将付梓之际，我由衷地感谢一直以来指教本人学习和成长的导师厉以宁教授、张纯元教授和胡健颖教授。我在北京大学学习和工作60年的时间里，厉、张、胡等老师总是循循善诱地引导我学会做人做事做学问。在写作、翻译和研究过程中，他们总是不吝赐教。

在落笔之际，我还感谢北京大学出版社符丹编审、刘建军和兰慧编辑和老伴黄玉芝副教授（北大生命科学院）以及彭勃、彭翔等帮助查阅资料，核校部分译文和研讨翻译中的诸多问题。

在此，我十分怀念指教我学习和成长的几位已故导师陈岱孙、胡代光、范家骧、傅骊元等。他们爱生如子，有问必答，有求必应。

在落笔之际，我感觉本书的译文恐有不妥之处，恳请阅读和使用本书的读者予以指正，有助于今后进一步完善译文。

彭松建

2019 年 6 月 19 日

落笔于蓝旗营

目　　录

前言 …………………………………………………………… 1
致谢 …………………………………………………………… 7
符号表 ………………………………………………………… 10
序言 ………………………………… 约瑟夫·J.斯彭格勒　12
第一章　导言——本书论点介绍 …………………………… 15
　一、概述 …………………………………………………… 15
　二、智力背景 ……………………………………………… 16
　三、本书的结构和发现 …………………………………… 24
　四、时间、反论和人口：增长的真正作用 ……………… 31

第一篇　人口增长对经济条件的影响

引言 …………………………………………………………… 38
第二章　人口增长对经济水平的影响：背景、相对静态和
　　　　一般动态模型 ……………………………………… 41
　一、背景 …………………………………………………… 41
　二、人口增长和经济的静态比较 ………………………… 44
　三、规模效应 ……………………………………………… 55
　四、人口增长对健康的影响 ……………………………… 57
　五、收入对人口增长的反馈效应 ………………………… 58

六、人口增长经济学研究的一般动态模型 …………… 58
　七、家庭类推 ……………………………………………… 63
　八、增长、规模、密度和增长率的关系 ………………… 64
　九、小结 …………………………………………………… 66

第三章　发达经济中人口增长对收入的影响：数据、
　　　　理论和微观经济变量 ……………………………… 67
　一、引言：数据和理论 …………………………………… 67
　二、孩子增加对作为收入一部分的储蓄的影响 ………… 77
　三、孩子增加对父母劳动的影响 ………………………… 84
　四、小结 …………………………………………………… 93

第四章　发达经济中人口增长对收入的宏观经济影响 …… 94
　一、生产中的规模经济 …………………………………… 94
　二、知识进步同人口增长的函数关系 …………………… 108
　三、小结（第三章和第四章）…………………………… 118

第五章　发达国家的自然资源、污染和人口增长 ………… 120
　一、一般理论和数据 ……………………………………… 120
　二、两个历史事例：煤和木材 …………………………… 128
　三、土地的情况不同吗？ ………………………………… 132
　四、污染与环境 …………………………………………… 146
　五、小结 …………………………………………………… 155

第六章　发达国家人口增长对每个工人收入的影响：
　　　　一种模拟分析 ……………………………………… 157
　一、引言 …………………………………………………… 157
　二、反馈模型 ……………………………………………… 162

三、这些模型的其他成分 …………………………………… 172
　　四、结果 ……………………………………………………… 184
　　五、运算结果的讨论 ………………………………………… 193
　　六、小结 ……………………………………………………… 197
第七章　人口增长对发展中国家的经济及其发展的影响：
　　　　一般模型 ……………………………………………… 199
　　一、引言 ……………………………………………………… 199
　　二、前工业社会的农业经济和农业部门 …………………… 207
　　三、工业部门和工业化 ……………………………………… 221
　　四、模型的回答 ……………………………………………… 226
　　五、开放经济的工业化 ……………………………………… 228
　　六、模型概要 ………………………………………………… 229
第八章　农业技术的变化：与经济-人口史相符合的人口
　　　　推力和发明拉力的理论 ……………………………… 231
　　一、引言 ……………………………………………………… 231
　　二、发明拉力：马尔萨斯主义关于人口增长的解释 ……… 236
　　三、人口推力假说 …………………………………………… 241
　　四、两种假说的分析比较 …………………………………… 246
　　五、历史上和人类学上的一些事例 ………………………… 249
　　六、结论 ……………………………………………………… 267
第九章　发展中国家农业行为变化、劳动量大小和人口
　　　　增长的关系 …………………………………………… 269
　　一、引言 ……………………………………………………… 269
　　二、对新增人口的可能反应 ………………………………… 272

三、影响已上升的生育率反应抉择的因素 ……………… 295
四、小结 ……………………………………………………… 298

第九章附录：印度农村农业生产行为对农业人口增长反应
  灵敏度的研究 …………………………………………… 299
一、引言 ……………………………………………………… 299
二、估计方法 ………………………………………………… 301
三、印度农村的情况研究 …………………………………… 302
四、结论 ……………………………………………………… 316

第十章　发展中国家孩子增加对非农业物质资本和人力
  资本的影响 ……………………………………………… 318
一、引言 ……………………………………………………… 318
二、关于生育率影响储蓄和投资的部分经验性的估计和
  计算 ……………………………………………………… 320
三、资本对每个工人平均产值的影响 ……………………… 329
四、人力资本投资的重要性：西蒙·库兹涅茨的探讨 ……… 336
五、小结 ……………………………………………………… 344

第十章附录：对科尔-胡佛研究结果的批评 ……………… 346
第十一章　发展中国家人口增长对农业投资的影响 ……… 351
一、引言 ……………………………………………………… 351
二、若干理论问题 …………………………………………… 354
三、计量方面的困难 ………………………………………… 358
四、反应灵敏度的估算值 …………………………………… 362
五、人口增长对农业和非农业投资规模的影响 …………… 376
六、小结 ……………………………………………………… 382

第十二章　人口增长对社会资本与规模经济的影响············	384
一、引言············	384
二、运输的重要意义············	385
三、人口增长对运输系统的影响············	395
四、人口对社会资本的其他影响············	403
五、小结············	406
第十三章　发展中国家人口增长对经济发展影响的模拟········	408
一、引言············	408
二、模型············	411
三、研究结果············	424
四、对模型的估价与研究结果············	442
五、讨论············	443
六、小结············	444

第二篇　经济条件对生育率的影响

引言············	448
第十四章　收入对生育率的影响:基本理论与概念············	449
一、引言············	449
二、收入对生育率的短期局部影响和长期全部影响之间的区别············	455
三、分娩和理性的决策············	456
四、小结············	473
第十四章附录:对有关收入和生育率的时序和横截面证据之间矛盾的一致性············	475

第十五章　收入对发达国家生育率的短期和长期影响 ········· 480
一、引言 ········· 480
二、收入对发达国家生育率的短期影响 ········· 481
三、收入对发达国家生育率变化的长期影响 ········· 504
四、小结 ········· 511

第十六章　收入对发展中国家生育率的短期和长期影响 ········· 516
一、引言 ········· 516
二、收入对发展中国家生育率的短期影响的证据 ········· 517
三、收入对发展中国家生育率的长期间接影响的证据 ········· 527
四、小结 ········· 530

第十七章　作为改变生育率机制的奖励和收入再分配 ········· 533
一、引言 ········· 533
二、收入再分配对发展中国家生育率的影响 ········· 534
三、有条件的收入转让——奖励津贴和税收 ········· 549
四、结论 ········· 565

第三篇　关于人口增长的经济决策

引言 ········· 567

第十八章　生育福利经济学 ········· 569
一、引言 ········· 569
二、新增孩子一生及其死后对其家庭之外无影响 ········· 575
三、新增孩子的一生及其成年前的对外影响 ········· 599
四、一个人死后的影响 ········· 605
五、结论 ········· 609

第十八章附录：一些补充问题 …………………………………… 610
第十九章　贫穷国家的"人均收入"标准和出生率政策 …… 614
　一、引言 …………………………………………………………… 614
　二、论证 …………………………………………………………… 616
　三、小结 …………………………………………………………… 620
第二十章　防止生育对发展中国家人民的价值 ……………… 621
　一、引言 …………………………………………………………… 621
　二、对一次防止生育价值的标准局部分析：一种不适当的
　　　方法 …………………………………………………………… 625
　三、对一次防止生育价值的一般宏观经济分析：虽然
　　　乏味但有必要 ………………………………………………… 628
　四、小结 …………………………………………………………… 639
第二十一章　发展中国家节制生育计划的成本-收益的
　　　　　　决策方法 …………………………………………… 641
　一、引言 …………………………………………………………… 641
　二、对节育计划进行成本-收益分析所必需的知识要素 …… 643
　三、小结 …………………………………………………………… 656

第二十二章　节制生育市场划分策略，或如何推销避孕
　　　　　　药具 ………………………………………………… 657
　一、引言 …………………………………………………………… 657
　二、一个理想的分区计划 ……………………………………… 659
　三、采用现代避孕方法的地区 ………………………………… 660
　四、采用民间避孕方法的地区和想要节育的地区 ………… 663

五、适合节育的地区 ·· 673
　　六、不准备节育的地区 ·· 676
　　七、理想的和实际的销售区域划分 ································ 678
　　八、各个地区推销研究的鉴别 ······································ 680
　　九、节育运动所应花费总额的成本-收益计算 ··················· 684
　　十、综述和结论 ·· 686
第二十三章　提要和结论·· 692
　　一、主要研究成果 ·· 692
　　二、本书提要 ··· 697
　　三、为什么与以前的研究成果不同 ································ 704
第二十四章　一些推测·· 708

附录　对本书结论的常见异议和一些简单的反驳
　　　·················林肯·帕斯舒特　朱利安·L. 西蒙　718
参考文献 ·· 740

前　言

我在1968年着手写这本书时,认为人口迅速增长是对世界经济发展的主要威胁。因此,本书是想有助于理解和探讨这一问题。

然而,等到1970年读到了有关人口增长作用的著述之后,我便觉得无所适从了。虽然正式的人口经济理论[除科尔(Coale)和胡佛(Hoover)外,并未给马尔萨斯的报酬递减律增添任何内容]总是说:人口增长率高,意味着生活水平降低。但是,库兹涅茨(Kuznets)和伊斯特林(Easterlin)所提供的关于各国横截面的和时间序列的经验数据,以及索维(Sauvy)和克拉克(Clark)的历史引喻,都没有进一步证实这种理论。

我为这种纯理论和纯事实之间的矛盾所迷惑,于是寻求把这两者一致起来的答案。这里有几种想法都为得到一个答案提供了可能性,例如:最近由博塞勒普(Boserup)发展了的冯图恩(Von Thunen)的理论就说穷国人口增长会诱导人们去改变农业技术;库兹涅茨的意见是说发达国家人口增多,会使技术发展更快;还有美国未来资源公司证实:对资源的需求已经增加,这会导致资源供应更加丰富,如此等等。当然,下述一点也是可能的,即各国人口增长和经济发展的原始资料不足,便是马尔萨斯主义理论与经验结果之间存在矛盾的原因。

本书的第一篇阐述了我为寻求理论与事实的一致性而努力的结果。首先以各国人口和经济增长率的总水平,同时按照更详细的微观经济水平,对发展中国家和发达国家的人口增长的作用做了经验分析。然后,理论就是建立在这些经验分析的成果之上。正因为如此,第一篇就把古典的理论成分与超越马尔萨斯的各种思想结合在一起,使得这种发展了的理论不但当然同其自身相容,而且还要同我们对现实的理解和经验数据都能相容。

第二篇分析经济条件对生育率的影响,得出的结论当然是常见的,而且价值一般。但是,第三篇大多讨论节育的政策和方法,也同第一篇一样,超出了有关人口经济学的思想主流。在我着手研究节育计划的管理和市场经济学的时候,我像以前的许多人一样断定:单纯的人均收入不能作为人口政策的充分依据。因此,本书第三篇提出节育策略所根据的福利经济学观点,是一种比目前按照人口平均收入的这种流行标准更为广泛的观点。第三篇为国家决定实行节育计划需要花多少钱,以及如何最有效地使用这笔钱提出了种种方法,并使国家的这些决定既不忽视本国的福利目标,又不是简单地实现国外人士所强调的福利目标。

第一篇和第三篇的数据、论点与结论可能(虽然我希望不会)偏重人口增长的收益。但是,人口增长的不利影响近来已经颇受重视,而人口增长的好处却几乎无人想到。因此,我之所以这样写,也是为了帮助达到这方面更好的平衡。这里也可能有我关于人的价值观念在起作用,因为我已经从仅仅关心生活水平和人口增长对人均收入纯粹有坏影响,发展到相信能享受优越生活的人数是和他们所生活的经济水平同样重要的。更为基本的是,我终于承认这一事实,即我已确信(除少数情况外)生命对于活着的人们总是宝贵的,无论在贫穷的印度和在富裕的西方都是如此。这种信念与当代许多有影响的作家,通俗作品的作家如埃利奇(Ehrlich)①,以及技术经济研究的作家如米德(Meede)②所持的信念恰恰相反。但是,在当前认为人口增长是主要威胁的舆论占优势的条件下,任何对本书的尖锐批评都将纯粹地看作是对那些主张人口增长有好处的任何偏见的抵制。

在评定本书可能存在的偏见时,我希望人们记住:我得出现在所坚持的结论和信念,是因为有本书所包含的事实和分析,并非由于我思想上偏向它们。我已说过,我是带着现在占统治地位的观点,即:人口增长是对世界的一种威胁这一流行观点开始写书的。正是由于担心这种假定的威胁,我才首先研究人口经济学。而且,我这方面的早期论文,都是主张力求降低人口增长的。

我的观点开始发生变化,是因为观察到关于人口增长和经济增长的简单关系这种经验事实。这些事实过去和现在都未能使我相信人口增长是好事。这些数据远远不足以证明应该这样认为,但却足以使我怀疑马尔萨斯的理论,而几乎所有关于人口增

---

① P. R. 埃利奇:《人口爆炸》,1968年纽约版。
② J. E. 米德:《国际经济政策的理论》,牛津大学出版社,1955年伦敦版。

长不利影响的学究式责难，总是以他的学说为基础的。只是在我力求弄清这些事实与现存理论之后，我才对这种流行的观点表示怀疑，并检查了我自己的价值观念。人们对这样的一个课题，并不轻易改变自己的看法，特别是已经把一个观点当作自己的专业资本时，那就更加如此。简言之，不是我的信念使我像现在这样看待这些事实，而是这些事实使我有了现在的观点。

还有，我也是为了同其他人一样的原因，才开始研究人口经济学的，当时我也认为人口增长和全面战争，是对人类和文明的两大可怕威胁。所以，我尊重许多人的动机和意图，但却不再附和他们的结论和看法了[①]。

人口学一直是个激动人心的课题，所以，这种心情总会促使许多理智观点的形成和认可。本书的基调和主要结论，目前无论在公众，还是在经济学家及其他人口研究的专业学者中，都还不受欢迎。技术书籍除非获得一致赞赏，否则，不论好坏，其命运总是无人问津。这与下面的情况恰成对照：最近出现的关于人口问题的几部著作，尽管显然不符合科学，即便它们几乎受到本行业专家的指责，但因表达了普遍的心情，而很受欢迎。因此，我希望担心本书无人接受是毫无根据的。

本书题目繁多，方法各异，内容包括了微观经济学和宏观经济学，经验分析和理论分析，课题广泛，从农业技术到避孕技术，

---

① 但是我不想尊重反对人口增长的那些人的动机，因为他们反对的理由就像汽车保险杆标签上写的那样："嫌停车麻烦吗？支持计划生育吧！"

直至广告技术,并来自许多不同的文献。综合研究人口增长经济学,要求学识渊博,但是,要求并不总能如愿以偿。因此,在我涉及的个别专业领域内,如我力不从心,敬请读者谅解。

本书的不足还在于论述不均衡:一些章节多半是对别人的著作加以评论性的归纳(尤其是第十章和第十四至十七章),但是,多数章节都是自己撰写的新作。因此,这些新作总比评论部分更紧缩,而且更深入。由于上述原因,本书并不是人口增长经济学的一篇四平八稳、思绪流畅的论述。我在着手写书时,就已发现许多空白点,似乎没有满意的现存著作可供借鉴。因此,我开始以自己原来的研究结果填补其中一些空白。但与调查材料相比,这些材料在本书中铺得太开,以致终于成为本书的主要材料。阿瑟·刘易斯(Arther Lewis)曾经说过,发表新观点的合适场所是杂志,而不是书本。不过,总的看来,这种论述对读者仍然有用,而且对待材料比较公道。

另一方面,本书不只是一部彼此毫不相干的研究论文集,而是试图系统地阐述人口增长经济学的所有主要课题,包括说明性的和示范性的课题,发达国家和发展中国家的情况,以及人口增长对收入水平的影响和收入水平对人口增长的影响,等等。

在结束本前言时,我说几句希望的话:自从有了马尔萨斯及其嗾人的分析以来,经济学一直被看作一门"沉闷的科学"。本书的分析,撇开沉闷的结论,而指明人口增长有助于创造更为美好的未来。所以,本书的经济学是鼓舞人心的,而不是沉闷的。从简单的马尔萨斯主义变成这里包含的一些结论,就是我的世界观从悲观主义到乐观主义的转变过程。今天我已确信,我们仅仅需要抢在战争之前,实现人类光明的未来。

一九七五年七月
于耶路撒冷

致　谢

本书是经过长时间的思考才写成的。1968年1月,我在耶路撒冷一家旅馆的盥洗室里,第一次在便笺上写下《人口增长经济学》这个题目。后来我妻子怀孕,两个孩子又都有病,当时大雪封锁城市,我们只好深居简出,实在凄凉。七年后的今天,我们已是五个人了,又来到耶路撒冷,全家健康愉快,宾朋如云。我为我们处境的这种好转而欣慰。

在撰写本书的长时间中,许多人给了我最宝贵的礼物——他们的关心和想法。邦尼·伯恩鲍姆,罗纳德·李,亚当·比拉斯基,乔治·西蒙斯,J. J. 斯彭格勒和詹姆斯·斯威特诸君,阅读了我的大部分手稿,提出过宝贵意见。罗伯达·柯恩,安娜·克里迪科特,伊斯雷尔·勒斯基和丹·韦登菲尔德诸君,为本书第五和第十三章中叙述的各种模型制定程序,并在运用方面给了我不可缺少的帮助。所有以上诸君如同伙伴一般提出的意见,都是远非研究助手所能提出的。此外,在关键时刻,卡洛斯·佩格还帮我解决了一项棘手的程序问题。

我在谈话和通信中,得到许多人对有关章节的有益评论,他们当中有:约兰·本波拉思,伊斯特·博塞勒普,布赖恩·博利尔,格伦·凯恩,约翰·考德威尔,詹姆斯·凯里,安斯利·科尔,丹尼斯·德特雷，富克·道威英，理查德·伊斯特林，斯坦利·英格曼，斯蒂芬·恩克，托马斯·弗里卡，罗伯特·吉利斯皮，杰弗里·霍索恩，罗伯特·赫德特，埃德加·胡佛，贝特·霍斯里茨，希拉·约翰逊，艾伦·凯利，詹姆斯·科克尔，西蒙·库兹涅茨，纳萨尼尔·莱夫，辛西亚·罗伊德，富兰克·罗里默，朱达·马雷斯，詹姆斯·米勒，拉里·尼尔，戈兰·奥林，沃伦·罗宾森，沃伦·桑德逊，T.保尔·舒尔茨，里达·西蒙，符拉季米尔·斯托依科夫，路易斯·沃纳，哈罗德·威廉森，罗伯特·威利斯和小罗伯特·威利斯诸君。

我感谢《人口学》《卡罗来纳人口中心专题论文集》《经济发展和文化变迁》《人口研究》《经济杂志》《家庭计划研究》和《经济学和统计学评论》等刊物，同意我把它们发表过的我的文章中的修改部分，分别在本书第十八和十九、十四至十七、十二、十三、二十、二十一、二十二及十章中引用。

许多热心朋友为我的一部分手稿打了字。需要特别提到的是：西尔维亚·法赫，奥尔加·纳尔逊和凯·赖恩沃特等，他们细心而又熟练的工作，常常超出了打字范围。还有，尤迪斯·布莱贝格十分耐心细致地做了许多目录工作。

伊利诺伊州一向慷慨帮助伊利诺伊大学和其他州立单位的教育和研究事业。本书的研究工作也得到他们的支持，尤其是在占用的计算机时间以及伊利诺伊大学的研究生院科研委员会提供研究经费方面，获益匪浅。伊利诺伊大学工商学院和经济学院以及希伯来大学耶路撒冷工商管理学院，都支持我们完成了许多必不可少的事务工作，作者在此一并致谢。全国卫生研究所人口研究中心，根据NIH-NICHD-71-2034号许可证，对第十四至十七章中讨论的研究工作给予了支持。但是,除了这几章以外,本书介绍的研究结果现在并不时新,而且得不到外部支援。因此,我尤其对伊利诺伊州和伊利诺伊大学的帮助表示感谢。

符 号 表

$A_{F,t}$	被分析国家在时间 t 内,农业上使用的技术知识水平;农业生产效率
$A_{G,t}$	工业知识
ART	技术知识和自然资源、规模经济的综合
B_t	生育表;由各种 $B_{i,t}$ 构成的 t 年内年龄组的出生人数
C_t	消费者当期的数量
$D_{F,t}$	一组无差异曲线
EFF_t	有效劳动力;以其所受教育程度衡量的工人数
$E_{j,t}$	t 年内 j 组死亡率
F	农业部门
G	工业部门
$N_{j,t}$	健康随 t 年内 j 组工作扩大而变化
J_t	社会一般资本(基础结构),比如道路
$K_{F,t}$	t 时间内的私营农场资本,大多数是土地
$K_{G,t}$	工业资本
L_t	t 时间内相当于成年男性的工人数
$MEN_{j,t}$	t 年内 j 年龄的男性人数
$M_{F,t}$	t 年内农业使用的人时总数

符号表

$M_{G,t}$	工业使用的总工时数
N_t	土地开垦数（英亩）
$P_{G,t}$ 和 $P_{F,t}$	分别为工业品和农产品价格
POP_t	t 年内总人口
$Q_{F,t}$	t 年内农业产量，不含农业储蓄和投资
$Q_{G,t}$	工业产量，含资本品
R_t	可供 t 年内使用的自然资源
S_t	花在物质投资和教育方面的总资源
W_t	工资水平
$WOM_{j,t}$	t 年内 j 年龄组的女性人数
XED_t	教育费
Y_t	总收入；总产量
$\dfrac{\hat{Y}}{C}$	每个消费者平均期望收入
Z_t	既定 t 年内实际工作的潜在工时数比例
$\alpha, \beta, \gamma, \cdots$	参数
$a_1, a_2, \cdots$	参数
$b_{j,t}$	t 年内同一代人 j 年龄组出生人数，男女各半
e_L	已生子女方面的劳力弹性 L
e_s	子女数目方面的储蓄率 s 的弹性
g_t	妇女劳动参加率
$h_{j,t}$	有效健康劳动力
j	同一代人或人口年龄指数
s_t	储蓄-产量比率
w	20 岁和以下的青少年与 21—60 岁成人之比率

序　言

约瑟夫·J.斯彭格勒

西蒙教授的《人口增长经济学》是一部开辟新路的著作，这不仅是因为书中提出了一些挑战性的特殊研究，而且更重要的是因为采纳了许多反对当今流行说法的论点。因此，可以预料：本书将引起强烈反响，加剧人口问题的辩论，并将推动整个经济人口学，特别是人口政策的分析和制定方面的进步。西蒙教授所提倡的可以说是库尼安（Kuhnian）观点的一种新范例，即一种强调因人口增长而引起动态社会发展过程的新范例。

西蒙教授的论点不仅需要而且定会引起强烈的、广泛而尖锐的评论。不仅他的发现在纯影响上与经济人口学领域占支配地位的观点大相径庭，而且，他的观点偏重事件和政策对更长远而不是对较短期的影响上，因而也与当今一部分社会科学家强调最近的将来（据认为是不顾长远的将来）的倾向，很不合拍。

本书分三篇。第一篇谈人口增长的经济影响，第二篇谈经济条件对生育率的影响，第三篇谈不同的人口增长及其节育政策的影响。对西蒙教授的强烈批评反应大体上集中在第一篇，特别是他谈到的关于发达国家和发展中国家人口增长对经济增长起反馈效应的那些论点。

本书的读者在深入研究之前,最好先熟悉一下可能已被熊彼特称之为西蒙对"总人口问题"的设想。幸好这种设想的轮廓已能从导言及第二十三至二十四章和附录中推断出来,因为在这些章节里,作者已对本书某些结论的反对意见进行过预测和批驳。有了这个总的印象,就不难全面掌握西蒙的结论及其拓展观点。况且,这些章节还表明作者对于人口增长反馈效应促使某种经济的现代化程度发生变化的重要意义所做的解释。为了说明所依据的反应机制,还用了许多模拟模型。

作者试图既为人口研究基础知识有限的一般读者服务,又想为有专业兴趣的读者服务,所以,在导言部分提供了读者指南。当然,每个读者都能从本书广泛提供的资料、图表和文献目录中,获得收益。具有历史知识的读者将会感到高兴,这不仅因为西蒙教授基本上注意回顾马尔萨斯人口论的争论和人口理论的起源,还因为他着重谈到更长远而不是较短期的人口变化。的确,本书的一个基本目的,"就在于把通常研究人口增长经济学所用的时间距离加以扩大,而扩大的方法是一方面放宽分析未来条件的范围,同时,又把历史记录推回到比通常讨论范围更早的时期。"

虽然我们已经说明作者的主要贡献,但正如他在第一篇所指出,可以引起注意的是:人口增长可能或者确实以各种方式影响农业及非农业的增长和条件、劳动的供给以及各种规模的经济。在第二篇中,他特别探讨了收入重新分配对生育率的影响,还谈到时间推移对生育率影响收入增加的作用。第三篇则讨论了经济福利理论和成本-收益分析同有关人口增长决策之间的关系，还谈到推广避孕药具的各种方法。

于北卡罗来纳
达勒姆公爵大学

第一章 导言——本书论点介绍

一、概述

发达国家和发展中国家的人口适度增长,从长远来说(例如30—100年之后),比静态人口和人口增长过快,都对于生活水平有更积极的影响。不过,从短期来说,任何增加的人口都会给父母和社会增加负担。因此,人们判断人口增长的利弊,父母或社会希望孩子多,或是希望少,当然取决于对长期和短期收益的轻重权衡。本书第一篇以此为中心内容,并就此问题的各有关方面提出经验数据;然后将这些方面编成模拟模型,并根据这些模型引出一般性结论。

本书第二篇回顾并概括了经济水平影响人口增长的有关数据,并同第一篇一起说明:《增长的极限》之类的马尔萨斯及新马尔萨斯主义的著作,都认为"一切生物都有一种超越为它准备的养料而不断增长的永恒趋势"[①],这种说法就人类社会而言,是错

---

① T.R.马尔萨斯:《人口原理》第5版,1817年和1963年版,第1页。

误的。把我的论点用马尔萨斯式的语言来表达,即:<u>如果人口按几何级数增长,那么,产量也按几何级数或至少以同样快的速度增长,而不受明显的限制</u>。别人已经得出同样的结论,不过,本书提出经验证明,并利用数量分析来说明这一点。

第三篇也是最后一篇,是考察制订人口政策的福利经济学和价值的基础;并且发现政策的推荐者们正在推荐许多他们自己都不知所以然,而且也许同他们的政策价值不一致的政策。第三篇还为了帮助那些认为人口过多增长的短期弊端大于长期效益的国家开展节制生育运动,提供某些经济的和市场的分析。

二、智力背景

作为一门科学,人口学是一门地地道道的经济学科。人口变化的原因和结果是社会学家、人类学家以及心理学家感兴趣的。但是,人口研究中最重要的现象是人口规模变化。而人口规模变化之所以重要,主要因为它影响可供人们利用的资源。某一人群(及其后代)的食物、工业产品、空间及其他资源是富裕,还是贫乏,主要取决于人口规模。资源是人口研究之所以重要的中心原因,也是与经济学有关的重要课题。

第一章　导言——本书论点介绍

马尔萨斯[①]是最早对人口经济学进行系统研究的人[②]。虽然马尔萨斯的中心论点简单，但是大概由于某些不合适的例证和次要的段落而使他受到很大的曲解和错误的推断。这就导致了被误指为"马尔萨斯人口论者"和"反马尔萨斯人口论者"之间乏味的争论。

卡尔-桑德斯（Carr-Saunders）认为，马尔萨斯观点的精髓在于，虽然来到人间的每一张嘴都带来一双手，但是，新添的手却不能像已有的手那样平均生产那么多东西。因此，人均产量降低了。新添的手比原有的手生产得少的原因是：在任何既定时刻，土地数量是固定的，在同样多的土地上，手越多，平均每双手生产的东西就越少。[③]

马尔萨斯还提出了一种人口历史理论，由于这种理论的巨大的历史范围，鲍莫尔（Baumol）称它为"扩大的动态"。分析是从一种"发展中状态"开始的，因为这种国家总算已把人均产量提

[①] 某些现代经济学家客气地把马尔萨斯看作一个理智上而不是人口问题上的糊涂理论家。因此，注意凯恩斯的话是有趣的。他认为马尔萨斯已经比今后几百年中的任何其他经济学家有更正确的经济观，并且说，"……马尔萨斯的研究路线几乎全部消失，而李嘉图的方法竟在一个世纪内占完全的统治地位，这对经济学的进步已是一种灾难。如果只有马尔萨斯而没有李嘉图一直是19世纪经济学发展之父的话，那么，今天的世界就该聪明得多，也富裕得多啦！"（凯恩斯：《传记随笔》小册子，1951年版，第117，118和120页）也许未来的作者们将作出判断：马尔萨斯关于人口经济的原始理论——那种与他的名字紧密相连的理论——才真正是他的主要思想中最不彻底的思想。

[②] 本书仅仅涉及人口经济理论史的一些片断，可参阅斯彭格勒概括的人口经济史（联合国：《人口趋势的决定因素和后果》，1953年版，第3章）。

[③] 参见卡尔-桑德斯：《人口论》，牛津大学出版社，1925年伦敦版，第23—24页。

高到勉强维持生存的水平之上：

> 发展中状态的特点是高水平投资（积累），因而一般能提高总产量，也有助于维持工资。这种情况又导致人口增长。因为土地数量固定，以致生产中追加劳动的平均报酬递减。由于人口增加，所以工资就会在交纳租税以后吞食掉全部产品，以致减少投资利润，直到投资的诱惑力消失，于是人口变成静止状态。①

因此，经济学被称为"沉闷的科学"。

马尔萨斯的著作在整个19世纪引起了反响和争论。一种批评意见来自这种观察，即18和19世纪的英国，包括它的海外殖民地及欧洲的某些地区，人口增长很快，但生活水平也在上升。一种解释是：由于人口更多，才可能实行更大的劳动分工。另一种设想是，发达国家中技术进步本身的速度，曾经大于人口增长的速度，今后仍将大于人口增长的速度。然而，马尔萨斯的《人口论》第一版及李嘉图《政治经济学和赋税原理》的所有版本都认为，技术进步将不会快得足以允许人口增长而不受死亡的限制，并称："由于获取生活资料的困难……自然……法则意味着对人口有一种强烈的、经常起作用的抑制。这种困难……有必要使人类的一大部分人严重地感觉到……于是，人的竞争不可能由于任何理智的努力而逃避它……苦难就是它的一种绝对难免的后

---

① 威廉·J.鲍莫尔：《经济动态学》，麦克米伦出版公司，1951年纽约版，第13页。

果。"①（着重号是引者加的）那些相信技术进步能够而且必定在与人口增长的竞争中取胜的人，自然对于未来比写《人口理论》第一版时的马尔萨斯更乐观些。②

马尔萨斯的某些批评者满怀希望地相信人们都会越来越自觉地节制生育，而马尔萨斯在《人口论》第一版中仅仅希望他们也许会这样做。但到第二版及以后的版本中，马尔萨斯渐渐同意人们真正能够自愿地限制家庭。但必须注意到，这种设想就等于假定技术进步能够在与人口增长的"竞赛"中取胜。马尔萨斯是这样说的："贯彻本书全部，和前一版比较起来，我在原则上有一个大不相同的想法，就是认为有另外一种对人口抑制的作用，它

---

① 马尔萨斯：《人口原理》，1798年和1959年版，第5页。必须看到：这种有关技术进步速度的假设，并非马尔萨斯理论体系的一个必要的组成部分，不过，马尔萨斯本人似乎认为它是正确的。

② 马尔萨斯的结论认为：从长远看，经济福利是在维持生存和超过维持生存之间上下波动的一种稳定的系列。历史是否证实这一结论呢？答案必定取决于人们所观察的时期长短以及他们对于未来的推断。对于在19世纪或20世纪之前两千年中的印度和中国来说，马尔萨斯的描述是切合实际的。于是，关于19世纪中叶在中国发生的"世界上最大的内战——太平天国起义"，几乎肯定使马尔萨斯的积极抑制在人口增长中起了作用。据霍平迪（HO Ping Ti）说"虽然导致起义的因素很多，但毫无疑问，人口压力是最重要的原因之一"ᵃ。但是，马尔萨斯的推理却不符合罗马帝国、波斯和印度以西的其他国家的兴衰史。大多数评论家甚至认为：在罗马帝国的鼎盛时期，人口增长反而放慢了。比如，巴伦谈到"罗马社会……广泛实行节育，甚至不结婚……也许任何别的历史时期都没有如此高的独身男女比例"ᵇ。

如果人们以印度和中国在包括20世纪在内的过去两千年作为观察期，再加上西方国家的过去几个世纪，那么，马尔萨斯的预言是明显错了。但是，事情仍然如此：随着历史的发展，人类要么继续前进，要么或许倒退到准生存的生活水平。问题是：马尔萨斯的分析和预言由于并没有说明特定的地点和时间范围，所以，既不能证实，也没有否定的根据。

a. 霍平迪：《中国人口研究》，哈佛大学出版社，1959年坎布里奇版，第224页。
b. 萨罗·W. 巴伦：《犹太人的社会和宗教史》第2卷，第209页。

既不属于恶习，又不属于苦难；而且，在本书的后半部里我致力于使我在第一版论文里所做出的某些最严苛的结论变得缓和了。"①他甚至提供了自愿控制生育的历史事例，例如：斯堪的纳维亚由于人口压力而实行晚婚②。

马尔萨斯在第一版《人口论》之后理论观点的变化，并不意味着他的预言全部推翻："我相信，在希望人们对这个问题的普遍行动发生任何突然而且重大的变化这方面，没有哪位读者会不如我乐观的"③。但是，与第一版相比，第五版中的这种悲观主义少得多了。马尔萨斯是这样结束第五版的：

> 根据对前一时期社会状况（与目前相比）的回顾，我当然应当说，人口法则引起的弊病已经减少而不是增加了……期待它们进一步减少，并非不明智……
>
> 因此，整个说来，虽然人口法则引起的弊病的前景并不如我们希望的那么美妙，但也远不是完全令人灰心丧气的，并且，绝不会妨碍人类社会的那种循序渐进的改善，而这一改善在新近有关这一问题的许多传闻之前，是合理期望的对象。为了一切人类天才的最崇高的发挥，我们应该感谢财产和婚姻法，并感谢明显狭隘的自身利益原则促使每个人为改善自己的条件而竭尽全力……④

---

① 马尔萨斯：《人口原理》，1803年欧文版，第12页。
② 同上书，第81页。
③ 同上书，1817年/1963年第5版，第271页。
④ 同上书，1817年/1963年第5版，第289页。

第一章 导言——本书论点介绍

这种观点既考虑到"道德抑制"控制的贡献,也考虑到由于"人类天才的最崇高的发挥"而产生的技术进步的贡献。于是,它表明了通向未来的改进趋势。所以,马尔萨斯本人也是"马尔萨斯主义"的有力批评者。[①]

后来,有些人,如戈德文(1820年)就认为人类的命运是由其社会制度,而不是由马尔萨斯理论的不可改变的法则所决定的。戈德文认为如果人类恰当地重新组织他们自己(而且完全不同于英国和欧洲当时的社会状况),那么,长时期内将不会有对人口增长的自然控制[②]。马克思主义者也曾是(现在仍是)属于与此相同的思想路线。他们相信,只是在资本主义制度下,人口才有可能过剩。他们认为,在社会主义经济下,出生多少人就能利用多少人来进行生产。(正如马尔萨斯原始理论的最简单成分,就是当代大多数控制人口讨论的主要内容,今天听到的有关人口增长和社会组织变化关系的论点,在形式上几乎与戈德文的想法如出一辙。1974年在布加勒斯特召开的联合国世界人口会议上,中国人

[①] 一般地说,马尔萨斯后来深思熟虑的立场与现在用他的观点作为自己理论基础的那些人的立场,迥然不同。在我看来,马尔萨斯要比现代"马尔萨斯主义者"有充分得多的理由,也明智得多。

[②] 戈德文与马尔萨斯辩论的是社会思维中的基本问题。马尔萨斯是这样回答戈德文的:"戈德文先生在其全部著作中所犯的大错,是把文明社会中存在的几乎一切罪过和苦难都归咎于人类制度。在他看来,政治条例及确立财产管理是一切丑恶的丰富源泉,是使人类堕落的一切罪恶的温床。假如情形真是如此,那么,从这个世界上消灭一切丑恶,似乎不是一件绝无希望的事。因此,为了实现如此宏伟的目标,似乎理智就是合适而且充足的工具。但事实是:虽然人类制度似乎是人类许多不幸的明显的、突出的原因,其实,这些制度与自然法则所引起的根深蒂固的罪恶原因相比,只是轻微而且飘浮的东西。"(《人口原理》,1803年版,第367页)

反对西方呼吁实行节制生育政策,坚持认为没有这类人口问题,而只是有些社会和政府未能认真对待经济发展问题①)

从19世纪末到20世纪20年代的这几十年,是人口经济学的黄金时代,其标志是坎南(Cannan,1928年)、道尔顿(Dalton,1928年)、罗宾斯(Robbins,1927年)、威克泽尔(Wicksell,1928年)②及其他人所做出的杰出贡献。一些著作表现出对这门学科非常广泛的了解(比如道尔顿的《人口理论》1928年版),但其重点主要放在"适度人口"概念方面。马尔萨斯的理论是收入和人口增长相互作用的两种变量的动态模型,而"适度人口"概念则为一种静态考察,在得失之间求其折中,即在得自劳动分工

---

① "我们认为,亚洲和远东地区及其他地区的许多发展中国家,目前存在贫困和落后状况的根本原因在于帝国主义和新老殖民主义,特别是超级大国所推行的侵略、掠夺和战争政策,严重地破坏了这些国家的生产力。改变这种贫困落后局面的决定性条件是结束帝国主义、殖民主义和新殖民主义的侵略和压迫,同大国霸权主义和强权政治做斗争,争取和维护国家独立,独立自主地发展民族经济。

"我们认为,把发展中国家的贫困落后主要归咎于人口过多、认为人口政策在解决贫穷落后问题中具有根本意义,并起主要作用,这种观点是错误的。"(中国香港地区《大公报》1973年4月19日第10版)

译者按:作者在本页注①中引用的两段话刊登在中国香港地区《大公报》1974年3月14日第2版。作者所给出处有误,并且引文内容与《大公报》发表的文章也有较大的出入。《大公报》1974年3月14日第2版发表中国观察员在布加勒斯特召开的联合国世界人口会议上的发言中指出:"各国可以根据本国的人口情况制定自己的政策。我国政府正在逐步推行人口有计划增长的政策。"所以,本书作者有关"中国人反对西方呼吁实行节制生育政策"的观点是不符合实际的,因而也是不正确的。事实上,自20世纪70年代初期以来,我国政府已实行计划生育、控制人口的政策,并取得一定成效。

② 此处人名后的年份分别为坎南的《财富论》、道尔顿的《人口理论》、罗宾斯的《适度人口理论》、威克泽尔的《国民经济学讲义》等著作的发表年代。

及规模经济的收益和一定资本存量因增加劳动而报酬递减的损失,这一得一失之间的折中。这种概念符合当时的经济学,所以适度人口理论,即使无用,倒很单纯①。

后来,经济学家失去了对人口问题的兴趣。人口过剩的老鬼不再显得吓人了。在西欧,人口增长似已停止,而其时经济学家们对不发达地区所知甚少。既然看不到人口增长的威胁,经济学家们的兴趣自然就烟消云散了。后来,凯恩斯(Keyness)②及其他一些人如汉森(Hansen)③认为人口增加是有益的,也许作为对投资和全面需求的刺激,甚至是必要的。但这也未使经济学家们对此课题增加多大兴趣。

当经济学家们不再研究人口时,社会学家和社会心理学家却产生了兴趣。20世纪30年代西方鼓励人口增长的愿望,是那些社会科学家产生兴趣的重要原因。于是,这一课题落入社会学家手中后,就留在那里。

但是,在20世纪50和70年代,经济学家越来越把注意力集中到发展中国家的经济增长上来,并且注意到人口增长,因为他们认为人口增长会阻碍经济增长。在低收入国家里,婴儿死亡率以及由于地方流行病的减少,因而死亡率已迅速下降。在死亡率

---

① 缪尔达尔把人口最佳化的概念说成是"产生于我们的科学的最乏味的观点之一"(《人口:一个追求民主的问题》,1940年版,第26页)。虽然这种概念在产生它的经济学中,已大体上停止使用,但生态学家们还是继续探讨到它。

② 凯恩斯:《减少人口的一些经济后果》,载《优生学评论》1937年第29期,第13—17页。

③ A.H.汉森:《经济进步和降低人口增长》,载《美国经济学评论》1939年第29期,第1—15页。

高的时候,为使人口保持稳定或缓慢增长,人口生育率保持不变或有所增加。于是,这双重原因的结果,便一直是人口迅速增长。这种特殊现象导致著作猛增,并以科尔和胡佛[①]关于人口增长对印度影响的模拟分析为开端。稍后,人口增长对发达国家经济的作用方面,重新出现了宏观经济兴趣,这种兴趣是由于对污染、环境和自然资源的关心而引起的[②]。而且,在过去几年中,对生育率、移民、死亡率和婚姻进行分析的一种微观经济文献已经出现,且大多符合贝克尔(Becker)引用于人口问题的"新消费者经济学"[③]。因此,本书是在对人口的经济学兴趣正浓,而这种文献尚未形成一个一致的统一体时出现的。

三、本书的结构和发现

现在谈谈本书。马尔萨斯告诉我们,人口和经济福利构成互相作用的体系。但为了便于分析,将该体系分为几个部分。本书第一篇讨论人口变化对经济水平和经济增长的影响,亦即探讨

---

① A.J.科尔和E.M.胡佛:《低收入国家的人口增长和经济发展》,普林斯顿大学出版社,1958年版。

② 在过去几年中,生物学家尤其是生态学家们已渐渐对人口增长发生兴趣,并垄断了进行人口讨论的许多工具。这将在第二十三章及附录中更详尽地讨论。但是,生物学家在考虑人口时,总是在一切时候都强调资源的作用,因此,他们的观点总是偏重经济方面的。众所周知的最好例子是埃利奇的《人口炸弹》,1968年版。

③ 加里·S.贝克尔:《生育率的经济分析》,载《发达国家的人口和经济变化》,普林斯顿大学出版社,1960年版。《时间分配理论》,载《经济学》季刊1965年第75期,第493—517页。

在各种条件下,每个工人平均产量和人均收入受人口增长的影响是积极的,还是消极的。对此问题,先看已经工业化了的(发达)国家,再看正在工业化或尚未开始工业化进程的(发展中)国家。对这两种国家来说,关键问题都是人口增长对经济增长产生正反馈效应的程度,以及这种正反馈效应是否大得足以最终抵消负效应。两种国家的这种主要负效应都相同:在资本(包括土地)的数量一定的条件下,劳动人数的增加最初都减少每个工人的平均产量。

人口增长的正反馈效应,在发达国家和发展中国家是不一样的。这就是二者分别探讨的主要原因(发达国家在第三至六章,发展中国家在第七至十三章中讨论)。在发达国家中,人数增加能通过知识进步和规模经济而产生正效应。但规模经济在发展中国家可能不那么重要,因为它们的经济不那么复杂。人口增长在发展中国家的正经济效应是个人和社会的转化,比如,工时增加和生产技术的转变。因为与发展中国家相比,理解发达国家正效应的智力基础要好得多,所以,发达国家能用四章篇幅内讲完,而发展中国家却用了七章。

第一篇的主要目的在于估计这些正反馈效应与负效应的关系。技术进步则构成这种正反馈效应的主要部分。第一篇的关键因素是:人口增长与技术进步的关系不是(而许多作者[①]则认

---

① "技术进步和报酬递减之间竞赛的基本概念,一直是我们增长理论的中心……"[费尔纳(Fellner):《导论》,载《政治经济学原理和税收》,1963年版,第12页,着重点是后加的]。

为是)两种独立力量之间的竞争,而是一个系统,在此系统中,技术进步在很大程度上是人口增长的一种函数,因此,这种关系的强度和性质成为估计的中心问题。

第一篇从第二章开始,对最重要的经济人口变量进行一般性讨论。第三章、第四章中由专门参数构成的数值是分析发达国家人口经济问题所需要的;第五章讨论自然资源和污染的特殊课题。然后,在第六章中为发达国家提出体现这些参数的模拟模型。用两种可选择的方法来表现。人口增长对生产率水平的关键性反馈效应。第一种方法使用在生产率变化的经济研究中发现的"剩余"(residual)概念。剩余成为劳动力函数,因为劳动力规模影响发明创造数量的假定似乎是有道理的。第二种方法利用"维登法则"(Verdoorn's Law),该法则确认:生产率变化是总产量的函数(而总产量显然又是人口规模的函数)。维登法则中的产量是劳动力规模对生产率影响的经验表现,这种假设是有道理的,因而这两种方法描述了同一现象。所以,事实上它们得出相似的结果。

对发达国家的主要发现是:在发达世界中,人口增长必然先起负作用,但不到一个世纪,也许不到半个世纪,比如30—80年后,则对每个工人的平均收入一定起纯正作用。

然后再谈发展中国家。先在第七章中勾画一个总模型并在第八至十二章中对每一变量从理论和经验上进行考察。除了人口增长对货币化的储蓄率可能产生负作用(第十章)外,还发现人口规模和增长对农业中非货币化储蓄率的正作用(第十一章),以及对像公路这类社会基础结构的正作用(第十二章)。后一种作用尤为重要,因为公路在增加生产和食物分配,以及在避免发生像在撒哈尔(Sahel)和孟加拉(Bangladesh)发生过的饥荒中,都起关键作用。还发现家庭规模扩大对父母完成的工作量和生产量有强大的正作用(第九章)。然后,在第十三章中,将方程式和参数合并成为一个数字模拟,用以考察在各种条件下各种人口增长率对每个工人的平均产量的影响。

根据发展中国家模型得出的主要结论是:从长远来说,人口适度增长比零增长或过快增长的经济效果好得多(从短期来说,与人口增长相比,人口规模不变能使生活水平更高,但所差不大)。从长远来说,人口适度增长比静止不变的效果更好的主要因素是:由于父母因子女更多,增加需求而增加劳动收入,还由于需求更高和规模经济而增加工业投资(当然,这样说,并非想忽视增添子女在此系统得到调整之前,对其家庭和对教育以及其他公共设施的短期负担)。

另一发现(第八章)是:西方经济文明的发展既是由于人口增长的推动,又是由于发明本身的带动,而不是像两种思想流派(在第六章中谈到)所认为的那样,只是单靠这种或那种力量完成的。

第二篇是从另一方面研究经济条件影响生育率的因果关系(只有在懂得了这两者同时相互作用的影响之后,人们才能试图既理解经济条件变化,又了解像生育率这类人口变量变化的全面影响)。发达国家和发展中国家是分别探讨的。因此,将教育和城市化之类的受收入影响的力量,保持其影响不变,而把每类国家收入的短期影响同经济条件变化的长期总影响分开来讨论(后者包括收入和城市化这类力量的影响)。第二篇主要是评论此门学科的大量文献,并提供某些一般性结论。

第二篇研究的中心政策问题是:与收入增长相适应的生育率增大到什么程度,就能抵消收入增长。这一"陷阱"(trap)是马尔萨斯理论的核心,他认为改进食物生产就会产生足以耗尽这种增产的额外人口,并终于回到原来维持生存的生活水平和高死亡率。但除人口可能产生的正效应外,这种假设的真实性还取决于生育率在多大程度上积极适应收入水平的提高。可以断定,生育率短期提高的幅度足以改变现代规模的经济收益,这是极不可能的事。

第二篇陈述的最重要的事实是:发展中国家的生育率随经济发展及其收入的增加而长期下降。这种影响恰恰与马尔萨斯主义模型提出的假设相反。

第二篇谈到的发达国家和发展中国家的特别政策课题是:给较多或较少子女家庭的经济刺激对生育率的可能影响。

第三篇是考察人口增长经济学中的某些福利和政策问题。第十八章是研究人口增长的福利经济学。其结论是人们对增加的人口所做的福利判断取决于人们对短期和长期的价值判断,人们希望按什么比例考虑谁的福利之类的不同准则,并断定人们所确信的是更穷或更富的生活水平对人类生活的重要性。当然,这种判断还取决于在各种情况下,人们期望从人口增长中获得的经济效果(第一篇讨论过)。这就包含着这一结论,即人口增长的福利影响,在价值判断和科学分析的各种广泛分歧面前,是确定不了的。

然后，第三篇讨论人口计划经济学中的一些技术问题，包括对人均收入标准的分析（第十九章）；人口控制运动的成本-收益分析技术（第二十章）；对一次防止生育价值的适当概念（第二十一章），这里也许没有想到这种更一般的宏观经济方法却没有局部分析法的缺陷，并由此得到对一次预期生育的、高得多的价值估计：按1956年价格、照5%和15%贴现率计算，大约是300美元；以及对节制生育的避孕药具销售战略的研究（第二十二章），等等。

　　读者也许先觉得奇特的是：第三篇后面章节讨论人口缩减经济学，而第十八章则强调过多增加孩子的福利影响，由于没有做价值判断方面的论证，则科学上是无法确定的。但许多国家确实准备做出意味着减少生育的价值判断（虽然还弄不清这些国家是否真正懂得人口静止不同于人口适度增长的长期后果，以便彻底明智地做出这种决定）。第二十至二十二章是想给那些希望降低人口发展速度，以推动自身发展的国家，提供技术帮助。我觉得自己试图帮助别人达到目的，并无自相矛盾的地方，虽然我如果处在他们的地位，是不会有此同一目标的。况且，迄今节育运动总是采取自愿而不是强制措施，从而帮助夫妇得到所需数目的孩子，以提高人们的选择能力和达到所追求的家庭生活的能力。对此，我是衷心拥护的。

　　一般读者如果希望撇开背景研究和一般性讨论，而找到本书的新东西，就该直接去读第二十三章的结论。如果对经济人口学是完全生疏的，那么，第二章应该是有用的引导。否则，一般读者可以直接去读第六至十三章，但不必拘泥于其中各种模型的公式，然后读第十八章福利经济学讨论。读者如对人口增长影响发达国家和发展中国家经济的模型初步感兴趣，又想得到第六和第十三章所做假设的引证，可以分别在第三至五章和八至十二章中找到。

本书多以国家（虽然并非特定国家）而不是以整个世界为单位来讨论，有几个原因。第一，多数有关人口的决策是为国家而不是为世界做出的。比如：伊朗领导人决定伊朗是否制定节育计划，是根据伊朗的需要，而不是世界的需要。第二，国家（甚至国家内的小地区）在许多方面相当独立。第三，人口从一国移居到另一国的障碍说明，是国家而不是整个世界，才是合适的分析整体。第四，闭关自守和努力争取自给自足，本身并不一定是好事，但有时又是必需的，至少暂时是如此。因为这些缘故，研究国家一级而不是世界一级的人口是有意义的。

将用于讨论的国家分为发达国家（MDC）和发展中国家（LDC）两个普通类别。前一类包括：（1）西欧、日本和大洋洲的多数国家；（2）人均收入在1,000美元（1976年）以上的国家。任何国家，其经济能明显地按凯恩斯结构进行分析者，显然皆属于发达国家一类，虽然反过来则未必如此。尽管这样分类不尽完善，但是，读者大概不致过多地考虑本书为了分析是如何划分任何一个特定国家的。

本书讨论的最重要的人口变量是由不同出生率引起的总人口规模的差异，包括不同出生率引起的劳动力比例差异。对于总人口规模的变化同移民的函数关系，这里不多讨论，因为20世纪下半叶,国际移民的重要性已远不如出生率差异那么重要[①]。死亡率差异多作为参数而不是变量来讨论,因为文明国家为了经济福利对死亡率是否自觉地加以控制,值得怀疑。

四、时间、反论和人口：增长的真正作用

本书的基本目的就在于把通常研究人口增长经济学所用的时间、距离加以扩大,而扩大的方法是一方面放宽分析未来条件的范围,同时又把历史记录推回到比通常讨论范围更早的时期。二者同时延伸,有一条简单的理由,就是为了连同直接作用的诸因素一并理解,并考虑那些有关人口和经济福利的、起作用较慢

[①] 移民也要做一种较大的特殊分析,其总水平比对生育的分析稍低。下面是用于分析各种移民和生育现象的几种不同方式：

a. 新增加的本地孩子到成熟时,在劳动技能、教育和福利基金这类经济方面,同其余成年人的差别,比移民的这种差别小。因此,移民对少数行业有大小不等的影响。所以,分析这种影响,需要仔细而且全面。这种分析的不可多得的范例,参阅琼斯和史密斯的《国家接受移民的经济影响》（1970年版）。

b. 移入者对国家现有福利的要求少于平均数。就是说,如果一个移民生产的价值高于其工资,其余的每个人都能平均受益,因为雇他的资本家给他增加收入。但一个新增加的本国居民更可能对其薪水和他分得的追加产量提出要求。

c. 移入者本身多在过了青少年时期之后才来到,因此,可为国家节省其教育费。

d. 移入者文化程度不一,并由此产生复杂的社会影响（这些影响可好可坏,但通常只探讨坏的一面）。

e. 移民的作用像生育率一样,可就一个国家进行分析。但如扩大分析范围,包括移出和移入国家,并把两组国家和它们的人口并在一起作为结合系统加以分析,则更有意义。得到的福利答案和政策规定,则因人们选择什么分析范围而有所不同。

但却是关键性的因素。

在撰写本书时,我们处在对人口增长的广泛关注之中。引起关注的原因是两种已经公认的想法:(1)人口按几何曲线增长,现在人口数量正在"爆炸"性膨胀;(2)更多的人口对有限自然资源的压力,使我们贫困或维持贫困。但事情并不这么简单。一个关键事实是:人口增长史并不是人口按几何级数稳步增长的历史。相反,人口史一直是有起有伏的一个系列,正如图1-1所示伊拉克(我们对其历史了解最多的地区之一)的低迪亚拉(Lower Diyala)盆地和图1-2所示埃及的情况那样。罗马帝国和欧洲也是人口曾经出现过急剧增减的地方。墨西哥和加勒比海沿岸各国在西班牙人到达之后,曾出现过人口剧减情况;这可以从图1-3中看出来。另一个复杂的证据是:历史上当人口达到或接近高峰时,一般总是最繁荣的时期。欧洲和西方近几个世纪是历史上经济和人口增长最快的时期。

这些历史观察使人怀疑这种以人口、自然资源加资本和经济福利互相联系为基础的过于简单化的传统分析体系。历史迫使我们深入讨论那些能解释历史的其他因素。于是,这些不太明显并且发生作用较慢的因素,必须包含在分析将来可能性的模型中,如果这种模型不致使我们误入歧途的话。如果这些模型要体现那些起作用较慢的因素并表明其作用的话,则其时间范围必须超越经济-人口模型所通常适用的30或50年。

人口预测史是使我们应当谦虚并注意避免由于担心而造成过激政策的又一原因,比如,20世纪30年代,多数西方国家都曾经为预料的人口下降而非常担忧。一些世界上最优秀的社会科

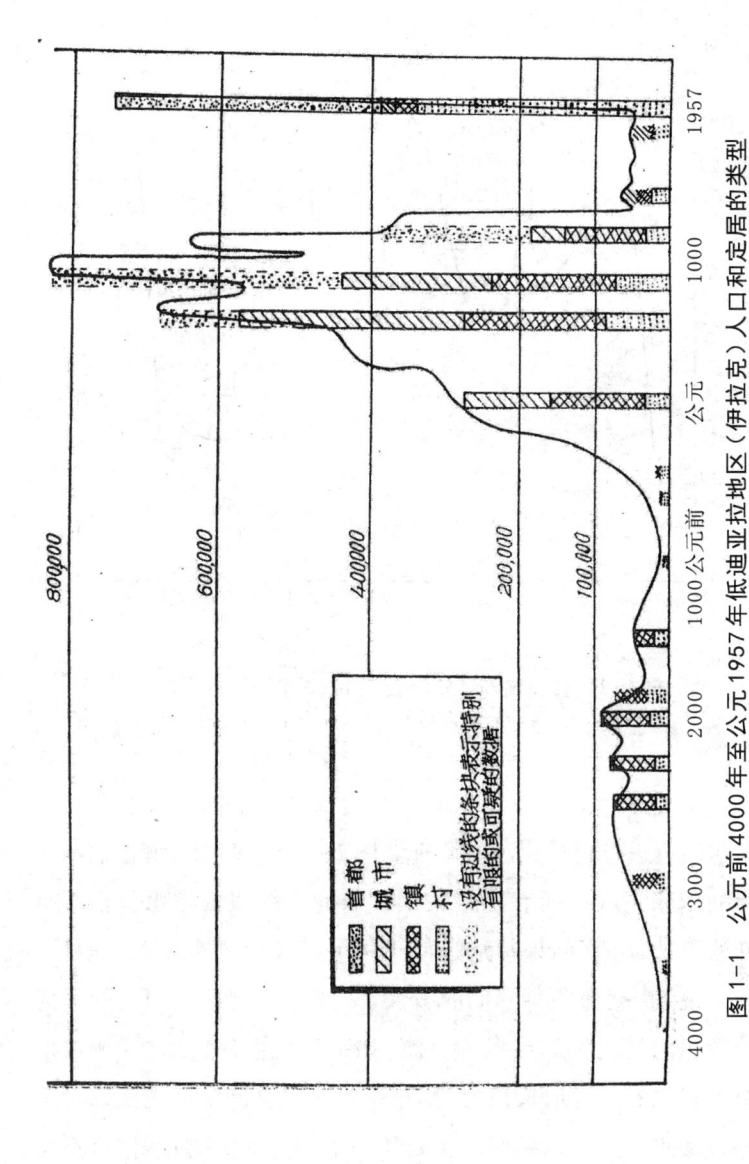

图1-1 公元前4000年至公元1957年低迪亚拉地区（伊拉克）人口和定居点的类型

资料来源：罗伯特·M.亚当斯（Adams），《巴格达后面的土地》，芝加哥大学出版社，1965年芝加哥版，第115页。

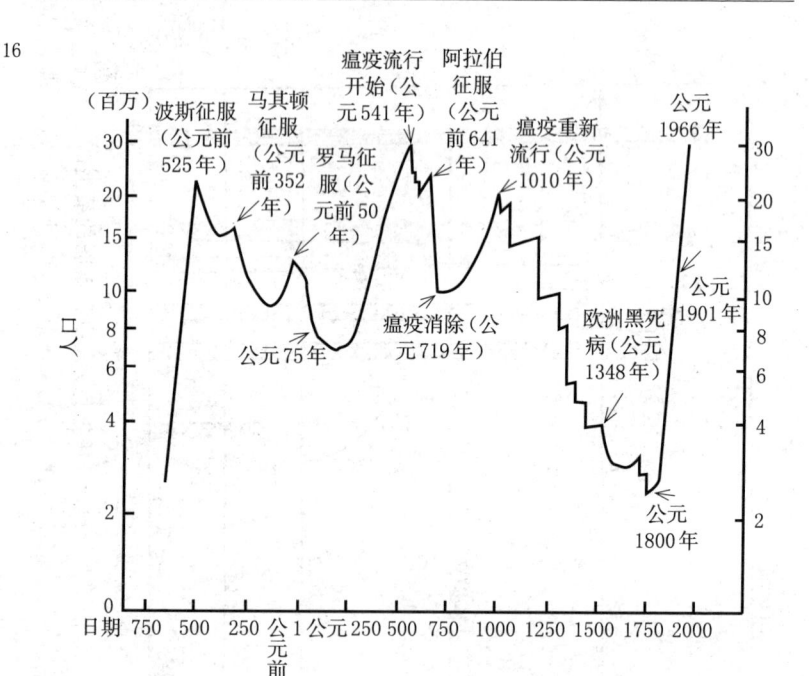

图 1-2 公元前 664 年至公元 1966 年埃及的人口

资料来源：根据 T.H. 霍林斯沃思的《历史上的人口》，1969 年伦敦版，第 311 页复制。

学家在瑞典进行过最广泛的调查。图 1-4 中的虚线说明他们当时看到的未来情况。所有这些关于未来的虚线假设是想包括所有预见的可能性，而结果却远远低于用黑线表示的实际人口增长。这就是说，根据那些科学家的看法，未来的表现比他们中的任何人所猜想的情况都好得多。因此，如果像他们建议那样，成功地实现了有效的生育增长计划，则结果本来是会同他们现在的希望适得其反的。很可能我们现在处于一个相同的历史时刻，所不同

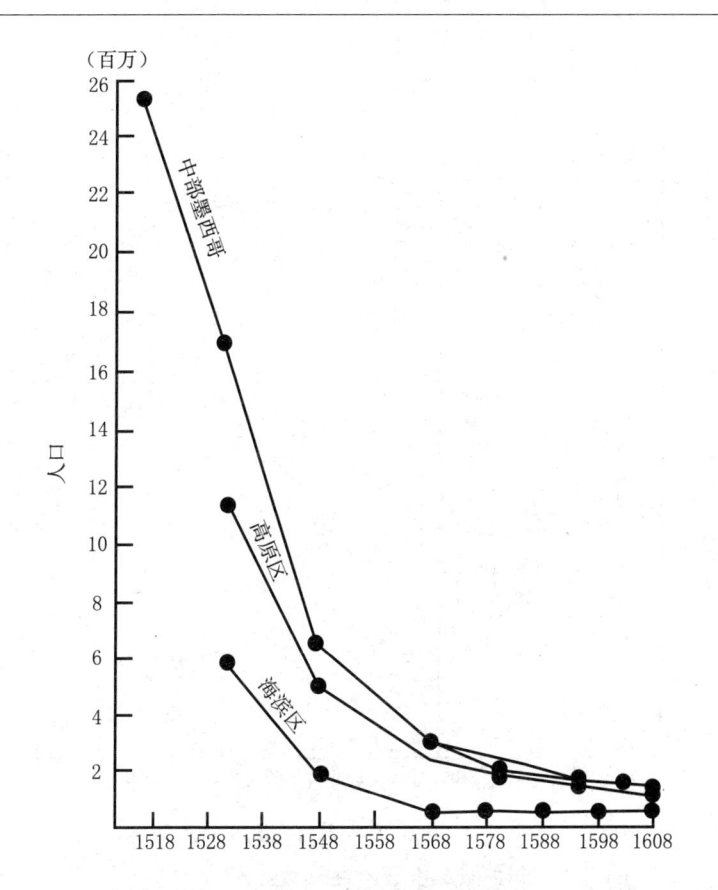

图 1-3　1518—1608 年墨西哥、中部墨西哥和中部
墨西哥高原地区及海滨地区的人口

资料来源：S.F. 库克和 W. 博拉：《人口史：墨西哥和加勒比海沿岸各国》第 1 卷，加利福尼亚大学出版社，1971 年，第 8、82 页。

的只是普遍认为人口增长过快，而不是像 20 世纪 30 年代那样增长过慢。

人口经济学作为一门科学，就因为它看来很简单而实际却非

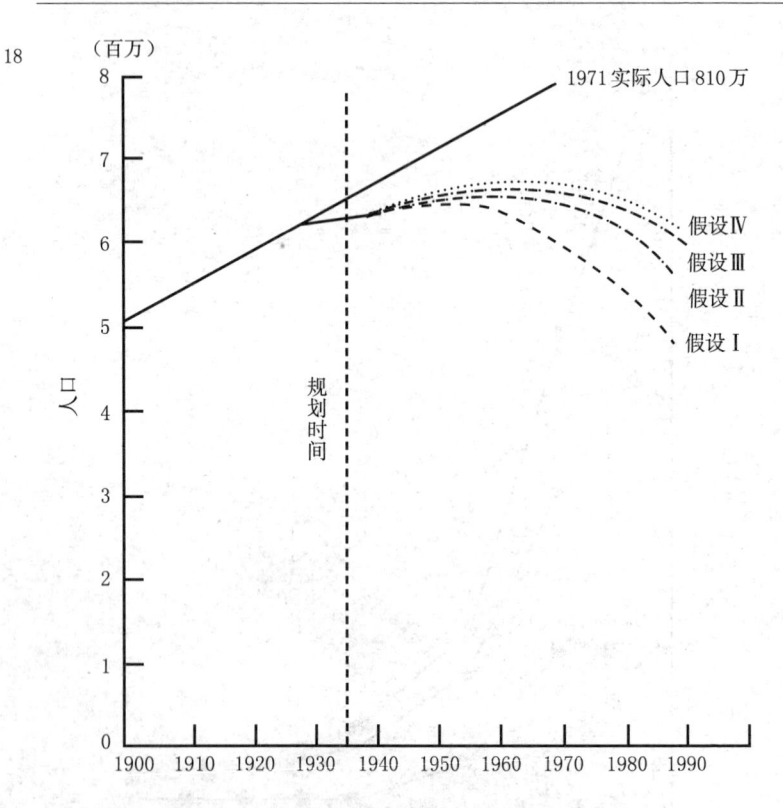

图1-4 1900—1985年瑞典人口，根据1935年做的四种假设和1971年的实际人口

资料来源：A. 缪尔达尔，《民族和家庭》，1941年版，第80页；原为人口委员会的人口调查报告。

常复杂，并不时遭受非难。首先是有上面说过的这种反论，认为人口增长从短期看似乎有害，而从长期看，即使以同一福利标准来衡量也是有利的。其次是有这样一种反论，认为人口和需求增加，使石油和铁矿这类自然资源用量增加，这种情况，从经济观点看，一般并不会使这些资源更加短缺，因为，由此而引起创造新的资源，以满足这种需要（见第五章）。最后，还有这种反论，认为虽然普遍提高的健康状况能在短期内加速人口增长，但从长远看，则几乎肯定会缓和人口增长。健康状况较好，婴儿死亡率较低，可使父母获得理想的、子女较少的家庭规模。这就减少了超过限度而使子女人数多于家庭理想的机会。因此，更好的营养，作为改善健康的主要因素，可能成为调节穷国人口规模，使之符合个人和国家愿望的最有效的投资。

这类反论说明：对于用人口、自然资源加上资本和经济福利的最简单模型所做的种种回答，应该不予承认。所得出的那些简单而耸人听闻的答案，可能是极其错误的，并能对文明和人类造成严重危害。

我们必须有勇气承认：人口经济学是一门复杂的科学，这里一个人的问题往往就是另一个人的答案，而且，大概最符合多数人长远利益的正是理智的谦虚和非教条的政策。

第一篇
人口增长对经济条件的影响

引 言

本书第一篇的目的在于估计人口增长,即人口增长快慢,对经济水平和经济增长的影响,并就发达国家和发展中国家分别叙述之。

第二章是阐述基本概念,先分别对每一重要变量做静态比较分析,再为这种调查提供一个一般模型的概貌。熟悉经济-人口学科的读者可以免读第二章。

第三、第四章是对用于数字模拟较发达经济中人口增长影响的每个变量进行详细讨论,并为每个变量提供理论和有效的分析证据,以便尽可能牢靠地为每个参数确立一个估计值。

第六章建立适合发达世界的特殊模拟模型,并给各种假设值求得答案。主要发现是:几乎在所有模拟情况中,人口增加的结果都是导致30—80年内每个工人的平均收入比人口不增长的情况更高,即人口增长率较高,从长远看,对发达国家显然是经济上有利的。

讨论发达国家的课题仅用了四章,而发展中国家却用了七章。前者比较简要的原因,主要是许多必要材料俯拾即是,因而无需在此发挥。另一原因是人口增长的积极影响简单,对发达国家比对发展中国家易于理解。发达国家人口增长的反馈效应并不涉及社会的基本心理或社会学的转变,而多是来自大规模经济和知识增加的外部影响。但在发展中国家,不论何种来自人口增长的经济积极影响,许多都是"现代化"的组成部分,即态度和行为的转变及生产技术的变化。理解这种转化并估计其可能的数值很不容易。发达国家的劳动力来源可以认为是由外生因素决定的,而发展中国家本国人口从事生产工作的数量和种类,则同人口的规模和增长成函数关系。因此,这种系统的需求方面必须包含在内。这是一种重要的复杂情况,也是探讨发展中国家比探讨发达国家需要较长篇幅的最重要原因。

第七章为发展中国家找到一个特殊模型,既适合于前工业阶段,又适合工业化阶段。这一章为通过社会解决模型所做的变量选择和所依据的计划提出理由,但并未确定方程式的形式和参数值。第八章研究西欧和其他地方的经济增长中,与自发发明的作用相关的人口增长所引起的反馈作用。据信,这种调查对理解历史具有独特的重要性。但其主要目的是给反馈过程提供历史前景,以备现代模型之用。第九章考察发展中国家人口增长对农业生产可能产生的行为变化,并对这种变化的数量做出估计。由于人口增长的作用必定因地因时而异,所以,第九章的附录提供了印度一个地区农村的例子,以使参数估计值适合这一特定地区。第十章探讨发展中国家人口增长对工业资本积累的影响,评论了一直建立在资本效用基础上的经济人口模型,并从这种模型分析中以及从适用的经验研究中,抽取可用于一般模型的参数估计值。然后,第十一章审查和估计人口增长对农业投资的影响,将人口增长分别对私人农业投资和对工业投资的影响互相比较后,发现这两种影响的数量一般可能相同,但方向相反。第十二章研究人口增长对社会资本投资(重点在运输业)的影响。

最后,第十三章把发展中国家的所有材料聚集成数字模拟,由此得出这一结论:从长远看,人口适度增长比人口静止或增长过快带来更高的物质生活水平,而从短期看,人口静止的优越性很小。发展中国家人口适当增长之所以产生较好的结果,其主要机制是增加劳动投入和需求会引起工业投资、增强社会基础结构和发展规模经济等方面。

第二章 人口增长对经济水平的影响：背景、相对静态和一般动态模型

一、背景①

> 朗韦斯先生：不错，你母亲是一位杰出的妇女——我能想起她。她不靠教区帮助，养育了最多的健康孩子，还做了许多好事，所以，受到农业协会的奖赏。
>
> 卡克松夫人：正是它——那个伟大的贫寒家庭，使我们低人一头。
>
> 朗韦斯先生：唉，猪多泔水稀嘛！
>
> ——托马斯·哈代：《卡斯特桥市长》，第89页

人口和经济史的这个大纲是理应简单的。本章从一个出生率和死亡率都很高的国家谈起。比如：多哥的出生率为55‰，18

---

① 本章几乎没有新内容，主要是为那些新接触这一课题的读者而写的。熟悉经济-人口学科的读者可以不读。

世纪中叶时芬兰的出生率达45‰,而20世纪70年代初,瑞典的出生率却只有14‰。从另一角度来看,现在瑞典妇女平均每人只有两个稍多些的小孩,而多哥妇女却平均每人有六个以上的孩子。

早些年,在像多哥和18世纪的芬兰这样的国家中,死亡率高得足以防止人口迅速增长[①]。但是,在大多数发展中国家,死亡率已开始下降,并可望继续下降,而且,其余的发展中国家,也即将出现下降。1960—1964年,多哥的死亡率是29‰,所以,死亡率和出生率之间已经存在实质性差距。还有毛里求斯,1931—1935年以来的死亡率从29.6‰下降到8‰,出生的预期寿命已从33岁上升到64岁。多哥未来的死亡率也很可能像毛里求斯那样继续下降[②]。

人口学家相信:发展中国家的出生率也将随着死亡率的下降而相应下降。他们这样相信,是因为这是欧洲及其海外属地和日本既往的经验,还因为像新加坡、毛里求斯、巴巴多斯、朝鲜、哥斯达黎加、留尼汪和马提尼克(其中许多地方都是岛屿)等这类地方的最近出生率也都显著下降。但可惜因为人口转变理论的缘故,在某些死亡率(尤其是婴儿死亡率)大大降低的国家里,出生率即使有所降低,也下降不大。这就是说,相当多的欧洲以外

---

① 多哥目前的出生率也许比早些年高,如果其他国家的经验可资借鉴的话。参见本书第14章、第16章。

② 资料来自H.吉尔(Gille)的《18世纪北欧国家的人口史》一文和斯托尔尼茨(Stolnitz)的《亚洲、非洲、拉丁美洲近来死亡率趋势》一文以及直至1974年各期《人口指数》。当然,这种估计的精确程度不高,但不影响这里的论点。

的国家至少目前并未按欧洲国家的模型发展①。然而,就算这种人口转变是现实的公平写照,我们还是可以暂时继续说下去。

与高出生率和高死亡率相比,低死亡率和低出生率的结合这本身无疑是一件好事——无论出于减少为抚养任何既定规模的家庭所付出的艰辛劳动这一人道原因,还是就经济原因来说,都是如此。抚养的孩子夭折了,从经济②和感情上来说,都是一项可怕的损失。

就发展中国家而言,学者和国家计划工作者所关注的重要的人口经济问题是:较高或较低的出生率将怎样影响人口转变和工业化的进程?较高的出生率是延误或阻碍经济增长呢,还是有助于经济增长?在人口转变时和转变后,人口增加对经济增长和生活水平的预期影响究竟有多大?这就是本书就发展中国家谈到的问题。通过实验探索及模拟对此提供的答案是:按短期来说,人口增长率极低是比较有利的。但从长期来看,比如75—150年后,人口适度增长则比不增长或增长过快都更有好处。

---

① 参阅奥奇斯利和科克1975年发表的《拉丁美洲和加勒比海地区的现代化和人口转变》一文。

② W.L.汉森在1957年发表的《对儿童死亡代价的评论》一文中用每个年龄组的孩子死亡数乘以死亡前该年龄组孩子的所估总费用。根据1951年资料,印度是其国民收入的约3%,英国和美国在1951年是0.1%(1931年也许为0.3%或0.4%)。印度的数字比引用较多的果什(1946年)的数字——占"我国国民收入的22%"——要低得多,但仍然大得十分可观,与印度国民生产总值年增长速度一般大。

另一种方法是,估计养育一个人到18岁平均费用的增加。儿童死亡率越高,18岁前夭折的孩子的费用就越大。索维估计:在发达国家,儿童死亡率提高费用1%弱,而在1921—1930年的印度,则提高15%—20%(索维引述莫尔塔拉用不同的费用结构估计印度为10%。见索维的《人口通论》,第238—239页)。

对于发达国家,调查的重点却不一样。在死亡率低、出生率也低的地区,死亡率进一步降低不再是经济问题的中心①。但人口可能仍按较快或较慢的速度增长;而且事实上,可能根本就不增长,甚至下降。我们将会看到,人口变化的各种可能性对发达国家经济的不同影响,与发展中国家相比较,有些影响是相同的,有些影响却很不相同。确定发达国家中不同人口变化方式对经济增长的可能影响,是我们研究发达国家人口变化的课题。按两种截然不同的模拟方法,将最有道理的、基于经验的估计值,用于知识反馈和其他参数,结果说明:30—80年后,在发达国家中,较快的人口增长使得生活水平高过人口不增或增长较慢。

　　因为对发达国家和发展中国家来说,人口分析的许多原则是相同的,所以,现在本章是从理论上研究这些相关变量。另外,本章还为了弄清所有变量的巨大影响而草拟一个总模型。后面的各章则分别调查人口变化在发展中国家和发达国家的全面影响。本章其余部分应看作是对后面实质分析的理论引导。

二、人口增长和经济的静态比较

　　人口分析经济学最重要的思想来自马尔萨斯,并可用一句话来概括,即:假设其余情况均相同,则人越多,人均收入便越低。

---

① 但在将来,延长人们在各种不同的生理年龄所度过的时间跨度,或许成为一项重要问题。我希望有人能很快对此问题进行调查。

这一主张来自报酬递减律，即两个人不能同时使用同一件工具或耕种同一块土地，而不降低每个劳动者的产量。一种与此相关的意思是：一定数量的食物养两个人就不如养一个人好。于是，当人们考虑不同的出生率引起不同的人口规模时，这种主张就会因为下面这一事实而得以加强，即人口越多，则劳动力所占比例越小。

然而，读者不要过于相信这一结论，因为这一结论是完全基于"假设其余情况均相同"这一假定的。这里有两种观察，会使你暂时不做判断：(1) 如果地球上的人口从未增长到以百万计或以十亿计，而仍维持以百计或以千计，那么，十分清楚，我们一定仍然是原始的狩猎者和采集者；(2) 世界上某些人口最稠密的地区是最富有的。

后面的讨论大多集中考虑包含在"假设其余情况均相同"这句话中的各种因素；如果这些因素不保持不变的话，那么，这句话就可能颠覆马尔萨斯的上述结论。或者也可能加强它。这就好比是在断言：假设其余情况均相同，两个物体将以相同的速度（在真空中，这种速度就是地心引力速度）掉到地球上，然后再考虑或许使一个物体掉得比另一个物体慢，或者甚至使它上升（比如一个气球）的那些因素。

首先，我们要更仔细地考察报酬递减律（或换句话说是"绝对数字影响"）的作用。其次，我们要考察年龄分布和劳动力比例问题。然后，我们再看看仍在相对静态范围内的某些其他因素，这些因素可能减少或加强这两种主要力量。本章的讨论是很一般性的。有关大部分这些关系的经验证明，将在以后各章中提出。

人口绝对数量的影响

对一种人口简单地增加更多的人,既直接影响消费;也会通过影响每个劳动者的生产而间接影响消费。前一种影响十分简单:假如只有一块饼,吃的人越多,每人所得的那份就越小。1967年旧金山嬉皮士的经历就说明了这一问题:

> 大多数嬉皮士的生存问题是有保障的,但由于街上尽是一文不名的人,食物和住房不能充足提供,已变得越来越明显。部分解决方案也许来自一群"挖掘者",他们被称为嬉皮运动中的"工人牧师"和哈什布里的"无形政府"。这些挖掘者年轻而且过分地讲求实用;他们建立了自由居住中心,自由施粥所和自由衣物分发处。他们搜罗街道一切救济捐献,从金钱到面包以至帐篷装备。
>
> 有一个时期,挖掘者们每天下午能在金门公园吃三顿饭,尽管饭菜并不充裕;但是,消息一传开,越来越多的嬉皮士接踵而来,挖掘者们被迫到很远的地方去觅食。偶然也会出些问题:有一次,23岁的挖掘队长埃束特·格罗甘在当地屠夫拒绝捐献肉屑而骂屠夫为"法西斯猪猡和胆小鬼"时,就挨了屠夫一刀背。(《纽约时报杂志》1967年5月14日,第121页)

这种消费效应在一个家庭内是十分突出的。如果收入固定不变,又不从事额外劳动以增加收入来弥补孩子的需要的话,那么,孩子越多,每个孩子从家庭收入所得部分就越小。

从生产方面来看,先考虑一个低收入的国家。它在一定时间内,有一定数量的土地,一定数量的工厂和其他固定的工业资产。如果这个国家的劳动力多而不是少的话,则每个工人的生产量,在用较多劳动力时比用较少劳动力时要低。其理由是传统的报酬递减论点。如果工人数量较多,而资本数量(工具或土地)不变,则产量增长率低于工人人数的比例,即平均每个工人的土地或劳动工具少了,因而即使总生产量较高,其每个工人平均生产量仍然较低。

在工业方面,边际报酬递减对固定资产的影响,则因明显的固定工艺比例"一人(或 N 人)用一台机器"而被掩盖了。但即使是最简单的情况,一人(仅仅一人)操作一台机器(假定所有机器都开工),则增加工人人数总会引起边际报酬递减——事实上,边际收入减到零。因为,一个增加的人没有机器可用,就不能生产。因此,每个工人平均产量就降低了,因为同样多的产量现在要由原有工人加上新增加但没有生产的工人来均分。另一种较好的情况是工人数量越多,每台机器每天使用的时数也越多,但是,新增加工人的边际报酬也可能递减,因为机器保养和维修的时间少了,就是说,只能用更多的工作倒班时间来维修和保养。

在人口众多的发展中国家,农业的边际生产率可能为"零"的问题,已进行过许多讨论。不过,现在普遍认为:在生长季节的任何时候,多劳动似乎总会多得点收成,因此,农业上追加工时的边际生产率总不是"零"①。即使在人口最稠密的国家,收获季节也总感劳动力不足。(当然,在农闲季节,农民们每星期的工时相对少些。正是这种现象使许多观察家们认为边际生产率为零。这种有潜力的工作联营能帮助发展中国家的经济发展,如果能从中得到实际工作产量尤其是有基本建设投资工程的实际工作产量的话)然而,马尔萨斯理论的基本事实仍然是:农业像工业一样,也是增加工人的报酬递减。

那么,我们已经看到,人口绝对数量在假设其余情况均相同的情况下的作用,是从两方面压低人均收入,一是因为更多的消费者平分任何既定数量的产量,二是因为用于每个生产工人的资本越少,所以,每个生产工人的产量也越少。

年龄分布的影响

至此,我们已详细地比较了规模不同,但其他方面均相同,尤其是每种年龄的人数比例都相同的各种人口。但是,决策者从未在年龄分布相似的人口之间进行过取舍,因为人口规模大小不像要买10磅或20磅糖那样马上就能得到。相反,一个国家就其能够选择的范围来说,大多在较高或较低的出生率之间进行选择,而出生率高低只是在一段时间之后,才会导致人口多少的差异。而且,在达到这种或那种人口规模的过程中,必然引起人口年龄不同分布的结果。

---

① T.W.舒尔茨:《亚洲农业的生产机会:一个经济学家的笔记》,载《经济发展读本》,1972年版,第352页。

对比一下开始时人口状况相同的两个国家。一个发展人口的国家,这一年必定比另一国有更多的婴儿,虽然两国人口中其他年龄的人依然相同。因此,现在和将来都较大的人口,其不满周岁的孩子总是占较高的比例。另外,如果两国人口在一段时间内以不断的但不同的速度增长,那么,与增长较慢的人口相比,在增长较快的人口中,不同年龄的孩子总占较高的比例。换句话说,人口增长较快,就意味着不够劳动年龄的青少年人口比例较大。劳动者比例较小,必定意味着假设其余情况均相同,则人均产量较少。因此,人口绝对数量的影响,加上在增加人数过程中出现的年龄分布,这二者都按同一方向起作用,使人均产量减少。

就像我第一次研究这方面的材料一样,没有受过人口统计训练的读者也许会对年龄分布的差异程度感到吃惊。例如,在1955—1956年,哥斯达黎加的人口中,44%小于15岁,而在瑞典,却只有24%[1]。1970年墨西哥和瑞典的年龄分布差异见图2-1。图2-2概括了1960—1965年的世界年龄分布数据(以及出生率、死亡率和自然增长率)。在15—64岁的主要劳动力中,男性所占比例,1940年瑞典为70%,1900年巴西为53%[2]。即是说,与总人口相比,瑞典的男劳动力比巴西多30%以上。这种差异对经济的影响显然不是无足轻重的。而这仅是年龄分布对男

---

[1] 哈罗德·F. 多恩:《世界人口增长》,载《人口困境》,1963年版,第24页。
[2] 联合国:《人口老化及其经济社会意义》,载《人口研究》第26期(1956年),第15页。

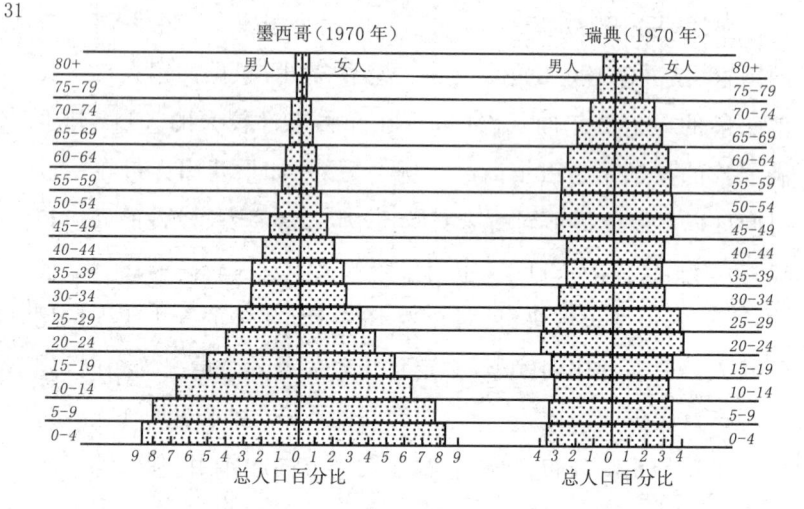

图 2-1　1970 年墨西哥和瑞典年龄分布对比

资料来源：根据 R. 弗里德曼和 B. 贝雷尔森的《人类群体》，载《科学的美国人》第 23 期（1974 年），第 38—39 页复制。

劳动力的影响结果。

当人们也考虑妇女时，年龄分布对劳动力中人口比例的影响甚至更大。妇女生的孩子越多，参加社会劳动的机会就越少。比如，20 世纪 20 和 30 年代，以色列的大多数集体农庄生活艰难，常常对父母有一种不能超过两个孩子的强大压力，以便妇女能继续工作，而不只是生儿育女。①

所以，孩子增多对人均产量（收入）有两种不利的年龄分布

---

① E. 卡诺夫斯基：《以色列聚居区的经济》，哈佛大学出版社，1966 年坎布里奇版，第 38 页。

第二章 人口增长对经济水平的影响：…… 51

约略平均每年增长率（每1000人）

年龄组（岁）   出生率 死亡率 自然增长率

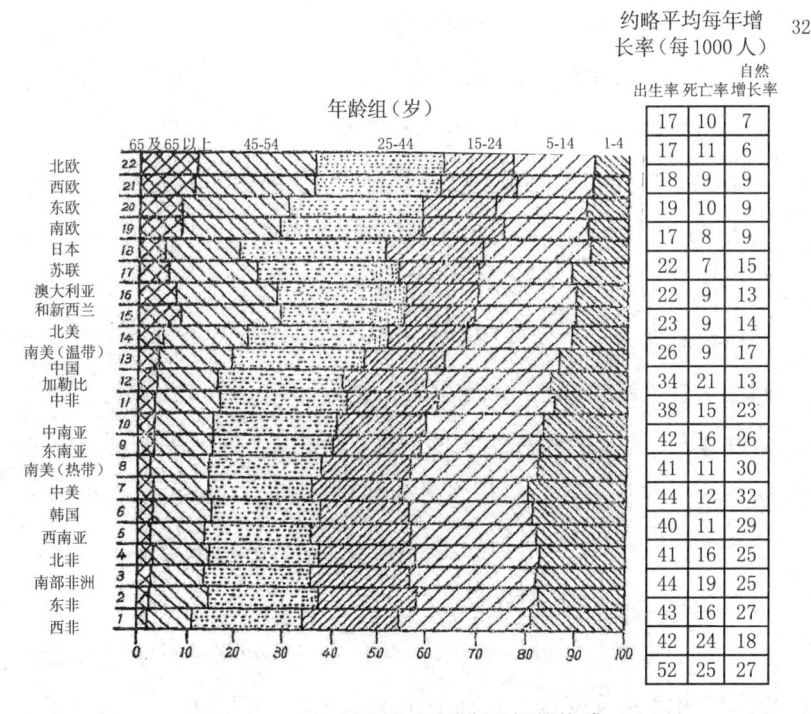

出生率	死亡率	自然增长率
17	10	7
17	11	6
18	9	9
19	10	9
17	8	9
22	7	15
22	9	13
23	9	14
26	9	17
34	21	13
38	15	23
42	16	26
41	11	30
44	12	32
40	11	29
41	16	25
44	19	25
43	16	27
42	24	18
52	25	27

（北欧、西欧、东欧、南欧、日本、苏联、澳大利亚和新西兰、北美、南美（温带）、中国、加勒比、中非、中南亚、东南亚、南美（热带）、中美、韩国、西南亚、北非、南部非洲、东非、西非）

年龄组：65及65以上、45-54、25-44、15-24、5-14、1-4

图2-2 1960年世界主要地区年龄构成

资料来源：J.布乔斯-皮查特的《人口增长和发展》，载《国际和解》第556期（1966年），第44页，资料取自联合国的《社会统计摘要》（1963年版）附录B表1和附录C表1、2、3。

影响，第一是劳动力年龄人数比例更小，第二是走出家庭参加工作的妇女人数减少。

对公用设施的需要

如果一个既定人口的所有年龄的人都立即增加10%，那么，将增加10%以上的人要用乡村水井或城市医院或疗养海滩。对这种无偿提供的公共劳务需求的增长,必然引起:(1)得不到劳务享受的人口增加;(2)人均得到的劳务量减少;或者,(3)政府对公用设施的额外开支增加。如果人口增加10%,导致劳动人口也增加10%,而且,如果增加人数的平均生产率也像原来人口那么大,那么,增加的人口将不致影响人均收入。但这种生产上的补偿性增加是不大可能的。人们在寻找工作和进行生产之前,对公用设施尤其是对学校的要求就产生了。即使是成年的移民,他们还未进入国界,就需要使用海关设施。甚至在增加的孩子参加劳动以后,更多的潜在工人的增加,可能由于前已论及的报酬递减作用而降低工人的平均生产率——至少在短期内、在发展中国家是如此——因此,增加的工人将不可能像以前平均每个人那样交那么多税,以支持公用设施。

由于需要公用设施增加,以致每人平均所得劳务水平可能更低,平均每人所得到教育和卫生保健更少。但是同样重要的是,或许要因此而挪用其他设施的资金。一些本来用于港口和通信系统的税收金额,可能挪用于增加人口所需的教育和卫生保健。

储蓄率

每个工人的产量和由此得到的人均收入,都取决于可供每人用于劳动的资本数量(尽管人均产量当然不只取决于资本量)。为了得到一笔资本存量,人们必须储蓄其部分收入。因此,从当前收入中储蓄的数量,总要影响未来的人均收入和消费。

储蓄可由个人或工商企业直接进行。另外,作为税收而向个人征收的钱,政府可储蓄其一部分。这里先说个人储蓄。①

一位勉强养活五个孩子的父亲,钱对他的边际效用总比只有三个孩子更大些,也就是说,看来他更"需要"钱。因此,他被认为花费多,积蓄少。这种观点无疑是假设个人挣钱的机会是固定的,以致孩子多少并不影响其工作取舍。它还假定增加孩子对他的影响是使他只得多顾些眼前消费,少顾些今后消费②。做出这后一种严格假设的根据,只是这种心理上的猜测,即认为孩子增多,便意味着决定储蓄或消费的父母们因有更多的请求,恳求和需求,而不得不改变他们的选择,比孩子少的时候花去他们收入中的更大一部分。但是,人们也可能估计相反的作用,即认为孩子多了,他们可能放弃目前的享受,为孩子们的将来需要,比如上大学而积蓄些钱。这种理论上的矛盾,说明现有的理论并无多大用处。

另外还有一个原因,说明为什么单靠关于储蓄的推理,对我们用处不大。收入固定而不随孩子的多少变化,这一假设很可能是不现实的。无论男方或女方,只要有较多的子女,总是在孩子

---

① 从储蓄和投资的观点来说,一个人为6个孩子中的每一个每年花费50美元,还是为2个孩子中的每一个每年花费150美元,不会直接影响到社会的其余部分,了解这一点是很重要的。仅仅当他在两个孩子身上共花费的钱少于300美元,而如果他有6个孩子,又花费了300美元时,社会一般能从他的较小家庭通过个人节省而得到好处。

② 这后一种假定或许也意味着:他宁愿眼前多花一点,而不为将来达到更高的消费水平来储蓄。根据生命周期消费论,孩子增多导致提前消费,这也就意味着减少决策者有生之年的消费。

长大之后多做些工作的。固定收入的假设在仅能维持生存的农业方面尤其不合适。许多农业储蓄尤其是土地开垦和兴修水利的积蓄，是靠农民自己的劳动完成的，而且总是用他们本来从事耕种以外的劳动来完成的。人口增长对此种储蓄可能起积极作用，因而也对社会的资本存量产生积极影响。

简言之，即使关于要更多孩子对选择和决策的影响这种假设是对的，该理论也不能告诉我们：究竟这种既定收入中的储蓄效应，总的来说是负的还是正的？或者，如果是负的，那么，这种负效应是不是总的来说比起人们因为孩子多而工作更努力的这种相反的正效应更大呢？因此，人们必须参考经验材料以便确知：究竟多子女对总储蓄，或者对储蓄占收入的比例，如果有影响，是多大？为此将发达国家和发展中国家的许多这类材料，分别在第三、第十和第十一章里陈述。

多子女对政府储蓄的影响也可能是重要的。人们往往这样设想，假设其余情况均相同，贫困社会的人民多子女时，政府收税的权力就较小，因为家庭内养活孩子和交纳所得税之间的矛盾更尖锐。然而，人们也可能会追究另一面：如果孩子较多而不是相反，则政府有可能收取"更多"的税，因为人们认识到需要拿更多的税款去办额外的学校和其他设施。孩子数目还可能影响政府投资的种类。比如，孩子增加可能导致政府比孩子少的时候多投资于教育和公用设施，而加快商品生产的资本投资可能下降。

三、规模效应

一个国家的规模及其单位面积的人口密度，能以许多不同的方式影响经济活动的效率。自亚当·斯密以来，经济学家思想中首要的是：假设其余情况均相同，则较大的人口意味着更大的市场。较大的市场可能产生更大的、比小工厂效率更高的制造厂，以及更长的生产流程，并因而降低单位产量的装备成本。更大的市场也可能使劳动分工更细，从而提高生产商品和劳务的技术。机械的专业化也能由此出现。商品市场较小的公司只能购买生产几种产品的机器。如市场较大，则公司能为每种业务分别购置更专门化的机器。更大的市场还有助于发展更多种类的劳务。如人口太少，就不能为一定的产品或劳务提供有利可图的市场，并因这时没有卖主，而使人们得不到急需的产品或劳务。规模经济也来自学习。某些人生产的收音机或桥梁越多，则他们通过"边干边学"提高技艺的机会也就越多。

一个国家人口规模对其生产效率的影响，取决于其物质条件和政治环境。其中一个因素便是该国与邻国经济联系的程度。如果边界贸易限制不严，如果交通良好而且便宜，那么国家大小并不重要。摩纳哥（Monaco）并未因缺乏劳动分工而遭受损失，因为它与法国联系非常紧密：它自己无需生产各种商品和劳务，大多从法国进口，而以赌场为其专营出口商品。反之，以色列与其阿拉伯邻国几乎不通商，因而必须在其边界范围内从事较多的活动。因此，以色列人口的绝对数量，比和中东其余国家如果有经济来往时至关紧要。另一个影响效率所必需的人口绝对数量的因素，就是经济发展的阶段。社会越落后，各种人能从事的专业就越少。即是说，假设其余情况均相同，人口规模小的压抑作用对于一个十分落后的国家来说，不像对一个工业国那样大。

因为市场扩大，人口增长必须伴之以总收入的增加，而更多的孩子并不意味着总收入的自动扩大，尤其在短期内是如此。但当新增的人口达到能劳动的年龄时，不管在任何有道理的假设下，其总收入和总需要都将大于人口不增加的情况。

较多的人口也使许多大型社会投资如铁路、水利系统及港口等，都有利可图，而人口少则不然。此类建设可能同每个地区的人口密度成函数关系，比如，一名澳大利亚农场主在远离其他农场的地方开垦一片土地，他很可能无法把产品运往市场，也不易获得劳动力和供应。但当其邻近建立更多农场时，就会修建联结购销市场的道路。这种推理是根据澳大利亚要求移民和增加人口的愿望而进行的，就像20世纪美国西部的情形一样。公共管理和治安力量如消防部门等其他社会活动，也是当人口较多时，其人均成本较低。

也有人口规模增大而造成不经济的情况。人口拥塞就是一例。例如，因为在一个城市水果蔬菜批发市场上，销售者及其活动数量的增加，做买卖会因交易场地的混乱和狭小而变得更困难。这种不经济很像马尔萨斯推理核心的土地报酬递减论。只要有某种规模不变的生产因素——不管是农场主的土地，还是批发市场——这种现象就会最终发生。但是，如果这种因素能增加，那么，人口规模（尤其是拥塞）的不经济就能避免或减少。

不经济的另一根源可能是：随着群体的扩大，为群体利益而协力工作的倾向降低了①。

鉴于有许多因素与按反方向影响经济活动的规模有关，经济规模和人口密度的纯影响，只能凭经验得知。发达国家和发展中国家许多有关经济数据，都分别在第四和第十二章中提出。

四、人口增长对健康的影响

一个国家的公民健康状况显然是人民关心的主要福利之一。感觉到身体健康至少是一种经济所能提供的宝贵东西。健康也是经济活动的中心问题。健康人能比病人工作得更努力、更有成效。流行病是穷国发展经济的关键性障碍。

赤贫国家的人口增长可能影响健康水平。在家庭中，人口增多可直接降低每人的各种食物分量，这就可能直接损害发育，并由于易于患病而间接引起死亡。母爱和父爱也可能减少；但这种负作用是在什么情况下产生的，还不清楚。如果一个相对少的人口总会导致相对高的人均收入，则人们定会由此推断：即使是发展中国家也会因此有较好的健康水平，因为家庭能提供较好的营养和健康。

但人口密度增加也能有益于健康。比如，疟疾在人烟稀少而

---

① 参见小曼克尔·奥尔森（M.Olson Jr.）的《集体行动的逻辑》，哈佛大学出版社，1965年坎布里奇版。

又特别潮湿的地方则会发生，因为密度增加会移动繁殖场地（见第十二章）。人口密度较大还会增加保健设施的工作效率。所以，我们难以预断人口增加对健康的纯影响是积极的呢，还是消极的。

五、收入对人口增长的反馈效应

如果不谈收入对人口数量和增长的作用，那么，以上关于人口与收入关系的重要因素的讨论是不完全的。如果其他一切尤其是嗜好都一样，则收入对出生率的影响是积极的，而对死亡率的影响是消极的。但除了极短期内是例外，收入改变，则其他因素并非一成不变。因此，收入增加对出生率的长远影响是复杂的。第十五和第十六章相当详细地讨论了这个问题。然而，值得在此一提的是：在某种分析中，人口变化可能被认为是外生因素引起的，如果把出生率当作政策控制的一个变量，则尤其是如此。因此，不考虑这种反馈作用。但从长期来说，人口变化显然是同经济变化成函数关系的，必须作为一个完整体系进行全面研究。

六、人口增长经济学研究的一般动态模型

一个名副其实的经济学家必须注意到人口影响的规模和重

要性。并且，如果几种影响同时起作用，他就必须关心整体的影响，而不是在假定其他变量都不变（实际上它们并不是恒定的）的情况下，只关心某一种变量作用的大小。这种全面估价，需要研究变量之间的相互作用以及与其他变量的相互作用。为此，人们想得到满意的全面估价，只能给需要讨论的经济建立一个综合模型，然后，对这种经济在各种人口增长条件下所产生的不同收入加以比较[1]。

一次综合估计总需要一个动态经济模型。因为一种较现实的模型有较大复杂性，而一种较抽象而且不很现实的模型，则有较大的失真，所以必须在二者之间折衷处理。

这种综合动态模型和出发点是一种生产函数，用以表明产量与生产诸因素的关系。生产函数包括影响产量的各种因素，如劳动，各类资本，其他资源，以及用于生产过程的知识，等等。在研究发展中国家的人口时，往往需要把全部生产函数分成农业生产函数和工业生产函数两部分，t 年中的全部生产（或收入）Y，可表示[2]为：

$$Y_t = f_F(M_{F,t}, A_{F,t}, 教育、卫生\cdots\cdots其他因素)$$
$$+ f_G(M_{G,t}, K_{G,t}, 教育、卫生\cdots\cdots其他因素)$$

式中：M 为在时间 t 的时候，F 或 G 部门扩大的劳动力人时数。
K 为在时间 t 的时候，F 或 G 部门的物质资本。

---

[1] 说一种人口规模比另一种好，指的是哲学而不是经济学问题，这一问题将在第17章中详细讨论。

[2] 本书所用全部符号的含义，请见第8和第9页。

A 为在时间 t 的时候，F 或 G 部门的知识和生产效率水平。
F 为表示农业的符号。
G 为表示工业的符号。

对生产函数的输入，尤其是资本和劳动的数量以及系统中每一时间点上的生产效率水平，都必须估计到。使用的劳动数量 M，取决于潜在劳动力 L 的规模。而潜在劳动力总数显然又取决于历年的出生和死亡人数，现在的卫生水平，以及其他因素如妇女就业程度（所有这些又可受出生率的影响），等等，也就是：

$$L_t = f（\text{MEN}_{j=0, t=-65}；\text{MEN}_{j=0, t=-64}；\cdots\cdots\text{MEN}_{j=0, t=-15}；$$
$$\text{WOM}_{j=0, t=-65}；\text{WOM}_{j=0, t=-64}；\cdots\cdots\text{WOM}_{j=0, t=-15}；$$
$$\cdots\cdots E_{t=-64}；\cdots\cdots E_{t=0}；卫生，其他因素）$$

式中：$\text{MEN}_{j, t}$ 和 $\text{WOM}_{j, t}$ 分别为 t 年中年龄为 j 的男、女人数。E_t 为 t 年中的死亡率表。变成实际工作人时的潜在劳动力的比例，取决于人们对商品和闲暇以及其他东西的嗜好，或者：

$$M_t = f（L_t，偏好）。$$

工、农业之间的劳动力分配显然是复杂的，但又必须考虑到，而且必定在很大程度上取决于该国工业发展的阶段。

假定储蓄用于投资，那么，在任何一段时间 t 内存在的物质资本数量，总是随 $t-1$ 的时候资本数量加上 $t-1$ 时期内的净储蓄

而变化的,这种恒等式可写作:

$$K_{t+1} = K_t + S_t$$

其次,这种模型必须表明物质资本(即储蓄)是怎样发生变化的。储蓄肯定要受整个社会经济水平的影响。它还可能受人口增长的影响,虽然无法预知人口增长的影响是积极的,还是消极的。

$$K_{t+1} = K_t + f(Y_t; \text{POP}_t - \text{POP}_{t-1}; 其他因素)$$

式中:POP 为总人口规模。储蓄如何取决于总产量及经济中的其他因素如家庭规模和生活水平,对于确定我们的模型和实际情况十分重要,而单凭经验做出这种估计也是十分困难的。

技术变化(A)也必须加以考虑。这个模型中的人均收入、总需求(D)和人口规模对技术的影响,同其他一些因素一样都是切实的。

$$A_t = f\left(\frac{Y}{\text{POP}}; D; \text{POP}; 其他因素\right)$$

教育当然是一种重要的影响。经济学家认为,教育对体现于个人和社会中的"人力资本存量"做出贡献。虽然这个因素对经济增长是关键性的,但我们对人力资本与物质资本生产率的关系所知甚少。

至此，在人口随着时间对收入水平影响的动态模型中所必须研究的许多主要因素，都已齐全。当然，在任何特定模型中，还需考虑其他许多因素，这可从本书所用的特定模型中看到。发展中国家的总模型（其中农业部门相当大）也要有一种机制，以便给工业或农业部门分配劳动力和资本。发展中国家大概适用的机制是人民对闲暇、对农产品以及对工业品爱好之间的比较。图2-3是这种总模型的解析图。

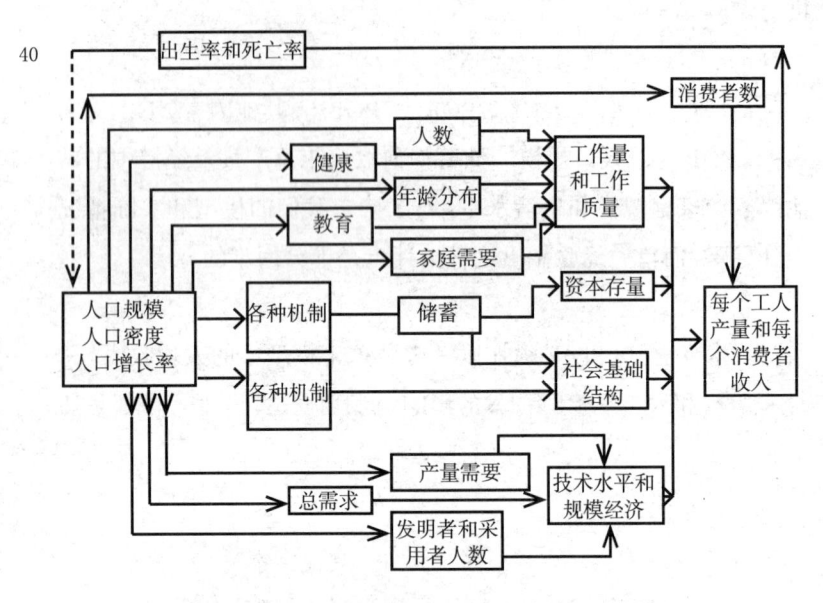

图2-3 人口增长与经济水平之间的主要联系

与估计所有这些影响的作用有关的经验数据，将在第一篇的其余各章中谈及。

七、家庭类推

家庭类推有时是了解人口增长影响的一种可取的直觉捷径。比如，如果一个家庭决定多要一个孩子，那么，可供原来每个家庭成员的费用就会减少，整个国家也是如此。父母亲也可能延长工时以获取额外报酬，来解决家庭的额外"需要"，国家也是这样。家庭为了支付额外的开销，也可能减少储蓄，或者为了支付预计将来诸如教育费用开支的需要而更多地积蓄。整个国家也是一样。新增的孩子不能马上给家庭经济上带来好处，但将来则可能对双亲和其他亲属有好处。像国家一样，家庭也要在未来的经济利益和眼前的非经济的精神利益，同这个孩子的当前开支之间权衡轻重。家庭模式与国家模式的重要区别是：新增人口对整个社会的知识和市场规模做出贡献，而家庭则不可能从此种效应中获得好处。

然而，这种家庭类推是错误的，如果它导致忽视新资源创造可能性的话。比如，如果家庭开始时有一块大小既定的土地，而后再生一个孩子，那么，当孩子们长大继承土地时，每个孩子的土地似乎就少了。但家庭能以灌溉、种植多种作物及其他方法，来提高土地的有效利用率，还有些家庭为此开垦新地。因此，多生一个孩子的结果并不仅仅是土地或其他自然资源的减少，在人们把家庭看作静止的封闭系统时，这种减少似乎是不可避免的，其实不然，由于新增添孩子的出现，资源可能增加。

八、增长、规模、密度和增长率的关系

本书题目提到人口增长。但本书的第一和第三篇中的经验材料,大多是关于人口规模和人口密度的。这就需要做一些说明。另外,还必须区别人口增加和增长率。

社会科学常常把在某一特定时间内观察的典型,用来代表估计一段既定时间内变化的影响。这里往往将某一特定时刻、不同大小的国家的一个样本,用来代表某个既定国家总人口不同的各个时期的模型。当然,在从横截面到个别历史的推断中,有各式各样的意外情况,所有这些情况都在有关研究方法的文献中找到充分的证明资料[①]。但是,横截面数据常常是我们能得到的一切,因此,我们总是尽其有效性的最大限度去利用它们(但希望不超出这个限度)。

当我们考虑人口规模与中央政府费用的关系这类问题时,不同人口规模国家的样本也许是很好的代表。但是,有许多因素,比如农业状况,我们认为在人口相同而面积不同的国家中是不相同的。这种情况,拿不同人口规模和不同面积的国家对比,就会发生误会。对于那种土地面积重要的情况,我们可能借助于不同国家的人口密度,作为特定国家人口增长的代表,因为单位面积的人口(即密度)考虑到整个面积的差异。但在土地面积并不重

---

① 参见本书第十九章。

要的情况下,密度是一种不完善的代表,因为它并不区分不同的总人口。

最后,我们考虑一下人口增长的数量和速度。首先,让我们注意:虽然我们总是泛泛地谈到人口增长数量,而不指明出现增加的时段,但精确的讨论却必须明确这种时段(比如20年或200年)。因此,如果增长量和时段都明确了,我们就能马上计算出所谈情况中的平均增长率。一般地说,增长量和增长率之间并没有区别。

但是,有时候,人们对既定时段内的不同增长率感兴趣。例如,比方说,在某一世纪中,人口增长是全部出现在上半世纪、而下半世纪却没有增长,或者,不然是整个世纪人口都在稳定增长,这对某种经济和社会是不一样的。如有这类情况的几种可能性,那么,引入该时段内增长率的概念,以及该时段中全面增长(或平均增长率)的概念,是或许有用的。但在本书中,通常没有必要予以讨论。

最后一点需要说明的是:本书的主题是全面经济水平。不管收入分配是作为其本身利益的一个变量,还是作为可能影响经济活动水平的一种变量,本书都未就人口增长对它的影响给予注意。皮特·H. 林德特(Lindert)即将出版的著作(《生育率和美国的稀缺》第六和第七章)认为,已增长的生育率可能对美国扩大收入分配产生相当大的影响。

九、小结

第二章重申了第一篇要讨论的问题：人口增长对发展中国家和发达国家经济的重要影响是什么？对发展中国家来说，问题是：人口增长是使人口转变和工业化放慢呢，还是加快？而对发达国家来说，问题是：人口增长对每个劳动者收入增长率的影响。

后面几章谈到，有关发展中国家和发达国家中人口增长与经济增长的关系的经验事实，并不支持马尔萨斯关于人口增长对经济的影响的传统性结论。这说明：马尔萨斯模型缺乏某种或某些关键性成分，并由此引导我们去寻找更满意的模型。本章先就人口增长效应的更完善模型，略谈其关键成分，然后草拟出一个很一般的动态模型。第一篇的后面几章就发展中国家和发达国家，给出有关这些变量的数据，并根据这些事实，提出一些专门模型。

第三章 发达经济中人口增长对收入的影响：数据、理论和微观经济变量

一、引言：数据和理论

关于富国人口增长对每个工人收入的影响，有两种互相矛盾的思路。一种是传统分析法，使用储蓄、需求和生产函数的标准经济概念，认为：只要国家或联邦国家已经大到没有重要的规模经济，并已有充分就业和高度平稳的预期寿命，则人口增加总是降低每个工人的收入（可参见马尔萨斯的《人口原理》，1803年版；联合国的《人口趋势的决定性因素及其后果》，1953年版，第27—32、36—39页及其参考资料；米德的《国际经济政策的理论》，1955年版；菲尔普斯的《人口增长》，1968年版）。起作用的中心机制是马尔萨斯的劳动报酬递减律，前一章已谈到，并将用下述模型表示出来。

另一种思路是通过经验证明，认为：至少在发达国家，人口增长并不妨碍而且也许有助于经济增长。一段历史证明就是从

1650年开始,欧洲人口和经济发展的同时爆炸。法国在过去100年中,尽管出生率低,但仍未在经济上取胜,就是这段历史的重要写照。表3-1和表3-2中的样本国家,提供了更完善的画面,从而表明当代发达国家按十年计的人口增长和人均产量增长速度,其取得数据的时期,大致分别为90—115年和43—70年两种。根据表3-3和表3-4的四方面分析,人口与经济并无重大关系。

表3-1 当代发达国家一个世纪内的人口增长和产量增长

国家	时期	每十年的人口增长率	每十年的人均产量增长率
法国	1861—1870 至 1963—1966 年	3.0	17.0
瑞典	1861—1869 至 1963—1967 年	6.6	28.9
英国	1855—1864 至 1963—1967 年	8.2	13.4
挪威	1865—1869 至 1963—1967 年	8.3	21.3
丹麦	1865—1869 至 1963—1967 年	10.2	20.2
德国	1850—1859 至 1963—1967 年	10.8	18.3
日本	1874—1879 至 1963—1967 年	12.1	32.3
荷兰	1860—1870 至 1963—1967 年	13.4	12.6
美国	1859 至 1963—1967 年	18.7	17.3
加拿大	1870—1874 至 1963—1967 年	19.0	18.7

| 澳大利亚 | 1861—1869 至 1963—1967 年 | 23.7 | 10.2 |

资料来源:西蒙·库兹涅茨,《各国的经济增长》,1971年版,第11—14页。

表 3-2　当代发达国家半世纪内的人口增长和产量增长

国家	时期	每十年人口增长率	每十年人均产量增长率
法国	1896 至 1963—1966 年	3.5	18.6
英国	1920—1924 至 1963—1967 年	4.8	16.9
比利时	1900—1904 至 1963—1967 年	5.3	14.3
意大利	1895—1899 至 1963—1967 年	6.9	22.9
瑞士	1910 至 1963—1967 年	8.8	16.1
德国	1910—1913 至 1963—1967 年	10.4	20.5
荷兰	1900—1909 至 1963—1967 年	14.2	15.1
美国	1910—1914 至 1963—1967 年	14.2	18.4
澳大利亚	1900—1904 至 1963—1967 年	18.8	13.1
加拿大	1920—1924 至 1963—1967 年	19.4	20.9

资料来源:同表3-1。

表3-3 当代发达国家人口增长率和经济增长率的关系：90—115年

上半人口增长率，上半经济增长率： 2 国	下半人口增长率，上半经济增长率： 3 国
上半人口增长率，下半经济增长率： 3 国	下半人口增长率，下半经济增长率： 2 国

表3-4 当代发达国家人口增长率和经济增长率的关系：43—70年

上半人口增长率，上半经济增长率： 2 国	下半人口增长率，上半经济增长率： 3 国
上半人口增长率，下半经济增长率： 3 国	下半人口增长率，下半经济增长率： 2 国

经济增长率对人口增长率的回归（归纳在表3-5中）确实既使一个世纪又使半个世纪的数据产生了负系数。前者的 t 比例

表3-5　收入增长对人口增长的长期回归

时期 (1)	观察次数 (2)	每十年人口增长的平均速度（及标准误差） (3)	每十年人均收入增长的平均速度（及标准误差） (4)	第4项对第3项的回归系数（及比例 t） (5)	差距 (6)	R^2 (7)
90—115年	11	0.191 (S.d.=0.7)	0.122 (S.d.=0.06)	-0.40 (t=-1.2)	0.239	0.129
48—70年	10	0.110 (S.d.=0.05)	0.200 (S.d.=0.06)	-0.15 (t=-0.36)	0.217	0.015

资料来源：见表3-1和表3-2。

甚至达到-1.2。但这些结果应看作是在变量之间既未显示负关系，又未显示正关系，原因是：(1)较短期的回归系数在统计上显然是无足轻重的（t=-0.36），虽然在较短期内数据应当更好，效果应当更明显；(2)肯定地说，斜率不大，即十年人均收入实际平均增长率与人口增长率之间的差异（回归差距）不大，这就是说，人口增长率的变化几乎不影响经济；(3)正如库兹涅茨认可的那样，去掉"海外分支"国家，则甚至大大减少这些回归所表现的微

弱联系:[①](4)两个 R^2 值却不大,可以认为人口增长率并不说明经济增长率有多大差异。

另一个证据来源是当代人口增长和经济增长的横截面关系。库兹涅茨把第二次世界大战后(主要是从20世纪50年代初至1964年)21个发达国家的数据,列入表3-6。他发现作为一组的

表3-6 第二次世界大战后,非共产主义发达国家(日本在内)人口年增长率和人均及总产量年增长率(大部分从50年代初至1964年)按人口增长率由小到大排列各组国家的平均增长率(%)

组类	人口 (1)	人均生产量 (2)	总产量 (3)
(1)1—4	0.29	3.66	3.96
(2)5—8	0.65	3.60	4.28
(3)9—13	0.94	5.07	6.05
(4)14—17	1.46	3.49	5.00
(5)18—21	2.19	2.02	4.25
21个国家平均	1.10	3.64	4.77

资料来源:西蒙·库兹涅茨,《人口和经济增长》,1967年版,第191页。

---

① 西蒙·库兹涅茨:《各国的经济增长》,哈佛大学出版社,1971年坎布里奇版,第23页脚注。

这些国家,是按-0.434这一重要的反序列相关的,但当库兹涅茨把"欧洲的海外分支"国家——加拿大、美国、澳大利亚和新西兰除外时,他便从中发现了一种次要的正序列相关,并认为这种正相关是更有意义的结果。总的印象仍然是:这种数据显示的既不是正关系,也不是负关系[1]。切斯纳斯(Chesnais)和索维发现,20世纪60年代欧洲16个"资本主义"国家中,人口和经济增长之间并无相关关系。

这几种经验数据说明:简单的马尔萨斯理论并不符合发达国家的事实,这自然引起了各种解释[2]。解释之一是:人口增长已是一种"挑战",引起了个人和社会的强烈"反响"。当然,有各种证据说明,在人们认识到有特别需要时,他们就能够并且一定会做出特殊的努力。例子[3]有:(1)当生意萧条时,厂商和其他机构便削减费用。当大学的预算不足时,许多学院读者已经看到:他们的大学会把一些钱转到以前预算分配中没有遗漏过的更急迫的用途。工业上,通常采用的方式是解雇未充分使用的人员及关闭

---

[1] 还可参见R.A.伊斯特林:《人口增长在发展中国家经济发展中的作用》,载《美国政治和社会科学研究院年刊》第369期(1967年),第98—108页。

[2] 关于此问题的精辟言论,可参阅G.缪尔达尔的《人口,一个追求民主的问题》(1940年版第6章),库兹涅茨的《人口变化和总产量》(1960年版)和索维的《人口通论》(1969年版)等著作。

[3] J.戴维斯的《人口增长和美国经济》(1953年版)曾明确表述过这种观点。

效率不高的部门。[1]对组织松散的研究,已为这种现象提出证明材料。[2](2)战争年代,人们和工业界采取新措施增加生产,常常远远超出战前的可能性。第二次世界大战后的德国和日本,创造了经济"奇迹",在很大程度上是靠艰苦奋斗和节省大部分收入。苏联革命成功后的历史是又一例证。(3)证据表明,穷国的农民如果家庭人口较多,工作也就更努力。这在第七—十二章中谈发展中国家时,还将详细讨论。但是,这种挑战和反应机制很难科学地利用,而只是便于说明任何难以解释的局面。

另一种解释是强调劳动力中青年比例更大这一积极因素。青年有几种长处:(1)与老工人相比,青工生产比消费多,大体上是由于按资历增加报酬,而不管生产率是否随资历而增加。(2)发达国家的后一代进入劳动力大军总比上一代受到更多教育。因此,假设其余情况均相同,青年比例更大,就意味着劳动

---

[1] 工业如何适应需要的例子是"波音巨型飞机制造公司六年前损失2/3的世界市场时,怎样度过突然危机的经历。……在两个月内,波音公司的人员裁减了3/4以上,进行过数以千计的、直到上层人物的减薪谈判……"

"为了减少纳税,办公从漂亮的新房搬进阴暗的旧房。在各种机器已制定程序、确定其固有效率后,便将计算机费用减少到1/3。1969年,波音公司在金融、计划、工程、工业关系、监督和其他类似工作方面,每100名生产工人,雇用了约60名'间接'人员。在这种大规模劳动减缩运动中,开始解雇所有能解雇的间接人员。""'在此期间,'波音公司的头头杰克·斯泰勒(说),'……我们不再割草地,不再整花床,很少浇水,勉强供水维持灌木丛成活。我们研究了厕所,去掉了不必要的抽水马桶设备,从而无需擦洗。我们下了狠心,直到长了真菌,才擦洗厕所的地板。'"(1974年10月24日《耶路撒冷邮报》,第7页)

[2] 参见里查德·赛尔特(Cyert)和J.G.马奇(March):《一种厂商行为理论》,怀利出版公司,1963年纽约版;赫伯特·A.西蒙:《管理行为》,麦克米伦出版公司,1957年纽约版。

力的平均教育水平提高。(3)一般认为年轻工人比老工人能积攒更大部分的收入。

还有一种解释说,人口增长创造了更多的机会,便于改变发达国家的经济和社会。这里包含几个方面:(1)对机构和劳动力做必要的精简,总是痛苦的、困难的。但是,当整个经济发展时,可以相对精简需要精简的设施和劳动力,而保留其绝对规模。索维举例证明说:

> 以大学为例。按照一定时期的科学水平,一个专业可能需求有18个教授席,另一专业要有12席。稍后,科学水平可能提高,因而教授名额应当相等。如学生人数和经济来源都不变,则第二个专业应增加3名新教授,而第一个专业应减少3名。这第二个行动也许是十分令人不快且无法执行的,因此,该大学将不能满足需要。然而,如果学生人数和经济来源都增加20%,他们可以给第二个专业增加6名教授,从而建立正确的平衡,而无需缩减第一专业的教授名额。[①]

在20世纪70年代的美国大学中,学生人数停止增长,这意味着新的任命减少。这一情况对许多能受聘的青年教授打击尤重。这使博士学位的追求者灰心丧气,并使老资格的教授们抱怨,因为他们不再能轻易得到别处的邀请,以便利用这种邀请要求加薪。(2)在新的职业需要出现时,如有较多的未经培训的待业青

---

① A.索维:《人口通论》,1969年版,第195页。

年能学会那些行业,则比较容易招到工人。[①]因为以上两个缘故,人口增长总是有助于改善工业规模和职业结构。(3)当整个经济发展较快,像劳动力较多的发达国家那样,便更容易为新投资找到物质资本,而无需转移旧投资。这是上述(1)点和(2)点中讨论过的人力资本现象的物质对应物。(4)人口增长较快时,投资的危险性就较小。如果住房过剩,或某些工业生产能力过剩,那么,人口增长就能改变萧条局面,补救这种错误,[②]而如果人口不增长,就无以弥补这种失算。因此,人口增长能扩大投资和使新的企业冒险而又减少危险,当然也由于增加总需求,而更富吸引力。

还有一种解释认为:人口较快地增长就是提高劳动力的内部流动性。产生较大流动性的原因是:就业机会较多,青年年龄组的人也就较多,而青年是比较喜欢流动的。内部流动性对改进资源配置,也就是人员与职业的正配合十分重要。关于这种内部流动性,库兹涅茨写道:"我们不能夸大内部流动的重要性,也不能夸大适用于现代经济中分配和开辟人力资源的有效机制的根本条件的重要性。"[③]

下一章的数字模型中不再描述上述关于人口增长有利于发达国家的论点,因为目前给任何一种影响确定数量界限,都是十

---

① 库兹涅茨观察到"劳动力增长比不增长的机动性大"(《人口变化和总产量》1960年版第326页),"……新来者和年轻的劳动力……对经济机会最敏感,随时准备受雇于许多经济增长部门"(《现代经济增长中的人口问题》1965年版,第15页)。

② "过分乐观的可能错误……几乎不受惩罚"(库兹涅茨:《现代经济增长中的人口问题》1965年版,第15页)。

③ 库兹涅茨:《现代经济增长中的人口问题》1965年版,第16页。

分困难的。本章其余部分及第四章将讨论在第六章中提出并贯穿其中的模型所体现的那些因素,其中包括人口增长对发达国家储蓄的影响,增加孩子对提供劳动的影响(本章),规模经济在生产中的重要性,人口增长对提高知识和实践技术的影响,及其对孩子所受教育多少的影响(第四章)。

二、孩子增加对作为收入一部分的储蓄的影响

资本是传统分析中的关键因素。资本量在很大程度上取决于储蓄量和投资量;[1]贬值虽重要,但居第二位。因此,有必要估量人口增长与储蓄率的关系。本节把有用的证据加以概括。

家庭预算调查

从家庭的横截面进行预算调查是证据的一种来源。通常是把家庭按收入分类,在每一收入等级内,家庭规模是自变量,而储蓄是因变量。布雷迪[2]审查了美国20世纪60年代中的六次调查。她的结论是:就家庭规模而言,消费弹性约为1/6。如果假定边际消费倾向是0.88,则她的发现就说明储蓄弹性为 -1.2[3]。

---

[1] 对发达国家,我将假定:储蓄与投资相等,并且将使用净值概念而不用毛值概念。

[2] 参见多萝西·S.布雷迪(Dorothy S.Brady):《1888年至1950年家庭储蓄》,载《美国储蓄研究》第3卷,普林斯顿大学出版社,1956年版;安斯利·J.科尔:《人口变化和需求、价格以及就业水平》,普林斯顿大学出版社,1960年版。

[3] 就是说,如果家庭规模增长6%,使消费增长1%,即从0.88到0.89,那么,储蓄减少为1/12或约8%,而弹性为8%/6% = 1.2。

W.埃津加(Eizenga)在依据家庭横截面数据,估计家庭规模对储蓄的影响之前,曾用一种"多标准化"技术来计算年龄和收入的影响。他估计,如果1950年美国的家庭有五个而不是四个孩子的话,那么,储蓄会减少约31美元;如果有六、七、八个或更多的孩子,那么,平均每家比有四个孩子的家庭约少50美元[①]。与当年平均家庭收入相比,无论从哪种观点看,这些数量都不显得大。但是,由于抽样的性质,这些估计可能偏低。[②]

凯利1971年研究了1889年一次美国工人调查中储蓄率与家庭规模的关系。但是,那种情况与当代发展中国家而不是与当代发达国家更相似,因此,其结果将在第十章讨论。

为什么预算调查中观察到的家庭规模与储蓄的关系,可能并不说明这个问题的因果关系,有以下几个原因:

1. 如果更多的孩子引起更高的绝对收入——他们在一胎出生后的头几年完全可能做到,因为父亲的劳动效应比母亲的劳动效应大——,那么,预算横截面中的积蓄比例就偏低。

2. 在有文化的人群之中,可能有些东西就像库兹涅茨说的那样,是"存在于一国政治和社会机构并指导其居民行为的一组共同因素,而这些因素既决定经济特征,又决定人口结构"[③]。从这个意义来说就是这样:人们不应把观察到的家庭规模与储蓄比例

---

① 参见W.埃津加:《人口因素和储蓄》,北荷兰出版公司,1961年阿姆斯特丹版,第90页。

② 消费调查也必定偏高,因为它们通常不计社会保险,而社会保险也像退休金储蓄一样,固定在家庭以外,不依家庭规模而变化。

③ 西蒙·库兹涅茨:《现代经济增长中的人口问题》,1965年版,第29页。

之间的关系,看作因果关系。

3. 在一个像美国这样的发达国家,多数投资(储蓄)部分并不是在家庭中直接决定的,因而也不可能与家庭规模紧密相关。凯利是这样概括这种情况的:

> 首先,私人资本构成——农业、非农的未成立公司的工商企业、公司和家庭——倾向于靠投资部分的内部资本来筹措资金。在1900—1956年期间,内部资本筹措了80%以上的私人新资本。其次,杜森伯里已表明:在1939—1919年期间,70%以上的家庭储蓄都是建筑住宅、退休金和保险金的形式。再次,数量上最重要的部门——公司,提供本身的绝大部分投资。在1900—1920年期间,公司的内部筹措资金提供了约85%的投资资本,到1930—1955年增加到95%以上。最后,公司部分的私人资本构成的总比例一直是增加的。在20世纪初,公司占私人投资的40%左右,目前已超过60%。总之,增加内部资金的共同趋势及公司数量上的重要性日益增长,这说明:即使人口因素曾经强烈影响家庭储蓄率——这是根据理论和经验而在上面提出过的一种假设——但是,人口对总储蓄的影响还是很低的。①

然而,家庭规模对于减少储蓄的影响,可能通过股票市场由于家庭的压力或者机构政策,而间接发挥作用。这种间接作用是不能靠一

---

① 艾化·C.凯利和J.G. 威廉森:《写作的历史背景:明治时期的日本》,载《经济史》杂志第31期1971年,第44—45页。

次国内研究得知的,只有多国横截面研究才能为此提供线索。

4.预算调查也不可能通过提高家庭企业主或联合工商企业对货物和劳务的要求,来获取出生率对工商企业投资的影响。由于增加未来工人及其消费而增加的总销售量,使得预期的投资收益有所增加,并因而得以完成一些投资计划,而这些计划如果不是销售量增加的话,本来是会由于人口增长较慢而中止进行的。这就说明:假设其余情况均相同,人口增长越快,工商企业储蓄率就越高。于是,假如企业投资是私人投资中的支配因素,那么,人口增长对私人储蓄和投资的全面影响,则很可能是积极的。

多国横截面比较

在对各国家进行横截面比较时,莱夫1969年估计[1] 发达国家在控制人均收入和其他变量时关于抚养孩子的储蓄弹性为 -0.43。莱夫的方法是有道理的,尽管回归分析当然可能是错了。[2]在对比中,丹顿和斯潘塞1974年[3]发现21个经济合作与发

---

[1] 纳撒尼尔·H.莱夫:《抚养系数和储蓄率》,载《美国经济评论》第59期(1969年),第886—896页。

[2] 必须牢记国际对有关事务(比如收入与家庭规模的联系)的多变量横截面研究所得的矛盾结果。对于收入和家庭规模的联系,有些研究已发现一个负系数(如鲁塞特的《世界社会和政治手册》,1964年版;阿德尔曼和莫里斯的《决定生育率的社会和政治因素的数量研究》,1966年版;拉奥和戴伊的《出生率和经济发展》,1968年版),有的则发现一个正系数(如温特劳布的《出生率和经济发展》,1962年版;阿德尔曼的《人口增长的经济计量分析》,1963年版;希尔的《经济发展与生育率》,1966年版;弗里德兰德和希尔瓦的《决定生育行为的数量分析》,1967年版)。因此,对于任何这类单一的研究,都必须谨慎处理。

[3] 弗兰克·T.丹顿(Denton)和B.G.斯潘塞(spencer):《家庭和人口对总消费的影响》,马斯特大学出版社,1974年版。

展组织国家并无依存影响。

长期时间序列的证据

储蓄和家庭规模是逆相关,这一概念从美国历史上找不出佐证。在过去100或50年中,家庭规模大大缩小并未伴之以增加储蓄对收入的比例(但是,因为在此期间,那么多事物都发生了变化,所以,认为那些数据说明孩子较少,则储蓄较少,是最不明智的)。丹顿和斯潘塞在研究加拿大从1928至1971年(1940—1946年除外)的时间数列中,发现年龄分布对消费没有影响。

经济周期时间序列的证据

经济周期和长期经济波动的证据,似乎在这里用得上。人口增长和经济活动之间正的关系似乎说明孩子数量增加,则趋向于增加储蓄。但是,虽然人口动向和周期经济活动的时间数列常常同时出现[1],但并未显示从人口到经济活动,甚至到建设活动的因果影响。原因之一是纯统计学的,尤其在美国是如此。移民构成美国人口增长的大部分,而移民和建设[2]之间的强烈关联性在多大程度上是由于就业市场(the job market)对移民的吸引力,又在多大程度上是由于人口增长而产生新需求所引起的,这一点很不清楚。

---

[1] 参见奥古斯特·洛奇(August Losch)的《作为商业循环一个原因的人口循环》,载《经济学》季刊,第649—662页,1937年;库兹涅茨的《人口增长长波和经济变量的关系》,1958年版;伊斯特林的《人口,劳动力和经济增长的长波》,1968版,第37—40页。

[2] 由于仅仅考查一个经济部门的性质而发生的一个问题,是人口增长可能简单地把要求从一个部门转向另一部门。

在有关出生率与经济活动关系方面,也存在类似的问题。如果人口发展落后于经济变化,那么,这些关系可能更好理解些,但这一点迄今未予探究。

然而,在考虑相关的数值时,即使出生率发生大变化,也极不可能使经济活动中发生大得足以马上显示出来的变化。设想一个发达国家的出生率发生一种突然的、不可能出现的大飞跃:从15‰到30‰。还设想:一个婴儿有成人消费者0.5的高消费"需求",而其父母采取使每一消费者保持原有等量费用不降低的方法,来增加他们的总消费,而不是减少同样数量的储蓄。即使在那种极端条件下,总消费也仅能增长(0.030 − 0.015)0.5 = 0.0075,或1%弱。此种小小的变化在经济周期内发生的大得多的变化中,并不能显示出来(这也说明,从经济活动到出生率的影响,可能是经济周期内两个变量关系的更重要的原因)。在较长周期内,较高出生率的影响有显著增加的时间,但即使在较长周期内,也很难从统计上发现这种影响。因此,人们不应希望根据时间数列数据,得到许多有关提高出生率影响储蓄和投资的证明。

关于储蓄的其他考虑

1. 已经引起多数理论家关心的、与人口有关的储蓄行为[1],

---

[1] 参见古斯塔夫·卡塞尔(Gustav Cassel):《社会经济理论》,1932年第5版;库兹涅茨:《人口变化与总产量》,载《发达国家的人口与经济变化》,1960年版;J.E.米德:《国际经济政策理论》第2卷,1955年版;F. 莫迪里尼(Modigliani):《储蓄生命周期假说,对财富和资本供给的需求》,载《社会研究》第33期,1966年,第160—217页;E.S. 菲尔普斯:《人口增长》,载《加拿大经济学家》杂志第1期,1968年,第497—518页。

第三章 发达经济中人口增长对收入的影响：…… 83

一直是生命周期的影响问题。如果人口中的挣工资者都比较年轻，那么，与较老的人口相比，他们将平均有更多的储蓄，因为在人的一生中总是储蓄在先，动用储蓄在后。但人们也不应将这种现象解释为出生率增长使储蓄增加，因为这种比较忽略了成为劳动力之前的年月可能对储蓄性质产生的影响。按照用于增长理论的总体分析方法，就很难把储蓄和人口增长的影响联系起来。而且，那种分析是研究比例的，而不是研究总储蓄量的；而这里关心的却是后者。因此，这种生命周期总体分析法这里并不适用。[1]

2. 家庭规模扩大，显然至少有时会增加总储蓄。例如，过着群居生活的北美棚户居民"并不相信节制生育，所以，他们的人口继续增加，因而需要更多的集群居住地。集群需要越来越多的现金，以便购置越来越多的土地。这就减少了用于其他方面的现金量……新产生的集群，或认识不到储蓄所需要的生产率水平的集群，将得到其他集群的帮助"。[2]

3. 随着国家变得更现代化，储蓄与家庭规模的关系可能发生变化。对储蓄的新需求产生了，旧的个人储蓄的代用物消失了。比如，当代中产阶级家庭强烈感到有必要为孩子们的高等教育而储蓄，子女的增加可能因此而使储蓄增多。况且，增加的孩子并

---

[1] 由于同一原因，克拉克从一些人口增长与储蓄率之间没有关系的国家中抽样，由此认为人均收入不变，这一发现（如《人口增长与土地利用》，1967年版，第268页），对于我们现在的目的是没有帮助的。

[2] 约翰·W. 贝纳特（John W. Benett）：《棚户居民》，斯坦福大学出版社，1967年版，第164—165页。

未被认为像现代化实现之前那样,减少父母对退休储蓄的需要。[55] 这就是两条充足的理由,说明储蓄和家庭规模的关系,在现代化的富裕经济中,比在贫困情况下,更有积极意义。

4. 消费和储蓄的一般理论十分复杂,并且至今未得到解决。人们不能有把握地说,哪一种形式(比如:短期,长期,横截面)的收入增加对储蓄和消费的影响将如何。因此,尤其是家庭规模与储蓄的关系比一般消费理论更为复杂,也远未解决。

人口增长影响储蓄的小结

发达国家中人口增长对储蓄的影响,概括起来是:时间序列证据未说明关系。家庭预算调查显示负的影响,但并未取得企业投资、政府投资或复杂的相互关系的影响。多国横截面数据与家庭数据都是显示负号,虽然这种横截面也有缺陷。假如两种极不相同而又互为补充的方法,以同样的负号做出估计,而第三种方法又不说明这种关系,那么,其影响大概就是负的。

基于上述讨论,在模拟模型中将围绕莱夫的弹性约为 -0.50 的估计,使用多种参数估计值,并包括 -1.0 和 0 的弹性。

三、孩子增加对父母劳动的影响

本节讨论增加孩子对其父母的户外工作总量的影响。让我们先看看增加孩子对母亲户外工作的影响。其根据是鲍恩和法因根、凯恩和斯威特[1]对美国1960年人口普查的研究，还有兰兹伯格[2]对美国经济研究所和密执安大学社会研究所调查资料的研究。影响最大的是孩子出生后的那些年。到孩子12岁时，多子女的母亲与生育不多的母亲在参加劳动方面已看不出什么区别了，这无疑是由于更"需"金钱而增加劳动与继续照料孩子而减少劳动这两种影响得到协调的缘故。在妇女因为多生一个孩子而脱离劳动的时候，也可能由于技能退步而产生负作用。

为了取得一个估计值的数量以便在此使用，假定每个妇女在任何情况下至少生一个孩子，并且假定每多生一胎，便意味着这位母亲将比不生这个孩子，要多费两年时间去抚养一个12岁以下的孩子。因此，如果少了这两年时间，她就没有12岁以下的孩子，而12岁正是其母亲加入劳动力不再受影响的年龄。这就是说，每增加一个孩子，就有两年时间，母亲参加比如15%的劳动，而不是在这同一个两年中参加比如42%的劳动。[3]在所有工作妇女中，有2/3是全日工人，于是，我们假定部分时间工作的工人是半天劳动。那么，概略的计算说明：增加一个婴儿，就要总共损失 $2（0.42-0.15）（5/6）=0.45$ 年的工作，或者说，在增加婴儿出

---

[1] 威廉·鲍恩（William Bowen）和T.奥尔德里奇·法因根（Finegan）：《劳动力参加率经济学》，普林斯顿大学出版社，1969年版；G.G.凯恩：《已婚妇女劳动力》，芝加哥大学出版社，1966年版；詹姆斯·A.斯威特：《美国的家庭构成和已婚妇女劳动力的活动》，密歇根大学出版社，1968年版。

[2] 米切尔·兰兹伯格（Michael Landsberger）：《消费和市场活动的综合模式：儿童的作用》，1971年版。

[3] 詹姆斯·A.斯威特，《美国的家庭构成和已婚妇女劳动力的活动》，1968年版，第99页。

生后的两年中,一个工人每年"损失"0.225年的工作。

另一种方法是估计孩子在6岁以下的妇女平均工作5.6小时,而没有18岁以下的孩子的妇女平均工作15.5小时[①]。这就说明:两年中,每星期共损失10小时的工作,或者仍然是2(10/44)=0.45年的工作。因此,兰兹伯格根据美国经济研究所和密歇根大学的调查材料得出的估计甚至认为,有小孩的母亲的负效应比根据美国普查资料计算的负效应小得多[②]。

这里计算的总效应也许显得不大。果真如此,那主要是由于这种假定:即每个成年女人至少要有一个孩子。据我看来,在美国目前不要孩子趋势的影响下,这种假设是有道理的(在有和没有孩子的妇女之间,工作的倾向性有很大的差异,但是,在具有不同程度平等地位的妇女中,工作倾向性的差异却小得多)。甚至这种小的估计值也可能偏高,因为有些妇女因已决定宁可不工作也愿意多生孩子。如果是这样,那么,把观察到的劳动力参加率的差异都看作完全是由孩子数目引起的,这就错了。孩子对妇女工作的净负效应,为什么可能小于所估计的每个小孩0.45工作年,还有另一个原因,就是就业的妇女常常雇人从事家务劳动。

现在我们再来看看父亲。多生孩子对男人并且也可能对某些孩子已满12岁的妇女们参加劳动产生正效应,比对妇女的负效应较少引起重视,也许是因为这种联系的心理因素大于机制

[①] 詹姆斯·A.斯威特:《美国的家庭构成和已婚妇女劳动力的活动》,1968年版,第130页。

[②] 参见米切尔·兰兹伯格:《消费和市场活动的综合模式:儿童的作用》,1971年版。

因素，只是一种工作爱好的转变罢了。然而，鲍恩和法因根关于劳动力参加率的研究成果，则由于"需求"增加的劳动力供给的样本（比如，丈夫的收入对妻子工作倾向的强烈影响）而被否定。另一个说明需求效应改变的例子，是克拉克的发现：一国在第二次世界大战中所受损失越大，其战后储蓄率越高。① 对于造成正效应的种种现象模糊不清，不应导致我们低估其重要性。②

根据美国1960年千分之一的人口普查记录，我回归了男人为孩子数目而每星期工作的时数，以多回归方式使男人的教育、种族、年龄、职业和住宅面积保持不变。对白人来说，多生一个孩子等于每星期多工作约0.2小时。如果假设新增的孩子出生后，按每星期44小时工作25年，那么，结果是：为了每个孩子要多工作 $0.2/44 \times 25 \approx 0.10$ 年。

---

① 参见 G. 克拉克：《人口增长和土地利用》，1967年版，第268页。
② （1）在美国，格拉泽（Glaser）和赖斯（Rice）1959年发表的《犯罪、年龄和就业》一文发现：在1930—1956年期间，就业（收入的合理代表）和财产犯罪率之间有一种颠倒关系。（2）有关兼职的数据说明，其他情况均相同时，相对的经济地位对于解释人们在闲暇和金钱之间进行选择非常重要[参见古思里（Guthrie）在1965年发表的《谁在兼职，为什么？》；1966年发表的《对兼职的一些解释》]。（a）妻子有工作的男人兼职少。一个有工作的妻子是一份重要的经济财产：妻子有工作的男人比妻子不工作的男人富裕，因此，他工作少些。（b）"工作中不守秩序"的人兼职多。与职业有保障的人相比，工作无保障的人，就当前价值来说，前途更渺茫，因而工作更多。（c）甚至个人贫困也使人工作更多。维伦斯基在1963年发表的《兼职、免职的一种产物》一文中发现：自感不足的人比其父母更有可能兼职。总之，有关兼职的数据支持这种观点，即人越穷，对经济机会越敏感。（d）大学生在加州大学伯克利分校女生联谊会中的经济地位越高，则按毕业后工作志向这类变量衡量的"成就方向"就越低。在学校里争取向上可以看作是放弃闲暇，以增加未来收入（参见塞尔文和哈格斯特罗姆，《正式团体的经验分类》，1963年版）。

这里还有一些其他有关估计：(1)希尔(Hill)1971年从美国1967年经济机会普查的穷苦白人家长中发现，由于新增孩子而增加很多工作时数。比如，生第三胎，则每年多工作219小时，生第四胎，每年多工作170小时，生第五胎，每年多工作122小时，也就是每年约多工作$5\frac{1}{2}$、$4\frac{1}{4}$或3星期，这确实是很大的影响。①(2)上述美国经济研究所和密歇根大学的调查数据，因为是直接调查人们每年工作的周数，所以其因变量误差较小。②兰兹伯格根据这两处数据的估计是：多一个六岁以下的孩子，就要分别多工作0.49和2星期。这些估计应比普查数据更可靠。(3)从以色列1971年进行的关于每星期工作时数的劳动力调查数据，盖尔1974年发现③：多生一个孩子，家长每年多工作149小时，即每星期多工作3小时以上，等于为每一个孩子增加约7%的工作量。值得注意的是：父亲为每个孩子增加的工时是母亲为此减少的工时(每年42小时)的3倍，所以，孩子增加显然要增加总工作量。(4)格罗劳1974年在研究以色列的每日时间预算数据时发现：父亲为每个0—5岁或6—12岁的新增孩子，要多花4%的额外时间来工作。④

---

① 参见兰兹伯格的《消费和市场活动的综合模式：儿童的作用》，1971年版，第384页。
② 同上书，第55页。
③ 参见戴维·盖尔(David Gayer)：《工资、非薪金收入和税收对劳动供给的影响》，1974年版。
④ 参见鲁本·格罗纳夫(Reuben Gronav)：《以色列已婚妇女的时间分配》，1974年版。

其他有关证据是兼职的数字。根据古思里对文献的总结,男人在24—44岁有幼儿期间,兼职率较高。军人兼职率受其所生孩子数目的影响很大。[①] 但以美国每月劳动力调查的数据最有说服力,据统计,18岁以下的孩子数目与家长兼职率之间有密切联系[②]:

孩子数目	兼两个或更多职业的百分比
没有18岁以下的孩子	6.0
1个孩子在18岁以下	7.8
2个孩子在18岁以下	8.9
3个或4个孩子在18岁以下	10.5
5个孩子在18岁以下	11.3

对这一数据的粗略估算表明:多生一胎,则孩子的父亲每年增加1%的兼职工作量,或平均每星期增加约4/10小时(几乎三倍于正规工作的兼职工作都是自营职业,这种企业必须对于任何经济和社会都有益)。加班加点的现象在英国尤为常见,1969年占工厂工人总劳动的14%。[③] 图3-1表明:英国人在承担父亲义务的年龄内,加班加点最多。这种情况同多生孩子便增加父母劳动量的这种假设是一致的。

---

① 参见格思里:《关于兼职的一些解释》,1966年版。
② 参见维拉·C.佩雷拉(Vera Perella):《兼职者:他们的动机和特点》,载《每月劳动评论》第93期,1970年,第57—64页。
③ 参见1971年1月2日出版的《经济学家》,第46页。

59

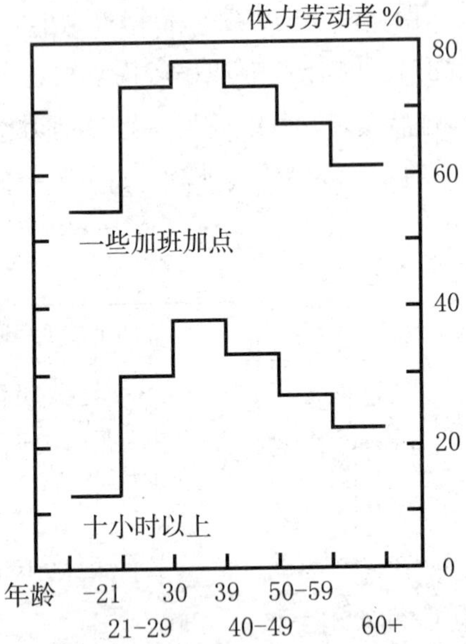
体力劳动者%
80
60
40
20
0
一些加班加点
十小时以上
年龄
-21
21-29
30
39
40-49
50-59
60+

图 3-1 英国的加班情况和谁的工作时间长

资料来源：根据 1971 年 1 月 2 日《经济学家》杂志第 46 页复制。

估计多生孩子对父亲工作量的影响，还有一种方法，就是利用有关平均工时和人均收入二者关系的总数据。即使父亲的产量和收入维持不变，多生孩子也将以两种方式立即降低人均收入：(1)人均收入的分母受增加一个人的数字影响；(2)降低母亲的收入。这时人均收入降低，致使劳动量增加。

图 3-2 绘出 1850 年以来美国工业人均收入同平均工作周的对照，由此说明人们的经济状况与他们的工作意愿之间的紧密关系。图 3-3，是根据美国全国抽样所显示的相同关系。

温斯顿（Winston）根据一个与图 3-3 相同的抽样估计，就

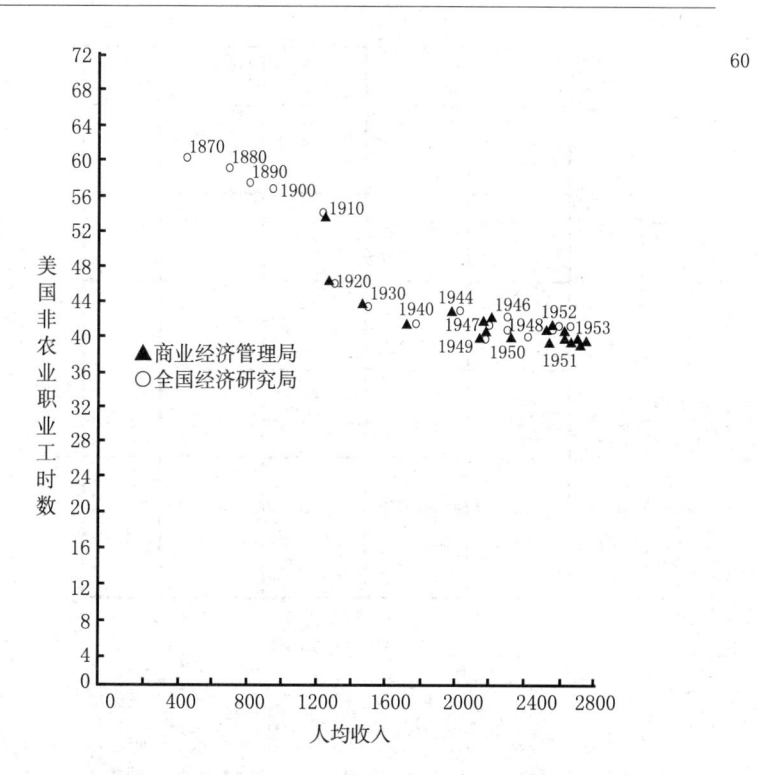

第三章　发达经济中人口增长对收入的影响：……

图3-2　1870—1960年美国非农业职业周工时与收入之间的关系

资料来源："周工时数",摘自 S. 迪-格雷齐的《工作与闲暇时间》,1962年版,第1表；"人均收入"摘自《美国历史统计》。

人均收入而言的工时弹性为 -0.1,也就是说,收入增加（或降低）10%,使工时降低（或增加）1%。据此,人们可以推断关于孩子数目的工时弹性。家有第三个孩子,便意味着人均收入减少25%。因为原来四个人平分的家庭收入,现在生了第三胎,就要由五个人平分,也就是父亲对于增加孩子的工时弹性为（-0.25）

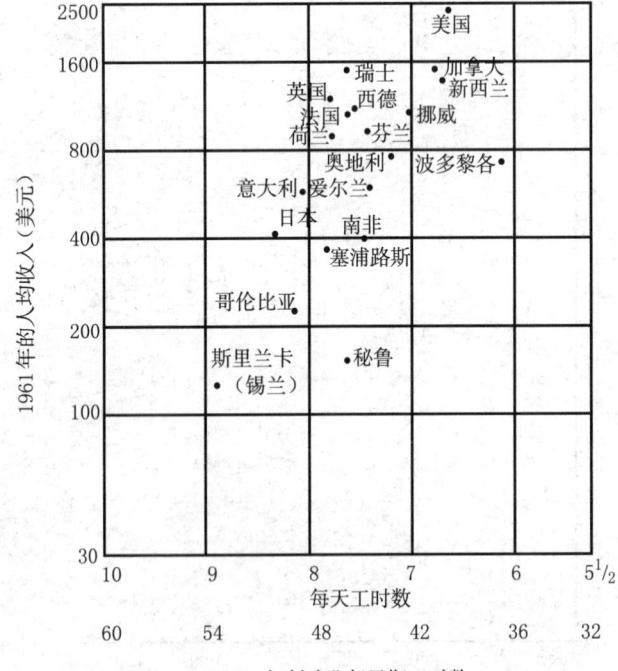

图 3-3　1961年各国制造业部门每周工时数

资料来源：C.P. 金德尔伯格的《经济发展》，1965年纽约版，第6页。

（-0.1）＝＋0.025。这种估计也许偏高，因为一个增加的孩子在大部分童年中，并非一个完全的、同等的消费者。

这种模型采用的是根据1960年普查数据记录推导出的"保守的"低估计值，即在孩子出生后的22年中，每多生一个孩子使男劳动力每星期增加0.2小时，或者说每个孩子总共增加0.10工作年。这是因为本书完成之后，我才获知这种较高的估计值。但对这种模型来说，劳动力影响的大小并不太重要。

总之，每多生一胎，母亲损失劳动总共为0.45年，父亲增加劳动0.10年，二者相差为0.35人工年。但是，母亲的损失比父亲的增加来得早。因而，这种净损失（如果估计没错的话）比0.35人工年所表明的差距要大。另一方面，男人工作的市场价值要大得多。

父母劳动力效应在第六章的模拟模型中是这样叙述的：由于前述理由，每生一胎，就在孩子一岁和两岁期间，从模型的劳动力中减去0.225个劳动者。估计每个父亲为每个增加孩子多提供0.25%的工作，或者说0.0025个劳动者，因而，在孩子出生后的25年中，每年增加哪些大小的工作量。虽然甚至这一小数值也因为略去了男、女平均工资差异而有偏差，至少就这种差异代表技术水平高低而言是有偏差[1]的，但是这种总影响并不大。平均说来，女人大约获得男人每小时工作报酬的61%。[2]

四、小结

本章讨论了发达国家人口增长对储蓄和劳动力参加率的影响。下一章讨论人口增长引起的规模经济及人口增长的知识和技术变化的作用。第四章末尾将对这两章做出总结。

---

[1] 作者感谢艾伦·凯利指出这一点。
[2] 维克托·R.芬奇斯（Victor R. Fuchs）：《1959年按地区和城市规模的大小计时工资的差别》，哥伦比亚大学出版社，1967年纽约版，第39页。

第四章　发达经济中人口增长对收入的宏观经济影响

一、生产中的规模经济[①]

上一章讨论了发达国家中，人口增长的主要微观经济效应。本章则将讨论人口增长的主要宏观经济效应，即规模经济与知识和技术的变化。

概述

尽管规模经济与知识发展是分不开的，但从曾经试图不考虑规模影响效率的那些研究中来找一些证据，或许是有用的。

对规模经济的多数经济调查都想知道工业公司的最有效规模，以确定大公司是否比小公司更有效。用过的方法很多，而且结果很难解释。不管如何，对公司效率的研究并不适合我们的目的。为了弄清原因，我们设想一种工业，其中甚至一个小国的市场也大得足以支持大国中至少一个规模最大的公司。这显然说

[①] 这个题目的全面讨论可参见第二章。与发达国家有关的讨论参见第十二章。

明:那种工业不会因为是在一个人口较多的国家里,就可得到节约。但是,由于公司的相互作用,几个那种规模的公司的存在,可使其平均效率大于仅仅只有一个公司。这些效率可能来自"外界"的影响,比如各公司共有的技术改进,或者来自竞争的促进作用。无论如何,这说明合适的分析单位是许多国家的总效率,或者其次是许多国家各种工业的效率。我们将先考察各种工业的资料,再看许多国家的全部资料。

随着时间变迁的工业生产率变化

一种方法是确立各国随时间的生产率变化速度和它们的劳动力投入变化速度二者的关系式。这种典型的回归模型是:

$$\begin{Bmatrix} t\text{时间内,国家} i \text{的} \\ \text{生产率变化(对数)} \end{Bmatrix} = a + b \begin{Bmatrix} t\text{时间内,国家} i \text{的全部} \\ \text{劳动力投入变化(对数)} \end{Bmatrix}$$

这种方法是维登首创的,其系数 b 是著名的0.50,[1] 因而产生了维登"法则":生产率作为总产量的平方根而上升。克拉克将同一方法用于更大的抽样,并得到一个0.18的系数,比维登的估计低得多。法布里坎总结了其他人进行时间序列的几个横截面研究成果。他用不到20个国家的抽样,求得几十年的各种工业产量增长和人均产量的相关系数大概是0.7或0.8。根据法布里坎的研究,如将资本和其他投入量也都包括到这种分析中去,则其

---

[1] 科林·克拉克:《人口增长和土地利用》,1967年版,第1960页。

相关系数稍低，也许为0.6或0.5[①]。

最近从事这种研究的是萨尔特。他研究了1924—1950年期间英国28种工业的产量和工人平均生产率的变化。产量变化和生产率（人均产量）变化的相关系数为0.81[②]，如图4-1所示。

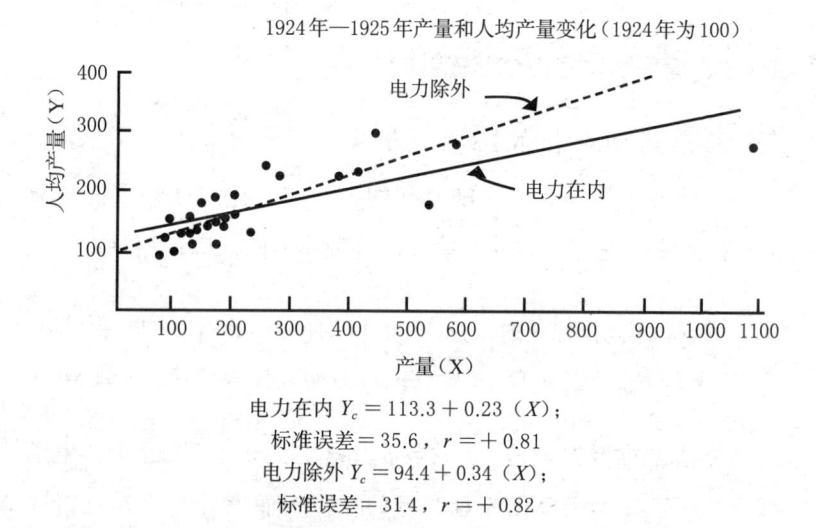

1924年—1925年产量和人均产量变化（1924年为100）

电力在内 $Y_c = 113.3 + 0.23 (X)$；
标准误差 $= 35.6$，$r = +0.81$
电力除外 $Y_c = 94.4 + 0.34 (X)$；
标准误差 $= 31.4$，$r = +0.82$

图4-1　1924—1950年英国各种工业产量及人均产量

资料来源：根据索尔特的《生产率和技术变化》1966年版第123页复制。

---

① 所罗门·法布里坎（Solomon Fabricant）：《美国经济的规模和效率的研究》，载 E. 罗宾森编的《国家规模的经济后果》，麦克米伦出版公司，1963年伦敦版，第50—51页。

② 参见 W. E. G 萨尔特（Salter）：《生产率和技术变化》，第110页。

1954—1963年期间的相应的相关系数为0.69[1]。对1923—1950年期间美国27种工业进行的类似分析,所得相关系数为0.62[2]。1924—1950年的抽样弹性(按平均数计),如包括电力工业,为0.26,如不包括电力工业,则为0.39。1954—1963年期间,弹性为0.43[3]。

然而,为此目的而进行的时间数列研究的一个重要缺陷是:在市场规模(产量)增长和生产率增长之间,很可能兼有两个方向的因果作用。虽然目前我们感兴趣的是市场规模增长对生产率增长(规模经济)的作用,但时间数列数据则同时表明两种作用。因而所得结果偏高,就是说,与此处目的有关的弹性,可能低于从索尔特的研究中得出的估计值。

多国家的生产率比较

由罗斯塔斯创始的研究惯例,已试图把技术变化对总产量的影响,从这种分析中排除掉,其方法是将同一时期的两个国家——通常是美国和英国进行对比[4]。这种模型是:

$$\left\{ \frac{t\text{年中,美国工业}i\text{的效率}}{t\text{年中,英国工业}i\text{的效率}} \right\} = f \left\{ \frac{t\text{年中,美国工业}i\text{的生产规模}}{t\text{年中,英国工业}i\text{的生产规模}} \right\}$$

---

[1] 参见 W. E. G 萨尔特(Salter):《生产率和技术变化》,第202页。
[2] 参见 W. E. G 萨尔特(Salter):《生产率和技术变化》,第166页。
[3] 前期和后期的平均数和回归分别来自索尔特的《生产率和技术变化》,1966年版,第107和123页、197和210页。
[4] 参见利奥·罗斯塔斯(Leo Rostas):《英、美工业的生产率比较》,1948年版。

富兰克尔在去掉地方工业如冰淇淋之后,得出相对规模的相关系数为0.7[1]。佩奇和博巴什比富兰克尔用了更多的工业部门和不同的方法,但得出了同一范围的相关系数0.789[2]。

如图4-2所示,克拉克把这项工作进行到1963年。他发现,这些数据的斜率为"0.5左右",符合维登"法则"。

富兰克尔提出了其他统计资料,用以证实市场规模对生产率有很大的积极影响[3]。工人平均资本和工厂规模不变,则工人平均产量和市场规模的相关系数上升到0.79。在一次特别有说服力的分析中,他表明:燃料投入的每个单位的产量受到市场规模很大的有利影响,美国和英国工业调整抽样的相关系数为0.72。而且,如果每个工人的燃料投入和工厂规模不变,则相关系数上升到0.90(尽管富兰克尔提醒注意抽样的不稳定性)。这些燃料投入数据很有意义,因为它们避免了工人技术差异的问题,而这种差异在跨国家对比中是可能出现的。两个国家的燃料相同,而且如果在较大市场的地方每一产量单位需要较少的燃料,这就似乎有力地说明较大的市场产生较高的生产率。

1955年时,22种美国和加拿大工业的产量和生产率的等级

---

[1] 马温·富兰克尔(Marvin Frankel):《英国和美国的制造业生产率,一种比较与说明》,载《伊利诺伊大学公报》1957年2月。

[2] 佩奇(Paige)和C.邦巴奇(Bombach):《英、美国民生产产值和生产率比较》,1959年版,第69页。

[3] 马温·富兰克尔(Marvin Frankel):《英国和美国的制造业生产率,一种比较与说明》,载《伊利诺伊大学公报》1957年2月,第64—68页。

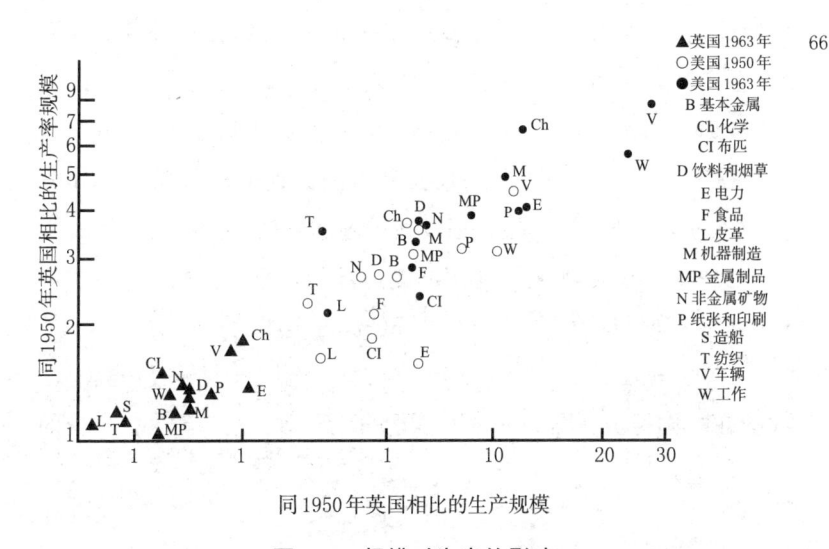

第四章 发达经济中人口增长对收入的宏观经济影响

[图表：规模对生产的影响，纵轴为"同1950年英国相比的生产率规模"，横轴为"同1950年英国相比的生产规模"，图例包括▲英国1963年、○美国1950年、●美国1963年，以及各类产业标记：B 基本金属、Ch 化学、CI 布匹、D 饮料和烟草、E 电力、F 食品、L 皮革、M 机器制造、MP 金属制品、N 非金属矿物、P 纸张和印刷、S 造船、T 纺织、V 车辆、W 工作]

图 4-2 规模对生产的影响

资料来源：根据 C. 克拉克《人口增长和土地利用》1967年版第265页复制。

相关系数为0.76，这意味着在说明美、加生产率差异方面，市场规模"似乎是最重要的一个因素"[①]。

斯蒂格勒运用富兰克尔的数据和柯布-道格拉斯函数，以估计相对于产量的生产率弹性。劳动和资本之比的系数为1.27，这意味着0.27的弹性和实质性的规模经济。运用相对价格和相对产量的一次回归，得出相似的弹性0.34[②]。然而，法布里坎却警告

---

① J. H. 杨（Yong）:《加拿大和美国经济发展比较研究》，载《美国经济评论》1955年第45期，第80—93页。
② G. J. 斯蒂格勒（Stigler）:《衡量生产率变化的经济问题。产出、投入和生产率计量》，1961年版。

我们说,在他看来,从那些数据得出的任何关系,由于种种技术原因,是言过其实的[①]。

H. B. 钱纳里和 L. 泰勒 1968 年对大约 50 个国家(对每个国家观察 10—15 次)的发展格局做了时间数列加横截面的回归分析。(大多数是发展中国家,但发达国家和发展中国家的格局看来是相似的)可望出现规模经济的制造部门,其缩小规模作用的数量,通过"降低价值"可达 25% 至 50%,的确很大[②]。

总之,根据跨国家研究表明:至少在工业上,规模经济具有与维登在一国研究中发现的相同的数量级,即:生产率随总产量的平方根上升。

政府的规模经济

现在,我们来看看政府这种单一工业。正是在政府部门,人们才会首先想到实际的规模经济,因为议会、总理等,一个国家只有一个。但 E. 罗宾森根据跨国问题的研究得出结论说,"如果人们把这个问题看作一个整体,那么,与内阁、公用事业和国防相关的各种规模经济,总的说来可能对大国有利,但是,除了国防而外,这些规模经济或许都没有多大重要性"[③],而且最大的几个国家都在国防上花钱最多,这意味着即使在公共部门,规模经济对我们的目的似乎并不重要。

[①] S. 法布里坎:《美国经济的规模和效率的研究》,1963 年版。

[②] 霍利斯·B. 钱纳里(Hollis B. Chenery)和兰恩斯·泰勒(Lance Taylor):《发展格局》,载《经济学和统计学评论》第 50 期,1968 年,第 391—416 页。

[③] E. 罗宾森:《国家的大小和政府费用》,1963 年版,第 239 页。

国内政府的资料看来也有关系。据普雷斯特1963年报道，联邦贷款委员会在澳大利亚研究过国家大小同教育、卫生和医院以及法律和秩序等费用之间的关系。据估计，人均费用在三个较大的州（平均250万人）比在两个较小的州（平均43.9万人）低12%，而较大的州比南澳大利亚（834 465人）低6%。但据说这些费用差距不是由于人口密度不同，而是由于人口规模和抚养系数不同。就是这后一个因素混淆了这里用得着的观点①。

仅就医院而言：

……人口越少，对医院床位及其他医疗设施超额容量的需要性就越大，以便对疾病和伤害的意外增减有所准备。尽管美国人口众多，但有效的医院规模仍是大问题。几乎所有的观察家都认为：在提供至少有200个床位（可能有500个）的短期一般医院设施方面是有多种规模经济的。然而，在目前，美国几乎40%的短期病号住在少于200个床位的医院里。

总之，提供医疗保健（改进质量）的费用是随人口增加而下降的。②

关于美国公共开支的决定因素的许多研究，已经包括了人

---

① W. 普雷斯特（Prest）:《澳大利亚的州的规模和政府开支札记》，载 E.A.G. 鲁宾逊编辑的《国家规模的经济后果》，1963年版。

② V.R. 芬奇斯:《对适度人口规模的一些阐述，专就健康而论》，载 S.F. 辛格编辑的《有适度人口水平吗？》一书，1971年版，第226页。

口密度和城市单位人口规模的变量。根据迈因纳的杰出调查报告[①],已经发现多种多样的结果,取决于研究国家还是研究地方消费,以及包括哪些其他变量在内,等等。迈因纳的结论是:"密度对国家支出起消极作用,而对城市支出起积极作用,城市警察和消防的较高费用,在国家分析中,由于密度对公路和学校支出的不利影响而被抵消。"[②]总的说来,在国家和地方政府部门似乎没有关于人口密度的规模经济(或不经济)的全面证据。

总的生产规模经济

这里的最终兴趣在于整个经济的规模经济。丹尼森在仔细回顾了前面讨论过的各种物质及其他东西之后,根据他对欧洲国家和美国生产与增长的投入进行抽样研究,估计在1950—1962年期间,美国从规模经济获得的年度利润为0.36%,北欧的年度利润为0.93%。在这两个地方,国家市场的增长都占经济的大部分,而地方市场的单独增长仅占一小部分[③]。北欧规模经济更大是因为其消费增长在1950—1962年期间大多是收入弹性较大的耐用消费品[④]。必须看到,丹尼森在他的规模经济计算中,只包括某些生产规模变化的经济,而没有包括知识的收益;后者是另外估算的。

[①] 感谢瓦尔特·麦克马洪使我注意到这份材料。参见杰里·迈因纳(Jerry Miner):《支持公共教育的社会经济因素》,1963年版,第43—48页。
[②] 杰里·迈因纳:《支持公共教育的社会经济因素》,1963年版,第47页。
[③] E.F. 丹尼森(Denison):《为什么增长率不同》,1967年版,第298—301页。
[④] 这里导致规模经济的出现,有两个原因,一是耐用消费品生产中的技术性质,二是其相对价格和在不同国家的价格中衡量价格时不同影响的技术问题。

第四章 发达经济中人口增长对收入的宏观经济影响

为了用于现有的模型,必须将规模经济与人口变化联系起来。在1950—1962年期间,欧洲人口每年增长约1%,在美国也许为1.5%;更有关系的是,劳动力增长0.9%和1.1%[1]。但是,产生规模经济的规模变化是经济的规模,即使人口静止不变,许多变化本来都会发生。所以,我们必须计算正是由于人口(劳动力)增长而产生的规模经济,并可以通过考虑劳动力增长引起经济总增长的比例而做到这一点。丹尼森估计,劳动力增长占观察到的经济规模总增长的比例,在美国为33%,在西北欧为18%。这些估计值说明美国的弹性也许为0.1,西北欧约为0.18。就是说,由于效率提高,人口(劳动力)每增长1%,可望生产在美国持续增长0.1%,在西北欧增长0.18%[2]。

瑟尔瓦尔(Thirlwall)1971年运用丹尼森跨国回归的数据,用下列公式,估算到类似的弹性[3]:

$$（生产率变化率）= a + b（劳动力变化率）$$

他获得较高的系数0.274,但对统计意义不大($t=1.2$);因此不

---

[1] E.F. 丹尼森:《美国经济增长的原因和我们面临的选择》,1963年版,第52页。

[2] 计算为:

美国 $\dfrac{33\% \times 0.36\%}{1.1\%} = 0.1$

西北欧 $\dfrac{18\% \times 0.93\%}{0.9\%} = 0.18$

[3] A.P. 瑟尔瓦尔:《生产函数结构中人口增长、产量增长和人均收入的横截面研究》,载《经济学和社会研究中的曼彻斯特学派》第40期,1972年,第16页。

必给予多大重视。

　　这些数值初看似乎不大。但应记住：就人口而言，知识进步的弹性则如下一节所示，要比规模经济的弹性大得多，因为可以认为保持教育不变的知识进步是完全由于人口增长，而不是由于整个经济增长所得的结果。于是，前者的增长率比后者小得多，假设其余情况均相同，这就意味着弹性更高。

　　哈根1953年研究了递增的资本对产量比率的相关系数。较低的比率说明这种经济能使每个单位投资得到更多的产量，因而是有利的。哈根发现，在八个发达国家中，"劳动力增长率与递增资本对产量比率（ICOR）二者的关系是引人注目的"[1]。就是说，增长较快的劳动力似乎使投资更有利可图，而形成一种增长较快的经济。哈根解释说，"迅速增加的劳动力可使一个国家避免几乎所有投资错误所造成的损失"[2]。

人口稠密造成的不经济

　　近来，经济学家们已开始推测：人口增加，尤其是稠密，也造成很大的规模不经济。每个人都被认为使别人的活动空间减少，并把废物（比如煤烟）加给别人，而使别人增加负担。因此，假设其余情况均相同，其他的人越多，则每人的空间越小，所受污染也就越厉害。预计这些影响将表现为生活安逸程度下降，还表现在

---

[1]　E.E.哈根（Hagen）：《资本-产量比率增长》，1953年版。

[2]　另一方面，哈根发现某种证据（虽然并不充分）说明：陆地自然资源丰富使投资更为有利可图。这就是说：人口密度通过投资效率对经济起消极作用，而人口增长起积极作用，这几乎是一种矛盾。但在哈根的数据中，密度作用比增长作用弱得多。这方面还有待进一步研究。

由于人口稠密使生产成本提高,而导致物价上涨。

不过,这种稠密影响的经济证据并不明显,或者不易得到。唯一对此问题做过仔细研究的是诺德豪斯(Nordhaus)和托宾(To-bin)。其方法是假定:在保持教育和其他几个变量不变的情况下,较大城市的人所得的较高工资,就是大城市不舒适的衡量标准。他们根据有关变量的回归平均收入估计:8%的国民收入可看作此种城市不舒适的"价值",这时,就人口规模和密度加在一起而言,收入的弹性为0.06[①]。但是,用收入不同来衡量城市的不舒适性,我看是不恰当的。诺德豪斯-托宾的回归,并未考虑到在规模不同的地方操相同职业的人,他们的技术和才能差异,是超过教育差异的。根据共同观察,纽约和芝加哥的最佳广告作者比小城镇里的最佳同行们,技巧和才能都高明得多。小城镇里的最佳广告作者总想去大城市,这说明为什么纽约和芝加哥的一些广告作者每年能挣10万—20万美元,而香潘和斯普林菲尔德却无人能挣这么多。同样,医道最好的医生也倾向于在大城市开业,疑难病症的病人多送往大城市,原因就在此。大城市的表演者和许多其他职业者的技术水平也确实高得多。于是,一些职业的收入较高这一事实,可能由于需求的正收入弹性而使其他服务行业的收入水平上升。这就可能影响其他行业的工资。我认为,大城市中的许多行业技术和才能较高,这一事实由于它的派生作用,而比大城市的不舒适性更能说明因城市规模而产生的收入差

[①] W.D.诺德豪斯和J.托宾:《增长过时了吗?》,全国经济研究局,1972年纽约版,第50、54页。

异,尽管看来很值得对这个问题加以直接调查。

如果在大城市中确有重大的拥堵费用,人们定能看到这些费用反映在市场商品的价格和数量,比如在不同规模城市的生活水平数据中反映出来。图4-3描绘了美国四个主要地区中三个地区(南部的生活费用在全国最低)劳动统计局的中度预算生活费用。城市规模和生活费用之间显然没有紧密关系。谢菲尔1970年研究了四个地区的劳动统计局生活费用指数,得出结论说:"人

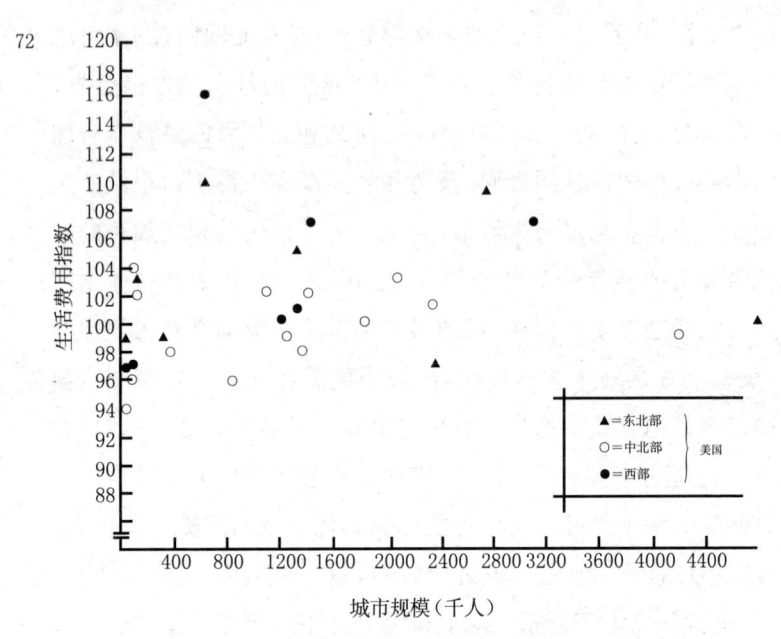

图4-3 1969年美国城市规模与生活费用的关系

资料来源:劳工统计局《1969年劳动统计手册》,1969年7月。

们从上述分析得出的全面印象是：大体说来，在标准都市统计区的人口规模和某种生活标准所需的消费者费用之间，并没有重要关系。"[1]根据阿朗索和法简斯1970年的计算，城市规模和劳动统计局预算之间有一种"微弱"的正关系。但他们发现这种关系在很大程度上是由于在收入较高的大地方，劳动统计局预算包含高档项目。（收入随城市规模而增长比劳动统计局生活费用随之增长的速度快得多）这又是由于大城市居民有更高的消费愿望和期待。阿朗索和法简斯得出结论说："生活在大城市并不多花钱……地方花费较多的这种共同信念显示的是较高期望而不是较高价格的结果。"[2]哈沃斯和拉斯莫森1973年发现：当他们在分析中不计人均收入时，城市规模和生活费之间为正关系，"'在高的预算中……每增加100万人口，生活费上升……1％'，而在中等和低预算中则更少（对后者没有影响）"[3]。但是，他们发现的数量在经济上意义不大，相当于没有影响。

对于人口较密是增加还是减少人们的个人福利这一点，最一般、最好的检验也许是：统观各地生活条件，观察人们选择哪种密度。就是说，是有更多的人口向最大的城市迁移，还是向小城镇迁移？（这种检验概括了人们或工人以及雇主的福利，因为它包括雇主所付的工资和他们的地点选择）"有几种可能合适的衡量

---

[1] D. 谢菲（Shefer）：《可比较的城市规模和生活费用：统计分析》，载《美国计划者学院学报》第36期，1970年，第417—421页。

[2] W. 阿朗索（Alonso）和M. 法简斯：《依城市规模而变的收入和生活费用》，1970年版，第3页。

[3] G. 哈沃思（Haworth）和D. W. 拉斯马森（Rasmussen）：《大都市生活费用变化的决定因素》，载《南方经济学》杂志第40期，1973年，第183—192页。

办法，但似乎哪一种都不说明：更多的人选择小城镇而不是大城市。"[1]

总之，即使在发达国家人口最稠密的地区，也似乎没有表明生产规模不经济的有力证据。相反，证据似乎表明重要的生产规模经济，这一点将在第六章谈到发达国家的模拟模型时，作为人口规模对生产率全面影响的一部分来处理。

二、知识进步同人口增长的函数关系

技术进步

先举一个例子：一个人口较多的国家更有可能筹集足够的税收和人力，来从事巨大的创造知识的工程，比如太空旅行。瑞典的人均收入比苏联高，但苏联如果只有瑞典那么大，就或许不能向月球发射飞船。

"技术进步"并不意味着科学，而科学天才仅是知识过程的一部分，这一点无论怎样强调也不过分。许多技术进步来自既非训练有素又非待遇优厚的人，例如：调度员想出较好的方法去调遣他的十辆一队的出租汽车；托运人发现废品箱能制作多种精巧

---

[1] 中等规模的标准城市统计区可能比最大规模的增长得快。但即使这种情况真的发生，这也未必说明，中等规模标准城市统计区最大规模的更有吸引力，即吸引更多的人，这就不同于斯蒂格勒在工业组织中所做"调查"试验的逻辑。正文引文摘自 D. J. 博格（Bogue）：《1900—1950年标准大都市区的人口增长》，1953年；参见迈耶·齐特（Meyer Zitter）：《大都市地区的人口趋势》，载《美国统计协会预测》，1970年。

便宜的包装箱;超级市场经理找到在既定空间展示更多商品的方法;超级市场职员发现给罐头盒更快地标价的方法;以及超级市场的研究员找到为商品价格和销售项目做更有效和更廉价的广告的方法;等等。库兹涅茨强调这类技术增长的重要性(1970—1971年在耶路撒冷演讲),我对此表示同意。根据这个观点直截了当地说明,假设其余情况均相同,则较多的劳动力总会使发达世界的技术进步更快。

正像规模经济一样,技术发展也不能与经济增长的其他因素截然分开。不过,试图把它的影响孤立起来的努力倒是有意义的。

让我们先看看下面这段丹尼森的评论:

> 我估计过,在1929—1957年期间,不同于落后变化的知识发展,对国民生产总值的测定增长率贡献了0.58%。这等于说,与测定生产相关的平均知识水平每年增加了0.58%……
>
> 这些增加比起美国、整个发达国家或全世界的人口增长来,要小得多。因此,保持知识增进的速度不变,意味着对知识的人均贡献下降,而不管采用上述三种人口基数的哪一种。事实上,在过去,与有关测定生产的知识年度增加额的增长,甚至已经接近了人口的增长,这是十分不可能的。很清楚,知识增长已远远赶不上科学家、工程师或大、中学校毕业生的增长。如果不是这样,则以往的国民生产总值增长率本来是会急剧加速的。
>
> 这一事实可能意味着:由于知识水平提高,知识增进越来

越难以实现,需要稳定增加投入,才能维持同样的发展速度。另一种解释,可以把它说成是表明:(1)寻求知识总要受到规模的报酬急剧递减的制约;(2)主要决定因素是一种发展导向另一种发展所需的时间;(3)将所得个体数目相乘,总得不到时间距离的成比例的缩短。后一种解释符合研究工程的无数观察家们得出的结论,而对更基本的或根本的增长,尤其是如此。①

另一方面,凯利1971年审查了希格斯(Higgs)1971年研究从1870年至1920年的发明数据②,并且发现:就人口规模而言的发明弹性大于整数一。即使在城市化受到控制时也是如此。凯利的意思是:教育或另一个变量不太可能说明明显的关系。而且,他发现一些迹象表明这种弹性已经有些随时间而下降。但请注意:对人口增长而言,等于整数1的知识弹性是很高的,而一个比整数1小得多的弹性则对于对每个工人收入具有全面积极影响的人口增长,是非常合适的。(这种全面影响取决于从其他来源产生的消极影响的大小——我们将看到这些消极影响本身一定都比整数1小得多——还决定于其他积极影响的范围)但是,所有局部弹性都不可能得到完满解释。只有全面审查该系统,才能就人口增长对每个工人收入的影响做出回答。这就是第六章所述模拟

---

① 艾德华·F.丹尼森:《美国经济增长的原因和我们面临的选择》,1962年纽约版,第237页。

② 非专业知识创造者的非正式技术发展,虽然无疑是具有重大意义的,但其数量难以单独估计。正是由于缺乏这种数据,我们才求助于专业知识创造者的资料。参见凯利等写的《写作历史的背景:明治时期的日本》一文。

模型的目的[1]。

对国家大小和科学产出之间关系的研究表明:在人均收入不变的情况下,科学产出量与国家大小成正比[2],就是说,假设其余情况均相同,劳动力加倍则意味着科学产出率加倍[3][4]。

---

[1] 知识创造的遗传潜力不论人口多少,平均都是一样,前面对此已做过含糊的讨论。这就是说,假定:人口较多并非仅仅因为最少天赋的人有较多的孩子。如果事实上增长的差异确实是对知识没有贡献的人所引起,那么,知识生产者的总潜力在人口较多的地方并不比人口较少的地方高。但在美国,大多数孩子生在中产阶级家庭,而且,正是中产阶级家庭出生率的变化,大致说明了第二次世界大战后总出生率的变化。因此,就美国而言,关于各人口规模的遗传潜力平均相当的假设,看来是合理的。尽管这样,当人口较多时,知识界遗传潜力平均较小这种可能性,在下一章的模拟模型中,至少在某种程度上要估计到,因为在模拟模型中,教育对人口增长率起负作用。

[2] D. S. 普赖斯(Price):《科学与技术的关系及其他对政策形成的影响》,1972年。

[3] 当然,人们不能从这一证据引申说,如果整个发达国家的人数增加一倍,那么,科学产出必定增加一倍。如果对知识不存在民族的、文化的或空间的障碍,则人们可望发现科学产出与各地劳动力成正比,即使额外增加的劳动力高度过剩,而生产又比按比例增加少得多。但事实上,对知识和人员从一地到另一地的自由流动有重大障碍,而各地所需的科学知识种类又有差异。因此,各国的科学机构至少在某种程度上是自控的。于是,产出与劳动力投入成正比这一事实说明:额外增多的劳动力很可能对产出做出成比例的贡献。

[4] 本章的数据已经表明:在人多的地方,外来技术发展更快。但技术发展的原因也可能是由于人多而产生的需求增加。看来数据是没有的,同时,这点历史似乎是确切的:

斯利切·旺巴思在1963年写的《西欧农业史》一书说明了16—19世纪人口增长对生产和农业知识传播的作用。在1550至1650年这一百年前后,人口增长较快,而从1650年至1750年中,却没有多少增长。"在16世纪的主要西欧国家中,曾出现过农业文献的繁荣……(但是)在1650年至1750年期间,却没有重要的农业文献,当时,报刊所见大多是旧作"(《西欧农业史》,第205和219页)。1750年后,又由亚瑟·扬和凡·萨恩这类人物发展了农业(包括科学实验)文献。把这种影响推广到发达国家似是明智的,尽管很难证明人口增长总使知识总和增加,而不是使转移到人口压力最大的领域的注意力增加。

施姆克勒(1965年)证明工业需求能对各工业部门发明的范围产生大的影响,这一点也是确切的。

某些作者甚至是有名望的作者表示怀疑：人更多是否意味着更多的主意和技术发展。但是，有谁会打赌说，瑞典或荷兰，而不是英国和苏联发现了核聚变？（我没有提美国，是因为其人均收入较高）

教育的数量和质量

人口增长可能对知识产生的另一种负作用，是孩子所受教育减少。人力资本以及物质资本对于一种经济的生产率是关键性的。而且，人们可能不会提供（或者说当局不会要求）足够的附加税收，以维持同等的受教育水平。果真如此，对于较多的人口，由于孩子的比例较大，其平均教育和总的知识发展的潜力都不如较少的人口。

关于人口增长对孩子平均教育量的影响的常规理论，是彻头彻尾的马尔萨斯理论，即固定作为教育预算的资金和资源分给更多的学生，就意味着平均每个学生的资源减少。这种理论还产生这种定量的预言，即这种影响的弹性应为 -1；也就是说，孩子增加 1%，则每个学生所受的教育减少约 1%。

但是，我们从许多证据得知：人们和制度往往通过明显地改变固定条件而对人口增长做出反应。例如：在农业上，孩子多了，便使父母亲的劳动投入增加（见第九章）。而且，经济理论告诉我们：当出现额外的有利可图的投资机会时，人口将会把一些资源由消费转向投资。增添孩子，则构成这种额外的有利可图的投资机会。因此，我们必须考虑到与马尔萨斯式的简单分饼理论相反的可能反应。

仅仅根据理论便无法得知这两种影响中的哪一种将占主导地位。因此,我们也不能预知:人口增长的影响是否将像马尔萨斯理论认为的那样接近整数1的弹性,或者预知弹性是否将接近零,并通过诱导反效应作用完全抵消马尔萨斯效应。所以,我们必须求助于经济数据。

麦克马洪研究了美国各州公共教育费的决定因素①,得出了5—17岁孩子作为人口百分比的影响系数,这个人口对抚养率而言的消费弹性为0.82②。就是说,如果人口增长对教育水平有负作用的话,那也只是轻微的。迈因纳1963年研究的回归系数表明:不满18岁的青少年比例对每个学生的总消费没有负作用③。迈因纳在广泛研究了这些文献之后,断定他的结论是符合文献内容。那些研究表明,在目前的技术状况下,可能的最好估计是:有关孩子数目的教育费弹性接近或等于1.0。当然,全国范围的生育率变化可能比各州间的差异有更不同的影响,但这却不能根

---

① 参见 W.W.麦克马洪(McMahon):《决定公共教育费用的主要因素的经济分析》,载《经济统计评论》第52期,1971年,第242—251页。

② 这一估计是以1958年美国各州的横截面为根据的。回归系数为0.155;1966年时,孩子/总人口的平均数,以及教育/可自由使用的个人收入的平均数,分别为25.5%和4.8%。1946—1948年的时间数列估计,也是麦克马洪提供的,比横截面估计涉及范围更广,但是不太准确,因为当影响迟缓时短时间内的时间数列可能偏低(D.T.艾格纳和西蒙《横截面和时间系列参数估计值偏好的详细说明》,1970年)。我同瓦尔特·麦克马洪就他的文章和这一主题的文献进行过有益的谈话,并对此表示感谢。

③ 这一结果取自迈因纳在《支付国民教育费用的社会经济因素》运用所有学校系数为样本所进行的回归。运用单个州内学校系统的回归显示负系数,但这显然是因为人均收入在单个州内回归中没有考虑到,而在所有学校系统回归中却考虑到了。人均收入是学校经费的一个重要决定因素。

据现有数据来判断,因为抚养系数更高的地方,当地孩子的平均费用则较低,而由州和联邦补助不足。这一机制也许没有考虑到全州或全国的抚养系数的影响,这种抚养系数是随着全国人口更快增长而出现的。不过,这只是一种推测而已。

另一方面,林德特(见第七章)绘出了从1840年到1972年美国教育费的变化过程。他发现,从1950年起,上升趋势减弱(虽然仍在继续增长),大约与此同时,青少年人口在总人口中的比例,经过早些年的下降之后已开始回升。虽然很难说这是生育率降低孩子的平均教育费的证据,但它至少是有启发性的。托利和奥尔逊1971年提供了更有力的否定证据[1]。在对州的教育费和收入采用联立方程式进行仔细估计时,他们发现学生平均费用对每一雇员的学生数来说,其弹性为 -0.47。

皮拉斯基和西蒙1975年审查了发达国家的横截面研究[2]。其回归式如下:

受指定年级教育(例如小学)的百分比 = f (出生率或抚养系数;其他变量);

和教育费 = f (出生率或抚养系数;其他变量)。

如表4-1所示,粗出生率和生育率都对孩子平均费用和中学入学率有很大的负作用,虽然对小学及中学以后的入学率并无影响。

---

[1] G.S. 托利(Tolley)和 E. 奥尔森:《收入和教育的相互依存性》,载《政治经济学》杂志第79期,1975年,第461—480页。

[2] 亚当·皮拉斯基允许我使用我们尚未发表的共同著作,为此谨致谢意。参见皮拉斯基和西蒙的《人口增长对每个孩子教育数量的影响》一书。

不过,对费用的作用远不如马尔萨斯的简单理论所说的那么大。为保持孩子平均费用在似乎生育率降低后的同一水平上而需要做出的额外努力,大都做过了。同时,由于缺少统计意义,并因一次平行直线回归中的生育符号是正而不是负,而甚至使数据所表明的对费用的负作用也成了问题。但总的说来,数据确实表明了发达国家中生育率对孩子平均费的某些负作用。

表4-1 发达国家人口增长对受教育的影响

抚养变量	用粗出生率回归		用抚养率回归		国家数目
	根据对数回归的弹性	根据线性回归的弹性	根据对数回归的弹性	根据线性回归的弹性	
小学生	-0.01	-0.007	-0.07	-0.07	19
中学生	-0.67（注1）	-0.57	-0.82（注2）	-0.72	20
大学生	0.28	0.20	0.82（注1）	0.67	20
每个孩子上学费用（美元）	-0.45	-0.32	-0.26	0.05	20

资料来源:皮拉斯基和西蒙,《人口增长对每个孩子教育数量的影响》,1975年版。

说明:在一些发达国家的样本中,把教育经费的弹性和标准回归系数作为粗出生率回归的因变量,或把人均收入、中等教育、预期寿命和养负担作为自变量。

注1:有效数字到10%。

注2:有效数字到5%。

总之，发达国家的证据表明：人口增长较快至少对孩子的平均教育有某些负作用，不过影响不大。

是不是有些孩子损害社会经济呢？

第三至第六章是把孩子当作对社会做出同等贡献的同一代来讨论的。但是，读者可能设想：即使多数孩子都做出积极贡献，是否还有某类孩子，尤其是穷孩子，会成为经济负担？不过，这种观点看来是没有根据的。对此，琼斯和史密斯的研究应当是中肯的，即使它涉及的是新联邦对英国的移民，而不是新出生的人口。

（虽然）新联邦（New Commonwealth）家庭的人均收入比土著居民少……但收入节省比例却高于总人口的平均数；这种节省收入是新联邦劳动力所产生，并有助于增加资本存量……

他们倾向于在工业资本提供就业的时候到达，并去到工业资本提供就业的地方，而那些职业是没有当地人接受的……

他们对社会劳务的人均需求比全国平均数低得多……

移民大大有助于实现更高生活标准的愿望。有人担心移民已把土著人的生活标准限制在低于没有移民时他们所能达到的水平，看来这当然是未必可能的。在引向这一结论的其他证据中，特别需要提到这份研究的一些章节，这些章节指出低于土著居民需求的社会劳务需求，并表明一种对于或许已在一定程度上有助于提高土著居民平均生活标准的住房市场所发生的影响。①

本章提供的数据必须通过观察,证明它们适合"西方"发达国家和日本。这些资料可能对于"社会主义"国家是不恰当的。库兹涅茨说:

> 根据那些不受控制也非独裁的发达国家的经验——占我们已知经验的绝大部分——得出的人口趋势与经济增长的任何关系,可能对高度集中的制度无效或不中肯。在高度集中的制度下,有些人受到强迫压制,所有人口都在生产和消费中受到相当严格的控制。于是,既然已知最近由于潮流变化而出现苏联式的社会组织,那么,我们对于这种社会的反应格局及其内部人口趋势与经济增长的关系所具有的直接考查过的知识很不充分,以致我们不能不对范围更广、时间更久的现代增长经验进行分析。②

其他人口变量

本章的讨论以及第六章创立的模型,仅仅谈及一种人口变量——总和生育率——对发达国家经济的影响。但还有其他的人

---

① K. 琼斯和 A.D. 史密斯:《英联邦移民的经济影响》,剑桥大学出版社,1970年伦敦版,第122、123、136、161页。

② 西蒙·库兹涅茨:《现代经济增长中的人口问题》,载世界人口会议出版的《公报》,1965年版,第24页。

口变量,可能对生活水平产生影响,包括:(1)妇女生育的年龄差别极大。美国黑人各代隔距比白人短得多,主要因为黑人生孩子早些。(2)孩子出生之间的时间间隔能影响出生率和妇女不参加劳动的时间。(3)一年一年的死亡率变化不大。但将来寿命可能延长很多。是工作年龄之后的寿命延长呢,还是工作年龄本身也延长,这一点关系很大。(4)父母对孩子性别的选择,会影响劳动力的性别组成,从而影响出生率。(5)人口移入和移出对经济的影响和生育率的影响不相同,这既因为移民多在壮年,又因为他们比其余劳动力有不同的教育背景。(6)内部移民对经济影响很大,虽然在有关人口增长的统计学上显示不出来。如上所述,内部移民几乎总是表明生产资源分配的改进。

能够计算生育率以外的其他人口变量的模型,终有一天是会发展起来的。

三、小结(第三章和第四章)

工业革命以来发达国家的历史并不支持马尔萨斯的简单模型。人口增长和经济增长之间的负关系在奇闻轶事史上,在过去几百年的时间序列上,或在当代多国横截面研究中,都是找不到的。第三章提供的数据表明:人口增长和经济增长之间的关系不是简单的。

这里对这种差异做出了各种各样的解释。科学地说,最普通、最有吸引力的解释,是规模经济,新增人口对新的额外知识的创造和采用,以及从新知识创造新资源这三者的关系。因此,第六章创立的模型依赖这种经济进步的基本成分,而这种成分在先前的人口模型中并未计入。

第三章紧接着评述发达国家模型中使用的关键性微观经济变量数据。其中包括:孩子对储蓄(不怎么肯定)的影响,以及新增孩子对父母从事的劳动量的影响(没有通常认为的那么重要)。然后,第四章讨论人口增长对宏观经济的积极影响——规模经济(实质性的),并涉及人口规模和增长影响知识增进的证据(难于确定数量,但并非不可能)。

第五章 发达国家的自然资源、污染和人口增长

一、一般理论和数据

本章就人口增长诸方面的问题,再陈述一下未来资源公司(Resource for the Future, Inc.)[①]的经济学家曾最充分阐述过的基本观点。不过,这种观点的提出尽管已有几乎二十年了,但大多数公众,甚至有些非常有能力的经济学家却还没有完全理解它,这或许因为这种观点本身是含糊不清,或似是而非的。

这种观点的基本内容如下,预测自然资源未来状况的普通方法不外乎:(1)估计地球表面或地下已知资源的实际储量,(2)根据现在的利用率推测未来的利用率,(3)再从第一项中的实际储藏量中减去第二项中的使用量。未来资源公司的经济学家认为这种估计方法并不可靠,并且容易使人误解,其主要理由有二:(1)地下某种资源的实际储藏量,无论怎样非常有限,都不是任何时候所能弄清楚的,因为只有需要资源时才去寻找和发现

---

① 美国一家研究世界资源的现存和未来状况的公司。——译者注

它们。例如表5-1所示,已探明石油的储藏量是随着时间而增加的。(2)更重要的是,即使这些资源是已探明的,但其中有的自然资源的实际储量特别有限,因而没有多大的经济意义。这是由于经济本身有能力开辟新途径来满足自身的需要,如用塑料代替木材和金属,开发以前认为无用的低品位矿砂,以及发展原子能动力,等等。以愈来愈大的"最大"成本去采掘越来越深的"矿藏",以及利用日渐贫乏的资源,等等,这并不是由此可以避免的灾难。

表5-1 原油:1927—1967年美国的开采量和探明储量

单位:100万桶

年份	开采量	探明储量
1927	901	10,500
1937	1279	15,506
1947	1857	21,488
1957	2617	30,300
1967	3216	31,377

资料来源:R. 布兰迪斯(Brandis),《经济学原理》,1972年版,第594页。

某些特种资源的日益不足,促使寻找或发展替代资源。这些替代资源在经济质量上不仅相当于甚至常常超过被替换的那些资源。没有什么地壳成分,包括农用土地,会那么特殊以致无法取得其经济上的代用品,或者如此对抗技术进步以致不能以不变的或递减的成本,最终获得耗费自然资源的产品。当煤、石油、水电和原子能代替木材、泥煤和粪便作为能源的时候;当发现了铝生产的工艺秘诀,把铝制成前所未有的金属形态制品时；当曾一度认为不可分割的铁超过了传统的石器而被广泛利用时——当所有这一切发生时，难道能说我们已经被迫把具有较高经济质量的资源变成较低经济质量的吗？

我们认为不能这样说，而且事实正好相反。因此，我们认为这是不恰当的：也就是用长期形成的凭经验分析的方法，去诘问如果没有技术进步，则自然资源本来会出现什么样的经济质量呢？因为，已经发生的技术进步就是已经出现的经济增长的一个必要条件，何况如果不考虑前者，则不能合理地把后者看作既成事实。所以，以资源为基础的需求拉力的增强，以及在没有技术进步时本来已经利用的资源，这两者都不是具有决定性意义的。①

所以，自然资源现有"储量"的概念会导致预测工作中的错误；因而实物量并不为预测未来资源供给情况提供多少有用的运算依据。②

未来资源公司的专家们认为资源不足的最好经济计量是自然资源的"相对价格"。同时，尽管许多其他产品由于生产效率提高而降低成本，但在过去一百多年里，大多数自然资源的相对价格并没有上升。这种情况见于图5-1。资源不足的另一个概念

---

① H.J.巴尼特和C.莫尔斯：《稀缺与增长：自然资源应用经济学》，1963年版，第10—11页。

② 经常对这种观点的回答是："的确，有些资源是有限的。即使所有其他资源都不是有限的，地球本身总是有一定限度的吧！"但是，为什么要围绕地球划出一个固定的界限呢？我们不是已经开始利用太阳能，并开始向月球进军并从那里带回来了矿石吗？这就是为什么我们的资源边界不应当像过去那样继续缩小的原因！

是每单位产量的劳动成本,图5-2所示情景更为动人。按人工日计算的劳动成本或每单位产量所耗费的工时都已经下降,尽管每单位劳动力的劳动成本却随着时间推移已明显上升。根据这些数据得出的非直观性结论是:即使在我们更多地利用煤、石油和铁矿及其他自然资源时,这些资源也并没有变得稀缺了。这的确是用以评价这种状况的适用的经济分析方法。

20世纪70年代,原油价格大幅度上涨并没有否定未来资源

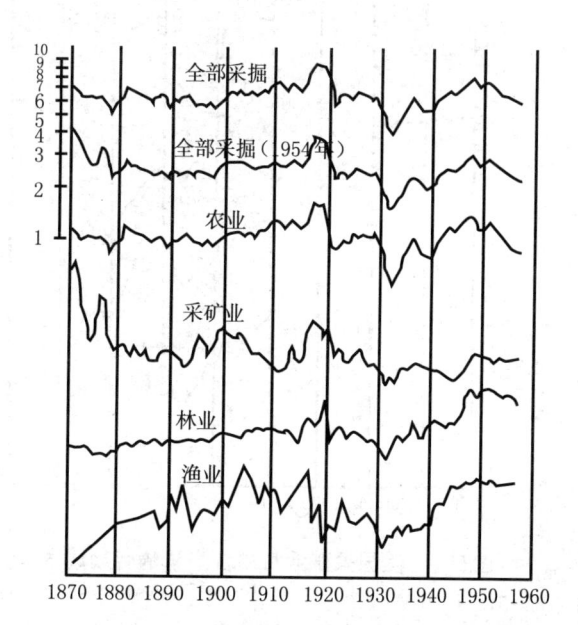

图5-1 美国采掘业产品与非采掘业产品的单位价格趋势的对比(1870—1957年)

资料来源:哈罗德·J. 巴尼特(Barnett)和C. 莫尔斯(Morse),《稀缺与增长:自然资源应用经济学》,1963年版,第210页。

注:——表示每组的连接,……表示分年度的连接。

公司的观点。很明显,原油价格上涨是由于石油生产国联盟[即石油输出国组织(OPEC)]采取卡特尔行动的结果。生产成本根本没有增加,而原油售价却达生产成本的100至200倍左右(原油生产成本大概是5—10美分/桶,而相比之下,原油的售价却在10美元/桶上下),① 所以,原油价格上涨是政治行动和利用卡特

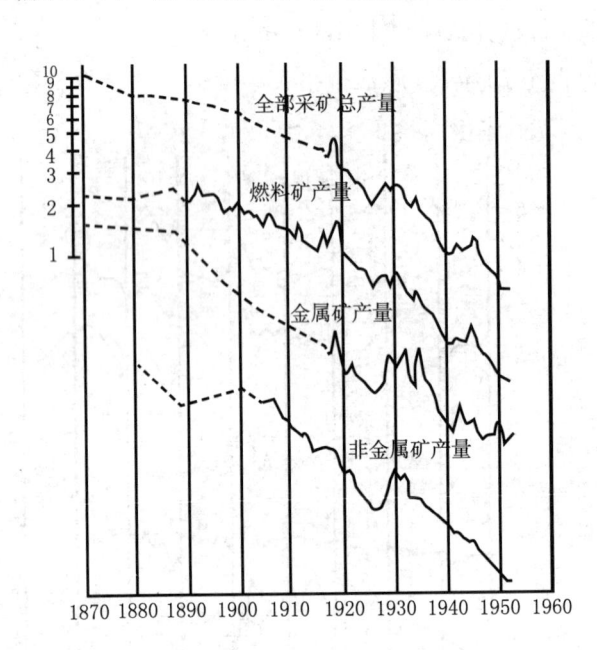

图5-2 美国采矿业每单位产量的劳动成本

资料来源和注:同图5-1。

---

① 1970年9月至1974年9月之间,科威特每桶原油的税收已从8美元提高到9.6美元,而每桶原油的生产成本仍旧是6美分。总统的国际经济咨文(美国政府出版局,1974年2月)认为波斯湾原油生产成本是每桶10美分。在石油输出国组织采取卡特尔行动之前,与其他商品相比,石油价格是一直在下降的。伊朗石油价格已从1947年的每桶2.17美元下降到1959年的1.79美元(伊朗国王语,1974年)。

第五章 发达国家的自然资源、污染和人口增长

尔垄断权力的结果。根据本书写作时的报刊所载,略举以下几则报道为例:

> 面对世界性的石油过剩,沙特阿拉伯和其他几个石油输出国组织的成员国为了支持油价,把它们这个月的石油生产削减了10%。工业界把削减生产的决定归咎于阿拉伯美国石油公司(ARAMCO),该公司是属于沙特阿拉伯、埃克森、德士古、莫比尔以及加州美孚石油公司共同所有的。而阿拉伯美国石油公司的官员们则推托是因"气候条件"而削减生产的。(《近东报道》,1974年8月28日,第188页)

> 还需提醒人们注意的是,石油输出国组织的决定是因为目前石油价格不取决于自由市场的经济学,而是取决于政治学,在中东尤其如此。经济学理应决定当时应减产而不是借口提价。由于去年石油输出国组织决定石油价格上涨四倍,世界需求量已经下降,石油消费国买不起他们本来想要的那样多的石油,因此,去年冬季的原油短缺已经变成了过剩。(《时代》杂志,1974年9月20日,第52页)

> 石油日渐过剩……西方对石油需求的减少,已迫使石油输出国组织的成员国迅速削减生产以保持现在原油的高价。(《新闻周报》,1975年3月3日,第31页)

最近,有人利用"复杂的"投入-产出分析法证实未来资源公

司近年来研究的一些结论。费雪（Fisher）及其同事们对1953年以来美国的物价趋势做出了这样的分析："同所有物价的平均数相比，原料的成本……趋于下降。"而劳务成本却相对趋于上涨。"能源的价格则下降最多。"[①]

（往往有人认为，这种说法，并没有反映去年或上个星期所发生的变化，而且长期趋势已不复存在。无法证明这些说法是错误的。但是，从历史的分析中可得出一种可靠的推测，即根据与过去长期趋势有所不同的最近变化所得的推断总比根据长期趋势得到的推断常常更容易发生错误。按照经验检验各种预测从而考察这种主张，总是有意义的。）

起初，大多数人对于H.J.巴尼特和C.莫尔斯的主张并不感到快慰。为了阐明这个问题，我们必须了解科学定义的基本原理。许多人的头脑里都有自然资源"实际"储藏量这个概念；而他们关于石油潜在供应量的绝对定义，就是指人们对整个地球含油量做过彻底调查后就应该记录下来的一个数量，并且这个数量显然是固定的。但是，这种解释是完全不切实际的，因为这种调查，即使在原则上也是不可能的。实际的供应量既是今天已知的，就是不久的将来可以预测到的，或者是在各种需求发生变化条件下，我们估计将来可以找到的和发现的石油储藏量。而对供应量的几种看法都不是固定的，而是非常可变的，并且都是与决

---

① W.H.费雪：《对通货膨胀的剖析：1953—1975年》，载 *Scientific American* 第225期，1971年，第15—22页。

策概念相关的。①

上述理论更加适用于取之不尽的土地。(详见下文)

最近,诺德豪斯和托宾的论述加深了我们对这个问题的理解。他们先用许多个三要素(劳动、资本、自然资源)的生产函数,找出其中看起来最便于说明国民产品随时变化的那些函数。他们利用一个"最合适"函数,估计出(1)自然资源和(2)劳动和物质资本的构成之间的替代弹性,用投入比率的一个函数,回归出单个要素的比率。其结果被解释为一种非传统要素和资源之间的替代弹性大约是2。② 还有一点同观察到的事实是一致的,那就是技术变革,相对于其他生产要素,是节省自然资源。替代弹性的高低是有较重要影响的,不过,关于究竟是这种弹性还是一种更高替代弹性的影响更加重要,诺德豪斯和托宾的结论是:"如果过去是将来的指南,那么,似乎没有理由担心资源会耗用殆尽。"这些资源已成为市场的经济物品。(当然,有些商品现在还没有作为经济货物,因为,这些商品可能有不适当的价格。这一点将在探讨污染问题时谈到)

---

① 如果我进一步探索某些实际现象,或许对读者有较大帮助。试验一次就知道,如果油泵抽不到石油,则石油层大概已经枯竭。但是,如果石油价格上涨和技术进步到足以采用把水注入快耗尽的石油层,又能得到很多石油。但要抽出岩石中的油,又必须等待其他技术的发展,如此等等。那么,人们究竟怎样能一次就估计出石油的潜在供应量呢?

② W. D. 诺德豪斯和 J. 托宾:《增长已过时吗?》,美国国家经济研究所,1972年纽约版,第63—70页。

二、两个历史事例：煤和木材

最早使人担心会耗尽的两种重要的自然资源——煤和木材的历史是非常有教益的。先拿煤来说，20世纪伟大的社会学家W. 斯坦利·杰文斯（W. Stanley Jevons）于1865年在一本详细而又全面的论著中预言，英国的工业将因其煤炭即将耗尽，而很快要急刹车。他说："……将会出现这种情况，即从工业主要动力来看，未来的资源供应已经没有理由指望有任何解救办法了。"他写道："……我们的确不能按照现在的发展速度继续长期前进了，不过，首先阻碍我们进一步繁荣的是我们的人口过多。"① 图5-3是杰文斯一书的卷头插图，用以"表示继续长期发展是不可能的"。

由于看到了将来对煤的需要，又由于看到满足这种需要所带来的潜在利润，因此，勘探家们就找到了新的煤床，发明家提出把煤从地底下采掘出来的更先进的办法，同时，运输界则已发展了更为廉价的运煤工具。美国已探明的煤炭储藏量，按照远远高于目前煤炭的消耗水平计算，足够将来再用几百年。② 虽然每单位煤产量的劳动成本一直在下降，但有些国家甚至还对使用煤炭给予补贴，这是因为其他燃料的成本都已下降很多的缘故。③ 这就

---

① W. S. 杰文斯：《煤炭问题》，麦克米伦出版公司，1865年版，第14页。
② 即使美国过去的煤炭消耗率比现在高5或6倍，现在估计的煤炭储藏量至少也够今后用400年。M. K. 哈伯特：《能源》，1969年圣·旧金山版，第205页。
③ 汉斯·布雷斯（Hans Brems）提醒我，尽管用煤比用油的成本高，但德国铁路仍要求用煤作燃料。

第五章 发达国家的自然资源、污染和人口增长　129

表明,过去没有采掘到足够的煤,而不是不公平地把将来的煤提前用掉了。

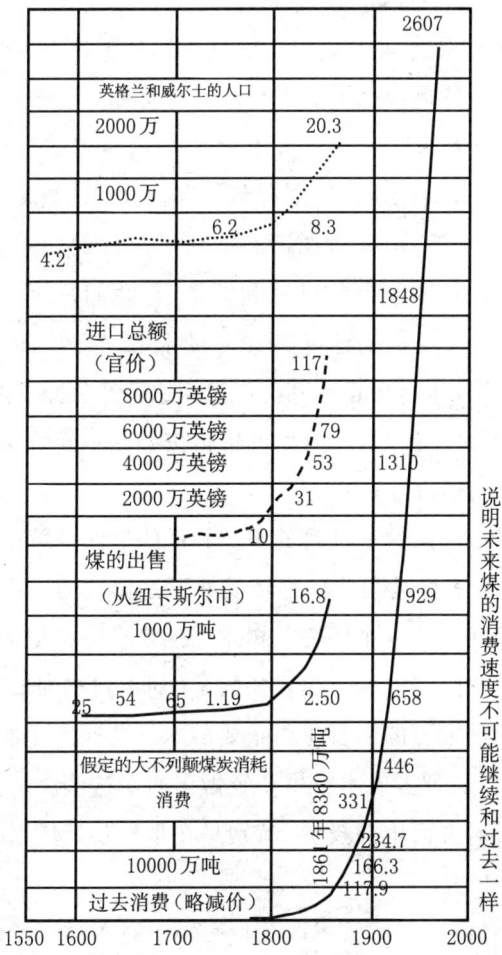

图5-3　1865年假设的英格兰和爱尔兰未来的煤炭消耗

资料来源:根据 W.S. 杰文斯的《煤炭问题》,麦克米伦出版公司1865年版重新编制。

S.H.奥尔森在1971年出版的《枯竭的神话》(*The Myth of Depletion*)一书中对木材的情况进行了研究。罗斯福总统在1905年就说过:"木材的严重不足是不可避免的。"这种说法已使国内早在1860年就开始出现的忧虑达到了顶点。特别为之担忧的要算是山核桃木之类的木材。尽管自那时以来,木材的消耗量很大,但今天的情况则已大不相同。"低品位的工业用木材过剩……由于销路不畅,以致国有和州有森林的改进受到苛刻的限制……到1951年,山核桃树已经取代了东部的硬木森林……尽管不断扩大利用木材制作纸浆和纸张,但我们每年(在1971年)拥有的木材立方英尺仍超过1910年的水平。"[1] 对1953年以来情况的研究表明,木材价格同其他产品相比已经急剧下降。(根据费希尔1971年的计算,这个时期的价格按美元不变价格计,而未按通货膨胀时的提价计算)

木材严重不足这一预言的破产和从明显的日益迫近的"木材荒"到实际上木材过剩的这种转变并不是偶然的,而是对已察觉到的需求的回答。一个回答是树木当然是有意种植的,然而有趣的是这并非专门安排的。更重要的是"对木材枯竭威胁的有效回答……这种最重要的回答是由重要的木材消耗工业部门,而不是森林所有者、管理者或木材生产者做出的。这些决定性的回答就是在木材科研方面增加投资,特别是在木材及其代用品的利用方面加强科学研究"。

"其他经济部门的技术改革也有助于对木材市场做出可能的

---

[1] S.H.奥尔森:《枯竭的神话》,哈佛大学出版社,1971年坎布里奇版,第2页。

第五章 发达国家的自然资源、污染和人口增长

调整。半个多世纪以来在运输和工商业组织上的技术改进,对于林木产品工业的影响是非常有决定意义的,并且是完全没有预想到的。"①

我们都看到自己家中的这些实际变化:塑料袋代替了纸袋;又如用于海外报纸"航空版"的新闻纸更薄但更耐磨;等等。当然,过去对煤和木材快要耗尽的忧虑是不对的,并且没有理由认为在这十年里,历史发展的趋势会突然逆转其方向。

资源再生的似是而非的性质,之所以难以为人们所理解,一个原因是同从家庭类推其所得资源赋予不是直接相关的。设想一个住在荒芜的孤岛上的家庭缺少纸张和铅笔的话,那么,如果更多的人住在这个孤岛上就会比只有一家人时更缺纸缺笔了。但是对于整个社会来说,其实除了能源之外,实际上没有什么资源不是可以靠自然生长(如用木材制纸),就是有代用品了,而且下文马上要讨论的则是能源供给应该不成问题。

指出这一点是有益的,即没有符合逻辑的理由来说明为什么自然资源是不能无限供应的。常见的主张是,由于对地球进行一次全面的物理普查总是表明:任何东西都有其一定的和有限的数量,所以,或迟或早,我们总会耗尽某些东西。关于有了能源就能够制造出其他任何资源,这个问题将在下面谈到。但是,还有另外一种符合逻辑的可能性:再循环的速度加快。如果再循环的速度无限加快,那么,任何时候都不会需要比现在所用的铁更多。同时,并无合理的原因说明,为什么再循环速度不应当如同消耗

---

① S.H. 奥尔森:《枯竭的神话》,第3页。

率那样增长。打个比方，例如神话里的铁茶壶，只要一擦铁壶，就会有妖怪出来听你使唤。如果只有一把铁壶，那么住在地球两极的两家人，谁也不能常叫妖怪听使唤。但与人口稀少时不同，如果地球上人口稠密，这把铁壶就可以很快地从一个人手里传到另一个人，循环使用，家家都能常叫妖怪干活了。因此，地球上只要有铁或有其他任何东西就可以了。

根据未来资源公司的研究，甚至在"短期内"——比如说到20世纪末，美国人口增长率对其原材料的成本或供应都不会有很大影响。[①]

三、土地的情况不同吗？

许多人甚至认为，土地是一种特殊资源，它也和其他自然资源一样，都离不开人类创造的进程。尽管可用土地的数量在某一时刻似乎是固定的，但通过开拓或垦荒[②]，则耕地不断增加，而且往往非常迅速地增加，这一点将在第十一章中讨论。

同时，还由于增加土地单位面积的每年收获次数，并通过改良耕作方法和使用化学肥料提高每次收获的产量，因而使土地不断替换。最后，但并非最不重要的是，本来没有土地的地方可以

---

① R. 里德克（Ridker）：《人口增长给资源和环境带来的后果和美国的未来》，载《人口、资源和环境》，1972年版。

② 在人口不足时，这个过程正好相反，土地被森林所覆盖，或被洪水所淹没。这种情况在意大利罗马帝国灭亡以后和欧洲的中世纪时代都发生过，这是由于荷兰、新英格兰以及其他地方连续进行战争的结果。

第五章　发达国家的自然资源、污染和人口增长

再生出土地来。荷兰的大部分版图中,原先属于大海的同属于陆地的一样多。"根据严格的地理决定论,人们或许可以想象,那里过去所能看到的只不过是充满疟疾病的三角洲和礁湖,毫无疑问是海鸟和候鸟的世界。而今天我们看到的是一个繁荣而又人口稠密的国家,并且事实上是欧洲人口最密的国度。"荷兰的大部分土地都是筑堤抽干海水而成的。"这是人类意志的胜利;是文明前景的标志。"一百多年以前,有人谈到荷兰就说:"这块陆地不是沃土,而是人们血汗和肌肉的堆积。"[①]

荷兰的大部分国土是人力创造的。然而,由于我们的知识、机械和新动力的发展,我们创造新土地的潜力已经增加。将来,创造新土地的潜力会更大,因为我们能够移山填海,因为我们学会了改良土壤的新技术,还因为我们学会了怎样治理盐碱地并把淡水引去浇灌干旱贫瘠的土地。

华盛顿和俄勒冈州以东沿哥伦比亚河流域,在原荒时期,是一片险恶的荒无人烟的沙漠地区,那里长满了北美艾灌木和俄国的蓟麻,只有那些最不怕艰苦的农民和牧民才试图从这里夺得一条生路。这个地区是如此的荒凉以致美国海军利用这里的一些土地作为投弹试验场。但正是因为这一切,哥伦比亚中部地区却成了世界上最兴旺的新兴农业区。幸亏有一套著名的新式灌溉系统,使得沿河开荒热勃然兴起。在该地区种植马铃薯、玉米、苜蓿和蚕豆等庄稼获得大丰收。大批

---

① 瓦尼特(Wagnet):原文著作不详,1968年版,第85页。

农场主,包括像波音公司(Boeing Co.)这些不速之客,都来抢夺他们所能得到的每一英亩土地。

用一个出版商格伦·C.李(Glem C.Lee)的话来说,"这完全是一次淘金热"。

哥伦比亚河流域的开垦实际开始于五年之前,并因农业生产高涨而使这种垦殖大大加速。之所以如此,是因为完成了一项叫作旋转喷灌的工程,这是一项销魂夺魄的新型农业技术。

在哥伦比亚一带,沙地留不住水,所以不能用传统浇水法。采用旋转喷灌法可以把水从河里抽上来,喷到直径为半英里的一块土地上。一根用6英寸口径四分之三英里长的水管制成的巨臂,像时钟指针一样围绕着田地转动,每12小时旋转一周。这根巨臂用10根10英尺高的支塔从地上撑起;由电动机带动每个支塔底部的两个橡胶轮子转动。在整个农作物生长的季节,喷水器沿着长长的管道不断地把水浇到地里,相当于每年降雨60英寸,远远超过该地区每年7英寸的自然降雨量。这种扇形管道甚至能沿着斜坡地面上下移动进行喷灌。

因为这里的土地几乎全是沙土,必须不断施肥,所以这里使用的喷水系统浇地时先把含有适当营养的肥料放进水里。(《每周新闻》,1974年5月20日,第83页)

的确,无论从何种意义上来说,耕地的来源都不是固定的。土地和其他东西一样也是一种资源。因此,耕地的来源并没有造

第五章 发达国家的自然资源、污染和人口增长

成特殊的威胁。(参见第十一章更多地分析发展中国家这方面的问题)

人们在考虑有关人口增长的影响时,也担心可垦殖的土地和荒地的可用性问题。面对这个问题,很明显,人口数量的增加意味着可垦殖土地的减少和荒地的消失。但是,由于这种想法与关于资源的直观论点有些相似之处,是不对的。

那么,可垦殖土地和荒地的可用性究竟对潜在的土地使用者关系如何呢? 由于运输工具的增加,并且许多世纪以来人口增长有助于收入水平的提高,所以,现在发达国家按人口平均所到过的可垦地和荒地大大超过从前任何时候。现在美国平均每人所到过的地方的面积大大超过200年或1000年以前一个部落酋长所周游过的地方,因为交通运输更快又安全。

按照经济学家的说法[①],花在开垦荒地上的每个工日的成本已稳步下降,而且从垦殖荒地所得收入已经增加,其部分原因便是人口增长,而且没有理由认为这种趋势将来会起变化。(另一方面,垦荒的每个工日价值或许已经随着时间推移而下降,因为分得这个价值的人数已经增加,从而使这种积极的结论逊色)

美国由于人们正在向城市迁移,因此,甚至无人居住的土地绝对数量也在上升。多次人口普查表明,乡村人口密度愈来愈稀,同时,有更多的县迁出人口多于迁入。

所以,土地的可用性不应成为反对人口增长的理由。

---

① 马丁·斯佩什勒(Martin Spechler)认为应该这样说明理由。

能 源

最近,有很多关于即将发生能源短缺的议论。本章一开始就谈到许多世纪以来能源短缺怎样威胁过一些最明智的分析家。但是,并没有实际材料证明能源短缺的担心是正确的,因为人们有创造新能源的能力。最近有关石油短缺议论是因卡特尔和政治权力之争而不是石油开采的成本增加所引起的。进而言之,石油代用品的成本并没有高到足以引起西方经济混乱的地步。"电力涨价和运输涨价平均每年分别为1.1%和3.5%。……我们不应当为富裕社会受到能源短缺的挫折而苦恼。"能源专家们一致的意见是"世界实际上并没有面临能源的紧急短缺,而且只要采取明智的行动,则也无需能源消费者去应对能源继续涨价的前景"。[1]

可以把能源看成主要资源,因为能量可以使一种物质变成另一种物质。由于有能源的帮助,自然科学家不断研究出更多的使一种物质变为另一种物质的方法,因而能源将来更是主要资源。正因为我们有这种使物质转换的知识和能力,所以,更不可能在其他各种物质都丰富的时候,而其中一种物质却难倒了我们。

基础科学的进步已有可能利用能和物质一致性的优势。就是这种一致性,不受自然资源原有分布的限制,使得不受地壳特性所强加的数量限制成为可能。限制是存在的,但既无

---

[1] 《布鲁金斯公报》第11卷,第1期第3—4页,第2期第5页。

第五章 发达国家的自然资源、污染和人口增长

法用经济术语下定义也无法加以详细说明。现代人与他们赖以生存的物质宇宙之间的关系,其特性是灵活的而不是僵硬的。自然界强加的某些特殊东西的稀缺,但不是一种不可避免的普遍的稀缺。所以,人们能够在无限的选择中进行自由选择。没有理由认为这些选择将最终减少到必须增加成本的一种选择,以致必须由此证明不可避免收益数量递减。科学能使资源基础更加均匀一致,从而排除曾经认为因缺少均匀性而引起的种种限制。[1]

因此,如果能源的成本相当低,则所有其他资源都可能变得非常丰富。如主要是能源成本高使海水淡化不合算。能源成本下降则将使得淡化海水和灌溉使现在仍荒芜的许多土地得以耕种成为可能。如果能源如此便宜以致使运输可能更为廉价,则淡水可能引送到遥远的内陆旱地使用。较低的能源成本将使人们得以开垦出大量的可耕土地。也可以说,如果能源成本很低,则许多原材料都能从海底采掘出来。

获得大量廉价能源的主要障碍看来还是技术问题。诺贝尔奖奖金获得者 H. A. 贝蒂是这样看的:

> 人们最终有从重氢的溶解而不是裂变获取动力的可能性。这种原子物理学的常识是简单而且为人熟知的。但迄今尚不可能证明,在高温下取得足够多的重氢,能使获得动力

---

[1] 巴尼特和莫尔斯:《稀缺与增长:自然资源效用经济学》,第11页。

成为可能。这个问题可能需要很长时间才能解决,也许需要二十年甚至一百年的时间。我相信这个问题将最终得到解决,并且有明显证据表明,我们不必急于解决它,因为有大量铀燃料可供使用。人们不应该希望溶解而来的动力会比裂变的动力更便宜,而且很可能更昂贵,因为采集氢需要更复杂的设备。不过,一经得到发展,则动力问题便永远解决了。在海水中有数量巨大的重氢。如果我们假设全世界所需的电力为1,000亿千瓦(是我早年设想的一百倍)的话,那么,世界的重氢供应足以为我们提供十亿年用的动力。①

综上所述,能源的未来供应,以及人口增长对它的影响,都不应当是引起忧虑的原因。或许因人口增长而导致需求增加会更加有助于增进知识,因而大体上说,对能源的供应和能源的成本将有积极影响,而不会加剧能源的紧张。

粮食

作为一种非常特殊的资源,粮食的生产问题将在有关发展中国家的第八、九、十一章以及第九章的附录中进行探讨。(发达国家的这个问题无须多加研究)关于人口增加导致粮食供应增加的可能性,将在微观经济学,包括历史资料分析中详细加以讨论,所以,这里只稍做补充说明。

一方面,我们有惊人的预测资料。联合国亚太地区经社理事

---

① 海斯·A. 贝思(Hans A Bethe):《原子能动力》,科内尔大学出版社,1969年版,第92页。

会（The UN Economic and Social Commission for Asia and Pacific）预测："从1980年至2025年，亚洲将有5亿居民死于饥饿。"于是有人根据这种估计，认为"有理由实行像'优先抢救伤员'这样的政策，为了多救活些健壮的饥民而听任其最无希望救活者死去"。（《每周新闻》，1974年第11期，第16页）

另一方面有关于过去粮食生产情况的事实表明，即使在发展中国家，人均粮食占有量的总趋势也一直是上升的（甚至在最近这些年也是如此）。请参阅图5-4所示的1956—1969年的情况。约翰逊（Johnson）1974年在一篇权威性的评论（总统应邀在美国统计学会的讲演）中说：

> 有可靠的证据表明，把发展中国家作为一类情况来说，它们的粮食供给至少已经在过去的四十年中赶上了人口增长。这是发展中国家人口非常迅速增长的时期……因此，发展中国家最近发展粮食生产所取得的成就已很显著——在人口空前未有地增加这一时期，粮食供给至少已经赶上了人口增长的需要……
>
> 虽然，肯定有例外情况，但有证据表明，过去两个世纪以来，人均粮食占有量已长期地逐渐提高。①

---

① 阿道夫·韦伯（Adolph Weber）把1971年（实际上是所有国家的人均食用热量卡同1780年法兰西的人均食用热量卡进行比较。1780年法国在经济、社会、军事等方面是世界的强国之一。1971年世界上所有国家的人均食用热量卡已超过1780年法国人均食用热量卡……可是，他已注意到世界上只有三分之一人口的人均肉食消耗超过1780年法国的人均肉食消费水平。（D. G. 约翰逊：《人口、粮食和经济调节》，载《美国统计学家》杂志1974年第28期，第91、4—5页）

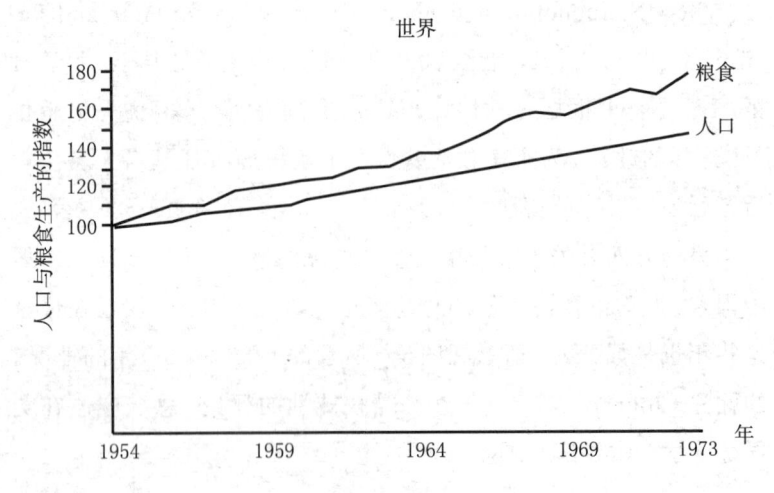

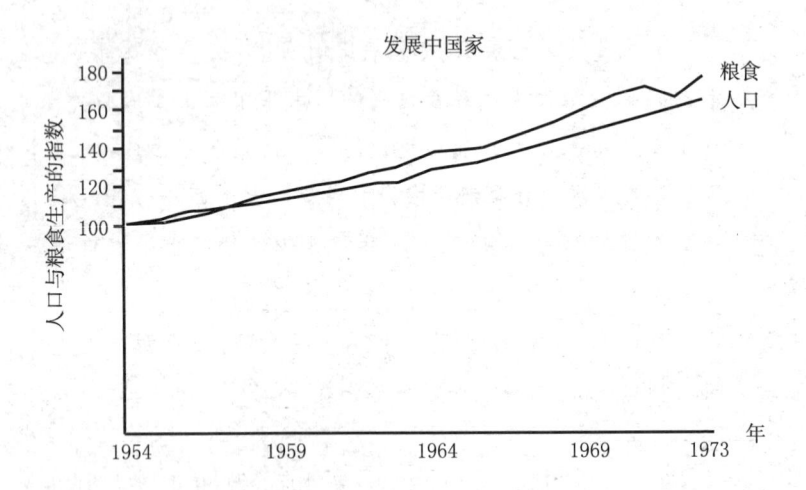

图 5-4　发展中国家人口和粮食的趋势

资料来源:《美国 1970 年国会财政年度报告》,第 13 页。

第五章 发达国家的自然资源、污染和人口增长

粮食供应量的增加也同饥荒发生率保持一定的联系,自第二次世界大战以来,粮食状况发生的一个重要变化是饥荒发生率显著下降。有可靠的证据表明,在19世纪的最后二十五年里,至少有二千万居民死于饥荒。虽然在二十世纪的第三个二十五年中有不少人死于饥饿,但饿死的人数不可能超过七十五年前的那个时期饿死人数的十分之一。

在最近的二十五年里,没有发生过像过去中国和印度所见过的那种大饥荒。1965—1966年间,像印度这样的国家有一些小的饥荒,同时,非洲目前的惨状,则不应因为涉及的人口较少就不予重视。但是,对穷人来说,最近二十五年来的粮食供应已经比过去两三个世纪的任何时候都可靠得多。我要补充说,虽然我认为饥荒发生率下降的原因主要是交通运输有所改进,其次才是粮食来源有所改善,但无论什么原因,我们总是已经看到这是一种非常重要的改善。实际处于饥饿状况的人口占世界总人口的比重,现在大概已比过去任何时候低得多。①

长时期来,粮食供应量的增加同粮食价格的上涨是同时并存的。粮价上涨的一个重要原因是世界收入的增加和人们对于肉类这种优质食物需求的增加(生产肉食需要生产大量的谷物)。

最新消息表明,粮价的长期趋势未见突变。正如本文所叙,

---

① D.G.约翰逊:《人口,粮食和经济调节》。

"商品市场的未来物价表明,靠得到最近情报和正确估计为生的粮商们,都极端看重跌价风,他们预计,世界将有较多和较好的收成,并预感到粮价可能回到1970年之前的水平。"(《平原城市新报》,1974年5月12日,第46页)。"世界小麦市场在经历了两年的销售热之后已稳定下来……粮价因多种粮食供应量增加而下跌……"农业部国外农业服务局认为粮食供应充斥,"作为世界需求增加和高价刺激的反映,1974—1975财政年度的世界谷物产量可能达到有史以来第一次出现的十亿吨"。(《华尔街杂志》,1974年4月5日,第1页)

关键性资源:人类的创造力

前面谈到能源问题时就已经指出,只有知识可以限制按适当或较低价格享有无限能源的能力。对于其他自然资源也是如此。而知识的来源就是人类的大脑。那么,最终看起来关键性的限制是人类的创造力和已学会的技术的运用。这就是为什么人数增多在引起资源消费增加的同时,也增加了具有决定性的资源存量。

这一总的结论并非断言资源不会短缺甚至没有灾难。的确,历史已表明有些灾难性的短缺,例如土地耗尽破坏了玛雅人社会(Mayan Community),而且展望当代的情况,也并不是完全乐观的:在20世纪70年代的经济中,空地和纯空气这类商品的短缺还是可能的。虽然有技术和其他资源可以弥补这些不足,并且这种困难或许在于社会的、制度的和政治的因素,但这些短缺是可能而且确实存在。

第五章 发达国家的自然资源、污染和人口增长

就自然资源和人口增长之间的关系而论,其关键在于发展防止短缺的新方法,这种短缺并不是偶然发生的。这种情况并不是以技术和开发为一方,而以人口增长和经济增长为另一方,这两个独立竞争者之间的"竞赛"。在很大程度上,发明和发展新技术是对即将发生短缺的信号所做出的反应。在私营部门的反应是从即将迫近的短缺中寻找获取利润的机会。[①] 同其他市场机制一样,这种反应机制是理所当然可靠的。当然,往往有这种可能性,即这种机制发生作用的速度或许不足以防止自然资源因短缺而涨价。但正如图 5-1 所示,在多数情况下,过去这种趋势却并不如此,而是趋于降价。而且随着时间的推移,发达国家的经济对于有增无减的日益迫近的资源短缺的信号做出反应的能力已经提高,由此可以想象这种反应能力,将来甚至比过去更强。

资源和后代

有人不必要地担心,现在对资源的利用有损于后代。这个问题最容易理解为,在今后若干年里自然资源的相对价格可望保

[①] 在战后的第一个二十年里,很多有影响的重要决策人物一次又一次地预料许多产品即将发生灾难性的短缺。而世界不断出现各种卖不掉的和无利可图的过剩产品:其中有 1947 年以后的粮食中度过剩;1951 年以后的原材料过剩;1954 年以后那些本来可能卖给美国弥补美元不足的制造业产品过剩;燃料(特别是 1954 年以后的煤和苏伊士运河事件以后的石油);以及 1960 年以后经过正规培训过的大学生(特别是有科学才能的大学生)过剩;等等。在此期间,有些无名人物则一再预测下列行业有"无限机会":耐用消费品、其他高级消费品、各种广告公司、时髦货买卖集团和作为处理国际剩余物余物资投资的中间商人等。所以,这种市场经济为所有这些行业不断产生较少的但无利可图的过剩(《经济学家》,1972 年 6 月 22 日,第 5 页)。

持不变或者更低——从物价的历史来看,这对大多数自然资源来说,好像是理所当然的。这种情况说明,未来几代人将不会像我们现在这样面临更大的经济稀缺性,而将会有同样多的资源可供开发,并与当代使用资源无关。假设将来经济情况不是它的本来面貌,即假设技术不变,于是将来资源的价格则比现在高,即反映出资源比现在更加短缺,所以,做出或许不同于市场贴现率影响结果的伦理判断,也许是适宜的。但这是不必要的或不适当的。

虽然利用伦理原则去调解不同世代索取自然资源的不同主张,很明显是同李嘉图主义(Ricardian World)有关,因为李嘉图主义者认为今天耗尽资源就是削减了明天的生产;但对于一个认为致力于当前利益就是造福于未来的一个进步世界来说,是否需要用伦理原则去调解不同世代对资源的矛盾则没有多大关系。如果现在活着的人们都献身于提高社会生产力,而这种生产力又将不断造福于他们自身及其子女,并且人们为利用这种生产力而做出决策的能力日益提高,那么,社会世袭财产的价值就会不断增长。为了增加现在实际收入就要不断积累物质资本。人们为了满足自己的好奇心就得为社会增加智力投资。为了使自己的生活更富裕,每一代人都要为增进健康和改进对儿童的教育而努力奋斗,从而也增加了社会的人力资本。于是,因为要努力改进作为一个生产事业的社会职能,所以,经济制度和生活水平就变得更加有效。因此,每一代人,不管是否认识到这样做是对未来应负的责任,都将献身于大力提高生活水平,以便把一个生产力更发达的世界留给后代。①

因此，既然我们能够指望将来各代比我们更富裕，那么，不管我们实际上如何对待资源，为后代节省资源，就好像要穷人给富人送礼一样。

资源、伦理学和发展中国家

关于发达国家从发展中国家购买原料的问题，大概也无需用伦理判断去代替市场决策。富国"抢夺"穷国，"掠夺"穷国的铝土矿、铜矿和石油的说法是没有确凿依据②的。这些资源对于一个没有工业的国家来说根本没有多大使用价值。而把这些资源出售给工业国家，能够为援助发展提供财政收入，并且，实际上是发展中国家最好的发展机会。发展中国家出售其自然资源，不管它们的经济是否已经发展，也都不能说是这些国家的人民只顾自己这一代而不顾其后代。发展中国家为将来"节省"资源的危险所在，就是将来资源的相对价值都会下降，正如近百年来，煤炭已经不那样值钱一样。一个在一百年前就开始囤积煤炭的国家，将来总是要吃大亏的。

的确，美国向发展中国家大量出口其所需要的初级产品，特

---

① 巴尼特和莫尔斯：《稀缺与增长：自然资源应用经济学》，第249页。
② 不仅在八个月以前，许多印度尼西亚人走上街头进行抗议，声称日本抢夺他们的自然资源；而且他们现在开始抱怨说，日本人没有足够地剥削他们。由于日本人赚钱买卖不顺当，日本进口公司不得不每月削减购买印度尼西亚的木材76万立方码，即减少40%。其后果是，印度尼西亚的木材价格下跌60%左右。印尼木材公司声称，已经有30家破产，引起了像加里曼丹这类木材生产地区的大批工人失业。《每周新闻》，1974年9月30日，第52页）

别是粮食,这也使发展中国家生产的初级产品能够换回发达国家的初级产品。互相交换,双方都可得利。当然这里并没有认为发达国家从发展中国家购买资源的价格都是"公平的"。这种价格确实是个伦理学问题,但又是一个必须根据供求关系以及市场和政治权力等铁的事实才能解决的问题。

有关论述自然资源的小结

综上所述,看来没有理由认为,在研究不同人口增长率的经济影响时,必须按与研究其他物质资本不同的方式来探讨国家资源问题。也没有理由相信,由于人口较多因而较多地利用国家资源,会对现在或未来经济有任何特别有害的影响。

四、污染与环境

污染的背景

探讨自然资源而不谈环境污染,是不全面的,因为这两种现象是同一事物的正反两个方面。有煤烟的空气是为人们所讨厌的被污染的空气,这也被看作缺少合乎理想的新鲜空气。这两个课题的主要区别是我们称之为"自然资源"的商品供应大部分掌握在私营企业手里,而他们向消费者供应所需要的商品,都是为了挣钱。交换是通过市场进行的,人们购买的是他们愿意为它支付价款的东西。相反,所谓"没有环境污染"的商品则大部分都在国家控制之下,其调节供求关系的政治机制远不如市场灵活,而且无论如何,都很少利用价格机制,以便达到同自由市场一样

第五章 发达国家的自然资源、污染和人口增长

的结果。另一个区别是自然资源运输对买卖双方的影响都是最有限的,而一个人的被污染是"外部的",并且可以触及其他每一个人。不过,这种区别比实际情况更为明显。一个人对自然资源的需求至少在短期内总会影响所有人支付的价格。反过来说,一个人必须支付的价格则又取决于所有其他人对自然资源的需求。对于污染来说,如果有一种灵活的调节系统,使得人们为了控制污染不得不付出一定代价的话,则情况本来也是这样的。只是控制污染的这种价格系统是不那么容易实行的,因而资源和污染两种情况的"外部性"表现是很不相同的!

要仔细研究这个问题,我们必须考虑许多可能存在的污染,而不是只想到一种普遍的污染。许多地方的各种污染已经日渐地减少。(例如,在美国街上的污秽物,中西部小溪流里的水牛粪,新英格兰空气中的烟尘和河里没有鱼类活动[1],发达国家食物中的有机杂质,等等)。其他污染是严重的,如空气中汽油废气,许多地方的噪音以及原子废物等已更加严重。还有一些其他污染的长期趋势尚不清楚,如街上犯罪行为。这里根本不可能把过

---

[1] "英国河流已经污染了一个世纪,而美国的河流开始出现污染只是二十年前的事。……泰晤士河已有一个世纪的时间没有鱼。但到1968年有大约40种鱼回到了这条河里。"(A.弗里德利:《英国迅速开展反环境污染的战斗》,载《华盛顿邮报》,1970年2月5日)现在在伦敦可以看到长期不曾见过的鸟类和树木。有人查明目前在伦敦出现了过去长期不见的鸟有138种之多,比十年前增多了一倍有余。杀人的烟雾驱散了……甚至浓雾本身,长期以来作为一种在伦敦人心目中既有浪漫色彩又往往厌恶的东西……也渐渐一去不复返了。伦敦人呼吸到一个世纪以来从未有过的新鲜空气……空气污染对支气管炎病人的影响正在下降……光线可见度也有好转,冬季一个平常的白天,可以看到4英里之内的东西,相比之下,1958年只可看到1.4英里。(美国《新闻与世界报道》)

去、现在和将来的所有污染都逐一地研究清楚,因为污染的种类已经多到生态学家所难以想象的程度,而且要把这样一些多变的因素的趋向都归纳起来,则既不容易,也可能引起误会。

如果必须选择一种计量方法来测量污染的程度,似乎最可能作为计量标准的是人的寿命。几个世纪以来,新生婴儿的预期寿命已大大延长,并且在许多发展中国家也迅速延长。因此,影响健康的"污染"(指广义的污染)总量已经减少。另一方面,最近美国的资料表明,美国的预期寿命可能出现缩短的趋势。

但是,在一个技术发达的社会里,总有可能不断出现新形式的污染,并且在尚来不及彻底消除污染之前,我们自己就都毁灭了。虽然在经历了黑死病之后,人类离开普遍性的大灾难已经一年比一年远了,但在20世纪和最近几十年内,来自原子弹或前所未有的严重污染的危险的可能性已开始增长。对于目前灾难的危险性,只有"事后诸葛亮"才知道。这种爆炸性污染的未知因素不同于自然资源的短缺,而且对于这种威胁除了承认不可能有完全保险的生活之外,别的回答是没有的,也是没有意义的。

总之,要说最近污染情况已经好转大概是缺少根据的。但是,依我的判断,如果说情况已经日渐恶化,则甚至更是根据不足。显然过去十年,对污染的关注已经增加。O.C.赫费达尔(Herfindahl)和A.V.尼斯(Kneese)明智地指出:"现在人们愈来愈关心环境的质量,这不但是因为环境恶化,更因为对一个清洁环境需求的增加。"[1]当然关心的原因并不重要,重要的是人们

---

[1] O.C.赫费达尔和A.V.尼斯:《环境的质量》,霍普金斯大学出版社,1965年巴尔的摩版,第3、2页。

第五章 发达国家的自然资源、污染和人口增长

迫切要求有一个干净的环境。

十分明显,下述一点是合乎理性的,即发达的经济具有净化环境的足够力量。

> 这种不充分的证据并不说明,自然环境的所有方面的退化是在继续不断而且不可逆转的。比如说,从1840到1940年,环境质量的某些方面的确出现过严重恶化,但因为在此过程中创造过其他价值,所以,很难判定这种恶化是否过分。根据大量测量的结果,水和空气的质量是降低了,有时还相当严重。荒地已在开发之中,它们的自然风景经常受到损害和破坏。狩猎人口迅速减少,并且常常建成一些既拥塞又严重污染的城市。
>
> 不过,自1940年以来,自然环境的某些方面有了明显的改进:已清除了河里最脏的漂浮物;许多城市上空大气中的特殊烟尘显著减少;一些最糟糕的贫民窟已消失;公共卫生方面,至少就各种传染病而言,已经得到关注和防治,公众的健康已有很大改进;许多土地又重新抛荒,并且许多地区各种各样的狩猎生活已受到鼓励,并日益增多。①

同时,净化环境的关键因素是众所周知的。英国反污染局局长肯内尔勋爵指出:"……除了罕见的并通常很快解决的例外情况之外,包括噪音在内的环境中已经没有技术所不能解决的污染

---

① O.C.赫费达尔和A.V.尼斯:《环境的质量》,霍普金斯大学出版社,1965年巴尔的摩版,第2、3页。

因素。所有这一切都是要花钱的。"① 换句话来说，净化环境就需要下决心把一个国家现有产量和能源的一个必要部分用于这项工作。

由于长期用于疗养服务之目的，华盛顿湖（其西岸到西雅图为止有 18 英里长的新鲜水域，东岸有许多较小的村镇），在第二次世界大战后不久就很快受到严重污染，那时新建的十座废水处理工厂，开始每天向该湖倾倒大约 2,000 万加仑的处理过的污水。

水藻靠吃污水中的磷和氮生长，每次排出污水都使更多的水生植物刚一发芽就大批死去，这样下去，湖水就在分解中一点一点地失去了氧气。湖水已经浑浊而且发臭，成批地死去的鱼漂浮湖边。

令人警戒的是 1958 年州政府批准成立了一个新的权力机构，即大西雅图都市自治市政府，并责成该市政府负责处理西雅图地区的污水。由于当地居民的支持，西雅图自治市政府，作为一个官方机构很快为公众所知，它花了 1.21 亿美元兴建了一座污水综合治理系统，以便把该地区的所有污水输送到普吉特海峡（Puget Sound）。就是这样，废水废物才被这个突击行动所清除。

自 1963 年开始，这个污水综合治理系统已经向前延伸到足以与从前一次又一次把污水倾倒湖里的污水处理工厂相

---

① 转引自 A. 弗里德利的《英国迅速开展反环境污染的战斗》一文。

第五章 发达国家的自然资源、污染和人口增长 **151**

连接，以便把废水废物输送到普吉特海峡里去，同时也处理湖里的废水废物。这样净化湖水的效果是明显的，湖水变得更加干净而又清澈透明，鱼群又回来了。"湖水里的含磷量下降，茂盛的水藻减少之时"，一个动物学家说，"也就是湖水污染减少之日"。显然，华盛顿湖水净化的事实证明：污染不是不可改变的。只要文明社会真有决心改造环境，并愿意为从前多年所忽略的污染治理问题付出代价的话，污染是可以治理的。①

我们生活的空间为垃圾和丢弃物，特别是被废弃的旧汽车所引起的污染，这是要特别引起关注的。这个问题不仅非常有必要为清除它们而消耗资源以求彻底解决，而且说明资源稀缺的程度是怎样正在减轻的。铁的供应和钢铁的冶炼现在已经如此便宜，以致丢弃的破旧汽车不再值得回收。如果丢弃的破旧汽车储存在一个看不见的地方，这些旧汽车可能被认为是新设立的未来"原材料"储藏库。从这个重要的意义上说来，钢铁常常不是被使用而仅仅是以不同的形式为将来的利用而储存的，直到价格上涨或者提出更好的利废办法。然而，再强调一下，与为市场生产和交换的商品不同，产生污染物的数量和消除污染的价格，都不是因公众的需求（既不是靠公民投票又不是靠美元表决）来自动控制的。同时，还有妨碍采取补救行动的强大的私人利益。所以，治理污染的成就，在很大程度上取决于社会意志和政治进程。

---

① 《新闻周报》，1970年11月16日，第67页。

人口增长和污染

现在,我们一定要问,不同的人口增长率究竟怎样影响污染的数量?大多数潜在污染物的总数量都取决于一种经济的工业总规模。这种规模大致可以用这个国家的国民生产总值(GNP)来测量。例外的情况是,超过一定的人均收入,则国民生产总值中的工业产值部分则因劳务所占比重增加而开始下降。有些专家根据这点推断:人口增长与整个污染之间的关系甚微,并认为,美国污染的增长率每年为9%,而人口增长率则大概是每年1%。

这种观点为下述两个事实所佐证:(1)澳大利亚相当富裕的城市尽管人口密度很低但污染却相当严重;(2)共产主义国家如同资本主义国家一样,工业生产高涨则为污染所纠缠。

在俄国,一个巨大的化工厂建设在吸引旅游者的亚斯纳亚波利亚纳、利·托尔斯泰准州的右边。化工厂的含毒气的浓烟无时无刻不在毒化托尔斯泰的栎树和松树森林,而无权的自然资源保护论者毫无办法,只能退缩。由于同样的不关心自然资源保护的原因,苏联的纸浆和纸张工业已经建立在贝加尔湖湖滨。无论这些流出来的污水经过多么彻底的处理,总是要污染世界上最干净的水源。

自1929年以来,主要是由于沿伏尔加河和乌拉尔河修筑的水坝和灌溉工程把水挡住了,所以,里海的水面下降了8.5英尺。其结果是俄国的鱼子酱产量下降了;有三分之一的鲟

第五章　发达国家的自然资源、污染和人口增长

鱼产卵地缺水。同时,一些大城市缺乏处理污水的工厂,一氧化碳充满了亚美尼亚的高原城市,还有烟雾笼罩着玛格尼托哥尔斯克、阿拉木图和车里雅宾斯克等几个冶金工业中心城市。①

人口增长与污染之间的轻微关系可参见图5-5中的数量。图中实体矩形表示按高低经济增长率分别预测到2000年时两个孩子和三个孩子的家庭散发碳氢化合物的数量差别。这些差别与按 A、B、C 三种不同的污染处理政策所做预测的各种差别相比明显小些,甚至比高和低的经济增长之间的差别也小些。美国总统的人口增长委员会(The President's Commission on Population Growth)关于其他污染所做的一般结论,同有关碳氢化合物的结论是一样的②。

国民生产总值的增长对污染的影响真正在短期内(如一年、十年、三十年内)大大超过人口增长(其新增加的孩子未计入所讨论的劳动力之前)对污染的影响。不过,从长远看,总产量将大体上同劳动力成正比例(下一章详细讨论这一问题)。所以,如果其他条件相同,则双倍的人口便意味着大约双倍的总污染。如果人口增长导致人口密度按比例增高,在其他条件相同的情况下,则每个人所面临的是双倍的污染。

---

① 《时代杂志》,1970年11月30日第44页。
② 参见 R. 里德克:《人口增长给资源和环境带来的后果和美国未来》,美国政府出版局,1972年华盛顿版,第25页。

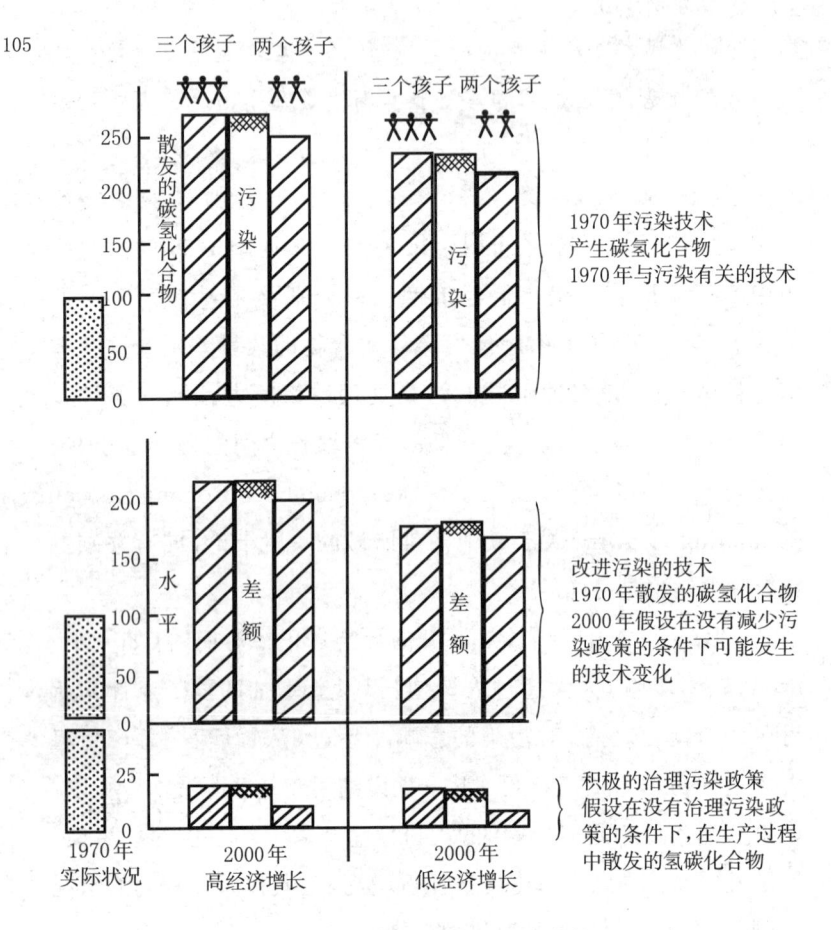

图 5-5　人口、污染和经济增长

但假设其他条件相同是不合理的。当污染增加时,则有种种政治力量起来反污染。这个过程一经开始,其最终结果或许是污染少于最初本来就不是这样糟糕的情况,或者正相反,出现的情形只能是污染比没有这个过程的情况更加糟得多。只能说,这种结果简直是无法预知的。看来,在经济逻辑或政治历史方面都没有什么资料能帮助我们有把握地预言:较大的人口群和最初较多的污染的最终结局,究竟应当比人口本来没有增长那么多的情况是好些还是坏些。

五、小结

在一本论述人口增长的书里,自然资源和污染都不是中心命题。自然资源消耗和环境污染的增加受人均消费水平增长的影响比受人口总数增长的影响长远得多。而且,自然资源在生产总值中只占一个很小的并且是日益减少的比例,因而不是新增人口所需要的重要追加费用。① 所以,在衡量发达国家新增人口的作用时,人口对自然资源和污染的影响并不是一个重要的值得考虑的问题。

已经成立并得到证明的结论是,自然资源总是随着已增加的人口和经济活动所导致需求的增加而相应地增长。虽然未必合理,但是,自然资源的供应是可望无限增长的,而且资源的远景也

---

① 从1870年到现在,采掘工业的产值占总国民产值的比例实际上已经稳步下降。在1870年时,采掘工业的产值占50%,但到20世纪初已下降到32%,1919年占28%,1957年只占13%,现在仍有下降趋势。

是良好的。资源可用性受到最终限制的说法,是人类的想象,因此,从长远看,人口的增长总能通过增进知识来扩大资源。

第六章　发达国家人口增长对每个工人收入的影响：一种模拟分析

一、引言

通常认为，无论从短期还是从长远看，较高的出生率都意味着较低的生活水准。这个论点渊源于马尔萨斯《人口论》第一版有关资本淡化的论述。该书做如下阐述：新增加的人口必须借助于原有土地和资本的固定供应量，才能劳动和生存，因而，人口增加就意味着每人可以得到的产品减少。《增长的极限》一书的模拟分析[①]只是利用一种复杂而诡辩的方法发展了这个论点。

不过，如果给这种简单的非古典模型加进国民经济增长的另一基本事实，即新增人口的创新能力和适应能力促使生产率提高，则所得结果便大不相同了。

本章创建一种有关发达国家人口增长影响每个工人产量的模拟模型，并以此进行检验。这个模型的轮廓见于图6-1。该模

---

① 指 D. H. 梅多斯（Meadows）等编写的《增长的极限》，1972年纽约版。

型不仅体现了标准古典的和非古典的资本效应，而且体现了知识进步、规模经济和自然资源利用等方面的效应。过去的人口模型不包含后几个因素，而这几个因素正是权衡、理解这个问题的关键。第三、四、五章分析过的有用资料大致为本章所建模型的参数提供了基本的估算值。

本章提出的各种模型是为了说明问题，并供参考之用，并不意味着实际代表美国或任何其他某个国家或整个发达世界。这

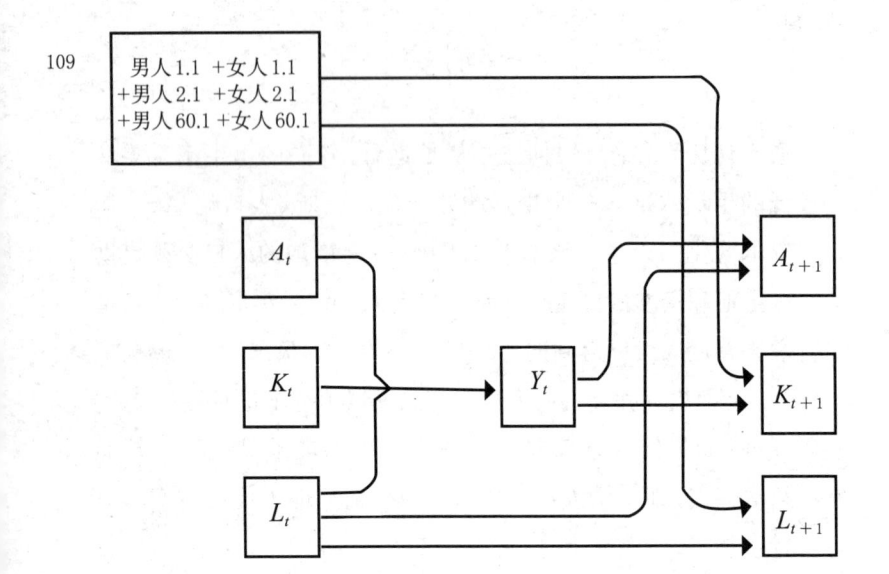

图6-1 发达国家模型示意图（教育因素未计入）

注：从 L_t 到 A_{t+1} 的线表示在剩余模型上的反馈效应，而从 Y_t 到 A_{t+1} 的线则表示维登模型的反馈效应。

个中心论点是这样得来的：即在作者认为合理的基本参数范围内，把单个因素，即人口规模对生产率的影响，加到一个简单的常见模型中去。的确，虽然可以根据引入的各种理由直接推导出这样一个主要的指导性的结论，即在将来某个时候，由于有较高人口增长率，则使每个工人的产量可以开始提高，但这种模拟模型必须说出这种影响在什么时候（如有其时），在不同的假设条件下变成肯定的了。仅仅根据对这种模型结构的考察，人们还不能知道这个时间是在将来30年或300年还是3000年。而这种模拟分析的结果，则认为这个回答应该是30—80年。

上述人口增长作用的结果将在30—80年之后变成肯定的。这一结果是用两种既独立又相关的模型取得的。这两个模型的目的都是为了从数量估计人口增长的积极和消极影响之间的相互作用最终的净效应。这两个模型除了体现已经包括劳动力参加经济活动和抚养家人的效应这些常见的经济参数因素外，还体现了人口增长对因知识创造和较大规模经济而获得的技术进步所产生的影响，以及这种影响和自然资源效应一起发生的作用。

其中一个模型说明这种"知识和规模作用的方法，也就是通过直接假设在研究经济增长中观测到的一种"剩余"——即生产率的一切增长都归根于技术进步——是劳动力以及从中发现的高低不等的各种水平创造力的一种函数关系。这种"剩余模型"方法对事前推测是有意义的，但对此提供的经验证明却含糊不清。所以，第二个模型就是利用维登经验法则，即生产率作为总产量的平方根而上升。这种维登模型是通过一种间接方法得到和剩余模型同样的结果。总产量随劳动力规模而变化,而维登法则,则可以看成劳动力对生产率和技术进步之间关系的一个代表,或者必要时则可把它简单地看成对规模报酬的一个纯估计值。

可喜的是剩余模型和维登模型得出了同样的结果。由此可以更加确信这两个模型的合理性,也相信它们共同产生的一般结果。总的发现是在30—80年内,出生一个孩子对每个工人产量最初有负作用,总是被这样一种正作用所取代,即随着生产率的提高而人类的财产在数量上迅速增长。从负作用变为正作用所需要的时间的长短取决于所选定的参数是否是最合理的。

本章可以看作把库兹涅茨1960年的成名之作《人口变化与总产量》量化分析所做的一次尝试。[1]这里所做的正式探讨当中有必要省略库兹涅茨和本书第三、四章中所讨论过的许多问题。此外,本章并不是一种经验性的研究,而是运用模拟技术代替一般分析方法的一次理论探讨的尝试。这种方法的缺点是普遍性不如一般分析法,因为这种方法所得结果仅仅适合于这些运用模型中的特殊一组参数,而且仅仅通过类推适用于这一组模拟范围内的其他一组参数。模拟方法和一般分析方法不一样,其结果并不对构成基本假设的一切情况都有效。另一方面,这种模拟方法的优点是,它与一般分析方法相比,能够使你对一个如此丰富而又现实得多的模型进行推理,并且它本身具有更多的特殊性。

---

[1] 在此,我们没有试验,或用即使近似的经验系数去衡量人口增长的正、负作用。参见西蒙·库兹涅茨的《人口变化与总产量》,载《发达国家的人口和经济变化》,普林斯顿大学出版社,1960年版,第339页。

第六章 发达国家人口增长对每个工人收入的影响：……

本章所涉及的是近乎充分就业的情况。这里的时间期限（大概五十年或一百五十年）是够短的，因而可以把该期限内的自然资源可能发生的重大变化略去不计，但其时间又足以长到使知识的迟延效应能够发挥其作用[①]。此外，注意到这一点是关键性的，即虽然这里的各种技术资料是属于美国的，但这种分析都最适用于整个发达世界，因为各发达国家之间有科学和技术上的相互依赖关系。这种观点是要避免这种可能性，即一个国家可以任意决定去占其他国家发明的先进技术的便宜。[②]

本章的目的是：（1）了解工业国家历史上人口增长通过资本、规模和知识变化对收入的影响；（2）考察将来每个工人的产量与较高或较低出生率的关系。

这里的因变量是每个工人的产量（收入）[③]，而不是每个人的产量或消费量（或每个消费者的等量消费）。

从长远看，这两种计量方法是完全相同的。在短期内，因出生率提高而致使人口增加，即使每个工人的产量保持不变，也必然引起每个人的消费量下降，因为工人的总数保持不变而总人口却增多了（详见第十章附录）。这时，居民的收入是在更多的人口当中进行分配。而且当人口更快地增长时，就要有更多的公共

---

① 爱因斯坦（Einstein）的出生把他童年时的人均收入降低了。甚至在成为科学家之后，他的科研成果可能没有多大有益的影响。但在他出生大约八十年以后，他的出生产生了巨大经济收益。

② 有些国家的确会这样理解。不过，或许容易对一切引进的知识多么需要当地的科研、经济发展以及非常满意适用的经验等方面估计不足。

③ 这里没有假设人均收入是福利的适度计量标准，因为这是我在第十九章的主张。但人均收入几乎可以看作每个人福利函数中的一个自变量。

教育消费和其他为正在增多的儿童举办的服务事业,[①]这就意味着更多的税收及较少的资金和物资用于私人消费与储蓄。

但从长远看,人均消费和每个工人的平均产量这两种计量方法都将引导出同样的结果,而这里的侧重点是在长时期方面。进而言之,每个人较低的消费需求并不意味着一切效用都是较低的。其实,同样多的总消费量在更多的人口当中进行分配,是否可以看作产生了较高的总效用,这就看一个人对社会福利所尽的贡献如何。

二、反馈模型

1960年库兹涅茨认为,新增加一个人对知识的贡献可以使他对生活标准起到一种纯肯定作用。但库兹涅茨并没有对这个论点做数量分析,也没有把增加知识的作用同古典学派有关人口增长导致资本淡化[②](capital-diluting)作用进行对比。这里所用模型的目的就是为了进行这种数量分析,以便估计究竟要多长的时间才能(如果可能)把人口增长的这种作用变成肯定的。

这些模型除了用反馈效应来考察人口增长或产量增长对生产率的影响外,它们都毫不例外地也有一个科布-道格拉斯生产函数,以便考察抚养系数对储蓄和劳动力参加经济活动的影响,

---

① 关于教育投资的问题将在以后讨论。
② 作者在本书中用的"资本淡化"一词是指由于人口出生率上升,总人口增多,在资本量一定时,因而分摊到每个人身上的资本量就减少了,就好像用水把酒冲淡了一样。——译者注

它们还有一种简化的人口模型,其中所有的人都是21岁成为劳动力并开始工作一直到60岁死去。人口增长对教育的影响是用稍低的标准,并采用几种变量。但那些细节都可留待以后再做说明,这里要说的是这两个可相互替代模型的中心反馈成分。

符号注释

A_t = 以 t 年数据作为一种经济的生产效率水平,即生产率。

ART = 技术知识和自然资源、规模经济的综合。

EFF_t = 有效劳动力;以其教育程度为权数的工人数量。

K_t = 资本存量。

L_t = 适龄劳动力人口数。

$MEN(i)_{j,t}$ = t 年内在人口结构 i 中活着的 j 岁男性人数。

$POP(i)_t$ = t 年内在人口结构 i 中的总人口。

R_t = 可利用的自然资源。

S_t = 用于物质资本投资和教育的总资源。

XED_t = 教育经费。

$WOM(i)_{j,t}$ = t 年内在人口结构 i 中活着的 j 岁的女性人数。

Y_t = 总产量。

e_L = 相对出生儿童而言的劳动力弹性。

e_S = 相对儿童人数而言的储蓄率弹性 S。

S_t = 储蓄对产量的比例。

w = 年龄20岁及其以下的青少年人数与年龄21—60岁成年人数的比例。

α = 在科布-道格拉斯生产函数中的资本阶。

$\beta=$ 在科布-道格拉斯生产函数中的劳动力阶。

剩余模型

这种剩余模型根据试图阐明美国经济增长的研究中所留下的"剩余"导出人口增长对技术知识、自然资源和规模经济这个不可分解的综合[①]（以下用这三个因素的字头缩写成"ART"）作

[①] 要把 ART 三个因素互相分解开来是不可能的。必须把它们作为一个综合体来处理，何况这样做是本研究方法论的一个主要特征。为了说明为什么必须把它们当作一个综合体来处理，就要首先考虑自然资源。自然资源可以看作第三个生产要素。而且 R_t 理应看作前些年的产量（大概是总产量）中

$$y_t = AK^\alpha L^\beta R^\gamma$$

一个负函数。

$$R_t = f\left(\sum_{t=0}^{t} Y_t\right)$$

这后一个方程式同有关煤和石油这类自然资源必定长期减少的静态物理学观点是一致的。但是，用蕴藏在地层深处的"实际"数量来给资源定义是不合实用的，因而也是没有意义的。恰当的说法是像巴尼特和莫尔斯1963年所说的那样，在经济意义上有用的资源绝大多数都不是随时间减少的。这种有用资源是随着知识的增加而增加的，例如，由于用新的方法勘探和回收石油，用新的塑料材料代替金属，以及改进森林伐木技术等而使资源增加。这样看来，自然资源与物质资本没有什么不同。所以，我们把时间 t 的有用资源的存量看作资本要素的一部分，于是，将来自然资源存量的变化，也像按常规物质资本定义的那样，将受到节约和知识增长的影响。

其次是考虑规模经济和技术知识：这两个因素从概念上来说，是可以分开的。人们可以想象一种试验，假设美国的每一个其他的人和设备的作用与知识的存量保持不变，以便由此观察知识对每个工人产量的影响。但是，这样的试验是行不通的，而且，规模的扩大和知识的增长一直是如此并行不悖以致在统计上不可能把它们分离开。因为这个原因，还由于在生产过程中它们也是不可分的，我们必须把它们放在一起来考察。库兹涅茨在谈话中强调了这种不可分性。还有费尔纳则采用一种结构，其中把"规模经济也归并到'进步'中去"。

1967年丹尼森试图找到规模效应的努力是有用的，但我认为并不解决这个难题。顺便说一句，人们或许注意到，他们所估计的单独知识进步的速度"远远低于人口增长的速度……这就意味着每个人对知识的贡献是降低了"。就本书而论，应当记住的是这种知识进步仅仅是 ART 综合来源中的一种。

用的一个估计值。剩余是在说明了资本和劳动投入在经济增长中的效应之后,经济增长中还有待解释的那部分。剩余通常是同技术进步有关的。

剩余模型假设剩余是劳动力规模的一个函数。按照这种表达式,剩余是受人口增长的绝对影响的,这也就是库兹涅茨定性论断的定量表达方式。就科布-道格拉斯生产函数而论,剩余可以看作技术水平 A 的变化,究竟资本(和劳动)的增加是否应当(或已经)反映由于已增加的知识所引起的技术进步这个问题在这里是关键性的,但我们只是涉及这个问题就很快地把它放过去了。

ART 的成分应介绍如下。假设 A 的变化数量同全部劳动力成函数关系。但是,ART 的知识成分的增加并不即刻导致生产率的增长;相反,许多知识的效应实际上是迟缓的。有关知识应用的延缓程度是一个重要的经验问题,对此,我并没有充足的证据(虽然看起来这种延迟的时间长度正在缩短)。让我们假设:整个 ART 综合体(取全体工人的一个平均水平)现在迟延分配组合本均值为 5 年。这就是说,生产率剩余的第一次增长的时间是从成为劳动力的工人人数增加了 5 年之后开始的,并在此后的 40 年中(直到他们退休 5 年之后),他们每年都对生产率新的增长有所贡献。用这种重要方法计算 A 值变化的方程式如下:

$$\frac{A_t - A_{t-1}}{A_{t-1}} = bL_{t-5}, \text{或} A_t = A_{t-1} + bA_{t-1}L_{t-5}$$

(6-1a)

在此式中的 b 是这样选定的,以便基期人口结构中的 $A_{t=1}$

$=(1+x)A_{t=0}$。x是把劳动力数量与 ART 综合增量(即 A)两者联系起来的参数。[①]当确定 $x=0.1$,在 $t=-5$ 的期间,则劳动力不变,$A_{t=0}$ 应当增加 0.1。如果劳动力每年以 Δ 的速度增长,则 $t=-5$ 那年的劳动力使得 $A_{t=0}$ 成为 $(1+\Delta)(0.1)A_{t=-1}$。这就是说,就这个模型而论,A 的逐年增加是与劳动力的规模成正比例的。这个机制是这样校准的,使得人口结构 BASE 中的劳动力在 $t=-5$ 时,在时间 $t=0$ 的那一年中 A_t 产生一次 x 增量,其中 x 无论是 0.01、0.015 还是 0.02 都是在运算中需加以试用的。这里应该注意的是:如同生产性的技术知识存量一样,由于工人、知识和规模经济的一次增加而引起的 ART 增加,总是累进的,而不是下降的。

1967 年丹尼森对知识增长和规模扩大,包括自然资源的效应所引起的每个工人产量的增加进行过一次估算,他估计的诸因素效应大体与 ART 相类似。下面是他的估计值:美国在 1950—1962 年期间,每年经济增长中的 0.76% 是因为"知识进步",(不包括对劳动力进行教育的效用),由"规模经济"引起的效应占增长 0.30%,[②] 两者之和刚好超过 1%。对西北欧的估计是:每年经济增长中的 0.76% 是因为"知识进步",而增长的 0.56% 是因"加快应用知识的进程,提高总效率、排除误差及疏略"而达到的,因"规模经济"占增长 0.41%,[③] 几项加在一起稍稍超过 1.5%。根据

[①] 如果没有发生迟延,则 $b=x$。
[②] 参见丹尼森:《为什么增长率不同?》,布鲁金斯研究所,1967 年版,第 298 页。
[③] 同上书,第 287、300 页。

索洛（Solow）的估计：美国从1909—1949年，这40年中每年经济大约增长1.5%。①索洛还引证了（虽然"不真正可比"）瓦拉瓦尼斯-维尔（Valavanis-Vail）所得的1869—1948年的估计值（每年经济增长0.75%），他还引证了施莫克勒（Schmookler）所得的1904—1913年到1929—1938年（包括农业）的估计值，后者的估计值与索洛的估计值相近。

如果较多的劳动力会引起生产率增长速度的加快，则人们会希望看到这是反映长期以来美国生产率随着时间的推移有了明显的提高。事实上，索洛断定，从他的研究时期的前一半（中间）到他所研究时期的后一半（中间），这20年中，A的每年增长率是从1%到2%。②费尔纳利用肯德里克（Kendrick）的数据，得到下列长期以来生产率的增长速度（用两种计算方法进行计算）：1900—1929年为1.8%（或1.5%）；1929—1948年为2.3%（或2%）；1948—1966年为2.8%（此期间分成两个阶段分别为2.3%和2.6%）。③这些数据符合这样的假设：即在人口较多时，生产率增长的速度的确比较高，虽然生产率提高当然还可用其他因素来解释。

该模型将用1%、1.5%和2%这些估计值来进行运算。大多数报告的结果都将属于1.5%这个"保守"的估计值，因为这个数值大致是20世纪的平均值，比最近阶段的速度低得多。

---

① 参见罗伯特·索洛：《技术变化和总生产函数》，1957年，载《经济学与统计学评论》，第39期，第316页。

② 参见罗伯特·索洛：《技术变化和总生产函数》，1957年，第20页。

③ 参见威廉费尔纳：《推动技术进步活动的趋势》，载《美国经济评论》，1970年第60期，第11—12页。

读者可能感到对 ART 综合的反馈效应的这种估计方法是不合适的。但忽视 ART 一起的效应也不是有理由的选择。忽略探讨这种效应,就是默认这种效应是零(这是过去古典模型的做法)。但可以肯定有占压制优势的证据表明,这种效应不是零,尽管估计它的大小是困难的。因而正确的结论是怎样估计它,并怎样利用这种估计,而不是究竟要不要探讨这种效应。

读者可能提出反对意见说,在微观经济学范围内,知识的进步与人口从来没有牢固的联系。的确如此。但是,无论过去和现在,如果保持资本数量不变,那么,知识的进步除了靠人们的头脑外,还能来自何处呢?物质资本虽可作为人们思考的根据,但是单靠物质资本是不能引起知识进步的。所有丹尼森提到的知识进步的概念都同人有关系,譬如,"关于物质的物理性能的知识,关于在物理意义上怎样制造、合并或利用物质的知识","经营管理知识","有组织的科学研究",等等。[1] 正如前边说过的,在人与人之间可能存在着这样一些互相影响,以致知识进步的数量同人口的数目不是一种简单的线性函数关系,但证据并不表明,任何这种互相影响都小于一种简单的线性函数。

提出一些静态局部的计算方法来说明主要因素的作用或许是有用的。假设在 $t=1$ 的这一年,并且只在这一年内,21 岁年龄组的工人多于基期人口结构里的该年龄组的人数,并因此,整个劳动力多于本来已有的劳动力。又假设在科布-道格拉斯生产函数中的劳动力指数 $\beta=2/3$,并假设因为知识进步而基期年份

---

[1] 丹尼森:《为什么增长率不同?》,1970年版,第280、287页。

的增长为1%。如果有人分开来计算下面两个值：(1)资本淡化的作用引起每个工人产量的下降；(2) ART 的效应引起产量的上升[如方程(1)所示]，那么，在 $t=5$ 的一年里(即发现这组的 ART 对 A 的影响第一年就感觉到)，前一效应引起产量的下降是后一效应引起产量上升的32倍。但在第二年，$t=6$，资本效用引起产量的下降仅仅是由 ART 效应引起产量上升的16倍，因为，增加工人的人数现在促使 A 增长相当于两个 ART 增加量。第三年的比例是32比3。不到32年，这两种作用便大致相等了，而且每个工人的产量应该差不多就是未成为劳动力之前每个工人产量应有的水平。从此以后，每个工人的产量总是高于在相反情况下，本来已经达到的产量。

这种静态模型帮助我们理解这种使得较快的人口增长可以克服资本淡化所造成的障碍。但是，需要用一种合理参数的全动态模拟，以便使我们知道究竟这种纯效应是否真正会由负变成正的。也许更重要的是，为了指出这个过程大概需要的时间长度，所以有必要用这种动态模拟法。

现在，我们从剩余模型转到用以解释同一问题的一种完全不同的方法，即维登模型(Verdoorn model)

维登模型

维登[①]在一份有关1870—1914年和1914—1930年的工业样

[①] P.J. 维登在1949年出版的《工业》第1卷第45—46页发表了这个观点，我没有读过这本书，因此，我依据的是 B. 巴莱沙(Balassa)的《经济一体化理论》(1961年版)和 C. 克拉克的《经济进步的条件》(1957年版)和《人口增长和土地利用》(1967年版)等书。

本里发现,生产率是按照总产量增长的平方根而上升的。符合这个"法则"的其他论据,已在本书第四章里谈到了。

维登法则为我们的课题提供了另一种研究方法。增加工人人数无疑不是产量增加的唯一原因。但在比商业循环更长的任何一个时期内,劳动力的数量对总产量有重要影响。因此,在其他条件保持不变的分析中,如果你把资本数量和原有工艺技术水平保持不变,则人口数量的多寡便是影响总产量的唯一因素。所以,有理由把维登法则看作劳动力与生产率变化关系的一种表述。也就是说,产量本身并不改变生产率,而是参加生产的人口去改变生产率。(事实上,维登把他的法则解释为由知识所引起的变化)[①] 当然,有人也可以把维登法则看成只是对规模经济的一种经验性估计,并没有详细说明一种行为机制。这两种解释中的任何一种都和我们这里的研究是一致的。

在维登模型里,在剩余模型中用于方程式(6-1a)的符号,则用到方程式(6-1b)之中。

$$\frac{A_t - A_{t-1}}{A_{t-1}} = b\sqrt{bY_{t-1}} \text{ 或 } A_t = A_{t-1} + bA_{t-1}\sqrt{Y_{t-1}}$$

(6-1b)

此式中选用 b 是为了规定基期人口所要求的生产率最初预期增长速度,例如为1%、1.5%或2%。

"行而后知"是说明产量增长速度对生产率有部分影响的原

---

① 参见 C. 克拉克:《经济进步的条件》,1957年版,第357页。

因。在企业和工业内部作为经验积累而提高的生产效率已在许多工业中得到证明,并于20世纪30年代开始出现在航空工业中[1],但工业内部的技术知识仅仅是促使生产率增长的机制中的一种,而这些机制推动总产量增加。此外,每种工业都由于其他工业的进步而受益。但后一种影响在维登、罗斯塔斯[2]、佩奇(Paige)和博巴奇[3](Bombach)以及以后其他人对这种工业的研究中并没有出现。所以,这种工业内部的估计值或许没有充分说明经济内部各行业之间的相互影响。

有人可能要问,把维登法则从个别工业扩展到整个经济领域是否合适?也可能还要问,这种观察到的关系究竟是否表明由新发现导致的生产率增长对总产量增长是一种有利影响,而不是相反呢?但是,在维登本人和C. 克拉克用来支持维登法则的主要数据中至少有一种合理地解决了这两个问题。(罗斯塔斯、佩奇和博巴奇当时得自两个国家的数据都是同早期从一个国家得到的数据进行了比较的[4])由于两个国家同样拥有新知识,所以,外部的发现不大可能用来说明这种已测得的关系的原因。新的基本发现不是这种已测得关系的原因,这一事实也减少了这种顾虑,即担心维登法则在工业范围内只反映工业中反应新机会而出现的资源转移。因此,总的看来并不致产生一种结构性错误的危

---

[1] 参见肯尼思·J. 阿罗:《边干边学的经济含义》,载《经济研究评论》,1962年第29期,第155—173页。
[2] L. 罗斯塔斯:《英、美工业生产率比较》,1948年版。
[3] D. 佩奇和C. 博巴奇:《英、美国民产值和生产率比较》,1959年巴黎版。
[4] 同上。

险。还有一个原因说明为何不相信这些数据中，生产率是产量不同的原因，这是由施莫克勒1962年证明①，在很大程度上诱导知识进步的是需求而主要不是由生产率通过价格影响产量的这种关系。

三、这些模型的其他成分

人口结构

在图6-2中进行对比的人口和劳动力结构是这样的：这里的比较基础是BASE结构，有一个外生变量即每年出生率增长1%，也就是从 $t = -60$ 年开始，

$$\text{WOM（BASE）}_{1,\,t} = 1.01\text{WOM（BASE）}_{1,\,t-1},$$
$$\text{MEN（BASE）}_{1,\,t} = 1.01\text{MEN（BASE）}_{1,\,t-1}。$$

在BASE及其他各种人口结构里，全部婴儿活到进入劳动适龄年龄21岁，一直到他们退休年龄60岁为止，也就是：

$$\text{MEN}_{1,\,t} = \text{MEN}_{21,\,t+20} = \text{MEN}_{60,\,t+59},$$

而且女性人口也是这样的。所有人口结构中的每个年龄男、女人

---

① 参见杰科布·施莫克勒：《工业变化和作为工业发明决定因素的知识的变化》，1962年版。

数都相等。(假定所有的孩子都是1月1日出生,并将满周岁一组分别按男女列入 MEN$_1$ 和 WOM$_1$。又假定成年人到60岁以后都不从事经济活动)

在 $t=0$ 的年份里,BASE 结构中的人口为:

$$\begin{aligned}
\text{POP}(\text{BASE})_{t=0} = {} & \text{MEN}(\text{BASE})_{60, t=0} + \text{WOM}(\text{BASE})_{60, t=0} \\
& + \text{MEN}(\text{BASE})_{59, t=0} + \text{WOM}(\text{BASE})_{59, t=0} \cdots \\
& + \text{MEN}(\text{BASE})_{1, t=0} + \text{WOM}(\text{BASE})_{1, t=0} \\
= {} & \text{MEN}(\text{BASE})_{60, t=0} + \text{WOM}(\text{BASE})_{60, t=0} \\
& + (1.01)\text{MEN}(\text{BASE})_{60, t=0} + (1.01)\text{WOM}(\text{BASE})_{60, t=0} \\
& + (1.01)^2 \text{MEN}(\text{BASE})_{60, t=0} \\
& + (1.01)^2 \text{WOM}(\text{BASE})_{60, t=0} \cdots \\
& + (1.01)^{59} \text{MEN}(\text{BASE})_{60, t=0} \\
& + (1.01)^{59} \text{WOM}(\text{BASE})_{60, t=0}
\end{aligned}$$

(6-2)

假定在每年出生人数增加1%的 BASE 结构里,有一半妇女工作,则在 $t=0$ 时,其劳动力 L 应为:

$$L(\text{BASE})_{t=0} = \sum_{j=21}^{j=60} \text{MEN}(\text{BASE})_{j, t=0} + 0.5 \sum_{j=21}^{j=60} \text{WOM}(\text{BASE})_{j, t=0} \quad (6\text{-}3)$$

在 TEMP 结构的人口,仅在 $t=1$ 的这一年里,按出生率增

长 50% 的速度"暂时"增加了,也就是:

$$\text{MEN}(\text{TEMP})_{1,t=1} = 1.51\text{MEN}(\text{TEMP})_{1,t=0} = 1.51\text{MEN}$$

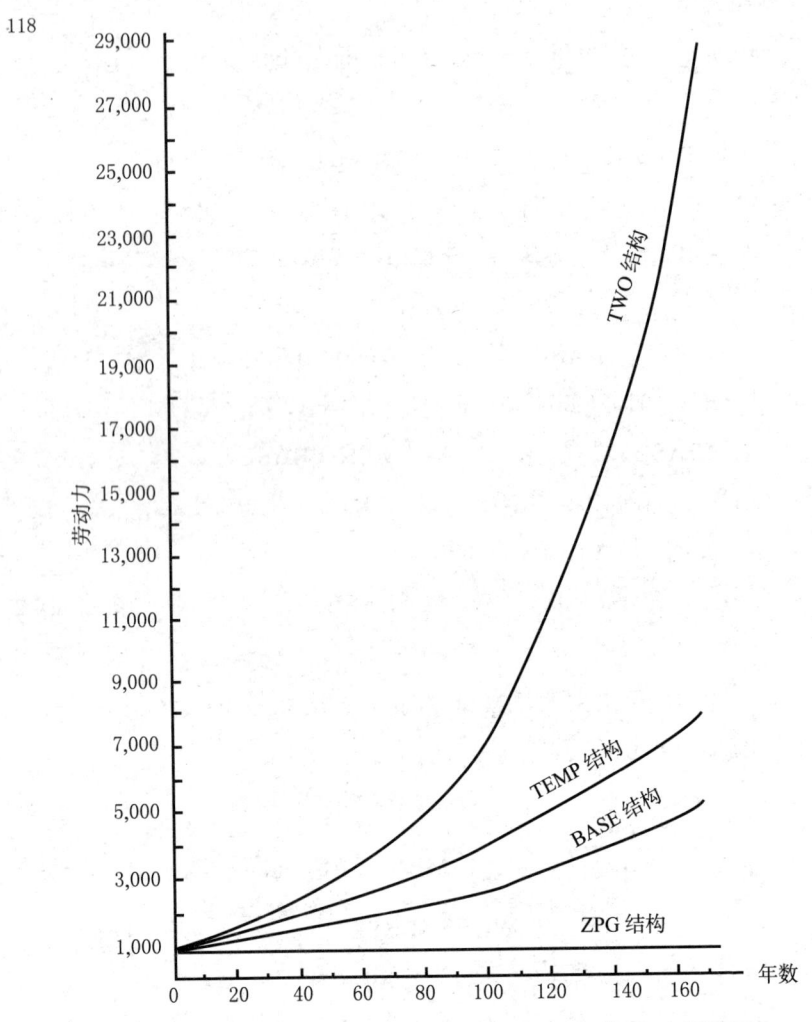

图 6-2　各种人口结构中的劳动力按不同年份进行比较简图

(BASE)$_{1, t=0}$，所有其他年龄组都保持与 BASE 结构相同。因此，从 $t=21$ 到 $t=60$ 的这 40 年里，TEMP 结构中只有一个年龄组大致比它下一个年龄组多 50%，并且在此 40 年中，由于工人数量多，劳动力数量也比较多。这种情况可从图 6-3 中看到，该图是根据图 6-2 中，$t=0$ 以后第一个 30 年所出现的详情绘制的。

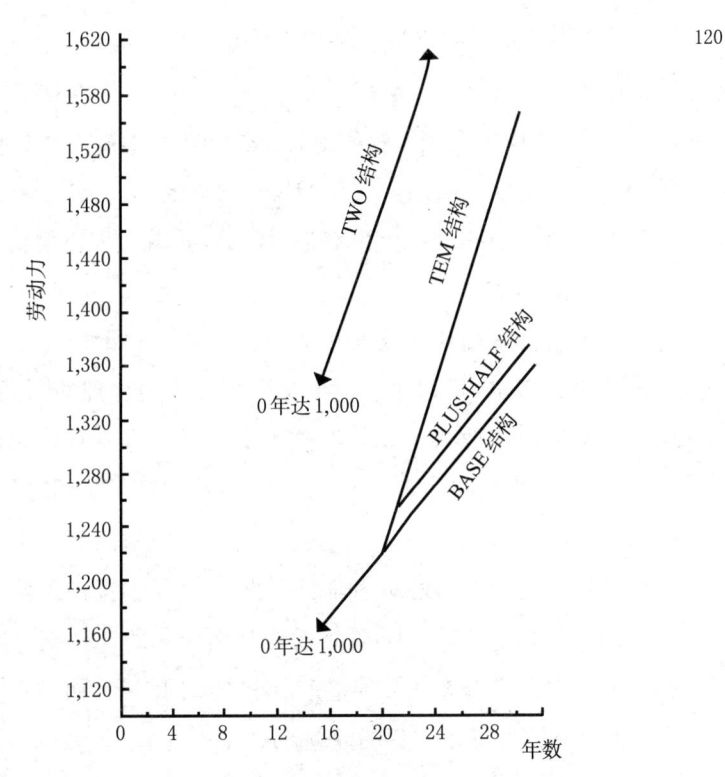

图 6-3 各种人口结构中早期出现的劳动力详图

PLUS-HALF 结构的出生率比 $t=1$ 年 BASE 结构的多增

加50%，但不同于TEMP结构，它是逐年连续膨胀的。就是说，PLUS-HALF结构中：

MEN（PLUS-HALF）$_{1, t=1}$，与MEN（PLUS-HALF）$_{1, t=3}$ = 1.01 MEN（PLUS-HALF）$_{1, t=2}$，如此等等。因此，从 $t=1$ 年向前的所有年龄组在PLUS-HALF结构中的人数都比BASE结构中的各年龄组人数多50%。

必须指出，在一个调整期以后，BASE结构和PLUS-HALF结构中的抚养系数（w）又相同了。

TWO结构的出生率每年上升2%，而不是BASE结构的1%，即MEN（TWO）$_{1, t+k}$ = 1.02MEN（TWO）$_{1, t+k-1}$。

ZPG结构每年的出生率都是同样的，也就是人口增长为零的一种"静态"人口。

这种模型的简化主要是因为全部劳动力供给的外生变量是固定的这一事实，看起来这对发达国家似乎是合理的，即劳动力供给不是取决于收入与偏好。这不像在后边将要看到的发展中国家的情况，在那里，即使潜在劳动力的内生变量是固定的，发展中国家的劳动时间的总量也是内生的。发展中国家的农业劳动力数量是随死亡率和发病率而变化的，甚至更重要的是随着对家庭规模的偏好和工业产品价格的变化而变化的。这就意味着发达国家根本无需讨论社会的整个需求方面的问题，而发展中国家则确实必须研究需求方面的问题。

生产和储蓄-投资函数

这种结构通用的是一个科布-道格拉斯函数，如：

$$Y_t = A_t K_t^{\alpha} L_t^{\beta}, \tag{6-4}$$

式中 $\alpha = 0.33$，$\beta = 0.67$。

这个总生产函数主要是对第二章讨论过的农业和工业两个部门通用模型的简化。这种简化对一个部门是合理的，因为在整个发达世界里，农业只是整个经济中的一小部分，即1/10或1/20。这使我们能够避免两个部门分配劳动力的复杂性，并且可以解释我们为什么不需要将农业工人劳动工时数的内生变量当作受家庭规模、工业品价格和其他影响的函数来处理。

其次是净投资函数，为了简化，它是每年收入的一部分，其中 $s = 0.06$

$$K_{t+1} = K_t + s Y_t \tag{6-5}$$

对父母的劳动供应的影响

增加婴儿将使原来在户外工作的一些妇女不再充当劳动力。根据鲍恩（Bowen）和法因根（Finegan）[1]、凯恩[2]（Cain）和斯威特[3]（Sweet）等人对美国人口普查资料所做的研究，并假设每个

---

[1] 参见 W. 鲍恩和 A.T. 法因根：《劳动力参加率经济学》，普林斯顿大学出版社，1969年版。

[2] 参见 G.G. 凯恩：《已婚妇女劳动力》，芝加哥大学出版社，1966年版。

[3] 参见 J.A. 斯威特：《美国的家庭结构和已婚妇女劳动力的活动》，载《人口学》杂志，1970年第7期，第195—209页。

育龄妇女至少生一个孩子,我已经计算出每增加一个孩子则在产后两年之内,每个母亲减少0.45个工作年。另一方面,我通过对1960年美国人口普查数字的计算,每增加一个孩子使得父亲25年内要总共增加0.1个男子工作年(详见第三章)。

在进行这些模拟运算时,应对因子女影响劳动供应而对劳动力进行校准如下:

$$L_t = \sum_{j=21}^{60} \text{MEN}_{j,t} + 0.0025 (\text{MEN}_{1,t} + \text{WOM}_{1,t}) + 0.0025 (\text{MEN}_{2,t} + \text{WOM}_{2,t}) + \cdots + 0.0025 (\text{MEN}_{25,t} + \text{WOM}_{25,t}) + 0.5 \sum_{j=25}^{60} \text{WOM}_{j,t} - 0.22 (\text{MEN}_{1,t} + \text{WOM}_{1,t}) - 0.22 (\text{MEN}_{2,t} + \text{WOM}_{2,t}) \tag{6-6}$$

增加孩子对父母劳动供应的影响将用 TEMP 和 PLUS-HALF 结构与 BASE 结构的对比来加以说明:这时所有条件都相同,直到 $t = 0$ 为止,以后的条件则因出生人数不同而不相同。但是,看起来无法就人口稳定型中增加孩子对劳动力的影响和不同的增长率之间进行对比,也就是不能把 TWO 结构与 BASE 结构进行对比。

不过,奇怪的是增加孩子对父母劳动供应的影响在敏感性分析中显得并不重要。这种情况表现为按照过高的上限估计增加孩子通过父母劳动供应对经济发生影响。如果出生率低到25‰,而每1,000人中只有400个就业工人,那么按照每增加一个孩子损失0.45工作年计算,而这个出生率加一倍的话才意味着劳动力减少到$(400 - 0.45 \times 25) = 389$或减少约3%。总产量甚至可能减少更少些,大概只有2%。然后,实际储蓄也可能减少,比如说减少到总产量的$(0.12 \times 0.02) = 0.0024$。由于近十年来发达国家的出生率甚至没有发生过大的变化,因而对产量的累计影响总是很小的。

对改变私人物质资本储蓄的影响

前几章讨论的几种证据,包括家庭预算、各个国家和各种时间序列等方面证据,对于估计孩子人数对私人储蓄的影响都是恰当的。人们看到把根据家庭规模的按比例变化所引起的储蓄收入比例的弹性,估计为大于-1.0或低至0,这是有根据的。所以,分别进行模拟运算都是用-1、-0.5和0这三个弹性作参数,虽然这里探讨的多数运算都用-0.5弹性。下边这个比率是为每

$$w = \frac{\sum_{j=1}^{20}(\text{WOM}_{j,t} + \text{MEN}_{j,t})}{\sum_{j=21}^{60}(\text{WOM}_{j,t} + \text{MEN}_{j,t})}$$

年的每种情况而算出的。BASE结构的每年比率为0.67,并把它称作$\hat{w}$。于是,其他结构的每年储蓄率则计算如下:

$$s_t = \hat{s}\left[1 + e_s\left(\frac{\hat{w} - w_t}{\hat{w}}\right)\right] \tag{6-7}$$

此式中,$\hat{s}$是BASE结构的储蓄收入比例,e_s是根据孩子人数的储蓄弹性。

对教育的影响

这里,把教育看作仅仅是由社会支付的。与教育相关的两个方面是:第一,孩子增多意味着教育经费支出更多,因而减少在物质资本上的投资,也减少消费;第二,如果教育经费增加的比例低于孩子增加的比例,并且如果教育方面没有规模经济,则孩子增加将引起未来劳动力的平均质量下降。

估计孩子对公共教育费用的影响,有以下几种根据:(1)美国教育经费占其国民收入的4.6%[1];(2)人口中的四分之一是在校学生,5—14岁年龄组的人数占总人口的18.4%[2];(3)1968年,美国公立学校为每个学生每年花费623美元[3];(4)1966年美国每个男工一年的平均收入为6,856美元[4],这个估计没有计算额外收入和就业训练费用等;(5)根据麦什洛蒲(Machlup)的估计,美国教育加就业训练费用最高时占调整后的国民生产总值(GNP)的12.9%[5]。孩子教育费用当中有多少应该属于消费,这不是本文考虑的内容。根据这些数字,假定教育的基本费用占国民生产总值的6%。

教育经费对孩子人数增加的适应性也是重要的。正如第四

---

[1] 参见F.H.哈比森(Harbison)和查尔斯·A.迈尔斯(Myers):《教育、人力和经济增长》,麦格劳-希尔出版公司,1964年纽约版,第41页。

[2] 参见F.H.哈比森(Harbison)和查尔斯·A.迈尔斯(Myers):《教育、人力和经济增长》,麦格劳-希尔出版公司,1964年纽约版,第41页。

[3] 参见美国《1969年统计摘要》,第102页。

[4] 参见美国《1969年统计摘要》,第233页。

[5] 参见F.H.哈比森和查尔斯·A.迈尔斯:《教育、人力和经济增长》,1964年版,第28页注脚。

第六章 发达国家人口增长对每个工人收入的影响：……

章所探讨过的,根据迈因纳[①]和麦克马洪[②]对美国各州的研究,我计算出这种弹性（比例指数）离1不远,也许等于1。这就是说,如果这些数字是适当的,那么,美国人口的增长可望不会降低每个孩子的教育水平。另一方面,由于没有已知的数据为我提供估计教育经费对物质资本投资产生影响的依据,所以,我极力做到的就是去试验几种模拟的可能性。

可以从几个方面来论述教育问题。在基本无教育的变量中,完全不考虑教育,而在所有人口变量中物质资本[③]投资与产量之比每年都是6%。在变式 B 中,按每年每个学龄儿童的费用衡量,把上学年龄固定下来,并且每年上升1%,因为美国在过去五十年中,每年平均毕业的学龄人口增加的就是这个数字。基期年份教育费用 $XED_{t=0}$ 是6%,BASE结构的其他各年也是同样的。所以,全部年份的物质资本投资加教育费用的总支是：

$$s_t = XED_t + (K_t - K_{t-1}) \qquad (6\text{-}8)$$

这就是说,教育费用的增加意味着物质资本投资的减少。在 $t=0$ 的年份以后的每一年,教育经费随儿童人数的变化而变化[④]。

[①] 参见 J. 迈因纳：《支撑公共教育的社会经济因素》,锡拉丘兹大学出版社,1963年版。
[②] 参见沃尔特·W. 麦克马洪：《对决定公共教育费用主要因素的经济分析》,载《经济学与统计学评论》,1970年第52期,第242—251页。
[③] 与此相应的最初资本-产量比例是8。用0.12的储蓄率和4的资本-产量比例进行运算,所取得结果完全相同。
[④] 事实表明只有方程式(6-9)中的男性人口结构,是表示男、女儿童的简化形式。

$$\text{XED}_t = \text{MEN}_{j=6qk=6} + \text{MEN}_{j=7,tqk=7} + \cdots + \\ \text{MEN}_{j=20}, \quad tqk = 20 \qquad (6-9)$$

各种学龄所需费用之间的关系,即式中的 qk,都是按照一张自然的时间表规定的,例如定为,一年级=1,二年级=1.125,……九年级=8……。变式 B 中任何一年一个工人所代表的有效劳动力,是他青少年时所花学费总数的平方根。[①] 任何一年的有效劳动力(EFF_t)是以有效劳动价值为权数的劳动力年龄人口的总数:

$$\text{EFF}_t = \sum_{j=21}^{j=60} \text{MEN}_{j,t} \sum_{k=6}^{k=20} (q_{i,k})^{\frac{1}{2}} \qquad (6-10)$$

此式中的下角符号 k 指过去该年龄组受教育的不同年份。

变式 C 中的教育水平的外生变量不是固定的。与此相反,是使花在教育上总费用随加权的抚养系数而变化的,所用的权数是各年龄组的相对学年费用。

$$XED_t = \frac{\sum_{j=6}^{i=20} \text{MEN}(i)_{j,tqk}}{\sum_{j=21}^{i=60} \text{MEN}(i)_{j,t}} \frac{\sum_{j=6}^{i=20} \text{MEN}(\text{BASE})_{j,tqk}}{\sum_{j=21}^{i=60} \text{MEN}(\text{BASE})_{j,t}}$$

$$(6-11)$$

此式中的 i 指除 BASE 以外的一种人口结构。这个模型表明,如果儿童人数上升,则教育水准下降。

[①] 参见爱德华·F. 丹尼森:《教育对提高劳动力质量的作用:评论》,载《美国经济评论》,1969年第59期,第935—943页。此文中,他论述了学龄同挣钱年龄之间的关系,而后者表示个人生产率。

用一种更加精确的模型就会改变每一年龄组受教育和工作的长期比例。但这种修改总不大可能影响本章打算提出的某些结论。

用于教育和其他为儿童服务的社会费用对储蓄的影响,是最难弄清楚的问题。据我所知,要估计人口增长对教育费用的弹性,或者估计在多大程度上教育费用代替其他社会投资而不引起新的税务负担,都是缺乏依据的。所以,我简单地假设,准备试用三种私人储蓄弹性,并把包括社会和个人储蓄在内的各种弹性加以分类。

将变式 B 和 C 生产函数中的劳动力自变量代之以有效劳动力。

$$Y_t = A_t K_t^\alpha (\text{EFF})_t^\beta \qquad (6-12)$$

对增加劳动力所产生的影响

现在让我们来探讨已增加的孩子成为劳动力时的情况又是怎样的。如果资本存量不是同劳动力的增加成比例地增大;或者,更甭说,如果资本存量因为储蓄减少比没有增加劳动力时更少,那么,每个工人的产量就会少于劳动力增加时的产量[1]。这就

---

[1] 如果家庭和社会储蓄有足够的额外资金,以致不管儿童人数是否增加,每个工人的平均资本都同棚户的情况一样的话,则每个工人的收入在增加工人成为劳动力以后总还是不变的。但这种情况必须在增加的孩子成为劳动力之前的年代里,以降低每个消费者的消费为代价,才会出现。

是马尔萨斯主义的基本观点。

这种模型每次都用 $L_{t=0}=1$ 和 $K_{t=0}=1$ 开始运算。$A_{t=0}$ 是从 1/3 开始的，分别用 -1.0、-0.5 和 0 三种储蓄弹性，单独进行运算，并取得调整和不调整父母劳动力的两种结果。

四、结果

用剩余模型和无教育变式运算的五种人口结构的结果均见于表 6-1a。用维登模型运算的相应结果见于表 6-1b。从无教育与有教育变式 B 和 C 所概括选定的结果则见于表 6-2。用非基本模型算出的各个时期的增长率都将不予列出。这些"绝对"结果对其他模型是很不现实的，因为它们是用基本模型所用过的一样的科布-道格拉斯指数（阶）和其他参数算出来的。而且更现实的模型总是要求这些参数必须随教育方式不同而有所不同。但是各种人口结构当中的相对值都是有意义的，并且都用 1% 增长的 BASE 结构的百分率表示出来。此外，只有用 ART 效应的"保守"估计值（每年 1.5%）的那些运算，才都在表中列出。具有更加现实的较高估计值的那些运算，都能更清楚地说明人口增长。

1. 最重要的结果是，在各种条件下，人口增长较快的 PLUS-HALF 和 TWO 两种结构，都在不到 80 年时间逐渐具有比 BASE 结构更高的每个工人的平均收入，甚至 A 的基本变化为 1% 时也是如此。而且，TWO 结构的每次运算（以 100 万为单位，该结构的劳动力已从 $t=0$ 年的 1,000 人这个起点达到 $t=160$ 年的

23,769人),都有一个比 $t=160$ 那年有7,346人的 PLUS-HALF 结构更高的每个工人的平均收入。为了比较,BASE 结构在 $t=160$ 年的劳动力为4,913人。因此,人口增长为零的 ZPG 结构胜过 BASE 结构的时间,仅仅同 BASE 结构胜过较快人口增长的时间差不多长。

许多运算中的较高生育率结构,其每个工人的平均产量仅在30年后就超过了 BASE 结构,而这个时间(30年)第一代增加的儿童成为劳动力才不过10年左右。

这些结果可以同根据没有反馈效应的古典派增长理论得出的结果进行比较。表6-2的第一组数据表明,在古典派的模型里,较慢的人口增长,每个工人的产量较高。的确,30—80年的长期运算因为离得很远,所以,不如短期运算重要。但应该记住,我们的长期运算将是某些人的短期运算,正像我们的短期运算曾经是别人的长期运算一样。这些公正无私的计量运算应该促使我们在决定人口政策时牢记这一点。

此外,用任何无条件的计量法所算出的各种人口结构之间的短期经济差别都不大。而且,根据莱宾斯坦(Leibenstein)所指出的,"与其他取决于政府政策、行动以及影响的变量相比",[1]这种差别是比较小的。"美国和日本储蓄率之间的差别,其经济含义比人口结构之间的差别要大得多。失业率的适度下降,能够大大

---

[1] 参见 H. 莱宾斯坦:《人口增长对美国经济的影响》,载《人口增长和美国未来委员会的报告》第2卷,《人口变化的经济动向》,1972年版。

抵消高出生率导致每个工人收入的任何短期下降。"[①]莱宾斯坦认为,甚至一项改进消费者情报的计划和取消对农业价格的补贴,都有可能显著地抵消较高出生率所造成的后果。所以,甚至这些模型中较高出生率的短期内的消极影响,无论从绝对方面还是相对方面,都不占重要经济比重。

人口较多之所以产生较高的每个工人的平均收入,其主要原因当然是推动生产率系数 A 的变化,随着劳动力的人数或随着总产量而变化的这种因素。有人可能认为,在可预见到的将来,基期年度生产率的增长率将低于 0.1 或是负数。但是,在对国民生产增长的常规研究中,他一定无法应用国民生产总值的概念,不可能为证明生产率将停止增长的论点而找到依据。

生产率增长的基本速度愈高,则人口增长较快情况下的最终优越性必然相对愈大,同时,高人口增长结构超过 BASE 结构也愈快。如表 6-1a 和无教育的剩余模型图 6-4 所示(其中 $A_{t=1}/A_{t=0}$ 等于 1.015,储蓄弹性为 -0.5),PLUS-HALF 结构在 50 年超过了 BASE 结构,同时 TWO 结构也在 30—40 年超过 BASE 结构。相反,当 $A_{t=1}/A_{t=0}$ 等于 1.01 时,PLUS-HALF 和 TWO 两种结构的超过时间则都在 70 年期间,$A_{t=1}/A_{t=1}$ 等于 1.02 的超过时间甚至比 $A_{t=1}/A_{t=0}$ 等于 1.015 的时间更短些。

---

① 参见 H. 莱宾斯坦:《人口增长对美国经济的影响》,载《人口增长和美国未来委员会的报告》第 2 卷,《人口变化的经济动向》,1972 年版。

表6-1a 剩余模型中每个工人的产量

生产率变化的基本速度	人口结构	0	10	20	30	40	50	60	70	80	90	100	110	120	130	140	150	160	170
1.010	BASE*	100	114	135	162	192	234	294	375	495	672	945	1,374	2,088	3,321	5,559	9,849	18,594	
1.010	TEMP	100	114	135	162	189	234	294	381	501	681	954	1,389	2,112	3,357	5,622	9,963	18,804	
1.010	PLUS-HALF	100	114	132	147	177	222	300	441	672	1,074	1,803	3,307	6,078	12,348	27,099			
1.010	TWO	100	111	126	150	189	252	357	555	963	1,911	4,479	12,837						
1.010	ZPG	100	120	141	165	195	231	270	318	372	435	510	498	696	813	948	1,104	1,287	1,500
1.015	BASE	100	120	150	192	249	336	571	684	1,035	1,654	2,754	4,890	9,255	18,804				
1.015	TEMP	100	120	150	192	249	339	577	696	1,053	1,671	2,802	4,971	9,411	19,122				
1.015	PLUS-HALF	100	120	147	177	234	336	528	927	1,749	3,546	7,791	18,684						
1.015	TWO	100	117	144	189	264	408	702	1,386	3,246	9,345								
1.015	ZPG	100	126	156	195	243	306	381	477	597	747	933	1,164	1,458	1,821	2,277	2,847	3,558	4,449
1.020	BASE	100	129	168	231	330	489	762	1,257	2,202	4,110	8,250	17,916						
1.020	TEMP	100	129	168	231	330	495	774	1,284	2,250	4,203	8,436	18,315						
1.020	PLUS-HALF	100	129	165	216	312	504	930	1,983	4,650	12,036								
1.020	TWO	100	123	165	237	372	669	1,401	3,540	11,256									
1.020	ZPG	100	132	174	231	306	405	540	720	963	1,287	1,725	2,313	3,102	4,164	5,589	7,509	10,089	1,356

注：最初资本一产量比率为3，最初增长率为每年1%，最初实际储蓄率为0.06，劳动力未按依赖效用加以调整储蓄弹性为0.50。

* BASE 的人口增长率为每年1%，TWO 的人口增长率为每年2%，ZPG 的人口总数保持不变。TEMP 和 PLUS-HALF 的人口结构解释见本章文内叙述。

128

表 6-1b 维登模型中每个工人的平均产量

生产率变化的基本速度	人口结构	0	10	20	30	40	50	60	70	80	90	100	110	120	130
1.010	BASE*	100	114	135	159	195	246	324	453	687	1,188	2,598	9,717		
1.010	TEMP	100	114	135	159	195	246	324	456	693	1,200	2,637	9,984		
1.010	PLUS-HALF	100	114	132	150	177	225	306	465	801	1,719	6,006			
1.010	TWO	100	111	126	147	177	228	315	486	909	2,511	23,505			
1.010	ZPG	100	120	144	174	213	267	339	441	597	843	1,263	2,073	3,939	9,822
1.015	BASE	100	120	153	201	279	420	726	1,593	6,042					
1.015	TEMP	100	120	153	198	276	420	732	1,623	6,228					
1.015	PLUS-HALF	100	120	150	186	255	393	750	2,133	18,234					
1.015	TWO	100	117	141	186	261	420	858	2,979						
1.015	ZPG	100	126	162	213	294	423	654	1,119	2,292	6,681				
1.020	BASE	100	129	174	255	423	855	2,655							
1.020	TEMP	100	129	174	255	423	861	2,715							
1.020	PLUS-HALF	100	129	171	237	378	840	3,465							
1.020	TWO	100	123	165	240	417	990	5,583							
1.020	ZPG	100	132	186	270	429	765	1,695	5,949						

注：其他条件与表 6-1a 相同。
* 与表 6-1a 相同。

第六章 发达国家人口增长对每个工人收入的影响:…… **189**

表6-2 几种模型的数据汇总①

模型与变式	人口结构	$t=0$	$t=20$	$t=40$	$t=80$	$t=160$	跨越年度
无反馈模型, $\Delta A = 1.015A$	TEMP	1.000	1.000	1.000	1.000	1.000	—②
	PLUS-HALF	1.000	1.000	0.892	0.900	0.953	—
	TWO	1.000	0.943	0.865	0.800	0.775	—
	ZPG	1.000	1.086	1.135	1.225	1.525	—
剩余模型,无教育变式, $\Delta A = 1.01A$	TEMP	1.000	1.000	0.984	1.012	1.013	—
	PLUS-HALF	1.000	0.978	0.922	1.358	—	50–60
	TWO	1.000	0.933	0.984	1.945	—	40–50
	ZPG	1.000	1.044	1.016	0.752	0.069	(40–50)③
剩余模型,无教育变式, $\Delta A = 1.015A$	TEMP	1.000	1.000	1.000	1.017	—	—
	PLUS-HALF	1.000	0.980	0.940	1.690	—	50
	TWO	1.000	0.960	1.060	3.136	—	30–40
	ZPG	1.000	1.040	0.976	0.577	—	(30–40)
剩余模型,无教育变式, $\Delta A = 1.02A$	TEMP	1.000	1.000	1.000	1.022	—	—
	PLUS-HALF	1.000	0.982	0.945	2.112	—	40–50
	TWO	1.000	0.982	1.127	5.112	—	20–30
	ZPG	1.000	1.036	0.927	0.437	—	(30)

续表

模型与变式	人口结构	$t=0$	$t=20$	$t=40$	$t=80$	$t=160$	跨越年度
维登模型,无教育变式, $\Delta A = 1.015A$	TEMP	1.000	1.000	0.989	1.031	—	50
	PLUS-HALF	1.000	0.980	0.914	3.018	—	50—60
	TWO	1.000	0.922	0.935	—	—	50
	ZPG	1.000	1.059	1.054	0.379	—	(50—60)
剩余模型,无教育变式, $A_t = A_{t-1} + bA_{t-1}\sqrt{L_{t-5}}$ $\Delta A = 1.015A$	TEMP	1.000	1.000	1.000	1.009	1.007	
	PLUS-HALF	1.000	0.980	0.909	1.133	—	60—70
	TWO	1.000	0.939	0.948	1.261	—	50—60
	ZPG	1.000	1.061	1.052	0.881	0.250	(50—60)
维登模型,无教育变式,基本模型变化的一半速度,$\Delta A = 1.015A$	TEMP	1.000	1.000	1.000	1.008	—	—
	PLUS-HALF	1.000	0.976	0.911	1.040	—	70—80
	TWO	1.000	0.929	0.893	1.048	—	70—80
	ZPG	1.000	1.071	1.107	1.008	—	(80—90)
剩余模型,由外部决定的教育水平和随着儿童人数变化的教育经费,$\Delta A = 1.015A$	TEMP	1.000	0.956	1.013	1.033	—	20—30
	PLUS-HALF	1.000	0.750	0.723	2.451	—	50—60
	TWO	1.000	0.941	1.088	—	—	30—40
	ZPG	1.000	1.015	0.906	0.346	—	20—30

续表

模型与变式	人口结构	$t=0$	$t=20$	$t=40$	$t=80$	$t=160$	跨越年度
维登模型,教育变式与上行相同,$\Delta A=1.015A$	TEMP	1.000	0.950	1.000	—	—	40
	PLUS-HALF	1.000	0.733	0.624	—	—	
	TWO	1.000	0.900	0.856	—	—	50—60
	ZPG	1.000	1.033	1.040	—	—	(40—50)
剩余模型,教育水平是以相对学年成本为权数的抚养系数的反函数,起初$\Delta A=1.015A$	TEMP	1.000	0.985	1.006	1.034	—	30
	PLUS-HALF	1.000	0.838	0.748	2.412	—	50—60
	TWO	1.000	0.897	0.975	—	—	40—50
	ZPG	1.000	1.044	0.981	0.395	—	(30—40)
维登模型,其他条件同上一行,$\Delta A=1.015A$	TEMP	1.000	0.986	0.993	—	—	40—50
	PLUS-HALF	1.000	0.822	0.608	—	—	
	TWO	1.000	0.863	0.757	—	—	
	ZPG	1.000	1 082	1.075	—	—	(40—50)

①全部运算中,开始时,$Y/K=3$,$S_{t=1}^{k}=(K_{t=1}-K_{t=0})=0.06Y$,储蓄弹性($e_s$)$=0.50$,结果表明其他人口结构的每个工人的平均收入是作为BASE结构同一年份里Y/L的一部分。

②"—"表明分子或分母的值变得很大,但在前两参加年度观测的趋势继续不变。

③括弧中的跨越年度是从上一个BASE到下一个BASE的年数,其他跨越年度则是由下到上。

第一篇 人口增长对经济条件的影响

2.增加孩子对储蓄的依赖性会对 TWO 结构的结果有明显影响。在 $s=0.12$ 和 $K/Y=3$（未表示结果）时，把无教育模型到 160 年的储蓄弹性 -1.0 和弹性 0 进行对比，所得最后结果大约为 4:5 的比率，这就是说，当储蓄弹性是 -1.0 而不是 0 时，TWO 结构运算的最终结果降低 1/5。-0.5 弹性所产生的结果大体在弹性 0 和弹性 -1.0 之间。但是，这种依赖性相对于 TWO 结构和 BASE 结构之间的 Y/L 差额来说，是很小的。对 PLUS-HALF 结构来说，其储蓄的作用非常小。正如所料，$s=0.06$ 时的储蓄作

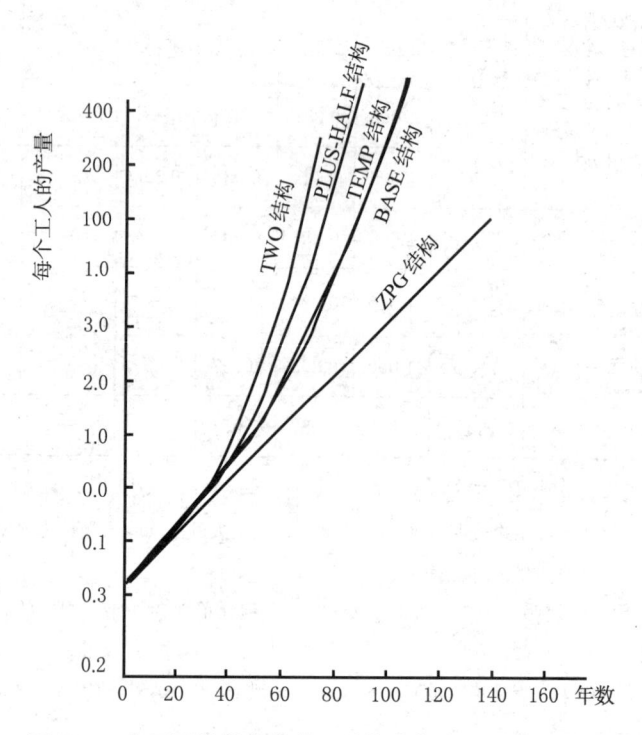

图 6-4 有不同增长率的人口结构中每个工人的产量

用甚至更小。综上所述,根据这些模型运算的结果,其储蓄对增加孩子人数的抚养作用不是重要的。

3. 关于劳动力的调整:在有了第一个孩子之后,增加孩子对父母劳动供给的影响无关紧要,正如刚才提到的所有最初计算时曾经假设的一样。在 $t=160$ 年里,BASE 和 PLUS-HALF 结构之间的关系,无论这些运算是否按照对父母劳动力影响进行调整,都绝不会有大到 0.25% 的差别。

4. PLUS-HALF 和 TWO 结构中的 Y/L 超过 BASE 结构中的 Y/L,通常在这种模型中需要更长的时间。即该模型中的教育经费对为增加物质资本投资而进行的储蓄产生影响,甚至教育既积极地影响任何一年的有效劳动力质量,又影响生产率。但是,也有例外,特别是 TWO 结构由于教育费用长期增长,劳动力的平均年龄总比 BASE 结构更小些,因而可以有一个较高的平均教育水平。

五、运算结果的讨论

1. 有人认为,从前的知识、规模经济和生产率的增长速度,将来可能不会持续下去,因而或许会对本章的结构提出疑问。这也许有道理,但即使如此,这种系统的阐述,对于我们理解美国和西欧历史上人口的增长和每个工人收入的增加是有益的。而且,至少在未来的一个短时间里,似乎并非没有理由不去描绘和探讨过去的长期趋势。对于更远的将来,我们必须提出其他论据来帮助决定那时的生产率增长是否将比过去更快或更慢。对于未来自然资源也可提出同样的评论,并做出同样的回答。

2.在美国,由于转向第三产业和发现制造资本设备更好的方法,物质资本-产量比率将长期下降。但是,另一方面,将来社会的教育费用将上升。总之,人们并不知道增加一个劳动力的社会成本相对于该劳动力将来的收入来说将是上升还是下降。

3.在本章分析中,发展中国家和发达国家人口增加影响的差别明显地表现出来。在许多发展中国家,每个工人的生产率不会一年又一年地增长多少,因而反馈效应总是相当小的。这意味着在发展中国家工人人数的增加将并不提高每个工人的生产率。这个结论因下述事实而变得更加有力,即对发展中国家生产率增长起作用的知识增长,其中很大一部分是来自任何一个发展中国家之外的,并且这种知识增长是同发展中国家的劳动力规模完全无关的。

4.这种模型中的因变量是用传统的国民收入概念来计量每个工人的产值。如果总人口增加对像环境的净化和空间这样的舒适因素是起负作用的,并且都包括在这种计量之内的话,则所得结果就会不同。包括它们在内的计算结果可能表明,一个本来用常规方法可以计算出有较高人均收入的大人口群,只能得到较低的人均福利和"调整过的收入"。如果这样不舒适因素确实存在的话,则本章的结论就是偏袒了较大的人口群。但是,对于人口密度的各种影响,还没有提出过令人信服的计量办法。根据最近对长寿、犯罪率、精神病率、疗养设备、火灾次数、旅游舒适等一类局部福利措施的一项权威性的调查研究所做结论是:较高的人口密度并不像一般人所认为的那样,是纯粹有害

第六章　发达国家人口增长对每个工人收入的影响：……　　**195**

的。①不同的人口密度和不同的城市规模各有不同的利弊。

　　一个有关的问题是闲暇时间。闲暇的数量和价值在测量福利时有很大差别。由于人均收入提高，人们的工作时间更少而享有更多闲暇时间。②这意味着任何两种人口结构所产生的每个工人产量之间的差距比以前闲暇时间短的时候更小了，并因而缩短了集中工作或交接班的时间，这里要着重强调本章的一个主要论点：即使人口增长较快的结构其每个工人的产量开始较低，但是，它们会赶上甚至超过人口增长较慢的那些结构中的工人平均产量。

　　5. 没有提出市场诱发和市场自发导致生产率增长之间的差别问题，原因是：(1)用诱导革新的经济刺激来解释这种变化，在某种工业范围内比在整个社会范围内要大得多；(2)报酬结构对于一个发明者是致力于飞机而不是铁路的影响，要比对于他是否革新或根本不革新显得更大；(3)刺激是内生动力，因而最容易把它们作为"黑盒子"(the black box)的内部机制来处理，而这里仅仅考虑这种内部机制的全部形式和特征。

　　6. 本章讨论的发达国家的模拟模型同第二章提出来的一般模型相比，以及同下几章将要讨论的发展中国家的模型相比，都是极其简单的。(这就是为什么讨论发达国家的部分只用了四章

---

　　①　参见阿莫斯·H. 霍利(Ha Wley)：《人口密度和城市》，载《人口学》杂志，1972年第9期，第521—530页。
　　参见查尔斯·P. 金德尔伯格(Kindleberge)：《经济发展》，麦格劳-希尔出版公司，1965年纽约第2版。参见丹尼森：《增长率为什么不同？》，1967年版第六章。也参见W. D. 诺德豪斯和J. 托宾：《增长过时了吗？》，1972年纽约版。

篇幅,而讨论发展中国家则要用七章篇幅)其主要简化的方面有:(1)把整个经济看成一种单一的工业经济;(2)人口增长的作用基本上是一种规模作用,包括知识增长在内。这种规模作用不需要在人的行为方面有基本改变。例如,人们为了商品而放弃闲暇,或人们渐渐适应了市场经济,或日益加强控制生育率等方面都没有变化。这并不是说,发达国家就没有由人口直接引起的行为变化,而这种作用,无论是积极的还是消极的都的确存在,例如,为了避免人口过分拥塞,从稠密地区迁出人口,兴建摩天大楼,等等。但是,发达国家对人口增长的反应仍然和从前"差不多一样",而不像发展中国家人口增长要引起人们各种不同的行为发生根本性转变。这种转变非常复杂;而发达国家的模型正因为没有这种复杂性,所以能够这样简化。

7.本章提出的那些模型在10年或20年前,是绝对不可能为读者所接受的,因为从前物质资本的作用在经济学家思想中占了优先地位。但是,由于最近这些年来认识到知识、教育和劳动力质量在生产过程中所具有的根本重要性,所以,用以研究人口增长对技术和人力资本的作用的这些模型是不应该引起读者反感的。

8.虽然本章和前一章探讨的仅仅是发达国家的人口问题,读者可能担心发达国家人口增长对发展中国家是否有负作用,尽管对发达国家本身来说,出生率增长的作用是肯定的。对这个问题可以毫不含糊地回答说:"否。"正如第五章讨论过的,通过增加需求的效应,自然资源的利用和价格调节的效用显然总是肯定的。任何一个同情发展中国家和怀疑它们输出自然资源所得价值的人应该问问自己,如果发达国家决定不买发展中国家的石油和咖啡的话,那么,还有哪个发展中国家会更加富裕呢?同时,发展中国家显然要从不断增多的知识和技术进步中得到好处,而这些进步正是发达国家人口增长所必然产生的。

9. 这里的一些结果对于增加一个孩子的积极作用,开始估计不足,因为增加一个孩子对父母劳动供应的影响确实要比模型中所表现出来的积极得多。

10. 如果你对本章的结论有疑问,就请你凭直观地想一想,你是否认为,如果美国在1830年或1880年或1930年的人口只有当时实际人口一半的话,则今天的美国和其他国家都会更加富裕吗?我们的祖先通过其创造的知识和留给我们的规模经济对我们有积极影响,如果我们祖先的人数更少些,则遗产也会更小些。记住这一点是值得的,即当你思考今天应当更好些,是否因为现在活着的人应当更少些。

但是,这些发达国家和发展中国家的模型远远超出了把"人力资本"当作一种像物质资本那样具有可塑性而无生命力的商品。这些模型真正反映了把人民(people)作为人民的反馈反应,以便用物质的和精神的以及包括创造活力在内的努力去适应人们的需要。想象力和创造力都不是经济模型中常见的概念,而且这里也不是常见的表面现象。但是,让我们并非自觉地承认它们的重要性,并给予它们应有的评价吧。

六、小结

用两种完全独立的模型,给一个发达国家的一种简单的古典派模型中加入因人口增加而引起知识和规模经济增加,从而导致了生产率增长的结果。一个模型利用剩余去估计劳动力数量对生产率的反馈效应;另一个模型则利用维登法则去估计总产量对生产率的反馈效应。

根据我认为在合理的限度内来规定假设中的参数,具有较高人口增长率的人口结构,在起初人均收入下降之后,通常可在30—80年内,其人均收入可以超过人口增长率较低的人口结构,并因最近生产率增长速度加快,而说明这个时间可以缩短。这就是说,虽然最初人口增长对经济福利有负作用,但过几十年之后,这种作用已变成正的,这个结果是给库兹涅茨有关作为知识创造者的人在现代经济增长中的作用这一理论加以量化分析,而向前迈出的一步。

第七章 人口增长对发展中国家的经济及其发展的影响：一般模型

一、引言

这是讨论发展中国家人口增长对经济发展的影响的七章中的第一章。本章用一般方法概述正规模型。然后在第九至第十二章中讨论用哪些参数代入这种模型，以便观察人口增长在各种不同情况下所起的作用。第十三章对模型的细节加以详述，并进行一次数值模拟以便研究这种模型在不同的假设条件下的全部结果。

于是要求该模型必须做到：(1)必须考虑到这一事实，即根据20世纪以前数百年来对中国和印度的观察所得，当人口增长时，社会的产量也增加（尽管后来有些减少），最终达到同人口激增之前同样的人均产量水平。但在人口并没有增长的长时期中，生活水平并没有提高，而是仍然停留在原有水平。最简单的马尔萨斯模型也不符合这一基本历史事实（在马尔萨斯模型中一次又一次地把促进生产增长的发明创造排除在外）。(2)必须使明显对立的论断和谐一致并富有意义，即(a)在18、19世纪英国人口增长对其经济是好事①。但是，(b)人口增长对现在的印度则有短期的不良影响②。没有一个简单的模型可以解决这个明显的矛盾。(3)最一般地来说，这种模型必须为不同的人口增长率在各种特殊条件下的短期和长期的经济后果提出合理的论断，其中又包括这样一些问题：(a)在发展过程中有没有某些阶段的人口增长比其他阶段更加有利？(b)人口增长的作用是一成不变的呢？还是曲折的？(有时认为较快的人口增长是有害的，但较慢的人口增长又比不增长好)(c)人口增长的作用是怎样依赖于某种经济和社会范围内的特殊条件的？

一般说来，具有和这种模型同样目的的文献非常少。约翰·C.H.菲(John C.H.Fei)和冈斯塔夫·兰尼斯(Gustav Ranis)1964年发表的《劳动力过剩经济的发展》一书对此好像没有什么帮助，因为他们有关农业边际生产率为零的假设同这里所着手讨论的目的是直接对立的。D.W.乔根森(Jorgenson)在1961年发表的《双层经济的发展》和1967年发表的《过剩农业劳动力和双层经济发展》两文中提出的模型似乎是有吸引力的，但却缺少一种农业投资函数和理解人口增长影响工业化所必需的其

---

① 参见 P. 迪恩(Deane)和 W.A. 柯尔(Cole)：《英国经济增长，1688—1959年》，剑桥大学出版社，1964年版。J. 哈巴卡克(Habakkuk)：《18世纪后期和19世纪欧洲经济发展和人口问题》，1963年版。P. 马赛厄斯(Mathias)：《第一个工业国》，1969年伦敦版。D.E.C. 埃佛斯利(Eversley)在1967年发表的《英国的国内市场和经济增长，1750—1780年》一文中指出："……人口增长在当时(1750—1780年)是对的——既不是太少以致引起劳动力短缺，或引起对商品和劳务需求的减少；也不是太多以致降低实际工资，造成劳动力过剩和破坏需求的基础。"

② 参见 A.J. 科尔(Coale)和 E.M. 胡佛(Hoover)：《低收入国家的人口增长和经济发展》，普林斯顿大学出版社，1958年版。

第七章 人口增长对发展中国家的经济及其发展的影响：……

他机制。A.C.凯利（Kelley）对孩子增加要求增加食物和延缓工业化的作用的探讨是有价值的，并且构成了这里进行分析的主要因素之一，但凯利的探讨本身也有不足之处[①]。凯利-威廉逊-奇塔姆模型（The Kelley-Williamson-Cheatham Model）更接近本文研究的要求[②]。但是，他们所设定的经济并不像这里所必须讨论的那样，通过工作-闲暇的决策解决这种经济的中心问题。他们也没有集中探讨人口增长的作用。

科尔和胡佛1958年发表的《低收入国家的人口增长和经济发展》一书，包括胡佛和M.帕尔曼（Perlman）1966年发表的《经济发展中控制人口效果的计量：有关巴基斯坦的一项研究》一文提出的模拟研究都是按照传统集中研究人口增长的作用，他们的模拟研究正是本文研究的基础。同时R.巴洛（Barlow）1967年发表的《根除疟疾的经济效果》一文中首先把科尔和胡佛所省略的生产函数包括到其研究的模型中去，这对本文也有启示。不过，除资本淡化外，这些研究文献都没有给本文提出的模型加入主要反应机制，正是这种需要增加的反应机制才导致完全不同于科尔-胡佛传统的研究成果。尤托鲍洛斯（Yotopoulos）和劳（Lau）[③]也试图给一种发展模型加入闲暇-产量函数，但其方式和

[①] 参见A.C.凯利：《人口变化和经济增长：1861—1911年的澳大利亚》，载《企业家历史述评》，1968年第5期，第207—277页。
[②] 参见艾伦·C.凯利等：《理论和历史上的经济二元论》，芝加哥大学出版社，1972年英文版。
[③] 参见P.A.尤托鲍洛斯和劳伦斯·J.劳：《论发展中经济的农业模式》，载《发展经济学》杂志，1974年第1期。

目的都很不相同。除此之外,我没有找到与此有关的其他著作。由于多种原因,J.W. 佛雷斯特(For-rester)及其伙伴们的增长极限模型,如同该模型的评论者几乎一致指出的那样,是没有多大用处的。一个理由是"该模型的行为科学内容,实际等于零"[1]。另一个有关的理由是博伊德(Boyd)[2]把所选择的与从前价值相同的增长极限模型的参数改变成同样合理的先验值,所取得的结果同J.W. 佛雷斯特[3]的结果完全相反。

在20世纪70年代中期,学术界一般认为,人口增长对于发展中国家是不利的。为了查明这种说法是否确实就需要有某些证明。这里有一些中肯的看法:第一,正如前面说过的有这样的历史事实,即自1650年以来,在欧洲经济发展时期,人口曾经以前所未有的速度增长,而且人口增长对于英国是必要的和有利的。第二,J. 哈巴卡克指出:"由于不缺少合理机制,通过这种机制,人口增长原则上可能对收入产生有利的影响。"[4]第三,最近的研究表明,一些相关的机制实际上在起作用。例如,E. 博塞勒普(1965年)、F.F. 门德尔斯(Mendels)(1971年),德夫里斯(1971年)[5]、H.B. 钱纳

---

[1] 原稿注明引自舒布克(Shubik)1971年的著作,其著作名称未署。——译者注
[2] 参见罗伯特·博伊德:《世界动态学》,载《科学》杂志,1972年第177期,第516—519页。
[3] J.W. 佛雷斯特:《世界动态学》,怀特·阿伦出版公司,1971年坎布里奇版。
[4] J. 哈巴卡克:《18世纪后期、19世纪欧洲经济发展和人口问题》,载《美国经济评论》,1963年第53期,第607—618页。
[5] 此处疑原文有误,应为朱莉·戴范佐(Julie Da Vauzo)1971年发表的《智利家庭形成的决定性因素》。——译者注

第七章 人口增长对发展中国家的经济及其发展的影响：……

里（1960年）[①]等人的著作，加上第四章评论过的关于发达国家的规模经济的论据，以及第九至第十二章提供的资料，等等。第四，也是最重要的，由于对当代人口增长和经济增长之间的总关系缺少经验证据，所以，当然就没有揭示出一种一致的趋势。

正如在第三章所论述的，在当今被看作发达国家的那些国家里，过去一个或半个世纪人口增长和经济增长的历史进程中并没有呈现出重要的相关关系。在康利斯克（Conlisk）和赫德尔（Huddle）（1969年）、切斯内斯（Chesnais）和索维（1973年）[②]等人的著作中以及瑟尔瓦尔1971年发表的《在生产函数结构中人口增长、产量和人均收入增长的横截面研究》一文中，他们把发展中国家最近的人口增长率[③]和经济增长率对应起来进行研究，以便考察两者之间的关系。1. R. A. 伊斯特林的数据见于表7-1。"从该表可以清楚地看出，很少有证据表明，在收入和人口增长率之间很难说有任何有意义的正的或负的相关关系。"[④] 2. 库兹涅茨汇编过亚洲和非洲21个国家以及拉丁美洲19个国家的数据。从这些单个例子和整个40个国家中都没有发现人口增长和人均产值增长之间有一种具有重要意义的负相关关系（详见

---

① 此处人名后的年份是指这些作者发表论著的时间，如 E. 博塞勒普1965年发表的《农业增长的条件》；F. F. 门德尔斯1971年发表的《弗兰德斯18世纪的工业化和人口压力》；H. B. 钱纳里1960年发表的《工业增长的格局》，载《美国经济评论》，第50期。——译者注

② 这几位学者的著作请参见本书附录。——译者注

③ 西蒙·库兹涅茨在1971年发表的《各国经济增长》一书中指出，"大多数发展中国家长期没有足够的数据可用于长期时间序列的分析研究"。

④ R. A. 伊斯特林：《人口增长在发展中国家经济发展中的作用》，载《美国政治和社会科学学术年刊》，1967年第369期，第98—108页。

表7-1 发展中国家按人均收入增长率和人口增长率的
交叉分类概况（1957—1958年至1963—1964年）

人口增长率 （每年%）	实际人均收入的增长率（每年%）							
	总计	少于0	0—0.9	1—1.9	2—2.9	3—3.9	4—4.9	5以上
总计	37	3	4	12	12	2	2	2
3.5以上	2	1	0	0	0	0	1	0
3.0—3.4	10	0	2	3	4	0	1	0
2.5—2.9	11	1	2	5	1	1	0	1
2.0—2.4	8	0	0	3	5	0	0	0
1.5—1.9	4	1	0	0	2	1	0	0
1.5以下	2	0	0	1	0	0	0	1

资料来源：R.A.伊斯特林：《人口增长在发展中国家经济发展中的作用》，见《美国政治和社会科学学术年刊》，1967年第369期，第106页。

注：本表所列国家是包括有200万或更多人口的亚洲、非洲和拉丁美洲的非共产主义国家（其中以色列、日本、南非联邦未列在内）。有少数国家缺少在规定期间的数据，则选用相近期间的数据。

表7-2），而这种相关关系恰恰都是正的，当然也是很微弱的正相关。3.切斯内斯和索维（1973年）[1]对多达76个发展中国家的各种各样的样本，其中特别是对20世纪60年代人口和经济增长之间的关系进行过分析研究，并且发现两者之间存在着一种并非有意义的相关关系（其中大多数稍稍偏于正相关关系）。4.康利斯克（Conlisk）和赫德尔（Huddle）（1969年）[2]对25个发展中国家

---

[1] 参见法国《人口》杂志，1973年第28期，第843—857页。
[2] 参见美国《发展研究》杂志，1969年第5期，第245—251页。

表7-2 亚洲、非洲和拉丁美洲非共产主义国家第二次世界大战以后人口、总产值和人均产值的年增长率（%）（绝大部分国家是20世纪50年代初至1964年）

分组	人口	人均产值	总产值
亚洲和非洲（以色列、南联除外）			
1—4	1.81	2.17	4.02
5—8	2.25	2.91	5.23
9—13	2.76	1.28	4.07
14—17	3.05	2.34	5.46
18—21	3.43	2.67	6.19
21个国家平均值	2.66	2.23	4.95
拉丁美洲			
1—4	1.56	2.51	4.12
5—8	2.30	0.94	3.26
9—12	2.84	3.24	6.17
12—15	3.05	1.60	4.70
16—19	3.40	2.60	6.15
19个国家平均值	2.61	2.20	4.86

资料来源：西蒙·库兹涅茨，《人口和经济增长》，载《美国哲学学会论文汇集》，1967年第111期，第191页。

1950—1963年的人口增长率与储蓄率的上升做回归方程演算,人口增长的系数是0.692,假设其他情况均保持不变,人口增长将对经济增长有轻微的消极影响。5.瑟尔瓦尔把32个发展中国家的产量变化百分率回归到1950—1966年的人口增长率,并取得一个略小于1的系数为0.907。[①] 6. E. E. 哈根把人均收入的增长率作为人口密度的一种函数关系制图。正如图7-1所示(或许最高的人口密度除外),较高的人口密度与较低的经济增长率无关,而较低的人口密度则显然与较低的经济增长率有关。

这些交叉重叠的经验性研究,并不说明发展中国家人口迅速

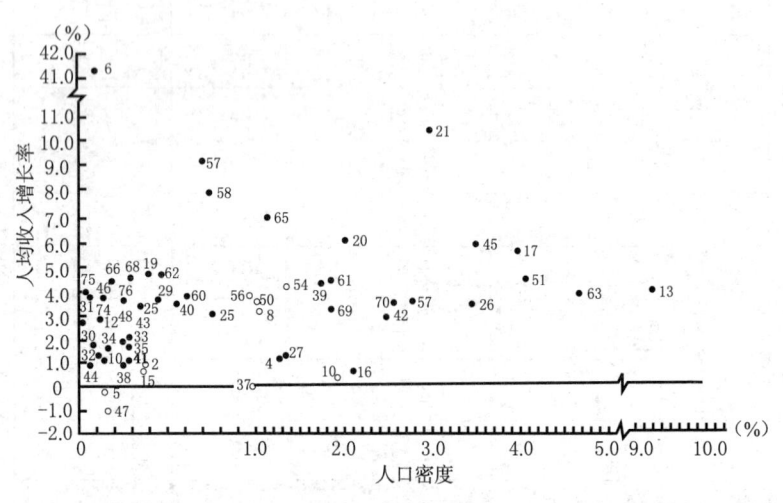

图 7-1 与人口密度相联的经济增长率(1960—1965年)

资料来源:E. E. 哈根:《发展经济学》,1975年版,第189页。

[①] A.P.瑟尔瓦尔:《在生产函数结构中人口增长、产量增长和人均收入的横截面研究》,1972年版,第475—486页。

增长就增加人均收入。但是，这些研究也包含有另一层意思，的确，由此说明，任何人都不应过于自信地断定，人口增长会不利于发展中国家的经济增长[①]。当然，这样简单的仅包括短期的汇总数据，即使这些数据比现有数据更一致得多，无论如何也不能支持这样一种表示因果关系的论断，何况还不包括共产主义国家在内，而且还有不少统计上的其他缺点。

这里要建立的发展中国家模型与以前研究工作的主要差别是包括人口增长通过资本淡化之外的渠道对生产进程所产生的影响。第六章所论发达国家的模型也是以此为其特征的。但是，在发达国家的模型中，这种影响绝大部分是通过对技术进步速度的影响而起作用的，而在发展中国家的模型中，这种影响却大部分是通过人们意愿的变化导致干更多工作而起作用的。（外加规模经济和社会基础结构增多，以及由于需求所引起的工业投资，等等）

二、前工业社会的农业经济和农业部门

当一个国家的工业经济极其薄弱因而可以暂时不加以考虑的时候，我们开始对这种国家的情况进行分析。假设农业部门的产量同劳动工时、土地改良加上其他私人物质资本、社会资本以及有用的技术知识等之间是相互作用的函数关系。这种生产函

[①] 有趣的是，库兹涅茨和伊斯特林都不顾他们收集的数据，而认为比现在更低的人口增长率对发展中国家的经济发展是有利的。但这些数据使我们怀疑，而他们则主张需要更切实地了解这种情况，然后再做出决策。

数在方程式7-1中用符号来表示。函数f_1表示对规模经济的收益递减,因为在短期内可用于农业的土地总面积是固定的。由于有较多的劳动力用于一定的资本上,所以预计技术有所转变,并且假设这些转变的技术可供利用(第八章详细讨论这个问题)。这个函数的形式因历史情况不同而大不相同,例如把18世纪的英国与20世纪的印度进行比较[1]。

$$Q_{F,t} = f_1(M_{F,t}; K_{F,t}; J_t; A_{F,t}) \qquad (7-1)$$

式中:$Q_{F,t} = t$年的农业产量,不包括农业上的任何储蓄和投资。

$A_{F,t} = $被分析国家$t$年内用于农业的技术知识。

$J_t = $社会资本,即基础结构加规模经济。

$K_{F,t} = $私有农业资本。

$M_{F,t} = $每年从事农业劳动的工时总数。

下角标号G将在以后讨论中用于表示工业活动,以便区别于按照习惯下角标号F是指农业的。

下述这一点很清楚地表明:如果技术(A)、资本(K)和社会基础结构(J)都保持不变,人口增加,则人均产量将持续下降,除非增加劳动工时(M)以摆脱全部萧条。在许多发展中国家,人口已经增加了许多倍而人均产量并没有持续下降,而工时增加并不是说明生产全部增长的原因。所以,关键是需要弄清A和(或)

---

[1] 本章讨论的所有方程式都在第十三章中给予经济计量学的详细探讨。

K的增加,并查明增长的进程。

一种可能性是:A和K的全部或部分可能的增长是由各种个别发明引起的,发明直接引起A的提高,然后引起K的增加。这是最初的马尔萨斯模型。但是,个别发明不能说明生产率的全部提高:如果A或K的增长与人口增长无关,那么当人口静止时,则人均收入就会增加——这同印度和中国的历史事实是相矛盾的,所以,看起来合理的是,K或A或两者应该同人口规模或人口增长构成函数关系,同样,K或A以及这两者也许同作为长期出现的个别发明的代表的时间以及其他因素构成函数关系。这些函数关系的变化将在第八章中详细讨论。

这方面的农业投资包括开垦土地、地方的灌溉工程以及改良农具等,其中最大的投资是农民在农闲时间投入的劳动量。如果这样的农业投资ΔK_F要受人口增长影响,那么看来有理由把它看成是大概随"预计"收入("target" income)[①]与实际收入而变化的。可以把维持最低生活的收入看作"预计"收入,但对此有几种不同的论述:第一,即使在一个既定的农业社会里,所谓"维持最低生活"也是不容易下定义的;第二,一种以维持最低生活为目标的预计收入,其实际生活总会是低于最低生活的,因为对人口增长的反应不可能是瞬刻发生的;第三,即使最穷苦的农民也可能指望得到比他们正常年份获得稍高一些的收入。所以,将使ΔK随着收入期望与实际收入之间的差距而变化,这

---

① 在概念上,这同在闲暇和长期产量之间的一种选择完全一样。但这种说法虽然更有说服力,却仍然是一种观察和评论问题的更复杂的方法。

里把期望的收入水平实际上解释为随着从前25或50年[①]中最好的5年的收入而变化,或者说随着因资本-产量之比所需资本的变化而成比例地变化,不过这种资本-产量之比必须和最初的比例相等。

正如 E. 博塞勒普用其所提出的"人口推力"假说("population push" hypothesis)加以强调的那样,技术也是随着人口增加而变化的(详见第八章)。在可能形成的新生产领域中将考虑到技术改革这种内生因素。正是已经了解这种"人口推力"假说,所以,在可能形成的新生产领域则包括了全部有用的技术。技术也受时间进程的某些影响,因此,正如方程式7-2所示,这里用时间这个词可能是适宜的,因为,在历史上速度取决于时间。在一种农业经济的社会中,农业技术水平的高低不大可能十分灵敏地反映在农业劳动者的工资上,但是,这个因素(指技术水平)在以后的工业化经济中将变得更为重要。

$$A_{F,\,t} = f_2(A_t) \qquad (7-2)$$

一种预期收入的"差额"("gap")对于农业投资的影响或许

[①] 这个模型可以看作而且完全是"心理的"。但是应该指出,它并不比佛朗斯·莫迪利尼(France Modigliani)在1949年发表的《储蓄-收入比率的波动:经济预测中的一个问题》一文中所说的"棘轮"("ratchet")消费函数更加是"心理学的"。该消费函数与这里所用的投资函数在外形和实质上都是一样的,也没有比凯恩斯的消费函数的"基本心理定律"("fundamental psychological Law")更符合心理学。而且传统的工作-闲暇函数就像生产资料转变为投资函数一样是一张心理学上的假设图。所以,这种假设的"心理学"实质("psychological" quality)不应成为经济学家反对的理由。

第七章　人口增长对发展中国家的经济及其发展的影响：……

因环境而异①。"如果一定的人口增长是发生在土地充足和（或）土地已精耕细作的地方，则可能对刺激投资和发明有更大影响，而对降低人均收入的影响却较小。然而在那些不再有更多的耕地和改进耕种技术已不大可能的地方，则人口增长很可能产生相反的影响。"②

现代的收入期望当然不同于过去，现在人们渴望得到比他们

---

① 此注分下列五点："第一，如果人口增长是作为一突然的冲击而来，则产生一种强大反作用的可能性更大。一个社会在人口增长和生活标准下降都不快的时候，或许不觉得被迫'停止'，正如工人们往往觉得为了保持实际工资不下降而对付慢性通货膨胀，比对付每年物价猛涨20%而更加困难。因此，在不发达地区，死亡率显著下降，因而今天出现的人口数量激增比从前各个时代慢得多的人口增长，产生一种更强烈的反作用是非常可能的。"

"第二，如果人口增加，外加人口城市化，并因而对于像住宅、学校和公用事业这样的一般设施的需求和压力明显加大，则可能有更大的刺激作用。"

"第三，此外，如果人口增长发生在这样一些不发达国家，其人口数量增加已超过了一些重要产业所能承受的最小限度，则人口增长的这种反作用便容易产生。相比之下，那些人口更多的国家，早已越过了这些最小的限度，或者远离这个限度的人口更少的国家，人口增长的反作用则不很突出。"

"第四，如果人口增加最初影响社会的上层阶级，或者至少是上层和下层都一起受影响，则这种反作用更容易实现，因为在这种情况下，为了给他们孩子们提供需求更可能促使采取增加企业活动的形式。"

"第五，最后一点，一个国家越是真正接近新马尔萨斯主义模型的刻板假设，越是已经充分和全面地利用其资源，除了最直接的反作用如节制生育和晚婚之外，则越是少有任何反作用的可能性。更确切地说，因为假设资源是固定的，人口压力的反作用已经实际上垄断了人口学家的注意力。我们认为，'预防性抑制'只是反作用机制所能采取的许多形式之一。事实上，在现有条件下，许多国家容易看到人口压力导致采取有效的节制生育措施，难于看到人口压力引起农业技术的改良和引起工业及公用事业资本形成的稳步上升。"[以上五点均见阿尔伯特·O. 赫希曼（Albert O. Hirschman），《经济发展战略》，耶鲁大学出版社，1958年版，第180页]

② J. 哈巴卡克：《18世纪后期、19世纪欧洲经济发展和人口问题》，载《美国经济评论》，1963年第53期，第616页。

过去更多的收入,人们盼望的是经济增长。投资率也应当与社会资本数量是一种函数关系,社会资本往往容易推动私人投资。各种文化因素也的确影响农业投资,但这种经济模型没有必要列入文化因素。

农民们所看到的工业品和农产品的相对价格(不同于城市价格)也可能影响农业投资。较好的贸易条件可能诱发较高的投资和生产;在前工业时期的绝对农业社会,工业品的相对价格可能是非常高的。一种农业工资经济受农业工资的影响。农业工资越高,则资本投资越有可能替代处于一种市场农业情况下的劳动力。(但这里用的模型,实际上既不引入价格也不引入工资)农业投资函数也应该明确地考虑物质资本的折旧,不过,与工业资本相比,农业投资折旧较慢。

$$K_{G,t+1} - K_{G,t} = f_\beta \left(\frac{\left(\frac{\hat{Y}}{C}\right) - \frac{Y_t}{C_t}}{\left(\frac{\hat{Y}}{C}\right)}, \frac{P_F}{P_G}, W_{F,t}, d \right) \quad (7-3)$$

式中:$\left(\frac{\hat{Y}}{C}\right)$ = 每个消费者的期望收入

$\left(\frac{y_t}{C_t}\right)$ = 在 t 年里每个消费者的收入

P = 价格水平

W = 工资水平

d = 折旧率

农业投资函数可能在两个相反方向上受人口密度的影响。一方面,前些年里已增加的人口密度将会导致改进运输和其他社会基础结构，从而使得追加投资更为容易，并使增加的投资在一定程度上可因农产品运销市场而获得更多利润。另一方面，增加单位面积土地上的农业工人人数，就意味着可供开垦的新土地较少和诸如灌溉这样尚未利用的机会更少。按 A.V. 查耶洛夫[①]和当代流行经济学的观点，这种模型将假设以后人口密度的影响占优势。

农业投资函数和农业生产函数都具这种不寻常的特征，即没有一个守恒的方程式把这两者连接在一起，因为在农民中，农业投资在很大程度上不是对总人口的一种抑制因素。从事耕种的劳动力同从事开垦荒地，建筑灌溉工程之类的劳动力也不是互相激烈竞争的，因为从事建设的劳动力和种庄稼的劳动力是在不同季节工作的。因此，看起来没有充足的理由把他们看成是在相同的总产量和相同的总劳动供给之间做出选择。在发展进程中达到这一点，即达到农业投资将开始大量利用市场商品，这时这里给定的投资方程就不再适用了。

其次我们必须考虑包括诸如道路、灌溉设施和市场这样的基础结构在内的社会资本的作用。但是，社会资本的作用如何并不十分明确。例如，社会资本是否大多通过加速把谷物运往市场和减少收成损失，从而增加现在的生产；社会资本是否大多用于代替或辅助私人资本，或者有助于增加私人资本投资；等等。当农场主从社会资本中获得更多利益时，同样多的努力将吸引更多的私人资本。较好的道路、交通和主干灌溉系统使得农场主更便于

---

① 参见 A.V. 查耶洛夫（Chayanov）：《农民经济理论》，1966年版。

建设自己的灌溉系统,并提高他自己利用新的水源、肥料和种子的能力等。对此做出的回答大概是基础结构都使这些和其他的设施中的每一种所起的作用都达到很重要的程度。这种模拟将引进基础结构的作用作为农业生产函数的一个乘数。

由于人口密度造成了这样的社会资本,所以人口密度将指明社会资本的数量。这一点将在第十二章加以证实。

$$J_t = f_4 \text{（前50年的人口密度）} \qquad (7\text{-}4)$$

函数 f_4 将是向下降的凹面。

现在让我们回过头来讨论商品需求函数,实际也就是这里对劳动力供应的函数。需求可以被看作一组社会无差异曲线(a set of social indifference curves),这组曲线说明闲暇(或劳动)同产量的各种组合。这些无差异曲线的形状可望受到社会消费者当量人数,一种经济中成年男性工人当量人数,收入期望水平、贸易条件(这里模拟中并不实际加以利用)和家庭规模等方面的影响。正如方程式7-5所示,运算中最简单的方法是把代表每户之主的工人这样一种函数乘以工人人数。

$$D_t = L_t \left[f_5 \left(\frac{C_t}{L_t}, \frac{Y_t}{C_t}, \frac{P_F}{P_G} \right) \right] \qquad (7\text{-}5)$$

式中:D_t = 一组无差异曲线

L_t = 现有的男性工人当量人数

换句话说，我们假设如果在农民家庭里有更多的孩子，则家庭的父亲和其他劳动成员为了生产更多粮食和其他产品将因此更加努力干活。问题是究竟能提供多少追加劳动量。（许多种不是增加工作量而能对付增加孩子的方法都可能出现，包括从杀死婴儿到用更多工作量来弥补整个"亏损"）第九章中叙述了这些不同的可能方法，并在其附录中以印度农村为例，讨论其可能对此做出的回答。

任何一年中的劳动适龄人数，都是随前些年的出生和死亡人数而变化的。为了观测各种结果①，出生率是可以适应政策调节的一种变量。但死亡率是内生于这个系统的，并随收入而变化，正如方程式7-6所示：

$$E_{j,t} = f_b\left(\frac{Y}{L}\right) \text{或} = f_b\left(\frac{Y}{\text{POP}}\right) \quad (7-6)$$

其中，$E_{j,t}$＝按年龄分类的死亡率。

健康同死亡一样重要。任何一年中可以劳动的各适龄劳动人口其劳动能力取决于他们的健康水平，而健康则随人均收入而变，正如方程式7-7所示：

$$\text{EFF}_t = f_7\left(L_t, \frac{Y_t}{C_t}\right) \quad (7-7)$$

---

① 正如方程式7-1所示的生产函数一样，这个函数打算表示社会行为。但看来建立这样一个总函数并无概念上的困难，即根据单个家庭的无差异曲线，利用一个家庭中消费者等量人数类推社会中消费者等量人数。

② 为了讨论的目的，在一些模拟尝试中，把生育率作为内生变量，方法是使生育率随时间的期望值和实际收入之间的差额而变化，而这些参数的大小则取决于特别的社会状况。

式中 EFF 是有效劳动力。

每一同年代(each cohort)适龄劳动妇女的人数也多少受到她们子女数量多寡的影响。

人们的生产能力很受他们的教育水平的影响,因为教育水平最能用量来表示他们的智力状况。不过,收入水平相同的不同国家可以决定把不同数量的资源用于教育,而对于模型来说,这些决定的基础是最大的困难。因此,教育水平可以认为是随以前年份的人均收入而变化的。有一种不怎么引人注意的选择,就是把教育投资当作全部资本总投资的一部分来处理,因为计算全部资本所用的资本-产量比率可能大于如果仅仅考虑物质资本的比率。不过,为了简化,总是把教育作用从现在的模型中略去。

这里让我们先去考查一下在一种纯农业经济里,究竟应该如何确定生产的数量和消费的数量。(这就引导到两个经济部门的更一般问题。关于这种经济中决定产量的机制问题,下文即将讨论)前工业经济中方程式1给任何一个单一生长季节规定了农业生产函数,并假设 K_t 是由前一个生产季节的结果来决定的。于是,为了确定由于为消费而行将生产出来的总产量,可以通过无差异曲线对生产函数①的最大效用正切点来求得,正如方程式7-8所示:

---

① 实际上这是由几个生产函数构成的一组函数,每一个函数代表了一种农业生产实践。从一种生产实践向另一种生产实践的转变,是 E. 博塞勒普强调的意见,并由 J.W. 梅勒(J.W.Mellor)在1966年出版的《农业发展经济学》一书中对此做了分析。这种选定的产量和工作的组合,就是最高无差异曲线接触到生产函数的地方。(参见第八章)

$$Q_{F,t} = D_{F,t} \qquad (7\text{-}8)$$

式中 $Q_{F,t}$ 和 $D_{F,t}$ 都是适度价值。图 7-2 说明了这种最优解决办法,图中的 V 表示生产函数和可能取得的最高无差异曲线的正切。

西奥多·W. 舒尔茨(Theodore W.Schultz)在1964年出版的《改造传统农业》和1965年的《世界农业的经济危机》中都指出,这个模型中的平衡机制并不是"最大限度的利润"。对于农场主来说,闲暇的价格是不便(即使可能)单独进行估价的,因此,最大限度利润的概念在此没有意义。有充分证据说明在农民经济中提供劳动的数量是非常可变的,并且取决于各种条件。库萨姆·奈尔(Kusum Nair)在谈奇闻轶事时谈到印度人在收入增加时就少做工作。

> 在南万索尔(Mysore)的这些繁荣和富庶地区……一种新的工作和消费社会格局(已经普及)。从前,像所有的农村社会中的情况一样,男女农民都在地里干活,男人们总是一早离家,而妇女们都在家里烧饭。然后妻子把饭菜送到田地里,并且留下来和丈夫一起继续干活。在大清早下地之前,男人总是吃些前一天晚上剩下的冷饭和稀粥。只有晚上才吃顿热饭。尽管他们省吃俭用,但是当时他们很贫穷。现在,他们比较有钱,所以他们不但自己很少干活,还雇用更多劳动力,而且一天中间要吃几顿好的热饭外加咖啡。喝咖啡成了风气。不过,妇女们分享不到,而且没有减轻她们在地里和家里干活

的沉重负担。男人们直率地承认了他们的主管地位。[①]（着重点是本书作者加的）

E. 博塞勒普在1965年发表的《农业增长经济学》一书中，在对人类历史的研究中举出许多关于农民劳动的可变性是经济状况的一个函数，特别是农业劳动力随人口增长而变化的例子。但是，有关农民的农业经济方面占支配地位的统计论据，则可从 A.V. 查耶洛夫对许多俄国土地的多种调查概要（1923—1966

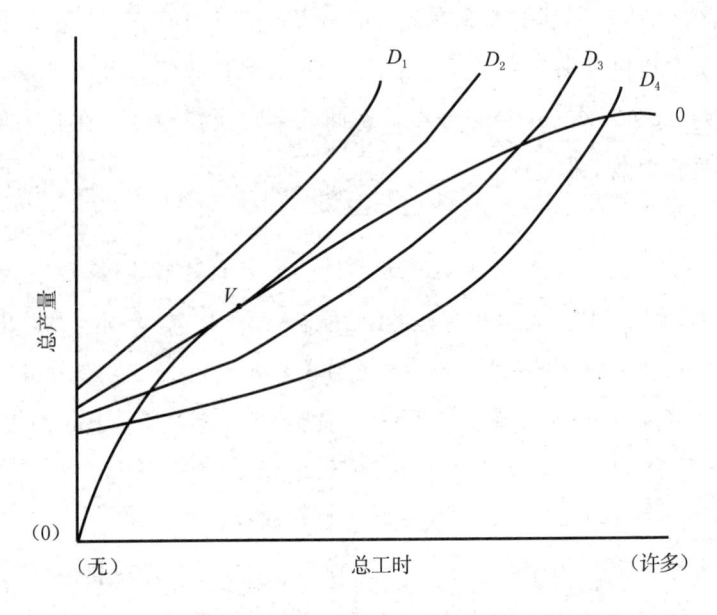

图 7-2　工作-闲暇交替和产量的决定

[①] 库萨姆·奈尔：《尘埃中的花朵》（*Blossoms in the dust*），1962年版，第55页。

第七章 人口增长对发展中国家的经济及其发展的影响：…… *219*

年）[①]中看到。（有关工业中的工时的数据见本书第三章）

对这种现象的理论分析早已提出。很早以前，马尔萨斯就已指出，如果不是因为人口增长，"克服人的懒惰的动机就不会如此强烈，以致促使他继续从事土地的耕种"。[②]

和 J.W. 梅勒在 1963 年发表的《农业增长早期农民家庭劳动力的利用和生产率》、A.K. 森（Sen）在 1966 年发表的《有和没有剩余劳动力的农民及两重性》一样，A.V. 查耶洛夫在 1966 年发表的《农民经济理论》中也完善地提出了关于正规的效用理论。我认为应该公正地说，如果任何农业模型（或工业化模型）都把自我经营的劳动工时来源看作固定不变而不是看作随人们的爱好和外在条件而变化的话，则这种模型必定走入歧途。[③] 必须把劳动供给的数量看作适应需求和爱好的变量，这就是为什么发展中国家的模型比前边提到的发达国家的模型更为复杂的原因。[④]

---

① 参见 A.V. 查耶洛夫：《农民经济理论》，1966 年英文版。
② 托马斯·R. 马尔萨斯：《人口原理》，1803 年英文版，第 491 页。
③ 然而 S. 海米（Hymer）和 S. 雷斯尼克（Resnick）1969 年在《美国经济评论》杂志上发表的《具有非农业活动的一种农民经济模型》一文则主张，"把有关家庭生产的低级方式转变到建立在专业化和交换基础上的高级方式比用劳动代替闲暇或偷懒"更加重要。
④ 当然，在个人和团体中有不同的工作爱好。缪尔达尔指出，"懒散和劳动低效率取决于制度、习惯和传统，对劳动和闲暇的态度，包括有关社会地位及有关妇女参加工作的一些戒律和禁令等。何况有关的态度是在制度范围内规定的，而态度和制度之间的关系又是相辅相成的"。（见 G. 缪尔达尔的《亚洲的戏剧》，1968 年纽约英文版，第 999—1000 页）第十三章里的模型，将用反映不同人群中的不同劳动力参数进行运算。

以上概述的模型看起来适合20世纪中期之前的500年内农业中国的情况。①这个模型说明长期以来人均收入增加和人口增长保持一致，D.珀金斯（Perkins）说，中国就是如此。②但长时期内，当人口增长率是低的或零时，则生产没有增长。人口不增长时，经济增长不足，这说明人口不增长时，净储蓄等于零，而且生产率系数没有变化。③但是，中国人口增长时，如果不是提高每年每个劳动者投入的劳动以抵消这种人均收入的减少的话，则投资或生产率或者二者都必定没有变化，而且D.珀金斯认为，劳动投入的增加并不是总产量上升的全部原因。

的确，D.珀金斯发现，生产方面的许多增长来自可耕土地面积的增加、水利控制系统的建筑和改良种子。④第一、二种改革可以看作是净投资。但已经改进过的水利控制系统也会导致农民所用技术种类的变化，特别是每年种植作物的种类和数量的变化。不过，这并不是新知识，而是改变了这里探讨的复合生产函数所包含的技术类型。相反，种子改良倒是新的知识，而且或许大体上是外生的因素，是一种"马尔萨斯式"的发明，这一点将在第八章进行讨论。但是，这种技术改革在中国历史上并不太重

---

① 参见D.珀金斯：《中国的农业发展，1638—1968年》，1969年芝加哥版。
② 同上。
③ 看来似乎可取的是假设既没有储蓄也没有生产率的变化，而不是假设一个是肯定而另一个是否定的。
④ D.珀金斯估计从公元1400年至1967年引起生产上升的因素是劳动、土地和技术进步。但是这种估计并没有提供对现象的一种生动的解释，而这正是本章所要达到的目的。

要。在中国历史上的一个重要因素是缺乏诱导人们为了支付手段而加倍努力工作的工业品,这有两方面的原因,一是因为世界工业技术还不知道怎样大量生产工业品,二是因为中国缺少完好的发达的国内市场和内部贸易系统。

总之,看来正是人们的生活下降到日常维持最低生活水平之下,才能促进更加努力工作,更多地投资并利用更新的劳动技术。这就是被 E.博塞勒普所强调的"人口推力"的动力。但是,这种机制不可能也没有即刻起作用,因此生活水平或许在人口增加之后的一段时间里下降到低于生存水平,正像在中国反复发生的情况一样。总之,上述模型似乎为前工业经济的人口增长,说明了一个相当合理的质的原因。一次定量的阐述需要这类的数字模拟,也就是第十三章的内容。

三、工业部门和工业化

现在就两个部门工业化经济做一些探讨。历史上有时会在一个开始工业化进程的国家里发生某些事情。要求加重税收,强迫农民比从前生产更多粮食,或者要求自发地提高农业效率,大概这就是一种制度。也许这是工业技术的提高,或者是一次政治制度的改革,例如变成殖民地或者摆脱殖民主义。更可能而且更适合这种模式的是改进国内或国际运输和交通工具,以便有效地把价格低廉的工业品运送到农民手里。这种改进可以归因于经济基础结构的积累(特别是运输和市场),而人口密度增加则可能是这种积累的自发因素。① 无论最初的刺激是什么,农村生产率的增长和对工业品期望的提高,这些的确是工业化进程的基本方面。②

暂时假设这种诱发因素是外国贸易商人最初打开了农村市场,以农民能支付的价格为其提供纺织品和其他工业品。正如方程式 7-3 所示,这将影响农业储蓄率。又如方程式 7-1 所示,这时产量增加是由于农业生产利用较大的资本存量。随着时间的推移,长期地提高期望收入水平,因此甚至会更多地储蓄。这样的进程将继续下去,直到一个新的更高的平衡点,这决定于生产函数和一组新的无异差曲线。至此,我们仅仅谈到在一种理所当然的再调整下,对旧系统的一次冲击。

这种有趣的动态,就在国内工业兴起时开始,有国内工业品取代如发展中国家那样从国外进口,或者又如英国那样,开始有

---

① 道格拉斯·C.诺思(Douglas C.North)和罗伯特·P.托马斯(Robert P. Thomas)在 1970 年发表的《西方世界的一种经济增长理论》一文中指出,人口增长是经济增长进程中的主要诱发因素。但按照他们的理论,这种作用是通过提高粮食价格,以便刺激农业生产而发生的。

② 大卫·李嘉图(David Ricardo)的《政治经济学原理和税收》一书中认为,人们对于经济发展重要性期望的增加在于"人类的朋友不可能但希望所有国家的劳动阶级应该都有舒适和享乐的鉴别力,并希望他们为得到舒服生活而做的努力应该受到所有法律手段的刺激。对于一个过剩的人口不可能有更好的保障。在劳动阶级有最少需求的那些国家里,劳动阶级以有最廉价的粮食为满足,人们都在最大的盛衰变迁和苦难之中。他们没有避难之地;在较低的生活水平下他们不能寻求安全保障;他们的生活已苦到不能再苦了"。黛博拉·弗里德曼(Deborah Freedman)在 1970 年发表的《现代耐用品的消费在经济发展中的作用》一文指出,对中国台湾地区的研究表明,对于占有现代耐用品有较大期望的家庭打算储蓄更多并富有创新精神。她没有发现"在加倍努力工作和现代物质享受之间有什么一致的关系",但"不能确定这种混合关系是否由于对工作努力或其他因素的衡量方面有缺陷"。

第七章　人口增长对发展中国家的经济及其发展的影响：……

一次经济的自发的发展。这样的国内工业部门总是雇用来自农业的工人。

在工业化的进程中，这种经济体制每时每刻必须回答的中心问题，是愿意从事工业和农业劳动的工人人数的比例。在探讨这个问题之前，必须阐明工业结构。（农业方面的结构仍同所述前工业时期的情况一样）方程式7-9说明的工业生产函数如下：

$$Q_{G,t} = f_9(A_{G,t}, M_{G,t}, J_t) \qquad (7-9)$$

式中的工业产量包括任何利用工业投资所获得的产量。这是常规，不像农业追加的投资来自在旺季追加投入的劳动而不是来自已转移的产量。①

工业投资是工业产量、价格、利润以及这些数量变化的函数。这里也必须有一种机制，根据这种机制，劳动力的增加将提高资本的收益，并因此而增加投资。② 另一方面，劳动力的增加在其

---

① 第四章中的数据表明发达国家制造业部门已有相当多规模经济的工业水平。有理由指望发展中国家制造业部门也取得同样的效果。唐纳德·B. 基辛（Keesing）和唐纳德·B. 谢克（Sherk）在1971年发表的《在贸易和发展格局中的人口密度》一文中肯定和发展了持有以下观点的几位作家的理论，这些作家认为制造业产品的进出口比率（作为制造业效率的一个合理代表）在发展中国家的样本中受人口密度和国家规模这两者的积极影响。G. 缪尔达尔在1968年发表的《亚洲的戏剧》中认为：发展中国家工业在任何给定的时候都由于劳动力和工厂能力的增加，而依比例地增加对工业规模的收益。但这并不是这里所指的现象，而且必定是短暂的现象，并且大概不适合18世纪的英国。这里提出的规模经济来自工厂和设备的不可分性，并来自由于有较多经验而使知识增加。

② 斯坦利·恩格曼（Stanly Engerman）和内撒尼尔·莱夫对我强调过这一点。

他条件不变时将使工资下降,这就必然降低用机器来代替人的刺激;不过工资变化所起作用的净效应是不明显的。更加可以断定的是国营工业投资的减少是由于伴随较高的出生率而来的抚养系数增高。有时候,一些国家国营部门投资构成全部工业投资中的一个主要部分。而国营投资的扩大可能受诸如教育、医疗卫生和住宅等非工业投资需要的影响,而这种需要又受人口增长率的影响。这就是在有关印度和墨西哥的科尔-胡佛模型中的关键因素之一。

也许最重要的是,对于用货币计算的销售额或利润的一次少量的或中等的增加所做的反应将是工业投资有一个较大比例的增长。也就是与用同样技术和按比例增加的劳动力去生产更多的产量所需投资相比,还要增加相当大的工业投资。这也是由于持熊彼特主义(Schumpeterian)的生产者和投资者的乐观主义。之所以产生这种乐观主义是因为营业数量的增加;并且还由于生产资本品的工业有一种加速工业投资的作用。但是,投资,特别是直接(第一年)投资,可能是已增产量的递减函数,因为对于任何时候增加投资都有物质的和心理的限制。这同广泛持有的对当代发展中国家和18世纪英格兰的看法是一致的,也就是说,有一个适度数量的人口增长,例如每年1%,总是有利的,而过快的人口增长,例如每年3%,则总是有害的。

这种投资函数概括在方程式7-10中:

$$\Delta K_{G,\,t} = f_{10}(\Delta Q_{G,\,t},\ M_{G,\,t}\frac{P_G}{P_F}, \frac{L_t}{C^t}) \qquad (7\text{-}10)$$

新古典学派的理论模型不可能包括在这里用的加速函数和用于农业的期望函数之中。一个取决于预期收益率的投资函数，对于解释工业投资行动，可能（也可能不）比一个加速函数更好，对此尚无明确证据。但因为这里建立的模型属于非货币经济的性质（同以发展中国家的人口增长的作用为重点的现有全部模型一样），所以，不能用新古典函数。此外，引入这种模型的工业部门的各种实际行为的假设，都不便算作一个新古典模型。例如，投资只能取决于新古典结构里的预期收益率。为了处理这里的农业部门问题，运用一种新古典模型，加上整个这种模型的其他关键部分，还是很不充分的。

工业技术实际水平的变化，大概是随工资率、以时间和平均收入水平以及工业部门的整个规模为指数的外生变化而变化的，其方程式如下：

$$\Delta A_{G,\,t+1} = f_{11}\left(W_{G,\,t,\,t},\,\frac{Y_t}{L_t},\,\Delta Q_{G,\,t}\right) \qquad (7-11)$$

总产量（或完全一样的总劳动力规模）还通过规模经济对生产率水平有重要影响。由于注重概念的和实效的原因，经济总规模对生产率的影响是用规模项 J，同总规模对基础结构一道处理的，而产量变化则影响这个模型中的 A。

H. B. 钱纳里1960年发表的《工业增长的格局》[①] 一文对发展中国家规模经济影响的估计特别适合于工业部门 J 的含义。技

---

① 此文载于《美国经济评论》，1960年第50期，第624—654页。

术实际水平的这种变化是英国经济增长和工业化的主要原因。特别重要的是,英国在世界上技术领先的地位使它能够在出口方面继续获得成功。[①]需求增长肯定是一个关键因素。通过诸如投资引导的发明、操作研究、职业训练、新企业家的出现以及其他等的机制,需求的增加肯定促使工业革命期间英国每个工人生产率大大提高。如果人口的增加真有一种全面有利的作用,其原因大概就是这些因需求增加而起的作用,而不是如菲利斯·迪恩(Phyllis Deane)1967年出版的《第一次工业革命》一书所说的避免了"劳动力短缺"。[②]投资、科研和技术改革必定是缓慢地而不是立即反映需求的增长。需求增长的好处和诸如改进道路、市场系统一类基础结构等有关方面的好处,都只能在很长一段时间以后才能看到,而它们对经济发展的重要性则显然是巨大的。

四、模型的解答

现在,我们已有条件来为一个已在工业化进程中的国家解决其确定劳动力和产量的问题。让我们先考虑某一个单独期间,例如这个阶段的农业和工业的雇工决定已在某个农业季节到来之前同时做出。这个决定期间的农业和工业资本是按照潜在劳动力

---

① D.E.C.埃佛斯利在1967年发表的《1750—1780年的英国的国内市场和经济增长》一文对于迪安和约翰以及"多数剑桥经济学家和历史学家"所称出口对英国工业那种重要作用提出了疑义。

② 当然,可以把对商品的需求看作是在几乎任何经济的因果关系中都大体上先于对劳动力的需求。

的数量和专业技术状况规定的。我们就可以构成一个函数来表示下列各项的所有可能的组合：(1)闲暇，(2)农产品，(3)用上述规定的资本和技术所能生产的工业品。我们还可以列出一组无差异平面，每个平面表示商品和闲暇这两类的那些组合，其中社会作为一个整体，可以说是无差异的。生产函数和最高无差异平面之间的正切点决定闲暇和将被生产出来的产品数量。这是对图7-2所做的一种三维（立体）的概括。

这个答案决定供给工业和农业的工时数量，也决定农产品和工业品（以工时计）的价格。这些都是"平衡"点上每个单位劳动的边际产量。这确实指的是一种封闭经济（a closed economy）。下面就要分析一种开放经济（an open economy）。在任何一个实际的数字模拟里，这种总的解答必须简化。一种可能的简化便是在人均产量的每一级上把工业产量作为总产量的外生固定函数，成为观测所得农产品和工业产品收入弹性的一种反映。

为了考察的目的，在短期内，应根据下列各项来确定任何一个既定的时间里，将从事工业劳动的劳动力比率：(1)在其他因素中因受家庭规模影响，尤其对商品和闲暇这两者的偏好；(2)农业和工业资本的数量；(3)实际应用于农业的技术水平和类型；(4)工业中的专业技术水平如何。工业生产率越高，则商品价格越低，并有更多的农民将愿意拿闲暇交换工业品，以解放更多农民去从事工业劳动。[①]

[①] 由于经济发展，可以把渐渐扩大的劳动数量看成是固定的，因而更多的劳动力是在工业方面，而那里的个人是无法决定应当工作多少时间。

从更长远看，这种模型还可以通过把它放在充分运转循环中加以确定。资本、技术、每个工人的生产率、工资、农业工人期望收入的水平等都是由滞差价值方程式所内生决定的。因此，可以决定长期的工业化进程。只有人口增长和偏好的某些方面的变化同这些参数一样都是外生的。

正如许多专家已经认识到的，这种模型说明，发展中国家经济发展的进程取决于需求和供应两个方面的因素。不但如此，这种模型还强调两个部门的供应和需求因素，是有内在联系的，其中包括工业品供应对农业劳动力供应的决定性影响。这就突出说明，对于工业化没有简单的解释，也没有实现工业化的捷径。

五、开放经济的工业化

打开一个新的国外出口市场可以看成得到一种新的总"生产"函数的原因。也就是"我们的"国家由于有原先的天赋资源，加上和其他国家进行贸易的可能性，就能取得从前在国内生产（产量）函数所得不到的商品组合。按照新贸易打开之前实行的国内价格计量的"开放"生产函数的总价值将在有一定劳动投入时大于"封闭"的生产函数。当其他国家对商品和闲暇的偏好进行测试时，可以认为要决定的是整个系统，虽然贸易条件是内生的。新结合的生产函数和最高无差异曲线的正切限定整个劳动力供给的数量，也限定每个部门的劳动力和其他诸内生价值。这个结果中的劳动力供给比没有国外市场的情况多还是少大概取决于：(1)国外市场怎样改变国内生产，(2)对农业商品、工业商品和对闲暇的不同爱好。

六、模型概要

工业化和经济增长的进程可以概括如下：每个工人生产率的提高对于工业和农业两个部门都是必要的。投资增加和规模经济都是工业生产率增长的重要组成部分，而它们又是需求增加的结果。对工业品需求的增长在很大程度上取决于农业生产率的增长，否则就没有"剩余"。引起农业生产率增长的重要原因是农业部门每个工人提供的工作量和投资的增加。对这两者（包括承担较大危险的意愿）的推动力在很大程度上取决于农业工作者的各种意愿。这些意愿是随农民能用他们的产品买到什么而变化的，而能买到什么，则又取决于工业生产率的水平，也取决于工业生产哪些产品，还取决于交通运输业的发展水平。因此，农业和工业生产率的增长是互相依从的。

增加一个孩子可能增加其父母提供的劳动量。同时这个孩子改变了父母在工业品、粮食和闲暇中的无差异函数构成。其纯粹结果，可能是减少对工业品的需求，特别是在较贫穷的国家里，这将推迟工业化的进程。

在增加的孩子参加劳动以后，增加的人口可能对整个需求和工业需求都有积极作用。如果一个新增的人口，他一生的整个需求相当大，如果加速因素和其他投资发生作用，加上规模经济的作用也相当大，则这个新增的人口便能对工业劳动力所占比重起到纯粹积极作用。但如果所用参数不适合，则工业劳动人数所占比重将小于参数合适时的结果。

这个模型做出决定的关键因素,是在闲暇和两种产品(工业品和农业品)之间进行一次选择。虽然这个因素无需在发达国家的模型中出现,但对于发展中国家农业部门是重要的。这确实与W. 刘易斯和菲-兰尼斯(Fei-Ranis)所假设的新增加劳动力的边际产品为零,是对立的。(虽然新增加人口的边际产品可能少于他们在这个模型中的消费)由此这个模型与上述菲-兰尼斯模型的一个主要区别就显露出来了。在他们的模型里,推动增长的是生产率的一种外生的增加,而这显然不能解释中国的情况。在这个模型中,生产率的增长在很大程度上是内生的,虽然外生引起的生产率增长当然也是重要的。

这个模型表明:用"缺少劳动力"去说明英国人口增长具有有利影响,这完全是一种假定,充其量只能造成混乱,而且或许就是明显无误的错误。这个模型还强调在工业化进程中每个工人工业生产率增长的重要性,一个理由是每个工人为工业提供的劳动量比为农业提供的少。

下面我们在第八至第十二章中继续探讨对这个模型的一些重要参数的估计。

第八章 农业技术的变化：与经济-人口史相符合的人口推力和发明拉力的理论

一、引言

从这章开始，我们对第七章提出的一般发展中国家的模型的主要参数进行评价，讨论发明和创新的采用，特别是在农业方面的采用；更具体的是对由单项发明直接和简单引起的技术实际水平变化的历史依据进行考察，或者不是这样，而是对以人口压力为推动力的一种更加复杂过程引起技术水平变化的历史进行探讨。与第七章所述代数的总模型相衔接，本章将讨论由下述因素引起的农业技术实践变化的程度：(1)技术系数 A_F 的外生变化——该系数是根据时间趋向连同生产函数中明显的收益递减一道通过运算取得的；(2)或者要不然就是通过在已知技术实践中的转变所取得的——该转变是由与收益递减不明显的生产函数来表示的，而不是根据时间趋向来运算的。

人口增长对个人和群体所用生产技术类型的影响至少有两个方面。第一种作用是增加人口对知识存量的影响，这种技术作用是早先讨论的发达世界模型的核心。第二种作用是因为有早已发现的知识使其技术得以实施,但需要在生产过程中增加劳动力。在发展中国家的农民-农业部门,劳动力增加的多少视人口增长影响技术实践的程度而定,这种现象是可能存在的。本章,还有第九章和第十一章的任务基本上是估价发展中国家农业生产技术对人口增长的敏感程度究竟有多大。

历史应当能够告诉我们关于人口增长影响技术变化的一些情况。同时我们应当能够根据处于不发达经济水平的各民族的人类文化学,洞察我们的文明史。应该向历史提出的问题可以这样说:生产技术已经发生的变化是由于人口增长的压力较小而引起的吗?或者更一般地说,在经济增长中人口增长的作用是什么?

自从马尔萨斯以来,这种早已提出的人口经济史的理论已经成为本章就要研究的"发明拉力"假说(invention-pull hypothesis)。这种假说认为发明经常一次又一次地出现,它不依赖于人口增长——而发明增加生产能力并为更多人提供生活资料。因此,人口增加以便利用这种新的生产能力一直到所有的生产潜力被耗尽为止。于是,马尔萨斯主义者的假说认为,人口增长的历史不过是自发发明史的一种反映。

1965年,E.博塞勒普发表一篇《农业增长的条件》的长文,阐明了另一观点,即这里所说的"人口推力"假说(population-push hypothesis)。这种假说主张虽然增加生产的发明可以不依赖于以前的人口增长率的大小而独自发生,但"新"知识的采用还是取决于人口增长。因此,在人口推力假说中,为了促使生产

第八章 农业技术的变化：与经济-人口史相符合的人口……

技术发生变化，人口增长是必不可少的[①]。尽管马尔萨斯主义者的发明拉力假说是对历史所做的一种权威性的解释，但是，人口推力假说则看到两种起作用的力量：(1)单项发明曾经发生在人口推力起作用之前；(2)人口增长则导致采用以前没有用过的现有知识。发明的原因在这两种假说中都不是重要的。两种假说包含着对人口增长非常不同的判断。发明拉力假说看不到人口增长在历史上或者对（暗示的）今后有任何好处或必要性。但人口推力假说则认为对经济增长来说，人口增长虽不是充足的条件，还是必要的条件。

本章的第一个目的是阐明发明拉力和人口推力这两种假说，并解释也许是该两种假说基础的经济机制，从而帮助检验它们的要求，以便解释经济人口史。最重要的发现在于这两种假说之间的明显矛盾是令人迷惑不解的。这种矛盾的起因是不能对两种假说各自适用和不适用的发明类型加以区分。一般说来，这两种假说在下列两个条件下都有微观经济学的意义：(1)如果发明拉

[①] 冯·屠能（Von Thunen）在他关于农业耕作方式与地理位置关系的古典经济分析中解释欧洲农业耕作方式的区别时说到这种思想的核心（参见 H.J. 旺苏伦1966年发表的《孤独的国家》一文）。A.V. 查耶诺夫在1966年发表的《农民经济理论》一文中在提供俄国农民经济的大量资料的同时，也清澈地对各种经济因素进行了分析。P. 高罗（Gourou）在1966年发表的《热带世界，它的社会和经济条件及其未来》一书中对热带地区原始农业地理分析中，B.H. 斯利切·旺巴恩在1963年发表的《西欧农业史》一书中对欧洲从500—1850年的农业历史的分析中，以及或许还有我不知道的其他专家都经常利用这种假说。不过，最终发展了这种思想的是 E. 博塞勒普，她把这个概念应用到对前工业社会的很远的历史过程进行分析，尤其是她使这种思想受到了很大重视。科林·克拉克在1967年发表的《人口增长和土地利用》和1969年发表的《农民农业对土地的需求》等论著中也广泛地发展了这种思想，并予以传播。

力假说被限制在以既定技术为基础的纯粹节省劳动的发明范围之内;(2)如果人口推力假说被限制在具有下述条件的发明范围之内,即在发明时不具有节省劳动的有利条件,但由于生产每单位产量所需劳动比现有技术条件所需劳动相对减少(尽管每人花费的劳动量绝对增多)能使产量达到更高水平,因此,这种发明随着人口增长而逐渐加以利用。除非另有别的假说,这两种假说为两种对立因素构成相辅相成的解释。把两种假说结合起来,对解释刚够维持人们生存的农业状况下的人口经济史比单用一种假说去解释也更为使人满意。

这种观点也能用其他方法简述如下:任何一种发明都为农民增加了可供选择的机会。但发明有两种:(1)与现在所用的技术相比,这种发明可以用较少的劳动在同样数量的土地上生产出更多的产品(例如一种较好的压边机);(2)虽然这种发明用同样的劳动在同样数量的土地上生产的产量并不比现在所用技术多,但是在一个人口密度较高的国家必须提高生产率的时候,则这种发明将比把现有技术用于有限劳动力和土地上所提供的产量更多(例如在增产潜力很大的那些地方实行农业技术的转变将使收获量倍增)。任何一种发明必定是属于上述两种类型,否则就是无用的(对资本的需求除外)。

如果这种发明无需追加资本,并用较少劳动生产和从前同样多的产品,其结果则是降低按劳动计量的产品价格,并就为一个聪明的农民所马上采用。也就是按劳动投入量计算的产品成本较低,立即采用这种发明就是经济上的明智措施。这样做也增加总的生产"能力",而且人口也能随着这种发明的出现及其应用而

第八章 农业技术的变化：与经济-人口史相符合的人口······

增长。但是，如果一种发明只有在人口和对粮食需求都已增长之后，采用旧技术时投入所需等量劳动则生产更多产品，并使土地和产量相对于劳动力更加不足，那就只有等到人口已经增长到必须采用的时候再采用这种发明才有意义。而前一种情况则不然：这种发明及其采用总是"引起"人口增长，在这种情况下，人口增长最终"推动"采用早先已出现的发明。

本章的第二个目的是考察一些历史和人类学的经济人口增长的样本，以便确定哪一种假说看来最适合某个样本。为每一种假说找到适当的样本来说明这两个过程，对于历史和经济发展方面都是重要的，从而证实这种理论分析方法是可取的。

这一章本来的目的是探讨发展中国家的一般人口增长模型的技术变化参数。但是这种探讨也试图通过更好地考察历史上的各种主张从而阐明发明拉力和人口推力的理论。为此，这些理论首先要用微观经济学来进行分析。其次，引证大量历史资料样本去说明两种有争论的假说都是如何恰当地解释种种现象的。然而，这次探讨并不想确定这两种理论究竟哪种更正确，甚至也不想判断哪种理论更重要。实际上，本章的结论是这两种理论可说是在互补因素之间形成相互补充的解释（Complementary explanations of Complementary forces），而它们之间基本上不是相互抵触的。就当代情况而论，本章断定，只要具有未用过的技术知识，则人口压力便能影响一种重要发明的采用速度：这种发明并不立即减少出现发明时产品的生产成本。如果一个发展中国家在某一特定时期里，确实具有大量可采用的（或已采用一部分）技术知识，那就有理由相信已增大的人口压力能够促进技革新。但本章不能设想这种技术变化对人口压力的反应究竟多么敏感或多么迟钝。这种估计必须从第九章讨论的其他方法中提出。

本章仅仅讨论在经济变化中发生的各种可能性。这里省略的都是所有那些可能事件变化序列,首先是并不导致经济变化的人口增长。这就和政策性调整的问题非常不同,是要考察在特定条件下,人口增长将引起经济变化的可能性[①]。

本章并不讨论引起发明创造的原因,因为最初发明的原因既不是发明拉力的一部分也不是人口推力的一部分,即发明对这两者都是外生因素,相反,两种假说却是有关发明的结果。

E.博塞勒普1965年发表的《农业增长的条件》的长文,同过去马尔萨斯的分析一样,是在仅能维持人们生存的农业范围内考虑这个问题的,所以本章的中心点限于仅能维持人们生存的农业,虽然至少科林·克拉克在1967年发表的《人口增长和土地的利用》一书把这个论点扩展到全部人类历史的范围里。

二、发明拉力:马尔萨斯主义关于人口增长的解释

虽然发明拉力理论被贴上了"马尔萨斯主义"的标签,但并

[①] E.范德华尔(Van de Walle)在1972年发表的《农村人口密度提高的含义》一文中指出,对于每一个比较成功地采用技术的情况来说,人们肯定会引用其他一些例子来说明人们不采用,并且使自然资源遭受重大破坏的技术。

不是马尔萨斯在1798年发表的《人口论》中所阐述的。不过,这是大多数作家关于这个课题所明确阐发的思想,其中以V.G.蔡尔德(Childe)和C.M.西波拉(Cipolla)的作品为代表[①]。现在需大概指出,这种论点要从一个生产略高于仅能维持人们生存水平的社会说起。人口的膨胀是以技术应用达到仅能维持人们生存为其限度的。然后,有时候人口规模从此趋于稳定,其原因是:从狭义的马尔萨斯主义理论来看,是由于在此就要讨论的死亡率本身的变化;或者从广义的马尔萨斯主义理论来看是由于死亡率,或者由于节育,这就更加接近马尔萨斯《人口论》后来几版的观点。后来有人发现在同样面积的土地上能生产出更多的粮食,然后又转向采用新技术。人口再次膨胀一直达到新技术所能达到的生存限度,如此等等。这种理论是这样假设的:如果观察到一个社会的生产超过其仅能维持人们生存的限度,这个社会正处于走向与其生存水平上稳定平衡的一种过渡状态。这种从不平衡到平衡的过程如图8-1所示:有一条直的因果线,从一个自发发明到一次粮食状况的改善,到一次死亡率的下降,再到一次人口增加,这个过程一直继续达到新的粮食紧张为止。这里假定引起技术变化的原因除了人口增长本身以外,还有其他社会的和经济的原因。

[①] 这里是指 V. G. 蔡尔德1937年发表的 *Man Makes Himself* 和 C. M. 西波拉1962年发表的《世界人口经济史》。

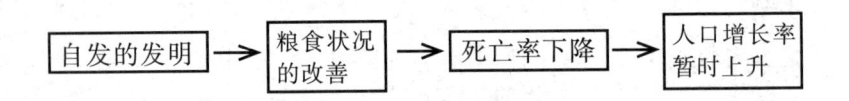

自发的发明 → 粮食状况的改善 → 死亡率下降 → 人口增长率暂时上升

图 8-1　发明拉力的马尔萨斯主义过程

让我们先根据一个理想户主所提供的观点来分析这种基本的马尔萨斯主义过程,该户主享有一块既定土地上的产品所有权[①]。这位农业劳动者能够在产品数量和闲暇之间进行选择。如果人口增加致使他所耕种的土地减少,他将不得不比从前更加努力工作。这就是说,按产量计算,闲暇代价比从前更高,所以,他为产量而放弃更多的闲暇时间,但是,尽管如此,他所获得的产量仍比从前少[②]。

按照发明拉力假说,有时一种发明突然出现。这种发明使得用全部或部分劳动投入所能获得的产量有所增加。这种技术变化使得农民能够比从前少用些劳动而获得相同的产量,或者用和从前一样多的劳动获得更多的产量。因此,发明使得人口进一步增长成为可能,并且这时人口的增长总是按照"宏观动力学"的方式前进的。

根据发明拉力假说,当用已知的耕作方法耕种的土地达到其"供养能力"(Carrying capacity)时,人口的膨胀则因死亡率

[①]　有关从前农业占有制度的阐述是不太准确的,但是这种抽象不应引起这里的麻烦。

[②]　我将高兴地送给有兴趣的读者本章的改写稿,其中包括这里用文字表达的微观经济分析的几何学与数据说明。

第八章 农业技术的变化:与经济-人口史相符合的人口……

的增高而停止。人们可以把土地供养能力的限度看作大体上是在这个时候出现的,即当时产量的平均水平刚好够维持生存,而且即使大量地追加劳动,也不可能得到更多的产量。然后,在人口处于静止状态之后的某些时候,有人再次发现一种农业生产的"更好"方法,于是人们开始利用新技术,因此,人口再次开始膨胀。

发明拉力假说是这样假定的:发明一经提出,便将"立即"开始采用[1],而不管人口是否接近或远离那个必须停止继续增长的仅能维持人们生存的水平。所以,现在我们必须考虑一种立即开始采用的发明属于什么性质。这一类样本所包括的发明将在土地或其他资本不变的假定条件下,与原有方法相比用较少劳动生产同样多的产量。例如用铁犁代替木犁,用铁斧替换石斧[2],以及将掘头、镰刀或长柄镰刀的一种形式替代以另一种形式和更快的操作形式,还有被 E.O. 希迪(Heady)1949 年发表的《农业技术进步的基本经济和福利问题》一文归入"机器"类别的发明,它们的作用都是减少生产一定数量粮食所需的劳动。在绝大多数条件下,增加总产量是没有顶点的,因为总的热量消费是合理地没

---

[1] 请注意发明拉力假说仅仅假定发明的传播是立即开始的。当然,传播新技术将需要一定时间才会完成,因为需要学习,并由此减少不稳定性和危险性。

[2] P. 高罗在 1966 年发表的《热带世界,它的社会和经济条件及其未来》一书指出:"在亚马孙河流域的美洲印第安人习惯于一点一点地燃烧树干(取暖做饭),以致不能使用他们非常愚笨的石斧生产超过维持最低需要的产品。因此,当欧洲人把铁器工具运到美洲时引起了一场相当规模的技术革命。'只要铁斧动几下就足以改善劳动条件,增加伐木面积,并且两倍甚至三倍地增加收获量'。因此,发现美洲大陆之后,印第安人对铁器的企求就如同欧洲渴望黄金一样。"

有伸缩性的[①]。采用一种会增加每单位面积产量的革新是没有任何意义的,除非能够减少所用土地数量,从而用较少劳动能够获得同样数量的产量。

另外有一类在每英亩土地上用同样数量的劳动能生产更多产量的发明。这种发明既可以用同样的劳动获得更多的产量,也可以削减资本和劳动而获得和从前一样多的产量。一个例子便是采用一种较好的压边机。还有一类发明又可从上边提到的E.O. 希迪一文中关于"生物学"或"机械-生物学"分类里找到。这两类发明的不同之处在于一种发明用相同数量的土地和劳动提高生产率,能为每个人生产更多粮食,并因而增加潜在人口。另一种发明仅仅节省劳动,不增加产量,不能为更多人提供粮食,仅给予更多的闲暇时间。

上述两类发明方法都可以看作是"节省劳动",因为较之现在使用的技术[②],它们用较少的或同样数量的劳动生产同样多的或更多的产量(假定主要的资本要素、土地的数量是固定不变的)。所以,将在发明之后,立即采用发明的新方法。而第二类发明则为进一步增长人口提供了基础。

发明拉力假说提出的历史过程中,很值得注意的一点,就是它所说的发明是哪一类往往是不清楚的。

---

① 发明拉力和人口推力的理论家们一般忽略粮食质量上的变化,所以,这里也是这样。不过,这种假说有使整个论点变得无效的危险。

② 请注意,这里所讲的"节省劳动"是与当时通用的农业技术相比较而言。节省劳动、利用资本等并不是一种发明所固有的特性,而是指一种既定的发明与现存实践之间的区别。由于对这种关系缺少认识,有时使有关技术进步的讨论不完善。

总之,当时马尔萨斯主义者的发明拉力假说所准确叙述的是经济人口史,即与当时正在使用中的技术相比,一种发明出现之后,能用较少劳动生产同样数量产量这种情况下的经济人口史。

三、人口推力假说

下面我们考察"人口推力"假说。其关键思想是在一定的时候,农民总会知道用一种方法从他们所耕种的地里获得更高的产量。但是这种获得更高产量的方法需要劳动得更多;而用较少的劳动就不会生产出同样多的产量。所以不采用这种新方法。但是,后来人口增加便推动人们即使多干工作也采用这种新方法。换句话说,人口增加使劳动力与土地相比并不缺乏,而产量与劳动力相比则更加不足。因此,当时出现的是改用劳动强度更大的方法。为了与图8-1做比较,图8-2是人口推力假说的示意图。

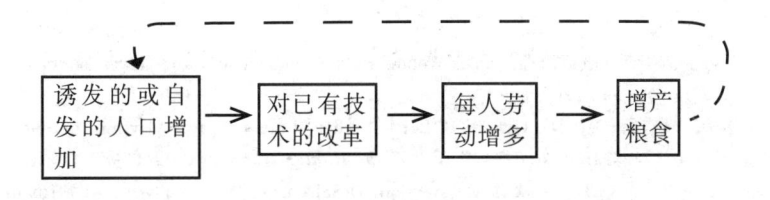

诱发的或自发的人口增加 → 对已有技术的改革 → 每人劳动增多 → 增产粮食

图8-2 人口推力过程

有两种导致采用新方法的人口推力机制。第一种机制是由于家庭数量增加以致每个家庭可用土地减少。其结果是有一定数量劳动力的家庭的平均产量减少,从而迫使他们觉察到必须改变方法,以较多的劳动投入,获得较多的产量。

第二种人口推力机制是指典型的家庭规模扩大,假设土地的大小相同,如果一个家庭有6个而不是4个消费者,则设想期望产量上升是合乎情理的。所以,该家庭总是感觉到需要改用新方法,以较少的追加劳动,得到数量更多的产量。

人口推力假说所含蓄阐明的是,人口增长能使上述两种机制都起作用。而且这两种机制都按相同方向导致改用从前已知的尚未用过的生产方法。

这种分析认为在某些或大多数情况下要有更加艰苦工作的体力。并且有证据使人们相信在"原始"民族中间有这种情况。在坦桑尼亚的哈塔人中间,"全年中每天平均花不到两小时去获取食物……"①"但多布(博茨瓦纳)的昆恩布什曼人,尽管环境艰苦,每星期却用12至19个小时去获取食物"。②澳大利亚阿恩希姆地区(Arnhem Land)的土著居民平均一天用近四小时去获取食物。③有些观察家④认为发展中国家,特别是热带地区,人们

---

① 詹姆斯·伍德伯恩(James Woodburn),"An introduction to Hadza ecology," In Man the hunter,1968年版,第54页。

② 理查德·B. 李(Richard B. Lee),"What hunters do for a living, or, how to make out on scare resources," In Man the Hunter,1968年版,第37页。

③ 马歇尔·D. 沙赫林斯(Marshall D.Sahlins),"Note on original affluent Society," In Man the Hunter,1968年版,第86—87页。同时引自 F.D. 麦卡瑟(McCarthy)和 M. 麦阿色的《在土著居民经济生活中的时间因素和寻找食物》,载《美国-澳大利亚到阿恩希姆地区(Arnhem Land)考察队的记录稿》第2卷,墨尔本大学出版社,1960年墨尔本版。

④ 参见 M. 汤姆森(Thomsen):《贫困的生活》,巴兰廷出版社,1969年纽约版,第180页。

第八章 农业技术的变化：与经济-人口史相符合的人口……

的健康状况已不可能比现在做更多的工作。但是 P. 高罗从刚果（利）①调查中提出的例子使我相信②，在刚果（布）桑德（Zande）部落的男人比妇女一天工作的时间要少几小时，尽管男女获得的食物营养一样③。虽然利利部落从狩猎上获得的食物很少，但他们花在狩猎上的时间很多。这两个民族都吃不饱并且营养不佳，但都有大量的土地。男人明显地不愿干农业活，而要妇女

---

① 刚果（利奥波德维尔）现为刚果（金）。

② P. 高罗1959年对刚果（布）威尔地区的桑德部落的一份研究报告（第61期）指出，男人把19%的劳动时间用于农业，妇女们用于农业的时间为27%。这些形形色色的观察资料是值得称许的，因为这些资料不仅肯定，如果男人们像妇女一样加倍努力工作，则其食物状况会有较大的改善。但也由此可以证明，男人们的健康状况不会妨碍他们进行更多劳动，因为辛苦得多的妇女，她们的身体还没有男人们的好（或比男人们的更坏）……"刚果（利）凯撒地区（Kasai district）北部的利利部落吃不饱、营养很差，但不是缺少空地，因为其人口密度每平方公里还不到4个人，也不是由于土地贫瘠。真正的原因是：第一，男人对饲养牲畜的农业没有兴趣，仅仅从事狩猎，又几乎没有什么收获；第二，全部农活都由妇女们干，她们采用非常保守的耕作方法，并被旧风俗束缚了她们的活动。这些都是通过观察利利部落的活动规律，发现循环时间为3天，每到第三天就要休息一天。不管是不是基督教徒，他们都在星期天休息，并且在任何一个重要人物来访之后都要休假一天。

每年九月种植期间一个星期的日程表是这样安排的：

星期日：是基督教的礼拜日，同每周三天里的休息日幸运或不幸运地重合了。

星期一：妇女们下地干活。

星期二：是一个重要出访者启程前一天的休息日。

星期三：三天一周的休息日。

星期四：大雨不能干活。

星期五：为庆贺昨天离去的农艺学家而休假一天。

星期六：三天一周的休息日。

星期日：照上述循环往复。"（见 P. 高罗，《热带世界，它的社会和经济条件及其未来》，1966年版，第84—85页）

③ E. 博塞勒普1970年发表的《妇女在经济发展中的作用》一文中指出，显然非洲的习惯是妇女比男人干更多的农业活，甚至更值得注意的是非洲和亚洲男人都是工作时间很少而靠外雇劳动力增加产量的。

去干。①

为了用一种更加集中的方式来阐明人口推力假说,让我们从一个例子开始谈起,即这里是一个在800平方公里土地上以狩猎和(或)以采集食物为生的一个10个人的部落②。这样用最少的劳动去维持他们的生活就足够了,例如,一年中有250天每人劳动两小时就够维持他们的生活(当然,在北极和沙漠地区采集食物就费劲得多)。由于一个部落小到只有10个人,有选择的劳动必然有助于人口规模随着时间的推移而变化,既可导致小家族的消失又可促使其人口增加。如果人口增加到40人,则该部落将发现较难于维持其生活,因为猎获物并不随着人口规模的扩大而增加。或许因为狩猎活动加剧而致猎物减少。现在,人们一天需工作4至8小时而不是2小时,才能猎获或采集与从前每人所得的相同数量的食物。如果那时人口增加更多些,则无论怎样辛苦,也难于或不可能靠狩猎和采集方式维持生存。

按照人口推力假说,现在看到的该是这种部落开始干点农活。40人从每人一天干4小时农活中获得食物比从4小时狩猎和采集活动中得到的要多。请记住,人口推力假说是假定该部落早在改用新技术很早之前就已经有了这种原始农业所需要的技术知

---

① 参见 P. 高罗的《热带世界,它的社会和经济条件及其未来》一书的第84—85页。
② 这里的数据是从 C. 克拉克和 M. 哈斯威尔(Haswell)1967年合著的《仅能维持人们生存农业的经济学》一书的第26、27、47页和从阿尔佛雷德·L. 克罗伯(Alfred L.Kroeber)1948年发表的《人类学》一书第389—390页等所给的各种例子中摘出来的。威彻尔(Wiechel)提供的数字是从事狩猎和捕渔业而人口密度较高的那些人口,以及从事"游牧业和伐木业"的人口。

识。从一种获取食物的方法改为另一种方法未必是突然或立即发生的,而很可能是按照生产函数中的基本经济逻辑包含的一样的渐进过程。这40人可以马上用两种方法去把获得基本食物定量所需要的时间尽量缩短,至少一直保持到人口再次有较大增长为止。这与许多原始社会妇女们从事农业劳动而男人们从事狩猎的情况是一致的。①

等到这800平方公里范围内的人口膨胀到200人时,按照人口推力假说,所有工作都会是从事原始农业而没有人去狩猎了。随后人口膨胀到800人,也就是接近这种简单农业耕作方式的极限(即使已在牧场驯养牲畜也是如此)。人口推力假说认为在人口膨胀到800人的过程中,农业技术再次变革,而这次变革便到了刀耕火种的农业时代。由于劳动日时间短,刀耕火种农业生产的粮食还不如更原始的农业。但如果这800人加倍努力劳动,则与更原始农业系统相比,他们用刀耕火种的方法耕种长期闲置的土地,这样能花较少的气力而得到充足的食物。所以,正如持人口推力理论的专家们所假设的那样,人们已经知道有关的方法,那么,人们将逐渐地转移到刀耕火种的农业方面来。向刀耕火种农业的转变将在人口膨胀到比如说在800平方公里的范围内达到6000人的时候中止。这时,由于人口增长更多,将有第三次农业转变。从一种农业类型向另一种类型的连续的转变,每一种农业类型要求每个劳动者比从前劳动得更多,而闲暇时间则更短,而

---

① 参见 C. 克拉克和 M. 哈斯威尔1967年合著的《仅能维持人们生存农业的经济学》一书第27页。

每次转变都是人口增长引起的。这就是人口推力假说的核心。

现在让我们重新阐明各种发明的特征,在于它们或许要等到发现后很久才被采用,而且这是由于人口推动的结果。这些发明将不比已在使用的技术节省劳动,因为如果是节省劳动的发明,肯定是一经发现立即就要采用的。相反,它们是那些为了满足人口增长需要而生产更多的产品,并且是需要更多劳动力的发明。需要用更多劳动力正是不立即开始采用的原因所在。所有这些发明将都属于 E.O. 希迪 1949 年发表的《农业技术进步的基本经济和福利问题》一文所区分的"生物学"之中。这类发明的最重要的例子,就是减少休耕土地和加倍增加收获的耕作制度,所有这些耕作制度都需要比对从前长期休耕的土地更加精耕细作,并且生产每单位产量要花费更多的劳动时间。有些改良过的新品种(如需用日本水田耕作法种植的稻谷)就是有关的范例。

四、两种假说的分析比较

概括起来说,马尔萨斯主义者的发明拉力假说合理地阐述了以直接"节省劳动"和"有利的"外生发明为起点的这个过程。这种发明之所以"压倒"旧技术是因为它以较少的劳动使产量达到更高的水平,或者用较少的劳动力得到现有产量。这些发明是可能被立即采用的,并且因为是用与从前一样的劳动力数量得到更多产量,所以可能导致进一步的人口增长。

人口推力假说又说明了这些发明在经济人口史中的地位,是

第八章　农业技术的变化：与经济-人口史相符合的人口……

用较少的劳动力获得同样数量的产品，或者用同样数量的劳动力提供更多产量，但与发明之时的效果相比，则劳动力和产量的水平都更高了。就是说，按照人口推力假说，与这种主要技术发现与发明时的旧技术相比，并不更加"有利"，因而在发明之时并不那样可取。按照人口推力假说，这种新发明要等到人口密度提高和对食物的总需求增加之后才受欢迎。

用来区分这两种假说主要不同点的这种简明分析，是以(1)主要发明的性质和(2)发明之时人们对食物和闲暇的"需求"为中心的。现在，我们知道有些发明在所有产量水平上都是节省劳动的。例如，一种更合适的耕作日程安排，铜器及铁器镰刀和长柄镰刀这类工具[①]。我们还知道其他一些发明比从前常用技术需要更多的劳动力，虽然这些发明也能在每单位土地上生产更多的产品，例如水田耕作法和双熟制耕作法。这两种假说并不相互冲突。因此，不应当把它们看成是对前现代农业发展（Pre-modern agricultural development）所做的互相对立的解释，而应当把它们看成是相互补充的。两种机制都有重要的历史意义，就是说，发明拉力和人口推力的机制都在历史上起过作用。

至于说到这两种机制在历史上哪一个相对重要些，至少有一个事实表明两者都是重要的：即使在技术大改进和人口大增长之后，人口稠密地区个体农民为每年的收成付出的劳动量并没有以

---

① 参见 E.C. 柯温（E.C. Curwen）和 G. 哈特（G. Hatt）1953年发表的《耕种与放牧》一书第94页。

不同的数量级高过人口稀少地区。两种情况下的农民们都是在收获季节的白天大部分时间干活,而其余时间干的活则少得多。这表明,发明拉力并不是一种完善的解释,否则,所有的发明就都应当是节省劳动的,而且工作量就应当因农业技术改进而减少才是合理的。另一方面,每个农民的劳动量并没有较大的增加,这表明人口推力也不是事情的全部,因为这种假说所描述的技术变化都需要比以前更多的劳动力。所以,两种机制必须相互补充。

说到更发达的农业,这两种假说都没有说明这种现代农业一年一次收成和一年多次收成的发展会提高每个农民的产量。发明拉力的观点必须是如内燃机和其他农业机械部件之类的外生发明都有一种推进革新速度的促进作用。但是,外生发明的增长速度同发明拉力假说并没有逻辑上的联系。他们认为,人口推力理论家指出的是人们进入更发达的农业时期所发生的社会和心理变化。由于人们更加密集地生活在一起,便产生由于更多的劳动分工而出现更多的经济社会组织,修筑了各种公路和铁路。不过,对于 E. 博塞勒普和 C. 克拉克来说,最重要的还是人的心理发生了变化,人们变得越来越愿意超过所能承受的时间而更加艰辛地坚持工作。在他们看来,除了其他社会改革之外,这是最终导致人们的生活超越维持生存和近似维持生存的生活水平而起飞的原动力。但是,这些变化并不是发明,或者如果是发明的话,这里也没有发明与采用发明之间的时间差。这些变化都是诱发出来的,就像美国的改良种子那样,是在市场力量和有目的的创新或由于预见到的需求而刺激了政府科研等诱发之下出现的。当然,在印度,拖拉机的发明同它的使用之间相隔一段时间,然而,这种迟延的性质同交叉式升降机的发明和在印度仓库的使用之间也有时间差距一样。关键问题是，自从农业经济由主要为了维持农民自身的生存转变到主要为了市场而进行生产之后，无论发明拉力假说，或者人口推力假说，都不能说是单独有效的了。

以上的分析讨论或许在阐明本章论点方面前进了一步。不过，看来还有必要观察某些历史事实，以便提供有关的具体证明。下边要说的就是这方面的问题。

五、历史上和人类学上的一些事例

早期《圣经》阶段

《创世纪》清楚地说明了从采集食物到耕种土地的转变是由于劳动强度的增大。"看啊，我把能在地里生长的每一棵结籽的草本植物和果树献给你，你得到它们就将得到食物。"但是，当时，"……大地是为了你而受罪的，因为你一生在辛劳中，天天要吃大地的产物。还有带给你的是荆棘和蓟属植物，于是你将吃掉地面上的草本植物。你将满脸汗水地吃面包，直到你又回到大地上来"。按照《圣经》的说法，伊甸园里的技术转变不是由人口增加而是由罪恶引起的。不过，除了这些之外，对此进行论述的还有：J. H. 旺苏伦1966年发表的《孤独的国家》、P. 高罗1965年发表的《热带世界，它的社会和经济条件及其未来》、B. H. 斯利切·旺巴思1963年发表的《西欧农业史》和E. 博塞勒普1965年发表的《农业增长的条件》等。

《创世纪》故事的其余部分可能是典型的至少是热带干旱地

区人们的生活。如果一个部落是兴旺的而不是为死神所征服,则一个家族和部落渐渐比从前稍许多一些成员,并且那时人们把更大的地区用作牧场,从事狩猎和采集,而所有这一切并没有使每人享有的产品发生大的减少。他们大概是在狩猎和自卫方面采取合作行动的,所以效率有所提高。

但如果一个部落的人口逐渐增多到足以布满他们所在地区,以致土地不那么富裕的话,则其"人均收入"将下降。当这种情况发生时,这个部落可能发生分裂,正如亚巴拉罕(Abraham)和洛特(Lot)发生分离一样①,一部分人口将移居到其他地区去。迁移出去的那部分人口可能比留在原地的更贫穷,而且他们肯定要负担搬迁费用。因此,这种人口膨胀的最后作用就是人均收入水平显著下降,或者至少人们将不得不在较贫穷的狩猎和采集地区更加艰辛地劳动以便保持原有的生活水平。

总评价是:《圣经》时期的情况是符合人口推力机制的。

其他狩猎和采集部落

人口推力假说的一个关键性因素是在一定面积的土地上用以增加总产量的技术知识在以前是存在的。但是,至少在有些情况下,狩猎者和采集者们显然并不很清楚地知道这样的技术。这种情况的一个例子是20世纪20年代和30年代的内西利克(Netsilik)的因纽特人,他们的状况是"并没有给他们留很多的

---

① 马尔萨斯也引用这个例子,参见其《人口原理》,1803年英文版,第65页。

第八章 农业技术的变化：与经济-人口史相符合的人口…… 251

闲暇时间"。① 无论用什么样的物质生活标准来测量，爱斯基摩人的生活是非常艰苦的，这就不符合人口推力假说。

而且在发明农业之前，并没有一个人了解农业。当然，可以想象农业是在需要它之前就在社会中存在的，然而这一点看来很难成立。无论什么地方，现在植物再生产的控制是如此显而易见，以致任何从中受益的人都自发地了解它。

> 一切栽培植物都是来自各种各样的野生植物，而且栽培植物的第一步总是采集野生植物的种子，把这些种子播种在适宜的土壤里，通过精心管理浇灌促使它们生长……对于我们来说，好像不可思议的是，一个人采取这样简单的第一步竟是千万年来人们未曾见过和未曾做过的事情，然而正是这个人类很长时间以后才这样做了的这一事实足以强调，终于引导他去进行这种发现。这一点是多么重要。②

但是，这种农业知识对一些人口达到极限之前的前农业部落肯定是可以得到的，而且在人口增长时就渐渐应用这种知识。③ 这种农业知识也从欧亚大陆一个或少数几个发现点扩散开来，尽

---

① A. 巴利克(Balikei)，《因纽特人》，载 In Man the Hunter 1968年英文版，第82页。

② E. C. 柯温和 G. 哈特，《耕种与放牧》，1953年英文版，第15页。

③ 马尔萨斯看到人口增长以后斯堪的纳维亚的历史，恰恰是"反马尔萨斯主义"方向的。他说："欧洲北部的这些民族逐渐而又勉强地被迫把他们自己限定在自然范围内，并交流他们放牧方法，给人以掠夺和移民的特殊便利，为取得贸易和农业上微薄的报酬而付出了辛苦的劳动。"(见马尔萨斯《人口原理》，1803年英文版，第80—81页)

管在美洲大陆等地也是自发扩散的。因此,当有些部落还有广阔的土地可供狩猎和采集的时候,它们可能已经学到农业耕作知识。所以,并不奇怪的是,一些或多数狩猎和采集部落,如同前面引证的例子那样,过的是好日子。

总评价是:一些狩猎和采集部落的例子证明了发明拉力的机制,而另一些则证明了人口推力的机制。

刀耕火种的农业

与采集或狩猎相比,刀耕火种农业更能充分地利用土地,但用今天发达农业的标准来衡量,则仍不是集约经营。正如今天热带地区人们所做的那样,先"用斧头砍倒树木,用镰刀割掉草类,晒干后就烧掉。播下去的种子只取得微薄的收获,此后,空着焦干的土地休耕,同时草、树木又生长起来覆盖了土地,等到下次再被烧掉。"① 当时,在一小片土地上连续耕种一两年或三四年之后,就放着土地休耕三十年之久,但有时休耕的时间也只有两三年,"……需要休耕八至十二年的时间,土地才能得到木本科植物的一次良好的覆盖"。② 在此同时,农民们耕种其他的土地。这里的重要问题是需要大面积的土地供给一个部落的粮食,这片土地要大到一年耕种面积的三十倍。

我们无从确知,在远古时代,刀耕火种农业的实践者们是否都知更加"先进"的方法。但没有理由怀疑当时从事刀耕火种农业的人是了解其他的有关技术的,正如一些地方两种农业耕作制

---

① P. 高罗:《热带世界,它的社会和经济条件及其未来》,第31页。
② 同上书,第38页。

第八章　农业技术的变化：与经济-人口史相符合的人口……

度同时并存的事实所表明的那样[①]。按照 P. 高罗、C. 克拉克、M. 哈斯威尔和 E. 博塞勒普等人[②]的看法,那时有的地方的农民仍然宁愿选择利用刀耕火种技术的原因是：为了在可耕地上生产等量的粮食,刀耕火种农民劳动的时间少于如果用更加集约耕作方法（至少达到机械耕作方法）所花的时间。也有更多的证据表明,如果人口密度增大,人们就会从刀耕火种转变到休耕时间更短而又更集约耕作的农业。一个最有说服力的例子是,人口密度下降时（这也许归因于对生活在较小地区的部落安全的考虑,对人口增长来说,这是一个外生因素）,则整个进程刚好逆转,而且人们就开始向较长时间休耕而又粗放经营的农业耕作"倒退"。[③]

关于肯尼亚中心省的基库犹族（Kikuyu）中的人口和农业集约耕作的材料证实了这些奇闻轶事般的报告,并且清楚地表明较高人口密度是与较少改变耕作方式和定居务农相联系的。详见表8-1。

表8-1　肯尼亚中心省的人口密度与土地利用（1954年）

地区	每平方公里的人口	实行各种耕作方法的土地（%）	
		定居务农	正在改变耕作方法
（Kiambu）	860	91.5	8.5
（Nyeri）	590	93.7	6.3

---

①　参见 P. 高罗：《热带世界,它的社会和经济条件及其未来》,第107—108页。
②　参见 C. 克拉克和 M. 哈斯威尔1967年合著的《仅能维持人们生存农业的经济学》,第7章。E. 博塞勒普1965年发表的《农业增长的条件》,第44—48页。
③　参见 P. 高罗,《热带世界,它的社会和经济条件及其未来》,第107页,E. 博塞勒普：《农业增长的条件》,第62—63页。

续表

（Fort Hall）	499	89.7	10.3
（Embu）	351	68.3	31.7
（Meru）	236	66.7	33.3

资料来源：W.J.巴伯：《肯尼亚非洲农民中的土改和经济变化》，载《经济发展和文化改革》第19期（1970年），第6—15页。

对人类学再研究也提供了其他有说服力的证据。如果仅就某一时刻或就很长的历史期间来观察一个社会，而把人口增长仅仅放在次要的伴随地位，则无法肯定地说，农业技术的变化不是主要力量。但如果就某一时刻观察社会，又注意到人口正在增长，并且随后观察到后来出现农业技术变化，这就会有力地证明：技术变化的原因是人口增长，而不是相反，特别是农民确切地说出改变耕作方法的这些动机，就更加可信了。1931年，罗伯特·雷德菲尔德（Robert Redfield）和维拉·罗杰斯（Villa Rojas）对墨西哥南砍顿（Yucatan）一个名为查·康姆（Chan Kom）的村子进行过研究；1948年雷德菲尔德又对该村进行过研究。该村人口在那17年里从250人增加到大约445人。在1931年，还没有适当的土地给每个人从事农业生产[1]，而等到1948年，则情况就发生了变化。

> 只要南部还有一个无人居住的地区，则有可能通过向边

---

[1] R.雷德菲尔德和V.罗杰斯：《查·康姆：一个玛雅人的村庄》，芝加哥大学出版社，1934年英文版，第42页。

第八章 农业技术的变化：与经济-人口史相符的人口……

区移民的办法去维持人口的增加。这个村子的村民总是离开家乡，越走越远地去寻找好的土地……该村所有土地的产量已经不如他们 25 年前得到的那样多……因为土地变得更稀缺了；所以不得不连最后一点荒地也开垦了，便在更短的间距内再次耕种……

玉米地块的平均大小现在的确更小了，大约只有从前的一半。

通过种植果树、西红柿、蚕豆和其他小作物，通过建牛圈，建家禽饲养房，还有少数情况是打井等方法，其中四五个人已经开始开发这些小片土地。

人们看到了人口对资源的压力。只要他们考虑补救办法，他们便去寻找增加资源的可能性。唐·尤斯（Don Eus）先生在多种经营的农业中看到了希望。①

查·康姆村的变化非常符合人口推力机制。

另一个重新研究过的村子是特波兹拉（Tepoztlan），该村在墨西哥的摩尔洛斯州。R.雷德菲尔德在 1930 年对查·康姆村 1926—1927 年情况的调查研究所得结论和奥·刘易斯（O. Lewis）1951 年对特波兹拉村 1943—1948 年情况的重新调查研究的结论有些不同，但两者的情况却特别相似。与查·康姆村只实行刀耕火种的农业不一样，在 1930 年的特波兹拉村已实

---

① R·雷德菲尔德：《一个选择进步的村庄》，芝加哥大学出版社，1957 年英文版，第 54、55、57、171、172 页。

行刀耕火种农业和非休耕的犁耕农业两者并行。前一种耕作方法是用点播器或锄头挖一个洞,种一颗种子的技术;后一种耕作方法是用牛拉犁翻地,并把种子放进犁沟里,然后用脚盖上土。以每单位产量计算,刀耕火种需要的土地和劳动力都多得多,而用牛和犁的耕地技术则需要更多的资本,至少在20世纪40年代特波兹拉的情况是如此。墨西哥的犁耕农业开始于西班牙人刚刚侵入之后;在此之前那里是不知道犁耕的。在西班牙人进入墨西哥之后,一般来讲,墨西哥本地人口也普遍大大减少,特别是特波兹拉村是如此[1]。所以,农民为何已经采取犁耕农业,并不是因为人口对土地压力增大,而是仅仅因为发明能用较少的劳动力得到更多的产量,甚至利用少得多的土地。这个结论甚至直到最近墨西哥人口非常迅速地增长,还是同那里有大量未耕土地的情况相符合的。因此,西班牙人侵入之后改变为不休耕的犁耕农业制度,这一事实不符合历史的人口推力观点,而是非常符合发明拉力假说。

从 R. 雷德菲尔德到奥·刘易斯对特波兹拉村的研究的这些年里,人口增长迅速[2]。这样人们只好远离家乡,到边远地区的土地上从事刀耕火种农业。这种刀耕火种农业的增加不符合 P. 高罗(1966年)和 E. 博塞勒普(1965年)有关技术转变顺序的专门论断。但是,种植玉米每日前后往返需要许多时间,这也是确实的。这种往返增加投入的劳动,所以,与犁耕农业相比,用刀耕火种这

---

[1] 参见奥斯卡·刘易斯:《一个墨西哥村庄的生活》,伊利诺伊大学出版社,1951年英文版,第26—30页。

[2] 参见奥斯卡·刘易斯的《一个墨西哥村庄的生活》,1951年英文版,第148页。

种方法为单位产量付出的劳动要大得多,从而就这方面而言,这种转变是符合人口推力假说的。特波兹拉村的情况是几种技术的知识已经具备,而且农民们都在给定可用土地和反映他们所有子女人数的无差异曲线下,总是选用能使他们从生产和闲暇中得到最大效用的耕作技术。所有这些都是符合人口推力假说的。

总评价是:大多数刀耕火种的农业状况符合人口推力的机制,其中有些则符合发明拉力机制。

波利尼西亚(Polynesian)的短期休耕农业

芋头是迪科比亚(Tikopia)岛上孤独的波利尼西亚人的主要作物,1928—1929年和1952年,R.W.菲思(Firth)对此岛先后进行过两次调查研究。根据1952年资料,迪科比亚人曾经因人口增长而担心人口对食物资源的压力。"通过采用一种浇灌和保护技术,人们的芋头食物资源有可能增加,……这需要有……由一个外部机构给予专门指导。"①

R.W.菲思含蓄地指出,迪科比亚人实际上不知道有一种技术选择,甚至不知道通过增加劳动,就能大大提高他们的食物供给。相反,他们是用节制生育和用独木舟把移民送到海中杀死的办法来调节人口与粮食资源的关系。

这个岛屿的自然孤立状态,显然是他们在技术改进和向外移民这两方面都缺少选择的主要因素。

总评价是:人口增长的问题不可能靠改用一项已知的发明以更多的劳动换取产量增加的办法来解决,从这个意义来说,迪科

---

① R.W.菲思:《原始的波利尼西亚经济》,1939年初版,1965年再版,第50页。

比亚人的状况不符合人口推力假说,而是更适合于马尔萨斯主义者的发明拉力假说。

欧洲休耕期的转变和作物轮作制

公元500年到1850年欧洲农业史的辉煌时期是这样的:人口达到它的最低点1,930万,接近这个时期开始时的人口[①]。从那时起,人口增长长期连续不断,虽然围绕这个趋势还是大有起伏的。因此,在很大程度上,我们可以把中世纪改变农业耕作方法同人口增长联系起来。

一种关键性的改进是从两茬到三茬的轮作方法。前者是"土地隔年耕种或休耕一次"。后者是"……第一年冬天播下谷物(小麦或黑麦),第二年春天播种其他谷物(大麦或燕麦),第三年土地休耕"。[②] 三茬轮作耕作法增加每单位面积土地的产量,因为每年有更多的土地投入生产。

B.H.斯利切·旺巴思认为,"由两茬改为三茬耕作几乎都是在增加人口的时候出现的,例如在13世纪的英格兰……"同时还有些适合农民需要的地方,"同时实行两种轮作制,或者根据作物品种交替种植:小麦适合三茬轮作,而黑麦却适合两茬轮作"。[③]

---

① 参见 C. 克拉克1967年发表的《人口增长和土地利用》,第64页。
② B.H. 斯利切·旺巴思:《西欧农业史》,1963年英文版,第59页。
③ 同上书,第60页。例如,根据欧洲1550年的格局设想,农业技术的改进是人口密度和谷物价格的一系列变化的结果。为技术改进所必需的知识是很早以前就已存在的,其中许多都是在人口密度已经较大的罗马时期就有了;那时这些方法都不是新发明。农产品的高价使得多给土地施肥更加合算……在16世纪的英格兰和法国的一些地区,从罗马时期和13世纪以来第一次把泥灰和石灰施到地里。(见《西欧农业史》,第205页)

E. 博塞勒普则由此概括出如下论点,"实际上所有这些在这个阶段引进的方法都是从前已知的",并且一直等到人口密度相当大的时候才采用了。①

A.V. 查耶诺夫通过深刻的分析和详尽的事实探索了人口和消费者的需求对20世纪初俄国家庭农场主行为的巨大推动。② A.V. 查耶诺夫调查了每个农场的全体工人"每年的劳动支出",发现在一定的"生产条件"下,其主要决定因素是"家庭消费者的需求对工人的压力"。③ 也就是这个家庭的消费人口数量④。"这种劳动强度增大的压力,即以降低单位劳动支付为代价,换取每年增加农业收入,不是通过集约耕作方法,就是通过增大劳动强度来种植庄稼和干其他农活而实现的。"⑤ 怎么强调也不过分的是,A.V. 查耶诺夫的结论所依据的不是偶然的观察,而是根据对俄国农业的详细调查,是在20世纪初由熟练的专业统计人员所做的调查,大概是关于这类问题最有用的数据来源。于是,虽然

---

① 参见 E. 博塞勒普1965年发表的《农业增长的条件》一书第38页。
② A.V. 查耶诺夫所研究的一些地区的这些农场平均有20%—50%的收入是货币,其余收获物用来维持该地区人口的生活。这可能使他们能维持像今天亚洲绝大多数农民的"生活"。(参见 A.V. 查耶诺夫1966年发表的《农民经济理论》,第121页)
③ 查耶诺夫:《农民经济理论》,第76页和第113页。
④ 人口压力显然也较少起直接影响作用。"在欧洲大部分地区……采用新技术遇到制度上的障碍很大,只有人口压力排除这种障碍。"(引自 J. 哈巴卡克的《18世纪后期和19世纪欧洲经济发展和人口问题》一文,载《美国经济评论》,1963年第53期,第612页。
⑤ 查耶诺夫:《农民经济理论》,第76页和第113页。

A. V. 查耶诺夫的材料，除少数明显的例外，涉及的是一个单独时期，但有理由假定，这些调查材料的横截面差异扼要地说明了俄国农业人口密度的增大是随着时间而变化的。①

旺·塔内恩非常细致地叙述了比利时人和麦克勒伯吉（Meeklenburg）的耕作制度，并且清楚地说明所用技术的差别同人口密度的关系。在此略去其中的细节不说，因为这一部分历史属于市场经济者多，而属于维持生存的农业者少。

但是，由人口推动的作物轮作和有关耕作方法的变化，并没有构成自中世纪以来欧洲农业的全部进程。根据一些历史学家的看法，重型犁和马拉犁代替牛拉犁的发展同农业革命中的三茬轮作具有同等的重要性。重型犁需要铁铸犁铧，马拉犁则需要制造马掌的铁和新护胸挽具，而这些都是那个时候才全部出现的。但重型犁和马拉犁普遍使用不得不等到中世纪初期欧洲已经增加了铁的供应的时候。当铁器使用已普遍时，这些创新（和新的挽具与三茬轮作制一起）才使得欧洲的农民能够有利地耕种比从前更多的北部肥沃土地。

据 L. 怀特（White）说②，发明应用铁的知识的重型犁、新挽具的采用以及马拉犁等在中世纪之前是没有的。这种看法

---

① 以上引用的关于欧洲因人口推动而采用发明创造的资料是同第十一章中非货币性投资一节所讨论的证据，即在人口推动下增加土地开垦、排水和灌溉投资的资料有密切联系。

② L. 怀特：《中世纪的技术和社会变化》，1962年英文版，第十二章。

第八章 农业技术的变化:与经济-人口史相符的人口……

与 E. 博斯勒普的《农业增长的条件》中的论断完全是对立的。L. 怀特还认为,三茬轮作制也是中世纪时发明的。他引证的事实是:"查利麦吉(Charlemage)自己把……这种新方式……看作如此新颖而且又如此重要的事物,以致迫使他感到要用它来给月份重新命名。"[1] L. 怀特的论点恰恰说明了是新的发明导致了人口数量的增加,特别是德国和斯堪的纳维亚国家是如此[2];L. 怀特的论点并没有说明人口推动采用从前早已知道的技术。

新型的作物品种轮作制仍然是外生的技术进步,而这些进步则无需等到欧洲人口更多增长才被采用。"逐渐改变欧洲中世纪农业的最早的一种技术改进是新作物良种的引进,其中有些改进是另一些改进的前提条件。"[3] 马铃薯的影响最大[4]。

> 在一块小得可怜的土地上,人们种马铃薯比种小麦或其他谷物可能多收两倍至四倍的粮食,这的确足以养活一个比一般家庭更多的人口……马铃薯是在 1600 年左右(引进爱尔兰),到 17 世纪结束之前,农民已普遍种植这种作物。到 18

---

[1] L. 怀特:《中世纪的技术和社会变化》,1962 年英文版,第 69 页和第 54 页。
[2] 同上。
[3] F. 道威英(Dovring):《欧洲农业的转变》,载《剑桥欧洲经济史》第 6 卷,第 631 页。
[4] 从以下的部分是根据 L. 怀特的著作《中世纪的技术和社会变化》写成的。我感谢莱丽·尼尔(Larry Neal)提醒我注意这一点。

世纪末,一般人很少吃别的东西,看起来,一个国家无法形容的贫困已经妨碍了任何可能的人口增长。不过,人口的确从1754年的3,200,000人增加到1846年的8,175,000人,还不包括1845年至1847年严重缺少马铃薯而发生的大饥荒之前迁居外国的大约1,750,000人。

当代普通人如同现代学者们一样非常清楚,这个爱尔兰人口之所以能够存在仅仅是因为有马铃薯的缘故。爱尔兰农民不管多么贫困,还是以体格健壮而著称。显然他们对于食用马铃薯是心安理得的。年轻人租到一英亩土地和更小的土地种马铃薯。他们靠马铃薯为生,都能早结婚并且生儿育女。[①]

虽然W.L.兰格强调了种马铃薯对提高生育率的作用,[②] 而其他专家,如托马斯·麦克奥温(Thomas Mckeown)和R.G.布

[①] W.L.兰格(W.L.Langer):《欧洲最初的人口膨胀》,载《美国历史评论》第69期(1968年),第11、15页。

[②] 英国因人口增加而采取种植芜菁,并由此形成新的麦地。"在种植芜菁过程中,东岸的诺福克(Norfolk)郡的大沙漠已变英国最好的麦地,而且把这种改革的先驱者说成是已经实际上给他们的国家增添了一个省份。这种新方法在18世纪初传播甚慢,但到该世纪后期发展很快。当时有些农民有保守思想,顽固地反对这一明显的历史事实令人难忘。迅速增长的人口提供了必要的刺激。北方的农民发现了新的有利可图的市场一跃而起,南方的伦敦则不断扩大城市规模以及财富不断增长。这两处都因运河而使农产品的运输更加方便。"[引自W.P.伯尔(W.P.Buer)1926年发表的《工业革命早期的卫生、财富和人口》,第70页]

第八章 农业技术的变化：与经济-人口史相符合的人口…… **263**

朗（Brown）则强调马铃薯对降低死亡率的作用，特别是降低由于营养不良造成的婴儿死亡率的作用。争论的双方无论谁是谁非，这一点总是无可争议的：即马铃薯的引进及其传遍整个爱尔兰，已使人口增长比没有马铃薯时要快得多。①

总评价是：欧洲中世纪，有明显说明发明拉力机制的一些发

---

① K.H.科内尔（K.H.Connel）有关爱尔兰马铃薯历史的分析虽然绝大部分是定性分析，但还是足以证明：马铃薯对一定的土地投入，可以增加产量而无需更多劳动力，并因此具有一种纯粹的马尔萨斯主义者的发明拉力作用。"……爱尔兰的马铃薯史证明：在大饥荒（Famine）前的六七十年，允许和鼓励人口迅速增长是极其有意义的。之所以容许人口增长，是因为在18世纪早期的爱尔兰，人口一直是对资源的压力。人口的任何实际膨胀都意味着生存手段的一次平行膨胀，而且增加的人口大多是靠大量马铃薯维持生活……

"不难看出马铃薯是怎样为人口增长排除障碍的。在人们主要靠谷物生活时，马铃薯作为代用品，可以使他们的土地至少足够养活双倍于以前的人数。如同爱尔兰人在他们普遍依靠马铃薯之前的情况，当畜产品已经成为大量的主要口粮时，人口密度至少有可能增加到原来的四倍。与此同时，对一个以畜牧或谷物生产为基础的社会，几乎一切土地都具经济的重要性，因为已经能够生产丰富的马铃薯，并因此能够成为容许人口增长的一种措施……

"并不仅仅是通过马铃薯取代传统作物才觉得它对摆脱人口增长限制的影响，还有证据表明：在大饥荒前的五十多年中，马铃薯本身也经历过一次取代过程。由于有新的和更加高产的品种引进和传播，传统的品种就逐渐衰退，这就使得种植这些作物的地区人口密度进一步上升……

"马铃薯不但为人口增长提供了先决条件，还提供一种机制，它不仅许可而且鼓励增长。由于马铃薯取代传统食物，一个家庭便能在减少了的租地上维持生活。每份土地租约都将有一块储备土地，这块土地既非农民生活所必需，也不是地主照例收租所需要的部分。但是，地主总是通过加租，使得这块储备土地完全变成租地的部分……"（摘自K.H.科内尔1950年发表的《爱尔兰人口》一书，第159—160页）

明和事例，而其他一些发明和事例是明显说明人口推力假说的。不过，这些发明的重要性及其发明日期引起了学术界的争论。所以，难以做出总的全面评价——也许因为掌握这种情况比了解这里讨论的其他情况更多些。

中国的传统农业①

从1368年到1957年几乎600年里，中国人口从6,500万—8,000万增加到64,700万。但在此长时间里，中国的人均消费水平并没有下降，也许还上升了。而在采用机械技术方面基本没有发生变化②。有些新作物品种传入中国，但没有发生革命性作用。

---

① 这一节是引用了 D. 珀金斯1969年发表的《中国的农业发展，1368—1968年》一书，特别是其中的第一、第九章的材料。我感谢皮特·施兰（Peter Schran）为这个题目提供文献。

② 在此六个世纪当中，"中国的'最好'技术极少有所改进，同时这种'最好'技术从'先进'到'落后'地区明显传播开来的不多。14世纪之后，出现过一些重要的发明，这些都同从美国引进良种和新作物品种有关。在这整个六个世纪和前几个世纪中，许多改良过的种子已在中国发现，并从海外引进中国。这些种子对提高产量，减少收成的起伏不稳定状况，并有助于成倍地增加收获量。但是，并没有普遍从'先进'到'落后'地区推广良种。即使有的话，也只是相反的趋势，即推广良种受到抵制"。（摘自 D. 珀金斯的《中国农业的发展》一书，第168页）

霍平迪（Ho，Ping-Ti）的论点则有所不同，"……部分事实表明，中国农业许多世纪以来没有技术革命，其事实证明，许多世纪以来，中国农民在一定范围所使用的农具都是一样的。不过，这种概括的方法还待鉴定。因为明朝的农具就有过重大改进，特别是各种抽水泵的改进"。（摘自霍平迪1959年在哈佛大学出版社发表的《中国人口研究》一书，第169页）

第八章 农业技术的变化：与经济-人口史相符合的人口……

开发新土地为了人口增长提供了条件①。水利灌溉系统和种植双季作物的发展对人口增长所起作用较小，而这两种方法都是在1368年之前就为人所共知的。这些事实比较更符合人口推力机制，而不那么符合发明拉力机制。

中国历史上一个令人迷惑不解之处，就是如果在更大人口压力下中国农民显然能够增加生产的话，那为什么他们不更快地提高产量呢？一种可能的回答是生产和人口平行发展的趋势正是一种巧合。但是，看来这种巧合似乎不大可能，因为提高生产的方法是早已知道的。正如D.珀金斯指出的，单凭劳动力的增加

---

① 但是，耕地面积的这种扩大和作为技术改革的新作物品种的引进，是相互联系的。"在没有重要的技术革新条件下，作物的品种对于推动农业从平原、盆地和溪谷向更干旱的丘陵和山区的进一步发展有更加重大的作用，并且成为国家粮食生产有巨大增长的原因。"（摘自霍乌迪的《中国人口研究》，第169页）

"早熟水稻有助于开发水源良好的丘陵山区。美国的粮食作物已能使中国，这个历史上有平原和河谷的国家，实现利用干旱的丘陵、山区和含砂土壤地区种植水稻和其他粮食作物。有证据表明，在1700年前后，中国的长江流域和华北的干旱丘陵及山区仍有大片未开垦的处女地，后来逐渐变成玉米和甘薯产区。其实，在前二百年间，水稻种植已逐渐达到极限，并且在收益递减法则的支配的时候，各种从美洲引进的旱粮作物对于增加国家的粮食供应贡献最大，并使得人口不断增长成为可能。"（摘引出处同上，第184页）

人口压力对于这种转变显然是必要的。例如，湖北省除了北部两个县之外都不是广泛种麦区，但是，1727年严重水灾之后，湖北低洼地区的农民在省政府的劝导下开始种麦。（摘引出处同上，第180页）

不过，宋朝的劝告抵不过气候和地理环境的因素，并且在南方扬子江地区仍有比较充足的土地的时候，也不可能迫使大多数种植水稻的农民采用劳动强度大得多的双季稻种植制度（同上，第178页）。

也不可能合理地解释这种关系①,因为这样的解释需要在其余情况不变的条件下,农业中没有收益递减的情况,然而,农业很明显是有收益递减的。

为什么每个人的消费量没有更快地提高呢？我认为最可能的解释是中国农民不愿意为了获得更多的产量而付出更多的劳动②。这种选择也许（或许不）是严重地受到缺少消费商品刺激农民需求的关系。不过,无论如何,这种结果是适合于人口推力假说的。

从统计上看,"人口压力"使得每个中国农民的行为发生变化的范围也许比实际范围更大。因为出力大的肯定都是刚刚开始建立的年轻家庭。如果中国人的生活像18世纪和19世纪早期爱尔兰人的生活那样③,则开垦荒地并在那里定居下来的,都是那些刚刚结婚的青年男女。一个贤明的父亲,特别是儿女长大了的父亲,他需要的产量增长远远少于按其核心家庭人数的比例数④。

总评价是：中国历史上最近六个世纪的事实表明,获得新

---

① 参见 D. 珀金斯：《中国农业的发展》,1969年英文版,第79—84页。

② 作者不了解中国农业生产发展缓慢的根本原因是中国农民受封建主义压迫和剥削的政治经济地位。——译者注

③ K.H. 科内尔：《爱尔兰的土地和人口,1780—1845年》,1965年英文版,第428—429页。

④ 中国农业史在共产主义政权取得完全控制之后有所不同。当然,粮食生产大大增加了。除了"大跃进"的灾难期间之外,一直达到了自给的程度,取得连续十年的"好收成",农业产量的增加是在没有重大技术改革（虽然施肥有可观的增加）的情况下完成的,同时肯定不是由于新发现,而是由于一种社会重新组织,这导致农业工作者增加工作量。这种情况当然与人口推力假说是一致的。

知识（特别是种子）是重要的，但人口压力对于采用发明也是必要的[①]。

六 结论

两种相互矛盾的假说（发明拉力假说和人口推力假说）已经用于说明接近维持生存的农业局面下的人口经济增长的原因。发明拉力假说认为，新方法的传播立即开始于出现发明之后，而且这种传播使得即将出现更多的人口增长成为可能。人口推力假说认为，每个时期都有许多未采用过的农业知识是有用的，但是每一种更先进的生产方法都需要每个劳动者付出更多劳动。所以，按照人口推力假说，增加人口对于迫使采用更先进的生产方法是必要的。人口推力假说对人口增长的看法比马尔萨斯主义者发明拉力假说清楚得多。

本章首先有分析地证明，发明拉力假说仅仅指的是那些比常用方法更节省劳动的发明。人口推力假说所指的仅仅是增加产量，但比新发明出现时所用方法需要更多劳动力的那些发明。一经明确这种区别，则应把这两种假说看作是相互补充的而不是相互排斥的。

本章第二部分是评论经济人口变化的一些历史的和人类学

[①] 《中国的传统农业》一节以及本书其他论及中国历史和现状的分析与史料，说明作者对中国情况的了解是不全面的，有些观点是不确切的，有的甚至是不正确的。请读者阅读和使用本书时注意分析与鉴别。——译者注

的例子,因为它们都同这两种假说有关。找到几个适合用发明拉力假说说明的例子,其他几个用人口推力假说来说明。这就是说,有几项重要发明(如马铃薯)已经直接节省劳动,因而在发明之后立即加以采用。其他例子(如刀耕火种农业)大多能增加产量,但与发明时所用方法相比需要更多劳动力,而且它们的采用要等到人口进一步增长,而人口增长则要求增加产量。这种评论证实:发明拉力和人口推力假说对于解释经济人口史具有重要的作用。不过,这两种假说本身既不能解释原有发明,它们本身也不能说明现代商业化农业的发展。

从人类未来的观点来看,设置本章的动机看来是极其肯定的。已有很多基本知识可供发展中国家在它们需要并愿意的时候直接采用,即受人口增长或其他力量的影响愿意变革,因而欢迎新技术时就可以采取合理的行动,或者这些技术知识适合它们本国所用[1]。当然,即使并不缺少基本知识,也会在制度和交通上遇到阻碍。但是,如果有足够地把人民发动起来,则制度是能够而且的确会变化的。可以放心,这种形势至少是受人类控制的。

---

[1] 印度种植黄豆的农业就是一个例子。同样的种子和品种在美国伊利诺伊州能适应,而在印度则不能顺利生长。但研究黄豆的科学家们知道怎样成功地传播这些种子,并进行哪些改革。

第九章 发展中国家农业行为变化、劳动量大小和人口增长的关系

一、引言

第八章讨论的是发展中国家人口增长成为改变农业生产行为的一种必要条件,而不是讨论与人口增长无关的新技术的采用。本章必须探讨的是人口增长成为技术转变的一种充分条件,与此相关联的是劳动投入量的增加。就是说,我们将考察增加孩子对农民父母生产劳动量和他们所用技术的影响。结论是影响很大:从事农业的家庭的确为了满足增加孩子的需求而改变耕作方法,更加努力劳动并生产更多产品。

农业技术转变包括行为的变化而不包括劳动和资本在数量分配上的变化。因此,农民必须用新方法更加努力劳动,至少有时要加倍工作。这样,必须对人口增长行将引起经济行为发生变化的可能性进行一番调查研究,而这种经济行为将在长期或短期内导致农业生产的增长或下降。这就是说,我们想要知道的是增加孩子是否可能引起农民更努力劳动,创造更多农业资本和改变

他们的耕作方法。正规的说法就是,我们想要知道:(1)在农忙季节,已增加的孩子将怎样影响闲暇和产量之间无差异曲线的形状;(2)在因消费人数增加导致每个消费者收入下降时,支配投资增加的相关系数的大小如何。前者将在本章讨论,而后者将留到第十章再进行讨论。

这些参数的定量估计值作为任何一个模型中的投入量是必不可少的,而这些模型是用来对人口-工业化的关系进行定量甚至是定性分析的。但是,这些行为变化的参数在各种不同的情况中肯定是很不相同的。例如,日本和印度农民可能根据预期收入的短期下降做出非常不同的反应。本章对任何特殊情况下进行定量分析,确立一个一般的而又基本上非定量的范围。因此本章的附录将以印度农村作为一案例加以研究,然后可以照此对其他可能发生变化的情况进行研究。

本章所论及的人口史上的案例与前几章是很不相同的。第八章考察的是生产实践的确发生变化的情况,并且弄清引起这些变化的原因究竟是人口增长还是与人口无关的发明。也就是第八章的观点是说事后的生产实践变化。与此相反,本章要讨论的是如果发生人口增长,生产实践是否会变化。也就是,本章和(下一章)的观点是说事前的人口增长。

换句话来说明这个问题,就是:前一章仅仅考察经济变化已经发生的那些情况,又把这些情况分为两种类型:(1)人口增长可能作为原因的那些情况;(2)新发明可能作为原因的那些情况。而现在我们是要考察人口增长可能产生的所有结果,而这又包括:(1)生产实践的变化,(2)与生产实践的变化不一致的许多其他可能的反应,例如死亡率的上升。

时间的长短是必须经常记住的。增加一个孩子在短期内与长期内的影响可能完全相反。如果仅仅采用算术计算,每新增一个婴儿都直接降低该家庭每人的平均收入。这个新增婴儿可能,或许不可能使其父亲更加努力干农活,以便使其家庭的生活水平不至于下降过多,但是其生母至少几乎一定要减少在地里的劳动。因此,这个新增婴儿的短期影响大多是否定的。不过,该婴儿父亲每年改良的土壤或许要比没有这个孩子的时候稍稍多些,因而留给后代的土地要比没有这个孩子更富饶些。土地生产率的这种增长可能或不可能足以补偿分享这个农民家庭收成的子女人数的增加。于是,如同人们看到更长远的未来那样,今天新增孩子的经济影响甚至更加不确定。所以,再重复一次,新增孩子长期和短期的影响可以是完全对立的。要了解新增孩子的短期和长期纯影响,就需要用第十三章中的模型加以分析。

本章的讨论限于农业部门,因为农民们较之城市工人有更多改变生产技术的自由。何况发展中国家的农民占总人口的大多数,从数量来说是非常重要的。

本章首先用较长的篇幅来列举和讨论生育率上升可能产生的各种反应,详细地探讨既为当时的收入又为农业投资而更加努力工作的这种反应,因为这是必须直接估计到的反应。有些数量估算值是给定的。本章的最后一部分指出对个人和群体所作的不同反应可能产生的各种影响。

二、对新增人口的可能反应

现在,我们必须观察出生率[①]上升的某些可能结果。分别从单个和复合两级进行探讨。从单个一级来分析,增加一个孩子的后果,而这个孩子本来是不会出生的,或许不是父母想要孩子而怀孕的。从复合的较高一级来分析,是对一个村庄或整个农业部门,而不是对一个既定的家庭,比其他地方有更高出生率所产生的影响,这也是接着要加以讨论的。做这种区分仅仅是为了分析的目的。

由于发展中国家农业人口增加可能产生的种种反应是要逐一加以讨论的,所以,应该记住,一个社会(也许单个家庭也是如此)最可能的反应是由几种可能性而不是由一种可能性构成的。

简言之,这里的目的是要弄清人口增加引起生产实践变化的可能性。

生产技术的变化和耕种劳动的增加

引言

由于有"新增"孩子的出生和他的消费需求,农民就要更加艰辛地劳动。[②] 更多的劳动可以投入种植业,包括诸如更多地

---

① B.H. 斯利切·旺巴思在1963年发表的《西欧农业史》一书也是沿着同样的路线进行探讨的。

② 一些人认为,在极端贫穷的条件下,对于失业或无业的人们来说,闲暇没有多少价值。但是,科林·克拉克和 M. 哈斯威尔在1967年发表的《仅能维持人们生存农业的经济学》和 C. 克拉克1969年在一篇文章中指出,即使在这种条件下,必须让一个人得到至少两倍于生活费用的工资,才能使他放弃闲暇而去工作。

施肥、灌溉、更加精耕细作和收割,更多地进行农业投资,特别是开垦更多的土地,等等。中国人修筑梯田就是一个生动的例子。或者,农民可以选择一种新的投资和更加现代化耕作法相结合的办法,例如改进其耕作技术,以致需要为开发土地和季节性劳动本身而增加劳动的投入量。一个突出的例子是改造灌溉系统。修筑灌溉系统,即使是从中心灌溉系统修水渠把水引到自己的地里,所需要的劳动量很大。因此,虽然全年的总产量是增加了,但是为了浇灌庄稼使得每单位产量要用的劳动更多。

这样的技术转变就构成了早先所说的"人口推力"假说所产生的过程。对于这种情况,马尔萨斯在谈到它的作用时确信:"我看不到还有什么超出人口增长之外的动力,强大到足以克服公认的人的惰性并推动人们去耕种土地。"① E.博斯勒普1965年发表的《农业增长的条件》一书为人口压力促使转向劳动强度大的耕作方法,提供了大量证据。第八章已提出了历史上的和现代的数量证据,所以本章无需提出更多的例子来说明这种在许多地方的确存在的现象。很清楚,为了适应已经察觉到的需求的增加,人们的确有时增加花费在种庄稼上的时间。人们真正需要知道的是这种反应究竟现在或者在某种特殊情况下都有多么大。也就是说,数量估计值是需要的。但是,根据现有资料,无论是按照劳动力或者按照产量来估计这种增加劳动的反应都是最困难的事

---

① 马尔萨斯:《人口原理》,1803年英文版,第491页。

情。这当然是发展中国家工业化①的任何合理模型中最"软弱无力"的也许是最成问题的因素之一。

更多劳动的机会

在涉及子女人数同父母付出劳动量的实际关系之前,我们应该明白,甚至像墨西哥那样拥挤的土地上,仍然有给人们增加

表9-1 中国台湾地区农业的主要投入要素指数(1911—1970年)
(1911—1915年的指数为100)

	农业劳动者	劳动投入量	耕地面积	产量指数
1911—1915	100.0	100.0	100.0	100.0
1916—1920	97.3	111.6	105.6	115.2
1921—1925	97.5	118.1	109.6	134.1
1926—1930	102.8	125.8	115.9	165.6
1931—1935	111.3	138.9	118.5	202.6
1936—1940	119.0	144.6	123.7	229.4
1946—1950	126.9	141.4	123.2	178.7
1951—1955	135.0	178.7	126.2	289.9
1956—1960	140.0	198.4	126.5	337.1
1961—1965	144.8	200.0	128.3	431.1
1966—1970	149.0	—	130.6	546.7

---

① 有趣的是,尽管有关总产量对农产品价格变化的反应资料是同样的缺少,但这个课题已经受到相当重视。1967年获得总统兰绶带的顾问小组推断说:"现在,关于价格刺激有助于增加农产品总产量的所有论断都是缺少以充分经验材料为根据的。"(《美国》,1967年第2卷,第529页)人们无法根据这些就价格变化论述某些产量变化的研究报告,从而得到总的反应材料。

资料来源：E. 缪勒（Mueller）的《农业变化对第三世界人口发展的影响》，载于1973年出版的《论第三世界的人口与发展》第一卷。此资料最初出自 T.H. 李和 T.H. 沙的《中国台湾地区农业发展与人口》，见于马尼拉1972年2月关于农业创新对人口趋势的影响的讨论会论文集，第22—24页。

生产劳动的机会（见本书第214—215页）。而且表9-1表明，中国台湾地区每个劳动者从1911—1915年至1961—1965年投入的劳动量明显增加（第2栏总工日数的增加速度大于第1栏工人人数的增加）。虽然第3栏耕地面积增加不到30%，但增加的劳动，连同资本的增加以及化肥这类的投入，则导致第4栏总产量增长3.31%。

C. 克拉克在1969年发表的《农民农业对土地的需求》一书指出，非洲仅仅是因为"需要除草剂就限制了可耕土地的数量"。至于中国，19世纪和20世纪初，几乎每一个外国观察家都推断，中国的人口是如此稠密以至于没有增加农业人口的机会。但1949年以后，在劝说人民更多地工作的共产党政府领导下，"人口平均每年增长大约2%，而且粮食每年增长近4%"。[①] 出现这种产量的增加并没有重大的技术变化。很明显，这是靠更大的干劲获得更多产量，这种机会甚至在人口最稠密的那些国家里也是存在的。

劳动对环境变化的反应

一般来说，人们改变其劳动数量，是他们对其需求、机会和经

[①] 《大公报》（香港），1973年4月19日，第10页。

济环境的变化所做出的反应。第三章已就发达国家家庭规模对劳动时间的一般影响提出论证。这里提出一些证据说明发展中国家劳动数量与经济环境之间的关系（有关家庭规模与所做工作的关系将由下文做详细说明）。

1. 在中国台湾地区，无论男女，人们的意愿同劳动力参加率是相关联的。"需要现代化商品和劳务的夫妇总是勤劳的。这项资料表明，如果夫妇的需求水平较高，则工资和薪金赚得者的妻子（即现代的和迅速成长起来的那部分劳动力）都更可能正在参加劳动。该资料还说明，有志气的夫妇都很想做些额外工作以便增加收入。"[1]

2. 用第三章中说明工业劳动周工时数据相类似的方式，表9-2和图9-1说明自1850年以来，美国人均收入的提高是同农业工作周工时数下降紧密关系的。

3. 纵观发展中国家和发达国家的例子，工业中收入水平的高低是同每周的工作时数密切相关的。

4. 每个中国农民平均一年的工作天数从1950年的119天上升到1959年的189天。[2]同时，按人口平均的产量也增加了，大约从1952年的每人217公斤增加到1965年的273公斤。[3]到1971年，中国连续获得"第十个丰收年"时有更大的增产。[4]

---

[1] D. 弗里德曼：《作为中国台湾地区经济发展刺激的消费期望》，1972年英文版，第25—26页。

[2] P. 施兰：《1950—1959年，中国农业的发展》，1969年英文版。

[3] S. 斯瓦米（Swami）和 S.J. 柏基（Burki）：《1958—1960年中华人民共和国的粮食产量》，1970年英文版，第62页。

[4] 摘自中国的《光明日报》，1972年6月30日第2版。

第九章 发展中国家农业行为变化、劳动量大小和人口……

表9-2 1850—1960年美国农业平均工作周的长度

年份	工时数	年份	工时数	年份	工时数	年份	工时数
1850	72.0	1930	55.0	1947	48.8	1955	46.5
1860	71.0	1940	54.6	1948	48.5	1956	44.9
1870	70.0	1941	53.2	1949	48.1	1957	44.2
1880	69.0	1942	55.3	1950	47.2	1958	43.7
1890	68.0	1943	58.5	1951	47.9	1959	43.8
1900	67.0	1944	54.4	1952	47.4	1960	44.0
1910	65.0	1945	50.6	1953	47.9		
1920	60.0	1946	50.0	1954	47.0		

资料来源：S. 迪格雷齐（S. De Grazia）的《工作与闲暇时间》，1962年纽约版表1。

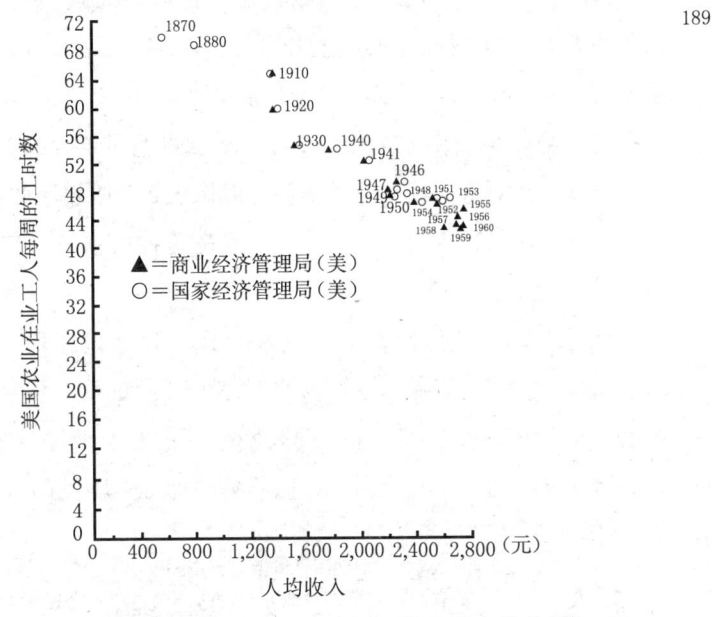

图9-1 美国农业部门人均收入与工作周长度的关系

有关家庭规模同农业劳动相关的资料

现在我们着手分析有关反映家庭规模与农业劳动直接相关的资料。这种两者相互关系的资料大部分是根据 A. V. 查耶诺夫1966年提供及其分析过的有关俄国从革命前一直回溯到19世纪的农业调查材料。虽然这些材料似乎太陈旧了，但没有理由说它们都是过时的或不可靠的数据。他当时所用的调查方法都是先进的方法，而且看来并无明显破绽使这些数据失效。

A. V. 查耶诺夫先把一个县的25个农户每个工人每年劳动的天数分类排列，得知该县每个农业工人每年劳动的天数从78天[①]到216天不等。然后，他用表9-3来说明消费者与劳动者的比率同每个工人劳动的天数有很密切的联系。这4组数值表明劳动供应数甚至比被抚养人数上升得更快。当然，表9-3的计算方法不如计算离家的户外劳动的总时数，因为户外劳动不仅能说明被抚养人数对妇女劳动的影响，而且能说明不同年龄的男女劳动者的劳动强度。但是，这种关系仍可能像表9-3所表明的一样。

不过，我们必须进一步考察，弄清楚这种关系是否应以其表面价值来论证。一种可能性是，如果一对夫妇自己占有相当多的土地，那么，(1)他们将有较多的孩子，(2)他们花费在工作上的总天数较多。这种可能性似乎被表9-4所证实，因为该表是按占有土地的多少再分类的，并表明除了占有土地超过3.0俄亩（desyatinas）的家庭[②]之外，对抚养人数来说，产量的弹性低于

---

① 应为98.8天，见表9-3。此处疑为作者笔误——译者注。

② 表9-1和9-2的资料摘自不同的地方，因此，不要指望适合运算以及进行比较的要求。

表9-3。但是，A.V.查耶诺夫认为，这种限制不是很有意义的，因为由于消费者与劳动者之比率上升了，家庭通过租种更多的土地以扩大它所耕种的面积。A.V.查耶诺夫还提出有关一个农户三十年来播种面积有了很大变化的论述，并认为可以由此得到证实，"家庭规模和农业活动规模之间的联系，应该被理解为可用的土地面积取决于家庭规模的大小而不是相反"。[1] 在那些家庭不能这样容易得到更多土地的国家，"农用土地面积失去了作为衡量经济活动量的可能性"。[2] 但在那种情况下，家庭总能发现其他生产资料（如肥料等），从而增加劳动投入量，以便生产更多的产量。承认由A.V.查耶诺夫所说明的孩子的人数与劳动量之间的关系是合理的。

表9-3 俄国革命前被抚养人数对农业劳动年度长短的影响

每个劳动者负担的消费者人数	每个劳动者的产值（卢布）	每个劳动者一年的劳动天数
1.01—1.20	131.9	98.8
1.21—1.40	151.5	102.3
1.41—1.60	218.8	157.2
1.61—∞	283.4	161.3

资料来源：A.V.查耶诺夫的《农民经济理论》，1966年版，第78页。

---

[1] A.V.查耶诺夫：《农民经济理论》，1966年版，第68页。
[2] 同上书，第69页。

表9-4对于分析其他问题是重要的一步,因为A.V.查耶诺夫调查来的那些数据给出的是每个劳动者的产值而不是每个劳动者的劳动天数。人们或许不把消费者/劳动者的比率同劳动者产值之间的肯定关系简单地解释为只是从前者到后者的直接因果关系,因为如同本书第二篇详细讨论过的那样,[①]还有同时发生的收入对家庭规模的影响。所以,有关参加劳动的天数同生育率之间关系的资料是特别有价值的,因为,与收入同生育率的关系相比,它们不会受到一个人的天赋才能和占有土地的影响。如果,我们假设劳动天数与土地之间没有关系,就可以用劳动天数同被抚养者的比率这个数据,以便调整劳动者产值同被抚养者的比率,由此产生劳动天数同被抚养者比率之间关系的额外估计值。由于消费者/劳动者(C/W)的比率较高的地方,每个工人平均产值增长速度大约是劳动天数增加速度的两倍。因此,我们可以试用这个系数来调整其他的产值同被抚养者的比率。表9-5说明其他4个县[②]的产值和估计的劳动天数。我用最大和最小的比率数的那两组的数据(并以1.8为未定时限的消费者/劳动者的

[①] A.V.查耶诺夫探究过收入对生育率的影响。由于缺少较好的材料,他发现,在大农户中有6个或不到6个未成年子女(显然都不是生产者)的家庭规模占其总农户的比例并不比小农户更大。不过,这个试验有许多缺陷而且远不是结论性的。于是,像W.斯特斯(W.Stys)对波兰农户所做的这类研究都认为,土地数量与生育率之间至少有某些直接因果关系。A.V.查耶诺夫承认在(1)农民家庭的劳动紧紧够维持生计时,(2)农民家庭更难得到任何追加土地的那些地方,这种关系就更加明显。(参见A.V.查耶诺夫的《农民经济理论》,第64—65页)

[②] A.V.查耶诺夫1966年发表的《农民经济理论》一书第77页脚注根据一份研究德国汉堡的资料指出,与俄国相比,德国在消费者/劳动者(C/W)比率上升时,每个劳动者产值的增加远不如俄国。但德国的资料可能刚好是指城市工人,对此,查耶诺夫未加说明。

表9-4 俄国劳动者的产值同消费者／劳动者（C/W）的比率和占有工地数量的关系

每个劳动者的耕地（俄亩）	劳动者的产值（卢布） 消费者／劳动者（C/W）的比率			消费者的个人预算（卢布） 消费者／劳动者（C/W）的比率		
	1.00—1.30	1.31—1.60	1.61—∞	1.00—1.30	1.31—1.60	1.61—∞
0.0—2.0	76.4	106.3	107.8	71.1	75.2	71.8
2.1—3.0	103.5	125.8	136.6	85.1	87.8	72.7
3.1—∞	105.1	128.6	175.8	86.3	85.9	88.7

资料来源：A.V. 查耶诺夫的《农民经济理论》，1966年版，第79页。

表9-5 俄国租种的土地和消费者／劳动者（C/W）的比率

每个劳动者自有耕地（俄亩）	租种的土地（俄亩） 每个劳动者抚养的消费者（C/W）		
	1.00—1.30	1.31—1.60	1.61—∞
0.1—2.0	0.50	0.73	1.19
2.1—3.0	0.08	0.56	0.50
3.1—∞	0.10	0.41	0.65
平均	0.23	0.57	0.79
消费者／劳动者（C/W）的比率	1.15	1.45	1.75

资料来源：A.V. 查耶诺夫的《农民经济理论》，1966年版，第111页。

比率)来计算劳动者产值对消费者/劳动者(C/W)比率的弹性。然后,我把计算的结果分成两组来进行上述的调整。这4个县的结果是0.96、0.28、0.62和0.45。0.62与0.45之间的中点(即0.53),就是我所选定的用来估计20世纪初在俄国条件下每增加一个消费者所要增加劳动量(天数)的弹性。也就是消费者人数增加20%,则希望增加10%的劳动量(天数)。

表9-6 俄国每个劳动者抚养的消费者人数对劳动者产值的影响

每个劳动者抚养的消费者人数(C/W),劳动者产值(卢布)					
C/W比率劳动者"产值"	1.00—1.15	1.16—1.30	1.31—1.45	1.46—1.60	1.61—∞
劳动者产值(卢布)	68.1	99.0	118.3	128.9	156.4
C/W比率	1.00—1.25	1.26—1.50	1.51—∞		
劳动者"产值"(卢布)	91.56	106.95	122.64		
C/W比率劳动者"产值"	1.01—1.15	1.16—1.30	1.31—1.45	1.46—1.60	1.61—∞
劳动者产值(卢布)	63.9	79.1	84.4	91.7	117.9
C/W比率	1.01—1.15	1.16—1.30	1.31—1.45	1.46—1.60	1.61—∞
劳动者"产值"(卢布)	59.2	61.2	76.1	79.5	95.5

资料来源:A.V.查耶诺夫的《农民经济理论》,1966年版,第78页。

由消费者人数增加引起的劳动量的增加（速度）必须超过产量随之增长的（速度），对这种特殊的固定因素来说，部分是由于土地的报酬是递减的。可惜我没有能够从 A.V. 查耶诺夫的资料中找到一种保持农户规模不变的方法，用以估计每个劳动者的产量对劳动天数的关系。但是，M. 帕格林（Paglin）在1965年发表的《剩余农业劳动力与发展：事实与理论》一文中提出印度农户的有关数据（见图9-2）。他认为，"投入"是表示劳动力参加率的一种理想的概念，因为按照印度的案例，印度所有各种规

图中公式：$Y = -276.3 + 223.1 \log X$

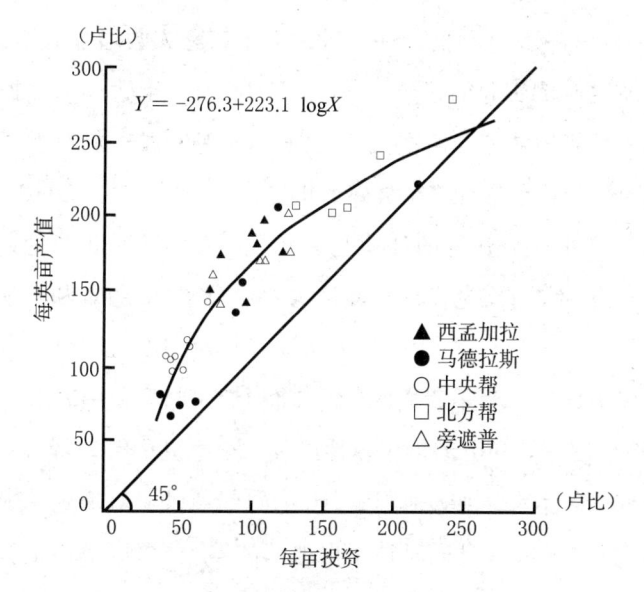

图9-2　印度农业的投入-产出函数关系

资料来源：M. 帕格林的《剩余农业劳动与发展：事实和理论》，载《美国经济评论》1965年第55期，第820页。

模的农户"投入"劳动的比例都是一样的。根据他的耕地曲线 $Y = -276.3 + 223.1X$，其中 Y 是以卢比计算的每英亩的产值，X 是以卢比计算的投入劳动量/每英亩（包括支付的工资），人们可以估计产值对劳动投入量的弹性大约是 0.6，这个数值对于农户较多的国家来说，几乎也不是不合理的。

如果把 A. V. 查耶诺夫和 M. 帕格林两人的函数结合起来，我们便发现如果抚养弹性为 $0.6 \times 0.52 \approx 0.32$ 的话，则每英亩的产值（按货币计算）就同增加的消费者权数相适应。就是说，每增加 10% 的消费者（即相当于抚养人数），则估计产值立即加大 3.2%。当然，这种估计并不考虑由于家庭人数增加对增加投资，提高生产率所起的迟延效应（见第十章）。上边用的数据总是同各种可能的缺陷混淆在一起。但是，这些可能的缺陷并不见得足以使你为这种估计完全失效而担忧。

另外一个新近的证明是 P. A. 尤托鲍洛斯和劳伦斯·J. 劳 1974 年发表的《论发展中经济的农业模型化：微观和宏观经济结合的研究方法》一文中，根据印度资料对印度劳动供应函数所做的仔细估计。为了我们的目的，将他们回归方程中需求、价格、工资率、债务等和劳动供应弹性以及一个家庭的劳动者人数都保持不变，最后考虑到其他因素，得出的劳动供应对家庭总人数的弹性大到 1.12，并且同时估算出他们的整个模型（单独估算的一项劳动供应回归方程中的弹性是 0.67）。

被抚养者人数同每个农业劳动者劳动量的关系其最有力的证据，大概是 J. J. 斯卡利（Scully）1962 年发表的《家庭规模对农业效率的影响——有关爱尔兰的研究》一文对38个爱尔兰农户所做的详细研究[1]。他假设农户规模、土地类型、每公亩的费用和牲畜的数量都保持不变,然后分别考察孩子[2]的数量对(1)每公亩的总产值(总货币售价)和(2)每公亩的家庭收入(总产值减去家庭劳动以外的费用)的影响。结果是每增加一个孩子(按平均有4.8个孩子的家庭计算)导致每公亩的总产值增加 $1.133 \div 23.7 = 4.8\%$ 英镑,和每公亩的家庭收入增加 $0.996 \div 15.2 = 6.5\%$ 英镑。如果假定未成年的孩子等于成年消费者人数的一半(肯定此数偏高),那么,一个有5.8个而不是4.8个孩子的父母双全的家庭应该有4.8个而不是4.4个成年消费者,即增加 $0.5/4.4 = 11\%$。这样,劳动供应对消费者人数的相关弹性可以估计为 $0.048 \div 0.11 \approx 0.4$ 或 $0.65 \div 0.11 \approx 0.6$。

全面地看来,这些弹性得自很不相同的数据,如 A. V. 查耶诺夫关于俄国的数据和 P. A. 尤托鲍洛斯关于印度的数据以及 J. J. 斯卡利研究爱尔兰的数据,但是其结果都是非常一致的。因此更加相信,我们对于增加劳动,对孩子人数增加的反应和由此对增加产值的影响,可以大致合理地设想一个产值的弹性大约在0.3至1.2之间。这个弹性将用于这种模型以便估计闲暇与产值分别对人的偏好影响如何。

---

[1] 我感谢切斯特·贝克提醒我注意这个有价值的研究。
[2] 仅有9个农民家庭,孩子的年龄达到可以在地里干农活,因此,劳动者人数"对分析的结果影响不大"。(参见 J. J. 斯卡利的《家庭规模对农业效率的影响》一文)

增加的农业投资

农民们既可以通过改良土壤,又可以通过更加努力耕作增加产量。这种土壤改良,大部分属于非货币性的农业投资,通常不属于宏观经济学的讨论范围,尽管这种投资的重要性是非常清楚的。关于农业投资反应的大小将在第十一章中另外加以讨论。因此,增加劳动力对农忙季节劳动和投资的全部效应,只有在整个模型范围内才能看得出来(详见第十三章)。

在缺少增产技术时防止再生孩子

如果在 t 年内,意外地多生了一个孩子,那么,这个家庭可能做出的反应是放弃本来计划要在 t 年以后生的一个孩子。(如果父母早已计划不要更多的孩子,则不可能做出这种反应)这种因为生一个孩子而放弃再生另一个孩子的次序变化,除了稍稍提前了时间而外,并没有真正的经济影响。可以采取禁欲、避孕、流产或溺婴等方法去防止更多孩子的出生,从经济学的观点看来,这些方法都是一样有效的。

这种先后次序变化是可能出现的,因为父母们认识到他们的食物供应没有伸缩性,即他们不知道增加粮食生产的方法。这就是马尔萨斯写到"道德抑制"时所牢记的情况。就整个社会而言,出生率上升也可能引起迪科比亚这样的社会通过习惯、戒律或法律做出降低出生率的决定[1](详见第十六章)。

---

[1] R.W. 菲思:《原始的波利尼西亚经济》,1965年伦敦版。

宁可防止生育而不改进生产和努力生产

上边是假设人们不知道增加粮食生产的方法而采取节制生育。然而,人们可能知道增加粮食生产的方法但认识到采用增产方法需要进一步付出劳动和(或)需要改变其生活方式,例如,人们在一个地方定居,而不是从一地到另一地过着游牧生活。[①] 所以,他们可以选择防止再生孩子的办法。可以说,许多狩猎和采集部落都是如此。

在缺少增产的技术知识情况下死亡率直接上升

在一个生产仅够维持生存的社会里,另一种可能性是:多生一个孩子就意味着比不生这个孩子时多死一个孩子,原因是缺少增加生产的技术知识。在任何一个社会里,父母大概总是能够就食物生产是否适应已增加的家庭人数做一些调节,或是寻找更多的土地,或是更加努力劳动以便利用现有的技术生产出更多一些食物。但是,有时他们可能恰恰缺少可以利用的技术。生产技术知识并非瞬间可以传播开来的,这是任何一个教员都很清楚的事情。从微观和宏观两方面对知识传播的研究表明,知识信息和技能的推广传播需要花时间,有时甚至经过长时期的痛苦折磨才把一项技术传播开来。同时,非洲有成百万营养不良的儿童(达到

---

① 詹姆斯·E. 米德在1955年发表的《国际经济政策理论》第2卷中的《贸易与福利》篇中指出,"对许多社会来说,传统的生活方式有绝对价值。许多民族固守着这些传统的生活方式。在那些最珍视这种价值的地方,改革受到抵制,即使被接受,也局限于一定的范围内。即使增加收入和为了提高生活水平而采取的改革,也因这种态度而行之无效"。

水肿和死亡程度),这说明,在短期内知识传播和随之而来的技术进步的进程总是跟不上人口增长。从长远看,增产与人口增长这两个因素是分不开的,但这并不是说生产技术必然会增长。相反,人口增长是可以抑制的。

对于理解死亡率上升的机制,有一个长远的观点是重要的。多生一个孩子不可能意味着一次补偿性的死亡立即发生。不过,它可能导致所有家庭成员营养水平有所降低,并由此使得地方性或流行性疾病造成的死亡人数有所增加。尤其是歉收之年,因饥荒死亡人数则更多,这样也许抵消了全部多生的孩子。这就是马尔萨斯所谓"积极抑制"的实质。

> 14和15世纪的流行性疾病所造成的大批人死亡,是1150年到1300年之间人口显著增长的结果……13世纪过剩人口的稳步上升必然导致营养不良和食物短缺。由于黑死病和14世纪的其他流行性疾病造成的高死亡率只能说明是长期营养不良的一种后果。[①]

在生产技术和生产行为发生变化之前死亡率的上升

人们可能知道较多的生产方法,但不能有选择地加以利用,因为他们正处于生活更不稳定和更加接近不能维持其生存的

---

① B.H.斯利切·旺巴思:《西欧农业史》,第89页。

边缘。①他们拒绝改变其生产行为的可能的理由不止一个。人们可能不想改变其传统的生活方式。这是一些人类学家所持有的观点（如 J. E. 米德就是如此），但是我认为这种解释是过分的。另一种可能性是人们宁愿为一次坏收成和饥饿承担较大的危险而

---

① 有关饥饿和营养不良的统计大都引自 M. K. 贝纳特（M. K. Bennett）1954年发表的《世界的粮食：关于世界人口、各国饮食和粮食生产潜力互相关系的研究》一书，但对此极少有证明的资料。他说："经常看到地图和报表提到世界上有许多国家的居民几乎经常挨饿，但又不是很精确地加以说明。约翰·博德-奥尔勋爵在1950年简要地发表了这样的意见，'一辈子营养不良和实际上挨饿的人至少达到全人类的三分之二'……"

"博德-奥尔勋爵曾经是联合国粮食及农业组织（FAO）的第一任理事长……今天，世界饥饿集中地区示意图主要是由联合国粮农组织最初勾画出来的，后来其他组织也予以重视……有人怀疑下述情况能否是真的，即葡萄牙人缺少维持其体重或体力活动所需热量的14％，巴西人缺少12％，菲律宾人缺少14％，秘鲁人缺少27％，日本人缺少6％，坦桑尼亚人缺少18％，印度人缺少13％，如此等等。

"我认为这不是真的。在计算和解释热量不足的问题时可能有许多误差。当联合国粮农组织本身于1949年估计每个巴西人消耗的热量为2,552大卡时，有谁真正知道在1934—1938年每个巴西人所消耗的热量是2,150大卡，而不是所需要的2,450大卡呢？！谁观察和从统计上证明过，那时墨西哥的大部分也像1916—1917年间德国人吃萝卜那样生活艰苦或体重减轻呢？又有谁观察和证明过印度、葡萄牙、坦桑尼亚、委内瑞拉或任何其他的国家也是这样呢？……尤其是谁能说粮农组织计算热量需要的依据真正考虑到体力活动程度上的完全正常的民族的区别呢？即使考虑东方各国的情况，我也没有找到可以相信下列事实的证据，一方面人口城市化的程度似乎实际上已经提高，而且日渐广泛地要求吃上等大米，而另一方面，按人口平均摄取的食物热量卡却有下降的趋势。因为那就意味着在其他条件不变时，人们的选择是抛弃好消化的食物而年复一年地挨饿。"（见《世界粮食：关于世界人口、各国饮食和粮食生产潜力互相关系的研究》一书，第189、197、245页）

M. K. 伯纳特的估计虽是二十多年前提出来的，但仍然是很说明问题和符合实际的。

不愿意(1)为改变耕作基础而更加艰苦地工作;或(2)用更加集约的劳动技能去生产达到安全边际的谷物产量。①

不论是否有无增产的技术知识,人们究竟怎样才能推测下述两种抑制在历史上的相对重要性呢? 在分析死亡率上升②的原因上,是"积极抑制"重要呢? 还是"道德抑制"重要呢? 很明显,这两种抑制是互相影响的,实行抑制的原因之一就是避免更多的死亡。直接实行防止死亡人数增多的最好例子也许是玛雅人的历史③。玛雅人在人口增加之后,显然更加努力耕作,但是用同样旧的方法耕种其土地,以及缩短休耕时间。这样导致土地的肥力耗尽,产量下降,最后人口减少。在玛雅人历史上的某些时期,死亡率一定是很高的。W. 皮特逊(W. Petersen)说:"亚洲伟大文明地区的正常死亡率……可以说包含有一个经常性饥荒的因素。"④

欧洲历史上的情况则更加难以说清楚。如果说该地区出生率一直较低,就很难说死亡率应该是已经较低。显然有些时期,那里就有过大大减少人口的饥荒和瘟疫。

迟至19世纪中叶,欧洲人口仍经常遭受饥荒。运输工具

---

① 我知道,当我读到"他们"和"人们"时所使用的概念是含糊的,因为我是否指个人或社会决定尚不明确。社会决定被玛鲁斯(Mairas)称为"社会战略"(1973年,第66—83页)。以后我将更精确地谈到这一点。

② G. 奥林(Ohlin)在1970年发表的《马尔萨斯主义的历史证据》一文中就这个问题的探讨是有意义的。他的中心论点是"人口史必须逐渐演变成一部经济发展史"。(见《人口与经济学》一书,1970年版,第8页)

③ 参见 P. 高罗:《热带世界,它的社会和经济条件及其未来》,1966年纽约版,第58页。

④ 参见 W. 皮特逊1969年发表的著作的第387页。但原文未注明著作名称。

缺乏,使得每个小地区依赖于本地的收获物,一次歉收就要发生饥荒,即使离那里不远的地区收成正常,也难幸免。单在西欧,从公元1000年至1855年,有记载的地区性的饥荒就有450次之多。18世纪的法国,是当时欧洲大陆最富之国,就曾多次遭受过荒年之苦。从1740—1800年之间,斯堪的纳维亚国家就至少有9次大荒年记录在案,而且每次都引起死亡率的明显上升。挪威,1741年的死亡率比1736—1740年高三倍多,在那一年大约有十五分之一的人口死亡。其主要原因是从1740—1742年,遍及整个北欧几乎实际上颗粒无收。1733年瑞典严重饥荒,其死亡率上升到52.5%……在歉收的年份里,这些国家的粗死亡率大约高于平均值的两倍,而在丰收的年份里,在平均值的50%以下。①

因此,G.奥林得出结论:"一些直接的和更多间接的证据肯定了这样的观点,紧接着西欧16世纪人口'增长高峰'之后的是17世纪人口死亡率很明显地上升。"②

另一种观点正如W.皮特逊所指出的:"就世界而论,欧洲(无论古代、中世纪或现代)的饥荒实际上没有亚洲那样经常和严重……欧洲粮食短缺总是没有那么严重。"③但相比之下:"粮食长期不足达到何种程度尚不清楚。"奥格伯恩(Ogburn)认为在两

---

① 联合国:《人口趋势的决定因素和后果》,1953年版,第51页。
② G.奥林:《马尔萨斯主义的历史证据》1970年版,第7页。
③ 但有人估计,直到17世纪或以后,亚洲的粮食状况一般比欧洲好些。总的分析见联合国1973年出版的《人口趋势的决定因素和后果》,第143—144页。

次饥荒之间的那一段时间里,人口完全吃得饱。另一方面,完全有可能的是有些民族总是处于粮食不足的状态。① 所以,饥荒和瘟疫的相对严重性只不过正像人口略少些的时候那样大。

另一个与死亡相关的可能形式是战争。"……1851年世界上最大的内战长达14年之久,太平天国叛乱爆发,*并影响到中国境内几乎所有省份,其中受影响最大的省份是人口稠密地区和长江中下游。虽然促成这次叛乱的原因是多方面的,但人口压力肯定是最基本的原因之一。"② 当然,对于这样一种马尔萨斯主义的判断很难加以支持或反驳。

不过,饥荒并不证明更多人出生引起更多人死亡,或者有"过剩人口"。正如以上谈到欧洲的情况那样,在一个有充足的土地和种植谷物的国家里,即使平常收成将足以满足其全部人口之需,也可能发生饥荒。甚至今天,缺少运输设备仍是克服饥荒的主要障碍,正如印巴战争之后,孟加拉国所发生的饥荒一样,并且在撒哈尔也发生类似情况。③

---

① 联合国:《人口趋势的决定因素和后果》,1953年英文版,第5页。
② 霍平迪(Ho, Ping-Ti):《中国人口研究》,哈佛大学出版社,1959年坎布里奇版,第274页。
  * 这是霍平迪对我国太平天国农民起义运动的诬称,而且他关于人口压力是太平天国农民起义的最基本原因之一的观点也是错误的。——译者注
③ 在孟加拉国,其实粮食本身并不成问题。到该年(印巴战争结束后一年)的一月份,各捐赠国(特别是美国和欧洲经济共同体)已保证提供的粮食几乎有60万吨之多。但是,由于不能把粮食运往北部有饥民的地区,所以,这些粮食没有发挥作用。
  撒哈尔的公路很少。即使有可用的道路,也是一些沙石简易小道,旱季被流沙覆盖,雨季被雨水冲掉。总的来说,一支陆上运输队一天只能走一百多英里。在这种条件下,一辆卡车的正常寿命只有1,000小时左右。从海港到边远的南部地区,有四条破旧的铁路可供运输。(见《纽约时报》,1974年6月9日,第42页)

一个社会将生产足够的粮食,以便正常年景将刚好满足需要又略有一点盈余。从来不会有很多的剩余粮食,因为缺少储藏设备,[1]否则只能造成浪费。关于详述饥荒减少的资料可参见本书第五章。

向种植不同营养价值的作物的转变

有时人口增加可能导致一个家庭或一个社会在食物的热量不足和营养价值下降之间做出选择。人们可能改种含热量较多而营养价值较低的作物。B. H. 斯利切·旺巴思在1963年发表的《西欧农业史》一书中认为,从种含蛋白质的作物到改种含淀粉作物的转变导致了长期营养不良,因而引起了黑死病和14世纪其他流行性疾病。迪科比亚岛的家庭和社会显然都已面临这种选择,即"现在椰子果已成为迪科比亚人所需植物油和植物蛋白质的主要来源。由于他们大量增加碳水化合物食物的消费,很可能是有害于身体的"。[2]的确,人们改种营养价值低的粮食作物,这是对许多地方人口增长挑战的一种回答。

---

[1] R. 雷德菲尔和 V. 罗杰斯在1934年发表的《查·康姆——一个玛雅人村庄》一书指出:"1930年墨西哥的查·康姆村民,除一人外,都种植和收割玉米。到1931年耕地几乎减少三分之一,因为在1930年秋收之后,玉米的价格下跌。所以,人们不能卖掉剩余的玉米,也就减少了他们来年种植玉米的耕地。有4个根本没有种地的人全靠储存的玉米维持生活。"

A. 迪格比(Digby)在1949年发表的《技术和时间因素与经济组织的关系》一文中指出:"一个现代的玛雅人,一年用190天种10亩地的玉米,其产量相当于五口之家所需玉米的两倍,还有175天用来从事其他活动。"

[2] R. W. 菲思:《原始的波利尼西亚经济》,1965年伦敦版,第50页。

必须焦虑不安地看到木薯属植物种植面积的扩大,因为木薯粉的确既有脂肪也有无机物,而特别缺少蛋白质。用木薯代替一种谷物或代替山药或芋头等食物,这样会失去蛋白质更丰富、脂肪和无机物较多的食物。尽管可以避免饥荒,但营养缺乏症会成倍地迅速增多。不过,木薯属植物的发展也有某些好处。这种植物可以在任何土地上生长,并且适应于任何热带多雨的地区;无论在有利或不利条件下,产量都很高。与谷物、山药或芋头相比,种木薯所需劳动力比较少。木薯枝叶子是有用的,而且这种植物枝叶可以留在地里,这样也能节省不少劳动。这就很容易理解,为什么木薯在16世纪传入非洲时受到该洲居民们的欢迎。[1]

其后果大概是水肿病或其他营养不良症的发生。

移民

"多余"的孩子可以离开他的出生地迁移到其他地区或城市。这样做的可能性在很大程度上取决于诸如普遍盛行的继承权制度(如长子继承一切财产),以及移居者是否出生在一个无地的家庭和其他地方有没有就业机会等这样一类因素。

正如 O. 汉德林(O. Handlin)1951年发表的《迁离》一书中所描述的19世纪欧洲的移民情景那样,由于人口增加所引起的迁居其前景可能是凄惨的。但是,移民的长期结果或许是肯定的

---

[1] P. 高罗:《热带世界,它的社会和经济条件及其未来》,1966年纽约版,第80—81页。

（例如美国的发展），这种结果以本章侧重讨论的小农经济为其分界线。社会越是现代化，移民的社会经济效用就越大。

新的发明

长期的可能性是多余的孩子最终将引起更多的发明创造，因为有更大的"需求"，正是这种"需求"迫使人们更加努力工作并且为了减轻劳动强度而发明新的方法。（天国乐园就没有人会努力创造任何新东西）

三、影响已上升的生育率反应抉择的因素

本章的目的是预测一个已增加的孩子对于一个既定的仅够维持生存的农业社会的影响，或者是更狭义地估计由人口增长引起生产行为变化的可能性。由于对已上升的生育率可能有许多反应措施，所以，现在我们必须主要来考察影响各种反应措施可能性的一些因素，特别是影响向新生产技术转变的可能性的那些因素。

一方面，改变一个人的生产行为的决定因素是创新的传播。但是，这种情况是假设已经知道新技术的存在，并以人口压力为新因素。传播的通常情况是以知识传入一个部落作为新因素。对革新传播的这种研究不同于传播革新文献的另一个差别，是大量介绍革新的文献所记录的都是以某个部落中人们之间采用革新技术的速度不同为其主要内容的。因此，这些解释性变量大多是

个别的又有其特殊性。这里是以各个部落之间的差别为主的,因为部落之间的变化大于一个部落内部的变化。例如,在日本一个村子里,几乎每一个人都采用日本人的水稻移栽法,而在一个印度村庄,几乎没有一个人采用。这不是说,个人的特点不重要,但是起了作用,例如,有些个人一定具有带头去做某件事情的特性。但我们希望探讨的是为什么在一些部落里有人带头做某事,其他人则跟着学,而其他部落则没有发生这类事。这种分析,在这方面同对企业管理进行定量研究相类似,它是某些在性质上不同的各个部落在定量分析方面发生的一种个别情况。不过,这里讨论的课题与企业研究有很重大的区别:农业技术的选择最终是一个部落的事;一个部落的多数成员都将在农业生产方面采取同样的行动。相反,一个企业主的行动却是例外的。所以,我们必须关心的是那些企图并且已经按这种或那种方式行动起来的部落的比例。例如,无差异曲线强烈倾向于工作而不是闲暇的那些部落所占的比例。

与正规的知识传播的看法相反,正如 Z. 格利切斯(Griliches)根据传统观点反驳对他的批评那样,这种采用革新技术决策可以是对家庭收益和家庭成本的一种纯粹合理的计算,包括对以往闲暇所付代价的计算。当然,在此农民做出决定的价值和偏好范围是受他的特殊社会结构和特殊人格所影响的。但是,这些特定因素的分量,比起更普遍的偏好和价值,包括由于家庭人口增加而引起偏好和价值的变化,或许并不太重要。

此时,我们只能把影响农业耕作技术转变的有关因素加以分类。我们还不能够说明究竟有没有促使这种转变发生或不发生的任何特殊因素。这就说明，人们应当根据过去采用新技术的记录推测未来是否采用，从而进行纯粹经验性的探讨。这种经验探讨有时是有益的，但并非在一切情况下都起作用。因此，基本因素的研究是值得的，而且只要人们对既定情况有充分认识，就能给预测提供依据。

由于出生率上升影响农业技术转变的各种因素

A. 经济因素（例如 T.W. 舒尔茨在 1964 年发表的《改造传统农业》，第 28 页；1965 年发表的《世界农业的经济危机》，第三章）。

1. 在新旧两种耕作方法之间投入劳动量和物质资本的差别；每单位投入的产出量差额。
2. 农民的现有收入。
3. 采用新技术过程所需资本（在许多情况下这不是决定性的）。农民家庭的财产和流动资产；这对于冒风险的态度有很大影响（同农户平均规模有关）。
4. 采用新技术过程中的可见危险性。
5. 土地租佃制度。
6. 农户外出工作机会的存在。

B. 知识因素。

1. 对采用新技术进程了解的程度如何（例如，农民有多少第一手和第二手的经验）。
2. 有没有提供更多知识的服务部门。

C. 人的、心理上的和社会的因素。

1. 对闲暇的评价。

2. 身体健康状况。

3. 对于技术变化的一般态度。

4. 革新的成功和失败记录。

5. 教育。

6. 习惯、禁忌、政治和社会制度。

7. "动产变量"的聚集(参见 E. M. 罗杰斯和 J. D. 斯坦菲尔德1968年发表的《新产品的普及和采用》,第241—242页)。

8. 最后,也许最重要的是人们的意愿。

四、小结

人们为了回答新增孩子引起的"需求"增加,可以改变其所做工作的数量和类型。本章就新增孩子而言的农业劳动弹性做了定量估计。由新增孩子对农业投资的影响将在第十一章进行讨论。这个总课题还需要更多的数量研究,但是至少已对一种数字模型提出了指导。

第九章附录：印度农村农业生产行为对农业人口增长反应灵敏度的研究

一、引言

农民对人口增长的反应速度如何？他们将以多快的速度增加土地和改良土地，又将以何等速度增加每年投入的劳动量？现在这类参数一般估计值的依据是难以置信甚至是不存在的。不过，有一点是肯定的，各种情况有关参数必须是不同的。约瑟夫·熊彼特（Joseph Schumpeter）在1947年发表的《经济史上的创新反应》一文中指出："有时候，人口增长除了按古典经济学理论所判断的按人口平均的实际收入下降以外，没有其他影响。但是另一些时候人口增长可能促进新发展，以致人均实际收入上升。"[①] 有这种变化的原因是人的精神，同社会意志一

[①] 见美国《经济史杂志》，1947年第7期，第149页。

样[1]，两者都是这里所说生产过程的一种决定性因素，两者都是根本意义上的变量。人的精神对适应人口增长具有惊人的变异能力，而引起这种变化则导致对世界有巨大影响。

第八章的历史分析说明，在仅够维持生存的农业社会，即使人口增长是农业变革的一个必要条件，也不是充足的条件。这就是说，由于人口增加而需调整投入农业的劳动力和调整耕作方法的速度常常都是不"够"快的。最常见的情况是人口已经增加很多，于是接着发生一场天灾，使人口退回到原有规模甚至小于原有规模。原始部落提供了许多例子，中世纪欧洲也是如此，黑死病流行期间就是一个最突出的例子。但也有些时候和有些地方的结果比较幸运。这就意味着特殊情况必须个别予以考察，而且，必须有更多的证据帮助我们判断，是否在一定地区和一定时间里，人口增加对农业生产行为的积极影响会快到足以抵消它的消极影响。

不过，一个像第十三章提到的数字模型，总要估算许多用数字表示的参数。而且，如果已经知道有关一种特殊情况的某些东西，那么有关特殊情况的估计就应当比一般情况的估计更有价值。因此，本章附录就是为了取得特殊例子，而对一个特殊地区——印度农村，做一种特殊的推测性估计。

---

[1] 除了人类精神和社会意志之外，一个人还能对下面的事实做出什么其他解释呢：为什么一个仅有3万人的城市（伊利诺伊州的北布鲁克市）里从一小批热心者当中会产生出许多奥林匹克滑冰健儿和各种奖牌获得者，而且1972年竟有两个女运动员分别获得金质和银质以及铜质奖章，因而达到了顶点？（参见《平原城市信使报》，1972年2月13日，第17页）一个人怎么能怀疑到处都有取得成就的巨大潜力，并且在一定条件下，人们将发挥自己的这种能力去取得显著的成果？

本附录描述的研究结果对于作者和读者来说都是不太有用的。根据这种价值不大的资料，我断定印度农民为适应人口增长所引起需求增加而更加努力劳动的倾向可能不如别的地方，但是，可以肯定这种倾向在印度许多村庄中又是不尽相同的。这里的主要目的不是说怎样去做这种估计，而是说这种估计多么困难。精明的读者如果对此不是特别有兴趣，则可不读这个附录。

二、估计方法

究竟如何做出一种达到必要的合理预测呢？E.博塞勒普认为，历史已给预测1975年类型的人口增长提供了可靠依据。但是，显然某些有关条件与过去是不同的。例如，现代储存的诸如新良种和肥料之类的应用技术知识都比过去的更多，而许多不发达地区还必须由它们自己去利用储存的知识。当然，这样的技术不会总是很快地或很便宜地为新地区所采用，但与过去相比，现代的通信、科学技术能很快地使这样的技术知识为更多的人所利用。所以，将来发生变化可能更快。同时，与前一个世纪和前几十年相比，现在的消费品也更便宜，而且农民们更加了解它们，也更多地利用这些消费品，因而必定对农民的行为起到有力的刺激作用。

对当代情况不利的因素是人口增长的速度比前几个世纪更快。生产技术变化的速度满足新增人口需要的可能性，取决于人口究竟增长多快。在其他情况都相同时，如果人口每十年增长30％而不是每五百年增长30％，则很难保持同样的生活水平。如果人口逐步增长,人口中劳动力所占比重将保持不变,则生产方法的变革不必适应人口增长。但如果人口在十年内增长30%,则在此期间出生的孩子都不会在这个时期做很多工作,因而生产方法(或每人每年工作的数量)将不得不大大改变去填补这个缺口。因此,即使没有其他理由,也说明 E. 博塞勒普1965年在《农业增长的条件》一书中提供的历史证据是不完全中肯的。

还有一点也很清楚,即使在明显相似的部落之间,其反应的速度也可以是大不相同的。正如 K. 奈尔1962年发表的《骚乱的兴起》一书就生动地说过,有时候在印度几个邻近村子里,人们在就业选择和生活方式方面都大不相同。所以,根据一个地方的观察结果去预测另一地区的情况是不可靠的。

为适应于估计特殊情况,方法论上唯一可靠的策略就是集思广益,也就是把我们无论从哪方面得来的情况都集中起来,进行综合评价。这包括从历史学、人类学、农业经济研究,对这个地区所做的统计观察,以及也许更重要的是从对这个地区的亲自访问和观察等获得的所有第一手资料,等等。最危险的是未做实际调查就凭理论信念进行分析,从而抹杀了事实。另一个重大危险就是相信某一个从事专业的人员,如一个农学家、历史学家、人口生理学家、经济学家、村民、工人或一个行政官员的答复,即说是由于人口增长将使农业生产发生什么变化。

三、印度农村的情况研究

我们之所以注意选择印度农村,是因为印度是一个重要国家,而且对印度情况较之对其他国家了解得更多。G. 缪尔达尔在1968年发表的《亚洲的戏剧》一书所提供的详尽事实的评论和资料特别有用。中国对人口增长所做的反应不同于印度,这样一个社会具有可贵而且重大的比较意义。但是,有关中国情况的统计资料不多,我们掌握的有关中国的资料大多是印象性的。不过,我们确知,即使中国人口已经"猛增",但中国已从20世纪30年代充满饥荒而又贫穷的国家变成了今天丰衣足食的国家。中国的粮食生产翻了一番,从1949年的10,800万吨增加到1973年的25,000万吨[1],因而震惊了所有西方农业专家,包括那些本来认为共产主义政权在粮食生产上要失败的人。而且,这种增产绝大部分是由于更加努力而又有纪律的劳动成果,而采用的是传统的耕作方法。1974年访问中国的美国农业专家代表团的团长沃特曼(Wortman)说:"(中国)是我将不怎么为它的吃饭问题担心的一个国家……他们已经不再靠说教,而是靠实干去解决粮食问题。"[2]

必须强调指出,这种有关印度情况的研究,并不是想预测印度农业的未来。而讨论的目的是要弄清楚较高或较低的出生率怎样影响农业生产变化的过程。

我们这里要研究一个有代表性的印度农民,不是自耕农就是佃农,他在生了一个"多余"的孩子之后所立即发生的情况。我们想要知道,在既定的现有社会政治-经济制度下,这个"多余"

---

[1] 参见《新闻周报》,1974年10月14日,第20页。
[2] 摘引自《新闻周报》,1974年10月14日,第65页。

的孩子是否引起这个农民更加努力劳动,或许还改用一种他不熟悉的新技术。仅仅用旧技术干更长时间的农活,如多除草,则该农民将不能长期保持其生活水平。这里应考虑四个问题:(1)该农民是否愿意放弃闲暇而比原先多干农活,以便增加产量[①]?(2)是否有另一种新技术可供采用,以便通过多干农活而增加产量?(3)该农民是否懂得这种新技术?(4)他对承担风险和改革所付成本的估价是否会使他对这种新技术感兴趣?

一种假定的调查方法

大体上人们可以询问一个典型的印度农民,"如果增加一个孩子,该如何办",以求得对上述这些问题的答案。但是并没有这样做,而且不容易得出对这样一些问题的有意义的答案。所以,我们必须采用非直接的调查方法。

历史证据

在公元1600年之前的2000年间,印度的人口"实际上稳定"在1亿左右,大约相当于那时欧洲的人口。如果没有弄错,甚至可能那个时期的人口是"下降而不是增加"。印度的人口大约是从1600年才开始真正增长的,大约在19世纪中叶以前一直是稍稍有所增长,从19世纪中叶以后才迅速增长。然而,欧洲人口则自1600年之后直到进入20世纪都在较快地增长,甚至比印度增

---

① 更形象些说,他的无差异曲线会不会移动?这种闲暇-产量无差异曲线所表示的劳动,这里倾向于既包括农忙季节的劳动,又包括改良耕种方法的劳动。

长得更快①。

尽管1600年之后人口增加,"但是直到今天,印度的广大地区农作物的产量和种植农作物的方法还是同阿卡巴斯(Akbars)时期(1556—1605年)完全一样……从阿卡巴斯时期到20世纪初期,农具和农业技术并没有发生重大变化"。②尽管有人口压力,农业耕作方法仍继续保持不变。甚至在丰收年份,人们实际上是吃不饱的,并且一旦降雨量很少,则发生大规模饥荒③。

尽管增加单位面积产量的生产技术是已知的,但印度农业技术仍然不能改革。例如,"在19世纪早期,甚至更早些,至少在一些地区,移栽水稻的优越性是知道的"。④但是,印度农民们不是没有采用这种更集约的耕作技术,就是不会应用这些技术。"在恒河两岸,通常是把大量的种子撒播在干旱的土地上而不是种在事前备耕过的土壤里……巴切纳恩(Buchanan)关于1809—1810年的报告整个都是说印度同以前叙述过的法国在蒙哥尔斯(Moguls)统治下所发生的情况那样,是落后的耕作方法和生产率低下。"⑤于是"在该国的土地变得不足之后,在广大地区仍保持着旧的耕作方法"。⑥这和欧洲的经历是不同的,欧洲在近四

---

① 参见K.戴维斯(K.Davis),《印度和巴基斯坦的人口》,1951年版,第24—25页。

② B.莫尔(Moore):《独裁与民主的社会根源》,1966年波士顿版,第330—331页。

③ 同上书,第407—408页。

④ 同上书,第331页。

⑤ 同上书,第332页。有的文献谈到有这样的情况,即直接撒播比移栽的产量更大而且节省劳动力,虽然我不懂为什么会如此。

⑥ B.莫尔:《独裁与民主的社会根源》,1966年波士顿版,第332—333页。

个世纪以来,技术改革非常迅速。

就产量而论,根据第二次世界大战结束及此后不久的报道:

> ……自从1890年以来,所有农作物的总产量都上升了,但又不是很明显;粮食作物的产量下降;并且按人口平均的粮食产量和所有作物的产量都显著下降。近60年来,农业产量的趋势可以说是停滞不前的……不过,根据1953年的报道,我们对于印度经济发展的任何一个时期,仍然没有可靠的或可做比较的国民收入估计资料……在缺少精确数据的情况下,最近一些专家在论述印度经济发展时提出了两种不同的意见。一些人认为,……人均收入已经上升;其他人则认为没有上升。第三种合乎逻辑的可能性,是按人口平均收入正在下降。有关印度经济及其发展的知识未有可靠依据之前,看来不能过早地排除这第三种可能性。①

在第二次世界大战后的一个时期,每个消费者当量的粮食生产已开始增长。按照B.M.巴蒂亚(Bhatia)1967年发表的《印度的饥荒》一书中的计算,每天按人口平均供应的热量卡已从1948—1949年的1,700大卡上升到1961—1962年的2,040大卡(后者包括进口粮食)②。现在这种上升正在加快,旁遮普地区产量增长率,1951—1964年期间平均4.5%(生产率每年增

---

① D.桑纳(Thorner)等:《印度的土地与劳动力》,1962年纽约版,第102、105、122页。

② B.M.巴蒂亚:《印度的饥荒》,1967年新德里版,第341页。

长1.8%),而1907—1946年期间每年产量增长率只为1.1%(生产率为0.6%)。印度全国的这个对应数值是从1952—1953年到1964—1965年是2.5%至2.75%之间,而1907—1946年则只为0.11%[①]。在1951—1971年期间,粮食总产量上升了86%,按人口平均占有的粮食产量则上升了16%[②]。

衡量经济福利的另一种方法是饥荒的发展趋势。B.M.巴蒂亚告诉我们,在49年的时间(从1860—1908年)里,在印度观察到这些灾难性的饥荒有了惊人增加[③]。但是,近年来,已没有从前那样的饥荒,其部分原因是从美国进口粮食,但更主要是因为印度运输和其他条件的变化。

总之,从1600年以来,印度的历史并不见得基本上不同于1949年以前的中国。虽然印度的人口远没有中国那样稠密。为了这里说明问题,印度历史的主要特点是这样的:

直到最近,与人口增长相适应的产量增加很慢,而且这种情况没有多少变化。即使过去两千年人口增长率较低,其人均产量也没有(或现在刚刚)赶上很早以前的情况。在过去的几百年里,农业适应人口增长的速度,印度肯定比欧洲慢得多,虽然也许不比中国慢多少,并且在20世纪前半个世纪比日本慢得多。产量适应人口增加的速度几乎肯定是迟缓的,以致死亡率比产量适

---

① R.W.赫德特(Herdt):《对总供给的分解研究》,载《美国农业经济学》杂志,1970年第52期,第519页。

② R.里维尔(Revelle):《粮食和人口》,载《科学美国人》,1974年第231期,第170页。

③ B.M.巴蒂亚:《印度的饥荒》,第5页。应该注意,巴蒂亚把饥荒的增加不仅归咎于人口增长而且归咎于工资、贸易额、税收和其他商业方面的变化。

应人口增长前要高得多。因此,毫无疑问,人口增长并没有激起一个快速的反应过程,即经济发展过程[1]。

对于预测现今印度如何适应人口增长来说,历史证据所提供的情况是不充分的,因为(1)印度人口的增长现在比过去更快;(2)印度农村现在同世界其他地区的接触更加紧密了;(3)现在印度有较多地储存技术的可能性;(4)运输与交通已经改进;(5)其他国家已经证明经济发展是可能的,这种证明已导致印度的各个地区追求经济发展;(6)有关消费品的知识和应用,是另一种在印度农村起作用的新因素;(7)现在印度在政治上是独立的;(8)对经济发展而不是对人口增长有其他可能的刺激,同时,总的生产率是不管人口是否增长就开始提高,而不是因为人口增长才开始提高的。因此,人们不能简单地根据过去人口与产量增长之间的关系来推断印度的未来。

双季种植的证据

根据 E. 博塞勒普1965年发表《农业增长的条件》一书中提出的人口推力假说公式,如果印度农民选择增加产量的方法,他们应该要求双季种植。当然,在一个有公共灌溉系统的地方,双季种植是最容易的。个体农户不可能修筑整个一个地区的水利

---

[1] 不过20世纪中叶由洛克菲勒小组和其他人在培育新麦种和稻种方面所取得的进展,都肯定地证明对人口增长的担忧能刺激发明。就是说,种子改良本身可看作是对人口增长做出的一种反应。印度农民之所以会采用这些发明,不但因为占支配地位的现有技术具有发明拉力(参见本书第八章),还因为市场和农村生活都对产量的需求增加。

控制系统以对付影响他耕种土地的自然强制力,甚至一个村子也不可能这样做。但是,在许多地方,印度农民能用他们自有的露天水井来浇灌土地。所以,即使没有公共灌溉工程,双季种植也是可能的。进而言之,印度的许多地方,显然是由于人们偏好的原因,即使有水利灌溉,而且免费使用,农民们也不利用这种水利[①]。

根据20世纪50年代的资料,印度最小的农户种植双季作物并不比最大的农户更好多少。[②]这就是说,劳动力的较大利用率和对粮食更大的"需求"都并不可能很快地增加双季种植[③]。但是,从50年代初起,印度开始相当迅速地增加水浇地的数量,从1949—1950年的4400万亩增加到1960—1961年的5500万亩(当时的总耕地面积分别为24,500万亩和27,900万亩)。[④]

---

① 参见K.奈尔:《骚乱的兴起》,1962年纽约版,第46—49页。

② 参见M.帕格林:《剩余农业劳动和发展:事实与理论》,载《美国经济评论》,1965年第55期第818页。但至少印度农业方面的一个统计学观察家说:"小农户的灌溉程度是很高的,并且我相信,双季种植也是更加流行的。"(见R.W.赫德特《对总供给的分解研究》)

③ J.L.巴克(Buck)在1937年发表的《中国的土地利用》一书中有关中国的资料和在印度的发现同样表明,农户规模与扩大双季种植并没有很大关系。从20世纪30年代到1957年,双季种植的范围有了明显扩大,但D.帕金斯在1969年发表的《1368—1968年中国农业的发展》一书中把这归因于20世纪50年代中央政府为了克服"固有的保守主义,或为了克服征收余粮不足,以致对阻碍了过去双季种植发展的障碍而施加的压力"。他认为双季种植的增加不是由于人口密度提高所引起的,而相反,在这个时期在双季种植最多的地区不是人口增长率低,就是人口没有增加。

④ 我非常感谢罗伯特·W.赫德特给我提供这个极其有用的资料。参见U.J.利尔(Lele)和J.W.梅勒的《印度1949—1950年到1960—1961年粮食生产变化的原因及其估价》,1964年版,第20页。

现在的人口密度和发展生产的潜力

印度按人均占有耕地（农用地）比中国或日本多得多。在20世纪50年代中期，印度每100公顷耕地240人，而中国达560人，日本达1,620人[①]。印度按耕地面积的人口密度同欧洲差不多[②]。这意味着利用有效方法增加产量的潜力还很大。

靠近城市的印度农村比远离城市的农村：(1)聚居的人口多；(2)有更现代化的农业技术，特别是灌溉系统和化肥使用[③]。这就说明，的确具有为适应某些刺激而起变化的可能性。虽然某一个地区具有某种特殊的相关因素，但就城市近郊农民来说，或许是因为其产品容易进入农产品和消费品市场而发展生产，而不是由于人口增加的缘故。

通过增加劳动能够增加产量的方法很多，其中包括：(1)多干除草之类的日常农活；(2)加强灌溉工作和随之而来的双季种植；(3)采用改良品种之类的新技术等[④]。还有广阔的余地，致力于劳动密集的合作事业，如修筑通向农村的公路等。但是，自愿合作努力在印度农村是极为罕见的，虽然或许不像在西西里人当

[①] 参见 A. 缪尔达尔：《民族与家庭》，1968年坎布里奇版，第426、427、416页。

[②] 同上。

[③] 参见 I. 阿德尔曼（Adelman）和 G. 道尔顿（G. Dalton）：《对印度农村现代化的进一步分析》，1971年。

[④] "由绿色革命（Green Revolution）所提出的新技术，需要增加很多劳动力。它要求更仔细地准备秧田，还需要有选择地利用肥料和水井；要求尽量干净除杂草，否则草就会吸收肥料；要求更仔细地使用农药。有时将得到两倍、三倍甚至四倍的收获量。所有这些要求都需增加劳动……"（见 O.L. 弗里德曼：《绿色革命》，1969年版，第27—28页）

中那样罕见①。例如,从一个村庄到另一村庄,人们看不到一眼有带井圈的公共水井,尽管这个简易设施可能减少折磨印度人的肠胃病。可见,通过增加劳动和合作方法以求改进的潜力很大。

刺激印度农村生产的社会结构

同其他可能的社会结构相比,印度农村的社会结构是怎样影响其劳动量和产量的呢?现有的社会结构不利于改革的吗?为了弄清这些问题,必须首先说明追加劳动的边际产量不是零。这种理论好像肯定是为了主张印度和其他地方追加劳动具有正边际报酬而安排的②。就印度而言,虽有较好的自然肥料,但投入追加劳动使产量可能增加最确定性的证据是每亩的产量不如其他国家。

B. 莫尔认为:"制度的因素可以解释为什么印度的生产率低……"③"印度社会农民的劳动组织……有助于解释为什么文明水平较低……并可能成为劳动合理配置的障碍,又阻碍在某些专业种植方面为密集使用劳动力进行改革"。④ 在谈到1943年的饥荒⑤时,他说:"……从根本上说,饥荒是印度社会结构的产物。"⑥

---

① 参见 E. 班菲尔德(Banfield):《后进社会的道德基础》,1958年芝加哥版。
② 参见 L. J. 劳和 P. A. 尤托鲍洛斯:《对印度农业应用技术及其效率的考察》1971年,载《美国经济评论》第61期。参见 G. 缪尔达尔的《亚洲的戏剧》,1968年纽约版,第1007—1113、2041—2067、2050—2054页。
③ B. 莫尔:《独裁与民主的社会根源》,1966年波士顿版,第398页。
④ 同上书,第333—334、407页。
⑤ 不过,R. W. 赫德特写信告诉我,多数学者认为1943年的饥荒在20世纪并非典型。
⑥ B.莫尔:《独裁与民主的社会根源》,1966年波士顿版,第333—334、407页。

于是 A. 缪尔达尔得出下述结论：

> 已铸成的农业制度模式对于充分利用劳动力,从而提高生产率,是非常不利的。租田制,特别是就其交纳谷物地租方面而言,无疑是更加不公正。这种租田制不仅把控制农业"剩余产品"的权力交给一群地主,而大多数地主都不肯为提高土地生产率而提供资源;反而挫伤改良农业生产的那些人的积极性。①

A. 缪尔达尔和 B. 莫尔提到许多重要的实际问题,其中包括租田制度,地主通过这种制度得到收获物的相当部分而不是一种定额租金②。耕者缺乏明确的土地所有权,土地所有权的集中以及地主自己不劳动的这种特权支配着社会的价值观念③。

其他各种令人难以理解的制度也影响生产。例如,T. S. 爱泼斯坦(Epstein)观察到,虽然在旺加拉农村的农民正努力种植甘蔗以适应新的机会,但在稻谷生产方面则"没有一个农民想采

---

① A. 缪尔达尔:《民族与家庭》,1968年坎布里奇版,第1092页。
② S. N. S. 切格(Cheung)在1968年发表的《私人财产权与租佃制》一文中指出,有理论根据说明为什么谷物地租制度对于大规模生产并非不经济。
③ 印度和美国手工劳动力的价值之间的不同可用下述例子说明:我妻子从一个地区营业机构请来一位妇女来给我们打扫房子。第一次请来和后来一直在做清洁工作的那位妇女是一位合格的教员,并且是我们大学一位教授的妻子。她额外挣得够到欧洲去旅行一次的钱。当我把这个故事讲给和我一起工作的印度同行听时,他绝不相信会发生这样的事。当然,这是很平常的事,虽然在印度不会发生,但在美国可能并已经发生。

用日本方法"①,尽管农民们懂得日本方法的优越性。其原因显然在于对农民和大批从事移栽和除草的妇女所规定的支付报酬制度不合理。妇女们不愿意用日本方法更艰辛地劳动,因为到头来支付报酬的办法都是依然照旧,农民们"被该村旧的传统的支付报酬制度所束缚,即使他们真正准备采用日本方法也不可能得到更高的报酬"。②不过,经济学家们对于制度因素影响生产的重要性并无一致看法。T.W.舒尔茨在1964年发表的《改造传统农业》一书中指出:"区分传统的和其他类型农业的根据……并不取决于某些特殊制度上的区别,例如,农场是自有的或不是自有的,农场是大还是小,是私营还是国营的企业,其生产是为家庭消费还是为了出售。"③

印度的制度因素将来可能会向着促使生产率提高方向发生变化。B. 莫尔认为,市场已经打开了印度社会改革的一扇大门。T.S. 爱泼斯坦已经更详细地说明"在所研究过的印度一些地区正在经受水利灌溉不足的压力……社会结构的某些方面已发生变化,而其他方面仍保持不变……同时,文化的某些方面已经发生变化,而其他方面一如既往"。④举例来说,居于支配地位的世袭制度已开始破裂或变化,一些连结家族的纽带已经撕断,父与子

---

① T.S. 爱泼斯坦:《印度南部的经济发展和社会变化》,曼彻斯特大学出版社,1962年版,第63页、64页。

② 同上。

③ T.W. 舒尔茨:《改造传统农业》,耶鲁大学出版社,1964年版,第29页增补部分。

④ T.S. 爱泼斯坦:《印度南部的经济发展和社会变化》,第32页。

的关系发生变化以及妻子变得不那么顺从,等等。对于生活上某些经济方面的评价也开始改变,但妇女的劳动作用却没有变。

个人对工作、闲暇和消费的偏好

无论社会的文明和结构如何,一个人总有安排其工作与闲暇的一点自由。他的偏好或许已由其文化所形成,但是用阿尔波特(Allport)的话来说,人们的偏好总是有某些"基本的自主权力"(即人的偏好终归有某些独立存在的性质)。这些偏好总是影响生产率,而且更多孩子对劳动和生产率的影响,则可能取决于这些偏好,也取决于改变其偏好的可能性。

A. 缪尔达尔挑选了有关证据并且详细加以分析,得出结论说,印度人比相同环境条件下的其他民族干的活(从事劳动)要少得多,例如比泰国人就是如此[①]。印度农民家庭中劳动的人数较少,一年劳动的天数较少,劳动日较短,而且工作不那么紧张。甘地(Gandhi)和尼赫鲁(Nehru)都强调这些事实。K. 奈尔生动地描述了印度农民的观点,并且指出:"同印度各个地区的农民谈话之后,……我终于得出下述结论,物质资源的问题仅仅是必须考虑的几个因素之一,而且任何一种提高农业产量的计划都必须与资源相适应,同时计划并不是最重要的。对于提高印度农业生产率甚至改进技术而言,决定性的因素不是物质资源问题,而是社会对待工作的态度问题。正如我们所看到的,这种对待工作的态度,在不同社会和地区之间是有很大差别的。"[②]

---

① A. 缪尔达尔:《民族与家庭》,1968年版,第1085—1087页。
② K. 奈尔:《骚乱的兴起》,普里格出版社,1962年纽约版,第190页。

但是，权威观察家对于上述有争论的问题看法是不一致的。T. W. 舒尔茨提到印度时特别指出："不能说是属于务农的一个阶层和种姓的人，都偏好闲暇懒散。可以这样说，各种农业社会的人对于劳动的偏好和动机都是相同的。如果情况是这样，那么，传统的农业并不是某些农民喜欢懒散的结果，而懒散的出现恰恰是边际劳动生产率低的一种后果。"[1] 但是，"低"边际劳动生产率并不是由 T. W. 舒尔茨来规定的，而且对于一个印度人来说，低的边际劳动生产率，或许对于一个日本人或中国人来说并不低。日本农民显然愿意为多收一磅稻谷而工作，但印度农民却不愿意干[2]。这就意味着，尽管印度每个工人的收入比日本低，而印度闲暇的保留价格却比日本高（如果我们假设维持生存偏好要比市场商品更重要，则日本大米市价较高是无关紧要的）。此外，K. 奈尔指出，所谓一个印度村庄的劳动生产率太低，并没有低到足以阻碍邻村的人耕种土地。因此，我并不认为，T. W. 舒尔茨强调印度人不关心对于劳动与闲暇的特殊偏好的论述是可信的[3]。

据我看，否认各个地区人们对工作有不同偏好的这种论点，特别是 T. W. 舒尔茨的看法，是起源于想把农民的经济决策塞进一个追求最大货币利润的企业模型中去。A. V. 查耶诺夫的经典式著作[4] 已从根本上否认了这种说法。

---

[1] T. W. 舒尔茨：《改造传统农业》，1964年版，第27页。
[2] 参见 M. 帕格林：《剩余农业劳动和发展：事实和理论》，载《美国经济评论》，1955年第65期，第825页。
[3] 参见 K. 奈尔：《骚乱的兴起》一书。
[4] 参见 A. V. 查耶诺夫：《农民经济理论》一书。

对于印度两个邻近村庄进行一番人类学-经济学的研究之后，T.S.爱泼斯坦得出结论说："在旺加拉和达利纳过去25年所发生的事情证明，村民们响应新的经济机会的速度并不慢。事实上，他们适应新的经济机会的进程并不比全世界其他地方的农民们慢……旺格拉和达利纳两个村庄的村民们都较快地使他们自己适应于该地区灌溉设施带来的新经济环境。"[①]只是T.S.爱泼斯坦说印度村民和其他国家村民一样快地适应新的经济机会时，已经超越自己的资料。

四、结 论

本附录的第一个结论是很不容易估计农民为适应人口增加而多做的工作。至于这里考察的特殊情况，即印度农民为适应人口增长而对工作的偏好如何，我断定，一般来说，印度农民在一定健康和文化条件下，他们适应人口增长的工作偏好大致上不如许多其他国家那样快。我还认为，在印度不同的社会阶层之间这种偏好是有重要区别的。总之，在我看来，目前印度在收入与闲暇之间决定取舍的无差异曲线，不同于其他国家。由此得出一个其他条件相同的"答案"，就是无论人口多少，都是闲暇多而产量少。不过，从长期趋势看，印度农村可能出现心理和社会结构上

---

① T.S.爱泼斯坦：《印度南部的经济发展和社会变化》，第311页。

的重要变化,从而导致一个不同的结论。①

---

① 更一般地来说,我认为有把握地说,从中长期趋势看,人口增长对整个印度的影响肯定将取决于印度结构改革的程度。社会经济管理方面将有多大的变化。对于像库兹涅茨、希克斯和克拉克这样的经济史学家,对于像 V. M. 达德卡(V. M. Dandekar)和 E. 博塞勒普这样的马克思主义者,对于像 A. 缪尔达尔这样的折中主义观察家来说,经济史上这种社会改革的重要性是很清楚的。这对于社会学家也是很明确的。只有经济分配理论家不是这样看待这个问题,因为经济理论中没有结构改革的范畴。

第十章　发展中国家孩子增加对非农业物质资本和人力资本的影响

一、引言

第七章概述了发展中国家的一般模型,第九章考察了孩子增加对当季农业劳动的影响,作为第十三章中所用模拟模型的输入项加以运用。现在我们就来谈储蓄。

人口增长影响人们储蓄与投资的数量,并影响社会投资的方向。即使储蓄和投资都不受人口增长率的影响,生产资本的总量和从前一样,但人口增加也会使得每个劳动者的平均资本减少,因为高人口增长率使劳动者人口数增加。于是资本淡化将影响每个劳动者的产量和收入。所以,估计发展中国家人口增长对每个劳动者平均的物质资本和人力资本总影响的大小,作为发展中国家模拟模型的输入项,就是本章和以下两章的任务。

在第十至十二章中,这项讨论的分工并不是很匀称的。有些小题目在结构上是互相交错的,而且引用的资料和以前的研究分析也不是按照理想的分工方法提出的。按理,人们所想知道的是联系不同的人口增长率或生育率,按照诸如(1)农业,(2)工业,(3)住宅和学校设备,以及(4)社会基础结构等项分类可以分别预测到的各种投资总值。但是,既无原始资料又无多少重要的有关研究成果与这些数量相对应。第一,国家统计资料并不包括非货币投资,这些非货币投资可能是发展中国家农业和基础结构投资中非常重要的部分。第二,用于这类问题跨部门研究的数据都是国民产值的各种比例,这就显然是假设无论人口增长率如何变化,总产值都是相同的,而实际并非如此。第三,有用的资料和研究报告常常把所有类型的投资汇集在一起,而不管有无遗漏和上述缺陷,以致人们无法确定人口增长率对不同投资类型的影响,尽管这些影响可能是完全不同的。

这些材料将介绍如下。本章提出的研究数据大多是指货币形式的物质投资和人力投资的总数。这通常包括大部分公共的与私人的工业和城市投资,也包括一部分农业和基础结构的投资。关于这方面的文献都有比较充分的叙述,所以这一章主要是一些先前著作的摘要。下一章论述人口增长对农业投资的影响,其中大部分是非货币形式的,因此不包括在这一章的综合研究中。第十二章论述对社会基础结构资本的影响,其中有些已在本章中讨论过。

二、关于生育率影响储蓄和投资的部分经验性的估计和计算

国家之间的比较是关于已增长的生育率影响储蓄的经验性资料的一个来源。主要的经验性估计是 N. H. 莱夫（Leff）[①]做出的。在保持其人均收入和人口增长率不变的条件下,根据47个不发达国家的汇总资料样本,莱夫发现人均储蓄相对于儿童抚养系数的弹性为－1.3（作为国民收入一部分的储蓄弹性为－1.2）。相对于人口增长率的弹性是把－1.3换算为－0.56和－0.51（其计算方法见第十一章第十九段）。莱夫的研究中的储蓄包括各个政府报告中作为"国内总投资"的全部支出,那就意味着用于新增人口的住房建筑和公用设施的"人口投资"都包括在内。

莱夫的回归法表明,引起储蓄差异的是抚养人数的差异。但因可能有第三因素会既影响储蓄又影响生育率,并因此说明这两者之间的连带关系。这一种因素或许在人们的估计中是比较短期性的或者是关于未来重大事件的高度不可靠性,或者是缺乏就业和投资机会,或者是整个制度上的、社会的和心理的,通常称之为"传统主义"的复杂因素。麦克莱兰关于"追求成就变量"或许就是这一类的变量[②],该变量明显地与长期和跨国度的经济发展

[①] N. H. 莱夫:《抚养系数与储蓄率》,载《美国经济评论》第59期,1967年,第886—896页。

[②] 此处指麦克莱兰（Meclelland）1961年发表的著作,但原文没有标明著作名称。——译者注

有关。但因没有关于储蓄和生育率的直接证据,所以在建立一个发展中国家人口的定量模型过程中,最重要的是指出莱夫估计值中分类错误的可能性,并且对那些包含在莱夫估计中的一系列数值进行检验。

另一类跨国家的对比资料来自 A. P. 瑟尔瓦尔(Thirlwall)对九个发展中国家的典型研究。瑟尔瓦尔的回归得出

$$\frac{\Delta K}{K} = 6.005 + 0.449 \left(\frac{\Delta POP}{POP}\right),$$

式中瑟尔瓦尔用总人口表示劳动力人数的变化(但是从这个意义上说,也可以用来表示非劳动力的被抚养人数的变化)。瑟尔瓦尔根据这种回归推断,"没有根据认为发展中国家人口增长率同资本积累率是成反比的"。[1]但是这样一种回归,甚至就瑟尔瓦尔用资本、劳动力和总生产率等做的其他回归运算而言,也是格外难于解释的,特别是难以说明被抚养人数对储蓄的影响。当年的人口增长显然从算术上看是从当年的生育开始的。但是当年的出生率是同前些年的出生率密切联系的,并因此同当年的劳动力增加有关。所以随当年人口增长而变化的当年资本绝对增长,可以同劳动力增长的正效应是一致的,也同被抚养人数增加的较小的负效应是一致的。

瑟尔瓦尔运算的结果对于这一方面并不怎么重要,因为他的回归并未包括有关这个问题的某些变量,还因为他的样本不大,

---

[1] A. P. 瑟尔瓦尔:《在生产函数结构中人口增长、产量增长和人均收入的横截面研究》,载《经济学和社会研究中的爱彻斯特学派》第40期,1972年。

但至少是对莱夫研究的结果表示怀疑。

国内家庭预算调查是估计人口增长影响储蓄的另一种根据。凯利对1889年美国工人的一次抽样当中就储蓄率同家庭规模的关系进行过调查[1]。这篇文章的内容对发展中国家比对发达国家更加近似[2]。他发现有两个孩子的家庭的储蓄率（储金÷收入）高于两个孩子以下的家庭，并且比两个孩子以上的家庭高得多，见表10-1。

表10-1　1889年美国工人家庭规模（租房住家户）对储蓄率的影响

	孩子数						
	0	1	2	3	4	5	6+
按照抽样的平均收入计算							
储蓄率(S/Y)%	7.91	7.91	11.73	6.94	3.11	1.65	2.65
指数	100	100	148	90	39	21	33
按照无子女家庭的平均收入计算							
储蓄率(S/Y)%	4.46	4.46	8.28	3.68	−3.4	−1.80	−0.80
指数	100	100	186	82	−8	−40	−18

资料来源：凯利等，《写作的历史背景：明治时期的日本》，1971年，载《经济史》杂志第31期，第39页。

---

[1]　参见艾伦·C. 凯利和J. G. 威廉森：《写作的历史背景：明治时期的日本》，载《经济史》杂志，第31期，1971年。

[2]　当时平均美国每个家庭的收入是603美元——假定一个家庭5或6人——那就意味着他们的收入是比美国1887—1891年期间的人均收入低得多。这个人均收入是1967年实际人均收入的1/9。（美国商务部《美国历史统计》1960年，第139页）这就说明凯利样本中的平均家庭收入远远不到美国今天平均家庭收入的10%。

D.弗里德曼博士发现中国台湾地区的一些结婚十年或十年以上的家庭中,在保持收入和教育不变情况下,人数较少的家庭都更加能在结婚以后有一些积蓄。[①]家庭规模为0—2、3、4和5以上的那些家庭中有储蓄的百分比分别是48%、41%、40%和31%。

综上所述,莱夫、弗里德曼和凯利研究的结论都指出:那些已有几个孩子的家庭,再增加孩子则降低储蓄对收入的百分比。(对这个结论的判定已在第三章叙述过了。也许这里最重要的判定是,再增加孩子可以导致更多的工作和更多的产量,其结果是储蓄的比例虽然较低而储蓄的总量不变或更高)

对资本影响的动态模拟

现在让我们继续考察根据科尔-胡佛[②]和恩克等人[③]的模型计算的对每个工人平均资本的总影响(我确信这些模型对于说明资本形成是很有用的。对它们的更普遍的含义,即将在下文第275—276页提出评价)。熟悉这部分文献的读者可以跳过本段,去读第275—276页关于如何把这些影响资本的模拟模型用于一般典型发展中国家的讨论。

任何发展中国家模型的出发点必须是适当的人口构成,或者更确切地说必须是假设各种不同生育率和几种死亡率构成。那就是,必须知道每同一年代人各年龄组在将来每一年可能进入劳

[①] D.弗里德曼:《现代商品和劳务的消费以及它们与生育率的关系,有关中国台湾地区的研究》,密歇根大学出版社,1972年版。

[②] A.J.科尔和E.M.胡佛:《低收入国家的人口增长和经济发展》,普林斯顿大学出版社,1958年版。

[③] S.恩克等:《放慢人口增长的经济利益》,1970年版。

动的人数。发展中国家的死亡表,特别是从长远看应该取决于早期出生率,这是合理的。可惜这里要叙述的模型不是这样,但是这种省略或许不太重要。这些模型中的一项比较重要的遗漏可能是在各种出生率表中没有考虑到健康状况的差别,及由此引起努力工作的能力和意愿的差别。

A.J. 科尔和 E.M. 胡佛的考察大部分局限于印度出生率的两种格局,一种是,出现一个持续高出生水平,大约为每 1,000 人中的 43.2 到 40.0 人;其次是,在 1956—1981 年的 25 年中出生率直线下降 50%,从每 1,000 人中的 43.2 人下降到 23.4 人。① 这种逐渐下降的类型比设想一个出生率一下子从由 $t=0$ 时开始向其他出生率突然下降 50% 更为实际,因为出生率只能缓慢下降。但是逐渐下降是不便于分析的,并使我们难于引申出普遍的分析性结论。因此,我也用科尔-胡佛模型进行过实验,设想一次从 $t=0$ 时的出生率突然下降 50%,并且再做一次试验,假设突然使该出生率下降 25%。

S. 恩克等人的模型研究过"理想的"发达国家的几种情况,一种是 44‰ 出生率的"未下降"水平,一种是 30 年中从 44‰ 降到 36‰ 的"缓慢下降"状态,还有一种是 30 年中从 44‰ 降到 26‰ 的"加速下降"状态。发达国家"加速下降"范围中"高""低"生育率的结局中的分年龄的出生率是用这些国家生育率统计表(见表 10-2)的内在作用来加以说明的。

至于死亡率,A.J. 科尔和 E.M. 胡佛广泛地研究了印度未

---

① A.J. 科尔和 E.M. 胡佛:《低收入国家的人口增长与经济发展》,1958 年版,第 38 页。

第十章 发展中国家孩子增加对非农业物质资本和人力……

来可能的死亡率趋势（根据20世纪50年代早期的观察），并编制成两个可供选择的生命表，根据1951年初起始日期的资料，一张表是每1000个成活婴儿中死亡200人，另一张表是死亡250人。恩克等人的模型用的是1963年联合国的标准生命表和科尔-德门尼（Coale-Demeny）1966年的生命表。

现在谈到这些模型①的经济学。发展中国家的资本效应模型的出发点是生产函数，即表明产值同诸生产因素的关系。产值是劳动力和资本的函数，并表示为公式10-1：

$$Y_t = f_i(A_t, L_t, K_t) \qquad (10\text{-}1)$$

表10-2 发达国家的出生率（每1,000名妇女）

年龄	表1（高）	表2（低）	低/高的比率
15—19	111	35	0.32
20—24	295	180	0.61
25—29	304	181	0.60
30—34	248	114	0.46
35—39	183	59	0.32
40—44	81	20	0.25
45—49	20	18	0.90

资料来源：S.恩克，《放慢人口增长的经济利益》，1970年版，第36页。

---

① 全面叙述A.J.科尔和E.M.胡佛（1958）模型及其输入，需要看他们的全书，虽然这个模型本身大部分已在该书的第十七章叙述过，并在第282页上用代数方法做了概括。

A.J. 科尔和 E.M. 胡佛在他们的著作中都是把产值仅仅看成是技术和资本的函数,假定无论会出现什么生育变量,劳动力总是完全相同的,因为在他们研究的主要集中点是短短的30年基本时期内,生育率的差别方面几乎对劳动力数量没有影响。那就是说,被认为影响全部生产率的唯一因素,是由已预计到的技术进步趋势调整的资本。然而我已把他们的模型改为标准的科布-道格拉斯公式,加进劳动力因素,并将在下文同 A.J. 科尔-胡佛的基本结论一起介绍这些结论。恩克等人也是采用标准的科布-道格拉斯公式。[①]

分开考虑发展中国家的两个主要经济部门是有意义的。然而 A.J. 科尔和 E.M. 胡佛把这种经济看作一个整体,而不是像恩克等人那样将它分为农业和工业。

假定全部储蓄都已用于投资,则存在于任何一个时期 $t+1$ 的资本数量,总是时期 t 的资本数量加上 t 时期内净储蓄的函数。这个公式可以写成

$$K_{t+i} = K_t + S_t \qquad (10\text{-}2)$$

重要的问题是怎么决定储蓄和投资的数量。很明显,如果总产量比较大,储蓄的绝对量就比较大。但是,究竟储蓄怎样依赖于总产量和经济上的其他因素,如家庭规模和生活水平,这个问题无论在实际上或者在确定一个模型中出现的情况都极为重要,也是

[①] 其他函数如凯利1972年所用的 CES 函数,或许对于这个领域的失败之作更加合适。

非常难于根据经验加以确定。A.J.科尔和E.M.胡佛的模型中的投资量是人均收入的反函数，又是总收入的正函数。那就是说，在他们的模型中，投资并不是产量的一个不变部分，投资依赖于产量，但是也取决于分配产品的人数（方程式10-3）。他们的公式是

$$K_t - K_{t-1} = C_t\left[\frac{(K_t - K_{t-1})}{C_o} + a\left(\frac{Y_t}{C_t} - \frac{Y_o}{C_o}\right)\right] \quad (10-3)$$

这里的$(K_t - K_{t-1})$=总投资，用0为脚注的数量是基值。系数a在A.J.科尔和E.M.胡佛的大部分运算中等于0.30（在有些运算中为0.25和0.35）。例如在科尔-胡佛模型中的20年这一时点上，就意味着有少于9%的消费者当量在他们的"低"生育率情况下带来了高于11.4%的总投资[1]，其弹性为-1.3，大约等于莱夫的经验估计值。

恩克等人也假设了一个依赖于国民生产总值和成年消费者人数的投资函数。他们的公式[2]是

$$K_t - K_{t-1} = Y_t - 0.80Y_t - \$30C_t \quad (10-4)$$

这个公式在恩克等人模型的人均收入起点为200美元时，这个公式中投资下降3%，为了增加1%的非生产的消费者当量，这

---

[1] 是根据他们的例子计算出来的。参见A.J.科尔和E.M.胡佛：《低收入国家的人口增长与经济发展》，1958年版，第271页。

[2] 恩克等：《放慢人口增长的经济利益》，1970年版，第26、52页。

就比莱夫的估计或科尔-胡佛的假设高得多。[①]

另一个有关人口变化对资本影响的重要问题是有多少储蓄将作为各种不同种类的投资。一个重要的区别是在于作为抚养孩子的投资和作为短期内生产商品的物质资本投资之间的差别。A.J.科尔和E.M.胡佛详细论述了政府储蓄和政府支出中究竟有多少用于给现有的和新增的人口的重要问题。首先,他们区别了"福利型"公共支出和"直接增长型"公共支出。前者包括住房、教育和其他社会服务方面的公共支出,后者还有对道路、工厂和其他的公共投资,以便促进生产的迅速发展。他们的模型把直接增长的公共投资和私人投资加到社会用于直接增长的投资总量中去。接着他们把用于现有人口所需要的福利支出同用于新增人口所需要的福利支出加以区别。在他们看来,"新增一个人最初供应品的福利需要的公众支出是以后每人每年该项支出的十倍"。[②] 按照他们的模型,由于政府支出中大部分被用于福利需要,因此,新增人口对直接增长的政府投资有一个很大的负作用。已知他们估计在印度政府支配的储蓄几乎是全部储蓄(以货币形式)的三分之一[③],因此,按照他们的模型新增人口对直接增长投资总量的影响显然是很大的。到了他们假设的30年期限结束,当

[①] 应注意到,科尔-胡佛和恩克等人所用的这个概念是净投资,而莱夫和瑟尔瓦尔所用的数据是总投资。物质折旧是一个重要因素,因为不同类别的资本(工业的、农业的、基础结构的)有不同的折旧率,而且与出生率无关。因此,最好是讨论总投资和物质折旧的量级。

[②] A.J.科尔和E.M.胡佛:《低收入国家的人口增长和经济发展》,1958年版,第156页。

[③] 同上。

时的低生育状态已终于达到低生育率，其直接开发费用根据低生育率的估计是国民收入的14.7%，根据高生育率的估计是10.4%（前者代表的总投资比后者甚至更大，因为按科尔-胡佛模型照低生育率估计的国民收入总量比按高生育率估计的更高）。用弹性来表示，全部净"人口投资"对"直接增长型"投资的影响如下：减少9%的消费者当量的结果是增加22.5%的"直接增长型"投资，即弹性为－2.5。对于一个适合科尔-胡佛模型的国家，上述估计值可用于估计新增人口对公共投资方向的影响。这个估计值不会由于他们的生产函数不包括劳动力这一项而大受影响。

三、资本对每个工人平均产值[①]的影响

本章的前几节已经叙述了人口增长对投资和资本的影响。但是资本和投资只有在资本影响到产值的范围内才能最终引起人们的注意。

本章这一部分的中心论点在于那种仅仅基于物质资本，或以物质资本加上按劳动力计算的人力资本为依据的这种见解，如果用这种见解去考虑发展中国家的经济发展，是一个严重的错误。因此，非常难说介绍科尔-胡佛和恩克等人关于人口增长影响产值的研究结果究竟是有益还是有害，原因有二：（1）作为短期模型，其结果可以说明问题，但可能导致对于长期的错误结

---

① 本题的人均产值是指按劳动力计算的每个工人平均产值。下同。——译者注

论;(2)这些结果有助于说明仅资本一项对产值的部分影响,然而这种排除非资本影响的结果或许会引起误解。无论如何这种惯例在经济人口学上具有历史的重要性,因此介绍他们的一些结果似乎还是恰当的。

我们必须马上解决关于采用什么计量方法的问题。采用每个消费者的产值显然是不合适的,因为新增加一个小孩立即会引起计算上的差别,即使作为生产体系的经济制度并没有变化,而且正是作为一种生产体系我们才应该在讨论经济发展时考虑到经济制度。总产值的变化也是不能说明问题的。印度的总产值比挪威高,但是公认的是挪威要比印度发达得多。我看最好的计量单位是按劳动力计算的人均产值。要核算这种人均产值,必须有一个包括劳动和资本在内的生产函数。因此,我把科尔-胡佛的结构稍加扩大,使之包括一个科布-道格拉斯函数①,其 $a = 0.5$ 和 $\beta = 0.5$。② 我们还可以用这一方法检查恩克等人的模型。必须再

---

① A.J. 科尔和 E.M. 胡佛利用科布-道格拉斯提供了一个较长期运算的补充研究模型,参见《低收入国家的人口增长和经济发展》第二十二章,但是,他们的分析仅仅开始于第一个三十年期末。提供的结果很少。因此,比较明智的方法是按这条思路从这一阶段的初期开始计算。

② 这种新生产函数的公式是:

$$Y_{t+2.5} = Y_t + \left(\frac{2.5\text{GRO}}{\text{COR}}\right)^{0.5} [a(L_{t+2.5} - L_t)]^{0.5}$$

式中 $a = \dfrac{(2.5\text{G/COR})_{t-0}}{(L_{t+2.5} - L_t)_{t-0}}$,用于调节这个模型出发点的一个因素。

GRO = 科尔和胡佛的"等量增长支出"。

COR = 粗资本-产值比率。参看 A.J. 科尔和胡佛的《低收入国家人口增长和经济发展》第283页所给的定义。必须指出,这个公式不能运用于劳动力大量减少的任何年份。

次指出,根据这些模型得出的资本效应估计值都不是更具有普遍性的一般模型所适用的总资本效应,因为一般模型还必须包括非货币投资与科尔-胡佛和恩克等人的模型所没涉及的其他资本效应。另一方面,科尔-胡佛对货币资本效应的考察大概要比我们建立一种一般的模型更加烦琐。

恩克等人的结果见表10-3。在30年当中,按劳动力计算的人均产值由于持续的高生育率状态而上升 $\frac{991-553}{553}=79\%$（表10-3第1栏）,反之,在生育率下降状态下它将上升到96%（表10-3第3栏）。这些估计值所依据的设想,包括假定有些工人已被解雇。如果计算在业工人的平均产值——假定这里确实没有明显的失业,或至少没有长期失业——则两种生育率状态下（表10-3第2、4栏）的工人平均产值上升值将分别为66%和75%。按照包括失业影响的计算,正在下降的生育率条件下人均产值对持续上升生育率条件下的人均产值的比率为1078/991（=1.09/1）。假定没有失业,则比率为1140/1081（=1.05/1）。

表10-3　发达国家按就业工人和潜在工人在内的人均产值

年份	持续上升生育率模式		正在下降生育率模式	
	包括潜在工人在内的人均产值（1）	就业工人的平均产值（2）	包括潜在工人在内的人均产值（3）	就业工人的平均产值（4）
1970	553	651	553	651
1975	589	695	590	695
1980	643	744	646	744

续表

1985	711	803	719	805
1990	791	877	814	889
1995	884	969	933	999
2000	991	1,081	1,078	1,140

资料来源：恩克等，《放慢人口增长的经济利益》1970年版，第83、93页。

科尔-胡佛模型[①]的一些结果可看表10-4中"持续"上升和"正在"下降生育率的（1）和（2）栏。30年中因生育率下降而提高人均产值（$\frac{1.25-0.70}{0.70}$）＝79%，而在持续上升生育率情况下则仅提高40%。正在下降生育率条件下的人均产值对持续上升生育率条件下的人均产值比率为1.25/0.98（＝1.28/1）。虽然由于完全不同的模型和参数，以致在恩克等人的模型中，绝对收入和产值的提高比科尔-胡佛模型稍快一些，但是在两个模型中，这种下降生育率变量在30年后的相对好处并没有很大的差别。

高生育率和低生育率两种模型之间每个工人平均产值的差别，可以被看作是因为科尔-胡佛和恩克等人的模型都忽略了一些因素本来所形成的差距，或者是因为在高生育率条件下有更多储蓄而形成的差距，如果人口增长还没有对经济发展产生有害影响的话。

---

① 这些结果是用 $\alpha=0.5$ 和 $\beta=0.5$ 的科布-道格拉斯函数展开他们的模型而求得的，但是在第一个30年期间，这些计算结果都同他们不把劳动力看成生产因素的模型是一样的。

表 10-4 科尔-胡佛最初模型(延长时间和扩大统计范围)的总产值和每个工人的产值

年份	持续的上升生育率总产值÷劳动力=每个工人的平均产值(Y/L)(1)	正在下降的生育率 $Y\div L=Y/L$ (2)	接近于一半的①生育率 $Y\div L=Y/L$ (3)	接近于四分之一的生育率 $Y\div L=Y/L$ (4)	生育率为0 $Y\div L=Y/L$ (5)
1956	108/154 = 0.70	108/154 = 0.70	108/154 = 0.70	108/154 = 0.70	108/154 = 0.70
1961	127/167 = 0.76	128/167 = 0.77	130/167 = 0.78	132/167 = 0.79	134/167 = 0.80
1966	150/183 = 0.82	151/183 = 0.82	160/183 = 0.875	165/183 = 0.90	171/183 = 0.94
1971	177/203 = 0.87	181/203 = 0.89	200/186 = 1.08	213/177 = 1.2	228/168 = 1.36
1976	208/228 = 0.91	218/226 = 0.96	254/190 = 1.34	279/171 = 1.63	309/152 = 2.02
1981	243/256 = 0.95	266/247 = 1.08	326/195 = 1.68	370/165 = 2.25	422/135 = 3.14
1986	283/288 = 0.98	330/265 = 1.25	423/199 = 2.12	495/154 = 3.20	579/117 = 4.95
1991	327/326 = 1.0	414/281 = 1.46	554/201 = 2.75	666/145 = 4.60	794/101 = 7.9
1996	372/407 = 0.92	523/293 = 1.78	729/203 = 3.60	895/140 = 6.40	1085/85 = 12.8
2001	414/420 = 0.98	665/305 = 2.18	961/198 = 4.86	1200/125 = 9.6	1477/66 = 22.3
2006	471/482 = 0.98	850/314 = 2.70	1271/195 = 6.5	1614/111 = 14.5	2001/45 = 44.5
2011	519/552 = 0.94	1093/322 = 3.38	1676/191 = 8.8	2158/99 = 21.8	2691/23 = 117.0

单位:总产值 十亿卢比 劳动力 百万人 人均产值 千卢比/年

注意:左上方线框中的数字属于原有科尔-胡佛模型的范围。① (3)(4)栏是指生育率下降到只有原来的1/2或1/4。

227

下面是我根据修改的科尔-胡佛模型推导出来的一些补充结果（恩克等人没有为此发表过可供比较的估计值）：

1. 将原来的科尔-胡佛模型[①]用增长的生育率变量进行运算，并将这些结果延长到55年。所得结果都列入表10-4的3-5栏。通过不现实的但有趣的分析发现，与持续上升生育率状态相比，第一阶段生育率很快降低一半的那种生育状态下的人均产值，比科尔-胡佛模型的正在下降的生育状态大得多。在第一个30年，由于生育率立即下降一半，人均产值提高203%，收益胜过高生育率2.12/0.98（＝2.16/1）。至55年期末，生育率降低一半胜过持续高生育率的收益是荒谬的8.8/0.94（＝9.36/1）。由于生育率立即下降到原来的1/4，或下降到出生率为0，则55年后的收益甚至更加荒谬地分别为21.8/0.94（＝23.2/1）和117/0.94（＝124/1）。

十分清楚的是，55年期间的这些计算结果，特别是根据出生率很快降到原来的1/4和下降到0的这些结果，都是荒谬的。这些不合理的论证说明，那些在表面上最吸引人的计算结果显然会出现在这样一种局面之中，那里没有一个人在55岁以下，因此，实际上没有一个人为相当大一批上了年纪的被抚养人口生产社会产品。当然这些计算结果对于科尔-胡佛模型是不公正的，因为一个人不应该要求一个模型超出它所模仿的情况去完成任务。而这种种运算的确强调的是科尔-胡佛的计算结果主要归因于缩

[①] 这个高生育率和低生育率的结果，由于计算机的近似值不同，所以同科尔-胡佛的结果稍有差别。

小了产值/工人（或产值/消费者当量）这个比例的分母，而不是由于改变了经济结构。

2. 如果人们不是按照科尔和胡佛的假设，认为储蓄既是总收入的函数也是人均收入的函数，而是如同许多观察家认为更有可能的那样，假设储蓄仅仅是总收入的函数，人口增长对资本的负作用就比较小。也就是说，下降生育率状态按比例的储蓄函数的人均产值，其超过上升生育率状态的收益，总是小于把储蓄当作每个工人收入的函数（如表10-5所示）时的收益。当人们简单地比较这30年的两种计算时其区别似乎很小：其收益比率为

表10-5 科尔-胡佛最初模式中不同储蓄函数的总产值和每个工人的平均产值

	$S=f(Y, Y/C)$科尔-胡佛模式		$S=f(Y)$	
	持续上升的生育率 $Y \div L = Y/L$	正在下降的生育率 $Y \div L = Y/L$	持续上升的生育率 $Y \div L = Y/L$	正在下降的生育率 $Y \div L = Y/L$
	（1）	（2）	（3）	（4）
1956	108/154 = 0.70	108/154 = 0.70	108/154 = 0.70	108/154 = 0.70
1961	127/167 = 0.76	128/167 = 0.77	128/167 = 0.77	128/167 = 0.77
1966	150/183 = 0.82	151/183 = 0.82	155/183 = 0.85	155/183 = 0.85
1971	177/203 = 0.87	181/203 = 0.89	190/203 = 0.94	192/203 = 0.95
1976	208/228 = 0.92	218/226 = 0.96	236/228 = 1.04	242/226 = 1.07
1981	243/256 = 0.95	266/247 = 1.08	295/256 = 1.15	310/247 = 1.25
1986	283/288 = 0.98	330/265 = 1.24	371/288 = 1.29	402/265 = 1.52

单位：见表10-4。

1.52/1.29（＝1.18/1），而不是1.24/0.98（＝1.26/1）。前者是降低生育率随按比例的储蓄函数而变化的收益（3—4栏），后者是低生育率随科尔-胡佛储蓄函数而变化的收益（1—2栏）。但是，当我们注意到人口增长时，就发现储蓄函数的差别更加重要。对科尔-胡佛函数来说，两种生育率结构的比较是在$(\frac{0.98-0.70}{0.70})=$ 40%与$(\frac{1.24-0.70}{0.70})=77\%$之间，而对储蓄为收入的唯一函数来说，则这种比较是在$(\frac{1.29-0.70}{0.70})=84\%$与$(\frac{1.52-0.70}{0.70})=$ 113%之间。就是说，用比例储蓄函数的生育率结构的差别不像用科尔-胡佛储蓄函数所得的差别那样重要。因此，科尔-胡佛的结论由于改变储蓄函数而有所削弱。

本章附录对于科尔-胡佛模型及其类似模型，特别是对于根据这类模型得出的有关人均收入的种种结论提出更一般的批评。

为了结束本段所述，必须再一次强调，生育率对资本影响的估计值，仅仅适合于货币投资部门，并因此应当主要适用于一个包括两个部门模型中的工业部门。恰如其分的估计可能是莱夫的估计值，外加在其中心值上下的许多估计值。

四、人力资本投资的重要性：西蒙·库兹涅茨的探讨

教育和人力资本投资在理论上的重要性

1967年，西蒙·库兹涅茨做了关于货币投资和人口增长的另

第十章　发展中国家孩子增加对非农业物质资本和人力……

一种性质的探讨①。与科尔和胡佛不同，他没有运用模型输入两个或两个以上的人口增长率去观察国民收入增长率将会发生什么变化。相反，他是从假设一种国民收入增长率出发，并寻求在不同的人口增长率的情况下，要实现这样大的收入增长率需要多少投资。这个方法的主要优点是它便于用铅笔和纸进行运算，因为它不要求回答经过长期人口增长之后的积累起来的影响，而只要求知道在一定的人口增长率情况下，为了防止赤字，以便达到收入增长的目标，而在任何一个特定的年份所需要的投资额。

如果人们仅仅认为机器和建筑方面的物质投资是需要的，就可以看表10-6中库兹涅茨的计算。表上端的两排表假设的人口增长率和库兹涅茨设想的四种情况下的人均产值②。该表的第

表10-6　人口增长率上升对资本需求和人均消费量的影响

情　况	（1）	（2）	（3）	（4）
1.假定的人口年增长率（%）	1.0	3.0	1.0	3.0
2.假定的人均产值年增长率（%）	2.0	2.0	0.1	0.1
3.净产值年增长率（%）（根据1和2排）	3.02	5.06	1.101	3.103

---

① 参见西蒙·库兹涅茨：《人口和经济增长》，载《美国哲学学会的预测》第3卷，1967年，第170—193页。

② 我们再次发现按人口平均比按每个工人平均的用法更多。当谈到库兹涅茨使用的增长率时，这个用法比科尔和胡佛的不同收入水平可以少引起误解。

这里人均产值是按总人口平均的产值。

续表

4.所需的净投资额占净产值的百分比(净资本-产值的增量的比率,假定为3.0)	9.06	15.18	3.303	9.309
5.假定的政府消费额占净产值的百分比	10.0	10.0	10.0	10.0
6.个人消费额占净产值的百分比(100减4和5排)	80.94	74.82	86.70	80.69
7.平均每消费者当量的消费量	60.54	50.85	64.83	54.82

资料来源:西蒙·库兹涅茨,《人口和经济增长》,载《美国哲学学会的预测》第3卷,1967年,第175页。

六行表明,假如人口增长率较高(比如说每年3%)而不是较低(比如说1%)的话,为了达到任何一定的收入增长水平,则消费者支出上的差别很微小,即投资的差别也很小。国民产品进入消费的范围只能75%到87%。这是非常有趣的!它似乎只需要很小一点额外的努力,只要在经济增长率为2%的时候,把消费从81%减少到75%,就能适应3%(不是1%)的人口增长率(见1和2栏),似乎只要稍动一下杠杆就有很大的效果。或者换句话说,假如一个国家只能在消费中少花费很少一部分,比如说75%,而不是81%,则这个国家的发展速度即使在3%的人口增长率下也能明显地增长,每年从0.1%上升到2%(见第2和4栏)。

然而这种模型有一个基本错误。正如西蒙·库兹涅茨所指出的,只有物质资本投资是不够的。为了发展,一个国家还必须为其公民的教育和健康投资,因为健康和教育是为了有效地利用物质资本所必需的(自从亚当·斯密强调过它的重要性以来,只是在长期被忽略之后,到20世纪50至60年代才重新认识到"人力资本"这种投资的重要性,这是一项经验教训)。为了达到一定的健康水平和教育水平,人口较多则需要较多的开支。现在当人们考虑到这个更好理解的投资概念时,对于达到一定收入增长水平所必需的投资已不再相差很小了。这个问题可看表10-7,该表说明了资本/产值比率的五个标准值(西蒙·库兹涅茨有意地没有说明是净值还是总值)[①]。这个人力资本概念的含义包括教育、健康和有关的社会服务,它使得资本/产值的比率比人们通常见到的要高得多(但是10以上的比率,即使根据这个更广泛的定义也是非常高的,而且只是提供分析之用)。表10-7的第5和6行表明,在资本/产值比率为5(非常可能)或5以上时,为了筹措满足人口增长3%(不是1%)所需"资金",则需要降低人均消费达20%以上,而且随着资本/产值比率增大,还要比20%大得多。

那就是说,如把教育和健康纳入社会总资本作为其中一部分,则为了"弥补"人口增长率3%与1%之间引起的差别,就必须使人均消费额差别扩大,如果这两种情况下的人均产值增长都是相等的话。假如用科尔-胡佛模型运算,无论有没有社会福利支出,都会发现完全相同的结果,因为实际上福利支出是他们模型的一个重要部分。

[①] 西蒙·库兹涅茨:《人口和经济增长》,载《美国哲学学会的预测》第3卷,第180页。

表10-7 人口增长率上升或人均产值增长对每个消费者当量的影响

(按资本-产值比率的不同标准值分类)

假定:(1)人均收入 = 100;

(2)政府消费额(不包括全部固有的资本) = 总产量的5%。

情况	资本/产量比率增长的标准值				
	2.5 (1)	5.0 (2)	10.0 (3)	15.0 (4)	20.0 (5)
每个消费者当量的消费量 人均产值增长 = 2.0%					
1. 人口增长 = 1%	65.38	59.74	48.45	37.16	25.87
2. 人口增长 = 3% 人均产值增长 = 0.1%	55.97	47.37	30.17	12.98	-4.21
3. 人口增长 = 1%	68.97	66.91	62.80	58.68	54.56
4. 人口增长 = 3% 由人口增长率上升引起的每个消费者当量消费量下降的 %	59.29	54.02	43.37	32.93	22.39
5. 人均产值增长 = 2% (1和2排)	14.4	20.7	37.7	65.1	116.3
6. 人均产值增长 = 0.1% (3和4排)	14.0	19.3	30.8	43.9	59.0

大多数发展中国家都不能很快地选择投资水平。更确切地说,发展中国家社会都是在既定的一种特殊储蓄率和投资率之下,被一种人口增长率的种种后果所束缚。对于一个简单地"弥补"人口增长较大的社会来说,控制储蓄和投资是不容易的。那

就是说，由于这个原因，投资率的确不是一个决定性的变量，而人们至少希望，人口增长率是一个决定性的变量，并且只要一个社会（或一个社会的指挥者）认为必要的话便可以改变这个变量。尽管如此，库兹涅茨的研究还是具有分析意义的。它清楚地表明如果要使人口增长对资本的影响不至于延缓经济发展的话，那就需要格外努力：

> 很明显，人口增长的高速度和最近一二十年由于持续高涨的或轻微上升的出生率和急剧下降的死亡率所造成的加速增长，使人口增长这个难题更加恶化。把更多资源引到广义的资本形成中去，已成为一项迫切的组织任务，以致使不发达地区现有的已经负担过重的经济、政治和社会机器因而再增加负担。[①]

另一方面，库兹涅茨还强调说，资本效应绝不是问题的全部，因此，通过控制人口或其他办法来缓和人口增长对货币资本的影响，并不能使问题接近完全解决。

> 然而，如果前面的论述正确地描述了有关人均商品供给总量的因素平衡的话，则一个较高的人口增长率虽然是另一个问题，但或许不致造成像由于社会和政治制度调节不及时

[①] 西蒙·库兹涅茨：《人口和经济增长》，载《美国哲学学会预测》第3卷，1967年，第189页。

而妨碍开发潜力那样大的障碍。这个问题的核心似乎在于一国内部的社会和政治制度不适当,包括未能给有效地、持久地发挥经济落后地区的优势提供保护办法这样一些重要的经济内容,而且所有这些弊病都是不容易纠正的……这个观点包含的内容对于评价人口政策不应产生误解。毫无疑问,不发达国家在降低出生率方面的奋发努力是有充分保证的,只要不致因此大大消耗经济上和组织上的资源,因为这些资源本来是应该优先用来提高人均产值,并且间接地引导以不同的和更有远见的方式提出一种更合理的长期家庭计划。即使部分地减少了原有的沉重负担毕竟也是好事。但是,还有一些推论可以作为政策提出,如以达到更好的前景为目的而采取直接控制人口的办法,又要防止对这些办法的作用寄予过分的希望。[1]

人口增长对教育数量和人力资本投资的影响[2]

上一节清楚地看到人力资本投资的重要性,同时看到,在较高而不是较低的人口增长率情况下,为了提供一定的教育水平而需做出多大努力。这一节只考虑各种不同的人口增长水平对发展中国家的教育水平实际产生什么影响。

---

[1] 西蒙·库兹涅茨:《人口和经济增长》,载《美国哲学学会预测》第3卷,1967年,第189页。

[2] 这一节是同亚当·皮拉斯基(Adam Pilarski)共同进行的一个较大的科研项目的一部分。我感谢他允许在这里讨论这个课题。

关于人口增长对人力资本投资,即教育投资的影响的理论已在第四章讨论过,其结果是一次理论上的偏离。因此,作为一次以发展中国家为样本的经验性的调查研究[①]是有益的,其调查的性质同第四章中对发达国家的研究是一样的。

研究的结果均见表10-8。简言之,较高的出生率和较高的抚养负担对初等教育的水平似乎不会有统计学或经济学意义上的负作用。但是对中等教育有重大的负作用(也是根据1974年恩克对1969年76个人均收入低于1,000美元的国家的典型调查)。就每个儿童的平均教育经费而言,其弹性在-0.36和0之间。虽然这种负作用可能是重要的,但是要比如果出现完全的马尔萨斯主义影响(即弹性为-1.0)所预期的负作用要小得多。许多国家显然都正在补充所需的大部分经费以保一个其他条件不变的教育水平(尽管并不知道这个基金来自何处,同时在经济方面也许还有别的重要影响)。

表10-8 发展中国家人口增长对入学人数的影响

被抚养者的变量	用粗出生率回归		用抚养系数回归		国家数
	根据对数回归的弹性	根据直线回归的弹性	根据对数回归的弹性	根据直线回归的弹性	
初等学校人数	0.27	0.16	0.16	0.13	47
中等学校人数	-0.40	-1.26	-0.81*	-1.61	46

---

① A. 皮拉斯基和 J.L. 西蒙:《人口增长对每个孩子教育数量的影响》,1975年油印件。

续表

被抚养者的变量	用粗出生率回归		用抚养系数回归		国家数
	根据对数回归的弹性	根据直线回归的弹性	根据对数回归的弹性	根据直线回归的弹性	
高等学校人数	0.09	−0.43	−0.33	−0.33	43
每个儿童平均的教育经费(美元)	−0.08	−0.36	0.16	−0.30	44

资料来源：A. 皮拉斯基和 J.L. 西蒙,《人口增长对每个孩子教育数量的影响》,1975年油印件。

注：此表列入的入学弹性是既用粗出生率又用抚养负担进行回归的被抚养者变量,而抚养负担则为除了人均收入,中等教育、预期寿命和社会主义及非社会主义国家之外的自变量。

* 值得注意的是10%级。

五、小结

本章先就发展中国家人口增长率和抚养负担影响物质资本储蓄率的估计方法加以评论。这些方法包括以经验为根据的对一些国家和这些国家内的家庭进行横截面研究,并根据这种不同的设想进行模拟和预测人口增长对资本存量的可能影响。看来似乎最可取的估计是抚养负担每增加1%,则储蓄率将下降不到1%,或许小到0.5%,甚至根本不下降(按弹性来说似乎以从 −1 到 0 为可取)。

然后论述人力投资在经济发展中的地位,以及人口增长对这些投资的影响。如将教育经费计算在内,则为了保持投资水平和每个工人平均产值都不下降,就需要为较高的人口增长率所提供的投资应比单独在物质资本方面的投资大得多,并且要忍受消费方面很明显的下降。但是以经验为根据的对发展中国家横截面研究的结果表明,实际上那些国家总是想方设法去弥补较高人口增长对人力资本投资的许多影响。人口增长率对初等教育水平如果有影响的话,看来也是积极影响,对于中等学校的学生比例有消极影响,而对于每个入学儿童的教育经费有消极的影响,但不严重。

由于科尔-胡佛模型及其运算结果,都无助于了解人口增长对经济发展的影响,所以本章附录对此提出批评性的评论。

第十章附录：对科尔-胡佛研究结果的批评[①]

这篇附录是对科尔-胡佛模型及其主要结果提出一些批评。这里的批评也适用于同科尔-胡佛一脉相承的其他著作[②]。但是必须指出，我认为科尔-胡佛的这本书对认识发展中国家人口增长的影响方面有一个较大的飞跃，是一篇扬名卓著的优秀论文，并且激发了其他重要著作的发表。这种重新评价和批评在该书出版20年之后看来仍然是恰当的，这个事实本身就是对他们工作的称赞。

我对科尔-胡佛的主要批评是，尽管他们的书名是《人口增长

[①] G.缪尔达尔在《亚洲的戏剧》一书附录7中对科尔-胡佛模型提出更专门而且更广泛的批评（虽然他承认作者是"先驱者"）。他证明作者越过假设条件的种种变动而取得的主要结论，其表面的牢靠性是人为的，因为（1）调查研究情况的范围太狭窄，（2）他们实际上每次仅仅改变一个变量。他还说"使储蓄依赖于总收入应该比依赖于总收入和人均收入二者更为可取"，那就会"大大降低（科尔-胡佛）低生育率预测胜过高生育率预测的优越性"。总之他认为"他们的一些结论都无助于增长我们的知识，因为这些结论都来自他们的许多前提可疑的简单化过程"。（参见《亚洲的戏剧》第2073、2074、2075页）

[②] J.L.西蒙在文中提示是指：S.恩克的《放慢人口增长的经济利益》1970年版；E.胡佛和M.珀尔曼的《经济发展中控制人口效果的计量》，载《巴基斯坦发展评论》第6期，1966年版；R.巴洛的《根除疟疾的经济效果》，1967年版。

和经济发展》,尽管在这本书中大量描述的内容很多是关于经济发展的,他们提供的主要以经验为根据的研究结果——表37,我把它作为表10-9加以引用,并且被相当广泛地引用,实际上和经济发展没有什么关系。一个理由是每个消费者当量收入并不是经济发展的恰当尺度。表明一个国家经济发展状况的是按工人平均的产值。表10-9同经济发展无关的另一个理由是,预测30年中每个消费者收入的差别,其原因并不是不同生育状态下生产经济的差别。确切地说,这些差别几乎完全发生于社会未成年的人数的增多,正如作者自己按语中所说:"高生育率状况在改善生活水平上的不祥预兆,可以全部归因于高生育率使消费者数目加速增长。"①

表10-9 科尔-胡佛预测Ⅰ的每个消费者收入
(1956年=100)

	1956	1961	1966	1971	1976	1981	1986
持续的高生育率	100	107	114	120	126	132	138
下降至低生育率	100	108	117	128	143	165	195

资料来源:A.J.科尔和E.M.胡佛的《低收入国家的人口增长和经济发展》,1958年版,第272页。

这些结论在30年这样一个短时期内是不可能改变的,这就是

---

① A.J.科尔和E.M.胡佛:《低收入国家的人口增长和经济发展》,1958年版,第275页。

为什么 A.J. 科尔和 E.M. 胡佛从他们的产量函数中删去劳动力的理由。但是，这也说明增加更多的消费者同经济发展无关，而经济发展这个概念是同生产有关的。A.J. 科尔和 E.M. 胡佛的估计的确给增加更多消费者对分配的影响提供了一个答案，并且一个社会考虑人口政策时当然需要知道分配效应。只是科尔-胡佛模型的复杂性及其细节对说明这个问题是多余的。马尔萨斯早已简明扼要地这样说过：一次人口增长"是在增加生活资料之前增加人口数量，所以以前推持11亿人的食物，现在必须在11.5亿人中进行分配。因而穷人的生活必然更加恶化，其中一些人降低到严重贫困程度"。①

马尔萨斯的简明论点是 A.J. 科尔和 E.M. 胡佛所提供并已到处引用的主要数字结果的实质。假如这些估计值出现之前并没有一本充满关于印度的正确可靠数据的巨著，假如这些估计值还没有从一个看上去有经济内容的模拟模型中传布出去的话，则这些估计值或许不会被看作是对经济发展的一种说明。可是，这些估计结果一直而且现在仍然被认为是说明经济发展的，只是说不清道不明罢了。

A.J. 科尔和 E.M. 胡佛完全知道这里提出的一些批评。于是他们在55年较长期的运算分析中，已给生产函数中加进了劳动力。因而他们著作中的这一部分也就比较接近经济发展的本质了。但是，即使这一部分的一些结果也是根据每个消费者的收

---

① T.R. 马尔萨斯：《人口原理》，1803年英文版，第12页。

入,而不是根据每个工人平均产值计算来的(尽管从长远看这两种计算是接近的)。

也许有人认为,科尔-胡佛类型的模型之所以比较满意地用于评定短期,大概是20年的人口规模变动所产生的非常短期的影响。假如一个发展中国家的政府希望估计经过20年后人口增长(或减少)一倍的影响,则科尔-胡佛类型的模型或许能提供令人满意的回答。但是,很少有人会认为提出如此狭隘的一个问题是有用的。反之,一个政府通常需要知道的是对整个发展过程的影响,而其中第一个20年期间仅仅是个开端。而且十分可能的是人口增长并不通过资本变化,而是直接影响生产行为,并将在二十多年或三十多年以后才开始出现这种影响。

如本书第八至十三章所述,这里还有长期人口效应:一个国家对于个别年份或个别20年期间,在其他条件不变的情况下,它将有多大规模的人口是无法选定的。确切地说,现在的人口较多,就意味着50年后的人口更大。因此,在一个孤立的短时期内去观察一个模型,是很难有什么重要意义的。而且,长期显然不是将一连串短期模型首尾相接地连成一串,至少在评论人口增长经济学时是这样。可见应该说科尔-胡佛类型的货币资本效应模型,对于几乎所有的目的来说,人口效应都不能用作长期评论,而只能用作给更一般模型的重要输入项。

再说一遍,A.J. 科尔和 E.M. 胡佛的贡献是巨大的,包括给后来的分析安排素材,给其他研究提供输入(例如本章讨论的福利-费用的效应),以及侧重讨论用数字模拟法研究人口增长对经济发展的影响的可能性,等等。但是,他们关于生育率同消费者平均收入之间的关系的主要数字结果,并没有单独地揭示出生育率同经济发展有什么关系。

第十一章　发展中国家人口增长对农业投资的影响

一、引言

第十章讨论过人口增长对非农业资本投资的影响;本章则试图评价人口增长对农业投资的影响。

马尔萨斯深知农业投资在人口史上的重要性。他是这样描写罗马时代的德国人的:

>……当饥荒重现严厉地警告资源已经不足时,他们指责国家如此贫瘠,不能供养大群的居民;可是他们不去砍伐森林,排干沼泽,使他们的土地能养活增多了的人口,却认为到别的国家去找食物、找掳掠品或找荣誉,更合他们的尚武习惯和不耐烦的性情。①

农业投资,只要有的话,其重要性在现代社会比在古代社会

---

① 马尔萨斯:《人口原理》,1803年英文版,第78页。

更大。其关键性的思想是:如同投入农业生产的其他要素一样,
土地是人力开发出来的。

农业生产与其他工业生产很相似的一个重要方面,在于一个农场的生产能力主要是靠人力,尽管从广义上讲它们是不同的。农业生产能力是以往人们在土地上积累起来的劳动成果,而且在很大程度上是投资的成果。

原始的农业,当然是靠太阳能、雨水和土壤中自然存在的植物养分提供一种最初的生产能力。但是,靠这些东西来决定产量是有极限的,是完全不能适应农业发展需要的。然而,更加进步的农业,则较少地依赖自然界的恩赐来提高生产能力,而更多地依靠人力、投资这些投入要素所占比重的增大来提高整个农业的生产能力。①

在中国可以找这样的证据,即在仅维持人们生存的农业中,资本形成的数量的多少在很大程度上取决于人民积极性的大小。中国平均每个农民的劳动量增加了59%,即从1950年到1959年,每年干农活的天数从119天增至189天。这就是说,"干农活天数的增加,促进了农业资本的形成"。②

---

① 美国白宫:《世界粮食问题》,第1卷第64页,美国政府出版局,1967年华盛顿版,第64页。
② P. 施兰:《1950—1959年中国农业的发展》,伊利诺伊大学出版社,1969年版,第75、78页。

第十一章 发展中国家人口增长对农业投资的影响

人口与经济增长的模型(如科尔与胡佛1958年提出的模型)都提出假设,即如果其他情况均相同,则较高的生育率就意味着较低的总储蓄。现成的数据(如著名的莱夫数据)显然是支持这种假设的。不过,莱夫的研究并未针对发展中国家人口增长与农业投资的关系问题,因为许多农业投资是非货币的,而莱夫用的国家统计数据仅指货币投资。即便以货币形式支付的大部分农业投资,许多国家在计算时也忽略了。从公布的资本/产值比率中可以看到这两方面的遗漏,例如,印度和其他发展中国家的农业公报所提出的资本/产值比率为1.5[①]与0.9[②]。与此相反,不论当前或早些年,所有发展中国家以当时价格计算进行调查所得的数据表明,其资本/产值比率实际已达4(参见本书第377页)。

已知农业产值大约占了贫穷发展中国家总产值的一半,同时,已知(与一般见解相反)发展中国家农业的投资率与工业相比,已相当可观(参见本书第378—380页),那么,如果人口增长对农业储蓄以积极的影响,则这种影响将可能大到足以抵消农业以外的任何消极影响。正是由于这个原因,还由于农业部门本身的重要性,为了对人口增长做出妥善的决策就需要去认识人口增长对农业投资的影响。

---

① J. 丁伯根(Tinbergen):《发展计划》附录E,麦格劳-希尔出版社,1967年纽约版。

② H. 迈恩特(Myint):《发展中国家经济学》,1964年纽约版,第97页。

本章阐明人口增长对农业储蓄的积极影响是大的。但是，与此相反的影响，即发展中国家人口增长对货币资本形成的消极影响，或许是同样大的。

二、若干理论问题

本章的目的是要弄清为什么人口增长时总会发生投资，或者不发生投资。因此寻求一些理论根据是必要的，以便从特定的经验数据中推断一种投资率。

家庭规模的扩大对一个仅维持生存的农民家庭的影响，如同需求函数增长影响一家垄断性质的企业一样。对一家企业来说，产品售价提高，则通常会导致增加生产。同样，家庭规模的扩大可望影响一个农民家庭的无差异曲线，农民为了增加产量而愿意用自己的劳动付出更高的"代价"，即以增加劳动来适应他自己需求的增加，这个理论在本书第七、八章中已充分地阐述过。

一个企业有许多不同的增产方法，包括灵活地增加劳动和增加资本相结合的种种办法。也就是说，增加资本与增加劳动是在生产中互相交替的，而且追求最大利润的企业总是为其长远的最大利润而选择这种两者相结合的方法。同样，一个仅维持最低生活的农民，就要选择如何在规定的劳动时间以外去生产更多的产品。他们每年可以增加种植季节性作物的劳动，其方法是更加精耕细作，或者转而采用种植劳动密集型的作物和耕作方式。此

第十一章 发展中国家人口增长对农业投资的影响

外,农民还可以在开垦土地[①]、兴修农田水利、建造农舍或新增设备与饲养更多牲畜等方面增加额外资本投资。(E.博塞勒普1965年发表的《农业增长的条件》一书,较少注意投资的作用,因此其断定,在农业生产中,人口增长与增加产量一定会引起劳动者人均劳动量的增加)

---

① 也许有必要说一说,究竟是否由于这个原因应该把土地看作资本。反对这个观点的人认为土地是自然界的恩赐,给土地的报酬就是农民付给地主后代的地租,但这种论点将不起什么作用。第一,如果土地仅仅是用了再用,它对农业很快就会没有使用价值,土壤必须经常加以保持,这种保持本身就是总投资。第二,土地在最初被申请所有权时,就需要进行开垦才能对农业有用处,正像我们从西伯利亚、巴西、非洲等地的当代开垦计划中所了解到的,土地开垦费用与现在使用的同等土地的市场价格相差无几。在土地开发计划的样本中可以看到一英亩(2.471英亩等于1公顷)土地的价钱:危地马拉是32美元与91美元;尼日利亚是118美元;苏丹是218美元;斯里兰卡是307美元;摩洛哥(非洲)是307美元;美国是612美元;肯尼亚是973美元(美国,白宫,《世界粮食问题》第2卷,1967年,第436页)。一些移民定居地区的样本中的加权平均数是每英亩400美元(出处同上,第461页)。更近的是,由联合国粮农组织做出低得多的估计值:"增加500万—700万公顷土地去生产粮食,每公顷则地价在137—312美元之间。"(联合国:《就世界粮食问题对各国和国际行动的建议》,1974年版,第64—67页),就当前印度的耕地而论,水利灌溉费用估计是每英亩250—300美元(出处同上,第450页)。不同的世界工程中的加权平均价是每英亩325美元,其中有的大工程中的是每英亩581美元(出处同上,第461页)。第三,虽然有些土地开垦可能比较便宜(例如美国中西部土地比巴西的丛林地要便宜),即使开垦土地再便宜,也远非一些历史学家所谓的"免费赠送"。对付来自印第安人的威胁,与外界隔绝,以及缺乏市场,治疗疾病等付出的费用,都是很可观的。18世纪的新英格兰就是一个证明。在那里,人们仍然认为纵然人口增长已已公认为"拥挤"这个程度,由于已发觉开拓新土地的成本较高,使得地价上涨(参见 K.洛克里奇:《土地、人口和新英格兰社会的变革》,载《过去与现在》第30期,第62—80页)。附带的证据是,购买未开发土地的价格与为耕种土地而准备付出的代价之间的关系,在18世纪,40英亩土地售价值为50美元,而筑围栏、开垦土地和建农舍要花费250美元(参见 S.莱伯戈特:《经济增长中的人力》,1964年版,第141页)。

经过一段很长时间，比如中国的700年，人们可以设想总产量大体上与总人口保持同步增加；也就是人们可以设想从长远看，在农业仅够维持生存的社会中，人均食物消费量是差不多固定的，只是有时下降到生存线以下，或许在某些时候稍稍提高到有肉类这样"奢侈"食物的生活。

我们希望了解投资对增加总产量的作用，了解与增加劳动时间和提高技术等不同方面所起的作用。有两个投资参数的知识是我们必须了解的，而且是以后的一种数字模型所必须理解的：(1)一个是增加的投资对增加投入总量的比率；(2)另一个是投资的反应速度。为了检验的目的，可以把人口增加数看作人口增长的一个百分比，即在 t 年内增加的出生人数。于是这个百分比将对今后多年中的每个年份的投资都有一定影响。这个观察到的事实，即每个单独时期的投资，可以写成下面的函数关系：

$$\frac{K_{F,\,t+1} - K_{F,\,t}}{K_{F,\,t}} = \alpha_0 \left(\frac{POP_{t+1} - POP_t}{POP_t}\right) + \alpha_1 \left(\frac{POP_t - POP_{t-1}}{POP_{t-1}}\right) + \alpha_2 \left(\frac{POP_{t-1} - POP_{t-2}}{POP_{t-2}}\right) + \cdots \cdots \quad (11\text{-}1)$$

K 指资本，POP 指总人口。如果增长过程是长期稳定的，则某一年由人口增加引起的总投资等于以上过程中各个系数的总和。再者，如果增长过程稳定，则估算这些系数总和的方法，是用这个时期投资的比例变化除以人口的比例变化。假设每个消费者当量的消费长期保持不变，则这些系数之和几乎可以肯定小于1，并将同由投资产生的总产量保持这个比例。例如，假设：

$$\left(\frac{K_1 - K_0}{K_0} \bigg/ \frac{POP_1 - POP_0}{POP_0}\right) = 0.7 \quad (11\text{-}2)$$

这就表明:由于人口增长导致的增产,其中70%是由于农业资本增加而发生的,其余30%大概是由于每个劳动者增加劳动、技术变化及其他因素所致。

我们以往谈到时间系列数据。对比之下,横截面数据代表"全面调整过"的观察结果。也就是说,在时间 t 内,横截面观察到的资本投资水平总是包括所有以往人口增长的影响在内的,(不包括最后几年的影响,因为还没有起到作用)。如果这个增长过程多年不变,则可以把某一给定时刻的这两个水平变量之间的关系看作一次人口变化对于投资所起延缓作用的总和。可能代表上述两个水平变量的是每个地区的人口密度及其资本数量。

第二个要估算的参数是 $\alpha_0, \alpha_1, \alpha_2, \cdots\cdots$ 系数的滞差结构(the lag structure)(如果假设一个几何过程,就可以把这个结构看作是衰减的)。但在观察期间所观察到的是一个相当稳的过程(因为人口增长的数据可能在20年或50年中是有效的),那么这个滞差结构就不能根据时间系列数据估算出来。我们可以设想如果大量投资是拖延到"增加的"孩子长成并开垦他自己的土地之后才实现的话,那么这个推迟将是很长的。所以只能靠农业调查资料提供滞差结构的估计值。

现在我们来考察有哪些因素影响农民为增加生产而对进行投资或提供更多劳动做出选择。这些因素必定类似影响一个企业做出投资决定的那些因素:(1)资本与季节性劳动的相对价格,(2)农民对消费的时间偏好(即主观的贴现率)。尤其是在那些相对来讲比较容易得到并耕种新开垦的土地或建造灌溉系统的地方,比起没有可用之地,建造灌溉系统价格非常昂贵的地方,将会有更多投资。在后一种情况下,农民将把更多时间用在他所种植的农作物上,更加精耕细作,而且还要更多施肥。

在工业投资与农业投资之间还有一点不同之处:私营与公营工业以及城市投资的决定性质,大多取决于关于分配储蓄的决策。也就是在投资与消费之间进行选择。对比之下,决定非货币性质的农业投资,则常常是在劳动与闲暇之间进行选择。

另一个问题是:经过像五百年这样一个长时期,为了增加产量而承担投资的份额可能比经过像五年或二十年那样较短时间要少一些,因为时间越长,则新技术所需要的投资份额就越大。因此,必须在估算由投资形成的份额之前,先估算这一时期新技术所需要的份额,并从分析中除去。①

三、计量方面的困难

国民收入统计所提供的数据对于研究投资函数通常是非常有用的。但这种方法不适用于研究发展中国家的农业投资。其

---

① 如果这些变量都用对数方法测得,则这个数量就具有长期弹性。Y. 格伦菲尔德(Grunfeld)在1961年发表的《一种动态模型中横截面估计值的说明》一文、E. 马林沃德(Malinvaud)1966年发表的《经济计量学中的统计方法》一书和D. J. 艾格纳(Aigner)和 J. L. 西蒙1970年发表的《对横截面和时间序列参数的详细说明》一文都论述过这种横截面与时间序列数据的性质,而且当时是有滞差作用的。

中一个原因是人们不能设想储蓄变为投资,因为在有些国家里,大部分农业部门的储蓄并不变成生产投资。S.R. 西蒙发现,印度一个城镇的情况:

> 很多资本都用于珠宝的收藏。该村有64家地主,有88%的地主家庭,都自称他们藏有多少金饰珠宝。他们收藏金饰珠宝的时价共计358,600卢比,平均每家大约有5,600卢比。但是,每家平均持有的黄金价值大概从几百卢比到几千卢比。塞拉普尔村收藏的珠宝总值几乎相当于该村一年的总收入。虽然用于珠宝的金钱已渐减少,但是,按照这些人家的收入来说,这个数字是相当高的了。[①]

用国民收入统计的数据去研究农业投资的另一个障碍是很多投资并非来自减少消费所积蓄的钱。更确切地说,许多农业投资往往都是在农闲季节[②]农民从事种植非粮食作物的额外劳动所得。例如,在新不列颠的雷皮洛克教区,"成年人每年投入四分之一的人力用于种植可可与椰子树,这些可可树和椰子树就构成了新农业财产。这就是长期的农业投资……"[③]

---

① S.R. 西蒙:《塞拉普尔村》,载 J.W. 梅罗编辑的《印度农村发展》,1968年版,第334页。

② 对发达国家来说,其淡季非货币投资工作的机制仍然是重要的,正如一家伊利诺伊的报纸农民栏所载:"这是伺机而动的策略。"当作物正在成熟,豆荚类正在灌浆,这是无碍于找许多其他零活干的时候。如修整牛栏、油漆农舍、安装排水管等,否则就可以休假(1971年9月8日《平野城市信使报》,第21页)。

③ T.S. 爱泼斯坦:《新不列颠的经济变化与差异》,载《经济记录》第41期,1965年,第177页。

在一定程度上,由于这两个原因,即对于发展中国家的农业来说,储蓄未必意味着投资,而投资也不一定意味着储蓄,所以用国民收入统计中的农业投资估算值,往往引起估算方法上的混乱。R.胡利认为,一种常见的方法是仅仅把构成全部真正农业投资中很小一部分的进口设备包括在农业投资当中。[①](这种估计方法不包括在农业投资中占绝大部分的一切土地垦荒与改良土壤)结果是:

> 用普通方法估计发展中国家的资本来源与资本形成时,往往不考虑为垦荒的扩大、改良和保养农用土地而花费时间、人力和金钱的结果。看来这种方法已普遍用于论述生产生活资料及内销物资的农业,还适用于研究生产出口作物的农业。这个忽略是严重的……因为忽视自耕农在农业中的投资,这样必定使这些社会统计造成严重的错误。[②]

因此有必要排除国民收入统计的分析,而另找其他方法去弄

---

① R.胡利(Hooley):《不发达国家资本形成的计量》,载《经济学和统计学评论》第44期,1967年,第199—208页。

② P.T.鲍尔(Bauer)和 B.S.雅梅(Yamey):《不发达国家的经济学》,芝加哥大学出版社1957年版,第29—30页。鲍尔和雅梅提出下面这一段有趣的补充说明:"非洲与亚洲种植橡胶、可可、科拉果、棉花、稻谷、花生及小米的许多小生产者共有数以百万亩计的土地。这些显然都是农民指望很久以后(往往是几个季节或者许多季节以后)才能丰收而进行投资的明显范例,而这些投资加起来就是大规模的。因此,错误地认为不发达国家的当地人,诸如非洲农民或马来西亚的小庄园主们都不会,也不愿意从长远考虑经济问题,这种观点肯定是部分地由于没有把这类投资算入资本形成中去所引起的。"

第十一章 发展中国家人口增长对农业投资的影响

清人口增长对发展中国家农业中资本存量的影响。①

大体上说,农业劳动调查将可能提供估算的依据,特别是查耶诺夫对农民在劳动与现金支出方面独一无二的调查数据。但把它转而引出从检验投入资金去估价农民的投资。这样一个极为困难的问题,一个关键性的问题是:许多劳动力与物资用于像饲养牲畜一类的非正规农业活动中。这算是投资吗?可能是。那么,从粮食消费中扣下的种子又算什么?显然,从根本意义上讲,它是储蓄与投资,这些概念,在一定意义上讲不是"再生产资本"或"生产者的商品"。即使有人已弄清他感兴趣那一类问题——建设或维修农舍、改良土壤,但从艰辛的劳动调查中去估算在农艺活动中用掉的总工时数,却是困难的。是否已克服了这

---

① 人们也许想改为通过评价资本存量去估算投资。但这种估计,特别土地总是产量价格的结果。这种估计将导致循环推理,除非有很特别、很完善的数据去证明,而实际上是没有的。试图单独计量农业资本形成的活动,特别是内销农产品的资本形成活动,其统计上的和概念上的困难,或许已使那些懂得向农民产权上投资的重要性的观察家们失去信心。这里举出一个麻烦的例子。如果你对黄金海岸的可可面积,苏门答腊的小橡胶园,或者东南亚的小块水稻进行评价时,是根据创业的成本而不是根据投资所得净收入的贴现值的话,则所得结果大不相同。再者,不论哪一种根据,都需要计算机进行估算:第一种根据的主要成本因素可能不是货币支出,而是更多直接收益或者预料中的闲暇机会;第二种根据则必须对实际产量、未来价格与贴现做出估算(参见鲍尔与雅梅的《不发达国家的经济学》第30页)。人们可能在土地售价变动时评价非货币资本,尽管经过多次试验都证明潜在投资者用于贴现的利率或许也低。可是如果对于每一个未来时期为生产所需各种资本做出贡献的人们,都被准确地估计到了,则利率就不需要了。这样的评价只能要求人们估计(1)最近时期增加投资对产量的影响;(2)物质资本折旧率。这里所采用的模型就能做出上述评价。

还有另一种概念上的困难。显然,开垦土地是扩大资本的最基本类别,而用于新开垦土地上的生产技术则与用于原有耕地的技术是一样的。但是,修建和使用水利灌溉系统究竟仅仅是一次增加资金呢或者是一种技术改变呢?本书和其他著作对这个问题都还没有明确回答。

种困难,我还不知道,再者,许多农业投资是一时性的。最重要的是在开垦新土地中所做的全部努力;这种现象很难在调查中掌握。但对计量农业投资的有些调查,已做了有益的尝试。这就是为什么还没有调查结果(据我所知),但无论如何,它是家庭规模与投资之间的关系。

四、反应灵敏度的估算值

我们将从历史见证与水利灌溉的横截面资料这两方面来考察。

投资与人口增长的历史资料[①]

爱尔兰

18世纪后期与19世纪前半叶,是爱尔兰人口增长很快的时期,农民为新开垦土地投入大量劳动,虽然土地并不属于他们所有。

> 新开垦的每一块山地或沼泽地都已使一个新家庭的创立成为可能……由于政府和私人调查者提出劝告,国家在排水和开荒的工作中,直到饥荒时期以前,都没有起到有意义的作用。地主们除了明显的例外情况,他们都更少参与开荒活动。开荒的主要力量还是农民自己。由于地租是按比例增加的,

---

① 这里的说明都不是系统调查现成资料的结果。我准备以后对这个课题进行更彻底的调查。

第十一章 发展中国家人口增长对农业投资的影响

甚至超过一定比例增加地租,使得土地的租佃关系受到很大影响。尽管如此,农民还是稳稳当当地在他的已耕面积之外,每年增加一两英亩耕土地,或者由他的儿子们在至今尚未开垦的土地上安家。农民及其子女在人口压力与地主不断提高地租的双重压迫下被迫去做艰苦的无偿的劳动,造成在爱尔兰农村中,有许多与众不同的社会风俗习惯的特征。①

表11-1,可以证明爱尔兰土地开垦的迅速程度。经过1841—1851年,这十年,耕地数量增长了10%,虽然前十年的(在1845年开始的饥荒之前,人口增长已达到高峰)人口仅从7,767,000人增加到8,175,000人,这十年的增长率是5.3%。② 这表明农村的投资已足以说明这些年里人口增长所需各种粮食甚至增加得更多。③

---

① K.H.康内尔(Connell):《1780—1845年爱尔兰的土地和人口》,载D.V.格拉斯和D.E.C.埃佛斯利编辑的《历史上的人口》一书,1965年版,第430—431页。

② 康内尔:《1780—1845年爱尔兰的土地和人口》,载《历史上的人口》,第423页。

③ 开垦土地的资料之所以限于表中所示部分,是因为其他数据不适用,而不是由于表中列出的资料都是不寻常的。有一种大胆的设想,认为表中所示在以饥荒为主的十年中以这样大的速度进行的开荒,至少包含前些年的相当数在内。最不可能的是1848年以后的五年中有前五年那样多的开荒数量,因为前五年形成农村经济的种种力量与19世纪20年代并无什么不同。事实上1847年的一项立法是国家第一次给修建排水工程以很多的鼓励。但是到1850年,国家在1841—1851年期间援助应开垦的1,338,281英亩中,只开垦了7400英亩。这次饥荒使人口大为减少,而且削弱了由于人口压力而引起的殖民运动。饥荒最严重的时候,难以设想农民能像过去那样有能力去积极开发山区和沼泽地了。再者,当死亡与移民使得土地荒芜,就不可能需要像以往年代那样迫切地从事新土地的开发了。

表11-1　1841年与1851年爱尔兰各省的农田与荒地面积

	农田				荒地			
	1841		1851		1841		1851	
	面积	占总面积	面积	占总面积	面积	占总面积	面积	占总面积
县	(千英亩)	(%)	(千英亩)	(%)	(千英亩)	(%)	(千英亩)	(%)
里斯特	3,961	81.23	4,038	82.80	732	15.00	666	13.66
莫斯特	3,875	63.89	4,310	71.08	1,893	31.22	1,485	24.88
乌尔斯	3,408	62.23	3,994	72.95	1,764	32.22	11.99	21.89
康特	2,221	50.57	2,460	56.01	1,906	43.39	1,674	38.12
爱尔兰	13,464	64.71	14,803	71.14	6,296	30.25	5,024	24.12

资料来源：K.H.康内尔，《1780—1845年爱尔兰的荒地开垦》，载《经济史评论》第3期，1950年，第47页。

中国

从1400至1951年，中国的耕地面积扩大四倍多，从二千五百万公顷到一亿一千二百万公顷，[①]耕地的增加导致粮食产量增加50%以上，这些粮食用以维持同一时期增加八倍的人口的最低生活水准。粮食增产的主要原因是对水利控制系统与梯田的投资增加。"只有一小部分增产是靠改进传统技术取得的。"从这个意义上讲，"由于中国农村的生产技术在1400年以后，几乎停滞不前的"[②]，所以产量增加只能靠增加资金和人均劳动量

[①] D.帕金斯：《1368—1968年中国农业的发展》，1969年芝加哥版，第240页。
[②] D.帕金斯：《1368—1968年中国农业的发展》，第77页。

第十一章　发展中国家人口增长对农业投资的影响

去实现,而且显然主要是靠或者几乎完全要靠增加投资去实现增产。① 而且按照中国的情况这种资本形成看来是由人口增长引起的。这个过程一直持续到现在。1971年中国新华社在解释中国已经连续获得十年丰收时说,中国人民"去年为农田水利建设、排灌设备与化肥生产做了最大努力,这就必然会在1972年即使遇到天灾也会得到好收成"。②

表11-2中,中国台湾地区的精确数据说明,土地开垦与改良是如何适应人口增长的。在1900—1930年这一时期里,开发了许多新土地,同时增加了水浇地面积。1930—1960年期间,在没有多少新地可以开垦的时候,增加了许多水浇地(同一时期由于复种、使耕地面积增加,并因使用化肥而使总产量继续很快地上升)。

---

① 可惜帕金斯没有提出更多证据去说明长期以来人均劳动量有多大变化。
由于没有足够的农民去耕种,所以许多可耕地都闲置着。农民耕种土地的能力是十分有限的,根据何氏赞成地引用里奇索芬(Richthoven)1871年写的《关于浙江和安徽两省的信》一文的报道,像太平天国以后的情况那样,中国人口增长使得农村逐渐分成经济上不合算的小块土地,这种情景由此看得出是有毛病的。
"查明这个国家恢复生产力的速度特别慢的原因,对这个国家的经济学家是一个有意义的课题。虽然以前人口过剩,而现在只有少数人是土地的主人,同时新地主只花1,000个铜板(80美分)就能买到原先卖40,000个铜板的一亩地……但是用于耕种的土地还是增加得非常慢。的确,看来每个中国人的耕种能力,只有几个平方码,而且不能超过这个限度,否则就要受到惩罚"。
"里奇索芬是正确的:在长江下游许多地区,迁入新居民的进程确实是很缓慢的。其中的一个原因是,平均每个农民无力去耕种比2—3英亩更多的稻田,当然也还有其他因素。土地经过较长时间闲置之后,就需要开垦。"(霍平迪:《中国人口研究》,哈佛大学出版社1959年版,第243—244页)
② 对于提出把这样的报道作为证据,我感到遗憾。但该报道似乎不仅仅是这方面的偶然意见。

表11-2　1905—1960年中国台湾地区的土地投入与利用

年份	总面积	水稻田	旱地	种粮食面积	复种指数
1905	624,501	304,908	319,593	685,987	109.8
1910	674,100	332,372	341,728	731,431	108.5
1915	700,080	343,087	356,993	812,226	116.0
1920	749,419	367,177	382,242	829,797	110.7
1925	775,488	373,629	401,839	925,009	119.3
1930	812,116	396,670	415,446	976,396	120.2
1935	831,003	478,689	352,314	1,090,174	131.2
1940	860,493	529,610	330,829	1,117,371	129.9
1945	816,017	504,709	311,308	867,819	106.4
1950	870,633	530,236	340,397	1,441,956	165.4
1955	873,002	532,688	340,314	1,466,909	168.0
1960	869,223	528,580	343,643	1,557,227	179.2

资料来源：何延民，《1905—1960年中国台湾地区的农业发展》，范德比尔特大学出版社，1966年版，第50—51页。

欧洲

前面所举投资的例子说明投资大多是直接的和非货币性质的。虽然市场经济机制起作用的方式复杂些，但这些机制在发展

第十一章 发展中国家人口增长对农业投资的影响

中国家的市场农业中同样起作用,即通过因人口增加引起市场上对粮食需求增加的方式发生作用。B.H.斯利切·旺巴思论证了1500—1900年欧洲人口与食物价格及开垦土地间的密切关系,那时人口快速增长,食物价格高,土地的开发增加。① "1756年以后,较高的谷物价格刺激了农业发展……波蒂尔斯(Poitiers)附近地区已开垦土地,经常在30到35英亩或2公顷左右。前者,是找零工在整个冬天进行,后者是农民用牛翻耕的。"② 图11-1所示荷兰的资料表明在食物价格上升(伴随着人口增长)时,土地投资急剧上升。

德夫里斯根据这些数据判断:"17世纪荷兰城市的光荣主要归功于农村社会的接受和适应能力……向后联合促进了改善排灌系统的投资,建立起一个肥料与饲料的商业体系……同样给人以深刻印象的是,农民们自己为了改良土壤质量,负担起沉重的排灌与堤坝维修税。"③

H.A.格默里用表11-3说明了瑞典的有趣情况。人口总数的增加,明显地引起了种植粮食的土地面积的增加,以适应增加人口的需要(每十年中,每英亩只增产3%)。这个时期虽然农村劳动力数量增加不多,但这些劳动力的工作量增加致使土地面积增加。

---

① 参见 B.H.斯利切·旺巴思,《西欧农业史》,1963年版,第195—239页。
② 同上书,第231页。
③ 德夫里斯的这段话的出处不详,可能是作者疏忽。——译者注

表11-3 19世纪瑞典人口增长与农业的关系

时期	每10年人口自然增长率(%)(1)	每10年种植粮食的耕地面积变化(%)(2)	每10年农业劳动力的变化(%)(3)	每10年粮食生产总量的变化(%)(4)	每10年人均粮食生产量变化(%)(5)	每10年农业工人人均产量变化(%)(6)
1800—1850	8.3	10	4.5	15.0	7.7	9
1850—1900	11.5	9	0.3	14.6	7.5	15

资料来源：亨利·A.格默里(Henry A. Gemery)，《19世纪瑞典人口压力的减弱》，未注明出版时间。

劳动力增加不多，是因为迁居、移民和早先的生育率及死亡率等原因所致。不仅农业劳动力的确给生产带来了足够的新土地，以养育增加的人口，还增加了人均产量（见表11-3第六行），而且如果按照消费者当量消费水平而不按照总人数计算的话，则人均产量甚至增长更快。

印度

霍珀(Hopper)在1954年，S.西蒙在1964年研究了印度的塞拉普尔(Senapur)村，农民阶级在此期间大大增加了他们的农业收入。同时，"农业收入的增加，主要来自更大数量的耕地。诺尼亚斯(Noniyas)这个传统修理地球的阶级，过去通过极其艰苦的劳动，开垦了大面积先前无价值的盐碱地"。[①]

---

① 谢尔登·R.西蒙(Sheldon R. Simon)：《塞拉普尔村》，载 J. W. 梅罗编辑的《印度农村发展》，科内尔大学出版社，1968年版，第313页。

第十一章 发展中国家人口增长对农业投资的影响

表11-4是印度从1949—1950年到1960—1961年间改良土地的数据。在此期间不仅是水浇地的数量有所增加,而且所有耕地面积增加了10%,并在1951—1971年期间增加了20%。[①]

表11-4 印度1949—1950年到1960—1961年生产粮食的总耕地面积

年份	非水浇地面积	水浇地面积	总面积
1949—1950	201	44	245
1950—1951	195	45	240
1951—1952	194	46	240
1952—1953	205	47	252
1953—1954	220	49	269
1954—1955	215	52	267
1955—1956	223	50	273
1956—1957	225	50	275
1957—1958	216	51	267
1958—1959	227	53	280
1959—1960	228	54	282
1960—1961	224	55	279

资料来源:U.J.李尔和约翰·W.梅勒,《印度粮食生产变化的原因和变化估价》,1949—1950年到1960—1961年,载科内尔大学的《农业发展公报》第2期,1964年,第20页。

---

① R.里维尔:《粮食与人口》载《科学美国人》第231期,1974年,第170页。

其他国家

K. 奥卡瓦（Ohkawa）等人提供的日本资料[①]表明虽然农业

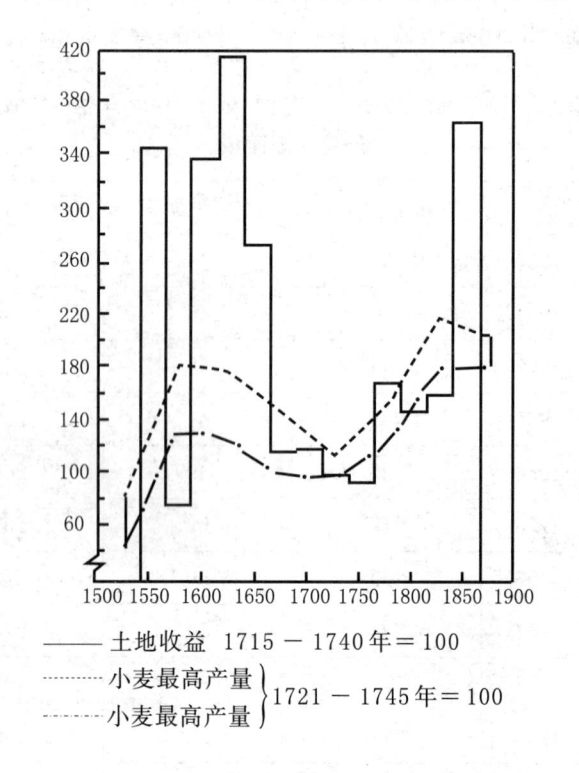

图 11-1　波尔德对 1525—1875 年荷兰新开土地收益指数同小麦价格指数所作的比较

—— 土地收益　1715－1740 年＝100
‥‥‥ 小麦最高产量 ⎫
－·－ 小麦最高产量 ⎭ 1721－1745 年＝100

资料来源：B. H. 斯利切·旺巴思，《西欧农业史》，1963 年版，第 201 页。

---

① 参见 K. 奥卡瓦：《农业发展和经济增长的阶段》，载 K. 奥卡瓦、B. 约翰斯顿和 H. 卡内达编辑的《农业和经济增长：日本的经验》，普林斯顿大学出版社，1970 年版，第 11、18、22 页。

工人数量渐渐减少,而可耕地从1877年一直稳步增长到第二次世界大战。牲畜、林木及设备的数量均以高速度增长。日本农业资金的增加是由于在日本人口增加的同时收入水平提高所引起的。

缅甸在19世纪中叶,耕地数量以惊人的速度开始增加。耕地面积以英亩计,1922—1923年是1852—1953年的15倍[①]。同一时期内的人口几乎增长了5倍[②],除了人口增长以外,缅甸的大米还因苏伊士运河通航而远销欧洲。这两个因素激发了缅甸农民致力于开垦土地,到第二次世界大战时,他们以非常快的速度从丛林中开垦出上百万英亩的土地。

回顾近代亚洲经验,使人认识到即使在该地区人口最稠密的国家里,土地投入的增加在很大程度上继续导致粮食产量的增加。粗略估计,在前十年里,日本大米产量增长1/4,印度增长的1/3,以及菲律宾的全部大米增产,都是因为耕地面积扩大所致[③]。

库玛的统计分析

J. 库玛利用已有的许多国家的数据,研究了人口密度同农

[①] J.S. 弗尼瓦尔:《缅甸政治经济导论》,1957年第3版,第48页。
[②] J.R. 安德勒斯(Andrus):《缅甸的经济生活》,斯坦福大学出版社,1948年版,第245页。
[③] V.W. 鲁坦(Ruttan):《两个部门模式和发展政策评论》,载 C.R. 万顿编辑的《仅能维持人们生存农业和经济发展》,1969年版,第356页。

村土地耕种或闲置范围之间的关系非常密切,即发现人口密度越大,则耕地所占比例也越大[1]。

历史资料小结

总之,这些历史资料都说明了什么呢?它们说明:长期以来发展中国家土地投资增加是农业产量增加的主要原因,而从长远看,农业产量增长是与人口增长保持一致的。这就意味着撇开投资本身所包含的额外劳动不说,人口增长过程的最终结果,未必导致今天的耕种者在耕作上比他们的祖先付出更多更艰苦的劳动。

人们或许不知道究竟土地投资的增加是否是由人口增长引起的。这种争论点在近几十年内可能还是正当的。但是这种异议显然不适用于中国的悠久历史,因为就其非市场经济而言,除了扩大一个家庭或一个村子的规模而外,并没有增加粮食生产的动机。

世界水利的横截面资料[2]

由于下面两种情况,人们要考虑建造水利系统是合乎情理的:(1)对食物需求的增加超过以往时期;(2)新土地非常稀缺,以致开垦成本已超过为了生产同样数量的农产品而建造水利系统的代价。在每一英亩耕地上人口高度密集,似乎说明上述第二个条件的存在,因为,如果还有容易耕种的土地可以利用,早就有人

---

[1] J. 库玛(Kumar):《世界农业土地与人口》,加利福尼亚大学出版社,1973年版,第218页。

[2] 这一段提出的是 J. L. 西蒙 1975 年发表的《人口对灌溉系统中农业储蓄的积极影响》一文的重要成果。

第十一章　发展中国家人口增长对农业投资的影响

去开垦,人口密度也就不会这么大了。两个人口密度不同的国家相比,可以看作同一个国家在两个人口增长不同时期内发生变化的代表。所以,(1)每英亩耕地的人口密度,与(2)已经灌溉的耕地比例,这二者之间的关系,可以用来衡量人口增长对灌溉投资总数的影响。

必要的数据是由总统的世界粮食问题委员会收集的[①]。1965年的人口数据都是估算值。水利与耕地面积的数据都来自20世纪50和60年代中的不同年份的许多刊物。

最简单的方法是水浇耕地占全部耕地的比例(IRR/CUL)[②]相对于每单位耕地人口(POP/CUL)′的线性回归,即

$$\left(\frac{水利灌溉的土地}{耕地}\right) = a + b\left(\frac{人口}{耕地}\right) \quad (11\text{-}3)$$

或 $IRR/CUL = a + b_1 (POP/CUL)$

从逻辑上看,这种独立变量的逻辑是用POP/CUL来衡量相对于农业生产的人口密度,比用POP/LND衡量更好。当考虑农业生产时,应该从不同国家的比较中应剔除不可耕种的山区与沙漠土地。

给48个国家的合并样本以及给18个亚洲国家和19个南美

---

① 参见美国白宫:《世界粮食问题》第Ⅱ卷,1967年版,第441—442页。
② 这里似乎肯定会有虚假的相互关系。"虚假的相互关系问题,显然是不存在的,因为这种有待测试的假设,从一开始就是根据比率提出的"。E. 库赫(Kuh)和 J. R. 迈耶(Meyer)《比率资料的相关和回归估计值》,载《经济计量学》第23期,1955年,第401页。这里的利益关系就是人口密度对水浇地比例的影响,而回归中的所有比例都是这种关系的恰如其分的代表。

洲国家的单个样本进行简单回归的结果均在表11-5的第1—3行中列出。合并样本里的自变量,其 t 比率为4.3,并说明其方差为29%（$r=0.54$）。单个的亚洲与南美洲样本的所有系数相互之间和整个样本都是相同的一般数量级,这就有助于使这几种关系富有意义。人口密度显然使得水利范围扩大。

第二个方法是把这些变量称为对数：

$$\log(\text{IRR/CUL}) = a + b_1 \log(\text{POP/CUL}) \tag{11-4}$$

这些非标准化的回归系数可以看作是弹性；合并样本中的弹性是2.72,而单个的亚洲与南美洲样本的估算值略低一点（表11-5第4—6行）。

用地理样本进行的附加回归,用耕地表示土地总数、人均收入等是按方差的[①]比例增加,但人口密度系数的大小则与表11-5所示简单回归差不多。所有这些回归都一致表明人口密度对水利灌溉系统建设的影响很大。

读者可能会问水利投资是否也影响人口密度。有时政府的确已在不毛之地建设大规模水利工程,并且随后安置人口居住。不过这种政府的水利工程是为了重新安置国内人口,只是影响人口的分布,即影响一个国家不同地区的人口密度。但是如果合理地假设,水利工程并不影响国家的生育率或国际移民,这个国家的人口密度总的来说是不受这种工程影响的。因此我们可以不考虑这些数据影响密度的这种可能性。这就加强了这种信念,即相信这些数据说明人口密度对水利灌溉强度是有影响的。

---

① 参见J.L.西蒙：《人口对灌溉系统中农业储蓄的积极影响》,载《经济学和统计学评论》,第57期,1975年,第71—79页。

表 11-5　人口密度对灌溉范围的影响

序号	方程式(1)	样本(2)	规模(3)	因变量(4)	人口/耕地(5)	人口/耕地比率(6)	对数
1	11-3	全部国家合并	48	I/C	0.54 = β 系数 8.33 = 回归系数 4.33 = t 比例		0.54
2	11-3	亚洲	18	I/C	0.65 6.06 3.43		0.65
3	11-3	南美洲	19	I/C	4.76 1.47		0.33
4	11-4	合并	48	$\log I/C$	0.47 = β 系数 2.37 = 作为弹性的回归系数 3.63 = t 比率		0.47
5	11-4	亚洲	18	$\log I/C$	0.56 2.08 2.73		0.56
6	11-4	南美洲	19	$\log I/C$	0.38 1.99 1.68		0.38

注：(5)、(6) 两栏每个单格中第一个数字是标准化的回归系数（β）。中间的数字非标准回归系数，可以解释为对数回归的弹性。最后的数字是 t 比率。

水利成果的经济意义

把统计估算值变换成经济数值,是有意义的。让我们把方程11-4中的回归系数,取作 POP/CUL 影响的最佳估计值,这个可以直接解释为弹性的回归系数,在合并样本一栏中(即该表第四行),如果按照这个样本中的平均数,一个国家有18.4%的耕地是水浇地的话,则人口密度每提高1%,就会由此提高 $(0.01 \times 2.7 \times 0.184) = 0.5\%$ 的水浇地数量,或者提高0.5的人口增长弹性。又如果水浇地能使每亩产量增加两倍以上,则显然这种机制能对调整食物供应以适应人口增长需要具有很重要的作用,或许因而使得样本中一个有代表性的国家的粮食供应缓和下来。在考虑 POP/CUL 对 IRR/CUL 的全部量的影响时,必须记住衡量 POP/CUL 的误差总是使系数方差下降的。因此,这种影响肯定总是大于已提出的系数的。因此人口密度对农业投资形成的其他方面,如土地开垦,也有积极影响,从而人口密度的增加可望使粮食产量相应增加。

五、人口增长对农业和非农业投资规模的影响

考察人口增长对农业投资和对其他投资的两种影响的相对重要性,是有启发性的,虽然这样一种计算既不是必需的,又不是第十三章介绍的模型所采用的。首先,农业资本存量在大多数发展中国家的总资本中占很大一部分。据胡利在1967年直接估

第十一章 发展中国家人口增长对农业投资的影响

计,一个典型的发展中国家——菲律宾,他们的社会资本中有一半是用于土地的。[1] 间接证明这一点的有下面两个事实:(1)一个典型发展中国家的农业产值约占其国民总产值的一半;(2)农业中的资本/产量(K/Y)比率大于非农业部分。这后一事实(有人觉得奇怪)可以证实:1921—1925年中国的 K/Y 比率(中国货币)平均每一英亩(不包括牲畜及畜力)是 1,736元/376元 = 4.6。[2] 仅土地一项是 1,374元/376元 = 3.7。印度的奥利沙(Orissa)1958—1959年每一英亩[3]平均投资是535卢比,仅仅土地一项是474卢比,而产量是每一英亩125卢比,K/Y 之比为 4.3[4]。在旁

---

[1] 参见 R. 胡利(Hooley):《不发达国家资本形成的计量》,载《经济学和统计学评论》第49期,1967年,第198—208页。

[2] 参见约翰·洛辛·巴克(John Lossing Buck):《中国农业经济》,芝加哥大学出版社,1930年版,第65—66页。

[3] J. W. 梅勒就印度农业投资的补偿说明如下表:

印度几个邦典型农场的投资结构(百分比)

资产	旁遮普	马德拉斯	西孟加拉	孟买
土地	80	68	85	73
建筑	4	7	8	3
水井	2	17	—	10
农场设备	3	2	1	4
牲畜	11	6	6	10
合计	100	100	100	100

资料来源:J. W. 梅勒等,《发展中的印度农村》,科内尔大学出版社,1968年版第312页。

[4] 印度政府:《农业管理研究》,奥利沙,1958—1959年,第25、29页。

遮普，1955—1956年地价平均每英亩为840卢比，那里每英亩的产量价格为193卢比，K/Y 之比大约是4.3[①]。1959—1960年安德赫拉普拉德希的 K/Y 之比（土地加上所有其他资金）是6.4。[②] 1910—1916年澳大利亚、加拿大、法国、苏联、瑞士与美国，他们的地价与产量的比例是从3.05到3.56不等[③]，这些国家的土地占总资本的比例肯定小于印度和中国。

于是所有地区的农业中的 K/Y 比率都是4以上，而像印度这样的国家，其农业以外的 K/Y 比率则在2—3之间[④]。这里不准备用 K/Y 率来说明有关古代人们投资行为的任何方面，因为现在的地价并不代表"修建"土地时的机会成本。倒不如说用这些 K/Y 比率说明发展中国家的土地相对于其他资本的重要性和价值。

把农业资本的存量加以转变（即投资），便应该看到在长期的总投资当中农业部门可以少于其他部门。但是农业资本仍然可以等于或大于非农业资本，因为用于土地改良投资的实物折旧，特别是在保养得当时，总比工业设备的折旧慢得多[⑤]。相反，工业资本的平均实物折旧率可能达到每年5%[⑥]，而农业资本就要低

---

① 印度政府：《农业管理研究》，旁遮普，1955—1956年，第28、56页。
② 印度政府：《农业管理研究》，1968年，第174页。
③ 科林·克拉克：《经济进步的条件》，麦克米伦出版社，1957年版，第637页。
④ J. 丁伯根（Tinbergen）：《发展计划》附录 E，1967年版。
⑤ 一家卡车或肥皂工厂，或者一所电力站，它们的工具使用寿命都比水利灌溉系统短得多。两千多年前，由以色列的纳巴汀斯建造的石水坝仍然由贝多茵的人在使用（他们自己建造的只是土坝）。罗马的道路至今还在使用。伊朗的地下水利灌溉系统，建成以后大约一千多年还在引水。采石场总是得到无限好的收益。
⑥ S. 恩克：《发展经济学》，1963年纽约版，第46页。

第十一章 发展中国家人口增长对农业投资的影响

得多。

国民收入的储蓄数据一部分包括农业投资,所以必须首先考虑这部分重复的范围。除中国而外,大多数发展中国家的私人农业投资部分总是大得多的。"即使像印度这样一个力图发展的国家,应用农业的生产资本总额中大约2/3是由私人提供的,仅仅1/3来自政府。"① 同时,只有用于购买进口农业设备的那一小部分农业投资计入国民收入统计。② 通常由已有的农业上的 K/Y 比率,如 1.5、0.9,来证明这种情况。③ 但是正如我们早先论述过的那样,这样低的农业 K/Y 估计值是荒谬的。显然这些根据国民收入统计中的储蓄计算出的 K/Y 比率,其中的"资本"不包括土地,只包括工具与设备,而且经常只包括进口物资。因此,我们可以这样假设,有不到25%的私人农业投资是包括在国民储蓄统计之中的。政府的农业投资也计入国民收入中。并将反映在莱夫1969年的估算之中。所以,大概有农业总投资的一半是计入现在印度的国民收入统计上,而其他国家则可能少些。④

现在谈谈关于发展中国家农业投资的数量。首先,我们必须

---

① B.F. 霍塞利茨(Hoselitz):《印度农业社会中的资本形成和信贷》,载 R. 菲思和 B.S. 杨梅编辑的《农民社会的资本、储蓄和信贷》,1964年芝加哥版,第353—354页。

② R. 胡利:《不发达国家资本形成的计量》,载《经济学和统计学评论》第49期,1967年,第199—208页。

③ J. 丁伯根:《发展计划》,1967年版。W. 雷达维(Reddaway):《人口下降经济学》,麦克米伦出版社,1939年版。

④ B.F. 霍塞利茨把抽样调查的数据与印度中央统计机构的数据进行对比,发现"印度中央统计机构的估计值小于抽样调查数据估计值的一半"(参见《农民社会的资本、储蓄和信贷》一书的第350页)。

排除无稽之谈。对农业中投资与产量的总比例,同非农业私营经济相比肯定不会小多少,也可能还大一点。这种情况见之于印度农场调查中。霍塞利茨根据对通常认为穷到无任何储蓄的印度农业进行调查所得的证据,他概括地说,"投资于农业的生产资本增加量达到总收入(包括非现金)的8%以上",而如果包括住房之类耐用商品在内的话,则"总投资……可以假定达到总收益的10%或12%这样的数量"。[1]同一时期印度的净固定货币投资大约是6%—7%[2],而总投资的百分比则稍高于此。这些年的农业总产量大体相当于农业以外的总产量[3],根据以上考虑,不包括在国民收入统计内的农业投资,可能是发展中国家计入国民收入投资的总储蓄的半数以上。如果农业与非农业投资总数相等的话,则总的农业投资将占国民收入中投资的大约2/3。国民收入统计中没有包括的农业投资,将占国民收入储蓄规模的1/3[4]。

莱夫的估算意味着人口每增长1%,则导致国民收入储蓄降

---

[1] B.F.霍塞利茨:《印度农业社会中的资本形成和信贷》,载R.菲思和B.S.杨梅编辑的《农民社会的资本、储蓄和信贷》,1964年版,第357页。

[2] A.J.科尔和E.M.胡佛:《低收入国家的人口增长和经济发展》,1958年版,第149、185页。

[3] 同上。

[4] 所有这些理想化的关系,可归纳成下表:

总投资的百分比

	计入国民收入统计	未计入国民收入统计	
农业	25%	25%	50%
非农业	50%	—	50%
合计	75%	25%	100%

第十一章 发展中国家人口增长对农业投资的影响

低0.56%[①]。但正是早先看到的那样,在所有观察到的样本中,农业投资数据的估计弹性都大于莱夫1969年的数字,并且是反方向的。所以如果净农业投资是国民收入储蓄的2/3的话,那么,人口增长对储蓄总数的影响可能不是积极的就是消极的。农业部门投资的弹性较高,但其规模比国民收入统计中包括的投资小。

因此没有必要再精选以上所做的估算值,以便说明对农业投资的这种影响究竟是高于还是低于[②]莱夫估算值的国民收入统计中储蓄的影响,这里用的资料有许多不足之处。于是莱夫的数据

[①] 相对于被抚养人口(按照他对发展中国家的调查,占人口的40%—46%,也可以说43%)的储蓄弹性是 -1.3。每增加1%的被抚养人口就意味着增加人口0.43%,因此,每增加1%的人口,就会减少 -1.3×0.43% = 0.56%的非农业储蓄。

[②] 人们可能希望分开统计水利灌溉对国民收入统计中储蓄对人口增长的回答。我们想知道由于1%的人口增长与0.48%的水浇地增长引起总投资的比例增长数。如果水浇地存量与非水浇地的比例是3:1,则其总值是3×0.18% = 0.54%。非水浇地每一英亩地价500卢比,则水浇地地价每一英亩1,500卢比,这是爱泼斯坦于1955年在一个印度农村所做的研究。在另一个村子里,她研究出的比例是4:1,而不是3:1(以上均参见 T.S. 爱泼斯坦的《南印度的经济发展和社会变化》一书第90、215页)。因此每增加0.5%的水浇地,则由于人口增长1%,而使农业资本总额增加0.54×0.5% = 0.27%。这种单项的大量增加,表明莱夫(1964)估算的这种消极影响只有0.27/0.56 = 48%。但是这一农业的 C/O 比率大概是农业以外部门的两倍,以致这种影响几乎等于莱夫发现的影响。而且这一估计,仅仅把新开垦土地的数量当作有一亩算一亩的水浇地。当然即使现在来说也是太低了,因为李尔与梅勒1964年就说过:印度从1949—1950,到1960—1961年,水浇地增加了1,100万英亩,而总的土地面积已增加了3,400万英亩(参见李尔和梅勒1964年发表的《印度1949—1950年至1960—1961年的粮食生产变化的原因和变化估计值》一文)。如果考虑到随之发生的房屋设备等固定资本形成,则使农业投资对人口增长的适应性便会估算得更高。从现有资料反映的整个过程看,水利灌溉不是适应人口增长的主要因素(1880年只有2,000万英亩土地是水浇地,而现在已有38,000万英亩,参见美国白宫《世界粮食问题》第2卷第440页),这表明我们的数据的确少说了水利灌溉的边际效用,因为今天的水利灌溉已比过去更重要。所以这些数据证实了这种信念,即人口增长对农业储蓄的积极影响已超过它对这种经济中其他储蓄的消极影响。

与回归说明也面临多种问题。不过这些数据的确使人想到这两种影响的数量级有些相同,但却是反方向的。发展中国家人口增长对总投资的净影响可能有消极的、积极的、折中的三种情况。要判断人口增长对储蓄的全面影响究竟是积极的还是消极的,还需要进行更多的研究工作。直到现在,这还是一个悬而未决的问题。

六、小结

本章所引数据表明发展中国家的农业投资是不小的。虽然多数农业投资都未计入国民收入统计中,但与农业以外的储蓄相比,并根据为农业投资投入的劳动量同季节性劳动相比,都可见其农业投资之大。即使是赤贫农民,也会改良他们的土地,并增加他们的农业资本储蓄。

此外,正如本章提出的理论所启示的,已发现农业储蓄数量会受到家庭规模与人口增长率的影响,孩子越多,导致更多的储蓄和投资。有关人口增长同农业投资相联系的历史数据,以及水利灌溉系统投资同人口密度相联系的数据都已说明上述论点。

人口增长对储蓄积极影响的一个最低估算值,可以在灌溉-储蓄数据中看到(之所以最低,是因为灌溉只是农业储蓄的一部分)。水浇地相对于已耕地人口密度的弹性为0.5。据莱夫1969年的观察[1],人口增长对货币储蓄的积极影响同消极影响之间,是

---

[1] 文中提到莱夫数据等均出自 N.H. 莱夫:《抚养系数与储蓄率》,载《美国经济评论》第59期,1969年,第886—896页。

难于比较的。不过这里介绍的数据的确表明,这两种影响的数量等级大体相同,而且是反方向的。发展中国家人口增长对总投资的净影响可能有消极的、积极的、折中的三种情况,但是人口增长对农业投资影响显然是积极的。

第十二章 人口增长对社会资本与规模经济的影响

一、引言

前几章讨论到的"资本",主要属于直接投入消费品生产的生产性商品,特别是土地、农用建筑、农具、工厂及工厂设备等[①]。本章要讨论的是间接而有力地影响生产活动的基础结构社会资本(infrastructure social capital)。这里的"基础结构"(infrastructure)是指所有物质条件及某些社会条件,这些条件(1)帮助其他生产要素,包括土地、劳动、设备及知识等更有效地进行生产,而且(2)它们本身作为社会产品,都是随人类活动而变化的。这个定义是为了把道路、无毒水源及村庄组织之类项目都包括进去,但不包括阳光。第七章讨论过就这个意义而言,把"基础结构"本身看作一种生产要素。

社会资本是规模经济的一种主要成分,而规模经济还包括市场规模扩大的效应、劳动分工及第二章中所讨论的其他因素的影

[①] 虽然学校教育、住房建筑与公用设施只是通过人们的生产质量间接地影响生产,但是这类资本都包括在第十章讨论的非农业资本的数据与模型中。

响(见本书第46—50页)。H.B.钱纳里1960年对发展中国家的规模经济做出了最好的全面估价,但仅适用于制造业部门。他估计,产量与人口规模的弹性是0.20,那将是这种模型所用参数的中心值[1]。该模型估计由于典型的发展中国家工农业部门社会资本增长及其他规模经济的影响而引起人口增长对生产率的影响。(对此感兴趣的读者可参阅本书第四章有关发达国家规模经济的材料,因为发展中国家与发达国家的现象有很多相似之)

本章先集中讨论运输问题,因为运输是社会基础结构的一个主要部分。然后更概括地谈一谈健康问题,本章说明较大的人口密度对于运输的存在和成本以及健康状况有很大的积极影响。

二、运输的重要意义

除了文化、制度和心理因素以外,如果说还有一个单独的关键因素的话,这个因素就是运输与交通。交通运输显然包括用以运送工、农业产品和物资以及传递人员和信息的公路、铁路和航空线路。还包括输送水力和电力的灌溉及电力系统。研究当代和经济发展历史的优秀学者们,提出大量证据来证实"发展中国家的一种可靠的论断,就是运输和交通方面的投资已成为决定它们命运的一个因素"[2]。

---

[1] H.B.钱纳里:《工业增长的格局》,载《美国经济评论》第50期,1960年,第624—654页。

[2] G.W.威尔森(Wilson)等:《公路投资对发展的影响》,1966年版,第2页。

有许多理由说明为什么交通运输对经济发展如此重要。当然主要的是运输提高了农民与商人在有组织的市场上销售货物的能力,并以合理成本交换货物[①]。下面是运输业落后阻碍经济发展的一些历史范例。

1. 在19世纪初的美国,农产品只能靠自然水路运送。至于陆路运输,"由于运费极高,即使种植玉米不需花一文钱,也不可能运到离种植地20英里以外的地区销售。而伊利运河的修建把从纽约城到大湖的运费已从100美元减到15美元"[②]。

我们对当今发达的交通及便利的运输已经如此习以为常,以致难于设想还会在各生产要素的衔接上出现脱节现象,而使某些人从中获得巨大资本营利,其他许多人因而失业(因此收入也减少了)。自从18世纪30年代普遍靠从加里纳(Galena)银矿进口白银来获得供给以来,每次发生轮船到不了圣路易斯港口的事故,"总是使物价常时上涨一倍或二倍之多"。[③]

2. 18世纪时的法国,"一般不能把粮食运送到离生产地15公

---

① 亚当·斯密说:"好的道路、运河,可通航的河流,通过减少运费,把遥远地区的生活水平变得更接近于邻近城镇的水平,因此,所有这些都是最大的改进,他们打破垄断……他们开辟新市场……"[摘自L.J.齐默尔曼(Zimmerman)的《贫瘠的土地,富饶的土地》,1965年纽约版,第113页]。
② W. 欧文(Owen):《机动运输战略》,1964年版,第24页。
③ S. 莱伯戈特(Lebergott):《经济增长中的人力》,麦格劳-希尔出版公司,1964年纽约版,第143页。

里以外的地区去"①。从农场粮食销售价格与市场粮食销售价格的巨大差价上就可以看出,把粮食从农场运至大市场上去的能力是很差的。

3.欧洲普遍存在下面这种情景。

对于欧洲那些致力于改进粮食供应的机构来说,最重要的是由于出现全国性粮食市场而使交通格局发生了变化。如果粮食生产者为提高生产能力而投资,这并不是一种长期冒险行动,而明显是适应有限的市场刺激:有更高的粮食售价,或在不必压价的情况下,有更多地销售产品的可能性,促进他们实行农田系统及租赁制度合理化,改善农田建筑和排水系统,以及试种粮食作物和牲畜新品种。农民适应市场需求的这种情况是靠发展交通实现的。在英格兰,河流、沿海及运河航运在这种适应过程中都起了重要作用。在莱茵河/鲁尔地区和比利时煤矿区以及美国重工业地区都同样出现了交通运输起重要作用的情况。在铁路建筑以前的年代里,这一切就是城市化过程的起点,而铁路最终解决了粮食物运输问题,并且成为推动工业化及农业变革的新动力。在瑞典,降低歉收年间的人口死亡率,是同减少隔绝和消除内地生活困难有关的。②

---

① 科林·克拉克和M.哈斯韦尔:《仅能维持人们生存农业的经济学》,1967年版,第179页。

② D.E.C.埃佛斯利:《人口、经济和社会》,载《历史上的人口》一书,1965年版,第61页。

4. "19世纪中叶的加纳,几乎与世界其他国家没有什么商业往来,当时在加纳1吨玉米的售价是112便士(1.2英镑),而世界的玉米价格是7英镑左右。1839年非洲的巴苏陀兰,1蒲式耳高粱只卖1先令,而200公里外的喀尔斯堡,1蒲式耳高粱的售价却要高出六七倍。"①

5. "在泰国友谊公路,100公里长的路段周围地区,一些从前被部分开垦过的丛林地带已改造成为高产丰产的农田(见图12-1)。以往在小路上需要11个小时的行程,在新公路上只用3个小时。3年内,泰国的甘蔗、蔬菜、香蕉及其他水果的产量增长了3倍多,并开始向日本出售玉米。"

"在玻利维亚,连接科恰班巴省和圣克鲁斯省的公路将雨季中来往两地的行程从几个星期缩短到15个小时,并为本国的粮食供应及其消费者提供了一条相互连接的纽带。一直到那个时候,玻利维亚的大米价格还比进口大米的价格高出50%,原因很简单,即国内运输费用太高。然而公路的建成已大大减少了人们对进口物品的需求。"

"在哥斯达黎加,中美洲公路建成之前,在把食用牛从牧场赶到圣约瑟的路途中,通常有40%的牛要掉膘。那时还要进口牛肉以满足国内市场的需要。在修建了全天候公路之后,就已经能在夜间用卡车、拖车运送食用牛了。哥斯达黎加也在肉食供应上做到了自给自足。"②

---

① 科林·克拉克和M.哈斯韦尔(Haswell):《仅能维持人们生存农业的经济学》,1967年版,第180页。
② 美国白宫:《世界粮食问题》第2卷,1967年,第573页。

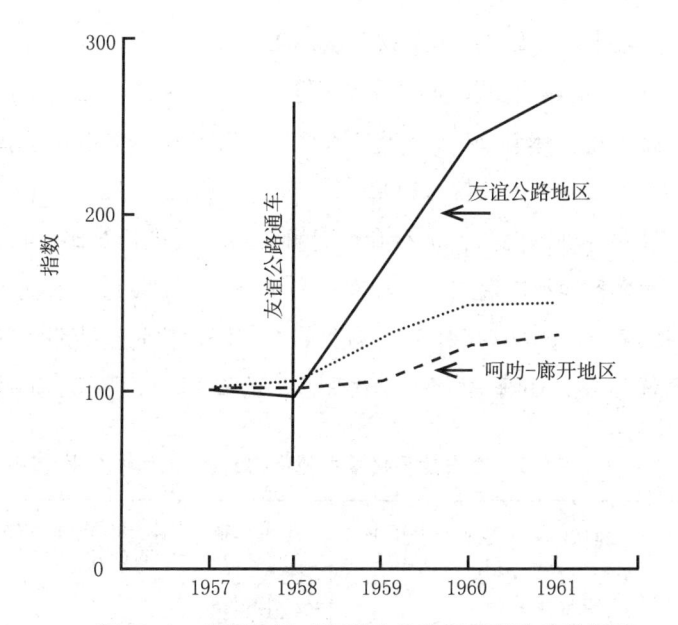

第十二章 人口增长对社会资本与规模经济的影响

图 12-1　公路建设对高地农作物及蔬菜生产的影响

资料来源：威西特·卡西拉克萨的未发表的硕士论文《友谊公路的经济影响》，曼谷，东南亚条约组织工程研究生院，1963年。

6. 在印度，"造成机井和肥料短缺、农业技术仍然落后以及难以为市场提供多品种食物状况的一个主要因素是印度北方邦的道路条件较差。所有这些情况说明通往城镇中心的运输困难，不但失去了销售和供应市场，还得不到技术援助"。[①]

7. 在以前没有任何交通工具的7个印度村庄之间，建一条连接市场，长达15英里的公路，从此，使这里发生了这样的变化：

---

① W. 欧文：《机动运输战略》，1965年版，第58页。

"查诺家族的人向我们指出了这条路的重要作用。在这些丛林村庄里,未加工的粮食是按每83磅1.5美元的价格销售。而用牛车从新公路上把大米拉到12英里外本区唯一城镇——贾格达尔普尔(人口约1.5万)去销售,就可多得一倍的收入。"[①]

通过对各种可能条件下存在的各种交通费用进行对比,可以弄清为什么各种不同形式的运输对商品价格及运输数量有这样大的影响。表12-1表明1790年左右英格兰水路运输胜过陆路运输的巨大优越性。还有克拉克与哈斯韦尔的表12-2,列举了采用

表12-1 1790年左右的英格兰每吨货物的水、陆运输费用

路线	陆上运输(英镑)	水上运输(英镑)	水用费占陆运费的百分比(%)
利物浦—乌末罕普敦	5.00	1.50	25.00
伯明翰—金斯保罗	3.18	1.00	25.60
曼彻斯特—保特雷斯	2.15	0.15	27.20
伯明翰—利物浦	5.00	1.10	30.00
利物浦—斯多迫特	5.00	1.10	30.00
曼彻斯特—斯多迫特	4.13	1.10	32.20
曼彻斯特—伯明翰	4.00	1.10	37.50
切斯特—乌末罕普敦	3.10	1.15	50.00
切斯特—伯明翰	3.10	2.00	57.10

资料来源:L.J.齐默尔曼:《贫瘠的土地,富饶的土地》,1965年版,第113页。

[①] 安东尼·夏佩尔(Anthony Chapelle)和乔吉特·迪基·夏佩尔(Georgette Dickey Chepelle):《印度村民的新生活》,载《国民地理》杂志109期,1956年,第572—595页。

不同的运输方式所需要的不同的有代表性的运输费用。最贵的运输方式所需付的运费比最廉价的运输费高出15倍甚至更多。

表12-2 发展中国家运输价格

（按每吨公里所需当量的公斤数为计算单位）

	最高运费	中等运费	最低运费
人力搬运	12.4（东非）	8.6	4.6（中国）
手推车			3.2（中国）
兽力运输	11.6（东非驴）	4.1	1.9（中非、骆驼）
篷车	16.4（18世纪英格兰收牛奶的车）	3.4	1.6（美国、1800年）
小船运输	5.8（加纳、1900年）	1.0	0.2（中国11世纪时）
轮船运输		0.5	
铁路运输	1.4（澳大利亚,19世纪50年代）	0.45	0.1（智利、1937年）
机动车辆	12.5（巴苏陀兰）*	1.0	0.15（泰国）

资料来源：C. 克拉克和 M. 哈斯韦尔，《仅能维持人们生存农业的经济学》，1967年版，第189页。

* 此数量看不出有什么意义。

运输对于传播各种信息如农业技术、节制生育、医疗卫生及现代思想等，也是重要的。如果印度的某个村可以乘卡车、吉普去，甚至可以骑车去，而不是像某些人仅仅靠骑一头阉牛进城的话，情景就大不一样了。在印度和伊朗这样的国家，大多数村庄都不通机动车。一旦运输状况有所改善，那里就会像印度的塞拉普尔一样，很多事物都会发生根本的变化。

塞拉普尔实际上经历了一场运输革命,即使同近几年以前相比,在一定范围内旅行的方便性大大增加了,而且时间和费用都大大地减少了。引起这些变化的主要因素是公共汽车服务的迅速增加,既多又便宜的公共汽车运输已经大大影响了市场体系及村民的消费方式,而且大概更加有利于向非农业劳动发展的转移……1964年,塞拉普尔没有一个人拥有两轮或四轮机动车,当时内地旅行的主要交通工具是自行车,有时也用牛车。交通工具的改善、附近市场的发展以及收入的增加,这一切使塞拉普尔人的贸易及消费方式受到影响。粮食质量的提高,食物品种的增加,以及肥皂、梳子、头油、玻璃杯及牙膏等产品的出现,如此等等,村居民感到,他们的生活比几十年前好得多了,同时他们也感觉到他们与生产这些产品的城镇之间的联系加强了。①

还有一点也很清楚,即发展中国家运输系统尤其是内地的乡村运输,其状况的改善还远远不够,农业发达的国家与落后国家的对比就可以说明这个问题。

在农业发达的国家,每平方英里的耕地就有3—4英里的道路从农场通向市场。在产粮地区,道路的平均里数较少;而在农场较小及地形复杂的地区,则道路的平均里数就高一些。

---

① S.R.西蒙:《塞拉普尔村》,载《印度农村发展》,1968年版,第319页。

英国、法国、日本和美国——每平方英里平均道路为4英里左右,丹麦则接近3英里。印度每平方英里的耕地只有0.7英里的道路,马来西亚约有0.8英里,菲律宾约有1英里。没有一个主要依靠农业的发展中国家具有足够的乡村道路[①]。印度的情况尤其严重,如果一个农民居住在距全天候公路1.5英里外的地区,他就用不上化肥和其他消费品,因为这些东西运不到那些地区。[②] 表12-3告诉我们,四分之三的印度农民

表12-3 按照距全天候公路的公里数分类的印度村庄分布情况

距离	村庄的百分比
公路经过村庄	10.9
1.5英里	18.2
1.5—3.5英里	20.7
3.5—5.5英里	12.3
5.5—10.5英里	15.9
10.5—20英里	9.6
20英里以上	7.8
不详	4.6
合计	100

资料来源:W. 欧文,《机动运输战略》,1964年版。根据1959年印度政府公共发展部抽样调查。

---

① 美国白宫:《世界粮食问题》第2卷,1967年版,第582页。
② W. 欧文:《机动运输战略》,1964年版,第52页。

都住在距全天候公路1.5英里外的地区；表12-4表明，马哈拉施特拉邦内三分之一以上的村子根本没有公路。

表12-4 马哈拉施特拉邦内不通公路的村庄（1966年）

类别	村庄数
报告提到的村庄	34,361
不在主要公路上的村庄	26,947
未与公路连结的村庄	13,899
连接大车道的村庄	11,222
连接人行小道的村庄	2,231
连接河流及其他水路的村庄	446

资料来源：马哈拉施特拉邦政府财政部《关于本邦交通运输调查报告》，第1卷第2部分附录表6和表8，1966年。

运输工具的缺乏不但阻碍印度农民自产自销的能力，还使他们无法购买生产资料，尤其是现代农业生产所需的化肥。"化肥方面的消息闭塞并不是使用化肥的主要障碍，而影响化肥销售量增长的更严重的问题是经常无法运输和没有销售网，因而，当生产过程中需要化肥时，没有按时提供足够的化肥。"[①]

---

① 艾索克·米特（Asok Mitra）：《论印度人口对土地压力上升而引起可能的人口变化》，国际人口协会，1969年版。

三、人口增长对运输系统的影响

人口密度同人员和物品运输及信息传播之间显然有密切的相互关系,这是一种互为因果的关系。一方面,密集的人口使运输系统既更有必要,又更加经济。一个村庄的人口增加一倍,就意味着多一倍人去使用铁路,还意味着多一倍人去修筑道路,无论是义务劳动还是集中组织雇佣劳动甚至强迫劳动,都是这样。例如在欧洲和英格兰,"人口增长或者更严格地说达到某种人口密度,则有必要改进而且新建运输设施"[①]。另一方面,由于生活水平提高,运输系统的改善促进人口增长,[②]并且可能引起更高的出生率,因为人们生活水平提高了。此外运输联络的存在,意味着村庄内人口可能降低死亡率,因为人们不再像印度在过去一百年中所遭遇的那样,易于受到饥饿和灾荒的威胁。[③]

用要素分析法分析印度村庄,揭示了交通、运输、人口与实现

---

① J. 哈巴卡克:《人口问题和18世纪后期、19世纪的欧洲经济发展》,载《美国经济评论》第53期,1963年,第615页。

② W. 威尔逊等:《公路投资对发展的影响》,1966年版。

③ 这段历史中的新的悲惨一页已记载在本章第一稿中,如孟加拉国救济会的《新闻公报》刊登了这个大字标题:"够维持几个星期的许多吨食物,已在港内……但缺少桥梁和卡车能把它运往内地……问题在于如何通过落后的运输系统把食物运送给需要粮食的人民……"(《纽约时报》,1972年4月9日)

在1974年夏天就要写完最后一稿时,又加进了另外可怕的一页。在非洲撒哈拉地区发生严重的饥荒,人口、牲畜饿死,因为即使在联合国与支援国家明确提出了救灾的措施和给予必要的物资支援时,该地区的各国政府却事先没有制订救灾计划,也没有配合进行粮食运输工作。

现代化之间的内在关系的特征:

> 那些要素 I① 占比例较高的村庄都有分属许多等级的较多的人口,他们采用较现代化的农业技术,并向附近的、容易到达的城镇出售他们的大部分产品。他们更懂得国家立法是不能触犯的,他们也有更好的教育设施,更多的学龄儿童入学,并且有较高的文化程度。相比之下,那些因素 I 落后的村庄,人口少,等级也少。他们采用传统农业技术,生产出的东西主要是供自己消费而不是到市场上去出售。这些村庄都远离城镇,而且很少有(或者根本没有)现代运输工具。他们也不太了解国家的社会立法,教育设施较少,因此文化程度较低。他们处于一种传统经济与文化隔绝以及自给自足的状况,并且反映出他们很少受较大的经济和社会的影响。
>
> 因此,要素 I 的构成说明,按乡村水平来说,它代表了乡村的经济与社会现代化程度。②

为了定量估计人口增长对运输的影响,普遍了解这种影响并输入数字模型,都是必要的。格洛弗和西蒙 1975 年为了弄清这个问题曾就公路密度对人口密度的影响进行了多国横截面研究。

---

① 这里"因素 I"是投入生产的资本。——译者注
② I. 阿德尔曼和乔治·道尔顿:《对印度农村现代化的进一步分析》,载《经济学》杂志第 81 期,1971 年,第 570 页。

第十二章 人口增长对社会资本与规模经济的影响

这种总模型[①]是：

$$\frac{\text{RDS}}{\text{LND}} = f\left(\frac{\text{POP}}{\text{LND}}, \frac{Y}{\text{POP}}\right) \tag{12-1}$$

式中：

RDS 公路长度（英里数）

LND 土地面积（平方英里）

POP 人口

Y 国民收入

PVD 柏油路的长度（英里数）

TOT 所有公路的总长度（英里数）

i 国家指数

第一种方法是以1968年的113个国家为样本的线性回归。

$$\frac{\text{TOT}_{i,1968}}{\text{LND}_{i,1968}} = -0.119 + 0.0025 \left(\frac{\text{POP}_{i,1968}}{\text{LNO}_{i,1968}}\right)$$

$$(t = 0.613)$$

（指数 = 0.613）

$$+ 0.0003 \left(\frac{Y_{i,1968}}{\text{POP}_{i,1968}}\right) R^2 = 0.65 \tag{12-2}$$

$$(t = 7.4)$$

（指数 = 0.422）

[①] 看来运输对人口密度的影响，并不怎么影响回归，因为在其他情况不变的条件下，好的公路不见得影响人口从一个国家迁移到另一个国家。

用对数形式算出这种相同关系。将这些数据按人均收入值分成五个1/5组,画出图12-2的五张曲线图(这是使收入值近似不变的一种方法)。人口密度与公路密度显然有紧密的联系。

log-log 回归法产生各种弹性的适当估算值如下:

$$\log\left(\frac{\text{TOT}_{i,1969}}{\text{LNO}_{i,1969}}\right) = -0.380 + 0.726\log\left(\frac{\text{POP}_{t,1969}}{\text{LNO}_{i,1969}}\right)$$

$$(t = 18.1)$$

(指数 = 0.704)

$$+ 0.657\log\left(\frac{Y_{i,1969}}{\text{POP}_{i,1969}}\right), \quad R^2 = 0.83 \qquad (12\text{-}3)$$

$$(t = 12.4)$$

(指数 = 0.483)

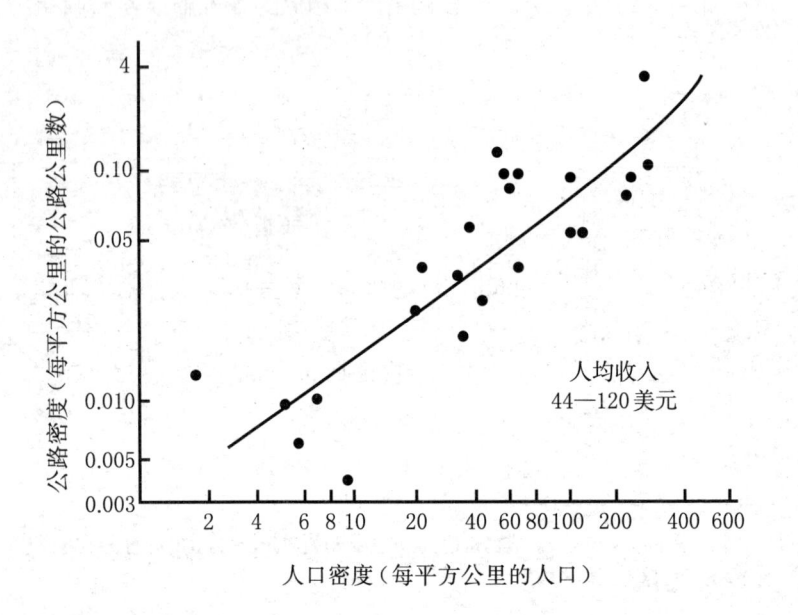

272

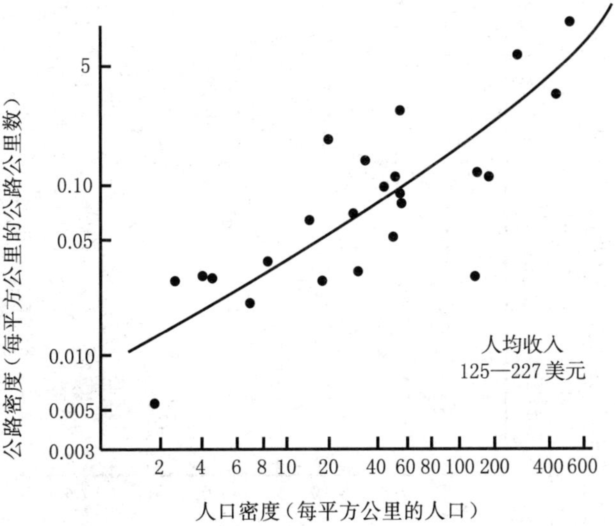

公路密度（每平方公里的公路公里数）
5
0.10
0.05
0.010
0.005
0.003
2
4
6
8
10
20
40
60
80
100
200
400
600
人口密度（每平方公里的人口）
人均收入
125—227 美元

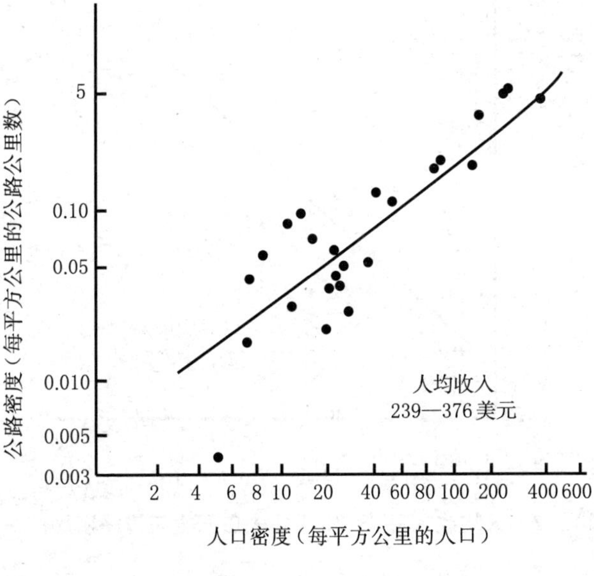

公路密度（每平方公里的公路公里数）
5
0.10
0.05
0.010
0.005
0.003
2
4
6
8
10
20
40
60
80
100
200
400
600
人口密度（每平方公里的人口）
人均收入
239—376 美元

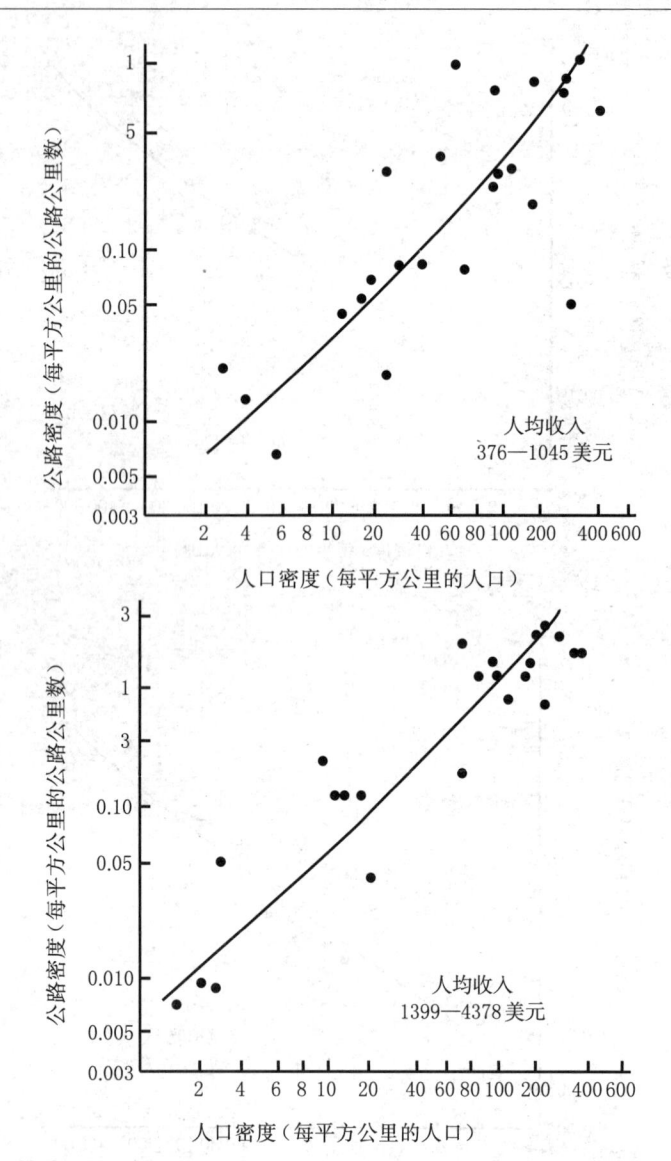

图12-2 人均收入每个1/5组的人口密度与道路密度的关系

第十二章 人口增长对社会资本与规模经济的影响

这些计算结果给人留下深刻印象。作为多国横截面回归来说,尤其鉴于只用两个因变量,R^2值0.83是太大了。这样大的R^2值,说明已没有必要再寻找更多的自变量来解释因变量的变化。公路密度相对于人口密度的弹性是0.73,即1%的人口增长会带来0.73%的公路密度的增长;或者说人口增长两倍,公路密度要增长1.5倍,这表明从经济角度看问题,这种关系很有意义。而且这种"实际"关系一定还要高,因为这个值由于计算误差以致偏低。这种回归模型可以作为估算人口密度影响公路密度的根据。

还运算过一个许多国家长期经验的横截面样本,该回归式是这样的:

$$\left(\frac{\text{TOT}_{i,1969} - \text{TOT}_{i,1957}}{\text{TOT}_{i,1957}}\right) = 0.066 + 0.985 \left(\frac{\text{POP}_{i,1969} - \text{POP}_{i,1957}}{\text{POP}_{i,1957}}\right)$$

$$(t = 3.9)$$

$$(\text{指数} = 0.448)$$

$$+ 0.006 \left(\frac{Y_{i,1969} - Y_{i,1957}}{Y_{i,1957}}\right), \quad R^2 = 0.22 \quad (12\text{-}4)$$

$$(t = 1.3)$$

$$(\text{指数} = 0.151)$$

这种方法从来不受简单时间系列回归的许多趋势问题及其他缺点的干扰[①]。并且发现的多重共线性非常低,只有0.04。这

[①] J.L. 西蒙:《美国对烈性酒的需求及其简单的决定方法》,载《经济计量学》杂志第34期,1966年,第193—205页。

种回归的系数可以直接看作是弹性的,人口密度所表明的弹性几乎是十分明显的整数,而人均收入的影响则微不足道。

用柏油路的主要截面回归是这样的:

$$\log\left(\frac{\text{PVD}_{i,1968}}{\text{LND}_{i,1968}}\right) = -6.431 + 1.166 + \log\left(\frac{\text{POP}_{i,1968}}{\text{LNO}_{i,1968}}\right)$$

$$(t = 21.9)$$

$$(\text{系数} = 0.714)$$

$$+ 1.095\left(\frac{Y_{i,1968}}{\text{POP}_{i,1968}}\right),\ R^2 = 0.88 \qquad (12\text{-}5)$$

$$(t = 15.7)$$

$$(\text{系数} = 0.509)$$

log-log 关系中的 R^2 值 0.88,共线系数较低($r = 1.97$),并且只有两个变量的横截面研究中,算是一个异常大的方差值比率,它给人一种印象,即这个数字已说明了全部问题。柏油路回归研究中的弹性系数比全部公路回归弹性系数还要高,这是有意义的,因为在收入增加时,全国公路的数量和质量也都在提高。说明这一点的是柏油路所占比例的不断提高,并与柏油路回归计算中弹性系数的增高是一致的。①

总的来说,人口密度看上去对整个公路密度有着重大的影响,其弹性系数是 0.7 或更高,对柏油路建筑的影响甚至更大,其弹性系数超过了整数 1。由于在我们所观察的许多国家之间,人

---

① 一个可能起作用的原因是铺路的数据大概比总公路数据更精确。

口迁移并不太多,所以这些关系都可解释为因果关系。有理由假设人口拥挤程度提高并不否定新增设施的好处,所以这些结果意味着,人口的增长对国家的基层结构具有非常积极的作用。

四、人口对社会资本的其他影响

人口密度的增长还有着其他多种影响生产能力的效果。这些效果很微妙,或者是间接的,但却又十分重要。例如,随着人口的增长,地方政府机构会不断完善,这种政府更加可能增建社会工程,并为鼓励经济活动而增进稳定性。有一种主要影响是对医疗卫生特别是对预防疟疾的效果。

> 疟疾是一种最为广泛流行的热带疾病,尽管它只是在具有某种一定气温的地区发病,但其主要发病地区是在炎热而潮湿的地区,直到最近为止,它威胁着约人类三分之一的人口,而实际上,所有湿热地带的居民可能多多少少都身受其害。染上疟疾的人变得虚弱,并且由于一阵阵发热,消耗了他们的体力,使他们无法应付持久的工作,因此农业生产得不到应有的照料,粮食产量也就受到影响,并由此产生恶性循环。由于人们营养不良,社会上对传染病的抵抗力也就减弱了,并无法为生产足够的粮食提供所需的劳动力。疟疾病人都很清楚,一干重活就会打摆子……毫无疑问,热带地区居民之所以健康状况较差,缺乏工作热情,人口稀少,主要是疟疾病造成的。

在前科学时代,人们是通过占有全部土地,消除蚊虫滋生地来控制那些最为严重的传染病。这种土地占有需要有高密度的人口,并全面控制土地的利用,因此需要有高度组织性的农业体系(它本身就是随土地质量、依靠气候以及某种程度的技术能力而变化的,稠密的人口同先进的政体之间有一种相互依赖关系。在人口稀少的地区,也很难使那里的卫生及健康水平得到改善,抗疟疾运动一直在进行之中,但成效甚微,由于在平均每平方英里只有10—12人的地区,很难将植被控制在对舌蝇不利的程度,所以这些舌蝇非常喜好这样的地区。[1]

表12-5斯里兰卡的数据为高罗的论点提供了证据,说明人口增长慢总是与疟疾病的高发生率有关系。当然也有人可能不知道非疟疾发病地区是不是因为躲避疟疾而迁走,所以人口少。斯里兰卡的历史证明不是这样。还证明,罗马帝国的衰落,主要原因是政治动乱后疟疾病的广泛流行以及人口密度下降妨碍了排灌体系的维护[2]。

让我们再看一个得到改善而不是退步的例子。历史上的英国就在很大程度上受到了人口增长导致疟疾发病下降的影响。

---

[1] P. 高罗:《热带世界,它的社会和经济条件及其未来》,1966年纽约版,第8、9、14、98、10页。

[2] 同上。

"威斯敏斯特街是在1762年铺设的,而城市是在1766年建的,随后,小河道也被填平,街道用大石块铺砌,几乎在同一时期,伦敦附近的沼泽地干涸了。"林德(Lind)将疟疾在大都市消失归于上述原因。1781年有一位作家说:"现在,在伦敦很少有人死于疟疾病。"①

表12-5 按疟疾病分类的斯里兰卡各个地区的人口、面积和人口密度

地方疟疾病	发病率① %	人口② 人数	%	土地 平方英里	%	每平方英里人口密度
非地方性	0—9	4,142,889	62	5,113	20	810
中性地方的	10—24	1,207,569	18	5,271	21	229
高度地方性的	25—49	994,495	15	8,460	33	118
特高地方性的	50—74	312,466	5	6,489	26	48

资料来源:H. 弗雷德里克逊(Frederiksen),《斯里兰卡(锡兰)死亡率趋势的决定因素及其后果》,载 D. M. 希尔(Heer)等编辑的《人口读本》,1968年版,第70页。

① 1939年与1941年调查的平均数。
② 1946年人口普查数。

美国经济的发展也揭示出疟疾的影响和人口增长对疟疾发

---

① M.C. 伯尔(Buer):《工业革命早期的卫生、财富与人口》,1926年伦敦版,第219页。

病的影响。在1820—1830年，黄热病和疟疾病的威胁，导致了修建运河工人的工资不断地增长。为了减少修建上的麻烦，（在许多地段）运河是通过沼泽和水洼地带的，所以这些运河以杀人闻名。由于这个国家已经安定下来，过去的那些疟疾滋生的沼泽地都已被填平，过去那些野兽出没的荒地也都盖起房屋了。

显然有理由认为人口密度的增长对于发展中国家的乡村基础结构有积极影响，但是这一章还未对全部影响的程度给予充分的估价。同时前面对公路与人口规模的相互关系的估价，可以看作是对整个社会资本①的影响的一个代表。以更广泛的意义上讲，H.B.钱纳里的估价可作为估计人口规模对规模经济包括社会资本的影响的根据,其弹性是0.20。

五、小结

本章讨论了人口规模对于社会基础结构主要成分的影响,特别是对交通运输网以及对公众健康水平的影响。人口的增长对于这些主要成分具有有力而且有益的影响。就公路网而言，由于它对农产品的销售、农业生产以及它的全面发展都是必不可少

---

① R.巴洛1967年在《根除疟疾的经济效果》一书中提出了一个关于斯里兰卡（锡兰）消灭疟疾影响的模型。他认为,由于消灭了疟疾,人口增长引起长期的消极经济效果,虽然短期的经济效果是积极的。但R.巴洛的模型未包括改进卫生对于工作和更高智能以及对于延长一个孩子的期望寿命有较大的影响（由此而来的是较低的出生率）等。我相信,如果这些重要因素被统计进去,消灭疟疾就可能有长期积极的经济效果。

的,所以每个单位面积土地的公路总量大体上总是同人口规模成正比的,这就说明人口密度大有很多好处。然而按照后面提到的发展中国家的模型范围来说,据 H. B. 钱纳里1960年的估计[①],将把人口规模对社会基础结构的影响包括在整个规模经济之中,以致人口规模每增长1%,则生产率增长约1%的五分之一(其弹性以0.20计算)。

[①] 参见 H. B. 钱纳里:《工业增长的格局》,载《美国经济评论》第50期,1960年,第624—654页。

第十三章 发展中国家人口增长对经济发展影响的模拟

一、引言

第七章讨论了发展中国家人口增长对社会经济发展与工业化影响的一般模型。所以,有些应属于本章讨论的一般观点,读者在本章却找不到,应回顾第七章的讨论。第八至十二章已就这种模型所用不同参数和各种关系的经验性根据进行过研究。本章则把这些全放在一起来研究。先对这种模型各种分类进行模拟,再按照关于人口增长的不同假设,研究经济发展的速度。

扼要地重述一下,经济学界在有关发展中国家人口增长的影响问题的看法上基本是矛盾的。一方面,传统经济理论的主要论点是认为更多的人口会妨碍每个工人平均产量的增长[①]。传统

[①] 每个工人的平均产量或每个工时的平均产量(不是人均收入或每个消费者平均收入),是一国经济的生产力的适当计量指标。同时生产力(不是消费品数量)应该看起来是经济发展中的根本性概念。因此,每个工人平均产量(Y/L)是本章通篇采用的演算的计量指标。

第十三章 发展中国家人口增长对经济发展影响的模拟

理论最重要的论点是马尔萨斯的劳动报酬递减，原因是包括土地在内的资本存量不是按劳动增长的同样比例增长的。另一个重要的理论要点是被抚养人口的影响，认为孩子较多的家庭，储蓄便格外困难，同时认为高生育率使得社会投资基金从工业生产中抽出去。把所有这些传统论点归结起来的那些模拟模型（例如 A. J. 科尔和 E. M. 胡佛 1958 年发表的《低收入国家的人口增长和经济发展》和 S. 恩克、R. G. 津德 1969 年发表的《低出生率对平均收入的影响》提出的模型），都认为较高的生育率与正人口增长，对每个工人本均产量起负作用（甚至对每个消费者的平均收入起更大的负作用，因为生育率愈高，则消费者的平均收入对工人的比例也愈高）。

但在第三至七章中讨论到的经验数据并不支持这种先验的推理。当这种理论与这些数据不一致时，则需要重审其一或兼审其二。本章就是重新审核这种理论。

建立一种包括标准模型因素的模型，其中还包括重要的在优秀论著中讨论过的其他因素，如需求对投资的影响（英格兰历史学家强调过这一点），对工作和闲暇的选择[1]以及随需求及生活水平和规模经济不同而出现的工作活动变化等。[2] 该模型还包括其他重要文献所公认的一些因素，如劳动力的内部转移、折旧与土地建设等。所有这些因素都在第八至十二章中讨论过了。

---

[1] 参阅本书第八至十三章。
[2] 参阅本书第十二章。

用效用最大化去分解模型,并发现当前最高的闲暇-产量无差异曲线与当前的生产函数相切。这样的解决办法确定了工农业部门劳动力的分配与两个部门的产量(这一答案包含发展中国家在不同收入水平上凭经验观察到的产量的分配与需求的弹性)。

这种模拟用许多参数表明,从长远看(120—180年),适度的人口增长所产生的经济效果比较慢的人口增长好得多,虽然以短期看(60年)较慢的人口增长稍稍好些。人口下降从长远看很不好。同时,用一个有代表性的亚洲发展中国家的许多"最好"的参数估计值所做的试验("基期运算")表明,长期的适度人口增长(50年翻一番)既胜过快速人口增长(35年左右翻一番),也胜过缓慢的人口增长(200年左右翻一番[①])。

每次用一个变量的许多试验表明,这些结果与先前的理论研究之间有不同之处。这些不同点是由于把闲暇-产量的决定、规模经济、加速投资函数和折旧这些新因素结合在一起(不是把某一个因素作为参数)产生的。可能最重要的成果是,在正人口增长范围内,不同参数导致作为"适度"的不同的人口增长率。这意味着任何给人口增长规定一种简单数量的理论可能是没有多少益处的,而需要的倒是一种更加复杂的以数量为基础的理论。

不同的参数分类是为了捕捉下列许多情况的关键因素,例如,从7世纪到第二次世界大战以前的中国,18世纪的英格兰,当

---

① 此处原文为二千年,疑为二百年之误。——译者注

代的印度以及当代比印度人口增长更快的那些国家。为了决定哪些参数对这种模型反应更加敏感或者不敏感,有必要进行敏感性分析。这些试验运用两组出生率构成,第一组出生率构成是适应全部收入的,但它们有以下两方面差别:(1)作为收入函数的生育率下降的速度;(2)生育率是否在收入最初上升时,也有一次最初上升。其他三种生育率构成是从最低到最高生育率范围内,育龄妇女的各种固定比例。

本章首先阐述这个体系中每一方程的结构,并讲解各种试验所用估算值范围的基础。然后,介绍不同实验的结果,并提出这些结果所能证实的一些结论。

二、模型

这里的说明将是略谈这类模型所共有的方面,并详细介绍一些新颖的模型。第七至十二章已介绍了分类和各种参数所依据资料的附加说明,这种模型的示意图见图13-1。

农业部门的产量(Q_F)(F表示农业)、土地加其他物质资本的总和(K_F)、劳动人时(M_F)、社会资本(J)以及历史上这一时刻农业生产效率的水平(A_F)等因素构成道格拉斯函数关系:

$$Q_{F,t} = A_{F,t} \cdot K_{F,t}^{\alpha} \cdot M_{F,t}^{\beta} \cdot J_t \qquad (13-1)$$

基期运算中的指数 α 与 β 分别为 0.5 与 0.5;但是,所得结论与其他合理的指数并无差异。

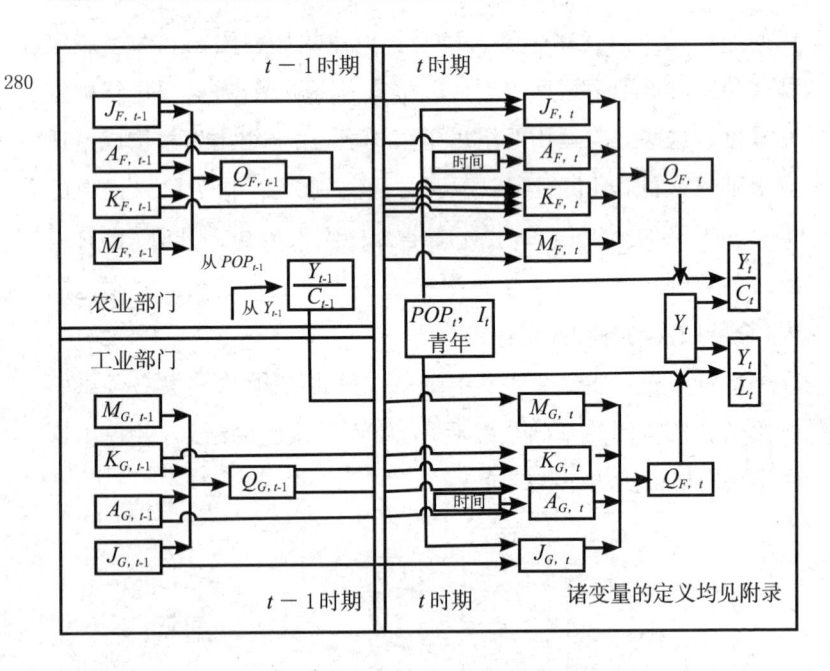

第一篇　人口增长对经济条件的影响

图 13-1　发展中国家模型图解

和规模经济①一起探讨的整个社会资本成为劳动总数（L_t）的函数：

$$\frac{J_{t,\,t-1}-J_t}{J_t}=\alpha_{112}\left(\frac{L_t-L_t=1}{L_{t-1}}\right) \qquad (13-2)$$

---

① 社会资本与规模经济一起探讨，是因为两个因素不好分开。J 项代表这类项目如伴随较多人口而来的较好的公路网。因扩大市场而出现的生产效益，改进了的政府组织机构以及由于农村人口增加而出现的较好的卫生服务与根除霍乱等。

基期运算[1]的参数 a_{112} 是 0.20，为了看到规模参数的重要性，还分别用弹性 0.40 与 0 做了运算。

农业投资[2]是预期的农业资本与实际农业资本数量之间的"差额"构成的函数关系：

$$\frac{K_{F,\,t-1} - K_{F,\,t}}{K_{F,\,t}} = a_{1140}\mathrm{GAP}_t - a_{1141} \quad (13\text{-}3)$$

预期的农业资本水平是由农业资本与技术效能的乘积构成并规定为产量的四倍。全世界的农业资本值非常接近一年总产值的四倍[3]。所以，这是一个预期的（和已达到的）目标。

$$\mathrm{GAP}_t = \frac{Q_{F,\,t} - A_{F,\,t} \cdot K_{F,\,t}}{A_{F,t} \cdot K_F} \quad (13\text{-}4)$$

其中，$A_{F,\,t}$ 开始定于 0.25[4]，而 $K_{F,\,t}$ 则起初定于 $4Q_{F,\,t} = 0$。

---

[1] 有人可能会强调总产量是社会资本（J）的最好计量。而我却选择了以劳动力来测量 J，因为工业部门的规模经济唯一可靠的估计值是用密切相关的总人口计量。"但是如果收入水平保持不变，则可把人口当作市场规模影响的一个标志"（H. B. 钱纳里的《工业增长的格局》一文，1960 年）。如果本章研究中的基期运算所用的参数是得自 H. B. 钱纳里的话，则似乎有理由采用类似他的概念。但是看来大概以 J 限于每个部门的产量条件，试做一些运算，应该是有意义的。这种改变加强这里所给出的结果，因为产量比劳动力更加不稳定。

[2] 在这个意义上，农业投资是由土地开垦、地方水利灌溉与工具等构成的。投入农业的这种资本，绝大部分是淡季农民的劳动力。

[3] 参阅 J. L. 巴克：《中国农业经济》，芝加哥大学出版社，1930 年版。C. 克拉克：《经济进步的条件》，1957 年版。

[4] 更为特殊的是，最初设定的 $A_{F,\,t}$ 与 $K_{F,\,t}$，是作为农业中资本与产量之比 4∶1。

假定农民每年给这个差额弥补一部分:按照基期运算,这部分是25%。这就是说方程式13-3中的系数a_{1140}按基期运算定在0.25,并按其他运算取得其他各种数值。a_{1140}所代表的折旧[1],按基期运算定在0.01,并在其他运算中有变化。

农业投资函数与农业生产函数都有不寻常的性质,以致没有一种不变的方程式是适合它们的。也就是说,当为消费而进行投资和生产时,并不是在总生产范围内相互协调的,因为农民的农业投资,大多不是总产量的一部分,不像工业投资那样是从消费中扣下的。而用于粮食生产的劳动,大部分不是从用于开垦荒地、水利灌溉等方面的劳动中抽出来的。反之这两种活动是在不同季节进行的。

缺乏储蓄是这种模型的主要缺陷,因为这种模型不是按照同生产者与工资收入者的合理经济行为相称的一种封闭资源体系而建立起来的。而这种体系是方程式的一个开放组,在选定每个方程式时,都是主观地确定它能代表一种生产-消费动态体系的一个有关方面;因此,劳动与资本的边际产品在农业与工业部门中,并不保持相等。从经济理论观点看,这种方法同凯利等人1972年提出的新古典经济发展模型相比,更不合美学要求。但是这种选择有两点正当理由。第一,试图按照新古典方式建立模型,将

---

[1] 投资与技术相适应的函数,在两个部门不得不是正值,但折旧能使净投资大体上是负值,而有些试验就是如此。

会遇到许多基本理论问题,例如对于土地和早在几百年以前就已形成的其他农业资本进行评价问题(一种收入趋向的方法已在这里循环往复)。而且一种包括工人选择忙闲的新古典模型将要求为此开垦新土地[1]。第二,同这种模型及其结果进行适当对比的那些模型,如科尔-胡佛1958年、恩克等人1969年以及麦多斯等人1972年提出的模型,也都不是新古典的。也就是说,要同其他模型进行恰如其分公正的对比,则那些模型的最初目的都是同样估计不同的人口增长率对经济发展的速度的影响,而不是为了完成其他目的[2]。

农业中获得技术知识的函数仅仅依赖于时间,这对多数发展中国家看来是适宜的(博塞勒普1965年所强调的这类技术的转变是包含于生产函数中的)。

$$A_{F, t+1} = a_{115} A_{F, t} \qquad (13-5)$$

其中按基期运算,$a_{115} = 1.005$,并按其他运算得到其他值。

劳动力供给函数,以后将在合并的两个部门模型方面加以

---

[1] 参阅 K. A. 森(Sen):《有或没有剩余劳动的农民及其两重性》,载《政治经济学》杂志,第74期,1966年,第425—450页。

[2] 必须指出,这种模型虽然不包括新古典式的"牺牲",即在投资与消费之间的进行选择已经包含了更多的农业投资,特别是为了更多的当前的生产而做"牺牲性"劳动的这种选择。而这后一种选择,却是新古典模型所没有包含的。所以总的来说,这种模型看来在这方面是无可非议的。

说明。

现在讲工业部门（用脚注 G 表示）。工业的生产函数是

$$Q_{G,t} = A_{G,t} \cdot K_{G,t}^{\gamma} \cdot M_{G,t}^{\varepsilon} \cdot J_t \tag{13-6}$$

按基期运算的两个幂是 $\gamma = 0.4$ 和 $\varepsilon = 0.6$。

工业的技术改变是时间与产量变化二者的函数：

$$A_{G,t+1} = A_{G,t} + a_{1170} A_{G,t} + a_{1171} \log 10$$

$$(\frac{Q_{G,t} - Q_{G,t-1}}{Q_{G,t}}) A_{G,t} (\frac{Q_{G,t} - Q_{G,t-1}}{Q_{G,t}}) \geqslant 0 \tag{13-7}$$

其中按基期运算，a_{1170} 是 0.005，a_{1171} 是 0.002。

工业投资依赖于工业产量的变化。它还取决于抚养青少年的负担。并且减去折旧：

$$K_{G,t+1} = K_{G,t} + a_{1181} \left[\log 10 \left(\frac{Q_{G,t} - Q_{G,t-1}}{Q_{G,t}} \right) \right]$$

$$\times (1 - a_{1182} 青少年\, t)(K_{G,t}) - a_{1183} K_{G,t} \tag{13-8}$$

$$(\frac{Q_{G,t} - Q_{G,t-1}}{Q_{G,t}}) \geqslant 0$$

其中按基期运算，$a_{1181} = 0.0275$，$a_{1182} = 0.50$，$a_{1183} = 0.025$（按其他运算则为其他值），也就是，除基期运算以外，投资数量都因

抚养青少年负担而变为下降[①]。这种意味着40年设备寿命的折旧参数几乎肯定太小，或许20年设备寿命更符合发展中国家实际情况[②]，而且有些地方，估计的折旧甚至比20年还快得多[③]。

方程式13-8是储蓄与投资影响混杂在一起运算上的概括，特别是工业生产是如此。假设产量增加使生产者想增加资本，并用储蓄与投资去实现此愿望。还假设抚养青少年的影响是因为私人储蓄减少所致，同时假设投资等于储蓄，并因此由于增加被抚养人口而减少。

[①] 更具体地说，对青少年抚养的绝对数量，在这个内容中已经计算进去了，正如莱夫（1969）以同样方式所致的那样，以达到参数与他的估算取得一致：

$$\frac{\sum_{i=1}^{14}(男_i+女_i)}{\sum_{i=15}^{64}(男_i+女_i)}$$

任何一年的抚养负担，对于青年来说，是被计算为那一年的负担与基本年的负担之间的差异：

$$青年_t = \frac{\dfrac{\sum_{i=1}^{14}(男_i+女_i)}{\sum_{i=15}^{64}(男_i+女_i)} - \dfrac{\sum_{i=1}^{14}(男_i+女_i)基期年}{\sum_{i=15}^{64}(男_i+女_i)基期年}}{\sum_{i=1}^{14}(男_i+女_i)基期年 \Big/ \sum_{i=15}^{64}(男_i+女_i)基期年}$$

a_{1182}的值是0.50，大致上相当于莱夫的估算，并且常用于基期运算，0值与-1.0值也同于其他运算。

[②] 西蒙·库兹涅茨：《现代经济增长》，1966年版，表5-5。
[③] J. G. H. 菲和G. 兰尼斯：《劳动过剩经济的发展》，1964年版。

如果增添孩子的父母宁可把钱用于教育子女而不投资于他们的农场或商店,这样的选择将显示出国家储蓄的减少,因为国民收入统计是这样记载的。政府部门的情况也一样,把基础结构或工业上的投资改为教育投资则表明货币储蓄递减,因为大部分公共教育费用都是流水账上的薪金。所以由于受抚养青少年的影响而调整储蓄率,是为后备劳动力所做人力资本投资的成本创造条件。这就无可置疑地假设平均新就业的劳动力具有与平均原有劳动力同等的技能,但是看来这是不真实的。不过这种情况是超出这种模拟范围的。

需要一种把农业与工业部门合并起来的方法,以便完善供给方面并建立一个总生产函数①,这里的做法是把任何给定时期两个部门产量的相对规模固定下来,作为前期平均消费者当量收入(Y/C)的一个函数②,也就是在 Y/C 为75美元这种落后状况下,把总产量定在工业产量的35%加农业产量的65%,当 Y/C 达到1,000美元时,把产量定在工业产量的90%加农业产量的10%,这些区分,大致上符合当今世界上发展中国家和发达国家的实际情况,并且反映出已观察到的两种商品形式的收入弹性。这两个时期之间的插入是线性函数:

$$\frac{Q_{G,t}}{Q_{F,t}+Q_{G,t}}=0.35\left[\frac{\frac{Y_{t-1}}{C_{t-1}}-\$75}{\$1000-\$75}\right](0.90-0.35) \quad (13\text{-}9)$$

---

① 从理论上讲,用农业、工业与闲暇这三个相互竞争的产量去发展这种模型,是可以理解的。但是这样做既不会在直观上令人满意,也不会在发展计算方法方面出现大问题。

第十三章 发展中国家人口增长对经济发展影响的模拟

但是,这个函数不仅仅是考虑到在不同发展水平时,农业与工业消费比例上恩格尔效应的差别,还考虑到不同抚养系数对产量的不同影响,如:一个家庭多生一个婴儿,并不直接改变总产量,但立即降低消费者平均收入,因而直接引起农业总产量比例的一次增长。

总生产函数的计算等式是

$$Y_1 = Q_{F,t} + Q_{G,t} = A_{F,t} \cdot K^{\alpha}_{F,t} \cdot M^{\beta}_{F,t} \\ + A_{G,t} \cdot M^{\epsilon}_{G,t} \cdot J_{G,t} \quad (13\text{-}10)$$

假设任何一个 Y_t 的数量,其 $Q_{F,t}$ 和 $Q_{G,t}$ 的两个量都不变,则 Y_t 有一个单值量,将因给定的投入劳动工时 M 而产生(生产函数中的所有其他项目都是事先确定的)。因此,社会(本模型中)在没有更复杂情况下,可以在这两种商品——闲暇与产量之间进行选择。

需求方面是一组闲暇与产量的各种混合偏好(即一组无差异曲线)。这些无差异曲线是由"代表性的"工人所构成,然后把许多工人汇总起来。每一条无差异曲线都是半对数的,以便反映这种在心理学上几乎普遍观察到的现象,即认为比例差额都是相等规模的差额。经济学家们在讨论货币、税收等的边际效用时也普遍地假设函数形式。他们的根据是直觉和随机的经验主义。所有敏感性实验都不是用无差异曲线的其他函数形式做出来的。但是,这样的实验在计算上是不容易的。

图 7-2 中,一定时间 t 的每条无差异曲线都相当于画在半对

数图上的一条直线,见图13-2所示。水平轴是测量可能的每年人时从0%到100%的工作效用①(对变量Z的实际效用0—1.0)。每根无差异曲线$D_{k,t}$(k是在时间t时在D_t组范围内的一条特殊曲线)是这样形成的:

$$D_{K,t} = \text{ORIGIN}_t + b_K (\text{反对数 } Z_t) \qquad (13\text{-}11)$$

其中,b_K代表一系列无差异曲线D_t内的任何一条无差异曲线$D_{K,t}$在t时所具特征的这个斜率,ORIGIN_t代表起点时间。无差异曲线$D_{K,t}$都通过在水平轴上的坐标,在大多数运算中都等于$-0.5Z$的这样一点。只有在$0<Z<1.0$的这些值才被允许反映这一事实。即没有人能够去干比0时更少的工作或者去干他的最大限度的工作。

在t时D_t组,无差异曲线的每条$D_{K,t}$曲线其偏离点所在的另一个坐标,在垂直轴上的起点高度;而决定这个高度的因素有三:(1)用消费者当量对工人的比例去衡量的被抚养人口,其他情况均不变,被抚养人口越多,则"需要"商品的工人越多,而且他

---

① 关于国家的工业中不同收入水平的平均每周工时数变化的根据,可参看E. F. 丹尼逊1967年发表的《增长率为什么不同?》一书和J.M. 克雷普斯(Kreps)1967年发表的《工作与闲暇的时间分配》一文。关于消费期望对工作强度的影响证据,可参阅D. 弗里德曼1972年发表的《作为中国台湾地区经济发展刺激的消费期望》一文。消费期望指数是反映消费者购买耐用消费品的计划和欲望的一种综合指数。消费期望指数愈高,则薪金工人及其妻子愈可能就业。消费期望指数从25%到33%这个范围。具有"现代"消费格局的中国台湾地区的家庭也可能储蓄得更多。(参阅D. 弗里德曼1970年发表的《现代耐用品消费在经济发展中的作用》一文)

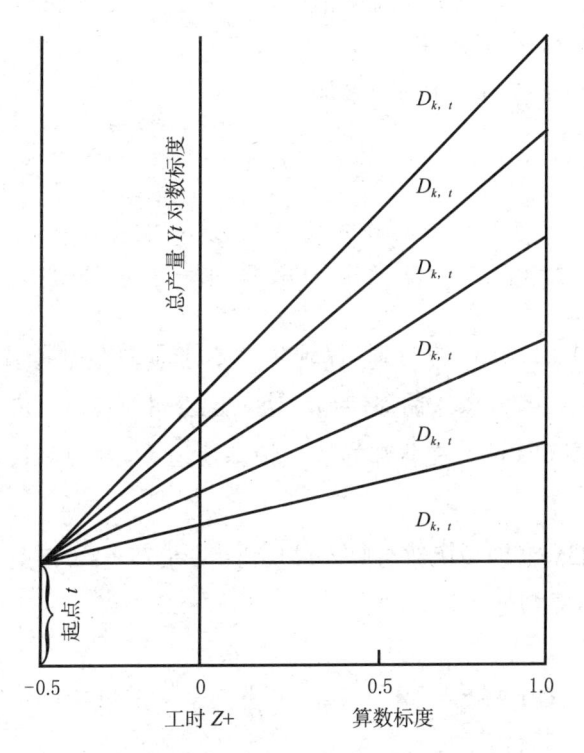

第十三章 发展中国家人口增长对经济发展影响的模拟

图13-2 按照半对数标度的工作-闲暇协调

为交换产品进行的工作也越多;(2)消费期望函数(RELASP),消费期望函数很少随着实际收入而上升;(3)"生活水平"(STD),生活水平的基础是实际收入,但假定生活水平的变化不像实际收入变化那样快。

$$\mathrm{ORIGIN}_t = \mathrm{RELASP}_t \cdot \mathrm{STD}_t \cdot \frac{C_t}{L_t} \qquad (13-12)$$

起点的一次变化,通过它的任何一个因素的某一变化使无差异曲

线 D 从一组移到另一组。

方程式（13-2）中的因素是：

$$\text{STD}_t = \frac{Y_{t-1}}{C_{t-1}} \quad (13\text{-}13)$$

$$(1 - a_{1193}) \text{STD}_{t-1} \leqslant \text{STD}_t \leqslant (1 + a_{1193}) \text{STD}_{t-1}$$

对方程式（13-13）的约束，保证生活水平不致猛升或猛降，使其运动不像实际收入的移动那样快。这表明商业周期内消费函数的性质不像收入变化那样快。按基期运算，制约参数 a_{1193} 为 0.015。

RELASP 期望函数与收入成反比，并在 75—1,000 美元的收入范围内是线性关系。

$$\text{RELASP}_t = a_{141} - a_{142} \left(\frac{Y_{t-1}}{C_{t-1}} - \$75/\$925 \right) \quad (13\text{-}14)$$

按基期运算，a_{141} 为 0.4，a_{142} 为 0.2。

其次是劳动力函数：

$$L_t = \text{劳动力} = \sum_{i=15}^{64} \text{MEN}_i + 0.5 \sum_{i=15}^{64} \text{WOM}_i \quad (13\text{-}15)$$

劳动力是指每一个 15—64 岁男性是等量劳动力的工人，每一个女劳动力相当于等量男劳力的一半（这个假设是因为妇女至少要花费一半时间于家务，这一部分不包括在我们的模型范围内）。消费者当量的函数定义是早已给定的。

第十三章 发展中国家人口增长对经济发展影响的模拟

这种体系是通过发现 Z 值得到解决的,而 Z 值相当于下面两项的相切点:(1)总生产函数(方程式13-14);(2)在无差异曲线 D_t 中最高的曲线 $D_{k,t}$(方程式13-11),它与生产函数相切(参看图7-1)。这种解决类似于固定生产量与以人-时为单位的劳动力总投入量[①]。其形式是:

$$L_t \cdot D_{k,t} = 解答时的 Y_t \qquad (13-16)$$

所有生产函数中的其他因素与无差异曲线,都是按前年的诸值预定下来的,因而都是数字解式中的常数。实际上,这个解式是通过从重复的收敛程序获得的。这样获得的诸值完全符合为它们所能以分析发现的特殊情况而进行的分析答案。

最初的人口年龄分布是由科尔、胡佛1958年根据1950年印度的情况估算的。任何一年的不同年龄的适龄劳动人数,都是前些年出生与死亡人数的函数。死亡率是随前一阶段的收入而变化的[②]。每一时期的每一同龄组其死亡率是在印度与瑞典的死亡率表之间的对数插入值,插入值定在人均75—1,000美元。

---

① 这里没有单独考虑生育对妇女到家庭以外工作的消极影响。也没有单独考虑失业问题。而是把这两方面的影响都纳入到无差异曲线中总的工作-闲暇关系中去。未来的研究可能更加明确的形式把这些因素都包括进去。

② K.克里什纳麦特(Krishnamurty)1966年发表《低收入国家的经济发展和人口增长:对印度经验的研究》一文中估计,印度在1922—1960年这个时期就实际人均收入而言,每一千人中死亡率弹性趋向于0.20左右。这种弹性将肯定在较低年龄组较大,在较高年龄组较小(当然这种弹性在高于印度的收入的国家内比较弱)。

这些生育率函数（最初取0.142的总生育率，即出生人数与育龄妇女之比值）都是这种模型中的控制变量。有三个函数取决于消费者平均收入。这种函数称为"生育率快速下降以适应收入增长"，该函数在收入上升时按1.0弹性下降。称为"生育率缓慢下降以适应收入增加"的函数按0.5弹性下降。"生育率以适应增加收入上升，然后按1.0弹性下降。这些函数的影响，最好通过不同年份消费者当量人数加以测量，见表12-1。但每次运算中的人口规模都不一样，因为生育率与死亡率都是收入的函数，而收入在以不同经济参数进行的许多运算中，都是生育率的一个不同的函数。

还有一种称之为"千人出生"的生育率结构，按每年出生一千人人数为所有运算中这种体系的起点。还有一种结构，具有出生人数与15—44岁育龄妇女的比率不变，粗出生率（CBR）大约为32，叫作"不变高速"。另一种"不变极高速"生育率结构，其出生人数与育龄妇女比率则相当于粗出生率为42，而且有些运算是以粗出生率为25和37的生育率结构的（25为"不变中速"）。

三、研究结果

1. 运用那些看来最能说明今天发展中国家情况的参数，不论高出生率结构或低出生率结构，二者所得的长期工人的人均产量（下文叫作"经济行为"），都比中等出生率结构更低。在这10年内是不会有人对很高的出生率不是最好这一点觉得奇怪的，但是高的出生率结构所产生的收入从长远看大于低出生率，这个结果大大违反了人们的常识。在各种参数的很不相同的水平的情况下，出现的结果也是一样。

更明显的是在13-1表第4—6行是前述六种试验用出生率结构的不同年份的工人人均产量，其不同年份按消费者当量计算的人口规模，均见该表第1—3行（或表13-2的第一排）。这些数据已绘制在图13-3与13-4中。在最早的年代里，低出生率的人口具有稍许好些的经济行为。但是随着时间的推移，很低的人口出生率与很高的人口出生率都大大落后于适中人口出生率。在用多种多样的参数进行运算中所得结果都大致相同。以后要讨论每个消费者当量计算结果的数据已为那些认为这种计量有用的人绘成图13-5与13-6。

这些结果同科尔、胡佛1958年所取得的结果以及同最近由坦姆波（Tempo）按此传统方法所得结果之间之所以有差异，是因为这个模型删除了从科尔-胡佛模型中的九个因素：(1)人们具有改变其劳动投入量的能力以响应他们变化的收入期望与家庭规模的需要；(2)一个规模经济的社会资本因素；(3)一个适应需求（产量）差别的工业投资函数（和一个工业技术函数）；(4)一个适应农业资本／产量比率的农业储蓄函数。这些因素加在一起，在显然合理的参数调整时，是足以抵消科尔-胡佛模型和坦姆波的模型中发现的由资本淡化产生报酬递减效用，并足以补偿被抚养人口对储蓄的影响。

表 13-1　在发展中国家模式中按年的基期运算结果

年	消费当量者(C) 按万计			每个工人的产值 (Y/L)			利用劳动指数 (Z)			每消费者当量的 产值（Y/C）		
	60	120	180	60	120	180	60	120	180	60	120	180
生育率构成	(1)	(2)	(3)	(4)	(5)	(6)	(7)	(8)	(9)	(10)	(11)	(12)
1. 适应收入增加的生育率很快下降	36	34	28	443	552	472	0.54	0.53	0.60	277	339	289
2. 先上升然后很快下降的反应	53	105	104	438	715	915	0.54	0.46	0.43	272	448	554
3. 缓慢下降的反应	46	78	111	442	696	1,076	0.54	0.46	0.37	275	431	661
4. 千人中出生数	39	45	48	446	641	949	0.54	0.47	0.40	279	394	546
5. 不变的中等比率(25)	41	73	152	438	680	1,058	0.54	0.46	0.37	271	419	648
6. 不变的比率(32)	57	158	512	438	692	1,025	0.53	0.47	0.40	270	424	625
7. 不变的比率(37)	73	283	1,242	432	666	926	0.54	0.49	0.44	265	405	562
8. 不变的高比率(42)	93	477	2,723	423	622	812	0.53	0.52	0.48	257	307	482

注：$C_{t=0} = 24,605$，$Y_{t=0}/L_{t=0} = 217$，$Z_{t=0} = 0.53$。产值按美元不变价格计算。
参数参看表 13-2 第一排。

表 13-2 有各种参数的工人人均产值表（Y/C）和潜在工作中的实际工作比例（Z）

A、参数

	规模经济 a_{112}	被抚养人口工业储蓄 a_{1182}	农业投资的反应 a_{1140}	农业折旧 a_{1141}	工业投资反应 a_{1181}	工业折旧 a_{1183}	农业技术变化（时间）a_{1115}	工业技术变化（时间）a_{1170}	工业技术变化反应 a_{1171}	期望起点的比例 a_{141}	对生活水平变化的约束 a_{1193}
	1	2	3	4	5	6	7	8	9	10	11
1. 基础运算	0.02	0.5	0.25	0.01	0.0275	0.025	1.005				
2. 固定工时	0.02	0.5	0.25	0.01	0.0275	0.025	1.005	0.005	0.002	0.4	0.015
3. 非规模经济	0.00	0.5	0.25	0.01	0.0275	0.025	1.005	0.005	0.002	0.4	0.015
4. 非规模经济外加折旧	0.00	0.5	0.25	0.015	0.0275	0.037	1.005	0.005	0.002	0.4	0.015
5. 非规模经济外加折旧与投资	0.00	0.5	0.25	0.015	0.035	0.037	1.005	0.005	0.002	0.4	0.015

292

续表

6. 双重的规模经济	0.40	0.5	0.25	0.01	0.0275	0.025	1.005	0.005	0.002	0.4	0.015
7. 低增长	0.20	0.5	0.25	0.005	0.020	0.012	1.0025	0.0025	0.001	0.4	0.015
8. 无被抚养人口	0.20	0.0	0.25	0.01	0.0275	0.025	1.005	0.005	0.002	0.4	0.015
9. 无节约,无被抚养人口	0.00	0.0	0.25	0.01	0.0275	0.025	1.005	0.005	0.002	0.4	0.015
10. 英国	0.30	0.5	5	0.01	0.0275	0.025	1.005	0.001	0.002	0.5	0.015
11. 印度	0.10	0.5	11	0.01		0.025	1.005	0.005	0.001	0.3	0.0075
12. 正常期望中的英国	0.30	0.5	0.5	0.01	0.0275	0.025	1.005	0.001	0.002	0.4	0.015
13. 正常期望中的印度	0.10	0.5	0.10	0.01	0.020	0.025	1.005	0.005	0.001	0.4	0.0075
14. 正常期望中的英国	0.20	0.5	15	0.01	0.0275	0.025	1.005	0.001	0.002	0.5	0.015

续表

| 15. 正常期望中的印度 | 0.20 | 0.5 | 11 | 0.01 | 0.020 | 0.025 | 1.005 | 0.005 | 0.001 | 0.3 | 0.0075 |

B 结果（1）

<table>
<tr><th colspan="2"></th><th colspan="2">用内生育率结构的结果</th><th colspan="2"></th><th colspan="2"></th><th colspan="2"></th></tr>
<tr><th></th><th colspan="2">适应收入增长的生育率快速下降</th><th colspan="2">上升然后很快下降</th><th colspan="2">缓慢下降的反应</th><th colspan="2">千人出生</th></tr>
<tr><td></td><td>Y/L</td><td>Z</td><td>Y/L</td><td>Z</td><td>Y/L</td><td>Z</td><td>Y/L</td><td>Z</td></tr>
<tr><td></td><td>(12)</td><td>(13)</td><td>(14)</td><td>(15)</td><td>(16)</td><td>(17)</td><td>(18)</td><td>(19)</td></tr>
<tr><td>1</td><td>472</td><td>0.60</td><td>915</td><td>0.43</td><td>1.096</td><td>0.37</td><td>949</td><td>0.40</td></tr>
<tr><td>2</td><td>-</td><td>-</td><td>-</td><td>-</td><td>-</td><td>-</td><td>1,666</td><td>0.41</td></tr>
<tr><td>3</td><td>561</td><td>0.54</td><td>623</td><td>0.47</td><td>675</td><td>0.45</td><td>711</td><td>0.45</td></tr>
<tr><td>4</td><td>182</td><td>0.85</td><td>365</td><td>0.63</td><td>402</td><td>0.61</td><td>163</td><td>0.89</td></tr>
</table>

B 结果（2）

<table>
<tr><th colspan="8">用外生生育率结构的结果</th></tr>
<tr><th colspan="2">中等孩子/妇女不变比率(25)</th><th colspan="2">高孩子/妇女不变比率(32)</th><th colspan="2">不变比率(37)</th><th colspan="2">很高的不变比率(42)</th></tr>
<tr><td>Y/L</td><td>Z</td><td>Y/L</td><td>Z</td><td>Y/L</td><td>Z</td><td>Y/L</td><td>Z</td></tr>
<tr><td>(20)</td><td>(21)</td><td>(22)</td><td>(23)</td><td>(24)</td><td>(25)</td><td>(26)</td><td>(27)</td></tr>
<tr><td>1,058</td><td>0.37</td><td>1025</td><td>0.40</td><td>916</td><td>0.44</td><td>812</td><td>0.48</td></tr>
<tr><td>1,189</td><td>0.41</td><td>1047</td><td>0.41</td><td>888</td><td>0.41</td><td>730</td><td>0.41</td></tr>
<tr><td>669</td><td>0.45</td><td>567</td><td>0.49</td><td>-</td><td>-</td><td>300</td><td>0.59</td></tr>
<tr><td>412</td><td>0.61</td><td>357</td><td>0.64</td><td>291</td><td>0.69</td><td>232</td><td>0.73</td></tr>
</table>

续表

5	332	0.70	565	0.50	607	0.48	415	0.63	616	0.47	524	0.51	434	0.57	347	0.62
6	431	0.63	788	0.49	1,486	0.31	1,149	0.36	1,455	0.31	1,497	0.31	1,534	0.311	1,435	0.33
7	480	0.56	742	0.47	717	0.46	579	0.49	698	0.46	717	0.48	407	0.51	605	0.55
8	400	0.66	824	0.46	963	0.40	741	0.46	977	0.39	1,091	0.38	1,124	0.38	1,129	0.39
9	456	0.61	617	0.47	637	0.47	610	0.50	631	0.47	585	0.48	541	0.50	498	0.52
10	287	1.0	620	0.90	851	0.62	367	1.0	917	0.58	922	0.59	—	—	792	0.70
11	388	0.39	364	0.39	379	0.39	307	0.41	390	0.38	358	0.39	—	—	265	0.42
12	286	0.75	691	0.54	813	0.47	334	0.72	829	0.46	854	0.47	—	—	719	0.53
13	368	0.68	466	0.59	497	0.57	349	0.69	502	0.56	450	0.60	389	0.64	329	0.69
14	270	1.00	641	0.85	260	0.69	334	1.0	787	0.66	756	0.71	685	0.78	604	0.89
15	432	0.39	481	0.39	489	0.38	347	0.41	467	0.38	474	0.39	436	0.40	384	0.42

注：180年在不同假设条件下工人平均产量（Y/L）潜在工作中实际工作比例（Z）。参看上表 A 栏说明。

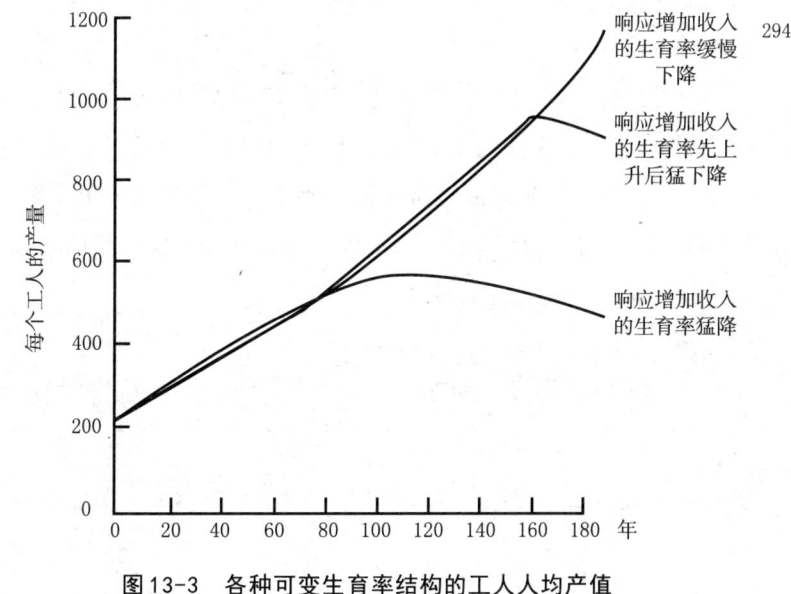

图 13-3　各种可变生育率结构的工人人均产值

这种模型肯定包括一些过于有利于人口增长的详细说明与参数估算。但也有对人口增长缓慢或不增长过于有利的详细说明与参数估算，例如：(1)低折旧（与随之发生的投资函数的作用）有利于较缓慢的人口增长。而且这里所用的工业折旧参数几乎肯定太低，何况因此使得根据这种模拟得出的结论甚至更加有力；(2)把新劳动力长期提高技术的影响考虑进去，就会抵消被托养人口负担的负作用，而对人口增长有利，但这种影响并未包括在这种模型之内。

2.按照基本参数的运算，中等出生率的人口从长远看比低出生率和高出生率人口能享有更多闲暇。可参看第13-1表第7—9栏。

3. 按照许多用不同参数的运算（表13-2第19、21与23行），在从中等到高出生率的很宽范围内，出生率对收入的影响并不特别大，即使在180年之后也很少能达到75%（虽然在低出生率与中等出生率之间的区别是大的）。乍一看，这是非常奇怪的，但正是西蒙·库兹涅茨所指望的：

……就一定的政治与社会范围而言，发展中国家高出生

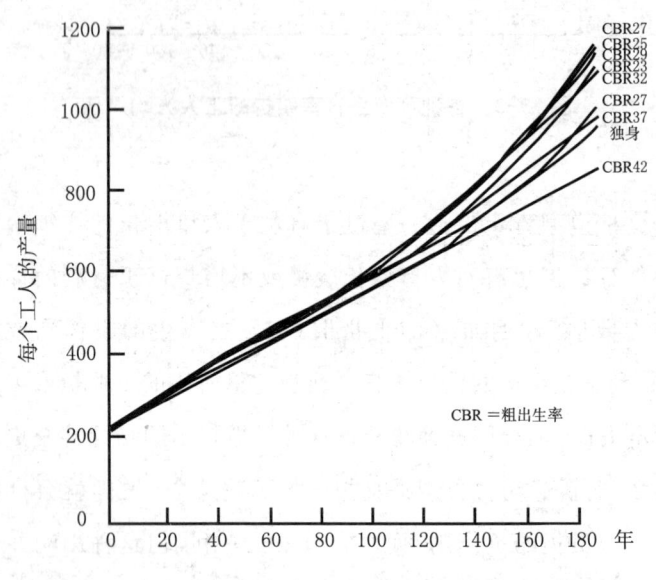

图13-4 每个工人的产值与不同的不变生育率结构

第十三章 发展中国家人口增长对经济发展影响的模拟

率的本身不一定是人均收入低的主要原因;也不能由此断定这些出生率降低而不进行政治与社会范围的变革(如果可能的话),就会提高人均产量或加快经济增长速度。我们强调的观点,第一是人口格局与人均产量之间的联系来源于一种通常规定的政治与社会制度及它们后面的一些其他因素,而所有这些都表明,在人口运动与经济增长之间任何直接因果关系都可能是很有限的;第二是我们不能为了决策的目的而轻易地把这种联系简单地肯定为:改变其中一个变量就必然会

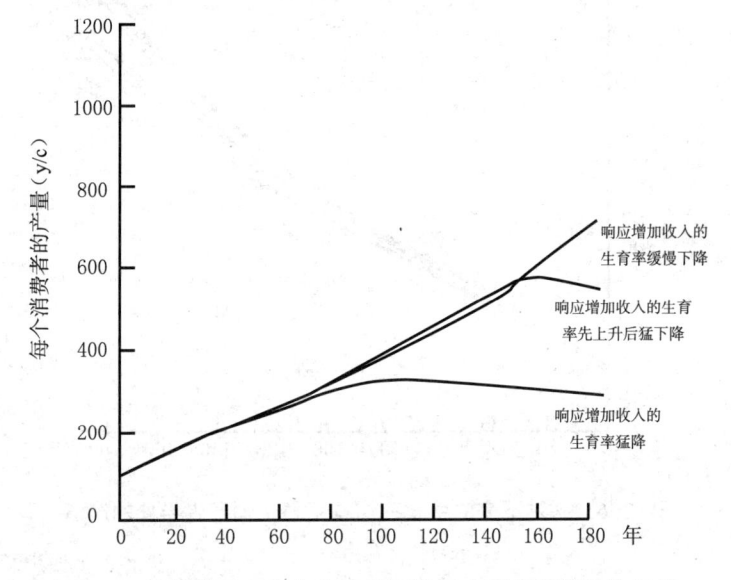

图13-5 各种可变生育率结构下的每个消费者当量的产值

使另一个变量按照这种联系所指的方向变化[①]。

对这种现象仍然需要做一些说明。我们现在就要介绍的这些结果就是对这种制度范围内的一项说明。

4. 抵消资本淡化影响的一个重要因素就是在不同出生率结构下每年所做工作的差额,可参看表13-1第7—9栏。在120年的

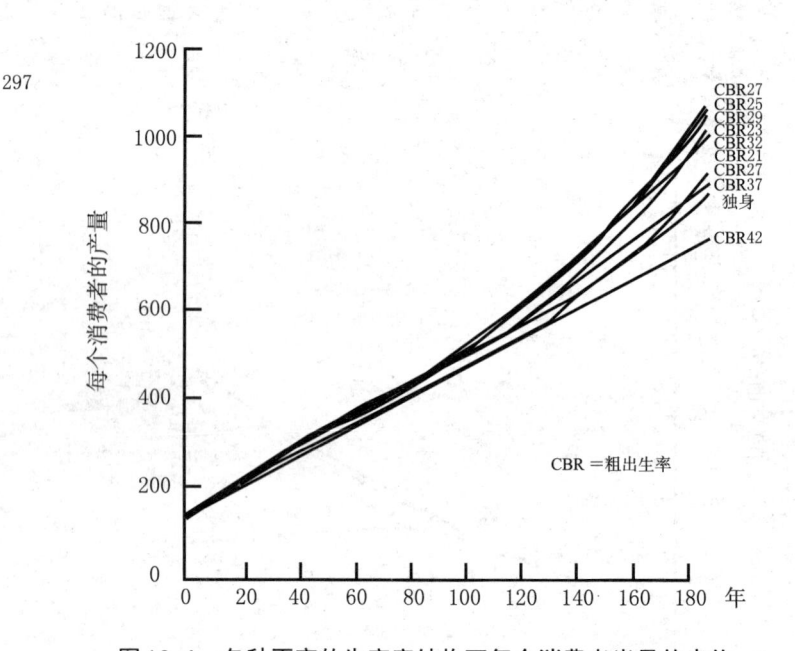

图 13-6　各种不变的生育率结构下每个消费者当量的产值

---

① 西蒙·库兹涅茨:《现代经济增长中的人口问题》,载《世界人口会议公报》,1965年版,第65、29页。

时候按最高出生率变量,平均每个工人以52%的能力进行工作,而按照下一个最高出生率变量则平均每个工人以47%的能力进行工作。这个5/47的差额或大体上10%的差额大有助于弥补在高出生率变化情况中每个工人较少的资本。这对工业部门来说,也是投资的重要影响(在农业部门,人口增长与产量增长直接引起农业投资平行增长)。下面的讨论有助于说明从中等到高出生率当中缺少经济行为差异的其他因素。

由于有在各种出生率变量中每个工人提供的工作量不变的这种运算的帮助,所以,在基期运算中可以求得适应消费期望和已知的需求而供应的工作量变量的效用,在基期运算中,其他参数相同。这种运算所得结果见表13-2第2行。

5.根本的重要性在于经济行为显然不是出生率的一个单一的反函数。这里发现的一个重要因素是规模经济的变量 J。它的重要性已由这一事实所表明,即当参数是这样规定以致使社会资本是作为劳动力规模的函数没有增长,而不是用于基期运算的钱纳里估算法,在出生率与经济行为之间几乎是(但不是非常)单一的(相反)关系。参看表13-2第3栏。

不过,规模经济的社会资本因素,在相对于中等生育率结构的低生育率结构的经济行为中,不是唯一的或支配的因素。这从下述情况可以看到,即在非规模经济中最低的内生生育率结构的经济行为中可见到(见表13-2第12栏中的"快速下降"),而且在非规模经济的其他运算中,这种关系也不是单一的。例如在折旧率高于往常时,不变的低生育率的人口在第一个六十年和不变的更低生育率的人口相比好得多,但从长远看,则是较高的生育率好得多（见表13-2第4栏）。如果投资比往常更加适应产量的增加，则情况与此相同，不变的低生育率结构终于使经济行为下降，虽然较高生育率的变化则不然（表13-2第6栏）。

假设规模经济的作用是基期运算的两倍大小，则最高生育率结构的经济行为胜过低生育率结构的任何一个人口群体（表13-2第5栏）。

6. 这种模型中物质投资的决定性作用，如同所有其他经济模型一样，是关键性因素[①]。这个模型与科尔-胡佛模型之间的根本区别是这里的总工业投资取决于需求，而测量这种需求是去年工业产量减去前年产量的这种变化，而不是绝对产量的一个比例函数。它反映投资是响应工商业前景的这一普遍事实。还反映历史学家近年的理论，即认为在英国的经济发展中，需求是关键因素。同时发达国家关于投资的经验文献，强调产量变化对投资的影响。加速这个概念为这种函数提供了理论基础。因此，似乎有充分理由使得这个模型的投资函数成为产量变化的函数。

虽然这个结论在最初看来是令人惊异的，但是工业产量的较小差异将对工业投资产生相当大的影响。这是有道理的。投资者往往要把目前的产量下降（或上升）投入未来趋势中去。因为承担投资时，总是着眼于未来的几个时期而不是只看到一个时期。所以，期望的趋势有一种远远超出单独一年产量结果的积累作用。

[①] 假如使劳动效率随过去收入而变化，则这种说法对于代表教育质量与技术水平的变化来说就有些欠真实。但教育的投资尽管较少积累性质，还是同物质投资密切相关的。因此，可以把积累单独看作是物质投资与教育投资二者的不是太坏的代表。

明确地把折旧包括在内,而不是以净投资函数为分析对象,这对于能够出现重要而且实际结果的这种模型具有重要的充实作用。当经济处于萧条时,是折旧使得收入减少;不扣除折旧,则收入将在这种稳定条件下保持不变。这种经济衰退在长期与周期中都是常见的,用这种模型表现出来是有好处的。长期连续的衰退趋势大多数是在最低出生率的试验中出现的,原因是未能提高产量。这种衰退的例子可在适应最低收入的生育率结构的行为中看到(表13-2第7栏)。这种结构是用"较低增长"参数进行运算,所有参数值,都看来更适合19世纪或18世纪而不是20世纪发展中国家的情况。

另一个说明折旧函数重要性的例子是不同折旧参数的非规模经济的两次运算(表13-2,第3、4栏)。在折旧较快的地方,不变的中等生育率结构的经济行为胜过不变的低生育率结构。折旧较慢时,则不变的低生育率结构有较好的经济行为。(这原因是较大量的劳动力增加产量,从而增加投资,这对于折旧较快时更为重要)

这些结果提出一个人口"陷阱"(trap),虽然这里的陷阱完全不同于由R.R.纳尔逊与莱宾斯坦[①]所详细阐述的那个马尔萨斯陷阱。这个陷阱的性质是:如果人口增长随收入增长而下降得太快,则总产量不能上升到足以刺激投资。于是折旧大于投资,同时收入下降。按照这种模型,就导致回到较高的生育率与另一

[①] R.R.纳尔逊(Nelson):《发展中国家经济中一种低级均衡陷阱理论》,载《美国经济评论》第46期,1956年,第894—908页。H.莱宾斯坦:《一种经济人口学的发展理论》,普林斯顿大学出版社,1954年版。

个循环,虽然从历史上看,这或许不可能的。退一步说历史上似乎有这种可能:如果生育率继续处于低水平,则经济行为就会继续向低水平的平稳时期下降。

7. 抚养孩子对工业投资的作用,对于这些结果有相当大的影响。排除这种抚养效应的一次试验表明,生育率同收入之间是单一的积极关系(表13-2第8栏),原则按基础运算就成为曲线关系(表13-2第1栏)。排除抚养效应所起的作用同从基础运算中排除规模经济所起的作用相反(表13-2,第1排)。于是对抚养效应的事实和规模所产生的怀疑比对规模经济效应的怀疑可能大得多。由此可见,单凭这个原因(即使没有其他理由)像科尔-胡佛与恩克等人的这些模型体现抚养效应而不体现规模经济效应,他们都是对人口增长抱有严重偏见的。

尽管被抚养人口与规模经济两种影响的相对强度受到其他增长率参数的影响,但两种影响都因排除而抵消(表13-2第9栏对比第1栏)。

8. 中等出生率胜过低出生率的有利之点,一般仅仅表现在像75—100年这样短暂的时间之后。这是为什么这里发现的结果不同于科尔-胡佛与坦姆波的模型的另一个原因。后者的时间范围仅仅是25—30年,而科尔-胡佛稍稍扩大为55年,本人研究的时间范围是180年(有时更长一些)。这说明人口研究之中用短时期模型是有严重危险的,它的影响要很长时间才开始,并且要更长时间去积累。

9. 为了试图了解18世纪的英国与20世纪的印度(和当代其他发展中国家)对人口增长影响进行普遍判断的差异,曾经有分别地制定经济参数(但20世纪50年代的印度有人口参数)组成评价的单独系列,以便描述两种情况。主要的区别是在以下各方面,包括规模经济函数、农业投资效应、工业投资、工业技术、逐年期望的最大增长以及收入函数的期望增长程度等。其细节见表13-2第10与11栏所得结果说明,由于选定的代表是18世纪的英国,所以有非常高人口增长率,的确对于经济行为十分有利。同时很低的人口增长率对于印度来说,则稍微胜过中等人口增长率,而人口零增长就比两者更差。如果这些参数系列代表18世纪的英国与20世纪的印度,则按照两种情形对于人口增长对收入的影响做不同判断,可以认为已经协调。

虽然用印度参数表示人均收入与工人人均产量增长比用18世纪英国参数更慢,但是模拟的印度人口,从数量大得多的闲暇中得到利益,因为放进印度模型的是较低的收入期望。对两种情况采用相同期望函数进行一次运算,虽然是缩小了闲暇差异。虽然工人人均产量的差异缩小很多,但比闲暇少得多(表13-2,第12与13栏)。

读者可能不知道规模经济参数对于比较20世纪的印度与18世纪英国有多大的重要性。因此以前讲到的参数系列是用和基期运算中一样的规模经济参数进行运算的。其结果见表13-2第14与15栏。

这种模型及其成果还表明"缺乏劳动力"的概念,这是既无用处又不合逻辑的,而经济史学家们却认为,人口增长对于工业化的英国"缺乏劳动力"是有帮助的。

10.已经做过几个敏感性试验,用的是这种系统的那些基本经济参数,它们与出生率的影响没有理论上的密切联系。基期运算中的这些独立的试验变量包括:(1)农业生产函数中的科布-道格拉斯指数是0.4和0.6而不是0.52和0.5;(2)在工业与农业中有不同的资本-产值比例。基本数据对这些实验的不敏感性是可喜的。它增加了这种信任,即这种基本模型没有基本结构形式上的缺陷,同时表明选择对人口敏感的因素,的确因此比选择其他结构性因素更为重要。

信任这种模型及其结果的另一理由是工人的人均产值的绝对规模,因不同的参数系列而迥然不同,但相对的成果又极为相似,见表13-2中不同运算的结果。

11. 所有运算中早些年代的经济行为的差别看来不大,比科尔-胡佛模型所表现的经济行为差别小得多。其中一个较大的差异是在60年时间,"印度"最低不变生育率比例与最高不变生育率比率的差异在239美元与210美元之间,而且甚至这个小差别同其他模型的成果相比也是大的(而且到180年的时候,低生育率结构便出现较差的经济行为)。

这个模型对政策问题不做直接回答。任何人口政策的决定都要用一个贴现因素以适应未来不同时期的影响。合理选择贴现因素的范围当然很广:一个几乎把现在与未来各式的福利等量齐观的因素是这样一些贴现因素,它们把15到20年以上将要发生的每一件事都看作很不重要。这个长期模型的结果应该与政策讨论有关,因为讨论政策并不过多地给未来打折扣。总之,这种模型的主要任务是分析性的而不是为了制定政策。

不过人们自然想知道"适度"生育率结构问题。当然已经讨论过的仅仅是大量可能生育率结构中的一小部分,但是它们看来已经代表那些重要的可能性。这种概括可能冒这样的风险,即有些人口增长在所有条件下都符合长远利益。在长期每个工人平均产值最"好"的增长率(或根据每个消费者平均收入),是在一些合理条件下的较低增长——翻一番可能要90年——而在其他一些条件下,每个工人的平均产值翻一番的时间则短得多。但是"最好"的生育率结构和一系列从中等到很高增长率之间经济行为的区别,无论怎样测量,都是较小的,尤其是在对比正人口增长与负人口增长之间经济行为的区别时也是如此。

虽然从中等到很高的人口增长的广泛范围内,经济行为并没有很大变化,而且有利的方面有时是属于较高的,有时属于较低的增长,但是具有较低(但不是下降的)生育率的人口几乎经常有较多闲暇,成为任何体系的一项重要经济财富。人数不增长或趋于下降的人口经济行为都更不好。

12. 这种模拟试验的最重要成果大概是它表明在合理的某条件下,高生育率的经济行为有时胜过低生育率,但也有时在其他合理条件下的情况与此相反。甚至在某些可能性很大的条件之下,极高的生育率从长远看,提供最高的人均收入与人均产量。也就是说,运算结果取决于在最可取的范围中选择参数,这就意味着,如果断定任何一种生育率结构肯定胜过另一种必定是错误的,因为模型构成太简单或者因为还有一些其他理由。

对这种非一般规律的唯一例外是生育率低到更替水平以下。这样的生育率结构在这里对每一种模拟条件下都不好,主要因为总需求合理地增长对于投入足够资本以克服折旧的牵制影响是必要的。

13.可能这种模型最重要的方法论的贡献,是把引进主要变量的书面的历史研究,同缺乏主要变量的定量模拟结合在一起。这样一来,这种模型必须重视这些被忽略的主要变量,以便发现这些变量是怎样在量的方面影响总结果的。

四、对模型的估价与研究结果

虽然这里用的方法是计算机的模拟,然而这种模型是理论性的,正像分析模型一样[①]。这两种类型的模型都有估价与证实问题。最好的办法应该是使理论成果适合于同一性质的经验数据,而这时要模拟的是这种经济的逐年活动。菲-兰尼斯1964年和凯利等人1972年的发展模型都已这样做过。但在这里是不可能的,正如用科尔-胡佛的人口模型也不可能一样。主要原因是这些模型的目的是去比较那些还不存在的人口增长结构的结果。在这种情况下,人们可以根据两个判断标准去估价模型的正确性:(1)这种模型结构的理论与经验的合理性,(2)总结果同实际经验范围的吻合程度,让我们按这两个标准顺序检验这种模型。

第一,这种模型包括所有在其他的发展中国家人口增长模型中已找到的主要的被承认的因素——如报酬递减与被抚养人口影响。第二,它还包括已经公认对于定量讨论是重要的,而被以前

[①] 计算机模拟的理论模型同分析性理论模型相比之下的优缺点是众所周知的。所以这里无需讨论。

的模型所删去的那些因素，如需求及其对投资的影响、劳动力从农业转向工业、闲暇与产量的选择以及期望的影响等。第三，这种模型不用科尔-胡佛与其他类似著作中所见的不变比例函数，而代之以加速投资函数。这种函数则得到经济理论与经验数据两方面的支持。总之，这样模型结构的以上三方面应该使它比以前的许多模型更加可信，它具有其他模型的全部好处和更多的优点。至于各种参数范围的合理性则应请读者自己加以判断。

这种模型的结果比以前所有模型都更加符合历史和横截面数据。根据这个综合检验，这种模型及其结果应比科尔-胡佛模型及其后继人的模型更加可取。

五、讨论

这种模型是完全由许多实物项目构成的。物价与货币都与本模型无关。这样进行，至少有两个理由。首先，按货币项组织模型将会增加许多复杂性。这些外加的复杂性对这种模型并不那么有用，而且会模糊并干扰本模型对一些主要方面的描述（如农民用自己的劳动给他的土地投资）。再者，试图用价值项而不用实物项去表示生产函数，必然会直接地碰到一些资本理论中的基本问题[①]。按实物项目构成这种模型，会在不久以后得到与农业和工业都不相等的劳动边际产量，但是看来在这样一种增长模

---

① 参阅 R. 索洛（Solow）：《技术变化和总生产函数》，载《经济学和统计学评论》第39期，1957年，第312—320页。W. W. 希克斯（Hicks）：《古代和现代有关资本的论争》，载《美国经济评论》第64期，1974年，第307—316页。

型中,是难免出现这种情况的。

2.收入的分配,不论是作为不同人口增长结构的结果或是作为对经济增长的一种更大影响都不在本模型计算之中。当然就这方面而言,并没有比本模型更好的增长模型。但更重要的是这里并无更充分的理由认为收入分配会因为一种或另一种人口增长结构而受到不同的影响,所以这里不予考虑还是合理的[①]。

3.虽然这种模型通过劳动-产量机制,明确涉及就业的总容量,但是没有考虑被迫失业。如果较高的人口增长确实带来较高的被迫失业,这将是一个重大的疏忽。但是尽管普遍认为这是真的,也没有提出什么证明。斯基姆比(Skimpy)根据布兰德1974年、皮拉斯基与西蒙1974年的初步研究,认为证明人口增长对于失业人数的消极影响,即使有,也不明显。

六、小结

建立一种模型,包括标准发展中国家的一些因素,还包括见于文献的其他一些重要因素,如需求对投资的影响(英格兰历史学家所强调的),对劳动-闲暇的选择、随需求与生活水平差异而出现的工作活动变化、规模经济、劳动力的内部转移、折旧与土地建设等。该模型用最大效用进行解答,即找出接触当时生产函数的最高闲暇-产量无差异曲线。由此发现:农业与工业部门的劳

---

① 参阅 P.H.林德特:《生育率和美国的稀缺》,普林斯顿大学出版社。

动力分配以及两个部门的产量,作为已观察到的产量分配和需求弹性的函数,随着发展中国家的不同收入水平而变化。

这种模拟用种种参数表明,从长远看(120—180年)正的人口增长比静态人口产生出好得多的经济行为,虽然从短期(60年)看则以静态人口的情况稍好一些(同时从短期看,增长人口的家庭负担与公共设施的负担则大于静态人口)。一个正在逐渐减少的人口,从长远看非常坏。根据多次试验,用一个典型的亚洲发展中国家的"最好"的参数估算值所进行的基础运算结果,从长远看,中等人口增长(五十多年翻一番)的情况胜过快速的人口增长(35年翻一番)或缓慢的人口增长(大约200年翻一番)。根据每次用一个变量的实验表明,这些结果与先前的理论研究之间的差别是由于综合下面这些新因素而产生的:闲暇-产量的选择、规模经济、加速投资函数和折旧等。其中没有一个因素起支配作用。大概最重要的成果是在正的人口增长范围内,不同的参数导出作为"适度"的不同的人口增长速度。这就说明,人口增长的简单定性理论没有多大用处,而需要的正是这样一种定量模型。

各种主要结构的方程式如下

$$Q_{F,t} = A_{F,i} \cdot F_F^a \cdot M_F^\beta \cdot J_t \qquad \text{农业生产函数}$$

$$\left(\frac{J_{t+1} - J_t}{J_t}\right) = a_{112}\left(\frac{L_t - L_{t-1}}{L_{t-1}}\right) \qquad \text{规模经济}$$

$$\frac{K_{F,\,t+1} - K_{F,\,t}}{K_{F,\,t}} = a_{1140}\text{GAP}_t - a_{1141} \qquad \text{农业储蓄}$$

$$\text{GAP}_t = \frac{Q_{F,\,t} - a_{113} \cdot A_{F,\,t} \cdot K_{F,\,t}}{a_{113} \cdot A_{F,\,t} \cdot K_{F,\,t}} \qquad \text{农业资本预期函数}$$

$$A_{F,\,t} = a_{115} A_{F,\,t} \qquad \text{农业生产率}$$

$$Q_{G,\,t} = A_{G,\,t} \cdot K^{\gamma}_{G,\,t} \cdot M^{\varepsilon}_{G,\,t} \cdot J_t \qquad \text{工业生产函数}$$

$$A_{G,\,t+1} = A_{G,\,t} + a_{1170} A_G + a_{1171}\log_{10}\left(\frac{Q_{G,\,t} - Q_{G,\,t-1}}{Q_{G,\,t}}\right) A_{G,\,t}$$

$$\left(\frac{Q_{G,\,t} - Q_{G,\,t-1}}{Q_{G,\,t}}\right) \geq 0 \qquad \text{工业生产率}$$

$$K_{G,\,t+1} = K_{G,\,t} + a_{1181}\left[\log_{10}\left(\frac{Q_{G,\,t} - Q_{G,\,t-1}}{Q_{G,\,t}}\right)\right] \times (1 - a_{1182}$$

青少年$_t$) $\cdot (K_{G,\,t}) - a_{1183} K_G$

$$\left(\frac{Q_{G,\,t} - Q_{G,\,t-1}}{Q_{G,\,t}}\right) \geq 0 \qquad \text{工业储蓄}$$

$$\frac{Q_{G,\,t}}{Q_{G,\,t} + Q_{F,\,t}} = 0.35 + \left[\frac{\left(\frac{Y_{t-1}}{C_{t-1}}\right) - \$75}{\$1000 - \$75}\right](0.90 - 0.35)$$

部门间的产量分配

$$Y_t = Q_{F,\,t} + Q_{G,\,t} \qquad \text{总生产等式}$$

$$D_{kt} = \text{ORIGIN}_t + b_{k,t}(\text{反对数 } Z_t)$$

$$\text{ORIGIN}_t = (\text{RELASP}_t)(\text{STD}_t)\left(\frac{C_t}{L_t}\right)$$

$$(\text{STD}_t) = \left(\frac{Y_{t-1}}{C_{t-1}}\right) \text{ 从属于}$$

$$(1 - a_{1193})\text{STD}_{t-1} \leq \text{STD}_t \leq (1 + a_{1193})\text{STD}_{t-1}$$

⎫ 家庭需求
⎬ 函数及其
⎭ 组成分

$$\text{RELASP} = a_{141} - a_{142}\left(\frac{\frac{Y_{t-1}}{C_{t-1}} - \$75}{\$925}\right)$$

$$L_t D_t = Y_t \qquad \text{总需求等于总生产}$$

$$\text{死亡率 } t = f\,\text{Clog}\left(\frac{Y_{t-1}}{C_{t-1}}\right)$$

$$L_t = \text{MEN}_t + 0.5\text{WOM}_t \text{ 年龄 } 15\text{—}64 \text{ 岁} \qquad \text{劳动力}$$

出生率＝不同的内生与外生函数

第二篇 经济条件对生育率的影响

引 言

本书的第一篇分析了人口增长对各国经济的影响,第二篇将说明它们之间相反的关系,即经济变量对现代人口增长的主要控制因素——生育率的影响。关于这个题目,1974年西蒙在他的一篇专题论文[①]中做了详尽得多的讨论,本书第十四章至第十七章的很多内容就是从中引申而来的。

第十四章将提出这个题目,并讨论计量收入和生育率的适当尺度及生育决策的合理范围之类的基本概念。然后在第十五章中,提出关于发达国家收入变化对生育率的短期和长期影响的数据和结论。第十六章提出发展中国家的上述有关数据和结论。第十七章再次讨论收入作为一个变量对改变生育率可能起的作用。这种控制变量的主要可能性有,(1)收入再分配:不大可能行之有效;(2)金钱刺激:如果刺激相当大则有时或许生效。

---

① R.J. 西蒙和 J.L. 西蒙:《金钱刺激对家庭规模的影响:一种假说问题的研究》,载《舆论》季刊,1974年冬季,第585—595页。

第十四章 收入对生育率的影响：基本理论与概念

一、引言

人们之所以关心收入——它的水平和变化——对生育率的影响，其主要原因有二：(1)为了预测任何一个国家在其收入和经济条件变化时生育率将发生什么变化；(2)为了把收入作为一种可能的社会控制变量加以评价。

第一项包含这样一些具有说明意义的问题，如：因为国家总是发展的，那么一个贫穷的非洲或南美国家的人口生育率将遵循什么模式？富裕的工业化国家在它们的经济不断变化时，人口生育率又将怎么变化？第二项包含这些问题，如：经济的发展、收入水平的提高是不是降低人口生育率的有效手段？收入的再分配能够影响人口生育率的模式吗？用金钱或实物作为刺激，是不是诱使人们随心所欲地少生或多生孩子的一种有效方法呢？如此等等。

本章先就收入对生育率影响的理论进行简叙，再讨论收入的适当概念。接着，讨论收入对生育率的短期部分影响和长期全部影响之间的重要区别。最后，讨论影响收入和生育率关系的两个因素：生育决策的合理范围，及发展中国家联合家庭制对生育的影响。

第十四章及其附录，还将解决这个矛盾现象，即收入对生育率的简单的横截面关系常常是否定的，而商业周期范围内的时间序列关系则是肯定的。这是一种统计方面的产物，因为横截面关系包括收入通过教育和其他降低生育率的变量而产生的长期的间接影响，而时间序列分析则排除这些影响而仅仅表现为收入的肯定的直接影响。

简述收入对生育率影响的理论

图14-1罗列的许多因素，有助于理解收入对生育率的影响。这里，经济情况的变化是核心的外生变量。人们可能认为，通常被称为"现代化开端"的那些心理学的和社会学的种种情况，出现在收入水平的变化之前，并引起这些变化。事情也许是这样。但是，为了进行这种分析，问题不在于"首要原因"是不是技术、政治、市场或其他情况的变化。这里，重要的是，增长过程一旦开始，经济状况的变化便引起技术、社会组织以及其他条件更多的变化，并由此影响生活水平。因此，集中研究生活水平变量及其对生育率的影响是有意义的。

收入对生育率影响的经济理论，通常集中在微观家庭经济、决策方面。这个理论经历了好几个阶段：

第一个阶段，只不过是假定孩子是一种商品，如同大多数消费品一样。

随着收入提高，人们将买更多的消费品，并假定他们那时也

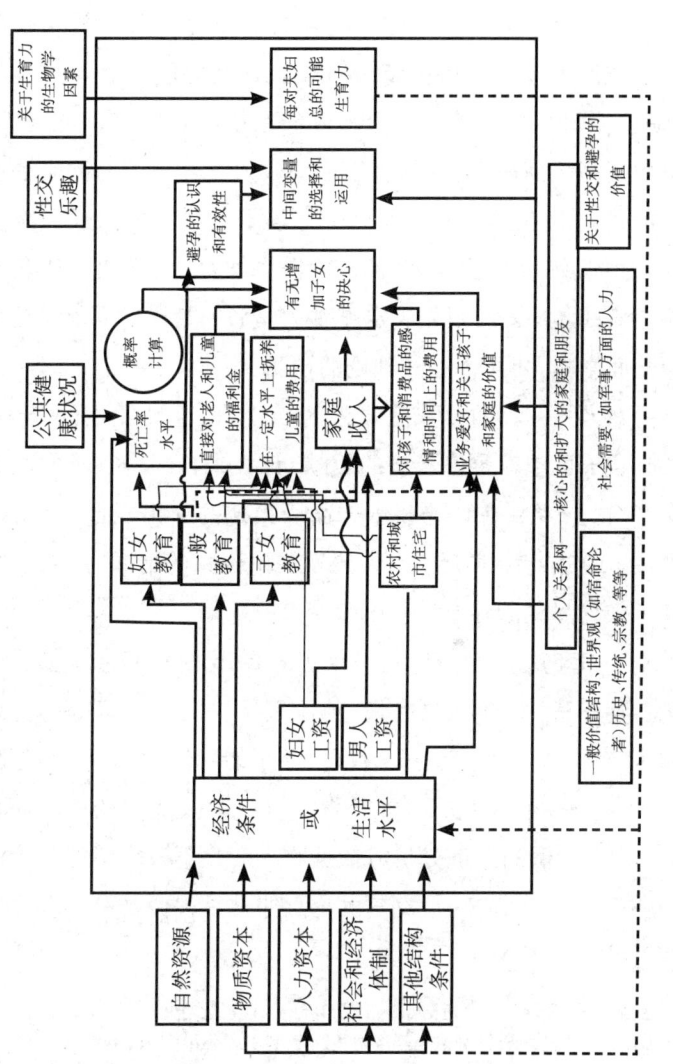

图 14-1 收入与生育率之间的关系

将会生育更多的孩子。然而，早期的理论家们还认为，收入增加总是如此影响人们的嗜好和价值，以致人们想要的孩子人数也会减少。按照杜蒙-班克斯（Dumont-Banks）变量[①]，平均收入增加，据说会增进人们对追求社会晋升的欲望，这种欲望可以被认为是想购买高级商品，它与那种以家庭收入抚养孩子的欲望是互相对立的。这就有助于减少人们生育孩子人数。按照这个传统的理论，如同后来的几个经济推理阶段一样，收入增加是从多方面影响生育率的，无法预先决定哪种力量将占优势。因此，对生育率的全面影响，不可能做纯理论的预测。

下一种设想是，随着家庭收入的变化，而逐渐发生的变化：(1)根据孩子可望对家庭经济的贡献，计算来自一个孩子的经济收益；(2)根据家庭在抚养孩子方面所预期的支出，计算一个孩子的费用。1957年莱宾斯坦在说明发展中国家的情况时，对这个观点做了最详尽的叙述[②]。

然后，G.S.贝克尔于1960年正式提出了关于想要孩子如同想要"消费品"一样的观点[③]。他区别了决定一个家庭的生育率的两个方面，即一个家庭所"购买"孩子的"量"（人数）与他决定购买的每个孩子的"质"（如教育）。G.S.贝克尔的中心论点是：对生育率所做的经济分析应依据收入变化不改变嗜好和价值的这个假定进行。G.S.贝克尔的论点非常重视微观经济和短期

---

① 参见约瑟夫·A.班克斯（Joseph A. Banks）：《繁荣与父母》，1954年版。
② H.莱宾斯坦：《经济衰退与经济增长》，怀利出版公司，1957年版。
③ 参见G.S.贝克尔：《生育率的经济学分析》，载《发达国家的人口和经济变化》一书，普林斯顿大学出版社，1960年版。

理论,而不考虑平均收入增加将使教育提高之类的问题。

其次是 J. 明塞(Mincer)1963年发表的《市场价格、机会成本和收入效应》一文中的侧重点在于妇女的工作决心,他认为子女可以代表一种按照既定工资形式的机会成本,因为增加孩子将减少妇女在市场上寻找工作的机会。

近来,Y. 本-波拉思(Ben-Porath)[①]、D. N. 德特雷(De Tray)[②]、R. T. 迈克尔(Michael)[③]以及 R. J. 威利斯(Willis)[④]等人,对增加一个孩子在家庭的时间预算和收入预算中所占的更广泛的地位,做了相当细致的正式理论探讨,其时间和金钱的关系是按照贝克尔的分析方法处理的。这项传统研究的另一方面,是不考虑商品消费而只考虑通过时间和金钱的花费,目的在为消费者提供包括"儿童服务"在内的各种服务。也许这个"家庭最大效用"学派的最有争议的理论成果是下述结论:收入的增长可能直接转变为生育率的降低,因为增加购买其他商品是需要时间来享受的,因而与家庭用在孩子身上的时间相矛盾。

因为这种经过精心研究的经济理论,谈到收入在相反的方向对生育率起作用的各种力量,所以单靠纯经济理论不能够断定。总的来说,增加国家或个人收入的结果是降低而不是提高生育率。然而,如果人们提出适合特殊情况的有限假设,便可能推论

[①] Y. 本-波拉思:《以色列的生育率,一个经济学家的说明:1950—1970年的差异和趋势》,载《中东经济发展和人口增长》一书,1972年版。

[②] D. N. 德特雷:《家庭生育决策中的数量-质量替换的经济分析》,1970年版。

[③] R. T. 迈克尔:《教育与生育率》,1970年版。

[④] R. J. 威利斯等:《探讨生育行为的经济理论新方法》,载《政治经济学》杂志第81期,1973年。

出,收入对生育率影响的方向。这种推理的价值在于促使从该理论所说的几种不同影响中寻求运用上的代表力量,以便衡量它们是不是像人们所期望的那样起作用。

收入的定义

"收入"这个词,需要密切注意。这里,使用了两种有关的收入的概念:(1)当人们集中在理论上或经验上对个人进行微观经济分析的时候,个人收入或个别家庭收入是适当的概念;(2)平均国民收入(人口平均收入)的概念,同个人收入比较起来,既是更集中的,又是更笼统的。它指某一国家在某一时期内存在的经济状况,并且是一个社会政策变量,适合集中的宏观经济社会分析之用。例如,当人们谈到经济发展或商业周期对生育率影响的时候,常常是指平均收入。"经济条件"是一个比"平均收入"更笼统些的术语;它除了包括平均收入之外,还包括生产和失业之类的其他尺度。

如果我们能够把收入规定为家庭"终身的"或"永久的"收入,那将是最好的。但可惜这种数据很少。因此,对家庭活动的大多数分析都用当年收入。这就会使收入和生育率之间短期关系的力量得不到充分说明。有些分析使用巧妙的方法回避这个问题,但大多数分析是不能够回避的。

丈夫的收入一般是比家庭收入更有用的收入变量,因为,家庭收入(尤其是妻子、子女的收入)比丈夫的收入更受子女人数的影响。因此,由于同时存在的因果关系,家庭收入对人口生育率的影响不像丈夫收入的影响那样明显。

二、收入对生育率的短期局部影响和长期全部影响之间的区别[①]

原来因国民收入变化而产生的对家庭生育决策的种种影响，不难分为两组：一组是由家庭当前收入机会的变化而直接产生的各种力量组成的。这些力量直接影响家庭的时间和金钱来源，包括丈夫工资的增加（假定他每年继续工作同样长的时间），家庭从增加的收入中增购其他商品，妻子挣工资机会的变化，以及因丈夫的工资增加而使她感到需要获得收入的变化，等等。这些影响可能发生在比如一两年的短时期内，所以这里称它为"短期"。这些短期影响力量虽然对发展中国家可能也是重要的，但是已经成为对于发达国家生育率决策的经济推理的特殊焦点。当重要的结构力量保持不变的时候，可以大体上通过丈夫的收入这一单项变量来根据经验把握这些力量。

国民收入变化所引起的另一组力量，是那些影响人民生活状况的结构方面的力量。重要的例子包括教育的提高、人口从农村迁往城市以及健康条件的改善。部分因为这些影响是关于结构方面的，所以它们需要相当长的时间才产生作用。例如儿童教育的增长，只有在十年至二十年后才影响时间和金钱的来源。这些力量则称之为"长期的"和"全部的"力量。这些力量不能通过一项单独的变量，根据经验接近于掌握它们。

---

① 这部分内容是根据 J. L. 西蒙 1969 年发表的《收入对生育率的影响》一文所提出的观点发展而来的。

收入对于生育率的短期影响和长期影响之间的区别,使得简单的横截面分析所常见的否定关系与时间系列分析所看到的肯定关系之间的明显矛盾取得一致。前十年左右,较高的家庭收入,导致目前更多的教育以及其他减少生育率的结果。但是,前些年较高的教育是与当前较高的收入是有关系的。因此,由于前些年收入推迟(间接)影响,所以体现长期作用的横截面分析都表现为否定关系,这是有道理的。而短期的时间序列分析则由于教育和收入的其他间接影响合理地保持不变,并由此排除在外,所以收入积极的短期直接影响,可以在短期间的分析中表现出来。在D.V.希尔(Heer)和R.A.伊斯特林(Easterlin)的著作[①]中,可以找到对这种现象的非正式的解释。本章附录中有一项正式说明,摘自J.L.西蒙1969年发表的《收入对生育率的影响》。

三、分娩和理性的决策

只有理性的自觉思想影响性欲冲动行为的时候,图14-1中的各个因素(尤其是收入)才能影响生育率。因此,我们必须扼要地考虑理性和理智影响在各个不同社会历史的不同时期中对个人活动所起作用的范围。直截了当地说,我们必须考察一下这个看法:贫穷国家中的贫穷人们愿意生育而没有顾虑,没有预见也

[①] 此处指D.V.希尔在《人口学》杂志第3期(1966年)发表的《经济发展和生育率》一文;R.A.伊斯特林1969年发表的《关于一种生育率社会-经济理论:对最近研究美国生育率的经济因素的调查》,载《生育率和家庭计划:世界一瞥》一书,密歇根大学出版社,1969年版。

第十四章 收入对生育率的影响：基本理论与概念

没有自觉控制①。（然而，我们将不考察"集体的理性"。为了判断一个社会的行动是否有理性，人们必须了解它的目的是什么，以及某一行动是否将要达到那些目的，而关于这两个概念都远远超出本章论述范围）

对世界上大部分地区的多数夫妇来说，结婚是生育的前提。因此，在多数"原始"社会中，经过许多仔细的考虑，特别是对婚姻的经济后果进行考虑之后才结婚。这显然同涉及"生育"问题在内的各种理性考虑有关。C. M. 阿伦斯伯格（Arensberg）对爱尔兰农村缔订的婚姻所做的描述，清楚地说明了经济因素的重要性：

> 这位年轻姑娘的父亲告知这位媒人他想要得到什么财产。他问媒人，婆家有多少头牛、羊和马，都在什么地方？园里种些什么？有没有足够水或泉井？如果离公路很远，他就

---

① 这是受过良好教育的人们对于那些文化水平低的人关心儿童的感情所常有的一种想法。安东尼·刘易斯（Anthony Lewis）用比夫拉（Biafra）被分割时所发生的一个悲惨事件论证这个观点："我们从奥基圭（Okigwi）来到这条道路上，在距奥韦尔（Owerri）几英里的地方，我们被军队的路障所阻止。像平时一样，有些难民希望搭车。但是，这一次有一家人似乎有些特殊情况，不仅很可怜，而且还很急迫。士兵们要求我们把他们带走。这个很聪明的母亲跪在汽车旁边，乞求搭上汽车。她和她的丈夫以及两个很小的孩子上了车。父亲谈到所发生的事情，十分钟以前，一辆大的新警车在路障停了下来。司机同意让这一家人上车。父亲把他们那些很少的行李搬上卡车，并把他那个五岁的儿子抱进车内。然后，当他下车抱第二个孩子时，那辆卡车便隆隆地开走了。'我呼叫，我哀号，我挥手，但司机却继续向前开动……'在慌乱中，没有找到一个曾经看见一辆大的蓝色卡车开走的人。我们试图去找警察局……现在，这位曾经哭泣的母亲突然拼命喊叫起来，把头摇来摇去。她呜咽地说：'我完了，我完了。'我想到在非洲的白人专家曾向我们保证，孩子对非洲人和对我们来说并不是一样重要的。"（摘自《现在怎么没有看到这一点》，载1970年2月8日《纽约时报》杂志，第26页）

不愿意把姑娘嫁过去。落后地区生长不出巨大的财富来。于是他还问,婆家所在地是否靠近一个小教堂和学校,或者靠近城镇?

这位伊拉夫(Inagh)的乡下人谈到这里便暂停下来,他对刚才很长而又重要的谈话仔细加以思考、权衡。

"好",他接着说,终于逐渐谈到事情的核心。如果那是一个很好的地方,靠近公路,而且有八头牛肯定值350英镑。于是,这位年轻姑娘的父亲出价250英镑。然后,也许男方的父亲要求减少50英镑。如果,这小伙子的父亲仍然坚持250英镑,这位媒人就在他们中间把这50英镑平分。所以,现在的价格是275英镑。接着,这位青年人又说,如果没有300英镑,他就不愿意结婚——但是,如果她是一位好姑娘和好管家,他将考虑结婚。于是,这位青年男人又喝了一杯酒,然后这位年轻姑娘的父亲喝了另一杯,直到他们几乎喝醉。这位媒人从中收获不小,而且过了一天好日子。

(摘自《爱尔兰人》,麦克米伦出版公司1968年版,第107—108页)

从E.班菲尔德写的一篇短文里,我们看到在意大利南部的一座城镇中,经济状况通过理性的自觉控制影响婚姻的决定,那时候该城镇"像西方世界任何地方一样贫穷"[①]。出示账目的那

[①] E.班菲尔德:《后进社会的道德基础》,1958年芝加哥版,第45页。

第十四章 收入对生育率的影响：基本理论与概念

位青年人，1955年一家四口的全年合计现金和估算收入为482美元，比印度一个农民家庭的收入并不高很多。班菲尔德描述了这个青年求婚和结婚的决定：

> 1935年，我已经到了结婚的年龄。我的姐妹们希望我娶一个妻子，因为她们没有时间为我服务。
>
> 那时，有一条法律，规定凡年满25岁而未婚的人，要付125里拉"独身生活"税。这个数目是很大的。如果要挣得这笔钱，你必须工作25天。我反复考虑，终于决定结婚。
>
> 我现在的妻子，那时是和我雇主的亲戚一起工作的。有一次，我拦住她向她求婚，她也很喜欢，但我必须把此事告诉她的父亲。她很愉快地答应了，我们谈到关于她必须带的嫁妆和我所必须做的事情。
>
> 她要我陪我母亲去一趟，以便办好这桩婚事。接着，我带了我母亲去，还吃了顿美餐。当我想要会见我的未婚妻时，我必须请求这位家长的许可。
>
> 1937年，我请求这位姑娘和她的家庭在我年满25岁之前赶办婚事。她父亲说她的嫁妆没有准备好。我央求他，如果我们无论如何不能在两个月以后即1938年2月6日举行世俗婚礼的话，那我就必须交付一年的税。
>
> 有一次，我的母亲和我去阿多拜访我的岳父，为的是商量和明白地确定他们将给我们什么嫁妆。我的母亲希望一切经过证人的手。我岳父给我们（托姆尔）土地；我母亲给一所小房子，但她为自己保留了住房权利。一切事情都由出证人写

在官方的纳税单上。我的妻子一旦准备好了嫁妆,便确定于1938年8月25日在教堂举行婚礼①。

18世纪的瑞典是一个落后的农业国(但该国曾有良好的重要统计数字)。其农业收获对婚礼的影响进一步证明人们的两性行为总是敏感地适应客观情况。如图14-2所示,他们收成不好就

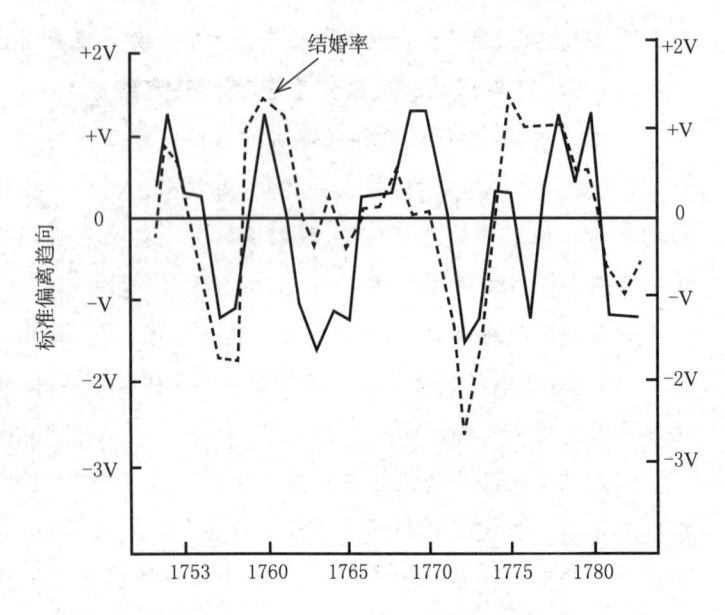

图 14-2 瑞典1752—1783年收获指标周期和结婚率

资料来源:根据 D. S. 托马斯(Thomas)的《瑞典人口运动的社会和经济方面》,1941年第82页复制。

---

① E. 班菲尔德:《后进社会的道德基础》,1958年版,第111—112页。

不结婚。后来可见,出生率也是适应收成的变化的,甚至未婚的生育率也受客观经济条件的影响。

至于有关婚后生育的原因和想法,即使在最"原始"和最"落后"的人们中间,生育还是在某种程度上受个人和社会控制的。举一个简单的例子来说,下面是R.W.费思对迪科比亚的波利尼亚岛上情况的概括:

> 强大的社会习俗迫使一些人过着独身生活,并使其他一些人限制他们生育儿女的数目……"① "已婚夫妇的意图是避免一个孩子带来额外经济负担。在这个很小但欣欣向荣的社会里,人们自觉地承认,需要使人口的多少适应可耕土地的大小。因此,实行家庭限制主要就是从这个观点出发的。人们自己非常清楚地表明了这个立场。这里有一个典型的陈述:根据迪科比亚的习惯,家庭必须适应森林中的果园。如果大量生孩子,那么,他们就要去偷窃,因为他们的果园太小了。因此,在我们的国家里,真正不要大家庭,而要小家庭。如果家族大又去偷窃,就从果园偷吃,而且如果这种情况继续下去,他们就会互相残杀。②

卡尔-桑德斯对人类学著作进行广泛研究之后,得出结论说:"迄今所引用的证据表明:可以把人口数目保持在接近所希

---

① R.W.菲思:《原始波利尼西亚经济》,1939年版,第36—37页。
② R.W.菲思:《我们,迪科比亚》,1936年版,第491页。

望水平的方法是到处都有的"①,特殊方法是"长期避免性交,流产和杀死婴儿"②。作为对"全世界……从热带到阿狄克……从海平面到海拔10,000英尺以上的高山……两百个社会的数据"的研究结果,C.S.福特得出结论说:"流产和杀害婴儿是众所周知的……发现在母亲给孩子喂奶期间禁止性交那是极为普遍的……在几乎所有的情况下,禁欲的理由是避免怀孕。"③他还发现了多种实行避孕的方法,其中有些是"显然不可思议的",另外一些"是相对有效的机械方法,例如在阴道内插入一个树皮做的布或一块破布……性交后试图用水冲走精液……"④。

证实人类学家关于习惯和规范的发现的确凿证据来自实际生育本身;在观测过的社会中(说来矛盾的是,除了很时髦的再浸礼教徒和其他少数人群以外),看来几乎没有任何地方的生育率接近妇女的总生育能力,所以在许多很"原始的"社会中生育率很低。L.克齐维基为了获得几百个部落和团体中关于孩子出生和成长数字的估计,仔细查阅了人类学上的报道。表14-1列出世界各地区不同部落的生育率平均数。而且尽管事实上各个部落的估算值互有差距,所以值得怀疑……但由于它们的意义是一致的,因而彼此互相证实,它们都一致表明:在文化较低的阶段,

---

① A.M. 卡尔-桑德斯:《人口问题:人类进化的研究》,牛津大学出版社,1922年版,第230、214页。
② 同上书,第230、214页。
③ C.S. 福特:《比较各种文化的生育控制》,载《世界人口问题与节育》,《纽约科学院年刊》第54期(1952年),第773页。
④ 同上书,第765—766页。

(活着的)孩子数目少于我们熟悉的欧洲战前的成活人数。①

可是,最近一位研究人类学证据的人,所得出的结论,与卡尔-桑德斯和 L. 克齐维基的那些结论有些不同:

表 14-1　从前某些非近代社会的人口生育率

人种	孩子出生率		存活抚养或实际抚养的孩子数
澳大利亚人	4.8—5.0		2.7—3.2
其他野蛮人(原文)		2.5—3.5	
因纽特人和北方人		2.1—2.8	
北美印第安人		3.0—4.0	
非洲黑人	3.7—4.3		2.8—3.3
	(3.1—3.8)		(2.4—3.0)

资料来源:L. 克齐维基,《原始社会和它的生命统计》,麦克米伦出版公司,1934年版,第217页。

按照这份研究中所用的(人口生育率)标准,在61个社会中,有35个被列为高的,16个被列为低的,10个被列为很低的。这些结果同卡尔-桑德斯(1922年发表的《人口问题:人类进化的研究》一书第98页)和 L. 克齐维基(1934年发

---

① L. 克齐维基:《原始社会和它的生命统计》,第216页。

表的《原始社会和它的生命统计》一书第256页)的发现认为"原始"社会的人口生育率水平一般都很低的看法是不符合的……用来估计这些社会的人口生育率水平的这些数据并不是很满意的,但是胜过卡尔-桑德斯和L.克齐维基所用的那些数据。

另一方面,假定所有的非工业化社会都有高生育率,那是不正确的。K. 戴维斯和J. 布莱克1956年发表的《社会结构和生育率:一种分析模型》一书中说:"欠发达地区的一个显著特点,是事实上它们都比工业都市化的社会显示出高得多的生育率。"这似乎是太武断了。我所选择的总怀孕率的估计范围是2.6—10.4……①

M. 内格(Nag)提出的关于"高""低"和"很低"的分类,是根据好几种对生育的测量而做出的一个全面判断。与这种分类相对应,出生孩子与育龄妇女的比率(总怀孕率)分别为:5.5;3.01—5.5;2—3。

现在,列举一些证据来说明收入对人们如何考虑生育率的重要性。发达国家的一些研究人口的学者,尤其是一些社会学家(如J. 布莱克)怀疑收入水平对生育率的影响。因此,让我们先谈一些感性的证据,至少有某些民族,乃至整个人口的生育行为,都是受经济上的考虑影响。

法国的格雷诺布尔(Grenoble)——一位29岁的小学教师,

---

① M. 内格:《非工业社会影响生育率的因素:各种文化的比较研究》。

昨天一胎生了三男二女……孩子们的祖父是一个裁缝。他说:"这确实产生很多问题。你不能说,这是一件真正愉快的事情,因为你要考虑抚养这些小狼似的孩子。"[贾·钱帕根-厄本纳科里尔(Jan Champaign-Urbana Courier)1971年1月20日,第1页]①

L. 雷恩沃特(Rainwater)就"家庭计划"问题访问了409位美国人。在作者提出的对三对夫妇进行的有代表性的访问中,所有被访问者都突出地谈到了经济的因素,虽然在访问中许多其他方面的因素当然也是很突出的。

丈夫1:你愿意要两个或者四个孩子吗?我猜想你愿意要两个,因为你能够给两个孩子比给四个孩子更多的东西。你可以送他们上大学。一般家庭不能够给四个孩子很多的东西,两个孩子是我们所能够供养的,只此而已。

妻子1:两个孩子,但如果我有很多钱,我将想要很多小孩……如果我有很多钱,足以完全供养他们,而且有许多房子,那我将愿意要6个或6个以上的孩子。

丈夫2:我认为,对平均收入为5,000美元的一般美国家庭来说,两个孩子是合乎理想的。我不了解他们如何能够足以供养更多的孩子。如果我能供养他们,我个人愿意要12个孩子。当我们结婚时,我想要4个孩子,或者家庭收入能供养几个就要几个孩子。

妻子3:我认为三个孩子是合乎理想的,因为我感到这是

---

① 此处没有注明引文的题目,原文如此。——译者注

大多数人所能够抚养,能够提供良好教育,并送他们上大学的人数①。

L. 雷恩沃特是这样总结这个调查的:

> 鉴于各大小家庭的整个想法,我们可以概括出一条主要标准,即人们不应有其抚养能力所不及的孩子,但是应该有他们所能抚养的那么多的孩子。②

其次,让我们评述一下那些较系统的口头资料,先说一下在各种假定的经济环境中被认为是"理想"的家庭规模的问题。P. K. 惠尔普顿(Whelpton)等人在他们对1960年美国人口典型调查中就这个问题搜集到以下资料:

> 高收入的家庭所认为理想的孩子平均数,是低收入家庭的两倍以上(表 14-2)。然而,关于这些回答,应注意几件事情。这些调查没有明确规定高收入和低收入的标准,而许多妻子对此肯定解释各不相同……有些妻子可能对这两个问题做出不同回答,只是因为她们认为是要求这样回答的。不过,这些结果确实说明:大多数妻子认为在决定理想的家庭规模

---

① L. 雷恩沃特:《家庭计划:性生活、家庭规模和避孕》,1965年版,第162—173页。

② 同上书,第150页。

第十四章 收入对生育率的影响：基本理论与概念

时，收入应当是一个重要的考虑因素。①

这个方法是保持嗜好不变，因为每个问题都是向回答者提出的，表14-2测得的就是来自回答者"范围内"的种种回答，都是假定收入的函数。

表14-2 在美国被认为是理想的孩子平均数

回答的类型	全部回答者	白种人	非白种人
一般美国家庭			
最小数	3.4	3.4	3.6
最大数	3.5	3.5	3.8
高收入家庭			
最小数	4.7	4.7	5.0
最大数	4.9	4.9	5.2
低收入家庭			
最小数	2.1	2.1	2.1
最大数	2.2	2.2	2.3

资料来源：P.K. 惠尔普顿等，《美国的生育率和家庭计划》，1966年版，第35页。

妻子们关于她们为什么不想要一个比她们实际要求更大的家庭的说明，使我们又一次隐约地看到收入对生育率的影响。如表14-3所示，对美国妻子们所做的典型调查中，绝大多数人提出

---

① P.K. 惠尔普顿、A.A. 坎贝尔、J.E. 帕特森：《美国的生育率和家庭计划》，普林斯顿大学出版社，1966年版，第35—36页。

的第一个理由是经济方面的。

表14-3 在美国不要求有一个大家庭的原因 （人，%）

首要原因	全部回答者	白种人	非白种人
访谈数	2,684	2,414	270
合计（百分比）	100	100	100
低生育力	18	17	22
所有其他原因	82	83	78
经济原因	44	45	36
费用太多、无力花更多的钱等	22	22	22
无力按要求抚养更多的孩子	6	7	3
不能教育更多的孩子	5	6	3
低收入不稳定的职业、部分时间工作、失业	3	4	2
其他经济原因	7	7	5
体弱（双亲及孩子）			
不愉快的妊娠或对妻子、婴儿有危险	8	8	6
对更多的孩子难以照管或没有时间	8	7	10
这是"很好"的数目，妻子及（或）丈夫所想要的数目，为了家庭的幸福不需要更多的孩子，等等	5	5	7
其他原因和不知道	14	14	14
未查明的原因	4	4	5

资料来源：P.K.惠尔普顿等，《美国的出生率和家庭计划》，1966年版，第55页。

然而,在人们有关他们的生育决心与他们的实际生育两种说法之间,可能是没有联系的。据 F. S. 阿诺德(Arnold)和福西特(Fawcett)说:夏威夷的城市下层的菲律宾人与夏威夷的日本人和高加索人比较起来,他们之间在民主、心理方面以及社会福利和孩子费用方面存在着很大的差别。但是,这些人群之间的实际生育率并没有差别。

假设一些问题是另一种研究方法。那就是说,如果现在还不能够观察到实际行为,那么人们关于对他们自己行为的假设可以提供某些指导。在以色列,对人口进行一次任意抽样调查时,问他们,如果住的是一间比现在更大的房子,他们是否本来会生育比现在更多的孩子,他们的回答如下:18%的人说"是的,肯定如此";12%的人说"或许是";19%的人说"我想不会如此";51%的人说"不,一定不会"。当问到提高20%的收入对他们过去或将来生育的影响时,甚至有更多的人表示,对他们的家庭规模是会有影响的:20%的人说"是的,肯定如此";16%的人说"也许这样";19%的人说"我想不会这样";45%的人回答说"不,一定不会"。在那些妻子仍处于生育年龄的家庭中,关于将来行为的相应数字是:17%、20%、12%和44%(有7%不相信或没有制定关于生育孩子的计划)。[1]

简言之,尽管在发达国家中,收入完全足以提供超过一般家庭选择生育的孩子数目所必需的生活资料,但人们在回答不同类

---

[1] T. 佩勒德(Peled):《问题和对家庭计划的态度》,1969年版,第92—94页。

别的问题时说:他们的收入限制了他们的家庭规模。

目前,在发展中国家,已从回答关于非洲大家庭利弊的问题中发现证据,说明收入和经济情况对于穷人考虑生育是重要的。表14-4就是J.C.考德威尔在非洲各地区进行各种调查的摘要。该表的上面两行显示出经济动力确实是重要的。

在考德威尔所总结的研究中,D.R.海泽尔对肯尼亚的研究也许是典型的。

> 要求回答者找出有许多孩子是否有什么好处这个问题时,回答者中有38%的人谈到许多孩子所带来的经济利益的某些方面;另有38%的人否认有许多孩子事实上有某些好处,而坚持认为根本没有什么好处。
>
> 我们没有必要去寻找拒绝回答问题的原因,访问中的下一个问题是:"有很多孩子,最坏的事情是什么?"这里,对绝大多数回答者来说,接受这个问题的前提是没有困难的。75%的人回答说:孩子多给家庭带来经济上的过分紧张(学费、食品、衣着等)。
>
> 对这两个问题所做回答的中心论点是:孩子也许在经济方面是有益的,但一个大家庭是很费钱的,而且可能一无好处。从经济方面而不是从心理方面或社会方面来观察儿童的价值,这是一个十分明显的趋向。有关家庭规模的所有其他方面的考虑,诸如孩子数目多少对心理方面或社会方面的好处,对母亲健康的危险,担心婴儿或儿童的死亡,等等。对这

表14-4 热带非洲一个较大家庭的明显缺点（1963—1968） %

	城市妇女	城市高贵的男子	农村妇女(a)	农村家庭 总计	1	2	3	城市妇女（1964）	城市男子	城市妇女（1968）	地方城市妇女（艾夫）	地方城市妇女（奥约）	地方城市妇女（伊贝道）	城市男子	城市妇女	农村妇女
								加纳尼日利亚						肯尼亚		
总计	100	103(g)	125(g)	100	107(g)	112(g)	102(g)	106(g)	100	192(g)	168(g)	100	100	100	100	100	100
经济负担																	
(a) 一般负担	32	16	31	36	45	50	55	38	38(e)	54	44	10	10	5	⎫84		75
(b) 适当的抚养		66	64	8	12	7	7	17	26	68	54				⎭		
(特别是教育)	12											81(c)	81(c)	93(c)		87	
家庭问题												5	6				
(吵闹难以照料)	34	17	23	38	34	34	27	37	19	36	27			0	9	9	9

323

续表

生育过渡	6	(e)	0	(e)	8	2	0	3	(e)	5	10	0	0	0	(e)	(e)	1
其他回答	0	0	0	0	0	0	0	0	0	9	7	0	0	0	1	0	1
没有什么不好	(f)	0	4	0	(f)	14	21	13	11	2	19	22	(f)	(f)	(f)	5	3	11
没有回答	16(f)	4	3	4	10(f)	0	1	0	0	2	1	4	4(f)	3(f)	2(f)	1	1	4

资料来源：J.C. 考德威尔,《热带非洲的家庭控制》，载《人口学》第5期，1968年，第603页。

注：(a) 对于为什么想要小家庭的原因问题所作的回答。

(b) 包括喂养和照料的问题。

(c) "适当的抚养"显然包括其他调查中以"一般原因"出现的一些回答。

(d) 包含的回答意味着孩子很可能成为非法的，以及其他人很可能包含在其他回答中。

(e) 没有记载，但可能包含在其他回答中。

(f) "没有回答"包括"没有什么不好"。

(g) 由于有多重回答，所以总计超过100。

第十四章 收入对生育率的影响：基本理论与概念

些问题的回答很少。①

D.R. 海泽尔对短期影响所做观察的中心要点是，发展中国家的人民确实认为经济境况是和生育率有关的。

总之，这种初步证据（第二部分的其余地方似乎能证实它）表明：在所有的社会中，人们确实很重视性生活、婚姻和生育。重述一遍，生育无论在什么地方都明显地受到至少是某些理性的控制，虽然人们所达到的家庭规模的程度与所希望的家庭规模比较起来，在各人群之间是有所不同的。由于可供使用的避孕技术，婴儿死亡率和两性交往方式等方面的差别，有些国家中的家庭较其他国家中的家庭更仔细地制定家庭规模的计划，并且能够更好地把这些计划付诸实现。但是，确实有强有力的证据说明：人们从理性上考虑生育，从而无论在什么地方和什么时候，其他的客观力量在很大程度上影响生育行为。因此，探讨这种影响的范围和性质，当然是有益的，也就是本书第二篇的主题。

四、小结

在全世界范围内理性地考虑生育率。由此可见，收入的紧张状态影响人们对生育的考虑。这就是下两章考察收入与生育率的经验关系的根据。

---

① D.R. 海泽尔：《在肯尼亚农村妇女中的生育限制》，1968年版，第634—635页。

必须把收入对生育率的短期直接影响(在发达国家和发展中国家,这种影响一般都是肯定的),和通过收入对教育、工业化、城乡住所以及其他影响生育率的变量的影响所体现的长期影响区别开来。这些长期影响,在发展中国家大体是否定的。

收入与生育率之间的简单的横截面关系通常是否定的,而通过商业周期的时间序列关系则是肯定的,这种明显的矛盾是统计上造成的。之所以出现这种现象,是因为横截面关系体现了收入通过教育和其他减少生育的变量所产生的长期间接影响,而时间序列分析则排除这些影响,而仅仅出现收入引起的积极的直接影响。

第十四章 附录：对有关收入和生育率的时序和横截面证据之间矛盾[①]的一致性

在商业周期过程中，收入和生育率之间的关系是肯定的，而大多数未附条件的横截面研究则表明一种否定的关系。

本附录将表明，在各种典型之间并无真正的统计上的矛盾。更确切地说，各种估算技术产生对生产行为的不同印象，因为它们是用不同的方法进行描绘。我们一旦超出某些统计资料研究一下，就会看到所有的印象都是一致的。

为了简便起见，让我们使生育率仅仅成为：（1）收入和（2）并入"现代化"的其他所有因素的一个函数。

$$B = f(Y, \text{MOD}) \quad (14-1)$$

式中，$B_{i,t}$＝家庭 i 在"t"年内的生育次数（1或0）

$Y_{i,t}$＝家庭 i 在"t"年内的收入

$MOD_{i,t}$＝家庭 i 在"t"年中的"现代化"状况

[①] 引自 J.L. 西蒙1969年发表的《收入对生育率的影响》一文。用完全类似的分析，说明关于自杀的横截面和时序的分析之间以及在消费函数方面的明显矛盾。（参见 J.L. 西蒙和 D.J. 艾格勒的《预算的横截面研究，总时间序列研究和长期收入假说》，载《美国经济评论》第60期，1970年，第341—351页）

关于现代化影响的方向，无需做出假说，尽管这里假定收入的直接影响是肯定的。

使那些滞后的和日常事项都成为每个独立的变量，并且为了简单起见采用线性形式。就是这些滞后的论据解决了这种矛盾。

$$B_{i,t} = b_{i,0}Y_{i,t} + b_{i,1}Y_{i,t-1} \cdots + b_{i,45}Y_{t,t-45}$$
$$\pm C_{i,5}\text{MOD}_{i,t-5} \pm C_{i,6}\text{MOD}_{i,t-6} \pm \cdots$$
$$\pm C_{i,45}\text{MOD}_{i,t-45} \qquad (14\text{-}2)$$

方程(14-2)中的每一个系数，都用单独的下角表示。但我们今后将删掉它们，而是利用对这些单独系数进行联合模拟的一些系数。

现代化期限后退1—5年，以便假定现代化变量的影响，主要是在成年前形成爱好的那段时间内。

现代化是收入的正相关函数

$$\text{MOD}_{t-k} = mY_{t-k} \qquad (14\text{-}3)$$

代入上式，可得：

$$B_t = b_0 Y_t + b_1 Y_{t-1} + \cdots + b_{45}Y_{t-45} \pm c_5 mY_{t-5} \pm \cdots \pm c_{45}mY_{t-45}$$
$$(14\text{-}4)$$

现在，我们看出，在方程式(14-4)中，收入的全部影响，可能是正的或负的，取决于各种系数的相对权数。

关键所在是，假设和上面相同的模型，而且已知一套系数，则一个横截面关系和一个时序关系便可以充分说明 B_t 和 Y_t 之间的不同关系。我们即将看到就是这种突破解开了这种明显的矛盾。

先看看横截面关系。假定这个特殊的横截面模型是通常那样的 $B_t = bY_t$。而其他地方（如 Y. 格朗菲尔德，1961 年；E. 马林沃德，1966 年；D.J. 艾格纳和 J.L. 西蒙，1970 年）[1]都精确地表示为下式：

$$\hat{b} = b_0 + r_{Y_t Y_{t-1}} b_1 + r_{Y_t Y_{t-2}} b_2 \pm \cdots \pm r_{Y_t + Y_{t-45}} \\ \pm r_{Y_t Y_{t-5}} c_{t-5} m \pm r_{Y_t Y_{t-6}} c_{t-6} m \pm \cdots \pm r_{Y_t Y_{t-45}} m \quad (14-5)$$

式中：$\hat{b}$ 是在同时存在的横截面关系中所见到的系数，b_{t-k}、c_{t-k} 和 m 是"真正"的系数；$r_{Y_t Y_{t-k}}$ 是表示6个人在某一时期内的收入和另一时期内的收入之间的相关系数。这就是说，估计的平均系数 $\hat{b}$ 与现在这个时期"真正"平均系数 b。二者相差的程度，仅仅是这些系数相对大小的一个函数，并且是两个时期每对独立变量之间相互关系的函数。如果这个相互关系很大，如同各个时期收入中始终存在的那种关系一样，而且如果缓慢的影响也很大，那么，$\hat{b}$ 可能与 b_0 有很大差别。可以直观地看出，如果 $r=1$，则 $\hat{b}$ 等于所有的 b_k 和 $c_k m$ 的总和。同时如果 $c_k m$ 相对于 b_k 来说是大的话，而且相隔的时间也很长久，则那个总和很可能是负数。

---

[1] 此处人名后边的年份表示该学者发表论著的年代，如 Y. 格朗菲尔德（Grunfeld）：《一种动态模型中的横截面估计值说明》，载《经济计量学》第29期，1961年；E. 马林沃德（Malinvaud）：《经济计量学的统计方法论》，1966年；D.J. 艾格纳和 J.L. 西蒙：《横截面和时间序列参数估计值偏好的详细说明》，载《西方经济学杂志》第8期，1970年。

因此,这个模型的横截面关系可以产生一个负b。

这种分析肯定不要求横截面关系是负数,事实上,这种分析可以更多地借助于某些报告中的正的横截面结果,特别是如同第十六章中所讨论的那些相似的农村典型调查中的结果。J.J.斯彭格勒等人都解释过这类结果,他们就是借助于这些范例中的内部相似性即"家庭规模往往容易在其他方面相似的人群范围内,是积极地相互关联的"。[①] 但是,相似的范例必然有较低的阶段之间的收入相互关系,并由此被迫形成这种积极关系,因为构成这种范例的方法已经排除这种省略的过去变量。由此可见,这些相似范例的结果同上面提出的那种模型根本不矛盾。

现在考虑一种在商业周期过程中进行的时序回归分析。根据定义,周期内的收入变动与缓慢变化相比是大的。虽然 $r'_{Y,Y_{t-1}}$ 可能相当高(假定这个质数代替时序的情况),但是过去很早时期内,即因现代化变量而形成嗜好的时期的 $r'_{Y,Y_{t-k}}$ 是低的,而且将产生正负两种情况,有效地抵消了那些滞后变量的影响。因此,如果时序回归是根据通常规范进行的,那将不会出现规范上的偏差:

$$B_t = b'Y_t \qquad (14\text{-}6)$$

那就是说,b' 和"真正"的 b_0 将没有很大的差别。假定现代化的影响主要是出现在以前,那么在这一分析中便勾销了它的影响,同时,在此微观模型中,人们所见到的 $b_{i,t}$ 和 $Y_{i,t}$ 之间的关系

[①] J.J.斯彭格勒:《人口论》,载《现代经济学概论》,1952年版,第10页。

是正数关系。

调和矛盾的最后一个方面是指长期缓慢的时序,而观察到的发展过程中的时序总是个负数。在此长序列中,不同于工商业周期中的短序列,$r'_{Y_t, Y_{t-k}}$将是正数而且很高,因为年复一年的波动,都比长期缓慢趋势小。因此,如果像方程式14-6那样简单地画图,这种规范误差就会同横截面分析一样造成负数关系,如果$c_k m$比较大而且时间的延缓又相当长的话。

这个附录说明,有了相同因素的一览表,人们可以了解,对生育率与收入的关系所做的横截面和时序分析为什么能够产生不同的结果,如果有些分析或所有这些分析的进行没有规定充足的时间的话。然而,必须着重指出:方程式14-2不应被解释为关于生育行为的假设或者说成是对生育率所做的一个有用的说明,而应解释为只不过是说明如何产生矛盾的简单的可能性。

第十五章 收入对发达国家生育率的短期和长期影响

一、引言

前一章说明人们的经济状况影响他们对生育率的思考,而这种思考又影响生育率。本章和下面几章就有关收入与生育率间关系的具体数量加以评述。本章论及发达国家,第十六章则涉及发展中国家的情况。从本章可看到,收入对总生育率的短期影响略有积极性意义,然而这种影响对于发达国家经济来说,还不足以成为一项重要的计划安排。按照个人生育次数较细的分级,收入有诱导生育次数少的家庭多生孩子的正作用,但对于生育次数多的家庭则有导致少生孩子的负作用。因此,增加收入可看成是生育的一个重要因素,它能使发达国家中的家庭规模"集中"到2至4个孩子。收入对生育率的长期影响是很不明确的,因为丈夫的收入和妻子的机会成本效应以及包括抚养孩子的费用在内的其他收入引起的效应,都是相互抵消的力量。

二、收入对发达国家生育率的短期影响

发达国家短期影响的时间系列证据

经济周期

一般经济周期的时间间隔是这样短暂,譬如说只有3—7年,以致人们的文化、嗜好和观念,即图14-1中的各种非经济力量都没有变化。所以有理由假定,经济周期内生育率的变化都是由收入的变化而引起的。因此,经济周期的证据对于研究收入的直接影响是特别中肯的。

在经济周期内收入和生育率的关系是非常肯定的。这个结论是G.U.尤尔(Yule)和D.S.托马斯(Thomas)[①]前后对许多国家的情况,经过反复研究才得出的。图15-1为1865—1913年瑞典经济条件和结婚率之间的关系(按标准偏离)。1921—1943年出生率和经济周期之间的关系几乎同样密切(见图15-2)。而且德国在两次世界大战之间,生育率和就业(作为收入的代表)之间变化的长远趋势也是关系密切的。

1920—1958年,美国的这些指标和趋势离差之间的相关系

[①] D.S.托马斯在早期研究婚姻和家庭同收入和经济周期的关系的著作中,提供了可贵的历史情况。参见《商业周期的社会和经济影响》,1925年版第二章。G.U.尤尔:《关于过去半世纪中英格兰和威尔士结婚率和出生率变化》,载于《罗亚尔统计学会杂志》第69期,1906年,第88—132页。

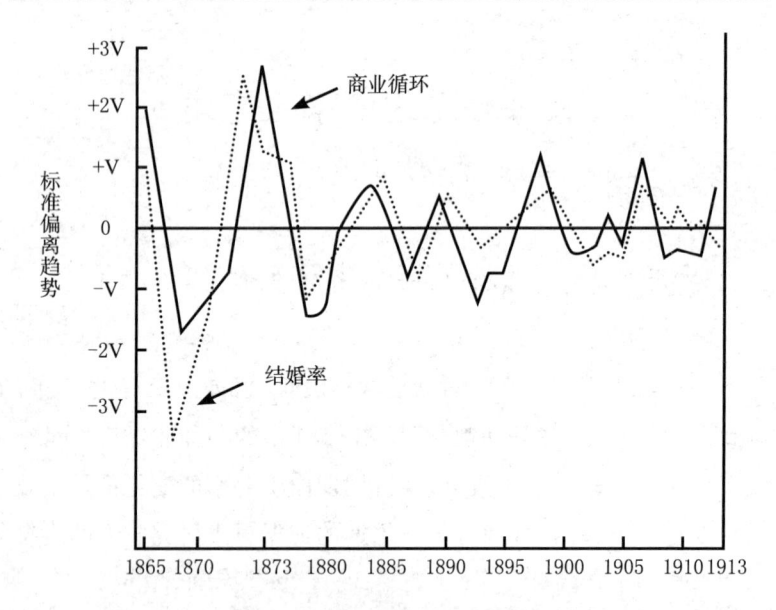

[图表：瑞典1865—1913年经济周期和结婚率周期，纵轴为标准偏离趋势（-3V 至 +3V），横轴为年份（1865—1913），两条曲线分别标注"商业循环"和"结婚率"]

图15-1　瑞典1865—1913年经济周期和结婚率周期

资料来源：根据 D.S. 托马斯的《瑞典人口运动的社会和经济方面》，1941年版，第16页复制。

数大多很高，1956年 V. 加尔布雷思（Galbraith）和 D.S. 托马斯按出生顺序将美国的生育分解，由此发现各种趋势的偏离之间关系密切[①]，如图15-3所示。D. 柯克在1960年发表的《商业周期对婚姻与出生率的影响》一文中用图表明：在生育率对其趋势的每年偏离当中，大约有一半是受经济条件所控制的……而这种控制有一半是通过婚姻起作用的，另一半则是直接影响生育率的

---

①　参见 V. 加尔布雷思和 D.S. 托马斯：《出生率和战争之间的商业周期》，载于《人口学分析》，1956年版。

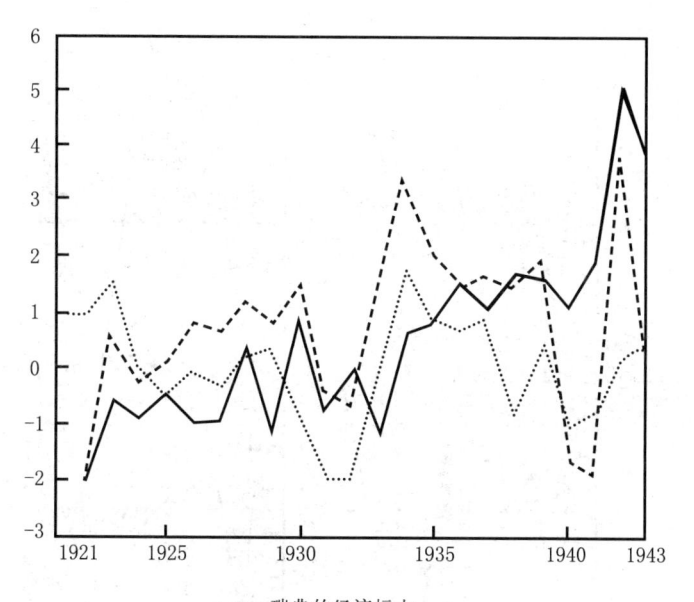

第十五章 收入对发达国家生育率的短期和长期影响

a. ······ 瑞典的经济标志
b. ----- 瑞典的结婚情况,标准离差
c. ——— 瑞典的生育情况,标准离差

图15-2 瑞典1922—1943年经济周期和生育率之间关系

资料来源:根据H. 希雷内斯(Hyrrenius)的《1920—1944年瑞典出生率与经济活动之间的关系》,1946年版,第17—18页复制。

(参见《发达国家人口和经济变化》1960年版,第253—254页)。M. 西尔维在1965年发表的《美国的出生率、婚姻和商业周期》一文,对美国长期内经济周期与生育、结婚间的关系做了一个细致的分析,发现实际人均国民生产总值的波动,已说明1871—1961年间出生率的剩余离差为51%。

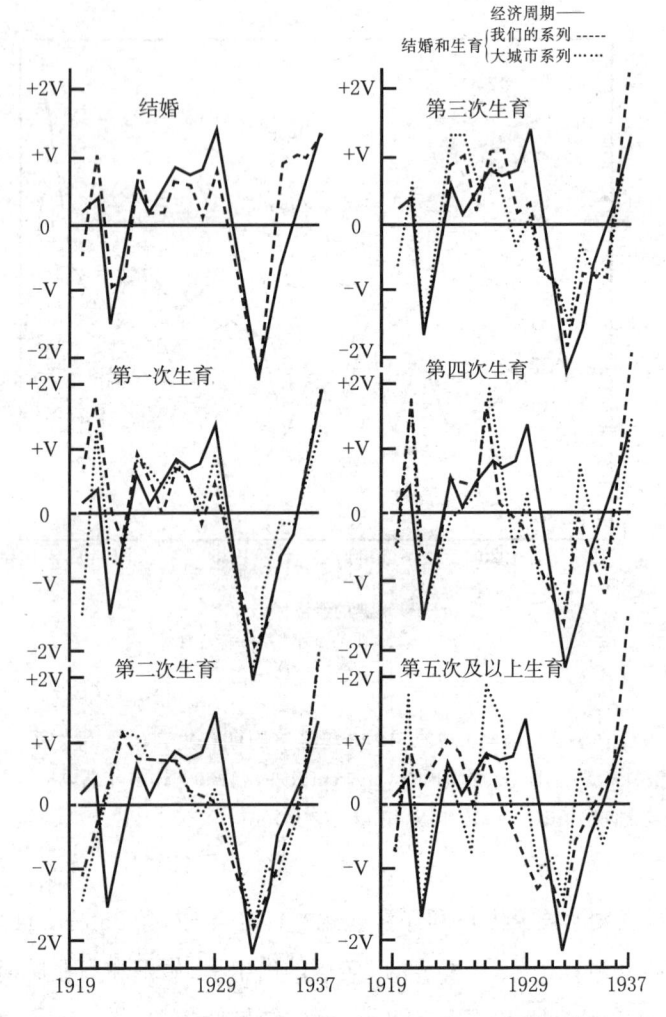

图 15-3　美国 1917—1937 年内经济周期和结婚及各次生育之间的关系（一年滞后期）

资料来源：根据 V. 加尔布雷思和 D. S. 托马斯的《出生率和战争之间商业周期》，1941 年版，第 192 页。

Y. 本-波拉思于1971—1973年研究了以色列人经济条件和生育率之间的关系,其研究方法包括按社会团体分解开,调查收入和失业的不同计量方法,调查年度和季度的数据以及研究各种滞后关系,等等。从1950年、1951—1959年、1960年,以及1960—1961年到1968—1969年,这两个时期内失业说明离差分别为64%和54%。这是采用一阶有限差按犹太人总人口计算的。

发现这种离差的幅度有一定的意义,但是就某些目的而言,更为有用的还是这种弹性的数量说明:……把所研究的整个时间平均起来,个人收入4%的趋势离差仅仅引起生育率1%的趋势离差,也就是说,这个弹性值为0.25。[①] G.S. 贝克尔根据1920—1957年期间的资料计算得出美国平均周期的收入弹性,对于第一胎生育略大于0.50,对多次生育的,则稍小于0.50,这是生育率从波谷到波峰和从波峰到波谷的平均变化,并同收入的按比例变化呈函数关系。据西尔维估计,由于国民收入的变化而引起生育率变化,都在国民收入变化的20%—30%范围内。本-波拉思发现以色列的全部犹太人在1960—1969年期间,就实际人均国民生产总值而言,生育率的弹性为0.43。按季度资料计算,1965—1970年的弹性则为0.20左右。

M. 威尔金森(Wilkinson)1973年研究了瑞典1870—1965年期间极好的资料。他发现就孩子而言,生育率的短期弹性和长期弹性在1870—1910年、1911—1940年和1941—1965年各期

---

① D. 柯克:《商业周期对婚姻与出生率的影响》,载《发达国家人口和经济变化》,普林斯顿大学出版社,1960年版,第254页。

间分别为0.08和0.13,0.24和0.33,以及1.00和2.04。

柯克、贝克尔、西尔维、本-波拉思和威尔金森等人所做的收入变化对生育率的影响的估算值,受三个重要的条件限制。第一,这些估算值只适用于:(1)逐年的变化,(2)一个经济周期的范围,(3)对发达国家。采用这种估算值作为预测的依据是最不可靠的,譬如说预测如果在比经济周期更长的时间内出现收入的变动(详见下文讨论),或者假设收入将持久地上升,或假设收入的分配发生变化时,会出现什么情况。虽然这些估算值或许还有助于我们了解一般的收入对生育率的机制,但它们仅能合理地预测一个经济周期内生育率将发生的情况,而不是预测其他的情况。

第二个对经济周期估算值的限制是,这些估算值是指经济周期内不同时期生育的差异而言,但不能直接指出整个经济周期内这些变化对生育率的影响。这就是说,这些估算值反映的是逐年生育率的时机的转变,同时反映生育率的长期影响。如果某一年的收入下降到比趋势低4%,导致下一年的生育比收入没有降低时的生育率降低1%或2%,譬如说某一国家内少生1,000个孩子,这并不等于说,10年以后这个人口就会比上述那年收入不降低4%的人数会减少1,000人。确切地说,有些孩子将推迟几年出生,最终并不影响他们的家庭规模。看看结婚率的资料,这一点便更清楚了。这个结婚率既受经济周期的强烈影响(如图15-3所示),又受到英国在1854—1913年结婚率和经济周期之间相关值0.67的影响。但是根据最后结婚人数的高比例来判断,非常明显的是,经济周期对人们最后是否结婚所起的影响要比经济周

第十五章 收入对发达国家生育率的短期和长期影响

期对于人们是在高收入年或低收入年结婚所产生的影响小得多。因此结婚率是这样有力地影响出生率。所以，至少可以说，经济周期对生育的部分影响必然是一次推移，而不是生育的一次永久性增加或减少。在图 15-3 中从结婚到低生育次数和高生育次数进行观察，得到的事实是生育率与收入之间的关系是由最强逐渐到最弱的，这一事实对于认为经济周期内观察到的效应大多是时机问题的这种看法给以经验性的支持。因为几乎在每个人的生活中结婚和低生育次数都会发生在某一时间内。

第三，也许是对经济周期研究的最重要限制条件，就是研究所解释生育率变化的量并不很大。经济周期高峰和低峰时生育率的差异比起从工业化以前的高生育率长期地下降到发达国家的低生育率已经普遍地小了。这种差异甚至已经比下面即将讨论的长周期内生育率的差异还小一些。因此，根据历时仅一个经济周期中几年内所观察到的生育率数量上的差异是不会对经济产生任何重大影响的。下面的计算表明，在这个经济周期内观察到的出生率大小的变化不会引起经济活动中这样的变化，大到足以在经济活动中直接显示出来。假如发达国家的出生率从 1.5% 突然上升到 3%（实际不可能那样大），也假设一个婴儿有很高的消费"需求量"——为成人需求量的 0.5，并假设其父母因总的消费量增加而做出的反映是减少全部收入中的储蓄额以保持他们每人的消费者当量不变而不是下降。即使在这样极端的情况下，总的消费仅上升 $(0.30-0.15)\times 0.5=0.0075$，不到 1%。消费量产生这样大小的变化，比起经济周期内由于其他原因而产生的大得多的变化就显得微不足道了（这也意味着经济活动对生育率产生的影响可能是经济周期内这两个变量相互关系的更为重要的起因)。在较长周期内高出生率随时间积累会产生更重大的影响。但依我看,即使是在长周期内也难于从统计上发现这种影响。因此,我们不应指望根据时间系列资料说明生育率的增加对储蓄和投资的影响。

长波

即使现在有人认为要考虑一个稍长的时期,譬如西蒙·库兹涅茨所采取的5—30年长波,图14-1中所示的大部分因素在该时期内可能引起的变化仍是无关紧要的,而且仍然可以假定起控制作用的还是这种直接的、局部的收入效应。在伊斯特林对长波的研究中,他成功地运用了各种统计方法消除了所产生的许多异常现象。特别是20世纪30年代出生率急剧地下降,50年代婴儿热(baby boom)以及最近生育率的下降,所有这些可以看作过去受当时经济条件限制的历史的明显继续。其中某些分析见图15-4。

虽然R.A.伊斯特林在论述西蒙·库兹涅茨关于1885年以后周期所写的论文中提出,经济条件可以解释生育率中这种趋势的很多偏离(按照当地城市土著白人的生育率每十年和每五年的变化百分比计算),但是他的计算结果显然未能提出,这种趋势本身可用这种经济变化进行解释。"如果仅仅根据1895—1899年到1925—1929年的资料估算城市生育率,那就无法证明系统变化"[①]。这就清楚地表明,经济条件以外的一些其他力量必然已

---

① R.A.伊斯特林:《人口、劳动力和经济增长的长波》,1968年版,第88页。

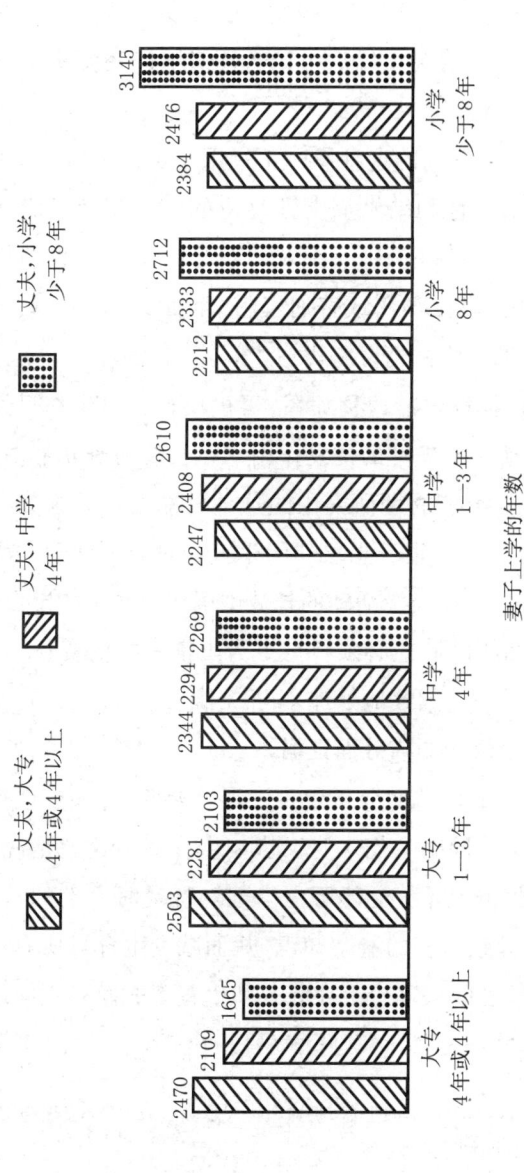

图 15-4 美国 1885—1958 年城市白人生育率变化程度和比率以及市民劳动力的失业人数

资料来源：根据 C. V. 凯泽（Kiser）等人的《美国生育率变化和趋势》，哈佛大学出版社，1968 年版，第 167 页复制。

起到对抗该时期收入直接影响的有力作用,因为这个时期的收入已经大量上升。这种情况在以后讨论长期影响时还要更细致地讨论。

R.A.伊斯特林发现的这种影响不局限于美国。M.西尔维发现"在联合王国生育和结婚周期性反应的时间和数量级同美国发生的情况非常相似……"[①]日本1878—1959年生育的周期性反应(根据西蒙·库兹涅茨或普通资料)和西方国家如英国在1855—1959年普遍发生的情况相类似。

R.A.伊斯特林发现的这种关系,可以反映出出生率对经济活动或者经济活动对出生率的诱发作用。在长波的研究中,这种影响的可能性大于经济周期研究中的这种可能性。因为如上所述,在非常短的时期内,难于想象新的生育会对经济活动产生较大的影响,反之,生育在经济活动的长波中确实会产生一定影响。对这种情况要做出回答,还必须根据更为丰富完整的资料,运用更为有效的方法并经过细致地处理才行。

发达国家短期影响的横截面证据

按人口群收入的横截面分析包含许多长期变量,而这些变量既受到收入的影响,同时它们本身又影响生育率。这就是说,一个横截面包含图14-1所示全部历程中某一特定时点上的情况,例如较高的收入导致更多的避孕知识,从而减少生育。所有这些关系的最终影响,可以从理论上在收入和生育率之间有正向或反

---

① M.西尔维:《英国和日本的生育、婚姻和收入浮动》,载《经济发展和文化变化》第14期,1966年,第315页。

第十五章 收入对发达国家生育率的短期和长期影响

向的绝对关系。但是直到如今,几乎每个国家的这种绝对关系都是反向的。在横截面上较高的收入总是与低生育率相联系的。表15-1所示的就是美国的这种情况。虽然这种反向关系的程度在刚刚停止或接近停止分娩的一批人群中表现得比较少,但是这种影响还是明显而且不小的。

表15-1 全美国的收入与生育率的横截面关系

(1959年丈夫的收入——1960年美国每千名白人妇女已生过的孩子数,妇女年龄为15及15岁以上,已婚并有丈夫,按妇女年龄统计)

1959年丈夫的收入	1959年妇女年龄			
	50及50以上	45—49	40—44	35—39
无收入	3,108	2,785	2,860	2,905
1—1,999美元	3,281	2,949	3,066	3,097
2,000—2,999美元	2,745	2,754	2,901	2,947
3,000—3,999美元	2,542	2,558	2,680	2,755
4,000—4,999美元	2,400	2,380	2,523	2,619
5,000—6,999美元	2,175	2,234	2,439	2,576
7,000—9,999美元	1,973	2,125	2,407	2,583
10,000—149,99美元	1,844	2,097	2,415	2,601
15,000美元及以上	1,875	2,156	2,482	2,733

资料来源:美国商务部人口普查局,《1960年人口普查:以生孩子数目计算的妇女人数》,1964年版,第181页。

根据这些绝对的横截面资料可以确信,在短期中生孩子并不是一种"正常的好事",而且收入的短期上升促使生育率降低。为了回答这个问题,研究人员已在保持所有其他有关变量都不变的条件下,估计了收入的短期影响。由于其他原因,这种方法未能充分实施。但是它的局部应用表明,在许多恰当情况下增加收入的短期影响总是增加生育率。第一种近似方法是增加人群分组的相似性,按照影响生育率的各种变量:如妻子年龄、结婚年龄、人种、丈夫职业和专业以及居住面积等,将小组进行细致地横截面分类。并由此发现收入的局部影响是正向的。按丈夫收入分为7,000—9,000(疑为9,999——译者注)和2,000—3,999(疑为2,999——译者注)美元两个级别的妇女所生孩子人数的比率,看成是收入对22岁和22岁以上已婚妇女生育率的影响的一个粗略指标。在美国1959年90个小组中,又有10个没有表明较高收入的小组有较高的生育率。而且又有一种情况,在于相同的职业、教育和居住类别的两个年龄小组中都未表现出较高收入有较高生育率,说明这种样本误差可能是由于部分或全部弄颠倒了(然而在21岁或更小年龄结婚的妇女的资料中并没有显示出这种正向的影响)。

深入地分析一下收入和生育的横截面资料,还会发现收入具有部分正向效应的更有力的证据。例如表15-2美国都市地区年满22岁已婚白人妇女中,收入和至少有一个孩子的夫妇的比例之间,具有显然始终如一的正向的关系。无论如何,不生孩子并不是生育率的一个完全可取代的变量,但它必然是生育率的一项重要组成,因而是与此相关的(另一方面,表15-2所示的采取细致分类的数据并不表明在22岁或更早年龄结婚的妇女有这种明显的影响。但是可以认为,如果避孕知识也保持常数,就可以清楚地显示出正向关系)。

这里得到的一个明确而且直接的结论就是,横截面资料所体现的关系是很不明确的,因此,我们必须更深入地试图理解它。

除美国外某些工业化国家也发现了收入对生育率具有直接的、有力的正向影响。D. V. 格拉斯最近的德国资料(1969年),W. 罗森堡(Rosenberg)的新西兰资料(1971年),K. A. 埃丁(Edin)和E. P. 哈钦森(Hutchinson)的瑞典资料(1935年)等[1]都清楚地说明这一点。

埃丁和哈钦森发现,文化程度和1920年的收入都保持不变,1920—1930年间收入的有利变化是与斯德哥尔摩各家庭结婚头十年较高的生育率(与收入发生不利变化的家庭相比)相联系的。R. 弗里德曼和L. 库姆斯(1966年)发现美国有类似的影响:在他们第一次和第三次访问之间,家庭收入(以收入预期值表示)愈是增加的,则第一次和第三次访问之间该家庭的孩子愈多,而且若保持当时的收入和宗教信仰不变,则在第三次访问时它所希望的孩子也愈多[2]。

---

[1] 此处所说资料为:D. V. 格拉斯(Glass),《第二次世界大战以来欧洲的生育率趋势》,载《生育率与家庭计划:世界一瞥》,1969年版;W. 罗森堡,《新西兰的家庭规模和收入的关系札记》,载《经济记录》第47期,1971年;K. A. 埃丁和E. P. 哈钦森,《瑞典的不同生育率研究》,1935年版。

[2] R. 弗里德曼和L. 库姆斯:《家庭增长决策中的经济考虑》,载《人口研究》第20期,1966年。

表15-2 按人口统计的无孩子的白人妇女的百分比
(美国城市范围内,22岁和22岁以上结婚,现年45—54龄)

文化	1959年丈夫的收入	专业技术和类似工作者	经理、官员和业主,除农场主外	办事员、售货员和类似工作者	手艺工人、工头和类似的工人	技术人员和类似的工人	服务业工人包括私人家务佣人	体力劳动者,除农场和矿井外	农民、农场经理、农业工人和农场工头
无文化	1—1,999美元或以下	—	39.3	38.1	43.9	32.3	41.3	33.2	缺乏资料
	2,000—3,999美元	—	31.2	32.7	27.1	28.2	32.9	27.7	
	4,000—6,999美元	29.0	23.2	27.1	25.0	24.1	26.7	24.8	
	7,000—9,999美元	32.9	20.6	23.0	21.1	17.8	21.0	16.1	
中学	10,000美元和以上	16.9	21.8	23.1	20.9	29.1	—	—	
中学	1—1,999美元或以下	39.4	28.9	39.6	34.4	31.0	35.2	—	

续表

中学	2,000—3,999美元	46.5	30.8	34.1	29.4	30.6	33.8	25.4
	4,000—6,999美元	30.1	27.1	26.4	23.6	24.0	25.2	29.2
	7,000—9,999美元	23.9	22.2	22.7	20.3	19.1	17.9	18.1
	10,000美元和以上	17.8	20.7	22.9	20.1	20.4	17.9	
大学	1—1,999美元或以下	25.0	30.3	29.8	—	—	—	—
	2,000—3,999美元	31.6	26.0	36.0	36.9	33.4	43.8	—
	4,000—6,999美元	25.9	25.3	27.1	28.2	21.8	25.6	28.8
	7,000—9,999美元	24.6	20.3	23.9	23.0	20.0	24.6	—
	10,000美元和以上	16.2	16.7	18.3	14.5	10.8	—	—

资料来源：美国商务部人口普查局，《1960年人口普查：以生孩子数目计算的妇女人数》，1964年版，第181页。

1963年 J. 明塞在第一次和最后一次多变量分析中,采用了1950年劳工统计局(BLS)的调查资料,发现当妻子的工资和丈夫的文化程度保持不变时,丈夫的收入与生育率的关系是正向的。1973年史密斯对美国经济机会调查(U.S.Survey of Economic Opportunity)资料所做的多变量研究发现,白人与黑人家庭的收入(非丈夫个人收入)和生育率的关系是正向的(虽然生育率的净值还有微弱的负效应)。

这些家庭横截面分析结果的重要性,不在于它本身一般显示出一种局部的正效应,而且所观察到的影响的大小除了也许可作为影响的下限外,根本没有任何意义。重要的是由于不断地精细分类使抽样更加一致,而使这种局部收入效应逐渐更趋于正向。以美国所有35—39岁的白人妇女为例,丈夫收入为7,000—9999和2,000—2,999美元的两类家庭已生孩子数的比率为$2,583 \div 2,947 = 0.80$(表15-2)。收入为7,000—9,999和3,000—3,9999美元的家庭,其比率为$2,583 \div 2,755 = 0.93$。将各种年龄和肤色的妇女都混在一起粗略分类时,则所得的比率肯定更小于1。但是如果我们现在将类别划分得更细致一些,采取按居住面积来分类,则35—39岁白人妇女的比率为:收入为7,000—9,999美元和2,000—2,999美元这两级大城市的分别是$2,509 \div 2,494 = 1.01$和$2,509 \div 2,420 = 1.04$;其他城市的是$2,618 \div 2,863 = 0.91$和$2,518 \div 2,701 = 0.93$;农村非农民家庭的$2,755 \div 3,207 = 0.86$和$2,755 \div 3,002 = 0.92$,以及农村农民的$3,166 \div 3,277 = 0.97$和$3,166 \div 3,286 = 0.96$(所有资料均取自美国商业部1964年表37)。而进一步按丈夫的职业和文化程度分类,这比率就会提高到大大超过1。

采取李-杰伊·乔（Lee-Jay Cho）等人1970年提出的多变量的方法将数据标准化后，而不是采取仔细分类的办法也出现相同结果。表15-3是某些类别的生育率和美国平均生育率的比值，并表明收入对生育率的影响在妻子年龄标准化的反向的程度较不经过标准化的反向的程度小得多，而且如将妻子的文化程度也加以标准化，则反向的程度更小（即更加正向了）。

表15-3 美国本国白人的生育率
（每千名已婚、有丈夫的妇女拥有5岁以下的孩子数，
按标准化的年龄和文化程度；国家平均孩子数的比值）

丈夫的收入	没有标准化	年龄标准化	年龄和教育都标准化
1000美元以下	0.81	0.87	0.86
1,000—1,999美元	0.93	0.86	0.86
2,000—2,999美元	1.05	0.92	0.92
3,000—3,999美元	1.07	0.94	0.94
4,000—4,999美元	1.07	0.96	0.97
5,000—6,999美元	1.06	1.01	1.02
7,000—9,999美元	0.99	1.06	1.06
10,000—14,999美元	0.87	1.09	1.07
15,000美元及以上	0.75	1.10	1.05

资料来源：D.J.博格（Bogue），《人口原理》，威利出版公司，1969年版，第717页。

从家庭横截面中观察到的收入和生育率的关系应该更加有保留地陈述，因为永久收入的影响，也即现有收入并不是这里可望收入的一个好的代表。B. 加德纳（Gardner）（1973年）为了克服永久收入方面的困难，改用消耗费用（包括住房和耐用消耗品转嫁值）作为收入的尺度。在北卡罗来纳农村妇女的例子中，代表长期收入的系数是正的，并且比现有货币收入系数更显著呈现正向关系，这不但说明收入对生育率的影响是正向的，还说明永久收入的影响在收入和生育率的研究中有一定重要性。

采用按地理分区的平均值能更大地避免永久收入的影响，因为各地区的平均收入差别应该是逐年基本相同的。这就消除了倾向于压低所见收入和生育率关系的那些家庭的逐年收入变动。1972年 G.G. 凯恩和 A. 温尼格研究了人口在250,000以上最大的标准美国城市的横截面资料，并按男人的收入、女人的工资比率、女人的文化程度和行政区（还在各种模型中采用其他变量）回归已出生的孩子。在1960年的人口普查资料中白人年龄组的收入弹性为0.2到0.3左右。这意味着收入增加8,000到12,000美元，就会使每户大约增加一个孩子[1]。

收入直接影响的复杂性

最近桑德森和威利斯（1971年）得到了一个将引起争论，但难于阐述清楚的结果[2]。他们采用1∶1,000的美国1960年人口普

---

[1] 参见 G.G. 凯恩和 A. 温尼格：《生育率的经济决定因素》，威斯康星大学出版社，1972年版。

[2] 参见 W. 桑德森和 R.J. 威利斯：《生育率的经济模式：实例与含义》，1971年版。

第十五章 收入对发达国家生育率的短期和长期影响

查纸带,并用求组平均值方法研究三个年龄组中每一个年龄组所包括的约100个社会经济集团,发现妇女文化程度高、丈夫收入多的情况下,增加丈夫收入确实导致增加孩子,但若妇女文化程度低、丈夫收入少,则增加丈夫收入的结果是降低生育率。

R.J.威利斯和W.桑德森对这一结果所做的理论解释如下:增加收入给妻子提供了更多的家庭消费品去享受和使用,而且假设她的文化程度很低,以致她没有良好机会去找一份收入好的工作,她将把更多的时间用于家庭消费品,例如,包括有能力去旅游和参加社交活动。否则,她的这些时间就可能消磨在照料孩子身上。这就是说,妻子由于收入较多而能额外购买的物品,使得她本来可以用在多生一个孩子花的时间的价值提高了,因而增加一个孩子的机会成本也提高了。

对于桑德森-威利斯(Sandenson-Willis)的研究结果(见下节),另一种解释是,它反映的是由于不同的出生顺序而形成不同的收入弹性。威利斯和桑德森提出的结论是对出生的第一个孩子是正的收入弹性,而对以后出生的一些孩子则是负的收入弹性。

本-波拉思在1972—1973年根据以色列的家庭调查,验证了桑德森、威利斯的假说,也发现丈夫的收入(和按妇女的文化程度,以这个收入水平的平均工资为权数估计的妇女潜在收入)有负系数,并有一个正方向的相互作用因素。这些结果与桑德森、威利斯的假说都是一致的。但是本-波拉思猜测这个观察到的结果可能是原始数据中常见的生育率与妇女的文化程度之间U型关系所造成的。他在论证这个假说时,加进了一个妇女潜在工资的平方值作为一个变量,这个变量至少也像在其他类似回归中桑德森-威利斯模型的相关界限一样有用,并且当两种结果都包括在一起时,几乎能消除这种相关界限的影响。这两种结果都加重了本-波拉思假说相对于桑德森和威利斯假说的分量。丈夫工资系数在回归曲线中仍然是负的,但比用相关界限的回归中可得的负数要小得多。

收入对逐次出生顺序的影响

在已讨论过的横截面研究中,至今一直将已出生的全部孩子作为一个因变量来考虑。这些研究的一项含糊的假说是,收入对于增加孩子家庭的影响,对于所有出生顺序都一样,即对于第6个孩子和对于第一个孩子的影响相同。但是如表15-4中的粗略数据所示,情况完至不是这样。收入和已出生的全部孩子之间的简单关系是反向的,而对于这个家庭究竟有没有孩子的关系却是正的,即低收入家庭比收入较多的家庭较少可能要较多的孩子。这些情况说明不同的出生顺序对收入的关系可能很不相同。

为了解释这种情况,我们将美国1960年人口普查1∶1,000的抽样资料按各种人口统计的特征再细致地分成小类,再用鉴别分析法对每个单元做10项以上观察。每次这种鉴别都是把因变量按照"是"和"否"来处理的。每种出生顺序的变差又分成两类:妻子有 n 个孩子或者有多于 n 个的孩子。6个出生顺序变差的第一个变差中,这两类分别包括没有孩子的妻子和有1个或1个以上孩子的妻子。这个变差叫作 $n=0$。第二个 ($n=1$) 变差中这两类为有1个孩子和有2个与2个以上孩子的妻子。共有6

个变差，其中 $n=5$ 的变差中一类为有5个孩子的妻子，另一类为有6个和6个以上孩子的妻子。这种鉴别函数所求得的各个自变量值是那些最有效地把观察所得分成两种类别的因变量的自变量的值。

表15-4 美国1959年已婚、有丈夫、45—49岁白人妇女的生育率

丈夫收入	每千名妇女中有一个或更多个孩子的妇女数	每千名妇女中无孩子的妇女数	每千名妇女已生的孩子人数
无收入	808	192	2,785
1—1,999美元	814	186	2,949
2,000—2,999美元	827	173	2,754
3,000—3,999美元	829	171	2,558
4,000—4,999美元	830	170	2,380
5,000—6,999美元	836	164	2,234
7,000—9,999美元	842	158	2,125
10,000—14,999美元	842	158	2,097
15,000美元及其以上	858	142	2,156

资料来源：美国商务部人口普查局，《1960年人口普查：以生孩子数目计算的妇女人数》，美国政府出版局，1964年版，第181、182页。

这里关心的自变量是丈夫的收入。鉴别函数中所包含的其他一些因素均保持不变。观察的对象是年龄35—54岁有丈夫的妇女。再将这些观察按种族、居住地点的城市等级、丈夫职业和妻子年龄加以再细分类。

在一个给定变量的小组中，对一个既定变差的影响所做最可靠的估算值是正值系数和负值系数的比值：例如在表15-5第一栏中所记载 $n=0$ 的变差中，199个单元的收入系数是正的，而有96个单元的系数是负值（不计0值系数）。如表15-5所示，$199/96=2.07$ 的比值就是在该变差内收入效应的方向的一个指标，相比之下，那组运算中的 $n=1$ 变差中，其比值则为 $160/118=1.36$，如此等等。大于1的一个系数表示有正效应，小于1的系数则表示有负效应。

从表15-5各栏数值中可看出丈夫收入对不同出生顺序的影响。丈夫有较高的收入和至少有一个孩子，而不是没有孩子的家庭之间是表现为正的关系。由低的出生顺序往高的看，到第二栏内第五次生育和第一栏内第六次生育，这种关系是缓慢地从正趋向于负的。

丈夫收入和有孩子的概率之间的关系在第三胎或第四胎的附近变成负的，就是说，虽然对于没有孩子或只有一个孩子的家庭较多的收入能够增加他们多要孩子的概率，但是对于已有三个、四个或更多孩子的家庭来说，则收入增多反而使增加孩子的概率减少。1972年E. M. 贝恩哈特（Bernhart）、1974年N. K. 拉姆布迪里（Namboodiri）和1974年D. A. 塞维尔（Seiver）对瑞

第十五章 收入对发达国家生育率的短期和长期影响

典调查报告都普遍地证实了这一发现[①]。

表15-5 丈夫收入对不同出生顺序的影响
(按因变量对生育率分类)

$0, \geq 1$	$1, \geq 2$	$2, \geq 3$	$3, \geq 4$	$4, \geq 5$	$5, \geq 6$
2.07*	1.36	1.03	0.83	0.78	1.16
$N=295$	$N=278$	$N=246$	$N=189$	$N=107$	$N=67$

注:这种形式的鉴别函数中,正收入系数和负系数之比值,按两分法,生育率的分类=f(丈夫收入、妻子和丈夫的文化程度以及妻子年龄)(f表示函数关系——译者注)。单元再细分类的变量有种族、妻子文化程度、丈夫文化程度、丈夫的职业和妻子年龄等。

将各栏数值进行比较:大于1的各数值表示丈夫的收入和生育率之间的关系对平均值而言是正的,小于1的各数值表示负的关系。选样数目N是指在十次以上观察中回归系数都不等于零的小组数目。

* 表中第一栏原文为2.01,疑有误。——译者注

这一发现的含义在于当其他情况均相同时,增加收入有助于说明为什么美国家庭的孩子数"集中"于2—4个的原因。并且在20世纪和以前美国收入长期上升时,家庭的孩子数就既不少于也不多于2—4个。可见这种机制是这样的:假设有一批人分布于想要0、1、2、3、4、5……个孩子的各类完整的家庭中,每家的

[①] E.M.贝恩哈特:《生育率和经济地位——最近有关瑞典的差异的一些发现》,载《人口研究》第26期,1972年;N.K.拉姆布迪里:《在既定均势下,哪些夫妇期望多要孩子》;D.A.塞维尔:《1960—1970年美国生育率下降的经验研究》,耶鲁大学出版社,1974年版。

收入增加就可能使没有孩子的家庭增加一个孩子,而一个孩子的家庭增加到两个孩子。在另一方面,根据观察到数据表明,比如说,本来想要四个孩子的只要三个。这就是说,增加收入对小家庭会产生"否"到"是"的变化,而对于大家庭则会产生从"是"到"否"的变化。这种影响是孩子总数的家庭分布范围在缩小。这和所观察到的下列事实是始终一致的,就是说贫穷人家在完整的家庭规模分布中的两头是不成比例的。某些较贫穷人家单纯地增加收入,将导致某些家庭偏离这种分布的大小两头,而使得家庭规模接近于这种分布的中间状况。

三、收入对发达国家生育率变化的长期影响

假设有这样一种情况,即婴儿的死亡率为1%,避孕方法的知识几乎达到100%,而农村的居住水平降低到即使留下的农业人口大大地按比例下降,也只能对总的生育率产生不大的影响。同时假定这一段时间相当长,足以使收入的标准和价值因社会上其他力量的影响而改变,同时因此而都成为非自变因素。从这一点出发,可能长期影响生育率的主要经济力量是:(1)收入水平对男人工资的直接影响,(2)对妇女工资的直接影响,(3)收入对男人文化程度和就业机会成本的间接影响,(4)对妇女文化程度和她们过去就业时的机会成本的间接影响,(5)养育孩子"成本"的变化。

在讨论发达国家收入对生育率产生长期影响之前,应该指出

的是目前发达国家中,各种家庭内孩子人数的变化比早期的变化小,也比发展中国家的变化要小。例如美国在1960年妻子年龄为35—44岁的各种家庭总数的58%的家庭拥有2—4个孩子。这样小的变化意味着发达国家各种条件的差异(包括收入的差异)对生育率并没有巨大的影响。另一方面分布在各民族中的一个生育率是与收入无关的[1]。同时这些事实也说明收入的变化对生育率的长期影响似乎并不大。

单凭理论还没有根据去推测,究竟是不是工资的直接影响,或者是通过文化程度和养育孩子的费用或者是嗜好等局部间接影响起控制作用。最后的结果将部分地取决于花费在孩子身上的平均费用和收入之间的弹性如何,也取决于父母亲在考虑为孩子花费多少费用进行斟酌的程度。

在缺乏理论指导的情况下,我们应该回到数据上来。从确切的经验证据中得到的两点印象是:(1)在发达国家中收入和生育率之间在横截面上缺乏有力的绝对的相关关系;(2)在发达国家中尽管收入长时期地增长,而生育率还是下降或者缺乏长时期的变化。首先研究横截面上缺乏相互关系。非正式的调查表明,美国许多巨富人家有两个或3个或4个孩子,而穷得多的赫特人[2]一对夫妇却平均有12个孩子。同时目前在很复杂的多变量分析中[3]对于各种家庭生育率的变差还是留下了一大部分,这些

---

[1] 参见西蒙·库兹涅茨:《关于各国经济增长的理论》,诺顿出版公司,1968年版。
[2] 赫特人——指美国西北部和加拿大边境处的居民。——译者注
[3] 此处指 R.T. 迈克尔:《教育与生育率》,1970年版;R.J. 威利斯和 W. 桑德森:《经济学与生育行为有关吗?》,1970年版。

还不能用收入和与收入有关的变量去解释。

现在来研究符合我们早先开始的死亡率、农业人口少和避孕知识丰富等条件的各个国家的总出生率,例如美国、英国、加拿大、西欧和斯堪的纳维亚的情况。这些国家内尽管收入幅度悬殊,但平均收入与生育率之间的横截面关系即使有,但也不大。西蒙·库兹涅茨分析了这些资料后断言:"显然,国际生育率是有实际差别的,但不是平均每人产值(或许经济行为的任何尺度)引起的。"他把这种现象说成是:"总之,海外高收入国家的出生率显然比具有相同程度高收入的欧洲古老国家要高一些。以人均收入为400—699美元和1,100美元以上的人群为例,欧洲每千人的出生率为18.1和15.7,而在美国和大洋洲,此值均为24.5。"[1]过去十年中各国家之间的这种差距已经缩小。

发达国家的长时间系列也表明,生育率对于长期经济变化是没有反映的。R.A.伊斯特林在1961年发现,本国出生的城市白人的人口日益成为美国生育率(数量上)最重要的一组。他还发现从1895—1899年到1925—1929年期间,这一组生育率是"基本稳定的"[2]。但是凯泽于1970年发现,从20世纪初到1960年已完成生育的妇女中生育率是连续下降的。在整个这一时期收入是上升的,所以说,男人的工资收入直接影响同通过妇女文化程度和由此引起她们就业机会成本变化的间接影响二者之间很可

---

[1] 西蒙·库兹涅茨:《关于各国经济增长的理论》,1968年版,第26页。
[2] R.A.伊斯特林:《历史地观察美国婴儿热》,载《美国经济评论》第51期,1961年。

能已经有很好的替代关系[①]。

收入产生长期间接影响的各个成分

收入的短期直接影响

由于缺乏综合关系的资料，我们只好寻求有关这类假设成分的资料，而收入的直接影响就是这种成分的一种。本章第一节叙述发达国家短期影响时认为直接局部收入的影响是正的。然而，收入的短期影响究竟有多大，还是不太清楚。时间系列数据显示出一种强大的短暂影响，但是把生育从较差的年份推迟到较好年份可算作这种影响的主要部分。横截面数据说明即使几种变量都保持不变时，收入效应也是微弱的。

妻子的文化程度

现在通过妻子的文化程度及其就业机会来讨论一下收入的间接影响。美国数据表明，丈夫的文化程度保持不变，妻子有较高的文化程度，则一般就有较低的生育率[②]。而 J. 明塞于1963年根据美国劳工局（BLS）的1950年调查数据，则发现全部时间工作的妇女所挣得的工资对生育率有强大的影响。此外，本-波拉思在1970、1973年对以色列分类普查数据的分析中发现，如果丈夫的文化程度不变，则由于妇女文化程度较高而降低生育率。他还从1963年的调查数据中发现，如果丈夫的收入保持不变，则妇

[①] C.V. 凯泽：《正在变化中的美国生育率格局》，载《社会生物学》第17期，1970年。

[②] 参见 R. 鲁格尔斯和 N. 鲁格尔斯：《美国人口普查数据中的差别生育率》，载《发达国家的人口和经济变化》，1960年版，第172—173页表3和第194—195页。

女文化程度对生育率有消极影响。

可惜由于经济原因或者至少因为简单的经济原因,并不是所有关于妇女文化程度对生育率影响的数据都符合劳动力的机会成本是主要机制的这种观点。从本-波拉思的发现中得到的一点启示是,以色列生育率的主要差别存在于没有文化程度和有一些文化程度的妇女之间,再提高文化程度则差别缩小。

图15-5的美国数据中,也看出白人的文化程度在妇女文化程度低的时候影响最大。而且这种影响与丈夫的文化程度有关,文化程度低的妇女多受教育,又能在丈夫文化程度也低的情况下,大大地降低生育率。已有较高文化程度的白人妇女再受到更多教育,同时其丈夫又有大学的文化程度,则实际上增加生育率。而受教育不到8年的黑人妇女再提高文化程度时,则对生育率的影响是负的[1]。这就使单纯地用就业机会成本来说明妇女文化程度的作用受到怀疑。

丈夫的文化程度

图15-5表明妇女文化程度低时,提高丈夫的文化程度就会降低生育率。但当妻子的文化程度较高时,则丈夫的文化程度提高会使生育率更高。这种混合的影响无助于我们通过丈夫的教育来估计收入的长期影响。

长期内孩子的成本

孩子的"成本"或"价格"显然是重要的。但是同样明显的

---

[1] L. J. 史密斯:《黑人和白人的再生产行为:一种经济解释》,芝加哥大学出版社,1973年版,第55页。

是，R.T.迈克尔和E.P.拉齐尔的观点是正确的,"即一个孩子的价格大小和这种特有价格的需求弹性,至今都没有充分的经验记载"。①

爱好

许多年来,人们总是猜测收入会如此改变对孩子的爱好(指与其他物品绝对或相对地比较而言),以致从长远看增加收入的结果是减少孩子。林德特认真的研究工作(即将出书)似乎表明,这种影响确实是存在的。前数十年的收入对美国的生育率产生的强烈负作用,超出孩子的成本和教育所产生的变化。②

总的看来,这些情况可以进一步证实先前的收入和现有的收入都影响生育率,而以先前的收入最能说明总生育率的格局。

发达国家的遥远将来

如果平均收入继续增长,而孩子的相对成本并没有很大的增加,收入和生育率之间的关系有可能(虽不是肯定的)日益松散。

可以假设收入水平达到洛克菲勒(Rockefeller)那样的高水平,以致再增加收入不会影响家庭规模。但是在这样高的收入时,家庭的规模可能和美国现在一般家庭的生育数差不多,因为目前最高收入的家庭规模并不特别大。

但是人们或许认为,正如伊斯特林著作所示,人们对收入的期望在上升,而且继续盼望上升,但当人民的收入低于他们所期望的数值,或者低于他们所了解的,如他们父母的收入,则他们会

---

① R.T.迈克尔和E.P.拉齐尔:《孩子的影子价格》,1971年版,第22页。

② J.L.西蒙已强调过先前收入的重要性和因爱好改变收入可能影响发达国家的生育率,见本书第383—385页和第十四章附录。

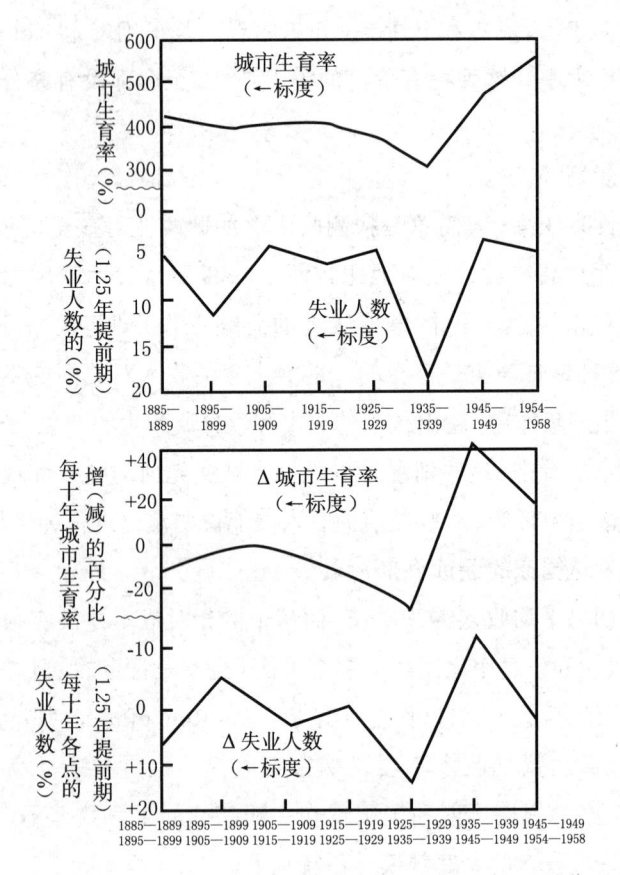

图 15-5　美国城市 1960 年每千名 35—44 岁已婚、有丈夫的白人妇女已生育孩子的人数（按夫妇的文化程度划分组别）

资料来源：根据 R. A. 伊斯特林，《人口、劳动力和经济增长的长波》，1968 年版，第 102 页资料编制。

注：失业人数的标度是自上而下倒置的。

失业人数的标度日期比实际数据提前 1.25 年，因为经济条件和生育率之间有滞后关系。

上图的下标度是每十年发生变化的百分比。

按照他们所看到的收入状况来调节相应的生育率。如果确实如此，则生育率会继续长期地波动并会受到收入分配方式的影响。然而这些推测只能在遥远的将来才能做出回答。

四、小结

首先让我们从时间序列数据开始回顾一下发达国家收入对生育率的短期直接影响。在短期内父母的愿望、爱好和地位可看作是固定不变的，总的时间序列数据表明个人收入和失业人数的变化对生育率的波动有某种明显的同方向影响。在经济周期内，大概有围绕长期生育率发展趋势的 1/4 或 1/2 的变差，可以用经济条件的变动来解释。每人的收入或失业人数，每当有 1% 的变化，都将使生育率产生一次 0.25% 和 0.50% 的相同方向的变化。结婚和第一胎生育比多胎生育对收入变差更为敏感。但是，在经济周期内，生育率的某些变化甚至大部分变化可以用父母亲生育时机的推移来解释。很清楚，在经济周期内几乎结婚率的全部变化确实是时机的推移，因为多数人终究是要结婚的。生育率的变化是更加复杂的。虽然这个论题现在还在探讨中，但至今还没有一种研究方法足以提出令人满意的解释来回答经济周期对整个家庭规模和生育时机的影响程度。希望不久会研究出这样的方法。

发达国家的收入在较长的经济波动（五至三十年）中，可以说明收入是生育率围绕长期趋势变动的一个重大变量。但在工业化时期内生育率长期下降的趋势仍支配着美国和其他发达国家最近一个世纪的历史。

下面概述一下根据横截面数据所得知的关于短期内收入的影响。最常见的普查资料是将不同收入类别中某一时点上的生育率进行比较，由此而得知的关于收入产生的短期的、"纯"的、局部直接影响不如关于长期影响的情况那样多。无论怎样细致地将人口再分成小类或者按种族、居住、文化程度等确定回归，细分类范围内不同收入集团，有一些不是收入特征，但与他们的收入一直有关系的其他特征方面可能有差异。所以，横截面上收入引起的生育率的差异，可能是由于收入差异造成的，也可能是由于有系统关系的变量所造成的。掩盖横截面数据中收入和生育率关系的另一种现象普查所记载的收入仅指一个很短的时期，一般为一年，它比人的寿命短得多。但是早几年前得到的收入或者夫妇预期在将来几年内可获得的收入来源，都会影响他们的生育决心。因为过去的和将来的收入完全不能反映在普查时记载的短期收入内，这就会导致误差。如果调查者能获得人们过去和将来预期收入的资料，那将是研究收入和生育率的重要论证资料。

但如不做任何分类或不做较多的细分，则收入与生育率的关系有时呈现微弱的正向关系，有时是反向关系，在非常细致地再分小类的范围内，这种关系几乎总是正向的。这种正向的关系同时间序列和书面上的报告是一致的，即如有一定爱好和地位的人得到额外收入，他们就会要更多的孩子。然而收入和生育率之间的定量关系是不应根据普查的横截面数据来估算的。

横截面资料明确指出，对收入变化更为敏感的是头几个孩子，而不是后几个孩子。这一发现与经济周期的资料是一致的。

所有这些发现使得在用"曾经生出的孩子总数"作为相关变量的情况下,进行研究所用的收入系数有何意义是值得怀疑。

就发达国家中短期影响的全部章节做一总结:我通读这些资料之后,有充分理由相信,发达国家在经济周期内和在经济活动更长的波动时期内,其生育率同收入和就业率之间是正的关系。事实是这样的:(1)按照一般横截面数据,高收入一类的生育率并不比较低收入一类的高太多;(2)工资收入低的职业往往比工资收入较高的职业有较高的生育率。这与下述论断并不矛盾:即在其他情况保持不变时,从短期看,收入的局部直接影响是正向的,而且是重要的。这是因为文化程度和职业以及总收入水平和爱好等其他决定因素都不受短期变化的影响。

下面我们总结一下在美国和其他发达国家中,城市发展水平高、孩子死亡率低、各种家庭在现有收入水平上又增加收入时,对他们一生整个时期内所产生的影响。根据上述短期影响的研究,我们的推论是,收入的局部直接影响是由于家庭抚养孩子能力的提高的而增加生育。但是从长远看,增加收入则对人们产生许多其他的影响,而其中某些影响使生育率不是上升就是下降。它们之中有些影响是强烈的和明确的,而其他一些影响却是微小的和难以捉摸的。要做全面的长期分析的就是后者这些其他影响。

收入的最明显的间接影响表现在妇女的文化程度上。父母亲增加收入可使女孩子受到更多的教育,并使她作为一个妇女而有更大的挣钱能力。这又意味着,如果她拿出时间花去增加孩子,首先就应该有更高的薪金。正如理论所认为的那样,发达国家社会中绝大多数部门内增加受教育的程度是密切地与要较少孩子联系在一起的。但如果文化程度非常高,则这种影响又反过来了,因为高收入男人的妻子是很少离开家庭出去工作的。

社会上平均收入增加促使居民更多地采取避孕和流产,从而减少高生育率比重的家庭数目,这一点也是清楚的。然而我们并不了解能促使居民更容易采取避孕和流产的直接影响的相对重要性,也不知道通过文化程度和爱好的改变而产生的间接影响的相对重要性。同时像瑞典和美国这些国家在不久的将来都会普遍实行避孕,以致增加收入不起什么作用,正如城市改革现已充分完成,所以增加收入不会继续增加城市居民,并因此而降低生育率。

增加收入对居民实际的和期望的经济状况也会产生一些其他影响,而经济状况又以复杂的形式影响生育率。例如,各种孩子的情况并不一样,至少居民将自己斟酌决定在增加的孩子身上准备花费多少(例如在受教育方面是否肯花费到大学程度)。就是这种选择使得是否要增加孩子的决心复杂化了,因为一对夫妇可以就孩子的人数和每个孩子的费用做出不同的决定。增加收入影响两方面:(1)由于增加孩子所引起的消费品和劳务方面的价格上升,(2)关于他们愿意和必须花费多少钱的想法。所以在理论上有可能认为增加收入会产生降低人们"买进"孩子的数目的直接影响。

发达国家增加收入还有某些其他可能的微小影响,它包括:(1)增加收入使人们有能力去获得某些消费品和劳务设施(例如,履带式雪上汽车、海外旅游等)。为了获得这些享受所消耗的时间与为了孩子所需要的时间之间会有矛盾。(2)增加收入可能对史密斯和琼斯两家人都有影响。两家的收入都增加时,史密斯一家就可能感到在孩子的消费方面和其他消费上与琼斯一家保持同样水平,所以他们感到的是经济境况并不好,因而他们不会再要求比增加收入前有更多的孩子。对于这种现象现在知道的就是这一点。同时如果相对收入对生育行为有较大影响,这意味着收入在分配上的变化会影响到细分类后的生育率,也可能影响到整个社会的生育率。这方面还缺乏研究。(3)增加收入和由此引起的文化程度和交通以及流动性的增进都会以至今尚未涉及的其他方式改变人们对孩子的爱好和其他支出之间的结构。

为了结束发达国家生育率这一章的讨论,我以谨慎的态度谈一谈发达国家无论从各个家庭生育率的差异或从时间的变动来说,至少比发展中国家相对要小些,要从经济变量来解释的余地很小。至于现存的这些变差,用现在的收入的差别去解释也没多大用处。

第十六章　收入对发展中国家生育率的短期和长期影响

一、引言

前章讨论了收入对发达国家生育率的影响,本章则讨论收入对发展中国家生育率的影响。本章第一部分认为收入增加的短期影响是提高生育率,在收入很低的阶层中尤其如此。更为重要的是本章第二部分的主要研究结果:收入增加、经济发展以及有关现代化网络的长期总影响,是把生育率从实行现代化以前的高水平下降至工业化国家的低水平。

这种影响与第十三章所说的关于人口增长对发展中国家经济水平发生的影响结合起来,从而否定马尔萨斯关于发展中国家人口增长达到生存极限的论点。

二、收入对发展中国家生育率的短期影响的证据

时间序列的证据

让我们首先引用一些时间序列的资料。显然,在欧洲各国经济发展的初期,生育率确有增长。20世纪,在发展中国家已经看到同样的影响。"虽然这些资料不足以提供确证,但看来很可能人口的出生率已超过了前一代——在西印度群岛肯定如此,美洲的热带国家很可能如此,非洲和亚洲的许多国家或许也是这样"。[①] J. 恩卡纳仕恩(Encarnacion)于1974年对菲律宾所做的全面的横截面研究,是符合生育率随着贫穷人们收入的增加而增加的。

这种增长,也许部分地由于健康因素所造成,如性病的减少,或是由于收入导致生活习惯和方式的改变,如哺乳期的缩短,也或许由于改善营养所致。然而,这种增长还可能部分地由于收入的直接影响,正如一位密切注视印度农村的观察家所报道的那样:

> 20世纪50年代初,许多条件显然是不利的。随着巴基斯坦难民的大量涌入,经济和社会稳定受到严重破坏。印度

[①] D. 柯克:《发展中国家的出生率:最近的趋势和前景》,载《生育率和家庭计划:世界一瞥》,1969年版,第79页。

乡村行政委员会或选举产生的乡村委员会的领导者们多次告诉我们说："同他们的其他问题一样重要的是,最大的问题是我们的人太多了。"至1960年这个研究时期结束时,发生了一个显著的变化。由于兴建更多的水利灌溉渠,由于巴克拉南格(Bhakra Nangal)水坝提供的农村电气化,还由于有较好的公路,将农产品运至市场,经过改良的种子和因社会发展所产生的其他好处,特别是因为城市中旁遮普男青年就业机会的增加,已经产生普遍的乐观主义情绪。这时,那些乡村领导者共同的反响是："我们为什么应当限制我们的家庭人口呢?印度需要获得她能够获得的旁遮普人。"在这个转变时期,教育在家庭计划中失败的一个重要原因,是经济发展的顺利进行。孩子们已不再是一种负担了。①

18世纪的瑞典,在很大程度上是一个发展中国家,图16-1表示瑞典农产品产量与死亡、结婚、出生等的有关比率。它们是收入在短期直接影响家庭规模决策的有力证据。

F. F. 门德尔斯(Mendels)在对弗兰德斯(Flanders)18世纪的研究中②,发现农业地区的结婚率直接随黑麦的价格而变动,这意味着农业收入的增加使得更多的人结婚。在亚麻布贸易很重要的各城市中,结婚率完全随黑麦价格与亚麻布价格的比例而

---

① C. E. 泰勒:《卫生与人口》,载《外交事务》第43期,1965年,第482—483页。

② 参见F. F. 门德尔斯:《工业革命前弗兰德斯的工业和婚姻》,载《人口与经济学》,马尼托巴大学出版社,1970年版。

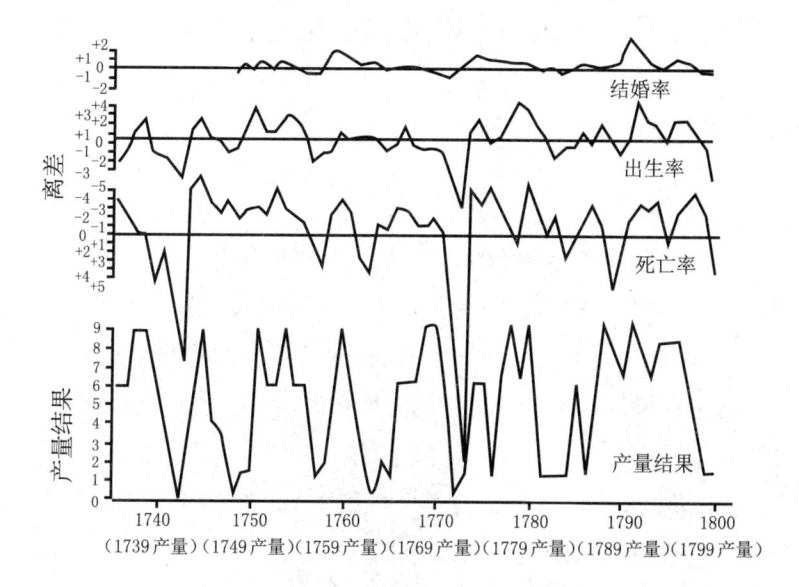

第十六章 收入对发展中国家生育率的短期和长期影响

图16-1 1735—1800年瑞典农业产量和结婚率、出生率、死亡率对各自发展趋势的偏离

资料来源：H.吉尔，《18世纪北欧国家的人口史》，载《人口研究》第3期，1949年，第45页。

变动。这就说明较低的黑麦价格和较高的亚麻布价格（两者都意味着从事亚麻布贸易的人们有较高的收入）使更多的人结婚。

R.李研究了英国在1250—1750年的人口规模、死亡率及实际工资的长期趋势[①]。他制订了一个联立方程模型，其中人口生育率是实际工资的函数，实际工资是人口规模的函数，人口

---

① 参见罗纳德·李（Ronald Lee）：《前工业时代英格兰的人口：一种经济计量分析》，密歇根大学出版社，1971年版。

规模又是人口生育率和死亡率的函数,而死亡率是一个外生变量。计算所得的就实际工资而言的生育率弹性的估计值是相当大的。

家庭的横截面证据

对依靠农耕维持生活的农村社会所做的研究,以W. 斯蒂斯对1948年波兰农村的研究为最好①。表16-1表示,对于当时已年满45岁的所有年龄组的妇女来说,生活在较大农场的妇女有较高的生育率。这份资料是肯定有变化的,但W. 斯蒂斯的最小平方回归分析,已表明每一年龄组的斜率都是正的。如表16-2所示1855—1880年出生的波兰农村妇女的详细资料,对我们的研究是特别有价值的。该表第十行说明在第一个和最后一个婴儿之间的那些年里,各种规模的农户生育率是非常相似的。而且事实上,其生育率之高,几乎同人们所看到的生育率最高的社会是一样的。这说明在那段时间里没有对人口生育率加以控制,而且人们的身体健康是极好的。第三行说明,可能成为夫妇的人越穷,结婚就越迟,这是对生育率的一种经济上的控制。此外,较贫穷的夫妇,在母亲较年轻时就停止了生育孩子(第五行),而体弱则不是一个可能的原因。将第十行和第十一行进行比较,说明在较穷的家庭里,生育开始较晚,停止较早,这种影响很大。

A. V. 查耶诺夫对这一关系的意义提出了怀疑的理由②,并提

---

① 参见W. 斯蒂斯:《经济条件对农妇生育率的影响》,载《人口研究》第11期,1957年。

② 参见A. V. 查耶诺夫:《农民经济理论》,1966年版。

供了论据资料。农民在家庭人数需要更多的产量时,他们可以通过租赁来增加他们耕种的土地数量。不过,这个因素在19世纪末和20世纪初的俄国或波兰,比在亚洲可能更为重要,目前尤其是这样。

表16-1 波兰不同年龄的农村母亲的生育婴儿数

母亲出生年代	农户规模(单位公顷)									
	没有土地	0—0.5	0.5—1	1—2	2—3	3—4	4—5	5—7	7—10	10—15	15以上
	出生婴儿的平均数									
1855—1880	3.89	5.46	5.30	6.10	6.57	6.40	7.54	7.83	9.08	9.00	10.00
1881—1885	3.50	3.50	4.94	5.38	5.84	7.23	7.30	8.09	8.17	6.00	—
1886—1890	6.00	3.55	3.75	5.15	5.39	6.26	6.00	6.67	7.00	9.80	—
1891—1894	4.33	4.31	5.16	4.43	4.83	4.81	6.12	5.56	5.40	7.00	
1895—1897	2.00	4.28	3.74	4.54	4.77	5.29	4.53	5.00	3.75	5.50	
1898—1900	4.50	3.71	3.20	3.49	4.07	4.57	4.84	3.88	7.17	6.50	
1901—1902	—	4.40	2.85	3.80	4.02	4.27	4.60	5.14	4.75	7.50	
1903—1904	4.00	3.64	2.94	3.42	3.72	3.72	3.64	2.67	4.40	—	—

资料来源:W. 斯蒂斯,《经济条件对农妇生育率的影响》,载《人口研究》第11期,1957年,第140页。

16-2 1855—1880年间出生的波兰母亲的生育率

序号	名称	没有土地	0—0.5	0.5—1	1—2	2—3	3—4	4—5	5—7	7以上
		农户规模(单位:公顷)								
1	母亲人数	9	13	23	47	53	10	13	18	15
2	平均出生年代	1872	1875	1875	1876	1875	1875	1873	1875	1874
3	平均结婚年龄(岁)	31	25	25	25	24	23	23	22	20
4	平均实际生育年限(年)	9	15	15	17	18	19	19	20	23
5	母亲生最后一个小孩的平均年龄	40	40	40	42	41	42	42	42	43
6	婴儿出生的平均数	3.9	5.8	5.3	6.1	6.6	6.4	7.5	7.8	8.1
7	婴儿死亡的平均数	1.00	1.31	1.22	1.21	1.57	1.00	2.08	1.55	1.2
8	婴儿存活的平均数	2.9	4.1	4.1	4.9	5.0	5.4	5.5	6.3	8.0
9	每1,000个婴儿的死亡率	257	239	230	199	238	156	275	200	127

第十六章　收入对发展中国家生育率的短期和长期影响

续表

10	自结婚至45岁每年可能生育婴儿的平均数	0.28	0.27	0.26	0.30	0.31	0.29	0.34	0.35	0.37
11	每年实际生育婴儿的平均数	0.43	0.36	0.34	0.35	0.37	0.33	0.40	0.39	0.40

资料来源：W. 斯蒂斯，《经济条件对农妇生育率的影响》，载《人口研究》第11期，1957年，第139页；K. 戴维斯，《现代人口史上的变革和响应理论》，载《人口指数》第4期，1963年，第357页。

像发达国家的情况一样，采用另外的变量来说明收入的长期影响的那种精确分析，能够显示现有收入对生育率所起的复杂的或肯定的作用，而不是从简单的回归分析中所见到的否定作用。这一点最近从中国台湾地区的资料中已经见到，因为对这些资料用多种分类分析来修正收入分类法，对生育率，"理想的"孩子人数和避孕用具的使用是具有肯定关系的，而未经修正的收入数对生育率和"理想的"孩子人数的关系则是否定的[1]。在其他的研究中，如 D. W. 斯尼德（Snyder）在塞拉利昂市区的研究，其局部关系仍然是否定的[2]。但是，可以有些把握地说：只要考虑到其他有关的和可衡量的变量之后，发展中国家的收入对生育率的短

---

[1] 此处原文有麦克唐纳德（Mac Donald）和米勒（Mueller），1975年，但参考文献中没有这两位作者的论著题目。——译者注

[2] 参见 D. W. 斯尼德：《西非家庭规模的经济决定因素》，载《人口》第11期，1974年。

期影响,既不是有力地否定,也不是有力地肯定,虽然 E. 克兰曼(Kleinman)发现印度古贾拉特村(Gujarat)"资源的可变调整值占一般生育率差异的44%"。

分地区的国家横截面研究

分地区的国家横截面研究,很少告诉我们关于收入的"纯"直接的影响,因为更详细的说明和更好的数据,几乎无疑地使系数的符号更加肯定。在对收入和人口生育率的研究中,详细说明是特别困难的,因为那些变量就因变量而言,都处于因果关系的不同阶段(例如,平均收入本身在回归中是一个变量,在其他回归变量如教育中又是一个基本的变化原因)。因此,尽管这些回归分析,为了告诉我们关于婴儿死亡率以及城乡住宅等其他变量的部分影响是很有用的,但我们都不应期待它们提供关于收入的部分直接影响的情况。

关于国家间的交叉地区和国家内部地区的地理回归研究的另一个重要的困难是:虽然回归是线性的,但是关键的根本关系很可能是曲线的,因为发展中国家的生育率很可能是随着收入的增加而上升,然后下降[例如,1973年 M. A. 伊杨哈(Iyoha)对24个发展中国家的研究[①]。倘若如此,把发展中国家中按人口计算的收入水平最低的国家和收入较高的国家混在一起,可能是不恰当的。

1961年 Y. 雅苏巴对19世纪的美国(当时应属于发展中国

---

① M.A. 伊杨哈:《人类生育率、人口变化和经济发展》,载《经济计量学会学报》,1973年12月。

家），进行了一次既是横截面的又是长时期的研究①。他研究了人们易于获得土地的数量，那肯定是同农业社会中收入的前景有关的。在每个家庭容易获得更多土地的那些州中，人口出生率是较高的。而当可得土地的数量长时期减少时，人口出生率还是照旧较高。这些结果在考虑到土地质量、都市化及平均收入等因素之后，仍继续出现②。

人口陷阱模型

就所谓"陷阱低级平衡"论中，发展中国家收入增长的短期直接影响是有重要理论意义的。H. 莱宾斯坦的陷阱模型③是当代对马尔萨斯学说的精确说明。其主要观点是：在某些发展中国家的条件下，收入增加则人口将完全相应地增长。例如，按照H. 莱宾斯坦的模型，总收入增长2%，则立即导致人口增长2%，这种相应性使得按人口计算的收入没有发生变化，从而阻碍了经济发展。按照H. 莱宾斯坦的模型，人口的增长可能由于按照并未说明的不同比例降低死亡率和增加出生率。按照R.R. 纳尔逊的陷阱模型，影响是通过死亡率产生的。④

但在20世纪，人们见到的发展中国家出现的死亡率下降的

---

① 参见 Y. 雅苏巴：《1800—1860年美国白种人的出生率：一种经济学研究》。霍普金斯大学出版社，1962年版。

② 参见 R.M. 麦金尼斯：《19世纪加拿大的土地利用和出生率》，1972年版。

③ 参见 H. 莱贝斯坦：《经济衰退与经济增长》，怀利出版出司，1957年纽约版，第170—173页。

④ R.R. 纳尔逊：《发展中国家经济中一种低级均衡陷阱理论》，载《美国经济评论》第46期，1956年。

很大一部分原因似乎和收入的增加无关。也就是说,由于死亡率下降而引起的人口增长中,很大部分不是由于收入的增加造成的。例如,目前在阿尔巴尼亚、斯里兰卡(锡兰)、哥斯塔尼亚、古巴、多米里加共和国、萨尔瓦多、圭亚那、中国香港地区、牙买加、朝鲜、马来西亚、墨西哥、巴拿马、菲律宾、葡萄牙、委内瑞拉以及其他一些国家和地区,出生时的预期寿命为六十多岁,那些地方的出生率仍然很高,而且按人口计算的平均收入远远低于欧洲或北美洲的水平。西蒙·库兹涅茨指出:"根据历史,随着人均收入显著增长而来的,并不总是出生率的明显下降……人均收入增加时,死亡率可能几十年内保持不变,或者像最近许多发展中国家人均收入几乎没有上升,而死亡率却急剧下降。"①

当死亡率经过相当短暂的连续下降之后,必然达到一个平稳时期,这时,进一步的大量减少是不大可能的。这就是说,如果收入增加将引起人口完全均衡的增长,那么,对收入增加反应积极的必定是人口生育率。如果死亡率不受任何影响,那么,人口生育率对收入的弹性必定是+33!举例来说,如果出生率是30‰,而且假设收入将出现1%的增加,并促使人口增长1%,则出生率必将上升到40‰左右,以完成抵偿。这将意味着出生率增长33%,以适应1%的人口增长率。更不用说,还无从证明任何地方的短期收入弹性接近这个高度。因此,关于人口陷阱的设想是不符合发展中国家实际情况的。

---

① 西蒙·库兹涅茨:《现代经济增长中的人口问题》,载《世界人口协会公报》,贝尔格莱德,1965年9月。

三、收入对发展中国家生育率的长期间接影响的证据

图16-2中的横截面数据表明,整个甚至超过发展中国家范围的收入和生育率之间有一种明显的、强烈的长期否定关系。这些资料描绘的为所谓"人口转变"。目前发达国家的历史说明,如图16-2所见的瑞典的情况那样,在出生率最初上升之后,同时出现的是死亡率和生育率下降,而收入增加,即我们所说的"经济发展"。而且我们手中有从那些最近开始经济发展过程的国家

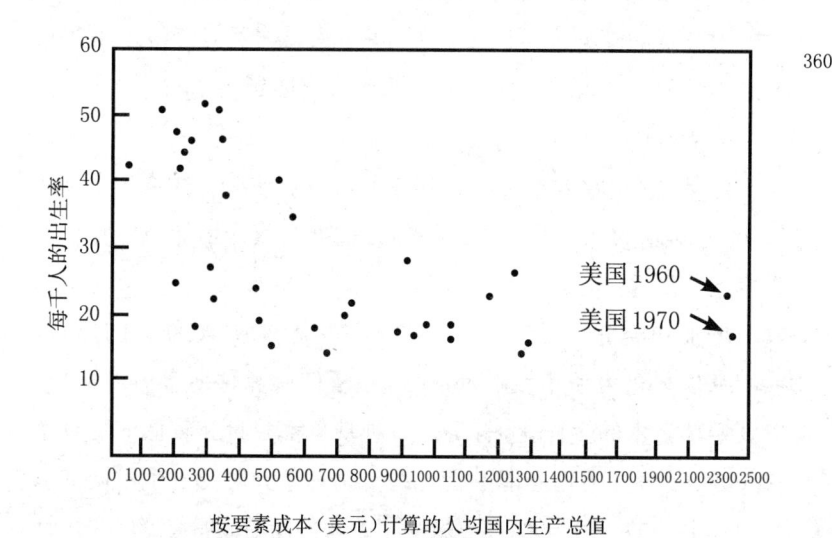

图16-2 1960年世界人均收入和总出生率

资料来源:D. J. 博格,《人口原理》,威利出版公司,1969年版,第85页。

得到的足够的人口统计资料证明,那些国家的生育率已经出现下降,或者不久可望下降。关于人们对家庭规模的愿望所做的说明是符合人口统计证明的。尽管发展中国家进入经济发展阶段是在高的生育率的价值体系中实现的,但是统计中的这些人口生育率都是下降的。这种价值体系不顾经济发展提供新的需要和机会而显然发生变化,虽然这种变化可能缓慢到足以使得生育率适应经济发展的速度比在没有这些新需要时更慢。

随着经济发展和收入增加而出现的生育率的长期下降,是生育率经济学方面最重要的事实,这一事实是对马尔萨斯设想的直接对抗(但并不反对他的希望!),并且同样违背了当代许多模型建立者的设想。而且这个事实连同本书第七章至第十二章中并在第十三章的模型中达到顶点的,关于人口增长对经济水平的长期影响的研究结果,使我们能够推断从长远看,人口增长并不像马尔萨斯所认为的那样抵消了经济的发展。

但是,究竟收入增加是怎样在经济发展中降低生育率的呢?事实上,难道收入真是产生结果的力量吗?收入增加与生育率下降之间的联系,远远不像人们所见完全凭经验的关系那么明显。收入增加和经济发展包含着这样一些变化在内,如教育的提高,人们从农村进入城市就业和居住,孩子健康和预期寿命的增长,以及避孕技术的多样化,等等。每种现象都独自和较低的生育率有关。但是,人们不能够把这些复杂现象分解为各个不同的部分,原因有二:(1)与收入增加互相关联的所有这些事物,在统计上是紧密联系在一起的,因而不可能根据统计分析了解它们各自的影响;(2)这些力量都是经济发展中相互作用的组成部分,都

第十六章 收入对发展中国家生育率的短期和长期影响 **529**

联系在一起,共同发生作用。因此,试图区别它们的影响,甚至是不明智的。

生育率和有些中间变量之间的关系,都不是直接与经济或收入有关的(例如,婴儿死亡率的下降可能减少生育,因为这时人们想生孩子的基本愿望可以少生几个也就满足了)。此外,避孕知识和有效性的增加,将提高人们实现他们所希望的家庭大小的能力。但其他的变量显然是同收入有关的,如果妇女为了要更多的孩子而愿意不工作,那么,提高妇女文化程度就能使既定工资增多,人们从农村迁往城市,则使成年人减少依靠孩子们所得的

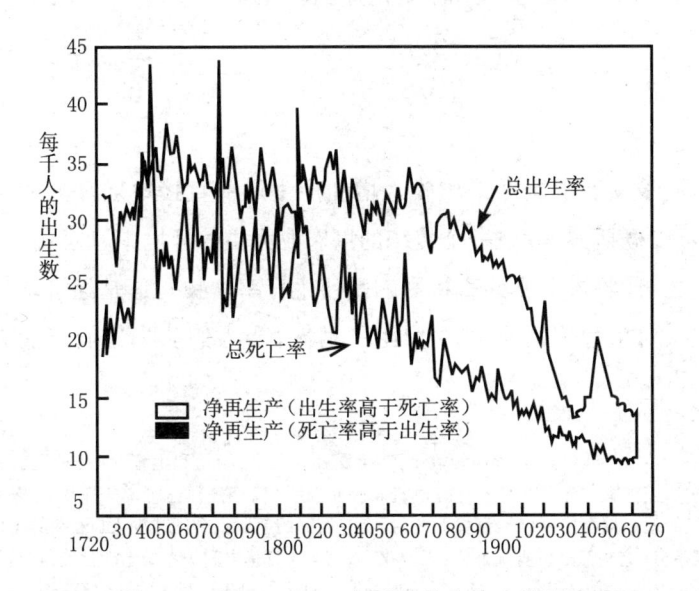

图16-3 1720—1962年瑞典总出生率和死亡率

资料来源:D. J. 博格,《人口原理》,威利出版公司,1969年纽约版,第69页。

收入[1]而使得孩子们支出的费用增多,一些研究已经就人们所感觉到的经济负担对生育率的消极影响,及经济受益对生育率的积极影响加以说明[2]。同时,由于教育标准的提高,整个经济发展的进程提高了许多父母希望用于孩子教育方面的费用。最好的说明似乎是:收入确实是使生育率长期下降的原因。但它是通过其他各种因素如教育的提高、死亡率的下降、健康条件的改善等因素而起作用的。我在1974年的专著中详尽地讨论过这些因素。但是,传统的说法是,我们叫作经济发展的各种力量的总关系(收入增加既是经济发展的指标,又是经济发展的推进力),正是造成生育率随经济发展而长期下降的原因[3]。

四、小结

关于发展中国家平均收入增加产生局部直接短期影响的论据,可以概括如下:在一个传统的以农业为主的环境中,收入长期增加之初,收入上升的直接影响是使生育率增长。这是经济理论中收入对生育率的影响的"典型"情况,当人们认为他们有能力

---

[1] J.D.卡萨达(Kasarda)在1971年发表的《经济结构和生育率:一种比较研究》一文中对各种类型国家进行的横截面研究表明(像经济理论所说的那样):孩子有较好的就业机会使人口生育率上升;妇女有较好的就业机会则减少人口生育率(此外,他指出:这些都是说明城市化、工业化、教育与生育率之间关系的干涉性变量)。

[2] R.安克(Anker):《印度吉贾拉特村家庭人口再生产行为的社会经济决定因素》。密歇根大学出版社,1973年版,第172、193页。

[3] 参见 F.W.奥奇斯利(Oechsli)和 D.柯克:《拉丁美洲和加勒比海地区的现代化和人口转变》。

第十六章 收入对发展中国家生育率的短期和长期影响

抚养更多的孩子时,这种爱好在短期内将继续维持不变。在当代的发展中国家中,可以预料到这种影响,正如人们几个世纪以来在西欧所见到的,而且被18世纪斯堪的纳维亚各国的周期性的收成波动所证实的那样。

横截面证据似乎是符合这个论点的:在农业部门受到现代化的很大影响之前,较富裕的和较贫穷的农民的教育和前程也许是完全一样的。因此,我们可以把家庭规模和收入或财富(通常是以农场规模衡量的)之间的关系,解释为表现收入的局部直接影响。欧洲和亚洲的这种横截面大都说明较富裕的农民有较多孩子。然而,有些证据表明,这种从经验得来的关系,至少有一部分原因是有较多孩子的压力,促使农民去获得更多的土地耕种,但人们不了解后一因素的重要性。

按照发展中国家的政策观点,这种短期影响本身不见得重要,除非如果从外部引起极大的这类转移支付,也就是即将讨论到的所谓"刺激性开支"。因此,我们应当大体上把上面的讨论看成是我们一般地认识生育行为的一次练习,也或许是反对为陷阱影响而担心的一个论据。

马尔萨斯认为,当收入因某种原因而增加的时候,生育率相应地上升,足以抵消收入所得。但是,所有的证据表明,收入增加直接引起的生育率的可能增长,至多只需要很小的一部分以抵消发展中国家收入的增加。同时,发展中国家经济发展和收入增加的长期影响,是将很高的人口生育率降到发达国家人口生育率的低水平。这种长期影响,连同第七至第十二章中所说的人口增长对经济发展的影响,以及后来第十三章中的那个模型,说明马尔萨斯是错误的：人口并非按照生活资料的增长而增长，以致妨碍经济的增长。

总之，我们可以认为，发展中国家收入增加的影响是：(1)非线性的，对于最穷的国家来说，人口随着最初的收入增加而上升，并随着收入的再增加而下降；(2)短期内增长，但从长远看是下降的。

第十七章　作为改变生育率机制的奖励和收入再分配

一、引言

前三章叙述的是收入与生育率之间的绝对关系。本章将介绍生育率变化的有条件的经济学,即奖金对促使人们改变生育计划的作用,也就是根据国家对多生或少生孩子的需要改变生育率的效果,以及收入再分配也可能有改变生育率的效果。

本章断定,用大量金钱刺激会有重大效果,但花钱必将大大超过至今任何一个社会所认为合理的数目。本章还断定,发展中国家为其他目的进行的收入再分配能降低生育率,但是一般的收入再分配未必成为用来影响生育率的政策措施。受教育机会的再分配则可能是有效的,不过这种效果在一二十年内还可能看不出来。

本章将先阐述收入再分配,然后再谈奖励问题。

二、收入再分配对发展中国家生育率的影响

近来,一些作家,例如 J.E. 科克尔、W. 里奇[①],已经提出,假若其他条件都相同的话,在收入分配比较平等的地方生育率就比较低[②]。他们的意思是,发展中国家为了减少生育,应该考虑收入再分配(除了它可能有诸如此类的其他作用以外)。他们的讨论和这一节的大部分内容集中在发展中国家,不过有些方面也适用于发达国家。

某种收入分配是否是影响生育率的可行政策措施,在考虑这个问题之前,让我们先研究一下收入分配与生育率的关系方面的理论和实际。

理论

这种理论是简单的,收入分配可能以两种方式影响生育率。

可能存在一种相对的收入作用,那就是,一个家庭的生育率除了是其本身收入的函数之外,还可能是其邻近人们收入的函数。D. 弗里德曼[③]为这一相对效应对一个发达国家的作用提出

[①] W. 里奇:《通过社会和经济进步而建立的更小的家庭》,1973年版;J.E. 科克尔:《农业发展、平衡和生育下降:对证据的评论》,1972年版。

[②] 美国国务院的吉姆·B. 马歇尔(Jim B. Marshall)也想研究收入分配对生育率的影响,他委托我对这个问题做一次可行性研究。这一节大部分内容都是引自那个研究报告。

[③] 参见 D. 弗里德曼:《经济地位与生育的关系》,载《美国经济评论》第53期,1963年。

第十七章 作为改变生育率机制的奖励和收入再分配

了一些论据。但是没有发展中国家的资料,而发展中国家的收入分配问题对生育率更有关系。应该注意到,如果存在这种相对收入效应的话,那是指<u>某些</u>职业或<u>某些</u>范围内的收入分配,而不是指整个国家的收入分配。事实上,弗里德曼的数据指的是某些职业内的分配。

收入再分配还会改变受其影响的人们的<u>绝对</u>收入。因而,收入再分配可以通过收入对生育率的绝对关系影响生育率。我看,这种绝对影响大概比相对收入影响更重要。

关于收入分配与生育率的关系的证据

在事实方面,J. E. 科克尔和 W. 里奇已提出了真人真事的比较,显然表明较低的收入与较低的生育率有关。

> 中国台湾地区,平均每人收入大约 246 美元,与菲律宾每人收入 235 美元相近。然而,它们在收入的分配上有相当大的差异。在菲律宾,收入最高的 10% 的人明显地比中国台湾地区的同类人富裕,而收入最低的 20% 的人则比中国台湾地区的同类人富裕二倍多。此外还有证明中国台湾地区的收入分配已经有了明显地长期改进。而菲律宾的收入分配则越来越集中在最富裕的 20% 的人手里。这两种情况有助于解释为什么中国台湾地区比菲律宾有大得多的人口数量,看来已经达到了有助于减少生育率的社会经济水平。也可以把巴巴多斯岛、阿根廷、韩国、新加坡、乌拉圭、古巴、哥斯达黎加作为一方,而把委内瑞拉、墨西哥、巴西和其他许多拉丁美洲国家作

为另一方,做类似于中国台湾地区和菲律宾之间的比较。①

W. 里奇还算得这样的结果,即发展中国家生育率与最贫穷的 60% 人的平均收入之间的相互关系($R^2 = 64$),要比生育率与整个人口平均收入的关系($R^2 = -46$)更加稳固。

而我们要了解的正是这样一个问题,即如果一个国家的收入分配不同,则其生育率会有什么不同。为此,我们已把里奇所用过的同样数据作用于下列统计程序②。

1. 如图 17-1 所示将每个国家画在曲线图上,从而表明收入最低的 60% 人的平均收入与整个国家平均收入的函数关系。这里,是把与整个平均收入对比的收入最低的 60% 人的平均收入用作收入分配的代表。结果是在图中横坐标的每个总平均收入的水平上,纵坐标上最高的国家,收入分配范围最窄。

2. 通过图 17-1 中最高点的坐标画一条"曲线",这条包络曲线将收入分配最窄的那些国家连接起来。先确定在这条包络曲线上的国家的生育率,然后再弄清其他在收入分配和包络线上的那些国家的总平均收入水平相同时的生育率。

3. 把图 17-1 中包络曲线上各国的粗出生率与其平均收入之间的函数关系画成图 17-2。

4. 通过图 17-2 中的坐标点得出一条凭视力画出的一条最小二乘法线,从而算出收入分配范围最窄的国家的生育率同人均收

---

① W. 里奇:《通过社会和经济进步而建立的更小的家庭》,1973 年版,第 24 页。
② 感谢 W. 里奇为我提供了这些可用的数据。

图17-1 收入分配与收入的关系

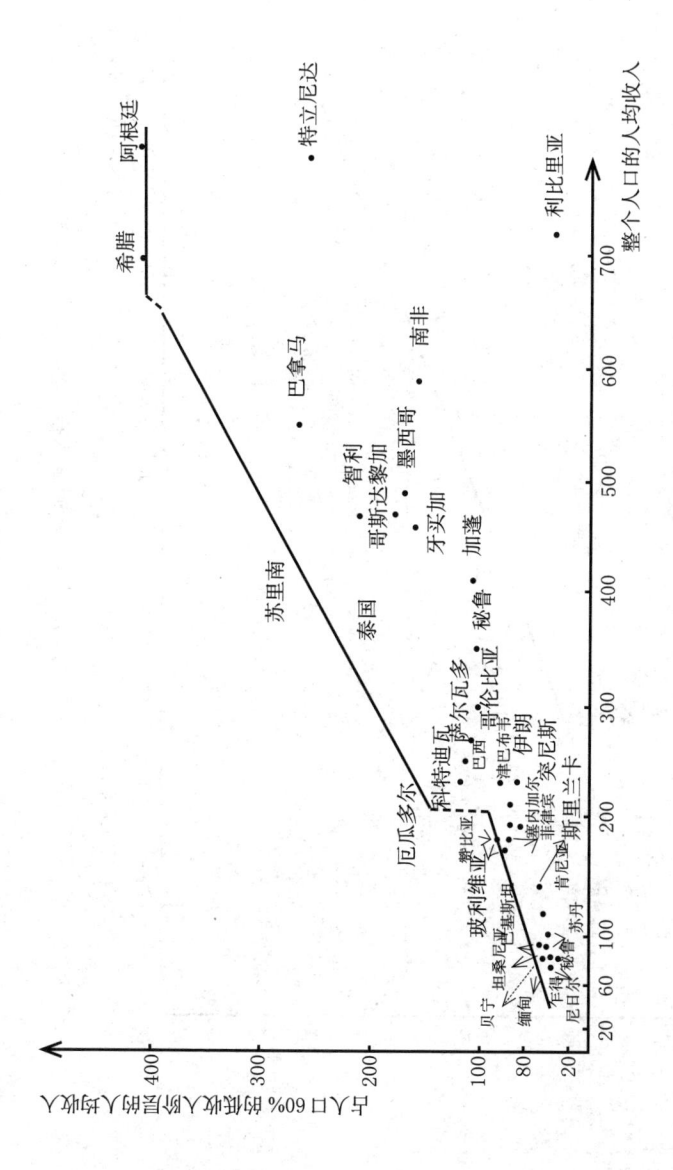

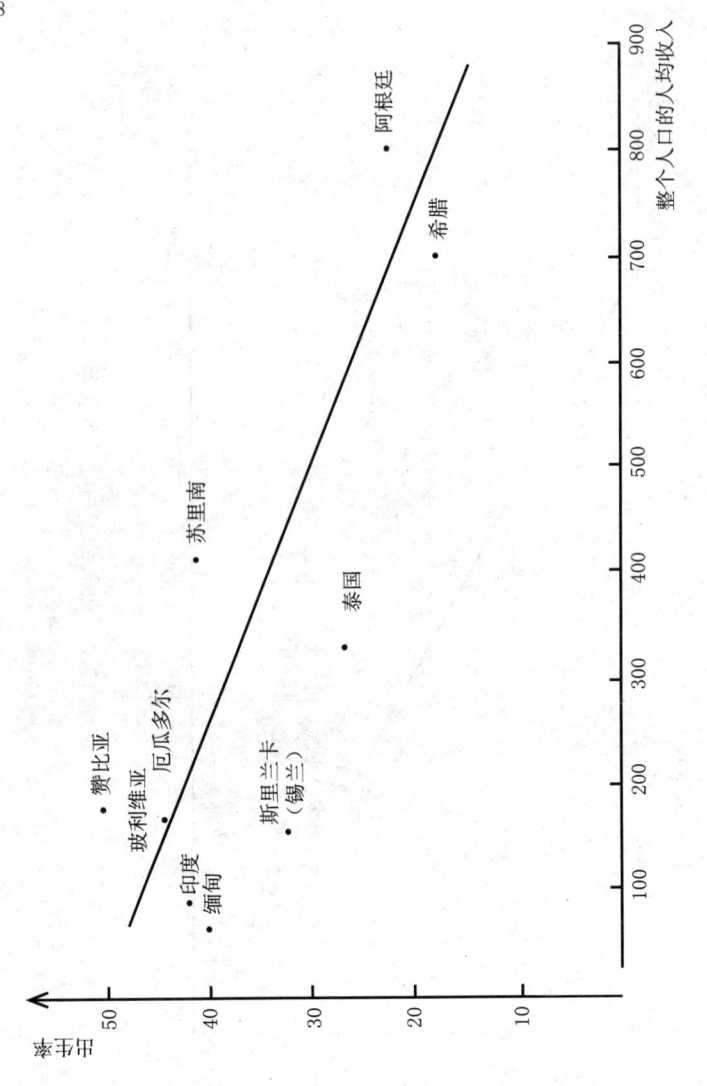

图 17-2 收入分配范围窄的国家按平均收入的出生率

第十七章 作为改变生育率机制的奖励和收入再分配

入的函数关系。

5.如图17-3所示,在图17-2的复制品上画出所有国家。现在我们就能把不在收入分配包络曲线上的国家与在包络曲线上的国家的生育率加以比较。该图表明,不在包络曲线上的国家的生育率一般比包络曲线上表示的生育率高。根据不在包络曲线上的各国之间的垂直距离和包络曲线本身估算,如果它们的收入分配像包络曲线指出的那样,它们的生育率会低多少。

图17-3清楚地表明范围较窄的收入分配与较低生育率有关,而且这种生育率的作用不是微不足道的。

研究这个问题的另一种方法是 R. 雷佩托1974年提出的,他的工作比里奇更为精细,并且是用更好的更完整的数据来进行的。R. 雷佩托的方法是,分别根据人均收入、人均报纸和按基尼（Gini）系数测得的收入分配,回归一种类似总生育率的计量方法,即总的再生比率。二次测量出生率相对于收入分配的弹性各为0.39和0.47。由于这两个数值是因果关系,所以表明:当收入分配有10%的变化时,则分别引起生育率3.9%和4.7%的变化。R. 雷佩托既考虑了收入分配对生育率的作用,也注意到生育率对收入分配的影响,用联立方程的估算方法所得出的弹性似乎比刚才引证的数据还高,这是重要的并引人注意的结果。这就使我们更加相信收入分配对生育率的估计影响确实是因果关系。另一方面,10%的收入分配变动（一个大的变动）其绝对作用对一个国家的生育率来说并不大,即总再生比率仅减少0.21。

因此这个资料说明总收入再分配可能降低发展中国家的生

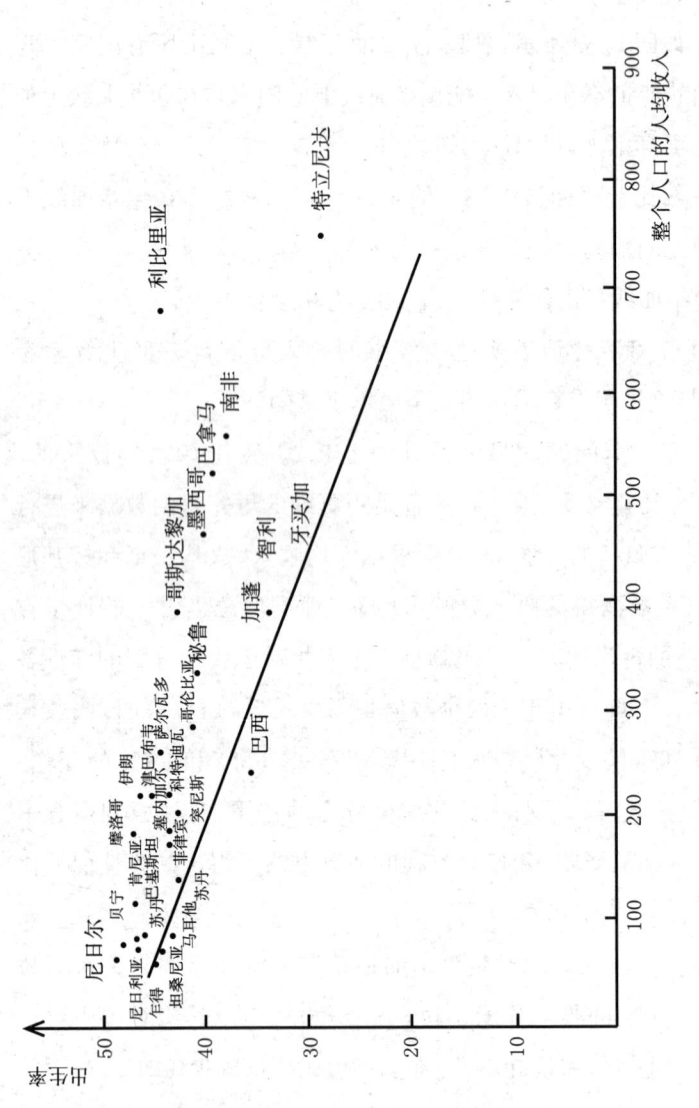

图 17-3 按平均收入的出生率，表示收入分配的作用

育率。然而,这并不等于说一个国家为了降低生育率而进行总收入的再分配,其原因至少有两个:首先,再分配可以出于社会公道,经济实力集团的缩减,农业生产率的增加,一般经济的和社会的鼓舞,储蓄金的增加或其他原因。但一个国家为了降低生育率而再分配是不大可能的。

其次更重要的是"收入再分配"并不是政府可以承担的具体的政策。更确切地说一个政府可以用土地改革,受教育机会的再分配、更改贸易条件或其他即将讨论的各项政策,来改变收入的分配。可以按同一方向变动总体分配的不同政策,很可能在短期或长期内对生育率有很不相同的影响。例如,一项土地再分配计划与增加货币所得税的级数,二者对生育率的影响就很不相同。因而,必须调查发展中国家能够承担的每一项尽可能具体的特定的再分配对生育率的影响,而不是研究总的收入再分配。

不仅根据科学观点这些特定的再分配方针比总收入再分配更鲜明并更有意义,而且它们能充分变化,在较短的时间里对生育率产生有意义的影响。那就是,一次土地再分配真能在10年内改变土地所有权的分配。但是整个国家的收入分配很可能要缓慢得多;一个重要原因就是受教育和学技术机会的分配不可能迅速改变,并且这些分配影响收入分配极大。

讨论收入分配的特殊方面的另一个原因,是政策制定者实际上是在更特定的水平上为收入再分配讨论方针政策,而不是停留在总的方面。

这里是一些在讨论中需要考虑的必须用于每种收入再分配

方针中的问题:

1. 每个预先收入阶级必须分别有他的生育率的估计的反响。而且必须确定各收入阶级的大小,然后方能估量该政策对总生育率影响。

2. 在教育和爱好方面有可能改变之前,评价收入变化在短期内对生育率的影响时,必须撇开那些由于背景因素的变化而引起的长期影响。

3. 收入再分配通过家庭预算,直接对生育率或间接地通过诸如教育这样的中间变量产生的纯经济影响,必须与像民族跃进意识或可能伴随再分配政策的社会流动性的增加这样一类非经济变量分开进行考虑。如果以经验为依据在总体上进行研究的话,可以不需要做这种区分,那么,人们就不管是哪一个中间变量导致内在变化的。但如果该资料是按一个较低的总水平用更多的分析方法得到的话,那就的确必须考虑这类问题。

一些再分配政策对生育率的影响

现在我们来考虑国家为了影响生育率,可以部分采取的一些特定的收入再分配机制。

土地改革

在一次土地改革再分配中,土地较少的人或是没有土地的人拥有的土地(和由此得到的财产和收入)都增加了,而较大的地主则失去了土地和财产。历史上能找到一些这样的例子,譬如19世纪的欧洲,20世纪的印度、墨西哥、哥伦比亚、1963年伊朗的白种人革命和1952年埃及的土地改革等。这些改革前后的生育率调查,大体上都可说明它们对生育率的影响。

目前,大概还没有一种可行的方式能有把握地把历史上的土地改革与生育率联系起来。然而,我们可以通过分析来努力估计这种土地改革的影响。也许我们可以忽略对失去土地的人的影响。失去土地的总是少数富人。例如,在埃及,1952年被没收的土地占10%,其中有三分之一以上是属于"国王和皇族的其他成员"的[①]。土地所有者能保留300英亩地(每两个子女各给50英亩),这依然是一个大农场,因为这个国家70%的人只有1英亩或更少的土地,有22%的人有1—5英亩地,只有0.1%的人(2,100人)有200英亩或更多的土地[②]。此外,被没收土地的地主还得到公债券补偿他们的土地损失。由于埃及的改革是典型的(就这个意义来说大概是典型的),所以对那些再分配中受损失的人不会有重大的总生育率影响。

再分配中的得利者可能是无地家庭或占地最少的人们。我们假设农村地区在很大程度上以过去同样的方式继续下去,现代化方面的变化速度也很缓慢。这对印度似乎是个好的假设(虽然中国或许不是这样)。根据这个假定,收入再分配的影响只是按不同的农户规模和生育率类型,有一些家庭人数上的变化,而每个类型中的人们就是当时调查中观察到的同一种人。而这些调

---

① D. 沃林纳(Warriner):《中东的土地改革和发展》,1957年版,第24、34页。

② 同上。

查的要点是土地越多的家庭,孩子也越多(见第十六章)。

这些事实得出的结论是,土地再分配政策对贫穷的发展中国家最初的影响很可能是在短期内引起生育率的增加,因为增加土地的农民比减少土地的人多得多[1]。

当然,从长期看则是另一回事了。由于收入的增加普遍引起受教育机会、迁移率、都市化和现代化进程的增长。以致土地改革的长期影响是因小土地拥有者增加收入而减少他们的生育率(见第十六章)。但因出现这种情况,所以土地改革必定真正导致经济发展。因此,土地改革远远不是用以减少生育率的一种可靠的、快速见效的政策手段。

受教育机会的再分配

在过去20年中,这种再分配已经显然出现在亚洲、非洲的许多地区。然而,对受教育机会再分配的作用还没有直接的论据可以引用,因此我们必须根据现有的教育差别做出推理。

发展中国家中父母受教育机会增加,则生育率下降。根据多国抽样和国内剖析,都说明这是事实。其实在已经观察到的范围内,教育与生育率之间的关系比生育率对任何其他单一变量的关

---

[1] 当然,这个推理是假定不包含相对财富的作用(即:假定起作用的因素不在于一个人的相对财富,而在于他的绝对财富)。如果这种相对财富作用在事实上是收入引起的生育率差异的主要决定因素的话,那么,不能期待土地再分配会影响总的生育率。但是观察到的事实是在发展中国家增加收入有助于在总的方面提高生育率,就使我怀疑这里的相对收入是不是那样一个强有力的因素,因此,我认为紧接着土改的,大概是生育率的增加。

系更稳固也更协调①(参见 J. L. 西蒙:《收入对生育率的影响》,1974年版,第四章)。

然而,更切合再分配的是:受教育年限的增加,在教育水平低的时候比教育水平高的时候对生育率更有(否定)作用。(例如:Y. 本-波拉思1973年发表的《以色列生育率的经济学分析:单一和对照》一文所做的分析)这意味着教育均等的方向转变将降低总生育率,而且这种影响的量级大概不小。②

医药卫生的再分配

发展中国家的医疗单位都集中在城市(发达国家也一样),并且不均衡地为有钱人服务。政府可以对得到医药卫生的机会进行再分配。其直接效果是减少婴儿死亡率、延长寿命并增加总人口,因为加强医药卫生的收益,必然是保健护理量的递减函数。

---

① 教育和生育率之间的因果关系,其性质更加复杂。妇女就业机会成本的影响是清楚的,但是,除了避孕教育之外,没有明显的直接原因可以说明为什么父亲的文化程度提高就能降低家庭的生育率。这也许因为教育是通过子女影响父母生育率的。如果教育设施是现成的能得到,则父母可能愿意把他们的购买力(及子女劳动的损失)用于为较少的孩子受到更多的教育。这对父母可能是一个有益的经济抉择。正如考德威尔(Caldwell)1965年在加纳发现的那样。同时,对哥伦比亚和中国台湾地区,T.P. 舒尔茨发现"入学率与生育率的关系是很强的反比关系"。(载《政治经济学杂志》第77期(1969年)发表的《对出生率随时间和空间而变化的解释》一文)

② 应该注意的是有些国家已经选定有目的地推行不均等教育的政策。例如坦桑尼亚政府的决定不是扩大一年级的班级数,而是尽快增加五年级至七年级的班级数量,以便使上了小学的每个孩子能受到完整的七年教育。涅里(Nyere)支持这个主张,并强调说:"我们已经做了这个决定,因为我们相信应该把钱用来供给一个孩子受七年教育,使他(或她)成为一个对社会有用的人,而不是把同样数量的钱和必需品分给两个孩子,以致谁也不可能得到任何永久的利益。"(F.H. 哈比森1973年第58和59页,引自坦桑尼亚联邦共和国,经济和社会发展的第二个五年计划第1卷。达累斯萨拉姆政府印刷厂,1969年版,第12页)

因此医药卫生方面的更平等的分配,有助于提高人口的健康素质。根据 J. 诺德尔1968年发表的《三个巴伐利亚村庄的婴儿死亡率和生育率:自19世纪以来家庭史的分析》一文,T.P. 舒尔茨和 J. 戴范佐1970年发表的《东巴基斯坦变化分析:普查资料回顾研究》一文的分析来判断,看来医药卫生再分配是会影响生育率下降的。

就业机会的再分配

正如印度已经做的有利于"贫民"的决定那样,一个政府可以试图牺牲一些富人的利益,使最贫苦的人增加就业机会。但是,发展中国家可以进行再分配的就业数量未必能大到足以对总生育率产生较大的影响。

在货币收入的城市人口中通过改变税收的货币收入再分配

发达国家改变收入分配的传统方法是对富人的收入比对穷人按更高的比例征税。可是现在发达国家的家庭规模的分散度太小,以致看不出收入再分配对总生育率有任何影响。

就发展中国家而言,根据土改中引用的论据,可以推断生育率在开始时有所增加,但当增加的收入导致现代化时(假设如此),则可望生育率在收入再分配以前就已降低。G. 缪尔达尔指出,税收再分配并未行之有效,甚至并未试图生效。这很可能是因为多数贫穷的发展中国家对有效的累进所得税缺乏先决条件[1],许多产品还没有货币定价,许多机构不能实行收税和防止贪

---

[1] 参见 G. 缪尔达尔:《亚洲的戏剧》,1968年版。

污腐化，而且社会意愿还不适应沉重的所得税。

看来目前还没有可行办法用以凭经验估计这种税收再分配对发展中国家生育率的影响。

改变工农业贸易条件，进行各经济部门间消费量的再分配

这种政策在20世纪20年代苏联已经采用过。尽管当时的贸易条件是否真受影响还成问题。假设政府的份额不变，则这种再分配倾向（或背离）农业的作用是使农民的实际收入减少（或增加）。然而，同等的变化对城市居民的影响似乎比对农村家庭的影响小，因为城市地区的家庭已经受到较多的现代化的影响，而且它的生育率已经比农村的家庭低。[①] 由此可见，如果再分配影响工农两类收入相同的同样人数，则农村生育率的变化就会大于城市，即在短期内，农村收入提高的结果是生育率的提高数大于城市生育率的下降数。[②] 但是，从长远看，可以指望农村生育率的下降数大于城市在消费再分配后可能出现的生育率上升数。

国家投资的再分配

政府可以用它的投资预算影响收入分配。例如：政府可以决定在国家西部而不是在东部，投资于基本建设或工业，这就使西部的收入大于东部，而且如果西部的收入原来比较低，则收入分配因此相等；政府可以使预算倾向（或背离）劳动强度大的工

---

① 参见西蒙·库兹涅茨：《城乡生育率的差异：一种国家间的比较》，1974年版。
② 参见 W.C. 罗宾森：《城市化和生育率：非西方经验》，1963年版。

业和业务，或投资面向（或背向）雇用较多妇女的工业和职业，等等。

所有这些国家投资的再分配，其主要作用都与前面讨论过的再分配一样。

谁的生育率会有变动？

讨论到这里，我们还没把多生的孩子进行区分。但是任何影响生育率的政策都必须考虑到什么样的婴儿要生得多些或者少些。从经济计划的观点出发（虽然从伦理的观点是不那么容易的）这关系到是否要生出一个爱迪生、爱因斯坦或甘地或者增加的孩子是不是一个从不离开村子的人。这个问题虽然重要，但是或许在研究收入再分配方针时会考虑到。

小结

所有论证表明收入再分配对生育率可能有十分重大的影响，而降低生育率的影响总是通过受教育和都市化之类的因素增加收入的间接影响而发生的。这种间接影响至少要拖延到收入再分配的十年之后才出现。

使受教育机会趋于平等的再分配可能是降低生育率的最有效而且最有吸引力的方法（此外，它还可能相对地使收入分配也趋于平等）。土地改革可能导致在短期内增加总生育率。

三、有条件的收入转让——奖励津贴和税收[①]

引言

本节讨论一对夫妇如有特定数目的孩子,所能得到的金钱和其他支付。也就是,本节讨论的奖励是以有没有给定等额的孩子为条件的。这些转让就是收入再分配,但是,有条件的收入转让与无条件的收入再分配有完全不同的行为含义。无条件收入再分配所发生的转让与一对夫妇有几个孩子无关。非常清楚的是,给一个比方说,如果给没有第三个孩子的家庭支付奖金,更加可能比不取决于有否第三个孩子的同样大小的转让具有更有力地使生育率下降的作用。

由于发达国家和发展中国家关于生育奖励金的情况完全不同,因此,有必要分别进行讨论。

奖励可以用现金或者用实物。它既能提高也能降低生育率。不同的奖励方式有不同的效果,在一定情况下这些奖励是否经济

[①] E.波尔曼(Pohlman):1971年写的《生育计划的刺激和赔偿》一文中有关这个主题和它的背景的评论是有用的,其中特别是本书第六章有关印度的一些论据。R.吉利斯皮的《家庭计划规划中的经济刺激》一文也是有价值的。E.M.罗杰斯1971年发表的《对推广家庭计划奖励的观察》一文就奖励的过去和未来范围的研究做了评述。

更详细的理论探讨可参阅本书第二十章以及S.恩克1961年发表的《对奖励家庭限制人口的一些反应》等论文。

上有利,又符合社会要求,这既取决于生育率变化的作用,又决定于人们评价更多人类生命所依据的理性准则。然而,关于奖励的一个特殊问题是用什么标准来判断:如果极高的奖励仍然有利于平均收入的话,那么奖励可以高到什么程度是伦理上可取的。恩克1960年已经提出那个有意义的标准:认为奖金应该不超过那个水平,使得甚至没有减少生育并因而得不到奖金,而仅仅付税为奖金筹款的家庭也因奖励计划的间接好处而应得到足够的利益,以致在权衡这些间接的肯定作用和他给减少生育的家庭转移支付的直接代价之后,这个家庭不应比没有奖励计划时的情况更坏,而其他家庭则当然都应该更好了,这个问题尤其出现在抑制生育率的奖励计划方面。

出现的另一个伦理问题,是指一种奖励计划的影响而言的。这个问题尤其是出现在鼓励提高人口出生率的奖励计划方面。是不是接收奖金的父母们只顾自己拿钱而牺牲孩子的利益,因而导致孩子多于能够培养好的人数呢?这个问题可以受到支付形式的影响(即不用金钱支付,而是给儿童用品)。如果给父母牛奶和孩子的鞋,则孩子可望得到所给的全部利益。而发奖金除了用于孩子的牛奶,可能有一部分用于为父母买啤酒。

第十五章和十六章都说明发达国家和发展中国家短期内货币收入的增加,也都导致生育率的增加。因此,生育奖励必然对生育率有一定影响。某些家庭可能对孩子的多少并不在乎,因而唯一的问题是奖励计划会有多大的影响。奖励的影响将取决于其平均值的大小,还取决于奖励与特定收入阶层的收入相比的大小。

发达国家的生育奖金

过去,发达国家曾经利用奖励来提高生育率。其方法是支付儿童津贴,或为儿童减收所得税。然而,发达国家也可以用刺激办法来降低生育率,最可能抑制生育率的方法是收婴儿税或者规定第三、第四个孩子要付学费等。估计其效果的唯一可靠根据是对实际方案的研究。但实际上有用的数据并不存在,D. 柯克在《德国就业水平与出生率的关系》一文发现"纳粹"试验起了混淆视听的作用:"……纳粹在人口统计方面的主要成就必然是实行再就业政策的结果,而不是种族和民众的更惊人的呼吁,也不是对生孩子的特殊诱导"[①] W. 彼得逊在论述荷兰的经验时说:"这些支持生育的措施是否能保持荷兰的高生育率,这并不能由某一种方式来表示,首先因为对生育率的决定因素了解得还不全,其次因为在任何情况下要分散这些措施的影响大概都是不可能的,然而实际上并没有人怀疑它们的影响……"[②] 格拉斯回顾了法国和比利时第二次世界大战以前的经验,他发现这些资料还不足以证实结论,在一定程度上,"因为政府一贯试图廉价买进婴儿"[③]。A. 肖尔最近评论了第二次世界大战以后加拿大和法国实行的收入津贴的结果,在加拿大,由其他因素引起的变化是这样大,以致压倒1945年开始以来津贴付款所有的任何影响。这一点在图17-4中可以看到,它表明了美国和加拿大在出生率方面也有类似

---

① D. 柯克:《德国就业水平与出生率的关系》,载《人口分析》,1956年版。
② W. 彼得逊:《荷兰的家庭津贴费》,载《人口理论与政策》,1956年版。
③ D. V. 格拉斯:《第二次世界大战以来欧洲的生育率趋势》,载《生育率与家庭计划:世界一瞥》,1969年版,第371页。

的主要趋势。A. 肖尔还发现,对于法国1945年增加家庭津贴的影响如何还得不到可靠的结论。[①]

总之,对于不同国家以往实行家庭津贴和生育奖励计划的可

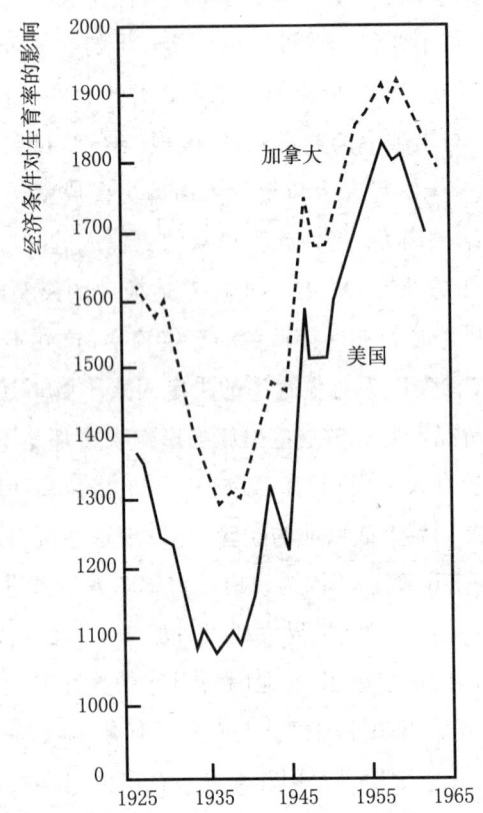

图17-4 1925年—1961年美国和加拿大的总人口再生率

资料来源:A. 肖尔,《收入维持和出生率》,载《社会人口学》,1965年,第443页。

[①] A. 肖尔:《收入维持和出生率》,载《社会人口学》。

能影响,还没有可靠依据足以对其做出定量估计。

据 J. 贝伦特1970年报道,近来东欧国家已经实际上采用儿童津贴方案。直到1974年这种支付一直在增加。例如根据1973年资料,保加利亚有第三个孩子的家庭就能得到三个月的工资。不久我们就能分析这种支付的作用。顺便提一下,值得注意的是虽然这些支付被称为"家庭津贴",然而在保加利亚和匈牙利宁可对第二、第三个孩子相对地多付款,而不是要提高孩子平均数,这表明所制定的社会政策是要让孩子少的家庭多生些,而不是提倡生得越多越好。

对于美国,R. 西蒙和我(1974年)已经通过假设问题的一次调查,研究过这些奖励的影响。提出的基本问题如下:(1)家庭是否计划要更多孩子;(2)关于别人行为的"侧面"询问;(3)鼓励要孩子,而不是鼓励不要孩子的奖励等方面的问题。

> 现在,让我们来谈谈你的家庭。你说你不想要更多的孩子。如果政府对第二个孩子以后的多个孩子,每月给你50美元,直到孩子满十八岁——那就是说,第二个孩子以后的每个孩子十八岁以前每年能收入600美元——是否认为你会要一个比现在更大的家庭呢?说得更清楚些,按照这个计划,如果你有三个孩子,政府每月将给你每个孩子50美元,如果你有四个孩子,政府每月将给你每个孩子100美元如此等等。如果政府真有这种计划,你是否认为你会要更多的孩子呢?

表17-1和图17-5(a—d)都说明金钱刺激在诱导人们特别

是穷人多生或少生孩子方面有重大的作用。看来金钱刺激对减少家庭的孩子人数比对增加家庭的孩子人数更为有效。而且人们说，他们的邻居会响应金钱鼓励，可能要比对他们自己的影响说得更多些。那就是侧面询问能比直接询问揭示更多的奖金，特别是奖金上升的反应，人们或许只是猜测究竟是直接询问的结果，还是侧面询问的结果更切合实际。

概括一下我们了解的关于奖金对发达国家提高生育率的可能影响，可以说我们的具体资料极少。发达国家试图通过儿童津贴来提高生育率的经验对这种计划的有效性几乎没有指导意义，因为这种支付比起其他的收入变化一直是相当小的，以致在缺乏控制试验计划的情况下，即使有影响也不可能被发现。有个调查表明美国人说，他们和他们的邻居为了响应较大的财政刺激，都会有一个更大或更小的不同大小的家庭。可是在某些国家实施人口控制试验之前，还继续需要有过硬的论据。而这种试验还将引起关于实施这种研究是否正当这样一个麻烦的伦理问题。但是可以想象，发达国家的奖励与收入相比，必将是很大量的，因为那里的奖励有产生重大影响的可能性。

发展中国家的生育奖金

目前，重要的是奖金对降低发展中国家生育率的短期影响，因为这种办法对发展中国家的人口规划可能起作用。原先注意到关于支持生育的奖励办法对发达国家的可能影响很少了解。我们对发展中国家采取抑制生育刺激办法的作用，则同样疑问更多，因为可用的论据更少。有些发展中国家已经开始用他们称作

表17-1 直接和间接询问的结果：将有更多或更少的孩子两种回答的百分数

每个孩子每月的支付数	直接询问形式				间接询问形式			
	Nat'l	Nat'l	Illinais	Nat'l	Nat'l	Illinais	Nat'l
	认为他们将有更多孩子的百分数				将有更多或更少的孩子的百分数			
25美元	7（10）	—	—	—	—	—	—	—
50美元	9（13）	14（18）	5（10）	—	26（36）	27（36）	15（33）	—
75美元	—	—	—	12（17）	—	—	—	32（43）
100美元	15（21）	18（24）	7（15）	—	34（47）	47（61）	28（60）	—
150美元	—	—	—	19（26）	53（34）	—	—	51（69）
200美元	—	22（29）	10（22）	—	—	57（76）	39（84）	—
300美元	—	—	—	26（36）	—	—	—	62（83）

续表

	认为他们将有更少孩子的百分数*						
25美元	33（39）	—	—	—	46（54）	—	—
50美元	43（51）	38（39）	35（49）	—	60（70）	45（53）	68（119）	—
75美元	—	—	—	33（43）	—	—	—	50（57）
100美元	53（61）	42（55）	41（59）	—	69（81）	66（78）	76（133）	—
150美元	—	—	—	50（57）	—	—	—	—
200美元	—	45（59）	44（61）	—	—	73（86）	79（139）	63（72）
300美元	—	—	—	53（61）	—	—	—	68（77）

说明：上面各栏中的数字将随具体奖金（或较少的奖金）改变他们生育行为的人的比例。括号内的数是做了肯定回答的人数。

表中四种抽样包括单个的伊利诺伊州和给不同奖励规定的国家抽样中的三个小组。

* 这是根据三个以上孩子的家庭的反应。

资料来源：R.J. 西蒙和 J.L. 西蒙，《金钱刺激对家庭规模的影响：一种假说问题研究》，载于《公众意见》季刊（冬），1974/1975年。

381

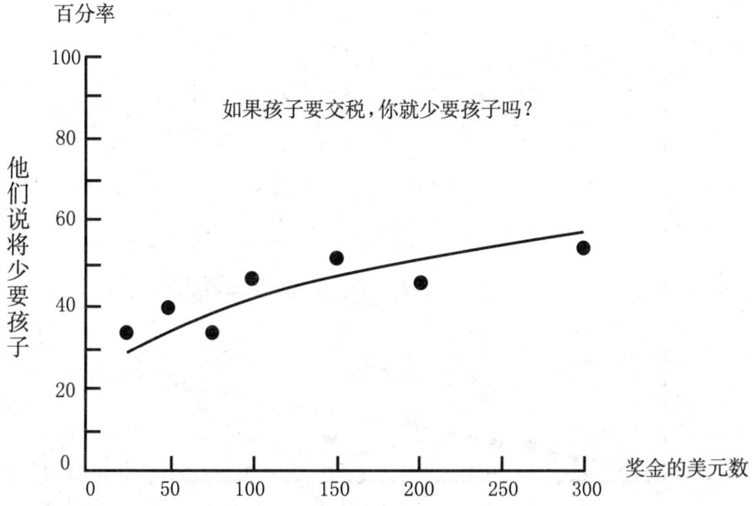
百分率
100
80
60
40
20
0
他们说将少要孩子
如果孩子要交税，你就少要孩子吗？
0
50
100
150
200
250
300
奖金的美元数

（a）

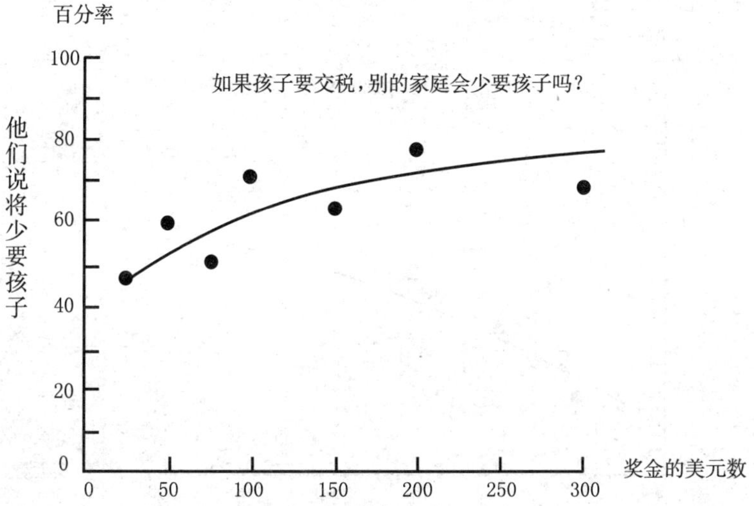
百分率
100
80
60
40
20
0
他们说将少要孩子
如果孩子要交税，别的家庭会少要孩子吗？
0
50
100
150
200
250
300
奖金的美元数

（b）

他们说将要更多孩子百分率

（c）如果给孩子津贴，你会有更多的孩子吗？

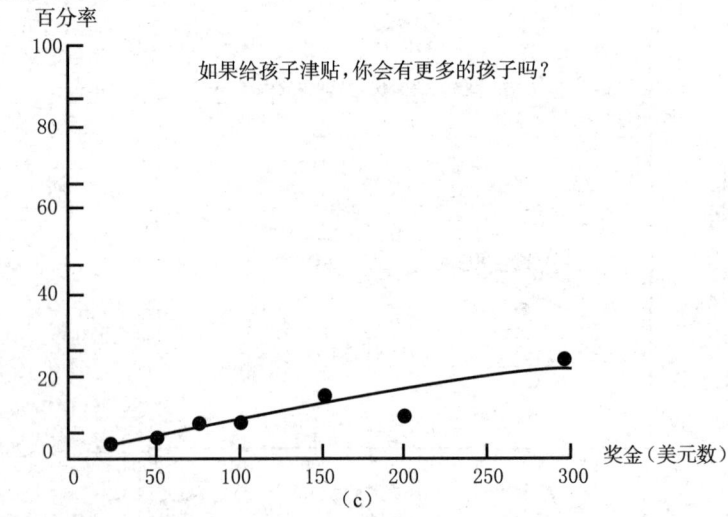

他们说将要更多孩子百分率

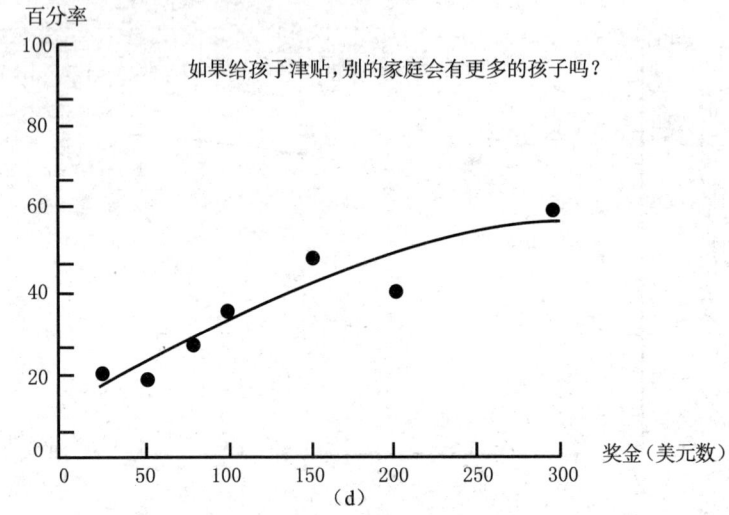

（d）如果给孩子津贴，别的家庭会有更多的孩子吗？

图 17-5　美国人对奖金的回答，多要或少要孩子的人数比例

资料来源：同表 17-1。

第十七章 作为改变生育率机制的奖励和收入再分配 **559**

"鼓励"的办法来推广绝育和避孕计划。不过多数情况是,侧重宣传和医药指导工作,而不是鼓励那些同意避孕者本人。

印度的事实证明,给同意节育者如工作中暂停时间的小额支付这类报酬就能提高绝育率(但是在一定情况下,政府和公众关心家庭计划的程度当然是鼓励计划有效和绝育率高的原因)。更给人以深刻印象的论据是1970年和1971年E.M.罗杰斯谈到的印度恩纳库拉姆县的几次输精管结扎运动。如图17-6所示,付给接受者86卢比和114卢比(11.45美元和15.20美元)。给鼓励者10卢比(1.33美元)的奖金,与前一时期给接受者21卢比(2.8

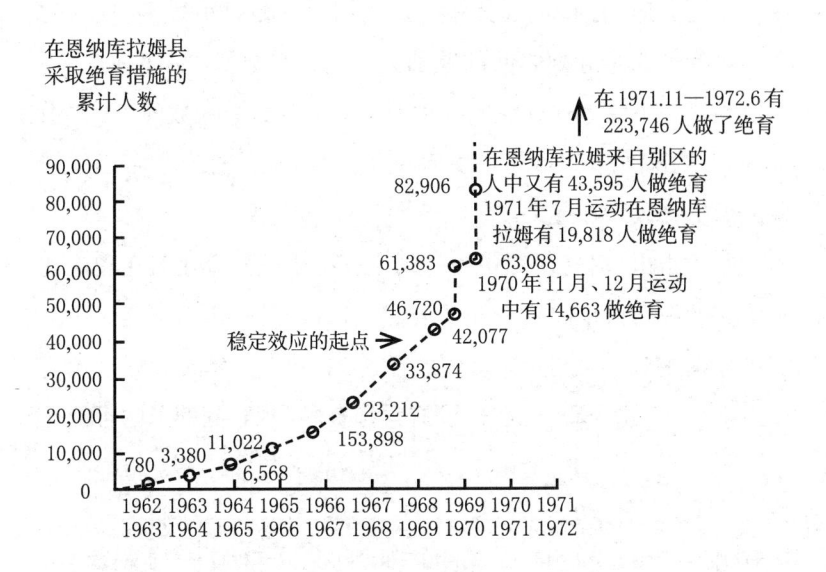

图17-6 在斯纳库拉姆的绝育情况

资料来源:E.M.罗杰斯,《家庭计划刺激的实地实验》,密歇根州立大学出版社,1972年版,并摘自《人口编年史》,1972年6月。

美元)、给鼓动者2卢比(0.27美元)的奖金相比较,做输精管结扎的人数有了大幅度的增加。毫无疑问,除了专门的鼓动和造舆论之外,增加奖金是主要原因。

1967年9月开始,印度有四个共有3,988个工人的塔特工厂都给予210—220卢比(约27美元)的奖金。在其他五个邻近的工厂中共有3,872个工人,其中有三个工厂给10—20卢比(1.25—2.5美元),有两个工厂给35—65卢比(4.37—6.85美元)。对于工资最低的塔特工人来说,210—220卢比的奖金比一个月的工资还多。图17—7似乎表明奖金有相当大的作用。可是在这个研究时期的末了,其相对影响则比开始时小得多,期末的高奖金和低奖金计划之间的差别只有工人总数的3%多一点,而且增长得并不快。这就说明这种奖金只能导致总人数的3%去做输精管结扎,对人口政策的关系并不太大,虽然这个数字必须转换成无生育数才有意义。①

必须指出,塔特研究中为计划生育提供的奖金比起在理论和政策文献中所讨论的奖金并不大,后者说的是每年而不是仅仅一次给家庭的试验奖金,其总数已经达到"高"奖金的数额。还应该指出,关于这个研究,我还没有详细资料,观察到的影响可能比

---

① 罗纳德·里德克在1974年发表的《对生育率下降的奖励和非奖励》一文已经热情地提供了来自三个方面的完全不同的结果,所以图17-7和17-8中介绍的数据是三个方面数据都在内。在一个方面奖励有很强的积极作用;在另一个方面它的作用微不足道;而第三个方面则有明显的反作用。这些结果不是原研究组调查来的,外人不可能得到这些原始材料。这些结果,加上其他一些事实,说明这种分析不够认真,因而或许完全无效。

第十七章 作为改变生育率机制的奖励和收入再分配 **561**

"实际"影响小得多或大得多。

如所预料,210—220卢比的奖励对贫穷工人影响最大。图17-8表明最穷的工人中有10.6%在高奖励下同意计划生育,与最低收入阶层的3.3%比较,这个差数是最穷工人总数的7.3%,这部分收入最低的工人也是平均孩子人数最多的,对于人口政策是重要的。

简单地说,在印度对夫妇的小量奖励(10—30卢比,约1.33—4.0美元)有一些影响,10—27美元则已有相当大的影响。对这个奖励数的反应总量也许还不足以大到对印度的出生率有重大影响,不过还在继续做适当的推算。这个支付数远远小于公认

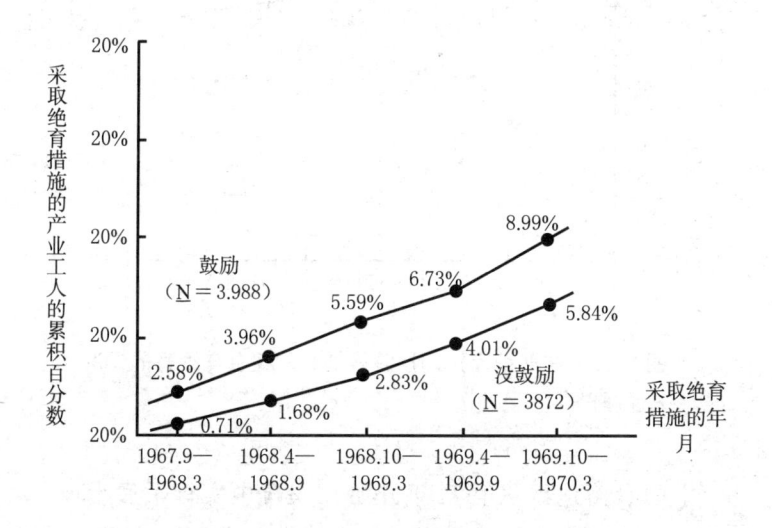

图17-7 在斯纳库拉姆的奖金下绝育情况

资料来源:E. M. 罗杰斯(Rogers),《对推广家庭计划奖励的观察》,载《家庭计划研究》第2期,1971年。

的避孕的好处。真正大量的奖励(譬如说对不生孩子的能育夫妇每年给25美元)究竟有无重大影响,还很难说,因此关于奖励对发展中国家的作用问题,除非在改变奖金标准的情况下进行一次认真掌握的试验①,是得不出结论性答案的。

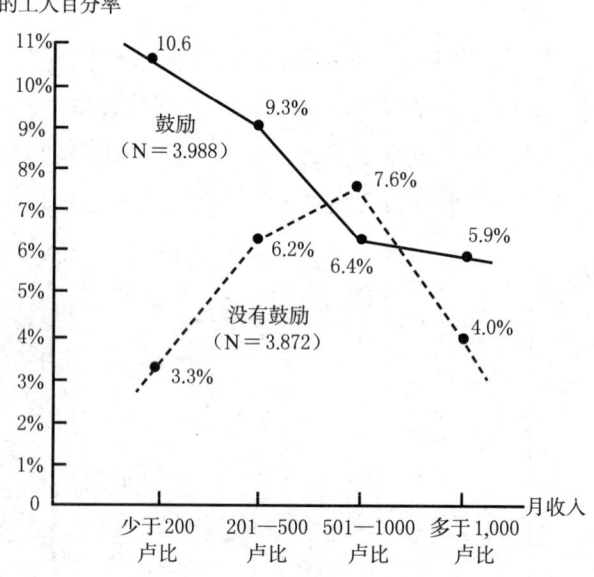

图17-8　在斯纳库拉姆按收入划分的奖金与绝育的情况

资料来源:同图17-7。

中国台湾地区从1971年开始在农村中实行婚后十四年不

---

① 印度茶园的试验提供了较好的数据,请参阅 V.I. 蔡克科:《印度家庭计划者挣得大农场的退休津贴》一文。但是,由于整个计划中公众卫生水平和死亡率下降,也能观察到生育率的下降。

超过二个孩子的夫妇给以总数达385美元的儿童教育证券,或者给十四年以后有三个孩子的夫妇总数达192美元的儿童教育证券。根据计划开始一年以后的资料,管理人员觉得这种办法已经影响生育率;但因缺乏科学管理,因而不可能做出定量估计[①]。

非货币鼓励

政府有关住房的政策可能是对生育率的一种重要的实物影响。居住空间的价格对于家庭尤其是公寓住户决定多要还是少要孩子确实有重要的作用。所以政府可以对比物价增减房租。从而推动生育率下降或上升。这种政策可以通过行政管理去完成,例如通过地价和房屋构造的税收(或津贴)左右买房借款的利率,以及在以公房为主的地方,改变公有住房价格,还可以按家庭人数决定家庭住房大小来影响生育率,等等。

住房影响生育率的重要性,是以哥伦比亚住房供给计划的经验为证据的。凡是得到公寓的家庭,后来的生育数都低于能由家庭自己扩大住房的家庭,虽然这些房子原来并不比公寓大。再有对以色列的一次调查证明,几乎有一半家庭都说:如果他们的公寓比现在的大,本来是有更多孩子的。

无意的刺激

至此我们谈到的都是明显的与孩子数量有关的政策。但是,

[①] L. M. 王(Wang)和 S. Y. 陈(Chen):《中国台湾地区教育储蓄计划第一年的估价》,载《家庭计划研究》第4期,1973年。

389 所有国家都有各种各样关于家庭大小并对孩子的多少起刺激作用的社会和经济政策。不过这些政策都不是有意的,也不是标明的。例如美国在所得税法令上规定,允许为每一个受赡养人少算750美元收入。这种规定对许多美国人来说可能不太重要,因为贫穷家庭的税率低,减税有限,富裕家庭,节省部分比较他们的总收入则微不足道,但是这种减税总是支持生育的。

更重要的是公共教育费用,其中大部分是免费的,因为所有父母不论有几个孩子都付同样的税。如果父母必须为他们的孩子支付受公共教育的全部费用,则这笔金额可以大到足以在很大程度上影响生育率下降。对穷国和富国所进行的许多调查已经表明,父母在决定他们要几个孩子的时候,教育费用是一个重要的考虑因素。法律规定更多的公共教育或者以其他方式补助教育费用,都能起到鼓励生育的作用。这对于希望减少人口增长的国家带来实际困难。教育对于经济发展是有重大关系的,但是通过降低家庭费用以增加受教育的机会,是会增加生育率的。我听说有些国家已经试图缓和这个问题,因而对三个或四个以内的孩子给教育津贴。但是这种政策引起更多的道德问题。总之似乎无法证明任何国家教育津贴的影响力量。

另一方面,要求孩子上学的立法,可以具有与童工立法相同的作用。并且往往是两者并行不悖。这种政策能给多子女父母降低经济价值。已经研究过的这类唯一的国家经验,是19世纪英国的经验研究的结果,对义务教育和童工法律是否有重大作用的问题,似乎还没有确定的结论(许多父母通过这项法律已经自愿送他们的孩子上学了)。

第十七章 作为改变生育率机制的奖励和收入再分配

遗产继承法可以在无意中影响生育率。这个思想马尔萨斯时期就有了,他把法国和英国的不同出生率归因了他们有不同的遗产继承法律。而当前公平的概念使人想到即使认为遗产继承是重要的,也没有哪个国家会选择用改变不平等的遗产继承体系来作为减少生育率的途径。因此,本文可以基本上不谈。

社会保险法律减少老年人靠孩子供养的依赖关系,并由此降低孩子的经济价值,因而对生育率具有无意中的影响。然而多数发达国家的父母很少依靠孩子供养(第二次世界大战以后,在这方面,连日本都发生了鲜明的变化)。而多数发展中国家,则因限于财政力量而没有一个重要的社会保险计划,因此保险立法的决定不大可能对生育率有很大影响。

四、结论

收入再分配能大大影响生育率。限制条件是:(1)减少生育的作用或许只能在十年或更长时期以后才能出现;(2)政府不可能仅仅为减少生育而进行再分配。但与其他对决定生育率起根本作用"结构上的"社会经济变化比较起来,它的时间跨度并不长。于是即使政府不单独为减少生育进行再分配,但再分配大大影响生育率的这种外在因素,会使再分配更有可能。此外,再分配政策的某些特殊种类可能比其他种类更有效。例如,增加穷人受教育的机会,这种再分配可望通过教育途径直接降低生育率,并可通过教育加速经济发展而间接地降低生育率。

谈到发达国家用奖金提高生育率的可能影响时,发达国家试图通过实施孩子津贴计划来提高生育率的经验,对于这种计划的有效性几乎没有指导意义。这种支付比起其他收入的变化一直是够小的,以致在缺乏控制试验计划的情况下,难以发现这些可能的影响。调查研究表明,对美国人来说,他们和他们的邻居将随着大笔的奖金而决定有一个更大或更小的家庭。可是在一些国家实施人口控制试验之前,还会继续缺少过硬的论据,而这种研究又会引起麻烦的伦理问题。但是,可以设想,奖金的数额比起收入来总该是相当大的,因为产生重大影响的可能还是有的。

关于发展中国家的论据更加贫乏。在某些地区、某些生活条件使他们适于选择低生育率的人们中间,奖励计划可能有较大的作用(见第二十二章的条件分类,并可在该范围内期望对生育率控制运动产生各种不同的反应)。但因缺乏不同条件下所做严格控制的试验,而使我们仍然不知道这些奖励办法究竟起多大作用。

第三篇　关于人口增长的经济决策

引　言

本书的前两篇是"实证"经济学。就是说，它们试图在特定的背景条件和自变量（第一篇及第二篇分别为生育率及经济条件）的既定值之下，说明各种关系并就因变量（第一篇中的生育率和第二篇中的经济条件）的预期水平做出有条件的表述。

第三篇转入"规范"经济学。它讨论在某些假定之下，决定最佳人口政策的方法。第十八章分析不同条件下新增孩子的经济价值是正还是负。结论是：关于新增孩子的福利判断极大地取决于人们所采用的经济模型与价值判断的假定。因此，要科学地做出有关人口增长的一般的福利判断，是不可能的。

第十九章讨论在人口经济学的规范性研究中最常见用的福利标准，即人均收入标准。这个标准的应用范围是有限的，如超出此范围，它就不符合大多数人的基本价值观念（不是人们对人口增长表露的情感，就是社会对人口增长的优选行为）。因此，人均收入标准是有严重缺陷的。

第二十章是在假定人均收入是适当的标准之下,探索一个发展中国家如何正确地评定多生或少生一个孩子的经济价值。其目的在于估量发展中国家采用各种节制生育运动或奖励计划可能产生降低出生率的效益。这一章表明,为何通常应用的局部分析法是错误的,并且提出一种一般的宏观经济分析法。宏观经济分析法估计出的少生一个孩子的价值要比局部分析法的估计高一些。

第二十一章介绍一种成本-收益分析的结构,将前面两章的研究成果同发展中国家推行节育运动的成本资料综合起来。这一章最后得出国家在节制生育政策上做出商业式决策的体系(当然,前提是那个国家的有关人员一致认为:经济发展是相应的目标;人均收入是它的衡量标准)。

第二十二章是节制生育的市场营销经济学,提出一个市场分区计划,帮助做出节制生育"销售"运动的决策,并讨论如何去执行这样的计划。

最后,第二十三章是本书各章的提要,陈述各节的要点。此外,还把第三篇与第一、二篇的材料结合起来,形成对人口增长的总的评价。这一章受到作者的价值观和偏好的影响,但是,正如第十八章所论证的,任何有关人口增长的评价和判断必然会受到做出判断的人的信念和价值观的影响。第二十四章提供一些推论。附录是对一些流行的反对本书结论的意见的反驳。

第十八章 生育福利经济学

一、引言

从经济学的观点来看,生儿育女是好事还是坏事？人们为了探索这个问题的合乎逻辑的答案,往往脱离现实而走向伦理哲学的一个相当奥秘的分支,即所谓"福利经济学"。因此,本章的分析是特别技术性的,读者满可以略去本章不看。如果他对福利经济学并不特别感兴趣,或者他愿意自觉地接受本章的这个中心命题,即生儿育女带来的经济效应是正或是负,取决于：(1)人们对现在和将来的人生的评价；(2)人们就人口增长对将来产量和成本趋势的影响所进行的经济分析(这些影响分析是前面第三章至第十三章)。

对于人口增长的福利经济学的分析,一般做出下列的一两个假定：(1)某一时刻的社会福利标准是每人(或每个消费者)的平均收入(如 S. 恩克1966年发表的《放慢人口增长的经济方面》一文)；(2)某个人给社会带来的效应,仅限于他一生中个人的影响(如 J. A. 米尔莱斯(Mirrlees)1972年的《人口政策和家庭规模的税收》)；(3)对福利的评价,是按照一个单一的特定时刻或按照成长过程的同一速度,或者不区别新增孩子生命周期的各个阶段(如 E.S 菲尔普斯1968年发表的《人口增长》一文)。这就是大部分早期著作所做出的这类假定的全部(参见 M. 戈特利布的《作为一种封闭经济的适度人口理论》1945/1956)。本章表明要对一个新增孩子的福利效应的大小,甚至对其方向做出判断,取决于每一个这类假定[①]。就是说,把一个或更多假定,改为其他合理的假定,往往就会使关于福利效应的结论由正变为负,或者相反。因此,本章的目的在于描述在多种不同的假定组合条件下,新增孩子的福利效应。

从可能得到的变化不定的结论中,我们可以引出一个重要的、无可辩驳的结论:人口增长影响的分析是复杂的、微妙的;它并不像外行们和学究们经常在报纸、电视以及专业期刊上所说的那样简单而清楚;任何判断都因个人的评价和假定而异。

我并不是说,我们即将讨论的各种相互矛盾的假定和评价在道义上毫无区别。但是判断它们的相对道德不属于经济学家

---

① 换句话说,这个一般问题不可能由福利经济学的方法做出任何一般回答。在这里,人们应该多生或少生孩子的问题就好像杂货店是否应当扩大的问题一样。人们绝不应指望(或试图)从福利经济学那里得出对后一问题的一般答案;这里只有太多的"如果"和"但是"。加之,"如果"和"但是"越多,从福利经济学那里得到一般答案(甚至很少数答案)的可能性就越小。这不同于对小麦限价是否有好处那样的问题;对于这一问题,经济学家只要有少数的假设和价值假定,就能够做出一般回答。

这并不是说,在杂货店扩大或家庭规模的决策上,经济学家毫无用处。他们可以发挥两个有益的作用:第一,同决策人员一道研究特定的情况,决定在该情况下所有的"如果"和"但是"怎样变化,并帮助做出特定情况下的决策;第二,列举出在任何特定情况下,都有关的必须明确决定的考虑因素(例如贴现因素)。但是只要影响问题答案的条件很多,福利经济学家就不可能对什么政策比较好的问题提出一个正确的一般答案。

或人口学家的研究范围，这一判断必须让社会公众去做，或许由现在正忙于争论这些伦理-道德问题的哲学家们来加以指导（如J. 纳夫逊，1967年发表的《功利主义和新世代》和1973年发表的《人口的道德问题》）。重要的是，必须明确这些评价和假定使社会公众能正确地评定提供公众选择的各种论点。

为了证明有关人口增长的福利经济学结论完全取决于人们可能做出的极不相同的假定，请考虑以下实例：（1）对于丹尼尔·布恩（Daniel Boone）来说，无人接触过而且无别人同时存在时的自然资源就具有充分的价值，以致在世界的那个部分根本没有别人出现时他得到最大福利函数。这就无需进一步分析，以推论一项没有孩子（而且除 D. 布恩外，也没有成年人）的政策了。（2）对于某些具有特殊的宗教或军事兴趣的人来说，绝对人数本身就是他们关心的唯一"资源"，而不问这些人生活得怎样好。这种评价至少需要有足够的经济分析去决定：在将来的不同时期里，如何能够供养这个最大的总人口。但是按照这种评价则不管这些，而认为适度人口数量就是这个最大的可能人口。

本章所用"福利"一词，是指判断某一社会是否因一定行动而变得大体上更好些或更坏些。这就是说，如果某人的结论是，在既定的各种条件下一个新增孩子会使社会境况变坏（或变好），他就是判断新增孩子的福利效应是负值（或正值）。

这里所用"效用"一词，是指某个人从他生活中得到的满足而言。这个词是按边沁的功利主义的原意来使用的，指的是幸福而不是选择，后者是当代经济学对效用的理解。效用被假定仅仅是个人自身收入（消费）水平的一个函数，而新增孩子的父母是例外，因为父母的效用被认为受其子女人数的影响。假如认为个人的效用要受到兄弟姊妹人数和社会规模这样那样的影响（且不论他们对他的收入的影响），则这种分析将会更加复杂和更难确定，这就只会增强本章的中心论点。

本章的分析方法按两个方向分解这个问题，首先是按时间分为几个时间段：在讨论未来福利判断时，不是笼统地把将来的所有时期合在一起去探求一个概括福利是高或是低的单一的时间贴现价值，而是把将来按几个时间段加以讨论：（a）新增加人口的幼年时期；（b）他的成年时期；（c）他死亡以后。评价时简化的尺度也要精密地考虑。

其次是按组别分解。不仅是整个社会单一的福利标准，而是分成几组做出判断：（a）个人的福利；（b）其父母的福利；（c）除他个人之外的所有其他人的福利；（d）一些全面评价。

这一章从最简单的情况开始，即一个人对他自己的家庭之外没有正的或负的影响，并且对其后代也不留下正的或负的遗传影响。如表18-1所示，这种情况，有其单一复杂状态，就是新增孩子已有哥哥姐姐。然后，本章提到他一生中有外部影响的情况；再提到他死后还有持续影响的情况。这些情况是在有关对外影响方向的不同假定下用不同福利函数进行分析的。

分析的结果见表18-2。并在正文中说明如何只得到该表中的少数几个结果。假如读者满足于该表中至少有一些结果带着相反的符号，那就无需对它做进一步的研究。应当把表中的材料视为本章据以得出总的结论的资料。表18-2以及整个这一章的要点是：新增人口的福利效应极为复杂，而且大都不能确定这种判断，必须依赖于特定的经济条件和经济的、价值的假定以及选用的福利标准。这里的目的在于驳斥所有那些分析，它们力图得出有关人口增长福利效应的肯定而科学的结论，而不注意那些结论对于不同福利标准，和对于新增人口在不同经济情况下不同结果的敏感性。

表18-1　按照不同的标准，在简单农业情况下新增孩子的福利效应

条件：仅能维持人们生存的农业，孩子有兄姊，无家庭之外的外部影响（摘自表18-2的第b栏）

福利标准及新增孩子一生的分期	福利效应
儿童时期	
1.对父母的效用	＋
4.对兄姊的效用	－
6.儿女在家庭中的效用总和 （假定每个效用函数是凹的和正数）	＋
7.儿女在家庭中的效用总和 （假定函数不是正的和凹的）	±
8.儿女与家庭中的平均效用	－
9.包括父母在内的家庭平均效用（父母的效用中包括来自孩子们的与收入无关的效用）	±
13.整个社会的每人平均收入（平均效用）	－

续表

14. 整个社会的效用总和 （假定效用函数是正的和凹的）	+
15. 整个社会的效用总和 （如效用是负的）	±
成年时期	
21. 兄姊们的效用总和	−
23. 家庭所有孩子们的每人平均收入 （平均效用）	−
25. 家庭所有孩子们的效用总和 （假定效用函数是正的和凹的）	+

资料来源：本表引自表 18-2，该表列举出许多不同的情况和标准。横列的序号与表 18-2 上的相一致；福利效应摘录自第 b 行。

注：此表的目的在于表明，在简单情况下（在有兄姊的情况下）：对于新增孩子福利效应的判断，取决于所选用的标准。

本章的对策就像数学家所用的一样，他们提出相反的例证来表明不能一般化。但是在经济学中，相反例证应当是合理的，而不仅是逻辑上可能的。因此，表 18-2 仅仅举出有一些道理及社会意义的标准和情况，它们不过是可供研究的一些标准和情况的例子。

不同的国家即使经济发展水平相同也都有其不同的需要。新加坡感到迫切需要降低出生率，而罗马尼亚却感到需要提高生育率。这里讲的一切，应当理解为服从每个国家和特殊经济需要,这些需要可以提出完全不同于一般讨论所得的行动方案。

二、新增孩子一生及其死后对其家庭之外无影响

儿童时期:无兄姊

我们从值得考虑的最简单的情况开始:一种农业社会,在这一社会里,新增孩子在他的儿童时期或成人以后,实际上对其家庭之外无经济影响,而且假定这个孩子尚无兄姊。这种实例与印度农村的大部分人口的真实情况相差不远。每个孩子的社会消费不大,而且他们将大多留在农村,在家庭农场中劳动。即使在如此简单的情况下,新增孩子对于社会的福利影响,也会因各人采用的假定不同而得出不同判断。这里是三种可能的福利判断:

1. 如果这个家庭新生的第一个孩子,在他的儿童时期对其家庭之外无影响,则按假定条件,他的出生不影响社会其他一切人的福利。[1]然而按定义来说,其父母的福利则由于事情的发生符

---

[1] 本章各处都是假定:孩子的出生是出于他们父母的心愿,而且不超过父母所想要的孩子人数。这个假定的合理性已在第十四章中加以证明。这里不考虑控制生育的货币的与精神的代价,也不考虑非经济的福利效益,如自由的价值。

合他们的意愿,而提高了[①]。

研究人口问题的许多作家总是将讨论局限于仅仅现有人口对福利的影响,如果福利判断局限于仅仅现有人口的福利,则帕累托最佳试验(Pareto-optimum test)将立即告诉我们:假如按照这种最简单的情况,父母没有孩子总想要孩子,则结果是福利更高,其简单的推理是:父母的境况改善了,根据我们给这种情况的定义,社会上其余的人境况也不坏;因此福利是提高了。

2. 现在,让我们讨论新增孩子本人的福利。对这个孩子本人福利的判断,取决于人们对人类效用函数的假定,以及上述事例的实际情况。按照 J. E. 米德1955年发表的《国际经济政策理论》第2卷《贸易与福利》,P. 达斯格普塔1969年发表的《论适

[①] 有一件啰唆的事情,除了最爱深究的读者以外,一般人都可能忽略:在非常正式的表述中,有必要将父母的两种效用加以区别,一种是他从孩子们消费资源所得效用中获得的,另一种是纯粹因为他们自己的原因从孩子们身上获得的。前者是父母得自孩子们自身的消费,后者是父母得自他们对孩子的"消费"。例如父母因得子而高兴,看来并不是因为他们看到一个孩子有了生命,而是因为他当了父亲的原因。另一方面,显然是父母看到孩子高兴时,自己也感到高兴,例如孩子吃蛋糕时,父母就高兴。"我为你感到高兴",就是我们用以说明的用语,我将假定,父母从孩子消费收入所得效用中获得的效用要比孩子自己从这个消费中所得的效用少一些。当然,这不一定是先验的证实。做父母的可极其强烈地信仰生命的价值、重要性及欢乐,因而生育孩子,尽管他们自己并不希望因看到孩子而得到任何人生的乐趣,恰恰相反,却希望孩子仅仅成为他们的负担,假如孩子事实上也没有在一生中得到多少欢乐,人们就可能设想,孩子的正效用要比他给父母带来的负效用更少,两者相抵得出净的负值。但是看来这是有道理的,即父母从孩子消费资源所得的效用一般要少于孩子自己所得的效用,这就证实了这个假定,我痛苦地感觉到这种区别是模糊不清的,也许不能明显地加以衡量,至少接近于形而上学。但是人们不能回避这一区别,除非他们愿意假定:父母从孩子那里得到的效用就是他们自己"消费"孩子意识到的全部乐趣,而不是从孩子的生命乐趣中得到的"间接的"效用。于是如果人们真愿如此假定,则本文的所有结论并不会改变,而且可以更直接地得出来。

度人口概念》和P. R. 埃利奇1968年发表的《人口爆炸》以及其他人的假定,一个非常贫苦的孩子,其福利可能是负的(表18-2,a项,第3行)。但是,人们自然有理由这样假定,即当孩子很年轻时,他的福利是中性的或都是正的(后来,在他长大到能够做出自己的选择时,我们可以用不同方式来论证他的福利,后面即将讨论到)。但是不管人们如何假定生命的价值,按人均收入来检验在这个人一般福利总是在此儿童时期下降的,因为同样多的产品(假定父母的劳动未增加)总是在更多的人中间进行分配(表18-2,a项,第13行)。

读者或许尚未立即认识到将福利或效用函数引到现今尚不存在的人身上的含义。[①]但是,这个概念却与明显或含蓄地常用的另一些概念实在没有很大区别。婴儿尚未出生就去准备襁褓物品,这就是人们现在能够影响一个未出生人口将来的福利的行动。而保护自然的计划则主要是为尚未出生的子孙后代谋福利。更抽象地说,赠钱给外国慈善机构,就是试图改善一个你并不明确知道其存在的人的福利;这实际上同施舍给一个因尚未出生而你不认识的人差不多。最后一个实例是,一切经济发展理论所假定的福利范围都远远超出当代人的生命周期。总而言之,依我看,那种不考虑未来出生人口的福利的主张是站不住脚的。

3. 如果用个人效用之总和作一个福利标准,则在新增孩子

---

① 天主教徒可能注意到,这里的表述同他们教会的表述有类似之处,即已出生的人和未出生的人(包括将来可能出生和可能不出生的人)的权利没有鲜明的区别。那么,就我们这里的目的而言,除了婴儿的死亡往往比胎儿的死亡引起更大的悲痛,胎儿的死亡又往往比不怀孕引起更大的悲痛之外,又为什么还要有逻辑上的区别呢?

的效用是正数的情况下,一般的福利总是会提高的。[①]如采用一个更经济、更权威的方法,即扩大了的帕累托最佳试验(这也是D.弗里德曼1972年提出的思想),可以得出这个相同的结论:即如果社会新增人口的效用是正数,同时如果现有人口的地位并未因此变坏,则我们就有理由说,这表明是社会效用的一次增长。(然而,将这种标准应用于刚才讨论的非常简单的情况是独特的;即没有兄弟姊妹,如没有进一步的假定,也会使这个标准无法应用,如我们即将谈到的那样)

对这种简单情况的分析有一个奇特的含意,那就是:父母现有的孩子数量,比那个能使社会总效用达到最大值时的数量要少些,其推论如下:[②]父母将继续生孩子,直到他们自己划界限为止,到那时就不关心是否再要孩子,正如在这一简单情况下,和社会上其他的人那样。但是,根据假定,按照这个界限新增孩子应

[①] 这是一个福利函数,它的含义如《圣经》所说"生育吧,多生吧",又如功利主义的"最大多数人的最大幸福","于是假定人的平均幸福是一个正值,那就很清楚,即假定人们享受的平均幸福并不减少。功利主义指引我们,要使享受幸福的人尽可能地多。但是假如我们预见到,人数的增多,随之却使平均幸福下降(或是前者减少而后者上升)……那就可以推论,如新增人口总体享有正的幸福,我们就应当把新增人口获得的幸福量与其余人口损失的幸福量加以权衡。其结果,严格说来,根据功利主义原理应当鼓励人口增加到的那一点,并不是平均幸福尽可能大的一点(像马尔萨斯学派的政治经济学家们常常认定的那样),而是用活着的人数去乘平均幸福量所得的乘积达到最大值时的那一点"。(H.西奇威克1901年发表的《伦理学方法论》,第415—416页)同功利主义的传统有着直接联系的马尔萨斯看到了"人们栖息于大地的大自然的目的"。(《人口原理》1803年版,第492页)

[②] 这里得出结论所用的根据,与菲尔普斯(1969年)得出大体相似的结论的根据,完全不同,他是根据能使父母一代的效用达到最大值的一个福利函数引出结论的。他的根据主要是"伯利-索利戈型国际贸易的论证"外加储蓄率的考虑。

第十八章 生育福利经济学

由他本人享受正的效用；因此，他的出生应当把他自己的效用加进社会的效用中去，而不改变其父母的净效用，并由此产生积极作用。因此多生孩子会增加效用。

尽管各个家庭并不总是想要足以达到净边际社会效用为零那样的孩子，人们如不完全了解人民的福利函数，则仍然不可能知道自由放任的结果距离这一界限有多远。由此看来，符合前面结论的唯一可行办法，是让做父母的在考虑了外部费用和社会价值之后，确定他们自己孩子数量的界限。

以上关于父母要的孩子太少，以致不足以最大限度地增进社会效用的这种说法，仅仅适用于儿童时期，而且只有在下列假定之下，才能成立：（a）家中无其他孩子；（b）效用是正数；（c）不存在对外的影响。然而即使上述假定有些不够严密，这种说法仍然可能成立。

根据前面的分析，人们就可以评判避孕知识以及减少婴儿死亡率的公共保健措施的福利效应。先谈避孕，在一个人到老才死的社会里，实行避孕将增进父母的福利，因为他们可以控制孩子的数量以达到他们的（父母的）最大效用。也就是说，避孕能力增大了父母的选择权，这是帕累托所说的基本的福利收益，假如因缺少避孕知识而使孩子多于父母所要求的数量，这就可能增加家庭的，从而社会的总的福利。但是要讨论人们是否不再应该避孕时，他必须证明：（1）他了解父母的和孩子的效用函数；而且（2）通过战胜父母的"自私心理"，从而迫使他们去增进社会效用。（据我了解，我是天主教的立场）我看，除父母之外，任何人都不能满意地做出这一论证，即局外人没有什么福利的根据去阻止避孕的实施。

表18-2 在各种不同的假定条件和价值判断之下,新增孩子的福利影响

	有关经济情况的假定															
	农民农业,无劳动力进入,对家庭之外无影响	同a栏,但有劳动力对外影响,其他一切市场经济未形成知识规模经济	劳动力进入,但无其他对外影响,一切市场经济终生储备,无储蓄,身储蓄未形成知识规模经济	同c栏,但有由本人及其子女提供的终生储蓄,不过储蓄低于人口增长率	同C栏,但储蓄等于人口增长率	同c栏,但储蓄超过人口增长率	有学校教育及儿童服务的对外影响,但这些费用由父母支出,其他同c栏	对外影响,同g栏,余同d栏	对外影响,同g栏,余同e栏	对外影响,同g栏,余同f栏	同g,但对外影响的费用不由父母支付	同h,但对外影响的费用不由父母支付	同i,但对外影响的费用不由父母支付	同j,但对外影响的费用不由父母支付	同e栏,儿童时期对外影响是负数,有低于人口增长率的储蓄,成年时期对知识规模经济的作用有正的贡献	同n栏,儿童时期对外影响有超过人口增长率的储蓄,成年时期对知识规模经济的作用有正的贡献
	a	b	c	d	e	f	g	h	i	j	k	l	m	n	o	p
儿童时期																
1. 新增人口对父母的效用	+(直接根据假定)	+	+	+	+	+					+	+	+	+	+	+
2. 新增人口自身的效用(假定为正数)	+(直接根据假定)	+	+	+	+	+					+	+	+	+	+	+

续表

3. 新增人口自身效用（不的假定函决数于家或是正的凹的）庭的收入)	±	±	±	±	±			±	±	±	±	±	±
4. 兄姊的效用（假定正的凹函数）	NA	−	−	−	−	−			−	−	−	−	−
5. 包括本人在内的家庭中子女的每人消费量	NA	−	−	−	−	−			−	−	−	−	−
6. 包括本人在内的家庭中子女的效用总和（假定正的凹函数）	NA	+	+	+	+	+			+	+	+	+	+

7. 包括本人在内的家庭中子女的效用总和（不假定他是正的或凹的）	NA	±	±	±	±				±	±	±	±	±	±
8. 家庭中子女的平均效用	−	−	−	−	−				−	−	−	−	−	−
9. 包括父母的家庭平均效用中包括父母自孩子们的无关收入的效用）	±	±	±	±	±				±	±	±	±	±	±

续表

10. 社会（即家庭之外）其他人的每人平均收入	=	=	=	=	=	=				—	—	—	—
11. 同第8行，效用的总和(假定正凹函数)	=	=	=	=	=	=				—	—	—	—
12. 同第8行，效用的总和(不假定凹函数)	=	=	=	=	=	=				—	—	—	—
13. 包括新增人口及其家庭在内的整个社会的每人平均收入	—	—	—	—	—	—				—	—	—	—

续表

14. 包括新增人口及其家庭在内的社会个整的效用总和(正的限制函数)	±	±	±	±	±				+	+	+	+	+	+
15. 包括新增人口及其家庭在内的社会个整的效用总和(无假定对函数的限制)	±	±	±	±	±				±	±	±	±	±	±
16. 包括新增人口及其家庭在内的社会,扩大了的帕累托标准(假定正的限制函数)	±	±	±	±	±	+	+	+	+	+	+	+	±	+

兄弟姐妹除外

续表

17.新增人口的父母的效用	+	+	+	+	+					+	+	+	+	+
18.新增人口的父母的效用,儿童时期累计	+	+	+	+	+					+	+	+	+	+
19.新增人口本身假定正效用,儿童时期累计	+	+	+	+	+					+	+	+	+	+
20.新增人口本身假定正效用,儿童时期累计	±	±	±	±	±					±	±	±	±	±

续表

成年时期															
21. 兄妹总效用（假定正回函数）	NA	—	—	—	—					—	—	—	—	±	±
22. 兄妹总效用，正回函数，儿童期及成年期累计	NA	—	—	—	—					—	—	—	—	±	±
23. 包括本人在内的家庭内所有子女的每人平均收入	NA	—	—	—	—					—	—	—	—	±	±

续表

24.包括本人在内的家庭所有子女的每人累计平均收入	NA	−	−	−	−				−	−	−	−	±	±
25.包括本人在内的家庭所有子女的效用总和(假定正凹函数)	NA	+	+	+	+				+	+	+	+	+	+
26.包括本人在内的家庭所有子女的累计效用总和(假定正凹函数)	NA	+	+	+	+				+	+	+	+	+	+

续表

27. 家庭所有孩子们的效用总和(未用总效用函数)	NA	±	±	±	±				±			±	±	±	±
28. 家庭所有孩子们的累计效用总和和未用总计效用函数)	NA	±	±	±	±				±			±	±	±	±
29. 所有同行业工人每人平均收入	=	=	—	—	—				—			—	—	±	±
30. 所有同行业工人累计每人平均收入	=	=	—	—	—				—			—	—	±	±

续表

31. 所有同行业工人的效用总和（假定正凹函数）	=	+	+	+	+					+	+	+	+	+
32. 所有同行业工人的累计效用总和（假定凹函数）	=	+	+	+	+					+	+	+	+	+
33. 所有同行业工人的效用总和（未假定函数形式）	=	±	±	±	±					±	±	±	±	±
34. 所有同行业工人的累计效用总和（未假定函数的形式）	=	±	±	±	±					±	±	±	±	±

续表

35. 社会上其他人(只除去其他本人及其家庭)的每人平均收入	=	=	+	+	+	+					—	—	—	—	±	±
36. 社会上其他人(只除去其他本人及其家庭)的每人累计平均收入	=	=	±	±	±	±					—	—	—	—	±	±
37. 社会上其他人的效用总和正(假定正凹函数)	=	=	+	+	+	+					—	—	—	—	±	±
38. 社会上其他人的效用总和(未假定函数)	=	=	+	+	+	+					—	—	—	—	±	±

续表

39. 社会上其他人的累计效用总和（对函数未做假定）	=	+	+	+	+	+					−	−	−	−	±	±
40. 包括本人在内的整个社会每人的平均收入	−	−	−	−	−	−					−	−	−	−	±	±
41. 包括本人在内的整个社会累计平均收入	−	−	−	−	−	−					−	−	−	−	±	±
42. 整个社会的效用总和（假定正凹函数）	+	+	+	+	+	+					+	+	+	+	+	+

续表

43. 整个社会的累计效用总和(假定正回函数)	±	±	±	±	±				±	±	±	±	±	±
44. 整个社会的效用总和(未假定效用函数的形式)	±	±	±	±	±				±	±	±	±	±	±
45. 整个社会效用总和(未假定效用函数的形式)	±	±	±	±	±				±	±	±	±	±	±
46. 整个社会,扩大帕了托的标准正回定函数)	+	±	±	±	±				±	±	±	±	±	±

续表

47. 整个社会累计的扩大丁的影响累托标准（假定正凹函数）	±	±	±	±	±				±	±	±	±	±	±
死亡以后														
48. 整个社会平均每人的平均收入（取决于孩子数）	−	−	−	=	+				−	−	−	=	+	±
49. 儿童时期、成年时期，直到死后，整个社会累计的人平均收入	±	−	−	−	−	± (取决于贴现率)			±	−	−	−	−	± (取决于贴现率)
50. 整个社会的效用总和（假定正凹函数）	+	+	±	−	+	+			+	+	±	−	+	+

续表

51. 整个社会累计效用总和（假定正回函数）	+	+	±	±			±	±	±	±
52. 整个社会效用的总和（未假定效用函数）	±	±	±	±			±	±	±	±
53. 整个社会累计效用总和（未假定效用函数）	±	±	±	±			±	±	±	±

注：NA 不适用；+ 正作用；— 负作用；± 作用不定，画有圆圈的，表示正文中讨论的情况。

这个表的目的只是表明，在每一种经济情况下既有正作用，又有负作用。它绝不是（也不可能是）包罗万象的分析，相反，每一项分析的目的在于引起特定的兴趣。例如失业问题是人民福利函数中的一个重要问题，这里就完全未提及。这里也未提到一些人（如受过教育的人）的福利高于其他人的福利的问题。也未考虑国家利益（不同于公民的福利）的福利函数问题。同样，人们可以去建立这里更奥秘的可能性，对于确立这种未做充分假设就确定不了的中心思想，都是不必要的。

再考虑婴儿死亡率。如果本节的主要论点即在最简单的农业情况下,并无对外影响时,假如孩子的数量至少有父母按照社会价值和外界费用所向往的那样多,则能使福利增长到最大限,这种设想是正确的话,并且如果父母能够正确地控制生育的话,那么,婴儿死亡就是一件绝对的坏事。这是因为,婴儿死亡率必然导致孩子的数量多于或少于其父母所想要的数目,其结果使父母的效用减低。仅仅由于凑巧,他们心里所想要的孩子才能都长大成人。即使父母幸运地最终得到他们所想要的孩子数,他们也将承受孩子死亡的痛苦,并支付额外的抚育孩子的费用,而所有这些在婴儿死亡率为零的情况下本来是不会发生的。

此外还因为人们一般不爱在他们有几个孩子和几个儿子方面去冒险,往往由于孩子超过事先想要的数目而犯错误,正如D.M.希尔和D.O.史密斯在1968年发表的《死亡率水平,理想家庭规模和人口增长》以及D.A.梅和D.M.希尔在1969年发表的《印度的家庭规模、动力和儿子中的幸存者:一种计算机模拟》一文所生动地指出的那样。婴儿死亡率可能因消除了父母的自私心理而增加总的效用,但也可能因使这一进程超过总效用递减点而降低总的效用。究竟是增加还是降低,事先是无法知道的[1]。

---

[1] 人们可能指责上述结论,因为这种个人函数并未将这些重要的"弊病"或"无效"看作死亡与受苦一样,但是我们既然对死亡本身没有任何本质的或形而上学的认识,那么可能有意识地加在死亡上的唯一负作用就是:(1)假如死亡未发生而本来已经出现的福利损失,但不是这里所要有效加以论证的;(2)未死者痛苦,这是家庭在孩子问题上冒风险将确实会考虑的。因此将死亡和受苦的无效性略而不计,并不是我们分析的缺点。

现在让我们考虑一个情况,即新增孩子的福利据说是负数①。在此情况下,对社会福利作用的方向是不能判断的,除非先定出新增孩子的个人效用及其父母的效用的基本值,而这两个效用在孩子的效用是负数时是相互抵消的(表18-2,a项,第15行)。因此如果人们考虑到更为复杂的一些福利函数,包括每人平均收入以及总效用或总人口规模的论证(如J. E. 米德1955年发表的《国际经济政策理论》第2卷;《贸易与福利》和小哈罗德·L. 沃特1969年发表的《适度人口和增长:一种新见解》),他们更加也将因缺少关于效用函数的基本说明而得出不确实的结果。

儿童时期,如已有兄姊

新增孩子是第二个、第三个孩子的时候,其福利效应甚至更

---

① 假如我们愿意在消费者偏好论(Consumer-Preference theory)的标准逻辑范围内来推理,现成的证据清楚地告诉我们:生命确实有正的价值。即是说,人们总是愿生不愿死,不管他们的经济状况如何。正如你们认为生命有价值一样,那些住在马路边上用破布和报纸搭起的帐篷内(直到警察把她赶走之前)的老掉牙的印度穷苦寡妇也认为生命的价值大于死亡,自杀率很低足以说明自杀只是生命不再有任何价值的一种例外,而且在教育之类的因素不变时自杀总是收入的一个函数。参见 J. L. 西蒙1968年发表的《收入对自杀的影响》一文。

如果断定有些穷苦到足以使他们的生命变成负值,这同近代经济学所选择的被解释为更好的情况很不相称。没有这个基本概念,一切近代经济学都将解体。鉴于此,J. E. 米德1955年的《国际经济政策理论》第六章提出的收入的"福利-生存水平"("Welfare-Subsistence level")(一个人的收入如低于此水平,就被认为具有负的效用),就使人感到奇怪了。但是米德的概念不仅同消费者偏好论相矛盾,它还为任何收入的人群简单地选用"福利-生存水平"(凌驾于收入较低者的收入水平之上),从而为清除收入较低的人或者降低收入较低者的出生率,大开方便之门。换言之,认为收入较低的人就具有负效用的观点,几乎是引进老爷式(对那些"不值得活着"的"污秽生命")的偏见并为有利于富人的利己的社会政策做辩护(尽管我们确信,这不是米德的本意)。

为错综复杂（见表18-1或表18-2，b项），因为现有孩子们的消费水平将因新增孩子的出现而下降。同时，现有的孩子们不同于他们的父母，我们没有理由假定他们也希望有新增弟妹，因此，新增孩子会降低原有孩子们的福利（表18-1和表18-2的第4行）。这样，总的福利判断必须取决于人们对有关人的效用函数所做的假定。

如果假定按一般消费水平计，每个孩子的个人效用函数是正的，并且凹的下降，[①]而假如所有孩子们的效用函数都一样，则新增孩子将会增加家中孩子们的总效用（表18-1，第6行）。这个结论得自这样的数学事实，即当函数是凹的下降时，则 x（消费）轴上的值大一位，是因为 y（效用）轴上的值，小于一倍所致。因此，如果人们在具有同样的效用函数的两个或更多的人中分配一定量的消费额，而不是将消费额集中分配给一个人的话，则总的效用将会更大。其原因与本结论所根据的理由相同，即如果其他情况均不变，则收入的更均等分配会使效用增大。

如果孩子们的效用函数按某些消费标准可能是负的并（或）有回折点，则新增孩子对整个子女群的福利影响取决于这些经济事实和这些特定效用函数，并在没有基本规定时，难于确定（见表18-1，第7行）。如果孩子们的作用不定，则孩子们对整个家庭及对社会的作用也必然难于确定（表18-1，第15行）。

我们已经能够看到，即使按照仅仅一个时间来的最为简单的

[①] 这个假定与弗里德曼-萨维奇假说（the Friedman-Savage hypothesis）毫无矛盾之处，正如那些作者自己承认的那样。参见 M. 弗里德曼和 L. J. 萨维奇1952年发表的《预期效用假说和效用的可计量性》一文。

考察实例,这种评定也是完全模糊的,而且一般难于确定。读者如果确信这一点,即可不看这个时刻的分析,除非他们为自身兴趣而重视这种进一步分析。

成年时期:仅能维持人们生存的农业

在新增孩子的成年期,在没有对外影响的简单环境里,他的福利效应取决于所考察是哪个有关人群,同他儿童时期的福利效应一样。增加一个仅能维持生存的农民,他会减少他兄姊们继承的土地数量,所以对他们的影响是负的(表18-1,第21行)因此,扩大了的帕累托标准(the expanded-Pareto criterion)不再适用了。然而,如果假定所有兄弟姊妹的效用都是正的,而他们的效用函数都是负的,则新增儿童会对原来的家庭成员带来净的福利效益(表18-1,第25行)。所以,按扩大了的帕累托标准来看,对整个社会也会带来净的福利效益。但是,如果假定效用可能是负的,则不能得出这样的结论。在自然经济条件下自新增务农人口到成年期,他对每人平均收入的作用当然是负的(表18-1,第23行)。

他的成年时期假如进入劳动市场

现在,让我们离开理想化的农业环境,转而考察更为有趣但依然简单的实例,即新增人口进入劳动力市场,而所有市场都是竞争性的,每人都得到边际产量(表18-2,c项)。从平均收入的观点看,正如R.A.贝里和R.索利戈1969年发表的《国际移民的一些福利问题》一文指出的那样,整个社会其余的人将因新增人口的出现而受益(表18-2，c项，第35行)；这种利益的性质恰好与一个国家同其他国家开展贸易时所发生的利益一样，但是假定新增的人是一个工人，则整个工业特别是他所从事行业的工人们，将由于他而得到较低的工资(表18-2，c项，第29行)。更有甚者，包括新增人在内的整个社会的平均收入将下降(表18-2，c项，第40行)。但如假定所有的人效用函数都是正凹的，下降的，而且都是相同的，则社会上的个人效用总和将会比以前提高，因为总产量将会增大(表18-2，c项，第42行)。

这就再次说明，即使在单一时期(成年期)，在没有对外和遗传影响的最简单实例中，一个新增人口的福利效应都可从不同的观点出发，得出不同的判断。再者，如果现在希望把新增人口儿童期和成年期福利效应的判断加以合并起来，则其结果会更为复杂，更难确定。

至此就终止了对一个人的讨论，他在一生中或出生后，除了在完全市场工作以外，对其家庭之外无影响，没有任何正的或负的储蓄。①

三、新增孩子的一生及其成年前的对外影响

在经济上已发展到超越维持家庭生存的社会，一个新增孩子

---

① 假如他按边际产量得到报酬，则总的生产扣除他的消费之后，会有一些增长，总的储蓄将有所上升。但我们现在可以不考察这一点。

常常带来对家庭之外的影响,这些对外影响可以分为两类:一类是可以评定并可通过市场得到补偿的;另一类是不可以的,以下分别加以讨论。

可以补偿的对外影响

主要的"可补偿的"对外影响发生在劳动力市场上,即在社会福利费用(如教育)[①]的支出方面。一个新增工人进入劳动力市场的影响尚难于肯定其性质。但是,新增孩子对劳动力市场及社会福利的影响,大体上是可以计算的,尽管我们现在对如何计算并无一致意见。标准的福利经济学的论点是:在一定时刻社会上所有成年人的总效用会增长到最大限度,如果各个家庭都负担供养孩子的一切服务,并抵消劳动力市场的影响的话。这就是说,如果人们考虑的是一个孩子高于平均水平的中等收入家庭,则这个家庭必须交税,以弥补"多余"孩子的供养费加上这个"额外"孩子对劳动力市场的影响。对这种政策适宜性的证明,正与R. H. 科斯1960年在《社会成本问题》一文中用简单方法如对外影响的其他实例所做的证明一样。只要父母支付这些对外影响的全部市场价值,就不能说因为一个家庭生育较多的孩子而降低社会上其余人的效用。而且在劳动力市场和社会福利方面的对外影响已得到处理之后,现有成年人的效用可认为已达到最大限度,因此扩大了的帕累托标准就可以再用;经过补偿,除其兄姊外,没有人因增人口而境况变坏(表18-2,第 g 项,第16行)。因

---

① 这里假定社会支付所有消费品的全部费用,包括预防和消除自然污染的费用,这个假定或许正在成为事实。

第十八章 生育福利经济学

此，如果认定新增人口自身的效用是正的，并且撇开兄弟姊妹不谈，则按前面举出的同样论证，父母会在社会福利达到最大限度之前，不再要孩子。（如果新增人口的效用不假设是正的，或者要考虑家庭中的其他孩子，那就得不出这样的结论）

然而，就可补偿的对外影响而言，遇到了一个技术上的困难，并由此变成重要的政治问题。这就是人们常说的，做父母的现在就对他们孩子的将来影响支付代价。但是这种付款不得不为将来进行贴现。社会必须决定一个适当的贴现率，因为单凭经济逻辑揭示不出一个（或许多）贴现率。即使社会贴现率最终达成了协议，也还存在着重大的利害冲突。没有孩子的老年人需要一个低的贴现率和高的立即支付总数。孩子多的父母的要求与此相反。人们可能设想在发生对外影响时付款，这适用于学费和医药费，但不适用于孩子们的劳动力效应。所以，由于这个贴现率问题，加之不容易评价对孩子们将来的作用，很可能使社会无法在如何补偿对外影响方面达成协议。果真如此，新增儿童就不能实现帕累托的福利增长，而且总的累计影响（他的儿童时期加上成年时期）是帕累托标准所难于决定的（表18-2，第k—n项，第16行）。于是假如对外影响未补偿，则新增儿童在成年时期的按效用总的和标准计的福利效应也不明确，并因此使他整个一生的福利效应"不确定"（表18-2，第k—n项，第14和43行）。

现在让我们来考察新增儿童有孩子服务和劳动力市场对外影响时，对人均收入的影响。古典的报酬递减分析[即同样的总资本和较多的劳动（力）产生较少的平均产品]告诉我们，新增孩子成年期的作用和儿童期一样，是负的。但是，在发达国家，新增人口参加劳动一定时期之后,非常可能提供足够的新知识和规模经济,使人均收入比不增加这个人更高[1]。如西蒙·库兹涅茨1960年发表的《人口变化和总产量》一文和本书第六章)。果真如此,则按人均收入的福利标准,新增人口的作用至少在他成年期的后阶段是正的(表18-2,第o项),而且这种作用可能大到足以使他整个一生的作用成为正数(表18-2,第o项,第41行)。但是,如在新增人口童年期,人均收入下降,则为了计算他一生中对人均收入的影响就必须说明每年的影响,并选择一个贴现率。当然可以选择一个足够高的贴现率,使后期的正效应无足轻重,从而使一生的效应为负数[2]。如果在新增人口的成年期,根据知识和规模经济有其正数对外影响(有理由相信如此),则如选择一

---

[1] 这里包括利用自然资源作为生产原料,并且按照H.J.巴尼特和C.莫尔斯1963年发表的《稀缺和增长:自然资源应用经济学》一书所指出的,自然资源的匮乏现象不会加剧,有关具有古典的资本淡化效应的力量之间相互作用的定量估计值可参阅第六章。

人们可能认为,第六章的分析所依据的国民生产总值的概念并不能很好地衡量总的经济效用,因为它漏掉了某些"生命性质"的特点。或许是这样,但是既然没有使用较为广泛的尺度的结果进行计算,甚至令人信服的推论也没有,我们就毫无理由去假定以国民生产总值为依据的分析得出的结果会有任何特殊形式的区别。

[2] 在这种情况下,按照人均收入标准算出的一生效应是负数则是对社会来说的,就意味着排斥尽可能多的人直至达到"适度规模"人口,从而牺牲穷人提高收入。这就是用算术魔术提高人均收入。被排斥在社会之外的人当然不喜欢,但是简单的人均收入福利函数并不关心他们的爱好。

现在从任何个人的观点来看,其含义就是排除他人,然而具有特殊情绪的人不一定赞同这一简单的逻辑。一个美国人可能易于相信,略微减少印度人或中国人的数量是对大大提高印度或中国人均收入的一种良好的协调办法。但是一个犹太人或希腊人是否也这样看待减少他们的人口呢?加上感情因素,则社会福利函数要起变化;这取决于谁家的生育率将受影响。

个较低的贴现率,便可能使其一生的效应为正数。所以,这里有能出现许多可能的福利判断。

非市场的对外影响和社会价值

现在让我们考察实际上不由税收和津贴来补偿的对外影响,仍然是限于讨论一个新增人的一生。

K.J. 阿罗1970年发表的《社会选择和人的价值》一书已经明白指出以个人直接消费为准的社会秩序同加上个人一般公平标准(或个人经济竞赛标准)的社会秩序之间是有差别的。他将后者称为"价值",前者称为"爱好",并称"市场机制只考虑爱好的顺序"[1]。因此,对社会来说,大概适宜联合行动,制定包括对儿童课税或给予儿童津贴之类的法律,以实现社会成员的愿望。比如说,有人可以建议,社会举行公民投票,以决定是否应当对已有三个孩子的父母每再生一个孩子课税(比如说)100先令。在下列情况下,人们对上述措施投赞成票:(1)如果他们相信,较低的出生率可能提高经济发展的速度[2],而他们对经济发展给予正的评价;(2)如果他们相信,每个家庭孩子少些,婴儿死亡率将下降,而且邻家孩子的死亡将引起反效用;(3)如果他人的孩子产生反效用(例如由于吵闹,或其他原因)。如果人们一致赞成课税,那就表明,假如他的邻居也少要孩子的话,每个人都愿意少要孩子。

---

[1] K.J. 阿罗:《社会选择和人的价值》,1970年版,第154页。
[2] 请注意:虽然人们感兴趣的效应可能发生在新增儿人口死亡之后,但在他的一生中(或在他出生前)是他人的价值在起作用。这就是本节讨论之点。

同样地，一个社会可能希望拥有比人们愿意生育的还更多的孩子数，而且有正数价值。以色列可以是一个实例：那里的犹太人可能感到，为了延续犹太人的历史传统和价值，人多比人少好，而且他们可能赞同给孩子们津贴，正如一个人可能竭力劝说他们已婚的儿子生育更多孩子以延续他的家族一样。如果人们从他们邻居的孩子得到正的效用并因而投票的话，就会表明赞同对孩子们进行补贴。或者，人们可能相信，人口多一些更有利于短期内的经济发展，以致他们的主观贴现率，可能为零，正如F.P.拉姆齐认为应当为零那样[1]，将会使直接的社会成本小于经过贴现的收益；这正是当今澳大利亚的信念，过去在美国西部也是如此。

决策的机制——民主投票、专制独断或其他——将取决于人群的组织制度。如果按照制度举行投票，则任何人口政策可能符合福利经济学。由官僚来制定和执行的人口政策，最可能是对民主制度的歪曲；这些官僚把他们自己的价值观强加于社会，并断言政策的理论根据是所谓"科学的"发现，即议论中的政策"早已证明"要比政府放手由父母去决定家庭规模的办法更好。我认为，这种危险是大的，因为官员们或立法者们可能没有认识到他们的信念和价值观不过是信念和价值观，而并非被科学证明的真理。R.S.韦克斯坦指出："有一种个人偏见，影响着人们对穷人的看法，这种偏见来自违反人家自己所愿意的标准去评价他人的收入。这种偏见暗含在许多常见的经济福利判断中，而在我

---

[1] 参见F.P.拉姆齐：《储蓄的数学理论》，载《福利经济学汇编》，1969年版。

第十八章 生育福利经济学

看来,这种偏见既不能为它辩护,事实上也没有辩护人。这仅仅是虚伪的实践,而不是原则。"①在过去十年中,许多科学家都曾明确表示,他们赞成较低的出生率,以致使人们易于想到较低的出生率确实对社会的各个方面都是从科学上看比较好的,然而由于涉及对价值的考虑,事实上并没有也不可能科学地得出这样的结论。

简而言之,即使考虑了对外影响,新增孩子在他自己一生中的福利效应也要取决于这样多的考虑,以致总的说来,我们必须说福利效应是难于确定的。

四、一个人死后的影响

正如一个人在他一生中可以对社会带来好的或坏的影响一样,他死后也可能产生影响,经济学家们习惯于忽视这种非常长期的影响,因为他们在计算中应用5%、10%甚至15%的利率,把长远的未来看得很轻。但是,社会本身对长远的未来的看法经常有矛盾,有时也看得比较重,正如当前的环境论战那样②。可以这样说,平均一个人对后代的总影响较之他对同代人的总影响更为重要,因为后代人在数量上毕竟比他的同代人要多些。

---

① R. S. 韦克斯坦:《福利标准和嗜好的变化》,载《美国经济评论》第52期,1962年,第137页。

② 当然,当代环境学家对长期的担忧有许多可能不是真正的威胁,如 W. S. 杰文斯1965年发表的《煤炭问题》一书时所预见的煤炭短缺那样。但是这里重在说明社会贴现率。

人们对后代的影响多种多样。最简单而且肯定是最积极的影响,莫过于他留给继承人的储蓄;这种储蓄往往超过债务,因为我们知道的事实是,社会总资本总是长期增长的。人们也可以把知识留给后代[①];知识可能像魔鬼似的,但是一般说来,它对经济是有益的,正如我们知道的当今的生产率高于过去几千年那样。还有另一种影响,那就是新增加的人留下的孩子。孩子们的影响初看起来似乎很复杂。但是可以考虑:每个孩子影响可望与新增父母(撇开其子女)的影响一样。因此,人们对于新增加的人所做的福利判断不会因他有孩子而起变化——当然,这里未考察他们在历史中的不同地位,这种地位可以不管,除非对历史进程有特别的作用。

另一个死后因素是迟延的规模经济影响。这种影响同新增基础结构的创立和社会性质的变化有关,大概特别是在发展中国家中如此。举一个例来说,E.博塞勒普1965年发表的《农业增长的条件》一书指出,实行土地租佃法和耕作制度改革将引起人口密度的变化,从而给生产率带来长期的积极影响。

现在让我们更具体地谈福利。如果新增加的人对后代留下积极的净贡献,他又没有孩子,就是说,如果他对以后经济发展的贡献超过他对人口增长的贡献,那么,他对后代的福利作用就是

---

① 我们这里不考虑,某些阶层的人们可能贡献知识,而别的阶层就不能,一个理由是,作为初步探索,本人假定社会上一切阶层人们的生育按同样的比例变化;这在美国肯定不符合事实,美国的穷人显然不说明人口增长的多数。另一个理由是,我受到西蒙·库兹涅茨论据(1971年私人通信)的影响,社会的各阶层都与知识的增长密切相关,不只是知识界的名流。

积极的(表18-2,第 p 项,第50行)。如果他确有孩子,而他和他的后裔提供的追加储蓄大于追加的人口,则其对后代人均收入的作用是积极的,如果他和他的后裔各自都留下一些积极作用,但他们留下的对经济增长的贡献(边际的),小于他的后裔引起的人口增长,则对后代人均收入的作用是负数,除非在他一生中,他在知识和其他方面有巨大的贡献。然而在这一情况下,按总效用计的作用可能是正的,如果收入合理分配而无负效用的话。如果新增人口留下一份负的遗产,则他对后代的影响是负数。

上述分类的每一种影响,都可以同较早时期的具有相同或相反符号的影响结合起来。如果是后一种影响,则新增加的人福利效应的总评价如果没有对全部影响的数字说明,又没有明确贴现率选择,便不能确定。

人们可能要问,出现正遗产,特别是新增加的人引起的与人口增长大小成比例的遗产的这种可能性,是否刚好是可以忽略的一种理论上的细微区别,我想回答显然是"否";一种正遗产效应的可能性是不容忽视的[①]。在发展中国家中,20世纪以前的中国就是证明文献最为完备的实例,它的人均收入长期保持在同一水平超过七百年之久,尽管在一些人口猛增时期,曾严重下降。这就说明,新增加的人使那些暂时增加储蓄的事情在起作用;在稍后一些时期,他的后代并未因他而境况变坏(按人均收入计算)。另一方面,有些地方人口的增长使经济停滞,阻碍了变革和增长

[①] 事实上,相反的可能性(现在的人口较多就意味着给将来留下负的遗产)不过是像 J. E. 米德1955年发表的《国际经济政策理论》一书和小 H. L. 沃特1969年发表的《适度人口和增长:一种新见解》一文那样做出的简单假定,并没有得到证明。

这也是可能的。

发达国家的人均收入是长期增长的。如果人中没有增长到现在这样多,人均收入就会比现在的水平低得多。就是说,人们给下一代留下的生产力按比例说,较之他们留下的人口增长更大些(大概大二到三倍)。这就意味着新增加的人留下的遗产可能比平均数小得多,但就生产力来看,又大于其后代的人口增长。

这就引起一个问题,即是否无论何处增加一个人将会提供一份接近于未增加此人时的平均每人的遗产,即是否对后代的边际贡献远远低于平均贡献。首先,没有理由去设想,新增加的某人在聪明才智或生活机会方面总不如平均的人。如果他们天赋是平均的,则可能使他降低遗产平均水平的唯一因素就是减少因人口增长可能带来的每个劳动力分配的物质资本和教育资本。假定在发达国家中,遗产的平均增加速度比人口增长的速度(按比例)大得多,则这种典型的资本淡化作用可能是相当大的,不会使边际遗产小于因新增加些人而引起的人口增长。再者,正如前已指出,我们有很充足的理由赞同西蒙·库兹涅茨1960年的观点:知识和规模经济的作用会使得在新增加的人工作寿命结束之前的人均收入大于不生此人时的人均收入[1]。果真如此,他临死时留下的平均遗产将大于不生此人时的遗产。根据任何福利检验,这就是对后代的积极影响。当然,这种乐观的结论,在发展中国家中较之在发达国家中,出现的可能性要小得多,但是这仅仅再次

---

[1] 西蒙·库兹涅茨:《人口变化和总产量》,载《发达国家的人口和经济变化》,1960年版。

证明，在对条件、假设和标准做出详细说明之前，不可能对人口效应做出正确的福利判断。

五、结论

新增一个人的单一的可计算的福利效应是没有的，应该说，存在的是可能为正数或为负数的许多不同的合理判断。这种福利效应取决于：孩子出生地的特殊经济状况；人们所指的他的寿命周期的某一时刻；是否希望他在他一生或死后对他特定的社会经济带来积极影响；而最为重要的是取决于所用的福利标准。再者，无论用什么福利标准，一个新增加的人长期综合的福利效应对于提出的特别假定是非常敏感的，因此，不可能对新增孩子的福利效应做出简单明确的表达。

把事情说得更通俗些：现在的人口是否太多，增长是否太快，是不能单凭科学根据来决定的。某个国家可能比另一国家看得更远些，愿意在目前为了后代忍受着比另一个国家更穷的痛苦。或者某个国家仅仅看重生活水平，而另一国家准备在目前为了较多的人口而接受较低一些的生活水平；这正如某些父母可能决定宁要三个孩子而不是两个孩子，尽管三个孩子的生活不如两个孩子好。每个国家必须最终为自己决定这些价值做出判断，而不应轻信经济学的计算或局外人的意见。我看，这是在人口政策的讨论中经常忽视的要点。

第十八章 附录：一些补充问题
哪些鼓励提高出生率和降低出生率的计划能够最好地服务于社会

即使社会已一致同意应当制定一个促进生育或节制生育的税金计划，哪一种计划能够最好地实现社会的目的，这个问题仍然完全不清楚。首先考虑可能的税金计划本身。运用征税来降低生育率，有许多可能的方式，例如向每个孩子征收同等数额的税金，或征收与收入成比例的税金，或用不同的税金收入对不生育者发给奖励金，等等。社会可以采用公民投票的办法，来选用某一种税金计划而拒绝别的课税办法。K.J.阿罗说，在此情况下，个人的评价与社会评价之间没有明显的关系[①]。

我们还必须考虑这类计划可能的侧面影响。别的作者曾经指出工作奖金和储蓄率以及其他这类"纯粹的"经济变量可能的间接影响。然而最重要、最复杂的问题却是福利计划与出生税之间的相互关系。我们举以色列可能用以促进生育的计划为例。凡是想提高出生率的国家，总是想特别去劝导那些本来愿意要两

---

① 参见 K.J. 阿罗：《社会选择和人的价值》，威利出版公司，1963年纽约版。

三个孩子的人再多要一两个孩子,而不是劝导那些孩子已经很多的家庭再多生孩子。某些人举出的一个理由是,孩子不太多的家庭的"生物潜力"(biological potential)似乎要大些。另一理由是,许多人都认为孩子不太多的家庭较之孩子已很多的家庭,其"新增的"孩子所带来的感情上和物质上的不利因素可能要少一些,其部分原因是孩子不太多的家庭的收入要高一些。和最后一点有关,但在伦理学上多少更加时髦的是,在孩子不太多的、收入高的、教育程度高的家庭里多生一个孩子,他对社会的人力资本的追加额要比孩子已很多又较穷困家庭的孩子大一些。再一个可能的理由是,付给第三个、第四个孩子的奖励金(按每个孩子计)或许比付给第五个以后的孩子的数额要少些(也就是孩子已经很多之后,每个孩子的转移性付款的"费用"要大些)。

但是考虑一下这种计划的福利含意。一种再分配将由此发生,使收入从多子女家庭流向孩子少的家庭,对那些多子女又较为穷困家庭的孩子是不利的[①]。当然,人们可以提高所得税的累进税率,得以"抵消"这个结果,使收入的最终分配维持原状,但这又会增加问题的复杂性。

不过,另一方面,考虑一下大多数国家政治上可能实行的计划含意,如对孩子多的家庭发给特别补贴(如房租津贴),对所有家庭的孩子们提供同等福利的计划(如免费的高中教育)。后一种计划可通过降低相对于其他"耐用品"而言的子女们的"费用"

---

① 安斯利・J. 科尔曾在公开讨论中强调这一点。

而起某些作用。但是这一相对作用在多子女家庭里要大一些,因此预料,这种计划的结果是多子女家庭比孩子少的家增加更多的孩子,而这并不能达到促进生育计划的目的。

有趣的是,美国所得税的孩子扣除额(income-tax child eduction)的办法包含另一种混乱。据我理解,规定每个孩子扣除750美元的本意是对孩子的一种补贴制度,是为了孩子的福利。但扣除办法的性质是这样的:它对于那些只缴纳很少(或不缴纳)所得税的穷人来说,毫无好处,而那些人的孩子正是应当从提高家庭收益中得到好处的。恰恰相反,这个制度对于中产阶级的家庭是一种轻微的鼓励,鼓励他们多生孩子。

在制订儿童福利和出生税计划时,牢记下列原则是可能有帮助的:最有效的福利付款是只能由孩子来使用,不能由其父母以任何方式购买商品(例如,不是谷物或衬衣,而是牛奶,气候寒冷国家的鞋子和社会服务等)。唯一较有意义的儿童福利计划(特别是在生活水平较高的那些国家内),可能是特别医疗保健和最广义的教育,包括幼儿园、特别救护训练之类。这类计划不是对父母的补助(它们不能代替父母们无论如何都要去做的那些事),而是直接有益于儿童。而且这类计划不致遭受变换食品和衣服等实物的许多实际困难。

关于别人劝说的政策

迄今为止,我们一直假定,爱好和价值观念是不变的,可是现在我们还必须考虑人们有可能改变别人对于他们想要子女人数的评价。这是同民主制度相一致的,即任何独立的人群应当竭力去劝说别人降低出生率或赞同降低出生率的措施。当然，颠倒黑白是不正当的，尤其是不说明降低出生率的科学的经济理由就更不正当。同样，虽然一个局外人到一个国家去为改变价值观念而做宣传，可能是不体面的，但是这样做是否不合伦理，并不清楚，然而局外人（尤其是西方人）特别容易去冒充专家，用粗劣的道理去论证，在此情况下，他们的活动显然没有正当理由。

最迷人的问题是，政府是否应该竭力去改变社会流行的价值观念或所希望的家庭规模。我认为把政府作为任何一个特定的小团体的工具是不公正的。但是人们将怎样评定福利效应，我不知道。这就是说，我们无法去比较一个人在其无差异曲线变动前后的相对满足程度，而且我不相信经济分析能起多少作用。

第十九章 贫穷国家的"人均收入"标准和出生率政策

一、引言

上一章通过非常抽象的分析，说明对新增人口的经济影响的评价是很复杂的问题。人们因个人评价不同而对新增人口是好还是坏的评价也就不同。加之，特定情况的性质及个人对新增人口可能带来的经济影响的估计，都可能影响这种评价。

然而事实上发展中国家的经济学家和计划官员们在制定人口政策时所采用的标准却是相当一致的。讨论发展中国家的出生率几乎总以"人均收入"（或"每个消费者当量的收入"）为依据。通常的说法是，降低人口增长率（据说）就能导致人均收入高过较高出生率的收入，因此有必要试验降低出生率。人们将"人均收入"看作制定社会政策的最适宜标准，而不去讨论（至多是简略地考虑一下）其他的标准。J.E. 米德在其讨论毛里求斯人口政策的《人口爆炸、生活标准和社会冲突》一书的序言中就说："让我们对准这些讨厌的问题看一看，就迅速地过去吧。"

第十九章 贫穷国家的"人均收入"标准和出生率政策

可是我看,"迅速地过去"就会冒选用一种确实并不需要的行动方案的风险。所以这一章将探索"人均收入"标准对人口政策的意义。本章的结论是:单单"人均收入",并不是国家出生率政策的令人满意的标准,因为它本身意味着完全违反许多国家愿望的政策。更明确地说,能够使短期内人均收入增长到最大限度的出生率,并不能使长期的人均收入也增长到最大限度;而且即使从短期看,"人均收入"标准也显然违反大多数人的抉择。

人口经济理论中的"人均收入"标准,最早出现在对某一特定国家"适度人口规模"的分析中①。它的意思是说,借助于一个国家的总生产函数与规模效应(the scale effects)的分析,即可发现资本的收益递减与规模的收益递增相交点,在该相交点时该国

---

① 这个概念的历史,可参阅 M. 戈特利布 1945 年发表的《作为一种封闭经济的适度人口理论》一文(此文论述很详尽);也可参阅 J.R. 希克斯 1942 年发表的《社会结构》一书(第五章)和 A.J. 科尔和 E.M. 胡佛 1958 年发表的《低收入国家的人口增长和经济发展》(第 18—19 页)。G. 缪尔达尔 1940 年发表的《人口:一个追求民主的问题》一书指出,对此概念"自约翰·S. 穆勒以来,经济学在这一领域(指人口研究)实际上只做了唯一的重大贡献:适度人口理论。然而这一理论(我想把它说成经济学曾经提出的最无用的观念之一)已经包含在穆勒的主张之内"。在我看来,G. 缪尔达尔说得对。这些年来,这一概念已被改造为适度人口增长率的概念。如 J.E. 米德 1955 年发表的《国际经济政策理论》一书,E.S. 菲尔普斯 1966 年发表的《生育的重要法则》,1968 年的《人口增长》,P. 达斯格普塔 1966 年发表的《论适度人口概念》等论著都有所论述,但是,这个概念也不是很有用的。

适度人口有待同其他标准,如最大国力联系起来讨论(参见索维的《人口通论》第六章)。但是非经济适度人口已超出本书研究范围,因此不予讨论。

的"人均收入"达到最高值。

二、论证

对"人均收入"进行静态分析,显然会得出一个短期的最适宜值,而它是大多数人完全不能接受的。功利主义者,还有最近的 J. E. 米德,都已指出了这一点[①]。这一简单论证就是说,假如你把任何人群中人均收入低于平均水平的所有那些人排除在外,就可以提高该人群的人均收入。这种最终的荒谬结果是(撇开规模经济不谈),留下开始时最富的那一个人就能达到最高的人均收入。这种理论机制有两个原理。第一,舍弃一个分布范围的较低部分,从而提高其平均值。这就是简单的数学。第二,假设其他情况均相同,则分配资源的人愈少,每人分得的资源就愈多,好像分馅饼,块数少些,块儿就大些。

这一静态分析虽然很清楚,但是它还未直接涉及发展中国家人口政策经常联系到的那些问题。人们往往不把死亡率看作主要的控制变量,却一致认为发展中国家的政府将实行那些公共保健措施,迅速延长人民的期望寿命,使之大大超过五十岁、六十岁甚至更高。我认为,这是理应如此的。而且现在发展中国家不幸的人口外流,已不是一项严重问题。这样,唯一有关的控制变量

[①] 有趣的是 J. E. 米德最初是主张"人均收入标准"(1937年),后改为"总效用标准"(1955年),最后又主张主要根据"人均收入"来对毛里求斯进行分析(1967年)。

第十九章 贫穷国家的"人均收入"标准和出生率政策

就是出生率。因此,把一个国家现有的人口同一个比方说一半大小的人口相比,是没有实际价值的,而且静态意义的"人均收入"标准也就没有用处了。相反,有意义的是对不同的出生率加以分级。这就需要一种动态分析。

然而动态意义的评价比静态意义的评价更困难得多。生育的影响要持续一个长时期,而且如第十三章所述,短期影响与长期影响又根本不同。因此,必须对不同选择的将来每个时期的消费趋势(streams of consumption),即收入趋势,想办法按同一时刻(即现在时刻)加以评价,使一种出生率政策的全部长期影响可以同其他政策的全部影响相对比。

让我们赶快谈到主题。足以使短期(比如说,未来的十五年)的人均收入增长到最大限度的出生率,是零。不是增长率为零,而是出生率为零。就是说,如果把"人均收入"标准用于从现在算起的未来十五年时期的话,最适宜的出生率就是完全不生孩子。这是因为,孩子在其成长期内要花费家庭和社会的费用,而不会做出生产性的经济贡献。

但是,停止生育显然是不能接受的。个人和社会都确实想要孩子,尽管他们知道,在孩子成长期内人均收入会下降。个人和社会这样做,就意味着他们都考虑到人均收入之外的因素(如从个人或他人的孩子身上得到乐趣),或者是看到十五年以后,或者两者兼而有之,情况确是如此。但是,不管哪种可能性属实,这就说明短期的(即高贴现率的)人均收入并不是制定人口政策的适当标准。① 但是如果以高贴现率下的人均收入作标准,则任何低而积极的生育率都不如零生育率,在短期内那样有吸引力。所有这一切说明,高贴现率之下的人均收入是一个不适当的标准。

另一方面,从一个很长的时期看(即从很低的贴现率看),"人均收入"标准显然也不能接受。这就是说,按照总的计算,短期的人均收入不会被看得很重;但很明显,人们总是很关心他们短期内的收入。虽然人们愿意为长期做出一些牺牲,例如执行造福后代的社会政策,但是他们肯定是勉强地将现在的财富分一些给后代,而且显然做得比可能做到的少得多(我们不会去建造全部都可历时千年的建筑物)。因此,可以断定,很低的贴现率之下的人均收入也不是适当的标准。

这就得出我们的结论(与科尔-胡佛及其类似的研究得出的结论正好相反):现在没有任何一种出生率可以说得上比其他一切出生率更为"优越",即没有一种出生率是在一切贴现率之下都

---

① 还有一个更加专业性的理由,说明不生(或几乎不生)孩子的政策何以是最佳的。从最初年份 t 到 $t+15$ 即 15 年后的这个时期当中,新增孩子阿尔法有其纯消极作用,而 15 年之后,在某一过渡时期之后(或许直到孩子死后),假定其他条件不变,则人们会因为有阿尔法这个孩子而生活得更好。这是因为这个普通孩子(也许特别是在发达国家)会给社会增加储蓄和知识。而且人口增长的理论告诉我们,撇开知识因素不谈,在以后年代里,孩子($t+60$, $t+120$ 直到以后)出生率相同的社会总会达到同样的人均收入水平,而不问它们以前的出生率如何。因此,假定其他条件不变,目前的低出生率似乎就意味着将来较长时间后的低人均收入。这是与人们的这一观念相一致的,即假如一万年以前、一千年以前或一百年以前,人们少生一些孩子,那么,我们就会没有现在这样富裕。因此,这是第二个理由,说明就短时期看高贴现率下的"人均收入标准"是不恰当的。

算较好的。这就意味着,人们在应用"人均收入"标准之前,必须选择某个贴现率(它介于"太高的"贴现率与"太低的"贴现率之间)。需要选择贴现率,这就说明,"人均收入"标准并非初看起来那样简单而直截了当的方法。

人们怎样来选择贴现率呢?正如许多经济学著作所告诉我们的,没有一种选择贴现率的最完善的程序。市场上看到的贴现率因许多理由或许是不恰当的。在别的政府计算中采用的贴现率也可能不恰当。因为:(1)政府定的贴现率多种多样;(2)很难相信某个贴现率适用于政府的各项政策[①]。

总之,要选择一个恰当的贴现率,必然是困难的,而且是随意的。这个选择要求对未来的各个时期人们的相对福利(the relative welfare)做出决定。不管你在做决策时运用什么原理,那必然是一种价值判断。这就是说,人们不能简单地像初看起来那样去用一个"人均收入"标准,单纯做出一种价值判断。相反,必须至少做出两种价值判断,其中之一是很复杂的而且随意的。这意味着,"人均收入"标准的选用,涉及的问题要比大多数人在采用时所想到的多一些。

还有一种困难是,就一个国家的任何一段时期而言,不是只有一个出生率,而是出生率的一种几乎无限次数的变更。设 t 年的出生率已定,它对 $t+k$ 年的影响将随着 t 年之后的各年可能出现的各种不同的出生率而有所不同。因此,不可能仅仅想到为

[①] 我们公开地关切制止大气污染,以免危害子孙后代的生命基础,这表明我们对后代子孙的感情不同于(意味着较低的贴现率)为他们提供狭义的经济福利(例如建造更加经久耐用的房屋)的感情。

这一年选定一个最适当的出生率。相反,必须为今后的年代选择一整套出生率。这就引起一连串的新问题,比如什么人可以包括在收入最大的人群之内,应是仅限于现有人口呢,还是包括将来出生的人口?

三、小结

"人均收入"标准从静态的直接意义来看,总是导致毫无意义的结论。按照动态意义来说,它又需要选择一个贴现率,才能加以应用。同时贴现率的选择确实含糊不清,而且必然是一种异常困难的价值判断。很高的贴现率导致禁止生育的人口政策,这显然无法接受。很低的贴现率会忽视现在与不久的将来,同样难以接受。其他的贴现率又都缺少坚实的逻辑依据。因此(连同别的理由)单凭"人均收入"为指导人口政策,看来是非常无效而且不能接受的。

第二十章 防止生育对发展中国家人民的价值

一、引言

第十八章论证说明人均收入在人口增长的经济分析中并非唯一合理的福利标准;在第十九章中又说明,单凭以人均收入为依据的福利函数实际不能代表发展中国家(或发达国家)许多人的愿望。然而,尽管它有缺点,人均收入毕竟是多数人的福利函数中的要素之一,而且是许多人的唯一要素。因此,为了对政策制定者有实际帮助,分析家们必须探讨一下运用"人均收入"标准的各种选择法的含义。

政策制定者考虑有关降低发展中国家出生率的政策的时候,他们总想知道某个政策是增加还是减少现有人口的人均收入。例如考虑一项家庭生育医疗计划,总想知道实施此计划的效益是否足以抵偿其成本。这说明人们必须了解成本可能大到什么程度,而不致减少人均收入。这个数值就是所谓"一次防止生育的价值"的意义。所以如果支出的费用等于此数或少于此数，又能达到少生一个孩子的目的，那就可以认为是值得支出的。

这一章就探讨一次防止生育的最适宜价值的计算方法。首先将批判地讨论 S. 恩克介绍的"局部分析法"[①]。这种方法经过考察看来很不恰当，尽管它在开辟这个课题以及引出更好的方法上有巨大的功劳。然后将依照科尔与胡佛提出的印度模型，介绍一种计算一次防止生育价值的更为令人满意的一般宏观经济法[②]。或许出乎意料的是，这种更一般的方法没有"局部分析法"的缺陷，得出了"少生一个孩子的价值"的较高的估计数——按5%与15%的贴现率，和1956年的价格计算，估计值约为300美元。

本章第二部分有关计算的论述是很专门的，如非这方面的专家，即可略去不看。但是下一段中对"局部分析法"的评论不是专业性的，应当是多数读者感兴趣的。

鉴于第十三章和第十八章已指出，发展中国家人口增长的影响可判断为正数而不是负数（取决于条件、时间长度及价值假定），读者或许不理解，何以本书还包含本章和下章这些旨在帮助社会降低出生率的章节呢。答案是这样：要想生育孩子又不减少给予孩子们的物质与心理的资源（纵使孩子们将来可归还投

[①] 参见 S. 恩克：《印度从人口控制中得到的收益：一些金钱刺激和奖励规划》和《政府支付限制人口的经济学》，1960年版。

[②] 这一章是 J. 西蒙1969年发表的《收入对生育率的影响》一文的修订稿。

第二十章 防止生育对发展中国家人民的价值

资),就需要额外的努力。在某些时刻,人们不能或不去继续增添努力。在人们不愿再增添努力、为生儿育女付出代价的时刻,个人与国家就必须决定:或是不再生育,或是继续生育而让近期的生活水本下降。假如整个社会决定限制新生孩子的数量,那就需要有节制生育运动那种形式的社会措施。本章与下一章提供的对这类运动的经济学与市场营销分析,就是为了对选择节育措施的社会给予帮助。这并不是暗示社会必须限制它们的人口增长率。

联系到一次防止生育的价值的概念,必须强调指出几点:(1)这个概念仅仅涉及一个新增孩子影响的"人均收入"标准。因此,计算出的少生一个孩子的价值仅仅是制定人口政策时可以考虑的因素之一;其他方面(如人口的总量)也必须考虑。(2)这个概念考虑的仅仅是节育对现有人口的价值。这就好像一个企业的现有合伙人在讨论是否吸收新人入伙时,只考虑他们自身的福利,而不考虑可能入伙的新人的福利。(3)这个概念是将一连串未来收益折算为现值。就是说,必须将许多未来收益按时间系列调整为它们现时的价值,这就是进行贴现。

按现有人口的人均收入算出来的一次防止生育的价值,可用于评价对不再生育者给予"鼓励"的各种计划。问题在于:一个国家能有多少资源给绝育或节育的人支付奖金?但是这类计划造成了特别的复杂问题:奖金仅仅是转移性付款,而不代表按照宏观经济会计学的"一级资源费用"(first-order resource cost)①。因此,为什么不多给点,甚至实行"天文数字的鼓励"呢? 可以应用什么标准呢?

S. 恩克在1961年发表的《再评输精管结扎奖励计划的高效率》和《对奖励家庭限制人口的一些反应》的两文中提出,奖金上限应根据"分配平价"(distributional equity)的原理来确定。更具体地说,他建议奖金额不应该大到以使一个家庭会因这个政策而受到损失,即使那个家庭不愿节育因而不得奖金。这个独出心裁的原理确实的含义是,按人均收入计,不允许任何人受损失。假如这个鼓励政策果真提高人均收入,则显然可能的是,至少有一些奖励可以小到使来自这种政策的收益会超过那些不愿领取奖金的家庭所缴纳的税款。就等于向一个人按照一项"资源-成本计划"(a resource-cost program)能够付出多少,而且他因为这一计划产生的收益而仍然生活得更好。这样的制度不仅给每个人提供无损失的评价,而且使他按照自己的选择得到收益:他可以选择本来怎么做就怎么做,或者有领取奖金②并缩小家庭规模的额外选择权。

---

① 所谓"一级费用"我的意思是不包括对储蓄习惯和对外贸易等方面的影响。德米尼同恩克交换意见后,得出的结论是,他们两人都同意:这类较高级的作用不可能大大影响适当的奖金额。

有些人认为如果可能的税款收入受到限制,如果其他的公共投资因奖金而必须缩减,则还可能有一种费用。在我看来,这不是重要的费用。第一,如政府以货币支付奖金,那就不难在税款中抽出一个相同数额的收入。第二,按照某些奖金计划,奖金并不会在将来实际支付许多年,例如里德克证券计划(Ridkers bond scheme)就规定,证券只给予育龄夫妇,而不是一直给到退休为止。

② 人们可能认为要是某人所处社会的性质发生变化,他就会失去原来同样的选择,从而可能对他不利。这或许可能,但经济推理不易得出这种影响。

二、对一次防止生育价值的标准
局部分析：一种不适当的方法

下面一段是S.恩克论证的要点[①]："一个社会如果今年所生婴儿的估计现值是负数，那么，对其现有人口的经济福利来说，就是生育过多了。这种情况的出现有两个原因：第一，今年的婴儿将来可能增加的生产量少于他们将来从别人的消费中扣除的分量；第二，通过贴现，将使今年的婴儿将来生产量的现值，比他们将来消费量的现值减少得更多。在许多落后国家里，这两种情况结合起来，使得现在的生育，从经济观点看，得出的是一个负数现值。"[②]

换言之，恩克认为一次防止生育的价值就是一个婴儿预期的一连串消费和生产的（负的）现值。他由此推论，一个社会有必要奖励人们不要生孩子，直到孩子的净贴现值为零而不是负数。

S.恩克采用15%的贴现率，使得每个印度婴儿未来的全部生产量的现值只有17美元（从出生后15年算起，未经贴现的生产总值为840美元）。[③] 这就使得由于节育而"免除"消费额成为

[①] 一般来说，这种表述和评价也适用于和S.恩克使用一样方法的作者，如J.W.利热1967年发表的《节制生育的一些经济收益》；R.雷佩托1968年发表的《印度：马德拉斯输精管结扎计划的实例研究》；G.C.蔡丹（Zaidan）1967年发表的《阿拉伯联合共和国（埃及）人口控制的成本和效益》；等等。而H.莱宾斯坦1969年发表的《节制生育的成本-收益分析中容易出现的错误》一文还提出了其他的评论。

[②] S.恩克：《政府支付限制人口的经济学》，载《经济发展和文化变化》第8期，1960年，第339—348页。

[③] S.恩克：《放慢人口增长的经济方面》，载《经济学杂志》第76期，1966年，第44—56页。

唯一重大问题。但是这个消费额主要是（尽管不完全是，下面将谈到）私人的事情，因为孩子的消费主要表现为他父母在其他方面消费的减少，因此，人们可以把孩子看成是他父母比其他消费开支更喜爱的一种耐用品。因此要生孩子的决定，可以认为只是消费者主权内的事，与公众利益无关[1]。

S. 恩克回答说："多子女的家庭不会停留在他们自己赖以谋生的土地上；一些年轻人拼命去挣钱，将争着去当工人，间接地利用其他的生产要素。这样，那些没有远见的父母将有损于比较谨慎的父母的利益。"[2] 但是按照 S. 恩克自己的推理，这种公共费用完全不值得考虑。假如"看到15年以后事情的政府首脑并不多"，[3] 同时假如15%的贴现率是恰当的，那么，人们就不应将孩子出生后15年内发生的公共费用计算进去。

人们可能说，恩克15%的贴现率太高，因为在此情况下，这和未来的公共费用关系更大。而且的确，一个低得多的贴现率，似乎更为合理，假如你有这样的想法：要是未来的15年内人们都不生育的话，印度的人均收入或许会增长到最大限[4]。但

---

[1] A.O. 克鲁格和 L.A. 斯贾斯特德1962年发表的《恩克人口经济学的一些局限性》一文也提出了同样的批评。

[2] S. 恩克：《克鲁格和斯贾斯特德关于人口过剩和贫穷国家输精管结扎奖励计划的一些错误观念》，载《经济发展和文化变化》第10期，1962年，第429页。

[3] S. 恩克：《放慢人口增长的经济方面》，载《经济学杂志》第76期，1966年，第47页。

[4] 这是对 A.J. 科尔和 E.M. 胡佛1958年发表的《低收入国家的人口增长和经济发展》一文的观点的天然推论。参见本书第十章。

第二十章 防止生育对发展中国家人民的价值

是这必将在25或30年之后产生爆炸性的后果,因为那时劳动力对其被抚养人口之比将开始下降到零。我们当中难道有任何人会把这种按照15%贴现率计算的情况看作符合理想的事情吗?

但是如果将贴现率降低到15%以下,那么,S.恩克的论证就与其内在逻辑不相符,因为(按照他的假定)现在出生的婴儿在低贴现率之下,会具有一个正数净值[1]。

S.恩克的方法的另一重大缺陷是,它假定公众能自由地支付新增人口的费用,并收取他们的收入。但如第十四章中谈到,这些收支的大部或全部不可能超出家庭范围,而且假如家庭决定孩子的总效应是正数,则社会上其他人不会对此感兴趣(不计可能出现的纯外界费用)。

H.莱宾斯坦曾经根据鼓励计划的分配效应对这种局部分析法提出了其他的中肯批评[2]。这些批评也适用于下面介绍的方法,所以将在本章末尾加以论述。

---

[1] 当然,如所增劳动者的生产率极其低下,那么,纵便贴现率为零,新增儿童的价值也可能是负的。E.M.胡佛认为,情况确实如此,他说:"假如说在什么地方(比如印度),新增劳动力仅仅能维持自己生存而不提供一点剩余的话,我会感到很惊异。"(通信中提到)果真如此,则最简单可能的看法是,较低的出生率在经济上是有利的。不过,最近的文献似乎都不同意这种观点,即新增劳动力的生产量会低于生活费,如C.卡欧等人1972年发表的《农业中的隐蔽性失业:一份调查报告》,载《经济发展读本》。

[2] 参见H.莱宾斯坦:《节制生育的成本-收益分析中容易出现的错误》,1969年版。

三、对一次防止生育价值的一般宏观经济分析：虽然乏味但有必要

假如局部分析法因上述理由而不合用，我们就必须从头做起。问题在于，如果把贴现率定为5%或10%，甚至15%，如果大多数"放弃"消费不增加公众的利益，人们对防止生育的价值还能说什么呢？要回答此问题，只有去考察那全部的宏观经济体系[①]。这是一项复杂而费力的工作，先要考察假如少生孩子，社会可以增加多少储蓄，增加多少生产性投资，再算出这项储蓄通过增加资本对劳动比率的效用，然后考虑通过循环的反馈作为平均收入的增长。这一工作按照宏观经济学没有捷径可循。S. 恩克

[①] P. 德米尼（Demeny）在1965年发表的《投资分布和人口增长》一文认识到这一点，而且对社会可以耗用降低出生率方面的实际资源（real resources）费用额进行了宏观经济的考察。因此根据他的研究，社会能用于人口控制政策上的资源增多，则耗用于其他投资上的资源就减少。然而这对于鼓励计划的关系并不很大，因为转移性付款并不减少可用于其他投资的资源。而且我看，任何控制人口的运动不会耗费许多真正资源，以致严重影响其他投资。宣传工作确实需要用于薪水、印刷、广播等方面的实际资源。但是即使费用高出可以想象的宣传费多少倍，也不致因用掉过多的资源而使别的投资减少许多。例如印度的尼罗德计划（Nirodh Program）在1970—1971年度的预算为1,200,000美元（参见A. 贾恩1973年发表的《尼罗德计划中的市场研究》），这是印度截至当时为止规模最大的一次鼓励节育运动。但这笔预算分摊到每个印度人身上，仅仅是一美分的1/5左右，而且这些货币费用中有许多并不是真正的社会费用。报纸和广播所收的广告费都是很低的，别的社会收益（如期刊的编辑费）是由广告机构支付的。因此，人们在计算节制生育的价值时，可以放心大胆地不去考虑节制生育的资源耗费对投资的影响。

第二十章 防止生育对发展中国家人民的价值

之所以遇到麻烦，就在于他不走这条路，而是力图按个人水平然后按照简单地集合许多个人的水平去推理。

我们需要一个有新增孩子和无新增孩子的宏观经济模型。这里的分析用的是科尔-胡佛模型（尽管它有些缺点），因为：（1）许多读者对它是熟悉的；（2）当计划官员考虑人口政策特别是奖金计划时，他们的兴趣集中在短期上而且他们的贴现率高。科尔-胡佛模型的力量在于短期，而它的缺点是在长期方面。因此，这里用它并无不当之处。

我们使用这个模型的最后一个也是最重要的理由在于，它的焦点是在人均收入上，而不是如第十三章所列模型那样把焦点放在每个工人的产量上。而且在研究福利决策而不是经济决策的时候（当前发展中国家的节育计划正是这个情况），人均收入就是适当的概念。

基于上述理由，就福利方面而言用科尔-胡佛模型去计算防止生育的价值，看来并无矛盾，尽管（根据第七章、第十三章特别是第十章的附录举出的理由）这个模型对于经济发展政策是不适当的。情况常常是这样：不同的模型适合不同的用途。

最后一点，本章的主要目的是介绍一种计算一次防止生育价值的方法，而运用这种方法可以采用任何一种宏观经济的模型；这里采用科尔-胡佛模型仅仅是示例。

科尔与胡佛二人为印度计算出在连续的高出生率与两个较低的出生率之下，每个成年消费者当量收入的差额。这里我们只比较"高"出生率和一个"低"出生率，后者1956—1986年出生率的线性下倾率为50%[1]。这些粗略出生率数列分别列入表20-1中的第1行和第2行。

我们应用的是下列方法[2]：(1)分别按照增加和不增加人口条件下的变量计划，计算出将来每个时期的收入总额；(2)给这两个变量计算出将来每个时期的每个消费者当量的收入，并算出它们二者之间的差额；(3)将每个时期的差额按适当的贴现率折算为现值；(4)将每个现在活着的消费者当量的现值乘上消费者当量的人数，即得出节制生育的效益总额；(5)再将这个总效益除以两个变量之间（经过贴现的）出生人数的差额，即得出每次防止生育的价值（使用经过贴现的出生人数，是为了得出将来支付奖励金的贴现价值）。用符号表示的公式如下：

$$\text{每次防止生育的价值} = \frac{\left[\left(\frac{Y_1}{C_1} - \frac{Y'_1}{C'_1}\right)r + \left(\frac{Y_2}{C_2} - \frac{Y'_2}{C'_2}\right)r^2 + \cdots + \left(\frac{Y_\infty}{C_\infty} - \frac{Y'_\infty}{C'_\infty}\right)r^\infty\right]C_0}{(B'_1 - B_1)r + (B'_2 - B_2)r^2 + \cdots + (B'_\infty - B_\infty)r^\infty}$$

(20-1)

式中，不带"撇"的项目表示低出生率的选择，带"撇"的项目则表示高出生率的选择；指数表示年数。

---

[1] 为了方便，也为了尽量减少混乱，我沿用科尔与胡佛计算时的年代，我们假定现在是1956年，不考虑该年之后的一切新情况。如果要算到现在，只需要在此地写上的每一年再加上（比如说）20年而已。

[2] 这个方法与我1969年发表的《避孕对不发达国家的价值》一文所用的方法不相同。那篇文章的算法有错，因为是按收入总额而不是按每个消费者当量的收入计算的。

表20-1 印度在高出生率和低出生率之下的1986年收入计算表（1956年的预测）

	1961年	1966年	1971年	1976年	1981年	1986年
1. "高"出生率（每千人），即假定保持现在的出生率不变（第38页，参见"资料来源"）	41.9	40.9	40.2	40.0	40.0	40.0
2. "低"出生率（每千人），即假定从1956年至1986年下降50%（第38页）	38.0	33.8	30.2	26.8	23.0	23.4
3. 按高出生率计的人口总额（第35页）	424,000,000	473,000,000	532,000,000	601,000,000	682,000,000	775,000,000
4. 按低出生率计的人口总额（第36页）	420,000,000	458,000,000	496,000,000	531,000,000	562,000,000	589,000,000
5. 按高出生率计的出生人数（第1行×第3行）	17,765,600	19,345,700	21,386,400	24,040,000	27,280,000	31,000,000
6. 按低出生率计的出生人数（第2行×第4行）	15,960,000	15,480,400	14,979,200	14,230,800	12,926,000	13,782,600

续表

7. 出生率不同的出生人数的差额（第5行—第6行）	1,805,600	3,865,300	6,407,200	9,809,200	14,354,000	17,217,400
8. 1956年的国民收入＝1.080亿卢比（按1952—1953年度物价计）（第270页）						
9. 1956年的成年消费者当量人数＝3.17亿（第239页）						
10. 高出生率之下的每个消费者收入指数（第272页）	107	114	120	126	132	138
11. 低出生率之下的每个消费者收入指数（第272页）	108	117	126	143	165	195
12. 高出生率之下的成年消费者当量人数（单位：百万）（第239页）	348	387	434	490	555	629
13. 低出生率之下的成年消费者当量人数（单位：百万）（第239页）	346	379	415	449	480	507

续表

14. 高出生率之下的国民收入总额（单位：十亿卢比）（第12行 × 第9行 / 第10行 × 第8行）	127	150	177	210	250	295
15. 低出生率之下的国民收入总额（单位：十亿卢比）（第13行 × 第9行 / 第11行 × 第8行）	127	151	178	219	270	337
16. 高出生率之下的每个消费者的收入（第14行 ÷ 第12行）=（第10行 × 第8行 ÷ 第9行）	362	388	409	429	450	470
17. 低出生率之下的每个消费者的收入（第15行 ÷ 第13行）=（第11行 × 第8行 ÷ 第9行）	368	399	429	487	562	664
18. 出生率不同的每个消费者收入的差额（第17行 − 第16行）	6	11	20	58	112	194

资料来源：A.J. 科尔和 E.M. 胡佛：《低收入国家的人口增长和经济发展》，1958年版，有关出自此书的页码已在有关条后边注明。

现在更具体地看看科尔-胡佛的材料：研究每五年中的一年，将供选择的出生率（第1行和第2行）应用到在供选择的假设之下那些年份的实有人口总额上（第3行和第4行），得出每年的出生总人数（第5行和第6行）。其次，我们要估计出在不同的假设条件下每年收入总额。科尔与胡佛只是估计了与1956年相比的每个消费者收入的指数（第10行和第11行），以及消费者当量的估计值（第12行和第13行），同时我们因此将收入指数乘以t年与1956年消费者当量比率，最后再乘以1956年的国民收入，即得出总收入估计值（第14行和第15行）[①]。还列出两种计划下的每年每个消费者当量的收入（第16行和第17行）。但是我们想得到的关键数字是第18行写出的两种出生率计划下每个消费者收入的差额。

在这些出生人数与收入总额的差额既定的条件下，问题是如何去求出每防止生育一人的价值。但每少生一人的价值不可能只关系到每个人的费用与收入，因为他们的影响复杂多样，且要通过整个增长体系才能被发现出来；而且任何一个少生人口的效用还取决于有多少其他被防止的生育人数。正是由于不承认这些事实，所以 S. 恩克犯了错误。

---

① 请注意，低出生率计划之下的收入总额要高些。这大概主要是因为新增儿童要在出生后经过一段长时间（比如说15年）才能成为劳动力。在此时期内，新增儿童不能生产，但确实增大了类似福利费那样的公共消费，而这些消费如果节省下，即可增加"生产性"投资。(不过，事实上当父母面对新增儿童新增的需要时，会更加艰苦地劳动，生产得更多些。科尔与胡佛没有估计到这一效果)

第二十章 防止生育对发展中国家人民的价值

我们必须将两种出生率选择之下的出生人数的差额同两种计划带给收入总额的差额联系起来。这项工作不可能简单进行，因为防止生育的影响肯定是迟延下去的，而我们计算用的原始资料只能到某一时刻为止（按照科尔和胡佛是30年后）。不过，在高贴现率之下，30年以后的事情已无多大意义了。

其次，将按每年算出的每个消费者当量收入的差额（即按第18行所示的每个第五年的差额分别乘上5），通过贴现，得出防止生育对每个现有消费者当量的现值。让我们用两个贴现率：15%和5%进行试验。结果是，95卢比（按15%计）和622卢比（按5%计）。然后将它们分别乘上现有消费者当量（如第9行所示，1956年为3.17亿），得出两个贴现率的现值总额，分别为300亿卢比和1,970亿卢比。

至于相应的出生人数，我们可以采用计算经过贴现的出生人数的方法，因为假如在不生育时给一切不育者都支付一定的奖金，则这批奖金就需要贴现。所以用经过贴现的出生人数去乘上奖金额就是相应的数量。如果采用的贴现率为15%，则每个第五年的高低出生率之间的出生人数的有关贴现后的差额（第7行）是$\left(\dfrac{1}{1+0.15}\right)^{4\frac{1}{2}} \times 1,805,600 + 0.22 \times 3,865,300 + 0.11 \times 6,407,200 + 0.05 \times 9,809,200 + 0.02 \times 14,354,000 + 0.01 \times 17,217,400$。将以上每项乘以5，便是以既定年份为中心的5年这段的估计值。但是我们需要对第一个括弧之前的年份进行调整，并因而将$\dfrac{1}{1+0.15} \times 313,600$与$\left(\dfrac{1}{1+0.15}\right)^2 \times 600,000$生育数加起来得出在贴现率为15%时,经过贴现的出生人数总额约为17,000,000。[①] 如贴现率为5%,则经过贴现的出生人数总额为97,000,000。

现在假如我们用经过贴现的出生人数(17,000,000和97,000,000)分别去除收入的现值(15%贴现率的300亿卢比和5%的1,970亿卢比)之差,即可发现纵使按15%和5%贴现率分别给每次防止生育付出1,765卢比(按1956年汇率折合294美元)和2,030卢比(合338美元)的话,整个社会还是受益的(计算误差为±10%)。这就是说,1956年资料,如在 t 时投票赞同这个计划对每次防止生育(否则总会在以后年代里出生)支付1,765卢比或2,030卢比的奖金,那是对每一个印度人都有利的。这里假定纳税人本身并不降低他自己的出生率。假如他自己家庭的规模确实符合新计划之下社会平均规模的话,则他所得到的奖金同他交纳的税款相等,并在短期内没有损失。因此总的来说他的境况从长远看是好得多,因为同时他的收入总在提高。因此如能以低得多的奖金支出达到预期的节育效果(我想这是办得到的),则对所有人的好处都是肯定的而且大得多。

我们算出的数字比 S. 恩克算出的高出许多,尽管我们所用的方法还是把孩子的消费的仅仅一小部分算作社会的收益,只算了家庭可用于储蓄和投资而不再用于消费的部分,加上国家可以节约用于孩子身上的教育经费及其他社会费用部分。这个数字

---

① 更确切地说,每个括弧应当集中于4.5、9.5等年,即不是5、10等年,而且开头的两年应当分别按6个月和18个月来贴现,而不应按1年和2年贴现。但是现在的表是按整年计的。而且因为这两个数列往后推移半年,所以这个误差就我们的目的来讲,应该不大。

之所以这样大（尽管在头几年两种生育计划下的收入差额并不大），在科尔-胡佛模型中正确地引进复式计算的力量,而 S. 恩克则没有这样算。当然,这些结果的有效性取决于宏观经济模型的有效性及贴现率。

一次防止生育的价值是一种多用途的标准。第一,它指明国家能够支付的,同时仍能保持每个国民生活得更好的鼓励性奖金可以大到什么程度。所以,尽管较高的奖金可以增加平均的和总体的收入。但防止生育价值还是同公平判断有关的,因为奖金不过是转移性付款。第二,这一估计值使人们能将节制生育的一定（小的）投资同别的福利投资相比较。第三,每一次防止生育的价值估计提供了一种尺度,用来比较各种鼓励性标准的有利程度。第四,这种估计的最重要用途是用于辩论的目的。（按人均收入为标准的）公平而且经济上合理的大量节育奖戏剧性地表明了这种形势。

条件和限制

H. 莱宾斯坦,1969 年发表的《节制生育的成本-收益分析中容易出现的错误》一文曾经议论道,既适用于这里所述的方法又适用于说明 S. 恩克方法的某些可能的错误根源:

1. 社会上各个经济阶层的人对（政府）提供的鼓励可能有不同的反应,而且其反应的方式或许对社会经济不利。更具体地说,他推测中产阶级的孩子们较之下等阶层的孩子们所提供的生产超过消费的金额会多一些,而且他们对提高生产率所应负的责任也更大。他进一步推测,中产阶级的家庭较之下等阶层家庭对节育鼓励也许更为积极,因此鼓励性计划可能不利于生产。假如这样的计划鼓励中产阶级的家庭而不是下等阶层家庭节制生育,则社会经济可能因失掉较有教养的孩子而受害,这些孩子更多地是纯粹的贡献者和储蓄者,而不是纯粹的负担和非储蓄者(然而如第十一章所述,认为收入较低的人与农村的人不储蓄,显然是不真实的)。H. 莱宾斯坦对少子女的家庭的儿童与多子女家庭的儿童对比关系也做了同样的论证。不管(他的)这些顾虑是否正确,要是不考虑被防止生育的孩子的特定类别以及他们对经济的特定影响,就不可能正确地说明一次防止生育的价值。

但是如果其他条件不变,根据货币边际效用递减的假说,家庭的收入愈高,对一定量货币的兴趣便愈淡薄(其实已见前面所述 R. 西蒙和 J. 西蒙1975年发表的《金钱刺激对家庭规模的影响:一种假说问题研究》),这是反对 H. 莱宾斯坦论点的意见。

2. 鉴于较高收入的人群已倾向于要较少子女(如发展中国家所见)[①],以致一项鼓励计划就会使收入的再分配倾向于收入较多的家庭而远离收入较低的家庭。假如我们认为,社会的目标是不再增大收入较高的人们在收入总额中所占的份额,那就有必要实行累进所得税,以消除这种重新分配的后果。

3. 随着时代的前进,新增劳动力总是比过去受到更多的教育。假如我们认定:(a)这种教育不以牺牲其他社会投资为代价;(b)新增劳动力的消费并不随教育程度成比例地增多;(c)新

---

① 请注意,这是一个总关系。如果为了分析目的而保持其他变量为常量,则这种关系便会相反,参见第十四章至十七章所述,但是这个总关系对于这里很重要。

劳动力的增加不会降低总的就业率，那么，新增劳动力将会对社会经济有利。当然，这些假定是否合理，还值得研究。

上述这些事例，连同前面提到的有关分析所用假定的那些问题，充分说明政策制定人员应当极其审慎地运用一次防止生育的价值这个概念。

四、小结

第十三章指明，新增孩子对每个工人产量的短期消极影响是微不足道的（而长期影响则往往是正值）。然而一些国家对于用人均收入衡量的短期福利效应，较之用每个工人产量衡量的长期效应，更感兴趣。在此情况下，一次防止生育可能具有相当大的价值，而如何计算价值就是一个有兴趣的问题。本章的主题就是这种计算方法。

节制生育对于一个发展中国家经济价值的一种估计，可以成为决定奖金、情报分配运动和宣传运动的有用尺度。S.恩克的估计方法错误地将私人费用作为公共费用来计算，而且将少生孩子所节约的消费全部记在社会账上，然而这些节约的消费大部分原本是孩子的家庭的消费。而且按照S.恩克所用的贴现率（15%），新生儿童对于其他劳动者边际生产率的影响是不相干的。另一方面，15%的贴现率看来与政府的其他决策也不适应，而且按照S.恩克的方案，较低的贴现率就会降低一次防止生育的价值。因此，S.恩克的看法存在着内在的矛盾。

一个较好的方法是,根据全部宏观经济体系来估计一次防止生育的价值。运用科尔与胡佛研究印度的成果,按15%的贴现率,这种价值为294美元;按5%贴现率,则其价值为338美元。这个估计数高于其他较差的方法所做出的估计。

第二十一章　发展中国家节制生育计划的成本-收益的决策方法[①]

一、引言

发展中国家的许多决策人都断定,较低的出生率对他们的国家是合乎需要的[②]。而且有理由认为,节制生育运动及其鼓励性计划在某些时期,能够降低一些国家出生率。

决策人都希望明智地选择执行什么样的计划,并了解为这些计划要花费多少钱。也就是说,他们需要对各种家庭计划做出成本-收益的分析。于是为了适应这种需要,研究人员已开始提供这种分析所需的资料。

前一章已说明一个国家可以怎样按照特别的假定条件去计算节育的收益。但是节育运动也要费用,在决定是否开展这一运

[①] 这一章是 J. 西蒙 1970 年发表的《发展中国家的家庭计划前景和各种选择的成本-收益分析》一文的修订。

[②] 人们只能希望,决策人真正代表国民的心情,而没有将他们自己的有教养阶级的价值观强加给国民。

动的时候，必须同时考虑收益与成本。而怎样进行成本与收益的比较，正是一个远未解决的问题。

本章为所推荐节育计划的成本-收益分析提供一个运算结构。它的不利之处是要依靠对一些参数的假定，因为这些参数的真实数值只能凭猜测。另一方面，这种结构的优点是明确具体。任何国家的决策人只要代入他们认为对他们国家适合的数值，就可以通过简易的计算得出答案。然而必须特别强调指出，这种模型同其他一切模型一样，包含许多内含的假定，如经仔细考察，这些假定也许是读者所不能接受的。本章的内容假定主要有：以人均收入作为福利标准；如果想给福利和决策函数加上一个人口规模论据，就必须另行调整；用于估算防止生育价值的贴现率是恰当的，反应及成本函数是合理的，等等。

读者如果仅仅对进行成本-收益分析的模型感兴趣，可直接从接近本章末尾的运算步骤表（表21-3）读起。

任何国家可以选用的方法有下列几种：

1. 可以在限制人口上不做特殊的努力，而只是依靠自然经济、心理及社会学过程去达到可以接受的出生率水平。

2. 可以强调那些据认为能减少生育的、在经济发展组合范围内的计划（如城市化与教育）。

3. 可以执行传授节育方法的计划，并免费供应节育药物和治疗。

4. 可以积极宣传（广告）以劝说人民应该缩小家庭规模，应该采用实现此目标的节制生育方法。典型的劝说方法有：（1）指出婴儿死亡率已下降，从而可以少生孩子；（2）说明如少生孩子，则有利于儿童及母亲的健康。

5. 可以向节育家庭发给奖金。

6. 可以使用更有力的强制方法，如强迫绝育。

这里将不考虑第6种方法，因为我感到强制是在道德上不能接受的。第4种和第5种方法将结合起来考虑，因为它们在经济上（尽管不是在理论上）是相似的。第2种方法将不再考虑，有两个理由：第一，它不能代替第3、4、5种方法，而只是在很大程度上为它们提供组织，作为它们的补充；第二，第2种方法由于它同经济发展的其他方面有相互作用，所以复杂得多，已超出本章范围。第2至第5种方法不是相互排斥的。其实如果没有第3种方法，就不应采用第4、5两法，尽管反过来说不一定成立。第3、4、5种方法将在第二十二章中更详尽地讨论。

二、对节育计划进行成本-收益分析所必需的知识要素

在决定国家急需采取何种行动方案时，应具备的知识要素如下：(1)生育基线(the fertility base line)，即估计在采用上述第1种方法而没有家庭节育计划行动时，将来每一年出生的人数；(2)较低和较高出生率之差的经济收益；(3)每一种运动形式的反应函数，即采用上述第3、4、5种方法，在不同的费用支出下预计可以减少的出生人数。这些反应函数的估计，将分两步进行：(a)"标准"运动的费用；(b)标准运动在特定地区的预期作用。

以上三个要素中的第1、2两个,比第3个容易估计,我们只准备简略地加以讨论,而比较详细地讨论反应函数。

基线:假定在国家没有推行家庭计划情况下的出生率估计。

为了预测在不实行家庭计划运动时的出生率,不管是否有合理的依据,都必须通过某种方法进行一些估计用作投入信息。联合国在其1963年计划中,估计过未来的按性别和年龄校准的出生率。D.柯克1969年发表的《发展中国家的出生率:最近的趋势和前景》一文中计算出联合国中期预测中内含的自然出生率。但有希望的是,从事成本-收益分析的国家总有一组相当正确的计划供它自己采用。

防止生育的经济收益

其次,人们必须像上一章讨论的那样,估计出节制生育的经济收益。收益水平总是假定与死亡率无关的。假定在印度每次防止生育的价值为150美元。上一章算出的估计数接近300美元,我不用此数而选用150美元,是因为想将本章局限于讨论节育运动的主流之内。而且其他许多作者(他们全都采用类似S.恩克的不恰当的局部分析法)做出的估计也在150美元左右。如果读者认为我所做的较高的估计比较合理,那就可以简单地将计算的全部收益乘上2。在贫穷国家中,人均收入与每少生一个孩子的价值之间也许有些正数关系,所以人们可以将印度的这一估计变换成更一般的估计,即出生率高的国家中每次防止生育价值相当于每人平均收入的150%或300%。

再者,一个国家的人口增长率较高,其少生一个孩子的价值或许也较高。这个假定反映了当前国际上对人口增长率的关切。根据假定在总的再生产率（the gross reproduction rate）介于1.7与1.3之间时，每少生一人的价值只等于总再生产率更高时的一半；当总再生产率低于1.3时，防止生育就没有价值了。（当然，一个连续函数应该更好些，但是很麻烦，而且每个国家当然应该用它自己估计值来取代这里所用的估计数）

作为一种正式表述，这里提出的任意收益函数 V_j（即国家 j 每少生一人的价值）是这样：

$$
\begin{aligned}
V_j &= 1.5Y_j, \text{如 } GRR_j \geqslant 1.7 \\
&= 0.75Y_j, \text{如 } GRR_j \text{ 介于 } 1.7 \text{ 与 } 1.3 \text{ 之间} \\
&= 0, \text{如 } GRR_j \leqslant 1.3
\end{aligned}
\quad (21\text{-}1)
$$

式中，GRR_j 是总的再生产率，Y_j 是国家 j 在特定年份的人均收入。

反应函数

反应函数是进行分析所需知识要素中最难估计的。它既包括实施各种计划的货币成本，又包括预期这些计划所带来的节育结果。假如能按每一种选用计划的多种不同的成本来估计反应函数，那当然最好，但却更加困难。因此，我们的讨论将局限于每一种选用计划的单一"标准"，估计这个标准的成本和效果。

首先是"标准"计划的费用。在20世纪60年代后期，韩国、印度及其他地方推行前述第3种方法，当时的资料提出，对每个避孕者付出费用的公平估计为5美元,在韩国,1967年每戴一个避孕环的费用平均为4.91美元①,而据波特的"中等"估计,给所有育龄的妇女平均安一个避孕环能少生0.64个婴儿②,这就是说,每少生一人的费用为7美元。1969年,罗宾森估计中国台湾地区和韩国每少生一人的费用为6—9美元,"主要依靠常规(方法)的计划……意味着……12—18美元"③,这些估计数是有关文献中最为精细的。突尼斯、阿拉伯联合共和国、洪都拉斯、韩国、土耳其、巴基斯坦等国执行的流动医疗队计划(mobile unit pragrams),"每个节育者的费用最高为16美元(突尼斯计划的中位数),最低为1美元(东巴基斯坦的中位数)"④,即每少生一人的费用最高为56美元,最低为2.50美元。在人均收入为100美元的国家里,所用每少生一人的费用是15美元。据此推论,这意味着在采用前述第4法和第5法(宣传加鼓励)的条件下,每少生一人的费用为45美元。(这个估计数与实施奖金计划时较高的奖励金并不矛盾,奖金的大部分并不是社会经济中真正的资源支出,而只是一人对他人的转移性付款,正如前面说过,已由 S. 恩克指出。我已经为每一种选用方法假定出一个不变的边际成本,因为决策单位是整个运动,而任何运动都是规模大到足以使其筹

---

① 参见 S. M. 基尼等:《韩国和中国台湾地区:1967年的记录》,载《家庭计划研究》第29期,1967年,第2页。

② R. G. 波特:《家庭计划规划中防止生育的估计值》,载《生育率与家庭计划:世界一瞥》,1969年版,第430页。

③ W. C. 罗宾森:《部分国家家庭计划规划中成本效果的试验结果》,1969年油印本,第14页。

④ G. S. 芒罗和 G. W. 琼斯:《家庭计划中的流动医疗队》,载《关于人口和家庭计划报告》,1971年10月,第25页。

备费用不过是全部费用中一个较小部分)

我们还必须考虑这一事实,即虽然大多数可能采用节制生育计划的国家收入较低,但它们的收入仍然有很大的差别,从而影响运动的费用。其中,人均收入较高的国家,节育费用应当高一些,因为人均收入较低的国家(按国际汇率计的)劳动成本较低(尽管收入较高的国家推行节育运动时在使用通讯运输设施上有更大的便利)。举例来说,中国台湾地区的高中毕业女生的工作报酬就比欧洲或美国低得多。(但是即使同样地尽忠职守,中国台湾地区的女生比起欧洲或美国来说,如当一名秘书,每天传达的次数也比较少,因为中国台湾地区的道路不好,又缺乏家用电话用以事前约定。)节育宣传运动的情况与此相似。在比较穷的国家,广播电台工作人员得到的(按汇率折算的)报酬就少些(但是那些国家有收音机的家庭也少)。

在收入不同的国家里,每一推销工作单位(例如每一千人中的一次家庭通话或无线电报)的费用可能与一次门诊、一次上门送花、一封国内信件的邮费、一份报纸的费用保持合理的比例。而且我的一次偶然观察表明,就是这种合力有助于较贫穷的国家这些事情的费用较低,并因为这种费用是单纯付给投入的劳动,而不是付给设备加劳动,也不是付给提供产品的单位,所以尤其如此。

但是这个函数的斜率怎么样呢?这个成本函数是否必须同人均收入一样变化呢?如有各国成套的消费品价格资料,就会得出好的估计,但这类资料不易获得。在没有这类资料的情况下,人们可能注意到,各国人均收入的差别在很大的程度上反映平均技能的差别。因此，投入劳动每一特定单位的费用应当比人均收入的变化较小。然而每个国家应当用自己特有的估计来取代这些一般化的估计。

假定别的条件不变，采用劝说和奖励方法的节育费用也一定比单用传授知识和供应物资的方法贵些。这是因为劝说实际上是传授知识加劝说。假如单纯传授知识就够了，就无须再用别的方法。这就是刚刚推行任何新产品时总是只要宣传它的特殊好处的原因。向已经说过"不买"的人推销产品，显然不如向一个新用户推销那样容易。这就说明为什么采用劝说与鼓励方法较之单纯采用传授知识的方法，其节制生育的平均费用必然会高些。

其次，我们必须考察不同国家的反应函数，因为以每少生一个婴儿的费用来衡量的每个节育计划的费用，显然取决于"推销"的难易程度。下面的估计是以这样的假定做基础的：那些在没有推动力的情况下就容易接受节制生育的人，如有推动力就会更加容易接受了。更明确地说，这里是假定"推销"的可能性是随着人们即使不受外界影响也会着手实行节制生育的可能性而变化的。这种推理是这样的：在某个地方，每个人都已经赞同避孕，出生率并未下降，也没有什么人还须对他讲解或劝说，所以没有"销售"出去（即其费用很高）。另一方面，在某个地方，没有人已经赞同或准备赞同避孕，那就似乎可能没有人或极少有人处于准备赞同的阶段。但是在某个地方，许多人正在实行避孕，那看来就可能还有许多人是准备避孕者，他们就是极易被开导去开始节育的现成市场。不过，这样的推论是否正确，还需要经验的检验，而

且这个函数的斜率自然比它的趋向更成问题。总之，下列每少生一孩子的成本函数可能是说得过去的：①

$$C_j^I = 15\text{美元} + 0.05（Y_j - 100\text{美元}）\sqrt{\frac{0.25}{D_j}}$$

$$C_j^A = 45\text{美元} + 0.15（Y_j - 100\text{美元}）\sqrt{\frac{0.25}{D_j}}$$

(21-2)

式中

C_j^I＝在采用传授知识和供应物资方法的国家 j 里每少生一人的费用；

C_j^A＝在采用宣传和奖金方法的国家 j 里每少生一人的费用；

Y_j＝国家 j 的每人平均收入；

D_j＝在不实行任何运动的情况下预计每十年的出生人数的下降率。

表21-1摘要列出不同的费用关系，并表明在每一种人均收入和各种不同的出生人数下降率的组合中每少生一人的费用。

表21-1可以这样看：在一个人均收入为200美元的国家里，在不实行计划生育情况下预计出生人数下降率每十年为20%，如实行传授知识和供应物资运动，则每少生一人的费用可估计为22.40美元；如实行宣传和鼓励节育运动，则每次少出生一人的费用可估计为67.10美元。

---

① 任何国家如果利用第二十二章所讨论的研究策略，连同使用该章建议的方法进行现场试验，肯定能对节制生育的费用做出更加精确的估计。

表 21-1 在不同的收入和出生人数下降率的条件下每少生一个孩子的假定费用

传授知识和供应物资运动的费用(第三种选择)

	%	每人平均收入(美元)				
		100	150	200	250	300
如不实行节育运动预计每十年的出生人数下降率	25	15.00	17.50	20.00	22.50	25.00
	20	16.75	19.60	22.40	25.20	28.00
	15	19.30	22.50	25.75	29.00	32.25
	10	23.70	27.60	31.60	35.50	39.50
	5	33.50	39.20	44.75	50.30	55.90

宣传和鼓励运动的费用(第四种选择)

	%	每人平均收入(美元)				
		100	150	200	250	300
如不实行节育运动预计每十年的出生人数下降率	25	45.00	52.50	60.00	67.50	75.00
	20	50.30	58.75	67.10	75.50	84.00
	15	58.00	67.60	77.40	87.00	96.00
	10	71.10	83.00	94.80	106.50	118.50
	5	100.70	117.40	134.10	151.00	167.70

再一个想法是,各个国家的计划工作必须估计一下,它们所开展的特定规模的运动所起的作用。我认为,假如国家 j 推行像中国台湾地区所用的传授知识和供应物资的那种运动,则任何特

定年份的结果将仍然同单独预测的出生下降率一样(即总下降将两倍于实行传授知识和供应物资运动时的预计出生下降率)。我选用"两倍"的根据是,在中国台湾地区城乡,凡是自1965年以来就认真实行传授知识和供应物资运动的地方,其出生人数下降率大约两倍于不认真实行的地方,[①]我是这样假设的,由于传授知识和供应物资运动的积极程度不如中国台湾地区或超过它,所以在国家 j,这种反应都将同花在节制生育上的每人平均费用是成正比的。[②]

至于第4和第5种选择,即宣传加奖励的作用,实际上还没有一点经验数据(这是一种需要通过试验加以改善的情况)。我简单地设想,这种作用将仍然等于一次充分传授知识和供应物资的运动,同预计的"单独的"出生人数下降的数量相同。就是说,如全面推行第4、第5种选择,包括广告并对每个不怀孕的育龄妇女每年给予相当于人均收入的或许50%的奖金,加上一种全面传授知识运动,则其结果将是预计独立出生人数下降率的三倍。

三倍于"自然"出生人数下降率,这个说法可能使读者产生怀疑。但是D.柯克在1969发表的《发展中国家的出生率:最近的趋势和前景》一文曾做了一次饶有兴趣的计算,它表明出生人数

---

① B.贝雷尔森:《国民家庭计划规划:我们立足之地》,载《生育率和家庭计划:世界一瞥》,密歇根大学出版社,1969年版,第40页。

② 这里对反应的估计,对于成本低的国家来说,或许是低了,而对于成本高的国家来说,又可能高了。这是因为有效性显然没有明确的界限,事实正好相反[即对于推销活动的反应是边际成本的递减的函数(参阅J.L.西蒙1965年发表的《广告中有规模经济吗?》一文)]。

的下降从开始以来,最近几十年比过去要更快些(见表21-2)。这就表明,出生率的下降比以前的设想快得多。

表21-2 1875年到现在各个国家年度粗出生率从35降到20所需的年数

出生率下降到35以下的时期	国家数	使出生率降到20所需的年数		
^	^	平均数	中位数	范围
1875—1899	9	48	50	40—55
1900—1924	7	39	32	24—64
1925—1949	5	31	28	25—37
1950—	6	23	23	11—32

资料来源:D. 柯克,《发展中国家的出生率:最近的趋势和前景》,载《生育率和家庭计划:世界一瞥》,1969年版,第85页。原始资料来自R. R. 库兹斯基(Kuezynski)的《出生率与死亡率的平衡》第Ⅰ卷,《西欧与北欧》第Ⅱ卷,《东欧与南欧》以及联合国的《1965年人口学年鉴》。

现在,某个国家的决策人应当可以将采用某种运动的成本与其收益相比较了。前者可用方程21-2或从表21-1去查找,后者则可用方程21-1去查找。假如实行传授知识和供应物资的每个节育运动的收益大于它的成本,这种运动就应当实行。假如宣传和鼓励运动所得收益也大于其成本,那就也应当实行。

表21-3举出三个说明性的分析,用的是印度、秘鲁、刚果(布)三国以经过粗略调整的联合国-柯克预测(换算为总的再生

产率）及上述计算为依据的各种估计数和计算数。下面就是计算表21-3中秘鲁1980年采用宣传与奖励方法那一栏的步骤：（1）估计在不实行任何特殊运动的情况下，每个未来阶段的出生人数。根据联合国统计，这个人数使秘鲁的总再生产率（GRR）达到2.17。（2）估计每少生一个孩子的价值。秘鲁的人均收入约为133美元，总再生产率（GRR）远高于1.7，按方程21-1得出价值为200美元。（3）估计因实行宣传与奖励运动，每少生一个孩子所需的成本。这个数字是得自：（a）在无特殊运动的情况下预计每十年的出生人数下降的一个估计值，它的数据在秘鲁是0.056（5.6%），在表21-3上表现为第1.1行的总再生产率预测；（b）一个每人平均收入估计值；（c）将这些数字代入方程21-2，得出秘鲁1980年的估计数为72美元。（4）将第2步的收益与第3步的成本相比。前者大于后者，因为秘鲁在1980年实行宣传和奖励运动，所以这种运动应当推行。

表21-3所举3例都表明推行传授知识和供应物资运动，显然有经济意义。但只有印度和秘鲁适于采用宣传与奖励法，刚果（布）则不宜。我们还看出，可以采用这些方法的时期是比较短的。就印度和秘鲁而言，宣传与奖励法或许是10年，传授知识和供应物资或许是20年。如果这些运动像我们假定的那样有效，则在那些已经出现节制生育的良好气候的地方，将很快就不再用这些方法。

必须再次强调，编制表21-3所依据的假定是带推动性的。当然，它们中有些可能完全错误。但是如果任何人有任何较好的假定，都可以提出来，并探索自己的结论。

表21-3 对不同家庭计划运动政策下的总再生产率成本与收益的预测

印度					
方法	项目	1963年	1970年	1980年	1990年	2000年
1. 不采取行动	1.1 总再生产率预测	2.8	2.6	2.35	2.0	1.7
3. 传授知识与供应物资	3.1 总再生产率预测	2.8	2.6	2.1	1.4	0.8
	3.2 每次节育的增加价值	N.A.	N.A.	150美元	100美元	0
	3.3 每次节育的费用	N.A.	N.A.	25美元	20美元	−
4. 宣传与鼓励	4.1 总再生产率的预测	2.8	2.6	1.85	0.8	N.A.
	4.2 每少生一人的增加价值	N.A.	N.A.	150美元	0	−
	4.3 每少生一人的费用	N.A.	N.A.	72美元	72美元	−
秘鲁					
1. 不采取行动	1.1 总再生产率预测	2.4	2.3	2.17	1.97	1.7
3. 传授知识与供应物资	3.1 总再生产率预测	2.4	2.3	2.04	1.64	1.10
	3.2 每少生一人的增加价值	N.A.	N.A.	200美元	200美元	75美元
	3.3 每少生一人的费用	N.A.	N.A.	24美元	24美元	24美元
4. 宣传与鼓励	4.1 总再生产率的预测	2.4	2.3	1.91	1.31	N.A.
	4.2 每少生一人的增加价值	N.A.	N.A.	200美元	150美元	−
	4.3 每少生一人的费用	N.A.	N.A.	72美元	72美元	−

续表

		刚果				
1. 不采取行动	1.1 总再生产率预测	2.8	2.75	2.7	2.6	2.5
3. 传授知识与供应物资	3.1 总再生产率预测	2.8	2.75	2.65	2.45	3.25*
	3.2 每少生一人的增加价值	N.A.	N.A.	100美元	100美元	100美元
	3.3 每少生一人的费用	N.A.	N.A.	33美元	33美元	33美元
4. 宣传与鼓励	4.1 总再生产率的预测	2.8	2.75	2.60	2.30	2.0
	4.2 每少生一人的增加价值	N.A.	N.A.	100美元	100美元	100美元
	4.3 每少生一人的费用	N.A.	N.A.	99美元	99美元	99美元

注：N.A. 不适用。

*原文如此，可能有误。——译者注

尽管我们将国家看成从事成本-收益分析的地理上的决策单位，这并不意味着在一些大国，全国各地应当采用同样的政策。事实上，对于大国的不同地区（例如城市和农村），我们应当运用非常相似的分析法，得出的结论也将是相似的：在那些降低出生率的势头最大的地区（通常是城市），要有意识地推行更为有力、花费更大的运动。这是同标准的市场营销思想一致的，即在反应函数较高的地区应当运用更加有力的推动方式，因为存在着推动报酬递减的现象。

三、小结

　　这一章介绍了对节制生育计划进行成本-收益分析的一种简单明了的结构,概括为上面列举的四个运算步骤,并以表21-3所举的印度、秘鲁、刚果三国为例。任何一国进行这一分析,都需要有一定的假定,但缺少这方面资料,而本章仅提出一些粗略的推断以代此用。最关键的假定是,任何一种节制生育运动可能成功的程度都是随出生率已经下降的速度而不相同的。这个假定作为一般命题是有重要依据的。但是如果应用第二十二章讨论的方法,每个国家都可以得到较好的估算根据。这种分析是假定,因节育而少生的孩子不会给他们自身及他们的父母带来非经济价值的损失。我希望任何国家首先系统地探索它的集体精神,然后根据这个假定及成本-收益分析来做出节制生育的决策。

第二十二章 节制生育市场划分策略,或如何推销避孕药具*

一、引言①

希望引导更多的人采用节育方法的社会计划工作者和希望劝说人们购买更多特殊商品的私人制造商们都面临着这样一个普遍问题,即为了推销避孕药具,以推动节育工作,在他们所工作的具体情况下,应该掌握哪些变量和采用什么方法,或者换句话说,社会或私人经销商品需要知道每一种推销变量所要使用的适当数量,广告的形式和数量,恰当的销售体系,个人销售数量和价格,等等,因此,本章的目的是讨论在各种不同情况下应该采用什么样的销售策略,以便最有效地推销节育药具。

---

* 本章是 J.L. 西蒙1974发表的《节育运动的分区和销售策略》一文的修订。

① 不应把本章中的任何部分理解成作者认为美国的生育太多。就其他国家的人而言,我相信他们的政策是他们自己的事,而且我没有权利把家庭规模的目标强加于别人,我的希望是人们应该能最大限度尽可能地自由选择,应该让他们根据最完全的信息,选择他们所想要的家庭规模,正如第十八章中所讨论的那样,有计划地传播节育知识是本来就需要的,因为它能增进人们实现他们生活目的的能力,即使一个国家的节育政策并无经济理由的话。完善的营销学能够有助于人们获得这类知识并加强选择。

第二个目的是协调那些鼓吹"只有经济发展才有助于"节育的人和那些鼓吹"节育运动已够了"的人之间的争论,并协调那些认为"广泛宣传很有用"和认为"宣传毫无用处"的人之间的争论。协调的方法是,证明争论的双方都有道理,但都不完全有理。过于粗略地概括在节育运动中,什么样的营销学有用,什么样的营销学无用,这已经引起了混乱。问题的根源在于人们已经把他们在某个销售区域的经验推广到其他所有销售区域。

销售学提供的唯一可靠的知识是,最好的推销策略必须取决于地点、时间,特别是推销给什么样的人这些条件。换句话说,最佳的推销策略很可能是因不同的国家,一个国家之内的不同集团以及不同的历史时期而有所不同,这就是市场划分的概念,是商业营销学的中心问题。

奇怪的是迄今还没有为抑制生育运动制订一个分区计划的正式意图,也没有确定这样做的意义。W. 施拉姆1971年发表的《家庭计划通讯》一文只是顺便提到过不同的准备阶段,但是仅此而已。E. L. 罗伯托1972年发表的《普及家庭计划所采用的社会营销策略》一文提出过一个分区计划,但仅仅是根据母亲的同等性和年龄提出的。

这里说的计划提供了特殊情况下有经济效率的推销技术和宣传手段。例如提出在牙买加——避孕的民间方法已被广泛接受的情况下,就该注重增加现代避孕药具的适应性并消除他们接受这些药具的各种障碍。在墨西哥和巴西的城市计划需要传播的是关于婴儿死亡率下降的事实,并说明已出现的经济发展对家庭的意义。又如阿富汗和达荷美农村,在婴儿死亡率高和经济发展的现状之下,目前只要保证提供少量的避孕药具和信息即可。

本章的大意都由结论中的表22-6加以概括。

二、一个理想的分区计划

让我们考虑一个理想的分区计划,这就是一个有能力的销售商所应该选择的方法,因此,把他的销售区域划分能够进行特殊推销活动的若干区域。一个理想的划分实际上是做不到的。但是,这样一个计划对于制订一个切实可行的分区计划是有指导意义的。

图22-1就是一个理想的分区计划,这种计划按照要求避孕的程度为顺序是这样的:

1. 人们现在是否节制生育。极少数夫妇在他们的一生中完全节育。同时极少数夫妇在他们的性生活中一点没有想到避孕的可能性,但是,肯定对于这个问题的态度是大不相同的,所以首先是对节育的人和不节育的人加以区别。

2. 在节育的人中间,有些人用人工的"现代"节育药具(现代方法的地区),有些人用"民间"方法(民间方法的地区)。①

3. 在那些不节育的人们中间,有些人愿意(希望)节育,而有些人不愿意节育。

---

① 现代避孕方法包括口服避孕药、打针、子宫帽、化学杀精剂及阴茎套等;民间避孕方法包括体外射精、安全期避孕法以及禁欲等。

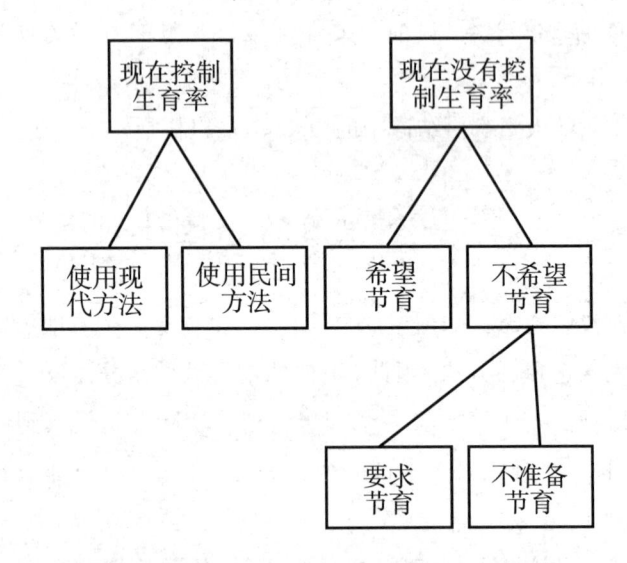

```
         ┌─────────┐              ┌─────────┐
         │现在控制 │              │现在没有 │
         │生育率   │              │控制生育率│
         └────┬────┘              └────┬────┘
              │                        │
        ┌─────┴─────┐            ┌─────┴─────┐
     ┌──┴──┐    ┌──┴──┐       ┌──┴──┐    ┌──┴──┐
     │使用现│    │使用民│       │希望 │    │不希望│
     │代方法│    │间方法│       │节育 │    │节育 │
     └─────┘    └─────┘       └─────┘    └──┬──┘
                                             │
                                       ┌─────┴─────┐
                                    ┌──┴──┐    ┌──┴──┐
                                    │要求 │    │不准备│
                                    │节育 │    │节育 │
                                    └─────┘    └─────┘
```

图 22-1　避孕药具推销市场划分的理想规划

4. 在那些不希望节育的人们中间，有些人可能很快地转变他们的想法，如果给他提供更多的节育资料（适合节育部分），而另一些人不管你给他提供什么样的节育资料，也不可能改变他们的想法（不准备节育部分）。

现在让我们考虑在这些市场销售区中，都用什么推销办法可能鼓励人们避孕。

三、采用现代避孕方法的地区

社会计划工作者对现代避孕方法不感兴趣，其原因除了帮助发展更好的避孕药具以外，他们对这一地区社会计划没有更多的事情可做。但是对商业经营者来说，这个地区是他们的主要兴趣所在，因为这个地区是他们的基本市场。

当然，这地区的市场规模，国与国之间很不相同，并且随着时间的推移变化很大。1972年瑞典大多数成年人属于这一部分，而在达荷美只有很少人属于这一部分。

对于已经使用现代避孕药具的市场区域，销售者应该怎样出售他们的产品？很多地方销售避孕药具是非法的（或者直至最近还是这样的）。例如，在土耳其、阿拉伯国家以及康涅狄格州就都是这样。在这些情况下销售避孕药具是一种越过边境走私商品的行为，因此零星销售这类商品是黑市交易并保持分散性质，在美国，"过去阴茎套通常是以预防疾病的名义，由药店偷偷地卖给顾客的"。

20世纪70年代美国销售避孕药具显然仍然是保守秘密的，人口计划协会在头些年的业务中，出售数以百万计的阴茎套都是"秘密——无需去药店买，而是接受要求后，以邮寄方式出售的"[1]。

在这样的非法气氛下避孕药具行业是一种黑市交易[2]，出售者基本上是消极的。

---

[1] 另一种重要的要求占他们销售量重要部分的，是要求购买药店不出售的阴茎套，如有颜色的和某种形状的阴茎套。

[2] 可见，20世纪70年代，美国许多财团和政府机构把出售避孕药具的商店看成是一种"公用事业"，并要求这类商店支持社会福利事业时，这类商店的经理们感到又惊又喜，就不足为奇了。

但是那些已经使用现代避孕药具的人即使不向他们积极推销,也都是现成的用户。他们往往从朋友、亲戚、医生和药剂师那里寻求关于目前有哪些避孕方法,从那里获得避孕药具信息。这种推销网的效力,表现在美国口服避孕药的增长速度上。从1960年到1965年这五年内使用避孕药具的夫妇由0%增加到27%[①]。而且美国前些年盛行非法流产,说明人们即使遇到可怕的障碍仍然能够获得节育的市场信息。

对于生产者来说,在这样的情况下推销避孕药具似乎涉及下述几件事:(1)制造好产品;(2)广泛提供销售点;(3)阴茎套定价合适,特别是给药房以适当回扣;以及(4)把口服避孕药和子宫避孕器具出售给医生时,药店售货员要详细介绍。

一旦避孕药具被合法地和公开地接受,避孕药具的制造商就能运用在其他行业中所用的推销策略,像目前在日本、瑞典以及美国的情况那样。他们可能以强调新的产品较之其他产品更可靠和更方便,还可用一些小的改进,如颜色和包装等方面的改进去进行竞争,在避孕药具推销方面最恰当的策略要依据它们的制造方式,产品的新颖程度、市场品牌以及产品和品牌的其他特点而有所不同[②]。

[①] P. K. 惠尔普顿(Whelpton)等:《美国的生育率和家庭计划》,普林斯顿大学出版社1966年版。D. J. 博格:《人口原理》,1969年版。
[②] 改进销售策略的一般分析方法,见 J. L. 西蒙1971年出版的《广告管理》一书的第十四章。

四、采用民间避孕方法的地区和想要节育的地区

在最近两个世纪中,西欧生育率的较多下降可能是靠禁欲延迟结婚及婚后禁欲和性交中断法达到的,这些有效的避孕方法在目前仍然有许多人使用,例如在土耳其,1968年18%的已婚妇女采用体外排精法避孕,而只有不到10%的人用一种现代避孕方法[①]。

在想要节育的地区,那些明显希望节育的又不选择体外排精避孕法、经期推算避孕法或临时性的禁欲的人,他们与那些采用非现代避孕方法(民间避孕方法地区)的人具有类似的消费者特征,所以把这两种人放在一起考虑。

商业卖主可能乐意把避孕药具出售给这些销售区域。但是,由于经济的和历史的原因,非营利机构总要对这两部分人做很多工作,使他们接受现代避孕方法。因此,我们将采用非营利机构的观点。

正如常识所知,要成功地向两种人进行推销,必须使避孕药具具有可用性。这里包括物资可得性(销售地区分布)、经济可用性(价格)、社会可用性(接受能力和合法性)以及关于各种避孕药具可用性的知识。所有这四个方面都要同时具备。但是有

---

① 12%的人使用阴道冲洗法而不用杀精剂可能不是为了避孕的目的。参见F.奥兹贝和F.C.肖特1970年发表的《土耳其:1963—1968年节制生育实施中的变化》,载《家庭计划研究》第51期,1970年,第1—7页。

必要在下面把它们分开来讨论。

不过,在我们开始讨论之前,先看一看下述的两个例子,说明那些很想避孕但又很少使用药具的地区,增加药具的可用性就能很快地增加避孕药具使用的情况。在中国台湾地区,如表22-1所示,从1965年到1970年避孕药具的使用迅速增加。结果显而易见,虽然其生育率从1954年到1960年以每年2.3%的速率下降,但是从1963年起(当公众避孕药具分布计划开始的时候)直至1972年,其生育率以超过5%的速率下降[1]。在韩国,已婚妇女实施避孕(包括绝育)的比例在政府积极鼓励的分配避孕药具的期间从1964年的21%上升到1970年的42%[2]。

表22-1 中国台湾地区妇女实行控制生育的比例

妻子的年龄	1965	1967	1970	1973
22—24	3	7	13	30
25—29	17	23	30	48
30—34	31	41	55	68
35—39	36	50	63	69

资料来源:R. 弗里德曼等,《生育率趋势,家庭计划的实施和家庭规模的选择:中国台湾地区,1965—1973年》,载《家庭计划研究》第5期,1974年,第280页。

---

[1] 参见 S.M. 基尼和 G.P. 塞南达:《中国台湾地区》,1970年版。
[2] 参见 J.A. 罗斯和 D.P. 史密斯:《韩国:1964—1967年全国四个KAP调查》,1969年版。

虽然人们使用民间避孕方法,而且尽管避孕实践的大量增加是在避孕药具的可用性没有急剧增加的情况下发生的。但是在韩国和中国台湾地区却有充分证据表明,通过家庭计划增加子宫内避孕器和其他避孕药具的可用性有助于加快节制生育的发展①。

现在让我们分别考察避孕药具的各个方面。

物质可得性

在民间避孕方法流行和要求节育地区增加避孕药具的使用,要求有足够的可以买到避孕药具的地方。如同其他的商品推销一样,充足的销售店是推销避孕药具的一个必需的因素。的确,从马格丽特·桑格开始在纽约开设诊所的时候起,一直到中国的赤脚医生走遍中国的每一个乡村偏远地区为止,避孕药具的实物可得性已经成为推动非营利性节育运动的一个主要因素。W.施拉姆指出:"一个计划如果没有适当的临床诊断服务是很难完成任务的,韩国的首尔在1968年一次无计划的试验证明了这一点。这个地区的官员把被批准给妇女子宫内放入避孕器的医生的数目从100减少到10(100个人中的60%是积极工作的),而这些医生在遍布全城的九个保险中心工作,由于这个原因使新接受避孕的人在两个月之内降到以前平均数的四分之一。后来,当这个城市购进用作临时诊疗所的六辆篷车,完全接受避孕措施人数又上

---

① 虽然尚不能从数量上说明中国台湾地区居民和韩国居民的大部分是属于采用民间避孕方法和想要节育的人。但正如我们以后将要看到的,我们有理由这样推测。

升了。"① 由于许多国家采取限制措施（这是应该的），没有医生处方就不能很方便地得到口服避孕药，以致缺乏医生限制了口服避孕药的实物可得性，因此，妇女子宫内放避孕器和避孕注射剂都需要一个医疗分布网。

建立许多新的代销店需要资源，即使对一个相当富裕的国家来说，让代销店专为销售避孕药具而开设，是不合算的。另一种明显的情况是在所有的国家里已经有极大数量的商业代销店——私人店铺，在一个私营企业的国家里，大多数人属于推广现代避孕方法的地区，或者即使分布在现代避孕方法、民间避孕方法和要求节育地区之间，并且在那里没有法律障碍，则那里的商业推销体系可能为阴茎套提供一个相当多的代销店（这类国家的大部分人属于城市区域，这是为发展一个有效的私人代销店分布体系而提供基础设施的重要因素）。

但是，在一个只有较小比例的人属于推广现代避孕方法的地区，并且也只有较小比例的人属于民间避孕方法和想要节育地区的国家中，其商业分布体系则可能发展得不是那样快，以致还不能为这两个地区的人服务。中国台湾地区和韩国就是这种情况，而且这些地方改善避孕药具的销售方式，是国家计划取得重大成就的原因。

由政府部门促进私营销售活动的先驱是印度的尼罗德推销计划（Nirodh Marketing Program）。该计划有六个主要商店负

---

① W. 施拉姆：《家庭计划通讯》，载《关于人口和家庭计划报告》，1971年4月7日。

责广泛地把避孕药具推销到最小村镇。每个主要商店承担为每一个地区所有的代销店（共有170,000处）贮存阴茎套,并且对零售商店低价批发,使零售店能够按低价零售(3个要2分钱)并仍能获得微薄的利润,尽管印度大多数人大概还不属于民间避孕方法和要求节育的,但是尼罗德计划已经取得足够的成就而将继续下去。这说明这样的一个计划在印度这样的国家中会取得更大的胜利。

很多人都希望尼罗德计划可供所有发展中国家作为一个典型来用,但是,国与国之间以及一国内部各个地区之间的情况不相同,例如农村人口稀少的伊朗,找到私人商业公司带有延伸到极小村庄的商业代销网是非常困难的；① 但是,在伊朗却有少数这样的商业网——软饮料、阿司匹林、香烟、火柴、茶叶、糖,也许还有肥皂。香烟是政府的一种专利,原来以为,如果政府想要销售阴茎套的话,则似乎应该使得它们如同香烟那样特别好卖。但是每个地区专利事业的经理都是政客,他们都不主张为私人所得而增加营业量。因此,这就需官方具有相当大的独创精神和能力,但是迄今尚未出现,推销煤油显然与推销阴茎套是实质上不相容的,"其他商店也不愿意把它们公司的名字与阴茎套联系在一起"②。

在这样的一个难以两全其美的僵局面前,人们开始幻想,为什么不简单地在每包香烟里放进一个阴茎套,依靠吸烟把阴茎套

---

① 我感谢罗伯特·吉利斯皮向我提供有关伊朗的资料。
② A.D.利特尔:《哥伦比亚、伊朗和菲律宾避孕药具的商业销售》,载《关于人口和家庭计划的报告》,1972年8月。

送给需要它的人呢?这一来,可能回避地方所有关于阴茎套的销售问题,但是,这样的一个计划当然不能在明天,或者,甚至在下一个星期就能实现。

再说一遍,适当的避孕药具销售方式对于劝说用民间避孕方法和想要节育的人都用现代避孕方法是非常重要的。

经济可用性

商品的价格对购买的数量能有一个大的或者非常小的影响。关于避孕药具的价格对于属于民间避孕方法和想要节育的这两部分人的重要性我们知道得不多,但是,有理由认为对于那些根本不准备用避孕药具的人来说,避孕药具的经济可用性不是一个使用上的障碍,即使给那部分人免费提供避孕药具也不会引起避孕者的突然增加。可是另一方面却有证据表明,即使对于发达国家来说,避孕药具成本大小也是关系重大的。L.雷恩沃特等1960年发表的《穷人的孩子》一文引用过美国一个低收入家庭的对话:"你丈夫愿意避孕吗?""他嫌避孕药具太贵,宁可花钱喝啤酒。"同时在中国台湾地区,免费供应子宫避孕器比花半价供应带来更多的避孕接受者(见表22-2)(低价供应会从未来时期"借来"一些避孕接受者,但总的效果几乎都是避孕接受者的增加。同时没有因减价而"破坏市场",因为在几个月之后避孕接受者又恢复到原来的水平)。尽管我们并不充分了解,如果降低避孕药具的价格或者甚至完全免费取用,则用民间避孕方法和想要节育的两部分人中会增加多少避孕接受者,但是不完整的证据却说明费用可能是一个重要的因素,那些认为避孕药具的费用无关紧要的读者,应该记住,在发展中国家这笔费用对于按人口计算的收入来说,可能代表一笔值得注意的费用。①

表22-2　1964年中国台湾地区的子宫避孕器接受者比例和每个接受者的计划成本(按访问方式分类、平均成本)

询问方式	接受者的百分比(%)		每个接受者的计划成本(美元)	
	免费	半价*	免费	半价*
直接通信	2.3	1.2	0.75	2.02
家庭访问	6.8	4.3	0.75	2.00
集合调查	2.4	8	1.70	4.00

资料来源:W.施拉姆,《家庭计划通讯》,载《关于人口和家庭计划的报告》,1971年4月7日,第37页。

*0.75美元。

经济可用性的问题所包括的内容比消费者对各种避孕药具零售价格的反应还要多,如果避孕药具是免费供应,则零售商无利可图,从而也就不能刺激他们经销避孕药具。单给他搬运(携带)这类商品的津贴也不起作用,因为他为了取得津贴而将商品搬进他的店铺,却不愿为出售这种商品而操心。最多能够做到把商品免费供应给零售店,并且大概为他固定一个能够出售的价格。但是从零售商的观点看来,甚至这个最大利润的零售价格或许还不足以使他欢迎这种产品。何况再从其他的社会观点看,避孕药具零售商这种最大利润的零售价格几乎肯定是太高了。

---

① 所有发给避孕夫妇的奖金都是因抚养子女的成本增加,而不是避孕药具价格的变化,因此这里不予考虑。

避孕药具的成本对避孕实施可能是一种障碍,但是它对于那些属于采用民间避孕方法和属于想要节育地区的人来说这种障碍究竟有多大我们还不知道。

社会可用性

社会的观念和关于性道德的态度极大地影响着属于民间避孕方法和想要节育地区人们的性行为。例如没有子女或子女过多都可能被视为不道德,使用避孕药具可能被视为一种犯罪。使用阴茎套可能属于禁例,因为它和卖淫相联系[①]。这类观念和态度是使用避孕药具的一种障碍,对于这两部分人使用避孕药具来说排除这类障碍是一个重要问题。

但是排除社会障碍是困难而又复杂的。例如,有些迹象说明伊朗农村轻视阴茎套,因为与卖淫有关。而在这些乡村里口服避孕药就要比阴茎套有销路。但如果附近有较大的市镇卖避孕套他们就去买,否则干脆不用它。

另一种社会障碍是由于在多子女家庭或者在过分拥挤的居住区里缺乏分居住宅而引起的。这种障碍如果严重的话,则那些没有种种麻烦和不方便的避孕药具才合用。

可是,社会障碍并不仅仅存在于采用民间避孕方法和想要节育的地区。甚至在英国和美国,阴茎套与其他的商品如肥皂相比,还是较少地被公开接受,英国的阴茎套制造商说,在政府帮助下,推广阴茎套的所有事情当中,最重要的一件事就是开展一个

---

① A.D.利特尔:《哥伦比亚、伊朗和菲律宾避孕药具的商业销售》,载《关于人口和家庭计划的报告》,1972年8月,第14页。

使用阴茎套是"体面"的运动。

为了增加避孕药具的社会可用性要做些什么呢？由于婴儿死亡率下降，都市化和教育的普及，时间将可能改变社会上对避孕药具的不利态度，但是政府不希望等待，具有特殊性能的一些产品如口服避孕药、子宫避孕器以及避孕针剂等都能够战胜某些社会的障碍，这就是进一步研究前列腺和其他新的避孕药具的一个很好的理由。在采用民间避孕方法和想要节育地区进行适当的广告宣传，能使避孕实施获得较大的社会方便性，但是，看来还没有这样做。

简言之，减少对避孕药具的社会障碍有助于在民间避孕方法和想要节育地区实施避孕。但是关于如何做到这一点，则知道不多。

信息的可用性

要把有关避孕药具变化的信息同其可用性的其他方面密切联系起来。在增加避孕药具销售点的同时，就告诉人们到哪里能买到这些药具，正如削减避孕药具成本时，即告诉人们减价的信息。

在采用民间避孕方法和想要节育的地区开展一个推销避孕药具运动，可以成功地利用对可用性做大量宣传的工具进行简短报道，因为已经不必对避孕的动机进行宣传。需要传播的信息主要是避孕药具的可用性和可接受性。

关于避孕药具信息的传播也能够减少对避孕药具危害健康的畏惧，一方面是可以通过宣传，弄清楚口服避孕药和子宫避孕器对健康危害的真正性质和大小。另外一方面是在最近采用子宫避孕器的许多国家中谣传子宫套妨碍性生活。可以通过大量的宣传和说服工作把这种恐惧减少（虽然不能彻底消除）。在对采用民间避孕方法和想要节育地区开展宣传运动时，有必要提醒人们关于性病的危险和一次多余妊娠的代价。

在研究传播信息的这一阶段，人们可以从大量宣传工具中学到东西，这一点是不需要证明的了。许多关于计划生育的知识、态度以及实践情况的研究或相对于传播工具进行比较的研究，都证明人们学到关于家庭计划及其内容是不难的。只举一个例子，当询问韩国首尔居民，他们从哪里学到关于家庭计划的知识时，47%的人说是电影，8%的人说是杂志，7%的人说是报纸，6%的人说是传单，还有3%的人说是电视。如果再希望他们说出一个以上的来源的话，46%的人说他们是从邻居那里学到一些关于这方面的知识，22%的人说是从家庭计划工作者的家庭访问，18%的人说是从保健站或家庭计划诊疗所那里学到的。这些结果是对于其他一些家庭计划知识的研究都是有代表性的，就因为这些宣传工具在可以达到地方，都能使这种信息家喻户晓[①]。

简言之，要在采用民间避孕方法和想要节育地区增加避孕药具的使用，必须增加避孕药具的物质的、经济的以及社会的可用性。这三种可用性缺一不可，它们依靠加强信息传播互相结合起来。有些新成果能帮助克服社会障碍，例如少女观念，我们对此知道得很少。增加避孕药具可用性的计划可以大大帮助缩小要求节育和实现节育之间的差距。我们可以从表22-3看到这一点，该表说明在中国台湾地区推行人口计划期间，不想再要孩子

---

① W. 施拉姆：《家庭计划通讯》，1971年版，第32页。

又不用避孕药具的夫妇比例下降得非常快①。

表22-3 中国台湾地区不再要孩子但又不用避孕药具的夫妇的比例

妻子的年龄	1965	1967	1970	1973
22—24	8.4	8.0	6.1	14*
25—29	24.2	18.6	17.2	20
30—34	42.0	32.8	25.8	20
35—39	53.7	37.3	30.1	24

资料来源：R. 弗里德曼等，《生育率趋势，家庭计划的实施和家庭规模的选择：中国台湾地区，1965—1973年》，载《家庭计划研究》第5期，1974年，第287页。

* 以20—24岁为基数计算。

五、适合节育的地区

在适宜于节育的地区和不准备节育的地区之间有一个连续统一体系，其范围包括两个方面：一是那些如果给他们提供更多的避孕信息，将很容易改变他们对家庭规模和避孕实践想法的人；二是那些不管给他们提供什么样的避孕新知识也不可能改变想法的人。尽管这二者之间有连续性，但是为方便起见，我们将

---

① 举一个例子（1966）说明避孕药具的信息、分配和经济三方面的可用性相互结合的影响：有一份中国台湾地区的报纸上刊登一个两英寸的广告，宣布削减口服避孕丸邮购价格，结果就是多做626笔生意。任何邮购商人都知道这类反应是惊人的。参见 L. P. Chow 的《中国台湾地区：实验论丛》，1966年版。

只讨论这个连续体的两个极端。

虽然社会态度和宗教信仰能影响人们对家庭计划的态度。但是，令人信服的证据说明，这些客观因素是：儿童死亡率，收入，教育机会与居住地点以及与此相关的生儿育女的费用和收益，都是人们决定其家庭规模大小和是否需要节制生育率的重要的和基本的决定因素。根据这一种看法，只有那些现在不希望节育而他们的想法又很容易改变的居民才是那些客观条件适宜于低生育率而尚未认识到这些客观条件的人们。事实上，这些就是他们维持生存的客观条件，例如，要考察婴儿死亡率。人口学家和统计学家都发现，虽有相当的科学工具，却很难知道一个国家中各种人群的真实婴儿死亡率。因此，一个门外汉需要一个相当长的时期，用不定期的观察方法去认识婴儿死亡率的变化，看来这似乎是有道理的。观察教育和就业机会的情况大概也是这样。一个勉强维持生活的农民不大可能马上知道他的子女就业机会结构有什么变化。但是大力宣传便可有效地传送这些信息，从而缩小理想的家庭规模，并增加对接受避孕措施的准备。

墨西哥的大部分城市人口，甚至包括相当多的农村人口是属于适合节育地区的人口，如果真是这样的话，那么对这个地区的最适宜的推销策略，是指出与该地情况有关的一些客观事实，告诉人们婴儿死亡率下降，新职业要求较高文化水平，需要增加教育经费以及由于农民流入城市，提高了城市抚养儿童的费用等等情况，在一个比较贫困的社会中，指出家庭规模与儿童健康之间的关系也是恰当的。

生动的广告对于这种推进避孕是至关紧要的。某些政府宣传人员认为唱歌、标语及"木偶戏"等用于推销肥皂或软饮料的一套技术是适宜的,但是这类推销策略肯定不适合推广避孕药具。而且有些试图凭空创造出恰当技术的社会科学家也犯了许多错误,例如轻视大规模宣传工具,臆想要尽可能把"传播信息的总量减少到最小限度",臆想有一个"传播限度",最坏的情况是不关心获得一种响应的费用,或者不检查各种广告稿本的成本等等①。

对于适合节育地区的宣传工作,包括对客观情况如实报道的各种宣传。这意味着采用这类宣传技术:如"长篇宣传稿",新闻故事,由家庭计划工作者参加的节育讨论和研究宣讲团以及节育教育影片等。为了推销肥皂和软饮料而在电影或无线电广播反复广播广告的方式,对于节育宣传是无效的。这种情况有些类似发展中国家的农业推广工作者试图驱使农民去试用一种新种子所做的那样,农民相信的是事实和逻辑推理,而不是那些令人迷惑的标语口号,像谷物的产量一样,关于家庭规模和节制生育的问题是非常重要的,除非进行一系列有效的说服教育,否则是不会见效的。但是当环境适合于出售和采用避孕药具时,进行说服教育的宣传工作才可能有效果。不过对于这种主张的切实有效的经验性支持仍然不多。

这里所讲的方法刚好同印度家庭计划工作者所选择的方法相反。"他们(印度家庭计划工作者)决定提出一对夫妇所要孩子的特定数量的规定,并把这个规定数量在所有宣传工具以相同的

---

① 参见 D. J. 博格:《对印度从社会学上纠正家庭计划宣传通讯规划一些劝告》,载《家庭计划研究》,1963年版。

方式加以宣传,把它弄得简单易懂,并且持续宣传直至所有的人都知道家庭计划是合法的,并懂得它有什么意义"①。

六、不准备节育的地区

世界上有很多人生活在使得他觉得总想要有许多子女的环境里。农村婴儿死亡率高,新增孩子可以成为老年的一笔可靠投资,印度农村是不准备节育的一个典型的地区,当问及一个典型的印度农民②,"为什么有六个孩子?"他回答说:"可能要死掉两三个。"

在这种情况下,任何推销的努力都不可能要人们相信应该少生孩子③。像有些广告宣传员、心理学家及政府官员过去所认为

---

① F. 怀尔德和 D.K. 泰基:《印度开展新的节育运动的动力》,载《人口》第 5 期,1968 年,第 775 页。

② 根据对印度北部厄塔·普雷德什地区费齐巴德村(Faizabad)的人类学研究(包括直接观察和调查),K.H. 古尔德(Gould)得出结论说:"该地区的资料提供了可靠的证据表明:这些家庭的生育行为是完全合理的,他们决定不接受家庭计划,特别是在其发展的早期阶段是如此。他们之所以做出这样的决定,其理由是他们根据自身所处的社会和物质环境而做出了现实主义的估价。"(原文无出处)

③ 总之,正如一个广告心理学家所说:"通过广告不能强迫消费者去购买。"当行动涉及某些重要事情的时候,这一点更是如此。广告宣传可以使人饮用另一个商标的啤酒,因为这是一个不太重要的变化,但要改变人们已牢固树立的如何生活的观念,则因经济上不可有这种变化,便更加困难。阈下意识宣传的历史与这一点有关,不管心理学家最初怎么相信,阈下意识的广告宣传,即电影银幕上出现的广告一闪而过,等不到人们理解它们,甚至要使人们在电影院里吃玉米花、喝可口可乐都不起作用了,也是如此,简单的事实就是广告宣传很难左右别人。对于这一点,我原来作为一个职业广告家和十年的广告学教师是深信无疑的。

的那样,在这种情况下实现较低的出生率简直就是一个"像动物繁殖"一样的"愚昧"和"原始的"村民进行开导启蒙的问题。不过这是愚蠢之见。事实胜于雄辩。我们宁可这么说,这些都是明事理的人,在他们所能见到的实际情况之下,是会做出的合理的决定。但是这也并不是说当他们希望节制生育的时候,他们的计划很完美无缺,或者说知道了如何节制他们的生育,而是说在这种情况下大多数生育出于父母自愿[1]。

我已经说过这种运动方式在不准备节育地区是不会成功的,这一点需要说得更加精确一点:(1)马迪逊-艾文纽式(Madison-Avenue-type)的运动与上面所介绍的对这些销售区域的运动形式相比将减少按每美元计算的节育接受者;(2)这种运动分摊到每个节育接受者或每个防止生育者身上的费用将大于任何政府所可能估算的每个接受者或每个防止生育者所得的利益,而其他运动花费一些钱将显得是合算的(即使每一个接受者的费用高于采用民间避孕方法和想要节育地区进行运动时的费用)。把这个问题说得更精确一点,对不准备节育地区采取积极的推销运动,每个节育者或每个防止生育者的费用将高得令人难以接受[2]。

为了正确地说明这些有关不准备节育地区的意见,应该考虑这种类推广法。假定你和你的配偶想要4个或更少的子女,则按

---

[1] 关于这个问题的证据,见 J. L. 西蒙1974年发表的《节育运动的分区和销售策略》,第一章。

[2] 不过,应该指出,在任何国家的任何时期,即使大部居民属于不准备节育者,至少也会有少数人属于想要节育的或采用民间避孕法。一个有节制的廉价的可用性计划将使这些人在相对少的节育费用下,变成接受节育的人。

照你们的生活条件没有变化,你是否认为任何方式的推销运动,在任何形式的说服宣传下,会使你相信你们要有6个或8个子女以代替目前你们所选择的子女数目。不准备节育地区就是这种情况,只是他们的生活条件有所不同罢了①。

在这种情况下,如伊朗和阿富汗山区,只有条件起了变化才能改变控制生育的实践。那里婴儿和儿童死亡率高而且收入低,只有保健和经济条件有变化时,才能有效地改变家庭规模和避孕实践。这些必要的变化,就是一般包括在经济发展之内的改进保健事业,增加收入,更多的工作机会以及改善教育设备,等等。随着这些变化的发生,人们就会转变到准备节育这一部分,并且变成推销避孕药具的潜在对象,因此,在不准备节育地区的生活条件开始发生变化之前,就考虑向他们推销避孕药具是没有多大意义的。

七、理想的和实际的销售区域划分

至此我们讨论了一个理想化的情况,并使销售者能在此情况下把潜在的"用户"按表22-1中的销售区域分成几类地区。但

---

① 向印度农村"推行"节育的最早、最长也许是最有力的尝试是卡纳研究(Khanna Study)计划。该计划15年后所得的结论是:"这种家庭计划方案的主要成就是促使早已实行节育的一半到四分之一的夫妇改用更有效又方便的现代避孕方法。"(摘自 J.B. 怀昂和 J.E. 戈登的《卡纳研究:旁遮普村的人口问题》,哈佛大学出版社,1971年版)

第二十二章 节制生育市场划分策略，或如何推销……

是，同大多数理想事物一样，这种情况不可能彻底达到。例如，在韩国这样的一个国家，可能有相当多的人分别属于表22-1中所列的6个项目。然而并没有只对一个地区，而不对其他地区进行分发印刷品或电影宣传的工具，这意味着推销避孕药具运动的计划者不能完全地把推销策略和针对各个地区的不同情况进行不同宣传工作很好地结合起来。（在某种程度上，面对面的家庭计划工作者能够灵活地对每一类对象选择切实可行的推销策略。但是，具有广泛影响的宣传工具在任何卓有成效的避孕药具推销运动中，大概都是一个重要的组成部分）

一个理想的避孕药具销售区域划分计划的最重要的贡献，就是它首先迫使计划者要为每一个不同的地区设计出切实可行的销售策略，然后为每一个销售者所经销的各个人口群销售对象选择最佳的服务策略。例如在一个国家的西部大多数人属于采用民间避孕方法和想要节育的，而这个国家的东部大多数人属于适宜于节育的，那么他就可以在一个国家的西部和东部分别采用行之有效而又不同的销售策略。

如果在一个地区的人们分别属于极不同的部分，就会产生令人感到难以解决的问题，适宜于这一部分人的避孕药具推销运动并不适合于另一部分人。在这种情况下，除非认真而且详细地考虑每种运动在多大程度上以整个人口群为目标，否则是没有解决办法的。如果能把各个不同人口群视为在所有方面都是互不相关的，而且对于基地人口的推销运动完全没有反应的话，则最切实可行的政策，假定不存在预算方面的束缚，就是对每个人口群竭力发挥新增加的推销努力，直至每个接受避孕者新增加的费用变得高于新增加的利益为止①。但这是一个需要非常仔细考虑的政策,因为来自针对任何特殊集团的每个地区的推销努力,对于一个集团之内的所有人来说,至少是有些利益的。如果一定情况下,这种间接效果显著的话,当然应该计算在内。

八、各个地区推销研究的鉴别

销售的有效分区,需要计划者准确地知道在每一地区中的一个给定的人口群中究竟有多少人,要做这样的决定必须有一个完善的探讨方法。但是,说来容易做时难。

准确地确定有多少人是属于采用现代避孕方法的和民间避孕方法的并不难。询问人们关于他们避孕实践的有效方法是已经有了的,而且许多使用者都会告诉你,他们用的是什么避孕药具。比较困难的是决定其余人口是不是属于那个部分,因为还没有提出什么成熟的探讨方法。乍看起来,提出问题要人们回答"想"要几个孩子或别人"最好"要几个孩子,这就行了。其实很快就会发现人们对这类问题的回答,都不是真实的生育率和避孕措施的可靠预示。

这里有一些证据:(1)国际横截面数据表明,几乎所有发展中国家,平均完全家庭规模都大于平均所报的理想家庭规模②。

---

① 这里假设,对于商品推销总存在报酬递减的问题。请参见 J. L. 西蒙:《穷国的人均收入和生育政策》,1970年版,第一章。

② 参见 B. 贝雷尔森:《关于生育率的 KAP 研究》,载《家庭计划与人口规划》,芝加哥大学出版社,1966年版。

而且虽然在国际横截面资料中实际家庭规模与理想的家庭规模之间有某些联系，但是这种关系并不是牢固的，正如图22-2所示，其虚线表明，如果"实际"家庭规模等于"理想"家庭规模的话，则那些黑点都该在什么地方。(2) 国际横截面资料似乎表明，实际家庭与理想家庭规模之间的不一致与此相同。(3) 大约从1965年到1973年中国台湾地区的时间序列资料表明"想要"孩子数量的变化，比总生育率和避孕实践的变化少得多，而且早得多，虽然从1970年起前者的变化已大大下降（见表22-1、表22-4、表22-5）。

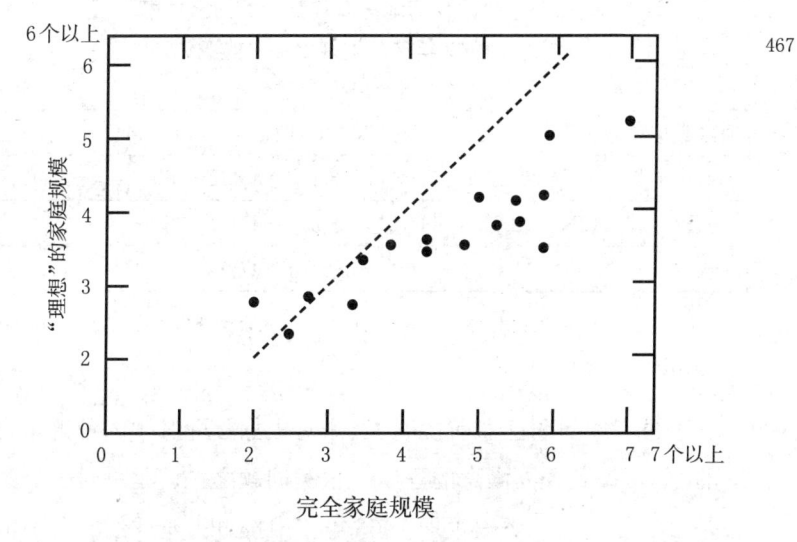

图22-2　20世纪60年代早期按国家分的完全家庭规模和理想家庭规模（近似的）

资料来源：B. 贝雷尔森，《关于生育率的KAP研究》，载《家庭计划与人口规划》，1966年版，第659页。

表22-4　中国台湾地区以妻子的年龄分类的想要孩子数目

妻子的年龄	1965	1967	1970	1973
22—24	3.73	3.56	3.56	3.0
25—29	3.76	3.59	3.56	3.0
30—34	4.05	3.92	3.80	3.3
35—39	4.3	4.2	4.1	3.6
22—39总计	4.01	3.8	3.8	3.2

资料来源：R. 弗里德曼等，《1961—1970年中国台湾地区的生育率趋势》，载《人口指数》第38期，1972年，第160页。

表22-5　中国台湾地区以年龄分类的出生率
（1964—1969年年龄类别出生率的变化）

（%）

地区类型	15—19	20—24	25—29	30—34	35—39	40—44	总生育率
城市	-7.7	-11.7	-11.2	-28.1	-43.3	-55.6	-20.4
镇	+21.9	-2.0	-11.7	-28.5	-47.5	-54.9	-18.4
农村	+18.4	+2.6	-9.0	-288.8	-47.9	-55.4	-17.4

资料来源：R. 弗里德曼等，《1961—1970年中国台湾地区的生育率趋势》，载《人口指数》第38期，1972年，第151页。

不过有些问题已向前发展了，一对夫妇接受避孕的预测是合理的，并可做到令人满意的程度。这类问题之一就是一对夫妇过去是否实行避孕。下表说明1965年年中按过去避孕经验分类的台中市节育规划[①]。在过去已经实行避孕并且也流产过的人中，

[①] R. 弗里德曼和J.Y. 塔克什塔：《中国台湾地区的家庭计划》，普林斯顿大学出版社，1969年版，第155页。

有83%的人已接受一种避孕方法,而18%的人属于从来没有利用任何被认可的避孕方式实行避孕。

过去避孕经验	接受者的比例%
从来没有实行避孕	18
过去流产过	58
实行避孕而未流产过	53
实行避孕,有流产	83

另一个有用的预测方法就是要看这对夫妇是不是说他们"打算""很快"接受避孕,根据以前声称的意图把中国台湾地区家庭计划中的避孕接受者进行分类,说明在声称以后要实行避孕与接着实行避孕之间有一种密切的联系。

声称的意图	接受避孕者的比例%
将很快接受避孕	44
将最终接受避孕	15
将不接受避孕	19

还有一种有效的预测方法,就是这对夫妇已有全部子女人数是否比他们说现在想要的人数更多或者更少。1965年的中国台湾地区家庭计划中的避孕接受者的一部分,是那些说过他们最多的子女已超过他们想要的人数的人:

想要的家规模	避孕接受者的比例 %
至少还要两个孩子	11
至少还要一个孩子	24
已有想要的人数	28
已超过想要的人数	45

如果没有现成的调查资料,家庭计划工作者应该收集资料。但是,即使没有合适的资料可用,他也能根据其他资料做某些有用的推测。例如,如果出生率高而且稳定,同时经济不发展,则可以推测绝大多数人属于不准备节育的;如果出生率低,则可以推测人们可能是属于采用现代避孕方法;如果出生率从一个高水平迅速下降,则可以推测绝大多数人属于采用民间避孕方法,想要节育的或适宜于节育的。但是,收集资料并不太难,家庭计划工作者不应依靠这类粗略的指数。

九、节育运动所应花费总额的成本-收益计算

本章提出的分区计划是为了说明哪类运动适合哪种条件。但是,家庭计划本身并不说明运动应该是什么样的规模,即运动的预算应该多大。这个问题只能用明确的成本-收益分析来决定,如第二十一章所做的分析那样。但本章的分析则前进了一

步，提出了更好地用于主要节育措施分区的辨认法。由于采用这种辨认法，应该有可能提出比第二十一章中的方法更准确得多的反应函数。因此我们可以更精确地决定，在增加反应的收益下降到低于用以获得它的成本之前，应该为既定的节育运动花费多少钱。

理想的运动是用不同地方的几种既定的开支水平，进行一次小规模示范性试点。于是用一种简单的计算方法即可决定哪一种支出水平是最好的。先按照每一种支出水平计算避孕接受者的人数；然后必须从一次防止生育价值的一次总分析（见第二十章）开始，去测量每一笔销售的收益。然后用各种不同的人口统计方法计算出每个避孕接受者所希望的防止生育的次数。然后将这个防止次数乘以每次防止生育的价值，即可得到由于推销运动的增加所引起的防止生育的总经济价值。最后应把这个计算出来的收益和推销避孕药具运动的成本相比较，看看所得收益是否超过这些成本。例如 S. 克里什纳库玛1972年估计过，在埃纳库拉姆运动中每完成一个输精管结扎，可防止2.0—2.2个孩子出生。然后再将这个数字乘以78,423个绝育者，得到防止170,798个孩子出生。再以此数乘以每防止一个孩子出生估计可得收益950卢比，这样即得总收益163,000,000卢比。将此数同估算成本10,900,000卢比相比，则说明所得收益远远超过成本，而且这样的家庭计划是值得进行的[①]。

---

① 参见 S. 克里什纳库玛：《喀拉拉邦最早的群众性输精管结扎营的试验》，载《家庭计划研究》第8期，1972年，第177—185页。

在所有这些成本-收益的分析,必须认真使用收益和成本的正确概念。例如克里什纳库马为埃纳库拉姆输精管结扎术运动所做的分析,是把付给避孕接受者一笔奖金包括在成本之中的。但是,从国家的观点看,这笔钱不是成本,因为它们只不过是把某些人的钱转移到其他人的手中[1],如果省略这笔费用——正像他们应该这样,则节制生育运动甚至要比现在显得更有成效。当然,如果家庭计划工作者有一笔固定的预算基金,则由于物质刺激必须从预算中支付,他就不会这样认为了。但是,在这种预算情况下,家庭计划工作者不应仅仅在他的固定预算范围之内工作,把所有的钱都花光了事。如果他有一个将取得相当大的成果的计划,那么他就该准备更多的钱,看看究竟要花费多少。

十、综述和结论

一次推销节育药具运动的完善计划必须使该运动适合作为销售对象的那个特殊地区。这里描述的是一种按照基本用户节育方面的不同特征进行划分地区的计划(表22-6)。销售分析应为下面每个地区的最合适的推销运动提出整套方案。

采用现代避孕方法的地区

这一部分包括那些普遍使用人造的、现代避孕药具的人,瑞

---

[1] 参见 S. 恩克和 P. 德米尼关于这个问题的争论。详见 S. 恩克1961年发表的《再评输精管结扎奖励计划的高效率》和 P. 德米尼1961年发表的《政府支付限制人口的经济学:评论》。

典的大多数人属于这个销售区域。这里不详细说明有关的销售方法，因为这一部分不是社会计划者关心的所在，还因为按照现代避孕药具的产品、商标以及其他现代避孕药具市场的特点而有许多不同方案。

采用民间避孕方法和想要节育的地区

这两个部分分别包括那些不使用人造避孕药具而节制生育的人和那些想要节育而现在还未实行的人。中国台湾地区和韩国的许多夫妇在20世纪60年代的群众性的家庭计划运动以前都是属于这两个部分。针对这些地区的特点，推销运动必须增加避孕药具的可用性，包括避孕药具的自然分布，合理售价，清除社会障碍以及关于避孕药具可用性的信息传播，等等。广告宣传可以成功地利用大量宣传工具快速传播信息，因为没有必要宣传那些有关避孕动机的议论，只需要宣传避孕药具的可用性和可接受性。

适宜节育地区

这一部分包括那些现在不想节育，但是如果给他们介绍更多的节育资料和知识，就会相当容易地改变他们的想法的地区。墨西哥的城市（或许还有农村）的大部分人口可能属于这个部分，向这些地区推销避孕药具除了增加避孕药具的可用性以外，还必须把与他们生活上有关的一些客观事实（婴儿死亡率的下降，收入的提高，教育费用的增加）传播给他们，使他们感觉比过去有较少的儿童更为合适，对这些地区的宣传运动必须包括在印刷品上或收音机上发表长而详细说明"为什么"节育的文章，组织有家庭计划工作者参加的小组讨论和学习,以及教育影片,等等。适用于民间避孕方法和想要生育地区所做的关于可用性的迅速而重复的消息传播,对这些地区来说,则不如长篇的节育教育文章有效。

不准备节育地区

这个部分包括不想节育的人和那些即使对他们开展各种形式的宣传运动都不可能改变他们想法的人。阿富汗的农民基本上属于这一部分,对这一部分人做推销运动,可能产生的避孕接受者不够多,使人感到不值得为节育运动花这么多的费用,但是有可能在任何一个大多数人属于不准备节育的人的地区里,也还是有些人属于其他部分的,对于这些人来说给他们取得使用避孕药具的种种方便,则无论就经济性或社会福利而言都可能是值得的。

这里讨论的分区销售计划应辅助于调和那些相信只要开展推销运动就足以增加避孕实践的人和那些相信只有经济发展才能带来低生育率的人之间的分歧。当人们属于采用民间避孕方法和想要节育地区时,前一种意见是正确的;当人们已经认识到必须节制生育的时候,促进节育运动可以增加新接受避孕者的数目,并减少每个接受避孕者的费用。对于适宜节育部分来说,如果关于目前经济的和人口统计情况的信息传播可以促使那里的人们相信家庭计划是恰当的话,则促进节育运动也会同样有效。但是也同样正确的是:如果没有经济发展,则人们不会改变大家庭的愿望,而且即使充分进行最好的促进避孕运动,避孕实践仍将很难发展。对任何地区而言,都不应否认两种思想流派之间的分歧;他们之间的分歧起源于不能详细地说明或确认他们的方法所适用的范围。

表 22-6 避孕药具分区销售计划概要

地区	特点	初次鉴别	二次鉴别	主要属于这部分的说明性地区	可用的销售方法	可用推销宣传的(主题)
现代避孕方法	现在使用现代避孕药具	在调查中对避孕实践的回答是肯定的	低出生率的人口群	瑞典,美国的城市	随避孕方法和卖主某种商标推销情况而定	可靠、方便、安全、舒适以及其他,依产品和商标的特点而定
民间避孕方法	现在使用民间避孕方法如体外排精法和禁欲	在调查中很多人说他们采用民间避孕法	出生率下降和经济发展水平上升的人口群	1965年前的牙买加、中国台湾地区、韩国、19世纪的法国,也许还有前南斯拉夫和土耳其的部分地区	增加可用性,改进销售方法,降低成本,排除社会障碍,传播关于可用产品的信息	产品的可用性,现代避孕药具的合法性

续表

想要节制生育	现在不节育,可能想要节育	很多人说,过去曾经避孕或他们的子女多于他们想要的人数	同民间避孕方法地区	同民间避孕方法部分	同民间避孕方法部分	同民间避孕方法部分
适宜于节制生育	现在不希望节育,但是如果为他提供较多的节育信息则很容易改变想法	对避孕表示极少兴趣但属于死亡率下降、经济发展水平上升的人口群	同初次鉴别方法	墨西哥、巴西的城市	宣传死亡率和经济发展适合于节育的客观事实,保证实物的和经济的可用性	"你的客观环境特别需要节育,请看这里列举的这种实际……"
不准备节制生育	现在不希望节育但也不能轻易地改变他们的想法	属于死亡率仍然很高和人均收入低的人口群	同初次鉴别方法	阿富汗、达荷美	使那些少数有特殊生活环境的人便于取得避孕药具,从而引导他们节育	"如果你要节育,这里就是有效的避孕药具"

同样的道理,那些相信大量宣传工具可以无所不为的人和那些认为宣传工具毫无作为的人之间的争论,也是起源于不承认无论哪一种宣传工具之所以能够产生效果,完全是依赖于作为宣传

对象的人口特点而产生的,具有广泛影响的宣传工具,对于不准备节育的地区确实没有效果,但是对于其他部分却非常有效。

这种运动的决策人,必须具有种种方法用以决定他的销售对象集中于哪个地区。用于鉴别销售的研究方法已经提出,虽然这些方法还需要进行相当大的改进。

上述分区销售计划告诉我们,哪一种方式的节育运动适合于哪一种情况。然而,它并没有告诉我们,节育运动应该具有什么样的规模,或者说,需要多大一笔预算。只有借助于一种明确的成本-收益分析的方法,才能做出这种决定。

第二十三章 提要和结论

一、主要研究成果

本书最重要的结果是：

1. 就发达国家而论，当考虑到知识、规模经济和自然资源的作用以及一些传统因素，如收益递减和抚养的负担的时候，一种模拟模型表明，较快的人口增长最初比较慢的人口增长对每个工人的收入有一种消极作用，但是在一个时期也许是30年到80年之后，较高的生育率和较快的人口增长将会导致更高的每个工人收入（见第六章）。

2. 就发展中国家而论，适度的人口增长率终将比一个静态的人口增长或非常快的人口增长导致每个工人收入更高。证明这一事实的，是一个体现工作与闲暇选择和投资对需求影响的复杂的两个部门模拟模型（见第十三章），发展中国家最适度的人口增长率，因所选参数不同而在一个正增长范围内大有差别，这说明没有一个简单的分析模型是可接受的，也没有一个关于人口目标的最佳增长率的现成答案（见第十三章）。

一个国家的人口，反应参数如果适合于印度而不适合于一个更有代表性的发展中国家的话,则其人口增长的短期负效应更加严重,而其长期收益则显得更加缓慢。这意味着在所有其他条件均相同时,则认为印度降低人口增长比其他发展中国家降低人口增长的理由更加充分。

3. 在发展中国家的正人口增长率的一个相当大的范围内,每个工人产量的长期差别甚小,虽然同适度增长率相比,低的或零人口增长率的人均产量差得远,而极高人口增长率的产量则稍低一些(见第十三章)。

4. 在贫穷国家中,人口增长对于农民进行农业投资特别是灌溉投资有重大的积极影响,(见第十一章)

5. 发展中国家人口增长,对于社会基础结构,如公路的建设有很大的积极作用(见第十二章)。换句话说,较高的人口增长率将导致较多的公路,从而促使总的粮食产量和平均收入的增加,同时公路还有助于粮食销售,并因而避免历史上经常发生的以及最近在撒哈尔和孟加拉国发生的饥荒。

6. 人口增长对教育水平的消极影响,不像有的专家所推测的那样严重。多国横截面资料表明,发达国家和发展中国家较高的人口增长率对于在校学生人数比例和每个儿童的教育费用,或许有些消极影响,也可能根本没有影响。

7. E. 博塞勒普所描述的经济发展的"人口推力"理论和马尔萨斯提出的"发明拉力"理论之间明显的矛盾仅仅是表面上的。前一个理论适用于劳动力利用的发明(labor-using inventions),而后一个理论则适用于节约劳动力的发明(labor-saving inventions),二者在科技史上都是重要的。这两种理论彼此是相互补充而不是相互对立的(见第八章)。

8. 除非做出的价值假设,同许多人的明显或不明显的价值观念相反,不管做出的是哪些假设,他就不能单凭福利经济学推导出关于增加孩子的福利效应是正还是负的答案。因此,在发达国家或发展中国家中增加孩子的福利效应,不能单凭公认的经济原则来推导(见第十八章)。

9. 人口政策的公认标准,即人均收入(或每个消费者当量或每个工人的收入)是不能令人满意的,因为它不符合人民和政府所表露出来的偏好。于是这个标准的实施总需要对合适的贴现率进行一次困难的价值判断。

10. "防止生育的价值"的标准局部均衡的恩克式成本-收益分析,是内部自相矛盾的。一种根据宏观经济资料提出的计算成本-收益的方法令人满意,不过对于它的意义要持慎重态度(见第二十章)。也许出乎意料,这种较为全面的宏观经济分析方法,没有局部分析法的缺点,会导致一个高得多的一次预期生育价值的估计值,用科尔-胡佛资料和模型为分析依据,按1956年价格计算,防止一个孩子出生的价值大约是300美元,其贴现率为5%至15%。

11. 发达国家增加收入,会增加这种可能性,即一个没有孩子或子女很少的家庭会增加孩子,但是,如果这个家庭已经有了几个孩子,就会减少这种再增加孩子的可能性(第十四章)。

12. 发展中国家收入水平提高的长期总影响,是降低生育率,虽然增加收入超过生存水平的短期局部影响是提高生育率。

13. 将上述研究结果的第1、2和12条结合起来,就能否定马尔萨斯的以下中心命题:"(1)人口必然受到生活资料的限制;(2)只要生活资料增长,则人口一定会坚定不移地增长。"[1]这并不是说没有与这些命题有关的例外情况。例如尚未达到现代化的一些小岛的情况。但是对于今天世界上大多数的国家来说,马尔萨斯主义的这些命题都是不对的——正如对马尔萨斯所考虑到的西方国家来说,这些命题也都是错误的一样。本书提供的模型连同经验证据否定了现代计算机化的马尔萨斯主义模型,如D.H.梅多斯等人1972年发表的《增长的极限》一书提出的零增长模型。

14.关于自然资源,主要限制是能源,因为有了足够的能源,其他资源就能创造出来。而对能源的主要限制则是人类的创造力,因为能源的未来成本将取决于从原子核聚变和太阳能以及传统的能源中产生能量的新技术。更多的人意味着更多的创造力,所以如果其他条件不变,则人口增长可望对自然资源的供给有一个积极的长期影响。从短期看,新增加人口会增加资源的不足,但其影响不大(见第五章)。

15.关于人口增长是好还是坏,这样一个需全面判断的关键问题是人们用的贴现因素,也就是对短期未来与长期未来的相对权衡。人口增长对生活水平的影响(除开孩子对他们父母的乐趣)在短期内显然是消极的。在儿童们只消费而不能生产的年代里,新增加孩子就意味着减少每人的食物和教育,而且(或者)由此增加父母一代为满足新增加孩子需要的负担。因此在新增人

---

[1] T.马尔萨斯:《人口原理》,第5版,1817年和1963年,第12页。

口初期，新增加孩子对生活水平的影响是消极的，于是如果人们无视长远而仅仅重视这个初期的情况，则显然新增加孩子是一种消极的经济力量。

但是，另一方面如果把更遥远的将来看得重一些，那么新增加孩子的全面影响可能是积极的。这种积极影响将比消极影响持久得多，其实是无限的，并因而能够胜过短期影响，虽然对于长远的未来总是不如对眼前重视的。

经济学家用以概括一连串未来影响的方法是"贴现率"。低贴现率同高贴现率相比，它表示一个人把将来看得更重要，虽然未来时期多少总不比现在时期重要。

因此，一个人对于新增孩子全面影响的判断，完全取决于他所选择的认为适当的贴现率（假设新增孩子将在一段时期之后有其积极影响），如果轻视或无视遥远将来的社会福利，而仅仅重视目前的和不久将来的社会福利，则新增孩子就有消极影响。但是，把未来的福利和目前一代的福利看得几乎同等重要，那么现在增加的孩子就是一种积极的经济力量。在上述两种情况之间还有某种贴现率，它在给定情况下，标志着现在增加孩子的影响处在负值和正值交界线上。

简单说来，评价现在新增人口的影响是积极的还是消极的，在很大程度上取决于一个人对时间的看法。于是按照本书提出的经济分析方法，任何人只要持长期的观点并且对未来一代人的福利给予高度重视，他应该宁愿现在或最近将来有一种增长型人口，而不希望一种静态型人口。

而且无可争议的是，单凭经济学是不能决定一个国家应该执行什么政策的。一个国家的价值和信念是最基本的,而且能够确定政策的取舍。例如一个国家比另一个国家采取比较长远的观点,并且为了将来一代人的原因,宁愿在目前忍受较穷的生活,或者说,一个国家仅仅重视目前的生活水平,而另一国家为了有更多的人口,可能在目前接受一个多少偏低的生活水平。如我们中的一个人作为父母,可能决定宁愿要三个孩子过苦日子,而不要两个孩子生活得好些。每个国家最终必须为它自己决定这些价值判断,而且既不是经济学家的计算,也不是局外人的意见所能说服的。在我看来,这个极其重要的一点往往在讨论人口政策时被忽视。

二、本书提要

现就本书内容做一提要,便于读者回顾全文。本书第二篇介绍的是无关紧要的原始探索,是对有关论述发展中国家和发达国家生育率在短期和长期受某经济决定因素广泛而又迅速增大的影响的文献所进行的评述。在所有国家中,发现许多经济因素都是通过预算影响而对家庭生育决策起重要作用(见第十四章)。从短期看,假定其他情况不变,则较高的收入会导致孩子增多,而每个孩子的较高的预期成本将导致人口减少(见第十五章)。金钱奖励能影响多要或少要孩子的决定,但是这种奖励大概一定要比人均收入更多(见第十八章)。这些效应的特殊估计值已在许多不同情况下提出,可用于指导制订有关政策。

从长远看,收入和经济条件都能导致越出预算效应的各种结构的变化,儿童死亡率的变化,妇女教育的变化及由此发生的妇女就业机会成本的变化,都市化的变化及由此孩子成本与收益的变化,等等。总的说来,在发展中国家,这些由收入引起的各种结构变化都对于生育率有消极影响(见第十六章),收入和经济发展的这种长期降低生育率的效果,即人口转变,是断定马尔萨斯"沉闷"分析已经无效的一个重要因素。

第十四章及其附录是为了解决这种似乎矛盾的说法,即收入对出生率的简单的横截面关系,通常是负值的,而整个商业周期中的时间序列关系又是正值的。已经发现这是一种统计上的人为产物,其原因在于横截面关系中包含着通过教育和其他生育率降低变量的收入的长期间接影响,而在短期分析中则这些影响不起作用,只会出现收入的直接影响。

第三篇包括一组关于经济增长的福利和市场经济方面的文章,本书前两篇是描述的和"实证的";本书的第三篇则与此相反,是规范性的:它讨论如何确定关于人口规模和人口增长率的政策以及如何贯彻执行这些政策。第二十章得到的结论是:不可能从普通价值和经济判断范围去根据经济观点得出关于人口增长是好还是坏的任何结论。换句话说,所有试图得出关于人口增长的有效结论的福利经济研究都是以许多不明确的价值判断和经济分析为依据的,其他同样似是而非的判断或分析只能与此相反提出一个不明确的结论。第十八章的贡献在于识别和分析,这些经常隐蔽的假定,并说明这些分析的含糊复杂性,使得这些假设明确化,并且考虑合理的其他假设。第十八章打算限制有关人口增长的传统福利经济学的范围,并且说明价值判断对于人口增长问题是极端重要的。

大多数福利经济学的讨论都是干脆用人均收入作为最佳标准。第十九章就是讨论这个标准,进行研究并且说明用这个标准去普遍检查人口政策是非常不够的。人均收入这个标准越过出生率的狭隘范围就很快地导致荒谬之说,而且不符合人们行为所表明的愿望。因此人均收入在人口规模和人口增长的讨论中当然是一个非常容易引起误解的标准。

有些地区生育率高,死亡率低,而且极少使用现代方法控制人口。可能有人认为这些地区单凭人均收入就可以检查人口政策。但是这类地区推行节育运动仍然需要一个评定成本-收益的标准,以便明确是否值得推行。这里常用的一个概念是根据人均收入标准计算的防止生育的价值。第二十章说明运用标准局部均衡分析法计算"节育价值",是有许多致命缺点的,但是该章继续说明,一个发展中国家经济发展的短期模型——印度的科尔-胡佛模型,可以真正计算出这个"节育价值"。

在运动开始之前,对一个国家广泛开展的节育运动进行成本-收益分析总是不明确的,但又是必要的。第二十一章说明,如何用不同方法和在不同情况下,把降低生育率的成本函数的一些假设和节育的估计值结合起来,以便决定在不同的情况下,哪一种形式的运动是值得采用的,并以少数不同国家为例,提出说明性的分析。

第二十章更具体地讨论不同情况下开展节育运动所需合适的分区销售计划,并分别研究按避孕药具用途、节育要求及客观的保健和经济情况分类的每个销售区。这种全面计划分别为各个销售区域提出最有效的销售方法。该章还涉及怎样把市场研究和区别不同销售区结合起来的困难。

本书的第一篇是三篇中讨论最深入和最广泛的。它探讨关于人口增长率对发达国家和发展中国家经济的影响。第二章提供人口经济学的一些理论渊源,并讨论一般模型和基本变量。由于发达国家情况不太复杂,所以首先讨论它。第三、四、五章讨论有关变量的经验证据,而这些变量都是代表人口增长影响发达国家的一种定量模型所需的。它们包括人口增长对储蓄、教育及劳动力的影响,还包括传统的收益递减现象和包括对自然资源影响的规模经济。

然后在第六章中建立一个数字模拟模型,关键问题是如何估价新增人口所创造的新增技术知识。这里用的是两种方法:(1)按照剩余法,认为知识作用是和规模经济及自然资源的效应分不开的。而且进一步认为,在考虑到物质资本和劳动力及教育都增长之后,这种效应的复杂性是同索罗及丹尼逊等人所做总生产函数研究中的"剩余"相一致的,因此提出的关键设想是剩余规模是人口规模的一种函数。(2)按维登方法运算,生产率的变化率决定于总产量(的平方根),这是一个根据多种经验证据得来的估计数据。

再把无论根据"剩余"方法的劳动力规模还是根据维登方法的总产量所得来的反馈效应和一个科布-道格拉斯(Cobb-Douglas)生产函数合并起来。将这些模型在为人口增长对储蓄、劳动力参加率和教育的影响所做不同假设的条件下进行运算。这些试验都是在几种人口增长率和许多不同假设条件下进

第二十三章 提要和结论

行的。

这些结果都是明确不含糊的,并且同包含在按最近模拟方法运算的所有古典模型中的常见知识是直接对立的。经过一段按工人的人均产量较低的最初时期之后,较高的出生率变化就终于在少则几十年多则百余年以后变成较高的按工人的人均产量。换句话说,只要知识的发展连同规模经济及自然资源的正值收益,连同资本淡化负效应结合起来,则用"剩余"方法或维登方法计算出来的知识的、规模经济的以及自然资源的效应便很快抵消了来自资本的收益递减。这就说明从长远看人口增长对发达国家的生活水平是有正数效应的。

第七章介绍的是一般发展中国家模型。与发达国家模型不同,发展中国家模型既需要农业部门也需要工业部门,而不能在发展中国家模型中把每个潜在工人提供的劳动量假定被外生因素所固定。因此,就要用总生产函数的最佳切线和闲暇-产量无差异曲线来解这个模式。

发展中国家模型的关键参数估计值必须用几章篇幅来加以探讨,因为这方面的研究过去做得太少了。人口增长和家庭规模同经济发展之间关系的关键变量就是农民为提高生产量所愿意投下的劳动量。这个问题在第八章中结合人口经济史上适度理论的争议问题,第一次进行了研究。一方面是马尔萨斯主义的"发明拉力"假说认为,劳动力变量对已做的工作量不起作用。"发明拉力"观点认为,外生发明是一种增加产量从而使人口增长的一种潜在力量,而这种增长一直要持续到这种潜在力量耗尽为止。相反,"人口推力"假说则确认,经常有大量能提高产量的有用知识存量，但是这要以紧张的劳动为代价。按照人口推力论，只有当人口增长和需求量增加迫使人们愿意从事更多额外劳动时，这些发明才被采用。根据考察，发明拉力假说看来适用于这些发明，即把这些发明运用于技术操作实践能节省劳动。而人口推力假说则适用于另一些发明，即人口水平更高时（而不是立即）能采用节省劳动的发明。这两种形式的发明在经济史上都有重要意义。因此这两种假说按照历史的解释，都是一致的，而且是相互补充的。由此可见，闲暇-产量的选择以及人们对于这种选择的偏好，对农业经济的生产率是一个重要因素。

然而，解释历史完全不同于预测既定人群将以更多的劳动去适应已增加的人口的这种可能性。为了估计这个参数，第九章就是讨论人口增加时，一人口群所面对的各种选择，而增加他们的劳动仅仅是其中的一种选择。已经根据分散的来源引证许多数据，以便提出一个劳动适应参数的定量估计值。

关于抚养系数和家庭规模对货币化的非农业积蓄的影响。已经充分讨论过，因此这方面的文献只是在第十章中加以讨论和分析。但是对于农业投资，特别是耕种者自己的非货币投资，则远远不够了解。第十一章的第一部分提供了联系人口增长与土地开发的历史证据，接着简略地研究了在各个不同国家中人口密度与灌溉投资的关系，并使得估计的灵活性适合历史证据，以及人口和投资两方面的证据都说明农业储蓄是充分积极适应人口密度增加的。此项关于农业投资的资料，为模拟模型中的一个参数估计值提供了依据，并且也说明在以农业为主的贫穷的发展中国家中，人口增长对农业储蓄的积极作用可能同对货币化的非农业

第二十三章 提要和结论

储蓄的消极作用是一样大的,这就意味着在发展中国家,人口增长对储蓄的净影响,除非进一步了解,就不能说它是消极的或者是积极的。

对于一个社会的经济发展,不仅私人资本而且社会资本也是重要的。为抚养新增加人口所需新增加的社会资本对于社会资源可能是一种消耗,这种现象已由科尔和胡佛仔细研究,并见第十二章的货币化非农业资本的讨论和估计,但是有些社会资本是为全体人民服务的,如公路、港口及其他社会"基础结构",它们的平均成本因使用总量增加而趋向于降低,同时这类基础设施则有助于各种社会活动的发展,例如特别是农业因为有了农场到市场的公路而得到好处。为此必须估计人口增加对增加基础结构的影响。第十二章的重点放在公路建设上,并通过引证的资料说明,增加人口密度与增加公路里数是紧密相关的。这种表示人口增加起积极作用的参数是按照可用于模拟模型的一种形式估计的。

人口相关参数的一般探讨说明很多问题,但是各国的参数当然不同,因此,为了了解人口增长对一种特殊经济体制的作用,必须为这个国家估计其特殊反应参数。第九章的附录侧重研究印度农民适应人口增加这一关键参数,就是以印度为例说明这种情况。所得的结论是:印度农民是通过更加努力从事季节性收成和农场投资适应人口增长的,但是,他们的适应有些不如其他发展中国家迅速。

第十三章综合发展中国家在人口增长方面的研究成果,这是一种两个部门模拟模型,用以体现人口增长对于同劳动-闲暇选择相互作用的愿望所产生的影响,对于投资和工农业以及技术变化的影响,以及对于基础结构和规模经济的影响,等等,所有这些还要加上诸如收益递减和抚养系数影响之类的传统因素,研究的结果大大不同于以前研究的结果。按照所有用广泛不同的参数进行的许多试验,其结果都是零人口增长比适度人口增长导致更加不良的结果。同样重要的是,在一个适度人口增长率的广大范围内,工人人均产量的差别比较小。

简言之,马尔萨斯和新马尔萨斯的著作,如《增长的极限》[①],都断言有一种"一切生物都有超过为它准备的养料的范围而不断增长的永恒趋势"。[②]这种说法对于人类社会来说是错误的。用马尔萨斯的语言来说:如果人口有一种按几何级数增长的趋势,产量也有一种按几何级数增长的趋势,至少有一种和人口增长一样快的趋势——而没有明显的限制。其他人也得到同样的结论,不过本书重新提供了与之相反的经验证据和定量分析。

三、为什么与以前的研究成果不同

为什么本书得到的结论同人口经济学研究的主流观点是如此尖锐地对立? 严重对立的结论有这些:(1)总的说来,发达国家人口增长对每个工人的收入有长期积极影响;(2)发展中国家的人口增长产生许多积极的经济影响,同样也产生许多消极影

---

① D.H.梅多斯等:《增长的极限》,1972年版。
② 马尔萨斯:《人口原理》,第5版,1817年,1963年,第1页。

响;(3)发展中国家从长远看人口有些增长比人口不增长更加有利;(4)在"适度"人口增长率的一个宽广范围内,发展中国家人口增长率对每个工人的收入有一个相对小的长期影响;(5)单凭福利经济学本身不能有效地说明人口增长的影响。

还有许多这种相同因素说明,本书的这些结论与其他著作之间的一些区别,也许其中最重要的因素是本书研究中的时间界限至少是30年甚至超过100年,而几乎所有的人口增长经济学中的数量分析,其时间界限都是少于30年或50年,按照我的模型,长时间界限考虑到需要一个相当长的时间才开始起作用的那些力量的影响,发展中国家新增加工人和他们的产量对总需求的影响很慢。发达国家的知识和技术进步仅仅在儿童进入劳动力队伍以后才开始发生,并且持续到一个人的有创造力的全部生命时间,因此积累这些影响是长时间的。这样的影响是不能从那些只具有30年或50年时间界限的模型中获得的。这就是为什么人口增长对需求和技术进步的这些影响不可能在其他模型中显露出来,即使那些模型已经包含这些影响。

按照文献中的短期模型,特别是针对发展中国家情况的科尔-胡佛的短期模型,在算术上不可避免的是:人口增长的主要影响是降低人均收入,因为在较高人口增长情况下有更多的人口分配与平常人口增长时同样的产量。这种算术效应所引起的人均收入下降,则为工人成为劳动力的最初几年里资本淡化而加剧。这里的模拟法因有足够长的时间界限让其他的力量显示它们的全部影响,所以能够得到许多不同的结果。

30年到150年的长时期的确相距太久,并因而不如短时间具有那样迫切感人的重要性。但是我们应该记住,我们的长期对于别人来说将是他的短期,正如我们的短期曾经是别人的长期一样。我们决定人口政策的时候必须无私地牢记这一点。

上述模型不同于以前的模型,还在于承认对人口增长压力的积极的社会和个人经济反应,而其他模型则都回避这些积极反应。经本书详细证实了的一种在发展中国家的反应,是为提高现在农业产量而增加劳动量,特别增加耕作劳动量。另一种反应是随人口增长而增加农业投资,并增加公路之类的基础结构的社会投资。其他模型所发现的增加子女的唯一社会和个人经济反应只是储蓄减少的消极反应。由于我的模型考虑到这些积极反馈效应,加上模拟的时间界限较长,所以这里提出发展中国家与发达国家模型所得的结果都不同于其他模型,并且有助于区别我关于发达国家模型的结果和其他人关于发达国家模型的结果。这些积极反应以及由此引起的积极影响,都不因自然资源稀缺而被排除,因为这些资源都是人类为了满足人们的需要而创造出来的。

导致增加一个人具有积极影响的这些因素,有它们的重要性。在发展中国家和发达国家之间有区别的是这些因素起作用的速度,因国家的特点不同而各国之间快慢不一。但是历史证据似乎断定新增加一个人,对于每个国家的作用或迟或早都将是积极的。

例如,读者或许认为印度如果过去少生一些孩子的话,可能现在的境况会好一些。但是应该想到,在过去四个世纪期间,直至大概半个世纪以前——这个时期印度的境况确实并不比现在好——这期间正是西方的人口增长迅速而印度却不存在人口增长或者增长较慢。而经济上稳步前进的却是西方国家而不是印度，因此根据这种常见的反证事例，可见较快的人口增长与较快的经济增长相联系，而较慢的人口增长与较慢的经济增长或经济停滞有关。

再说，人们能否设想，假如18世纪和19世纪英国的移民和出生率低一些，那么美国现在的生活水平就该更高一些呢？

第十八章的福利分析所得的结论是，仅仅从福利经济学不能得出关于人口增长的判断，而其他的福利分析却得出决定论的结果（功利主义者和其他人的结果现在是消极的，而早期的分析结果是积极的）。这个结论得自两方面，既由于这里采用较长的时间界限，还由于规定了认为可能的更广泛的数值，而且，这一种福利分析比其他分析做出较少的假设。当然，不同国家，即使它们的经济发展水平相同却有不同的需要，新加坡迫切需要降低出生率，而罗马尼亚则迫切需要提高出生率，理解这里所讲的任何事情都要从适合每个国家的特殊经济需要出发，因而可能提出一种完全不同于一般讨论的。

而且，不能单凭经济学决定一个国家应该执行什么政策。一个国家的价值判断和信念都是基本的，并能由此做出这个或那个决定。

简言之，这里得到的结论与其他模型极其不同，因为这里包含其他模型略去的积极反馈影响；因为这里用的是长期界限以便这些反馈影响和其他影响都能充分发挥作用；还因为我们这里承认了价值判断的重要性。

第二十四章 一些推测

本书作者通过探索,提出了几个关于人口增长的结论,但未能联系足够的经验证据,并经过严密的逻辑推理加以充分证实。然而我想除了指出这些结论的显然不足之处,至少还要把它们明显地说出来。希望读者体谅作者写出这些结论的心情,把它们看作是强加于人的陈述而不是本书科学材料的一部分。

1.降低死亡率并增强人民体质是发展中国家提高生活水平的最佳途径。经常有人认为(虽然这种建议通常认为是别人提出的),处理发展中国家人口增长的最好方法是允许保持高的死亡率。P.R.埃利奇说:"……我们应该看到联邦支持的生物药学研究,其大部分都涉及人口控制、环境保护科学及行为科学的广阔范围,而不涉及控制死亡的无远见计划。"[①]但是,我相信拖延降低死亡率方面的工作,并不能像大力改进死亡控制工作那样有效地获得一个低的人口增长率,何况道德上是不能容忍的。

世界上大多数父母将终于能够指望所有儿女都能长大成人。到那时,父母都将想要几个就抚养几个孩子,而不多要一个。于

---

① P.R.埃利奇:《世界人口:失去成功希望了吗?》,载《读者文摘》第94期,1969年,第137—140页。

是到那时贫穷国家的出生率将比现在低得很多,而不像现在期望寿命高的那些国家的情况,出生率可能仍然很高,使人口以一个高的比率增长,但是这将反映人们是能够负担得起的,正像在工业化国家中,收入增加似乎促使出生率上升,而收入下降(像20世纪30年代萧条时期)则使出生率降低那样,除大灾难之外,所有这些情况看来都是可信的,问题是如何使它很快地实现的。

健康对劳动量的供应也有一个非常重要的影响。1967年经济机会调查时,较贫困的回答者当中,健康良好的白人户主比不健康的户主多工作370小时。

我认为,走向上述那种美好情景的最可靠的途径是通过延长预期寿命,特别是降低儿童死亡率。最近的实验研究表明,当儿童死亡率下降的时候,儿童的出生率也下降[①]。而改进保育措施便是降低儿童死亡率最好的方法。

一般说来,除非把死亡率降得很低,父母们总将继续比他们想要的人数多生孩子,因为保守而合理的愿望总是偏高不偏低的。换句话说,父母们宁愿选择有较多的儿女而不选择太少,宁愿儿子过多不愿没有儿子。果真如此,则大大下降死亡率将对穷国的出生率发生惊人影响。

有趣的是很多从事人口计划的印度人,都已同意这种一般性观点。

简言之,降低死亡率,提高预期寿命和发展经济,是通向整个人类社会理想人口状况的最佳途径。

---

① T.P.舒尔茨:《死亡率和生育率之间的关系》,1975年版。

2. 目前的情况并不是新的。阅读关于人口的旧有书刊给人们一种印象,即现在世界上其实没有什么新东西,如第二章所述,今天反复讨论人口增长所用的概念都是 W. 戈德文和马尔萨斯著作中所见的相同概念。而且关于人口过剩和人口不足的通俗表述中所用的概念与语言都和所有历史讨论中的概念与语言相同,它使人们回忆起20世纪30年代人们担心人口过少的情况(但是图1-4说明担心人口变化是没有根据的)。另一方面,人们担心根据圣经的记载三千年前地球已经处于过分拥护状态。1802年当爪哇有400万人时,一个荷兰殖民官员描述爪哇是"失业情况下的过分拥挤"。① 现在印度尼西亚已有 125,000,000 人,还是说过分拥挤。最近的人口增长讨论中,常常使用"只有站票"(standing room only)这个概念,并且《只有站票》已经是罗斯在1927年写的一本书的书名,而且这个概念早就在马尔萨斯和戈德文的著作中见过。

本章的以下几节对何以会有关于人口过剩或人口不足二者非此即彼的恐惧提供一些解释。

3. 长期影响受到误解。在我们所有的人当中,似乎普遍趋向于以目前的困难推测将来,并仍然注意那些为目前困难所驱动的足以改变现状的各种因素。粮食供应和粮食价格,就是一个典型事例。例如1973年美国主妇们组织一次反对高肉价的运动,而有些人就把这种"匮乏经济"同人口增长联系起来。大约一年之后在报纸上刊登了一张由于价格过低,农民杀牛和埋葬小牛的照

---

① G. 缪尔达尔:《亚洲的戏剧》,1968年版,第974页。

片,照片说明是这样的:威斯康星柯蒂斯(Curtiss)的一位农民拿了一支枪对着一头牛的头,另一个农民正准备割断另一头牛的喉头,这两头牛是为了抗议牧场主付价过低在星期二宰掉600头牛中的两头。①

预测人口增长长期影响的困难,特别可能导致对人口增长的恐惧,因为短期费用是不可避免的,而长期收益则很难预测,从最近的将来看,例如就下一年而言,如果孩子比过去多了,则无疑人均收入将要减少。如果孩子多了,而短期内几乎仍然生产同样数量的食物,但是等着吃饭的人多了。而且较多的婴儿意味着对公共资源更大的需要,包括立刻需要更多的保健事业和更多的学校,这就意味着要从本来有助于提高人均收入的其他可能用途中抽调资源。换句话说,增加孩子或者一个较高的人口增长率就会使每个人可利用的资源比低人口增长率更加稀缺,而由此立即形成经济问题,增加儿童意味着教室更加拥挤和师资不足,或者说,更多儿童失学。较多的人口还意味着增加供水、供电、卫生设备及运输系统上压力,还有人行道和操场都更加拥挤。如果你的邻居多生一个孩子就会多收入学税,并将使你感到更加吵闹。

以后儿童成年,除非对经济做代价很高的调整,如提供更多的就业机会,否则新增人口将对就业带来更大压力,新增人口参加工作至少暂时会使每个工人的收入比原来降低一些。

新增人口对社会的短期影响与新增孩子对家庭的短期影响

---

① 《联合新闻》,1974年10月17日。

是非常相似的,即减少每个工人可利用的资源。从稍许长远些看,今天增添婴儿意味着在若干年后将使劳动力增加,但是土地、资本并不比过去稍多一点,至少在最初的时候是这样。因此,每个工人的生产产量将比过去低,对每个人的收入也将产生消极影响。

预测和理解长期可能的正收益是非常困难的。增加人口能够激发知识增长,加大有利变革的压力,发扬年轻人的朝气以及推动经济学家所说的"规模经济",即有更多的人形成较大的市场,因而往往会生产出更有效的生产设施。而且增加人口密度能够使运输、建筑、交通、教育系统以及其他各种"基础结构"比人口较少时更加经济。但是人口增长和这些有利的变化之间的联系是间接的和薄弱的。因此这些可能的好处不像短期的害处那样有力地引人注意。由于增加人口形成的知识增长的效应是非物质的,不易引起人们注意。论述人口增长的一些作者,只讲到增加更多张嘴巴和更多双手,但是从不提还有更多头脑来到人间。这种只注重物质消费和生产,可能是产生有关人口的错误想法和害怕人口增长的原因。

以上各段并不意味着总的说来,增加人口的效应是好的,而是我认为容易忽视这些积极效应,以致人们无可靠依据地认为人口增长的长期效应一定是消极的,而事实上可以充分证明:人口增长的净效应可能是积极的。

4.过分低估长期收益。前一节谈到人口增长产生的长期收益不易被人们理解,并因此人口增长的长期效应不如人口增长的直接成本受到重视。但是,为什么人口增长的长期收益在目前不如它在其他情况下受到重视,还有其他原因。

未来利益不被重视的一个理由是许多人不懂得过去和将来之间的连续性,虽然并没有科学验证说明这确实有一个基本间断时期。未来利益被轻视的另一个理由可能是今天的西方社会与过去相比,可能有较多的悲观主义和绝望情绪。

对未来有些低估是不可避免的,即使有长期利益,但这种利益总是不如人口增长的短期费用那样迫近。甚至在婴儿出生以前就需要增加公共医疗保健。但是如果未来这个婴儿发现一种理论,并将引出一大堆科学著作的话,那就或许一百年都感觉不到这些经济利益或社会利益。我们所有的人都比较倾向于轻视未来发生的事情,而重视目前发生的事情,正像你将要在20年后收到的一美元对于你来说其价值低于你目前手中的一美元一样。

但是民族情绪也能够影响对未来的贴现率,而目前的情绪都是不乐观的。例如,1972年的一份调查报告中有一段说:"在学生中间流行着一个日益增长的信念,即认为美国社会是一个病态社会……(学生们)都忧心忡忡。只有一小部分人相信,我们国家的政策将导致和平或经济繁荣……在1968年,69%的学生相信多劳多得,而则在1971年就只有39%的人相信了。"[①]

悲观主义必然比乐观主义反映出将来的贴现率较大,也就更加轻视未来而重视目前。"有儿女也是对未来有信心的证据……即使如此,在近几十年中,这种信念总是带着地球会被核战争全面毁灭的色彩。尽管如此,它总是对这个国家未来的一种信念,

---

① 《纽约时报》,1972年4月16日。

除非或直至它因这样的一些灾害,如超出一个家庭的、一个厂商的甚至一个国家的力所能及的范围之外的灾害而终止。相反,一个不变的或缓慢增长着的人口总是对未来缺乏信心的一个不明显的证据。"①

5.修辞学影响对人口增长的判断。对人口增长的恐惧被一些作家和演说家所用的关于人口增长的语言而加剧,例如"人口爆炸""人口污染"以及"人口炸弹"等术语。这些不仅仅是习惯于斟酌修辞的著名作家的流行语,相反,这些术语都是许多著名科学家和教授所撰写和通用的。一个例子来自非常著名的人口统计学家金斯利·戴维斯,他1970年为专业性定期刊物撰写的《人口增长的极限》一文中开始写道,"今后的历史中,20世纪可能被称为世界战争的世纪或被称作人口瘟疫的世纪"(着重点是引者加的),这类语言是过分的、捏造的和不科学的。②

---

① 西蒙·库兹涅茨:《人口变化和总产量》,载《发达国家的人口和经济变化》,普林斯顿大学出版社,1960年版,第336页。
② 这类语言暴露了包括现代反生育运动(anti-natalist campaigns)人的情绪。精神病理学家 F. 韦萨姆(Wertham)1966年发表的《该隐(即杀人者)的信号》一书中指出:许多这类术语带有暴力的寓意,如"炸弹""爆炸"以及其他许多污辱人类行为的词语,如"人口污染"。弗朗兹·范诺恩(Franz Fanon)从另一方面分析了这类语言:殖民主义者污辱人格,或说得坦率一点,把土著民族比作禽兽,事实上,他说到土著民族时,所用的词都是动物学术语,他们提到某种人的卑躬屈膝的动作,土著民族居住区的臭气熏天、污秽不堪、大量生育和做手势等。殖民主义者为描写土著寻求恰当的术语时,常常求助于当时的动物寓言……那些生动的统计数字的游牧部落,那些游牧民族人群,那些丧失人性的面孔,那些在地球上什么都不像的肿胀身躯,那些没有头没有尾的暴民,那些不属于任何人的孩子,那些懒惰的在太阳光下被迫懒懒劳动着的人群,那个生命单调枯燥无味的生活格律——所有这些构成了殖民主义者词汇的一部分(范诺恩:《地球的不幸》,1968年版,第42—43页)。

第二十四章 一些推测

在这样一家有声望的组织,如"制止人口爆炸运动"在一家报纸刊登的一幅整版广告上,可以看到这样的措辞:"我们城市的破房子里塞满了数以千计的小伙子,他们懒散成性,吸毒成瘾。按照目前的生殖率将在今后几年内还有成千上万的这种人走上我们的街头。"

"你在黄昏后外出要自己负责。去年每400个美国人当中,就有一人被暗杀,遭强奸或被抢劫。"(《控制生育就是答案》,载《纽约时报》,1969年5月25日第5版)

目前并没有为缓和害怕人口增长而开展反形容词的运动,也许是恶语取代良言这条格雷沙姆语言定律(Gresham's law of language)起作用的缘故。根据贬义词推理大概是现在美国害怕人口增长的另一个原因。[①]

6.我的总结论就是:经济人口学是一门令人振奋的学科。一百多年来一直把经济学看成"沉闷的科学",马尔萨斯认为,"一切生物都有超过为它准备的养料的范围而不断增长的永恒趋势"[②]。这就是说,人口增长常常趋向于把社会带到饥饿的边缘,但是本书的分析则认为情况恰恰相反,人口增长终将有助于把生活水平提得更高,因此,如果我是正确的话,那么经济人口学的确是令人振奋的而不是令人忧郁的一门科学。

[①] 这类词和概念对于人口问题是好是坏,有很大的影响,例如一个唯心主义的女青年在大学毕业班上所做的题为《救救人类》的告别词中说:"鲍尔·埃利奇博士和其他的人都说必须立刻采取行动……我要做的最人道的事情就是根本不要孩子。"(斯蒂芬纳·米尔斯:《救救人类》,载《家庭计划工作者》第3期,1970年,第11页)

[②] 马尔萨斯:《人口原理》,第5版,1817年,1963年,第1页。

许多学者都已经提出了反对马尔萨斯结论的观点。但是他们的主要理由并不是我的理由,有人认为技术有一种内在的机制,使它能够赢得同人口增长的"赛跑"。还有著名的戈德文和马克思则都主张社会的结构改革,特别是财富的再分配,能够解决这个"问题"。虽然我不反对把结构改革①或者技术变化作为一种独立力量的重要性。但是,我(有点像西蒙·库兹涅茨)把受到人口增长影响的技术和市场变化放在重要地位。我所看到的是一个具有决定性的经济因果顺序,而不是一场"赛跑"。因为"赛跑"的结局,取决于机会或是作为政治决策后果的一种结构改革。于是,本书的定量分析认为,从长远来看,人口增长的总影响大概总是积极的。

对我个人来说,经济人口学也是一门令人振奋的科学,因为我相信赋予世界重要意义的正是人类的生命。在我看来,一个没有人或者人很少的世界,就是一个没有意义或者没有价值的世界,因此我认为,我们的经济制度能够维持一个经常增加的人数这是好极了的事情。

根据一个人的观点,可以把近代人口增长看成是一个失败,或者也可以把它看成是一个胜利。一个人可能只注视着一个人口自然增长的飞快速度,把它作为人类不能以最切合实际的方式

---

① 西蒙·库兹涅茨在这方面是对的,过去和现在经济增长的历史,都有力地说明,不合适经济分析的非经济因素的重要性。这些非经济因素是纯粹的经济决策和因素规定条件的广泛的社会、政治和国际环境所决定的。因此,在处理无论发达国家或发展中国家人口与经济增长的关系时,除了人们所熟悉的经济因素之外,我们还必须注意那些国内的和国际的社会组织更广泛的方面。

控制人数的证明；一个人可以把今天的人口看成是过去各个时期人口的十倍、千倍、百万倍，并说：在过去较早的时期，人类没有力量维持这么多人的生存，但是现在人类已经取得了胜利，创造出足够的生活资料维持如此众多的人口。因此可以把目前人口的兴旺气象看作是带来好事、带来灾害或者是兼而有之。在我看来，目前人口的兴旺气象既是人类文明胜利的信号，也是在将来取得更大胜利的预兆，这真正是一个令人振奋而不是令人沮丧的前景。

附　录

对本书结论的常见异议和一些简单的反驳

林肯·帕斯舒特
朱利安·L. 西蒙

本书得出的结论同流行的公认观点及马尔萨斯以前的多数专业文献是背道而驰的。因而考虑到一些对本文的反对意见，或许是有益的。当然，本书全文，包括分析和经验数据，都是反驳这些异议的基本有关材料。不过，这个附录并非本书整体的一个组成部分，只是用轻描淡写的方式提出一些论证，供非专业读者而不是供专业人员参考。

一、"人口增长必须在某一时刻停止下来，增长到相当规模必定耗尽世界资源，甚至要买站票。"

正如本书所阐述的那样，当人们提出为什么美国或世界人口增长必须立即停止的问题时，自马尔萨斯以来，其标准答案一直是通过一系列的计算，说明人口成倍增长之后，地球或美国只有立足之地,或整个世界将变成一个人口群密集固体。这清楚地说明人口增长必须在某个时候停止下来。

现在让我们同意这一点:人口增长必须在某个时候停止。这正如任何其他增长过程到了某个时候也会停止一样。但是有什么理由人们要把"某个时候"提前为"现在",并且把"可能"改为"必定"呢?他们的理由不外有下述两方面,但都包含一个前提,不相信个人和社会能够做出关于生育率的合理又及时的决策。

第一,这种论点总是假定,如果人类现在做某种事,将来也不可避免地要继续做这件事。也就是假定,如果现在社会出生率高,则以后也高。但是,但人们不必由此相信,如果人们现在决定多生孩子,则将来他们也要按同一个比率继续无限地多生孩子。由此类推,也不能因为一个人今天多吃了一口馅饼,就意味着我们将担心他将来会胀死。如果他像大多数人一样,当他认识到在饮食上有个合理的限度以后,便会自动停止而不敢多吃。但是,许多人似乎把生育率和社会比作"醉汉"一样,只要他喝一次酒,便会醉倒在路上。

第二个普遍的假定是,美国的和国外的人们(特别是劳苦大众)生儿育女并没有经过合理的考虑,而且并不是想要这些孩子。然而,正如第十四章所述,那种认为"原始"人类生育频繁而且没有合理控制的设想是明显的错误。如果有人询问印度农村的居民为什么他们多生或少生孩子,一个已有五个孩子的男人的典型回答是:"两个或许三个都会死掉,所以我希望至少要两个孩子长大成人。"根据 L. 克齐维基1934年和 M. 内格1962年的考察,在许多最"原始的"民族中,澳大利亚土著部落和美国印第安人部落,白种人刚刚到来之后,他们出生的婴儿就比较少,而且养大的甚至更少。这是因为这些"原始人"做了有意的选择:个人方面的选择(如:禁欲,杀婴和流产)和社会方面的选择(如:规定禁忌性交的时期)。①

人类不同于动植物,他们能够预见并能为了"避免苦难"而不生孩子,这一点甚至连马尔萨斯也是很清楚的。虽然大多数马尔萨斯主义者还没有从他的再版论文中注意到这一点。他写道:"人一面受到同样强有力的本能的驱使去繁殖自己的族类,一面理性又打扰了他的行径,质问他,在无力供给儿女生活资料时,可不可以产生新生命到世上来?"②这意味着当人们判断生儿女育的消极后果大于积极后果时——包括个人的和集体的——他们将因此而降低婴儿出生率。

为什么如此众多的人畏惧人口增长呢?尤其是发达国家的人不正是这样吗?这也许是因为他们把人类行为混同于动物,似乎人类也无预见能力,可以不顾及后果而生儿育女。他们把人类视同于瓶中的苍蝇,桶中的蠕虫③,或草地的老鼠或棉田的耗子。④这些小动物缺乏反应能力,自然会继续繁殖直至饿死为止。马尔萨斯充分认识到这种"一切生物都有超过为它准备的养料的范围而不断增长的永恒趋势"。他对本杰明·富兰克林(Benjamin

---

① 参见 L. 克齐维基:《原始社会和它的生命统计》,1934年版。M. 内格:《非工业社会影响生育率的因素:各种文化的比较研究》,1962年版。
② 马尔萨斯:《人口原理》,1803年版,第3页。
③ D.O. 普赖斯:《第99小时》,北卡罗来纳大学出版社,1967年版,第4页。
④ D.B. 范弗利克:《一位生物学家主张稳定美国人口增长》,1970年版。

附录:对本书结论的常见异议和一些简单的反驳

Franklin)表述过的这种观点进行讨论时说:"富兰克林博士觉察到,对植物或动物多育天性的节度是没有的,有的只是拥挤和各自生存手段互相干扰的结果……这是毋庸辩驳的真理……对于动植物世界,这个问题的看法是简单的。它们迫于有力的天性而繁殖后代,而阻止这种天性的并不是理性或者怕养不起后代。这种繁殖过多的作用终于因为要吃要住而受到抑制……而在动物世界,则由于它们成为彼此吞食的牺牲品而受到抑制。"[①]

但是,后来马尔萨斯自己又打消了这种想法,他说:"这种对人的抑制是更为复杂的抑制……预防性抑制,就它的由人自主的一点来说,是人所特有的;它由人的推理能力这一独特的优越性产生出来。这一优越性能使人估计到遥远未来的结果。"[②]这种观点说明人类不同于野兽,在于人类有较大的能力改变其行为——包括我们的生育率——去适应我们所处环境的需要。

另外一种引导人们不思考人类对于人口增长会做出适当反应的推理就是运用数学上的指数增长函数,即马尔萨斯的"几何增长"。通常认为人口将增长到一个世界末日点的论据,是根据类似数学催眠术的最粗略的曲线。这种争辩显然认为过去人口经常增长,所以将来也会继续增长。当然这种说法即使就历史情况来看也是不真实的。世界上大部分地区的人口一直在长时期内处于静止或者减少的状况(例如,罗马帝国以后的西欧以及澳大利亚土著民族的情况)。而且还有其他许多种倾向和风气,它

[①] 马尔萨斯:《人口原理》,第2版,1803年,第319页。
[②] 同上书,第3、9页。

早已迫使它们停止之前就改变了（例如，妇女衣裙的长度，或基督教、伊斯兰教教风的增长）。你如果赞赏这种曲线，并作为需要控制人口增长的论据的话，你就应该很好地考虑另外一种长期趋势，即自有人类以来，每年因饥饿而死亡的人口比例大概都在减少，而且尽管总人口大量增加，而饥饿致死的绝对数字一直是减少的（参看本书第五章、第九章）。

在这方面还有一项更可靠、更重要的趋势，统计量就是有历史记载以来期望寿命的稳步增长。何以不注意这种趋势的统计量，而偏偏注意总人口的趋势呢？

还有一种荒谬的反推测是有启发性的。说是在过去十年或者一百年中大学建筑物的增长指数率比人口增长率要快得多。简单的曲线将说明大学的建筑物将远在人们"只有站票"之前就已赶上并超过人类立足的空间了。显然，这种论据是使大学的增长变成担忧的牺牲品，而不是为人口增长担忧！

有人会回答，这种类推模拟之所以不恰当，是由于大学是明智人所建的，一旦大学建筑物供应充足就会停止兴建，而人类生儿育女仅仅是出于情欲的驱使，不受理智控制。不过，这后一种说法同样也属于经验主义的虚构。人类学家所了解的每一个部落，不管它如何"原始"都有一些行之有效的控制出生率的社会计划（见本书第十四章）。

甚至关于人口增长必须在某个时候停止的这种提法也可能说不通。对空间或能源的任何绝对的物质限度，都需要未来的长时间，而且在现在和将来之间总会出现许多不可预料的事物，由此改变那些明显的限度。

二、"但是,地球是有限的,资源的数量也是有限的。资源的有限性就是强迫生育必须在某个时候停止的理由。"

本书第五章用较多篇幅认真讨论过这个论断,这一节只是更通俗地论述这个问题。按本节的方式讨论这个题目是不光彩的。但是未来资源委员会及其他人(第五章中所列举的)对这个问题所做的合理论证,即使在过去十五年中尚未受到严肃的经济评论家们挑战,但是也不能征服人心。因此,本节做一些小小的类比推论看来还是必要的。

众所周知,如果人口过多,自然资源不可避免地要消耗尽,变得更为稀缺。于是有理想并且正直的年轻人都响应这种恐惧,只怕这一代更多的人滥用资源,将不利于未来的人。请看一家地方报纸最近刊登的一封信。

编辑先生:

请转告所有广告商:我希望你们明白,你们这样逐户分送广告是在浪费纸张,浪费纸张就是浪费木材,即毁坏森林,将使动物无家可归。请在电视上、广播上或者日报上刊登你们的广告吧!你们这样做,便大大帮助了这个世界。

小学五年级学生
安雅莉·米特拉(九岁)
(1970年5月3日《平原城市信使报》)

索尔齐尼特辛(Solzhenitsyn)已表示一种相同的观点,即"我们不得不站在整个西方资产阶级-工业和马克思主义的道路上被牵着走……为的是在20世纪末期,并且仍然根据进步的西方学者的说法去发现乌克兰或俄罗斯任何一个老年村民从远古时期了解到的那些事情……例如,许多蛆虫不能永远咀嚼同一个苹果;如果土地是一个有限的物体,那么开拓土地及其资源也会受到限制,而且那些启蒙时期梦想家们喋喋不休中的所谓无穷无尽的发展,是无法完成的……"(《新闻周报》,1974年3月18日,第122页)

要认为自然资源将来未必随着时间的推移而变得更加稀缺,这显然是违反逻辑的。但是,在这种情况下,普通常识分明是错误的。普通常识给我们的是,"超越视觉"的这种推理,即有人只看到自己的开支记录,并假定他自己一定要破产,却看不到同时还有收入,因而可能由此产生结余。普通常识只看到我们使用资源这一面,却没有注意到需求可以引导我们创造资源的那一面,比如植树造林,开发新油田,发明从油岩石中提炼石油的方法,发现替代能源,发现营养物的代用品,发明各种新式工具,等等。很明显,我们现在比过去任何时代的人都享有更多的大量可用资源。我们没有理由怀疑:这种部分地由人口增长而引起的开发过程在可预见的将来不会继续下去。也就是说,可以按照我们今天切合实际的计划一直继续开发下去。

"超越视觉"的最近一例是,根据计算美国出生一个婴儿"对环境施加的压力",比印度出生的婴儿对环境施加的压力要大25到50多倍。但却没有注意,美国工人比印度工人创造更多的资源,从而在环境中比印度工人增添了更多的资源。

之所以产生一种自然资源末日感的观点,大概部分地是由于容易证明无可辩驳的是更多的人口会引起一些特殊的消极作用。（例如假使美国人更多，可去的原野就越少）。用于辩驳的逻辑必须要比指控的逻辑全面得多，并且间接得多。为了证明损失幽静欣赏的原野并不是反对人口更多的一种论据，人们应该证明：人口增多最终会引向有利于个人的空间扩充和自然开拓方面去，包括通向原野的运输工具、高层建筑物、月球旅行等。如果人口数量还处在100年前的静止状态，现在便不可能发生许多其他与此相关的事情。显然，证明这些由人口增多而引起的种种改进，它们全部影响的好处，比起证明人口增长减少原野的害处要更困难些。因而结果是产生了人口增加只有不利效果的信念。

现在让我们换个题目来谈谈可耗尽资源，如铁、煤，而不是如土地肥力之类可补充的资源和水。在最简单的静态状况下，如果这一代人挖掘的煤炭越多，那么所剩下的可供下一代人挖掘的数量就会减少。但是即使情况确实是如此，也不能构成现在必须立刻限制使用的理由。同是一磅的煤或铁，为什么一人使用一百年要比现在使用它产生更多的效用呢？当然，可能有人认为这些资源或许现在浪费，但是，不管所谓"浪费"做何解释，这种争辩总是极其浅薄无力的。

另一反对意见是："好吧！但是没有煤铁，人们就会挨饿。"但是为什么会挨饿呢？未来的人类也会像这一代人一样，在从事再生产的时候，要把资源考虑进去。

我再重复一遍，资源有限的想法并没有多大意义，当面临资源稀缺的时候，人们会寻找新的资源，而这些就是煤、石油等历史发展的情况。而且人们会创造新方法用新产品代替旧产品（例如：用石油代替煤炭，用核能代替煤炭和石油）。越多的人考虑到资源稀缺这件事，则越有可能发现并发明新资源。

三、"但是我们怎样能够确信科学和技术也会继续解决我们将来的资源问题呢？"

年轻人特别会问："我们如何知道科学上的发明还会继续下去？"正像他们不相信社会学和经济学上关于研究和开发过程的连续性一样，他们也不相信过去的"发现"记录可以推知将来。对他们来说好像人类的历史进程不是将来的可靠指针，因为在他们看来，我们现在正处在一种突然的不连续的立足点上，处在历史的一个裂缝之中。

如果真是这样，那就根本无法预测任何人口运动的作用，因为任何分析都需要参数估计值，而人类行为参数的唯一合理来源就是人类过去的行为。幸运的是根据有关资源成本、寿命估计、知识创造等的现有趋势资料，提不出任何理由使人相信这样的历史中断已经开始出现或者将会出现。也没有由于这种趋势引起的间接作用反对这种趋势。没有一个人能提出充分理由，说明为什么我们恰好处在科学发现历史进程中一个突然不连贯的时期，正像在过去并没有出现过不连贯的时期一样。但是不相信在创造自然资源方面有它历史上的连续性，总是助长人们对人口增长问题的恐惧心理。

为了展望前景，重温一下麦考利在1830年写的著作是很有趣的："……有人告诉我们，社会已经达到了一个转折点，我们所看到的美好日子已经过去。对这种说法我们还不能绝对地证明它是错误的。但是说这些话的都是前一辈人（着重点是引者所加），其

附录：对本书结论的常见异议和一些简单的反驳

明显的理由也只有这么多……根据什么原理说明在我们的后代只有进步的时候，而指望我们只看到上一代人的退化呢？"①

关于污染趋势的判断也受到与过去做比较的影响。正如D.J.布尔斯廷所说：

> 我们气急败坏地反对环境污染，好像污染问题只产生于汽车时代。我们不是把烟雾弥漫的空气，同过去的马粪臭味，苍蝇肆虐，垃圾难闻，以及到处是粪便相比。而只是同理想的而事实上并不存在的花香扑鼻的美丽城市相比。我们已经忘记，即使今天许多城市用水并不像喷泉那样洁净，也不像我们所希望的那样可口，但是过去大部分历史时期城市水源（和乡间）都是不能饮用的。我们抱怨疾病和营养不良，而忘记了直到最近肠炎、麻疹、百日咳、白喉以及伤寒还是儿童致命的病症。产褥热折磨着分娩的妇女，小儿麻痹症（脊髓灰质炎）是一种夏天的怪物。②

用于测试长期环境清洁度的最好的一种数量计量大概是预期寿命。虽然环境污染可能对美化环境有很坏的影响，但其关键的重要性是它对健康的影响。可是历史表明，美国和世界人民的预期寿命直到今天都是长期上升的。目前仍在上升，而不是下降。这种历史观肯定不给歇斯底里留有余地。当然历史到现在

---

① L.J.齐默尔曼（Zimmerman）：《贫瘠的土地，富饶的土地》，1965年版，第11页。

② D.J.布尔斯廷：《一种怀疑病》，载《新闻周报》1970年7月6日，第28页。

为止可以改变进程,而且我们或许恰恰遇到大灾难。但是,还缺少证据说明历史在真正地改变进程。

大概特别是年轻人总不大注意历史,因而感觉他们这一代是处于历史的独特时期。他们心情舒畅时,常常易于引起毫无根据的乐观主义;他们心情忧郁时也容易走向无根据的悲观主义。于是,当一个人怀有失望或悲观心理时,往往把一种现象的消极方面估计得过重,而把积极方面看得太轻。也许这就是美国和世界目前恐惧人口增长的根本原因。

四、"但是人越多必然意味着污染越严重。"

看来情况是,如果一个人主张控制污染,他必然会反对人口增长。因此污染控制本身总有充分理由引起每个人的重视。

为了明确人口控制和污染控制之间的联系,我们必须弄清这两方面争辩的性质。有人可以直接证明:人多,流出的污染物质也多(例如,人多产生的垃圾也多)。但若争辩说,人多却可以减少污染,便显得不那么直接和明显了(例如,虽然人多会产生很大的污染问题,但因此也会引起一种反作用力去消除污染,使得环境比以前更好)。而且人口和污染的不利影响,只要用演绎推理便能理解(例如,人多必然垃圾更多)。但经过采取一连串社会步骤之后,环境是否比以前更为清洁呢?这一最终结果只能以不同地方的实际调查说明(比如调查,美国的城市街道目前是否比一百年前更清洁)。这种经验性的论据总比演绎推理更切合实际。

这里打个比方可能有用。试想一下,要论证汽车对生命和健康造成的害处多于它的好处,是多么容易。要证明汽车对人们多么可怕,你只要统计一下每年汽车肇祸致死致伤的人数,加上一些撞车的血淋淋的画景便可以了,这是非常强有力的材料。但是要争辩说汽车有益于健康,就只能提出许多很小而又间接的好处,例如坐汽车去看病方便得多,否则就得不到及时治疗,可以到乡村偏远地区治病,提高传送知识的功效,因而终于拯救病人的生命,等等。这里并不是说事实上汽车总是有益处的,而是要说明论证它的害处比论证它的益处要容易得多。论证环境污染和人口增长的关系也是这样。

讨论之所以复杂化是由于环境污染与所有"困难"和"危险"一样容易骇人听闻。但是,清除污染便不那么值得新闻报道了。报纸报道的不平衡也引起了公众对形势判断的不平衡。每个人都读过关于"伊利湖被污染"的报道。可是国家科学院院长菲利普·汉德勒声明说:"从伊利湖中捕获的鱼其数量在增加,而不是减少了。"[1]有多少人看过这篇报告了呢？又多少人看过这样的报告呢？"英国河流……污染了一个世纪,美国河流开始污染不过是二十年前的事……英国泰晤士河中无鱼已有一世纪之久。但在1968年有40种不同的鱼类返回到泰晤士河。"[2]关于伦敦的报告说,现在又看到一些长期没有看到的鸟类和植物,"有人估计这些重新出现的绝迹鸟类在伦敦目前已被查明的有138种,而在十年前出现的鸟类还不及目前的一半……令人窒息的烟雾已一去不返了……甚至经常被浪漫化了的伦敦烟雾——多世纪以来是

---

[1] 菲利普·汉德勒:《对美国〈新闻与世界报导〉的谈话》,1971年1月18日,第33页。

[2] A·弗里德利:《英国迅速开展反环境污染的战斗》,载《华盛顿邮报》,1970年2月5日。

伦敦生活中的不吉景象——也逐渐变成陈迹了。伦敦人……现在呼吸的空气比一个世纪以前要清洁得多……空气污染对支气管炎病人的不利影响正在减少……可见度也已好转……通常的冬天……可见到四英里之远，但1952年可见度仅为1.4英里"（美国《新闻与世界报道》，1975年12月15日）。而知道所有这些情况的又有多少人呢？

具有广泛影响的宣传工具，加上生态学家们制造新的污染威胁的速度比以往能够讨论和理解的威胁更加快，更不用说如何处理它了。谁要是提出对某一特定污染威胁的乐观评价就会遭到这样的攻击："但是 x 问题怎么办呢？"而这里的 x 问题或许是热辐射，汞污染，有毒塑料容器，或人类的噪音等等，所有这些当然都是人口增长的产物。这些潜在危险物的清单无限加长，从而引起对人口增长的恐惧气氛。

大概这类污染威胁中的最愚蠢的一个，但也是五年前曾经一度认为严重的问题，就是害怕我们自己产生的垃圾将多得无法解决。但不到五年，工程技术人员就找到无数的新方法，不仅能消除垃圾，并能从中取得有价值之物。"一度普遍认为主要污染物的垃圾和污水，而今天似乎就要取得国家资源的地位。"[1] 康涅狄格州"为了制订全州收集垃圾和重新使用的计划"成立了一个资源回收机构，此后不到一年的时候这个机构就能断定"处理废物不再有什么技术上的问题，所需要的只是首创精神"。[2]

---

[1] 《新闻周报》，1974年1月28日，第83页。
[2] 《时代》杂志，1974年12月2日，第59页。

污染的确不好，但如第五章已详细论及，增加人口并不意味着污染增加，而且或许意味着污染更少。这已经是人类历史发展的趋势，而说明这一点的最重要的总指数，是人们预期寿命延长了。

五、"难道我们有权利过奢侈生活，而让后代人受罪吗？"

然而事实似乎正好相反。如果前代人的人口增长率较高，则后代人反而受益。在英国工业革命时期，假使人口增长率曾经较低的话，那么就会（或不会）出现一时较高的生活水平。但是，我们今天显然从那个时期的高人口增长以及因之而引起的全面增长的经济发展之中得到了益处，正如第十三章所提发展中国家模式的情况一样。

至于两代人之间的问题，特别是有关自然资源的问题已在第五章中谈过。

六、"但是，所有专家的意见都和本书的说法相反，不大可能他们都错了，而只有一个作家是对的。"

有时看来，好像所有的专家都相信人口增长是十足的坏事。不妨考虑一下根据1968年的资料，P.R.埃利奇的一次阐述作为一个例子："我仍然必须会见任何一个熟悉印度情况的人士。他们认为到了1971年印度粮食会自给。"①《新闻周报》的一位专栏作家，原先美国国务院的一位高级官员也说过："每个国家的消息灵通人士现在都知道，掠夺自然资源是今后三十年中仅次于人口增长和避免核战争的最大的世界性问题。"②

---

① P.R.埃利奇：《人口爆炸》，1968年版，第41页。
② W.P.邦迪（Bundy）：《学会迈步》，载《新闻周报》，1972年2月28日，第35页。

上面引述的并不是两个孤立的例子。再考虑一下据以为不是反对生育的"计划父母"（Planned Parenthood）组织的一份报告，并注意这里只有一个权威性的观点：

> 出生率下降，但是人口威胁继续存在，尽管美国和其他许多国家出现了表明出生率在下降的迹象，但官方当局仍然把人口增长视继续威胁世界的一个问题。联合国人口问题委员会的成员于十一月份在日内瓦举行会议重新预测说：就目前人口增长率和平均寿命稳定延长的情况来看，在六十年内地球上将达到据说是 100 亿人的"极限"。
>
> 1970 年国家生育研究机构和其他报告的初步研究成果透露美国出生率最近急剧下降，但是人口当局并未表示乐观……

这里所谓"乐观"，表明低人口出生率是一件好事。

生物学家鲍尔·R. 埃利奇也持同样的谨慎态度，他说："已经急剧下降的东西也会急剧上升。"另外一个著名的人口统计学家、芝加哥大学的菲利普·M. 豪泽博士也是持这种等着瞧的态度，他说："定时炸弹还在那里，并未消除，人口再生产行为的基本变化必须以世代，而不是以年代来衡量。"

世界人口组织计划生育机构（PP-WP）的主任约翰 C. 罗宾斯分析了 1957 年以来美国人口生育率下降的情况，告诉出席旧金山世界人口组织十月年会的代表们说："十二年的人口生育率，更不用说三个月的生育率，并不能为解决人口问题提供什么依据。"

这种言论说明所有的专家都同意,而且说明美国人口增长太快是真的。

然而,事实上即使他们是以公民身份而不是以专家身份说这些话,在人口科学家之间关于美国人口现在是否过剩或者关于美国人口增长太快对于美国或世界没有好处这一点并没有一致的意见,尽管在公开报纸上并没有披露这些观点。举例来说,科尔会长在美国人口协会上所发表的演说,标题是"美国应当开始一次提倡少育的运动吗",他的答案是"我并不认为必须匆忙地制订一个特别倡导缩小家庭规模的目标计划"。① 科尔并没有判断说在美国我们面临着一场人口危机(虽然他对穷国人口问题表示忧虑)。此外,美国人口统计学家的政界元老 F.W. 诺特斯坦发现要想在美国放慢人口增长速度,只是出于"审美的原因"。他说:"我也希望达到零人口增长,但是这不能操之过急,而且在发展过程中不要造成重大牺牲。"② 但诺特斯坦和科尔的说法都不如那些赞成在发达国家控制人口的人们说得那样激动人心。主张控制人口的人警告说,饥饿、天灾、死亡和灭迹的局面即将来临。而这些比科尔和诺特斯坦的观点更广为传播和深得人心。

特别是以了解资源和生活水平为任务的经济学家,他们对于人口增长是不是坏事的看法并不一致。而且许多值得注意的例子表明,经济学家们起初相信人口增长不好,但是研究了事实之后就改变了他们的想法。在一次总统的人口增长问题委员会上,

---

① A.J. 科尔:《美国应该开始一次提倡少生育运动?》,载《人口指数》第34期,1968年,第474页。

② F.W. 诺特斯坦:《零人口增长》,1970年油印件,第6页。

伊斯特林评论这种情况时说:"请注意经济学家凯利先生自己的阐述,作为研究结果,他改变了原先的看法这件事,我认为是很有启发性的。原来他认为提出一项反对生育的政府政策,根据经济学和生态学的理由是正当的。于是他终于保持一种更为中立的态度。我认为在这一方面凯利的经验也是我们许多人寻求关于'人口问题'的证据和理由时所共有的经验。"[1]

所以这种根据专家的说法,认为人口增长一定不好的理论对权威来说是错误的,因为缺乏事实根据和合理推论的逻辑。

七、"考虑未出生人口的生活是没有意义的。"

这种反对意见往往是从两个方面提出的:第一是在讨论人口增长对50年或100年或200年后经济水平的影响时发生的;第二是在提出下述意见时发生的,即认为人均收入水平不一定是人口政策全部内容的完善的标准,但是享受生活的人数也可以列入标准之内。

事实上,大多数人和所有社会不管是否有道理,总是为关心尚未出生的人而努力的。政府总是把公用工程看成百年大计,显然也是为未来的后代人考虑的。年轻人成家立业,他们储蓄存款或购买房屋也是考虑到给尚未出生的婴儿预留开支或预留房子。所以把未出生婴儿放在考虑之列是人们生活中的基本事实,而且因此无疑地需要同时考虑人口增长率对经济增长的长期的和短期的影响。

---

[1] R.A. 伊斯特林:《对艾伦·C.凯利论述人口变化和美国经济发展:过去、现在和未来的评论》,载《人口变化的经济方面》,1972年版,第45页。

进一步说,有些人感觉不到对于未出生人口的关怀。但是,这并不意味着如果一个人真的关怀尚未出生的人,就是愚蠢或者不可能的事。在我们看来,对于未出生人口和不相识的人在感情上不需要有差别。一个人对于陌生人有时也能表示关切,而且对待尚未出生的婴儿也是一样。举例来说,如果人们作为未来的父母,设想到他们未来的婴儿受伤或被杀这类可怕事情时,他们关切的情绪要比对居住在另一个大陆、另一个种族、另一个国籍的人受伤或被杀的关切情绪强烈得多。所以我们再一次认为,一些人对未出生婴儿或者不会出生的婴儿能够感觉到有一种感情联系,这是心理学上的事实。

至此我们所谈的只是说人类可能会关怀尚未出生的婴儿。但是很明显未出生婴儿对于不同的个人有大小不同的重要性。看来,这就是经济学和科学通常都没有涉及的那种评价或爱好。不过,作为个人,我们显然都有一种特定评价,并由于这种评价在今天很少公开表现出来,以致人们往往认为这种评价并不存在,因此我们趁这个机会对这个问题多说几句。如果生活水平保持长久不变,我们认为人多总比人少更好。于是如果代价不是太高,则我们宁愿让更多的人生活下去而过着较低的生活水平(虽然本书的分析认为从长远看,较多的人意味着一个较高的生活水平而不是较低的生活水平)。

需要加以解释的是喜欢人多的想法究竟是什么意思?对于我们来说,这意味着看到在我们居住的城市里的人太多了。看到更多儿童涌向学校,以及更多的儿童在公园里玩耍,对这一切我们都不介意。如果在人烟稀少的地区能够看到更多的城市,更多的人,我们将感到更加高兴——甚至在另一个星球上我们也是这样。

我们相信这种特定评价体现了犹太教、基督教、伊斯兰教的精神,也体现现代经济学的功利主义传统精神(见本书第十八章历史文献),因为这种个人评价通常与我们的其余评价和情趣是一致的。这就是为什么人多也要坚持这种评价的原因,这也是其他人所持有的评价,而且其他人也像我们一样,可以逐渐认为这种评价对他们的重要性,因为他们开始认识到就像我们在撰写本书过程中一样,人口增长从长远看,对于文明的生活标准产生有利的影响而不是坏的影响。

八、"如果采用人口控制并成功地防止生育,但即使事后证明是不必要的,则又有何损失?"(此论点见于埃利奇的《人口爆炸论》)

答案取决于一个人的评价。如果像上节所讨论的那样,人们相信新增加的人类生命具有价值,那么有些生命由于不必要的防止而不出生,那就是一种明显的损失。

九、"更多的儿童长成大人。能推动核按钮毁灭人类文明的人更多。"

这是真的,更普通的是像沃尔菲斯(Wolfers)用归谬法把事情说成是:"一切人类问题只有去掉人类才能解决。"[①] 但是还有更多的儿童长成更多大人,他们都能寻求防止灾难的方法。

十、"如果我们富国继续生更多的儿童,何以要号召穷国人民

---

① D.沃尔菲斯:《反零增长的实例》,载《国际环境研究》第1期,1971年,第229页。

降低他们的出生率呢?"

其实,虽然不太相关,发达国家的人口增长率比发展中国家低得多。因此不能把发达国家看作一种"坏例"。更恰当地说,没有理由去假定发达国家应该号召发展中国家降低他们的人口增长率。发展中国家的人口增长对于发达国家并没有造成经济上的祸害。因此,为什么发达国家要求发展中国家降低生育率,而为什么发展中国家不应该自己去做对它们自己有益的事情——有可能降低它们的人口增长率呢?简言之,不管发达国家对发展中国家说些什么,发达国家的人口增长率并没有给发达国家的人带来什么麻烦。

十一、"西方科学有助于降低发展中国家的死亡率,因此也要对发展中国家的人口增长率负责。所以发达国家的科学技术要承担减少发展中国家的生育率的责任。"

一种观点是怎样遵循另一种观点的?这里并没有逻辑上的联系。

十二、"从长远看,零人口增长显然是人口问题唯一可能的情况。"

为什么?如果人口数字已经太大的话,为什么不应该小一点?如果人口不久可以拉平的话,那么目前人口规模或将要达到的规模还有什么值得不可侵犯的地方?正如沃尔菲斯所说的,零人口增长这个概念是"一种整数字偏好的轻率例子"[①]。至于从长远看较多的人口和增长的人口是否合理或者合意,这个问题正

---

① D. 沃尔菲斯:《反零增长的实例》,1971年版,第227页。

是本书全部论述的中心。

十三、"有些人的生活是如此贫困以至于一种经济政策如能鼓励他们不生育就是造福于他们。"

这是一个基本的而且难以解决的问题。最贫困的人是否值得活下去,换句话说一个非常贫困的人是活着好呢,还是不活着好。很多人的看法是有些人不值得活着,因为它带来"负效用",这意味着如果低层收入的人不出生,那么人类幸福的总量就会大一些。

本节的目的不是说任何人都相信所有的生命都是有价值的,而是说这是一个公开的问题,其答案取决于一个人对世界的评价和看法。认为穷人不值得活下去的信念在埃利奇论述印度的一段讲话中表达得很明白。他说:"在德里一个酷热恶臭之夜,我在情绪上懂得人口爆炸的害处……街上到处是人。他们正在吃饭、洗刷、睡觉、走访、争辩、喊叫,人们从汽车窗口伸进手来要钱,人们在街上大小便,攀登公共汽车,驱赶牲畜,到处都是人,人,人。"[①]但是埃利奇没有写到人们在欢笑,在热爱,在温存地照顾儿童,所有这些在印度穷人中间也是看得见的情况。

印度的情况确实是悲惨。盲人、肠胃病人到处是。十四岁的女青年为建筑工程运转,每天只挣到30美分,而她的婴儿睡在麻布口袋里,就放在母亲工作的脚手架下面,周围的苍蝇乱飞,婴儿在啼哭。一个无家可归的没有牙齿的老太婆拿一块牛粪饼开始在路边搭起一个用枯枝、破布做成的"住处"。

---

① P.R.埃利奇:《人口爆炸》,1968年版,第15页。

可是，这些人认为他们还是值得活下去的，否则便会自寻短见（注意寻死不必自杀。人类学家描写人，甚至年轻人，他们决定想死的话，就会死去。甚至可以依照预定的时间表去死，往往是等待参加某友的婚礼生日之后方才死去）。因为人们要继续活下去，我们认为生命对他们来说是有价值的。因此，穷人的生命在我们的事物规划中也有价值。所以我们不相信这种说法：穷人的存在，即使在穷国或者更甭说在美国，都是"人口过剩"的象征。

十四、"但本书第六章和第十三章的模式，只是估计到人口增长的经济影响。人口密度过高有心理学和社会学方面的有害影响。"

这种说法是不科学的。已经证明高人口密度的受害者是动物，而不是人类。孤立、隔绝则有害于人类。①

十五、"这些模型都是强调人口增长在长时期中的正数效应。但是，正如凯恩斯所说，从长远看我们全都死了。"

是的，我们全都死了，但其他的人还活着。于是正如早些时候强调的那样，全面地判断人口增长总是决定于一个人的贴现因素，即是怎样权衡短期和长期效应的。

---

① 参见 A. H. 霍利：《人口密度和城市》，载《人口》第9期，1972年。

参考文献

Abramovitz, Moses. 1960. Growing up in an affluent society. In *The nation's children,* Vol. 1: *The family and social change.* Eli Ginzberg, ed. New York: Columbia University Press.

Adams, Robert McC. 1965. *Land behind Baghdad.* Chicago: University of Chicago Press.

Adelman, Irma. 1963. An econometric analysis of population growth. *American Economic Review* 53: 314-319.

Adelman, Irma and George Dalton. 1971. A further analysis of modernization in village India. *Economic Journal* 81: 563-579.

Adelman, Irma and Cynthia Taft Morris. 1966. A quantitative study of social and political determinants of fertility. *Economic Development and Cultural Change* 14: 129-157.

Aigner, Dennis J. and Julian L. Simon. 1970. A specification bias interpretation of cross-section vs. time series parameter estimates. *Western Economic Journal* 8: 144-161.

Alonso, William. 1970. The economics of urban size. Mimeo.

Alonso, William and Michael Fajans. 1970. Cost of living and income by urban size. Mimeo.

Andrus, J. Russell. 1948. *Burmese economic life.* Stanford: Stanford University Press.

Anker, Richard. 1973. Socio-economic determinants of reproductive behavior in households of rural Gujurat, India. Ph.D. University of Michigan.

———. 1974. An analysis of International Variations in Birth Rates: Preliminary Analysis. ILO Population and Employment Working Paper 3.

Arensberg, Conrad M. 1968. *The Irish countryman.* 2d ed. New York: Macmillan.

Arney, William Ray. No date. Distributed lag models and the effects of socioeconomic change on fertility. University of Colorado.

Arnold, Fred S. and James T. Fawcett. 1973. The rewards and costs of children: A comparison of Japanese, Filipinos, and Caucasians in Hawaii. Draft paper prepared for the annual meeting of the Population Association of America. New Orleans. April.

Arrow, Kenneth J. 1950. A difficulty in the concept of social welfare. *The Journal of Political Economy* 58: 328–346. Reprinted in K. J. Arrow and T. Scitovsky, eds. *Readings in welfare economics.* Homewood: Irwin, 1969.

———. 1962. The economic implications of learning by doing. *Review of Economic Studies* 29: 155–173.

——. 1963. *Social choice and individual values*. 2d ed. New York: Wiley

Bahral, Uri. 1965. *The effect of mass immigration on wages in Israel*. Jerusalem: Falk Institute.

Balassa, Bela 1961. *The theory of economic integration*. Homewood: Irwin.

Balfour, Marshall C. 1962. A scheme for rewarding successful family planners. Mimeo.

Balikci, Asen. 1968. The Netsilik Eskimos: adaptive processes. In *Man the hunter*. Richard B. Lee and Irven DeVore, eds. Chicago: Aldine.

Banfield, Edward. 1958. *The moral basis of a backward society*. Chicago: Free Press.

Banks, Joseph A. 1954. *Prosperity and parenthood*. London: Routledge and Kegan Paul.

Barber, William J. 1970. Land reform and economic change among African farmers in Kenya. *Economic Development and Cultural Change* 19: 6-15.

Barclay, William, Joseph Enright, and Reid T. Reynolds. 1970. The social context of U.S. population control programs in the Third World. Mimeo. PAA Meeting.

Barlow, Robin. 1967. *The economic effects of malaria eradication*. Ann Arbor: School of Public Health.

Barnes, Carl B. 1975. The effect of income on suicide: comment.

American Journal of Sociology, forthcoming.

Barnett, Harold J. and Chandler Morse. 1963. *Scarcity and growth, the economics of natural resource availability.* Baltimore: Johns Hopkins University Press.

Barnett, Larry. 1970. Political affiliation and attitudes toward population limitation. *Social Biology* 17: 124-131.

——. 1971. Zero population growth, Inc. *Bio-Science* 21: 759-765.

Baron, Salo W. 1952. *A social and religious history of the Jews,* Vol. 2. New York: Columbia University Press.

Basavarajappa, K. G. 1971. The influence of fluctuations in economic conditions on fertility and marriage rates, Australia 1920-1921 to 1937-1938 and 1947-1948 to 1966-1967. *Population Studies* 25: 39-53.

Bauer, Peter T. and Basil S. Yamey. 1957. *The economics of under-developed countries.* Chicago: University of Chicago Press.

Baumol, William J. 1951. *Economic dynamics.* New York: Macmillan.

Becker, Gary S. 1960. An economic analysis of fertility. In *Demographic and economic change in developed countries.* Princeton: Princeton University Press.

——. 1965. A theory of the allocation of time. *Economic Journal* 75: 493-517.

——. 1966. *Human capital: a theoretical and empirical analysis with special reference to education*. New York: NBER.

——. 1970. Unpublished paper on marriage behavior.

Becker, Gary S. and H. Gregg Lewis. 1973. On the interaction between quantity and quality of children. *Journal of Political Economy* 81 Supplement: S279-288.

Behrman, Jere R. 1968. *Supply response in underdeveloped agriculture: a case study of four major annual crops in Thailand, 1937-1963*. Amsterdam: North Holland.

Belden, G. C. Jr. et al. 1964. *The protein paradox*. Boston: Management Report.

Benedict, Burton. 1970. Population regulation in primitive societies. In *Population Control*. Anthony Allison, ed. Harmondsworth: Pelican.

Bennett, John W. 1967. *Hutterian brethren*. Stanford: Stanford University Press.

Bennett, Merrill Kelley. 1954. *The world's food: a study of the interrelationships of world populations, national diets, and food potentials*. New York: Harper.

Ben-Porath, Yoram. 1971. Fertility and economic activity in the short run, Israel 1951-1969. Mimeo. Jerusalem: The Hebrew University.

——. 1972. Fertility in Israel, an economist's interpretation: differentials and trends 1950—1970, In *Economic develop-*

ment and population growth in the Middle East. Charles A Cooper and Sidney S. Alexander, eds. New York: American Elsevier.

———. 1973. Economic analysis of fertility in Israel: point and counterpoint. *Journal of Political Economy* 81, Supplement: S202-233.

———. 1974. Unpublished paper on mortality and fertility.

———. 1975. Fertility and child mortality over the life cycle evidence from Israel. A paper presented at the Population Research Program Conference sponsored by the Ford and Rockefeller Foundations. Bellagio Study and Conference Center, Lake Como, Italy, May.

Berelson, Bernard. 1964a, National family planning programs: a guide. *Studies in Family Planning.* December.

———. 1964b. Turkey: national survey in population. *Studies in Family Planning.* December.

———. 1966. KAP studies on fertility. In *Family Planning and population programs.* Bernard Berelson et al., eds. Chicago: University of Chicago Press.

———. 1969. National family planning programs: where we stand. In *Fertility and family planning: a world view.* S. J. Behrman, Leslie Corsa, and Ronald Freedman, eds. Ann Arbor: University of Michigan Press.

Berelson, Bernard and Ronald Freedman. 1964. A study in fertility control. *Scientific American* 210: 29-38.

Berent, Jerzy. 1970. Fertility decline in eastern Europe and Soviet Union. *Population Studies* 24: 35-58.

Bernhardt, Eva M. 1972. Fertility and economic status—some recent findings on differentials in Sweden. *Population Studies* 26: 175-184.

Berry, R. Albert, and Ronald Soligo. 1969. Some welfare aspects of international migration. *Journal of Political Economy* 77: 778-794.

Berry, Brian J. L. 1972. Population growth in the daily urban systems of the United States, 1980-2000. *Population Distribution and Policy.* The Commission on Population Growth and the American Future, Vol. 5, Research Report. Sara Mills Mazie, ed. Washington: Government Printing Office.

Bethe, Hans A. 1969. Atomic power. *The quality of life.* Cornell University Faculty Members, eds. Ithaca: Cornell University Press.

Bhatia, B. M. 1967. *Famines in India.* 2d ed. New Delhi: Asia.

Bhompore, S. R. et al. 1952. A survey of the economic status of villagers in a malarious irrigated tract in Mysore State, India, before and after DDT residual insecticidal spraying. *Indian Journal of Malariology* 6: 355-366.

Birdzell, Ruth A. and Dana C. Hewins. 1971. Unit consolidation to stretch tax dollars. *Illinois Business Review* 28: 6-8.

Blake, Judith. 1966. Ideal family size among white Americans: a quarter of a century's evidence. *Demography* 3: 154-173.

———. 1967. Income and reproductive motivation. *Population Studies* 21: 185-206.

———. 1968. Are babies consumer durables? *Population Studies* 22: 5-27.

Blake, Judith, J. Mayone Stycos and Kingsley Davis. 1961. *Family structure in Jamaica.* Glencoe: Free Press.

Blandy, Richard. 1974. The welfare analysis of fertility reduction. *The Economic Journal* 84: 109-129.

Blyn, George. 1966. *Agricultural trends in India, 1891-1947: output availability and productivity.* Philadelphia: University of Pennsylvania Press.

Bogan, Forrest A. and Thomas E. Swanstrom. 1966. Multiple jobholders in May, 1965. *Monthly Labor Review* 89: 147-154.

Bogue, Donald J. 1953. *Population growth in standard metropolitan areas 1900-1950.* Washington: Housing and Home Finance Agency.

———. 1963. Some tentative recommendations for a 'sociologically correct' family planning communication and motivation program in India. In *Research in family planning.* Clyde V. Kiser, ed. Princeton: Princeton University Press.

———. 1969. *Principles of demography.* New York: Wiley.

Bogue, Donald J. and James A. Palmore. 1964. Some empirical and analytical relations among demographic fertility measures, with regression models for fertility estimation. *Demography* 1: 316-338.

Boorstin, Daniel J. 1970. A case of hypochondria. *Newsweek*, July 6.

Borrie, Wilfrid D, Raymond Firth, and James Spillius. 1957. The population of Tikopia, 1929 and 1952. *Population Studies* 10: 229-252.

Boserup, Ester. 1965. *The conditions of agricultural growth.* London: George Allen and Unwin.

——. 1970. *Woman's role in economic development.* London: George Allen and Unwin.

Bourgeois-Pichat, Jean. 1966. *Population growth and development.* International conciliation 556. January.

Bowden, Witt, Mikhail Karpovitch, and Abbot P. Usher. 1937. *An economic history of Europe since 1750.* New York: American Book Company.

Bowen, Ian. 1954. *Population.* Cambridge: Cambridge University Press.

Bowen, William and T. Aldrich Finegan. 1969. *The economics of labor force participation.* Princeton: Princeton University Press.

Boyd, Robert. 1972. World dynamics: a note. *Science* 177: 516-

519.

Bradburn, Norman. 1969. *The structure of psychological well-being*. Chicago: Aldine.

Brady, Dorothy S. 1956. Family saving, 1888 to 1950. In *A study of saving in the United States,* Vol. 3. R. W. Goldsmith, D. S. Brady, and H. Mendershausen, eds. Princeton: Princeton University Press.

Brandis, Royall. 1972. *Principles of economics*. Rev. ed. Homewood: Irwin.

Brandt, R. B. 1972. The morality of abortion. *The Monist* 56: 503-526.

Branson, William H. 1968. Social legislation and the birth rate in nineteenth century Britain. *Western Economic Journal* 6: 134-144.

Brown, Ernest, Henry Phelps, and Sheila V. Hopkins. 1957. Wage rates and prices: evidence for population pressure in the sixteenth century. *Economics* 24: 289-306.

Brown, Lester R. 1968. The agricultural revolution in Asia. *Foreign Affairs* 46: 680-698.

———. 1970. *Seeds of change*. New York: Praeger.

Brown, Randall S. 1972. Population trends in the United States, 1920-1970. Mimeo. University of Illinois.

Buck, John Lossing. 1930. *Chinese farm economy,* Chicago: University of Chicago Press.

——. 1937. *Land utilization in China.* Nanking: The University of Nanking.

Buer, M. C. 1926. *Health, wealth, and population in the early days of the industrial revolution.* London: George Routledge.

Bundy, William P. 1972. Learning to walk. *Newsweek,* February 28: 35.

Burch, Thomas K. and Murray Gendell. 1971. Extended family structure and fertility: some conceptual and methodological issues. In *Culture and population: a collection of current studies.* S. Polgar, ed. Cambridge: Schenkman.

Cain, Glen G, 1966. *Married women in the labor force.* Chicago: University of Chicago Press.

——. 1972. *The effect of income maintenance laws on fertility in the United States.* Madison: Institute for Research on Poverty, University of Wisconsin.

Cain, Glen G. and Adriana Weininger. 1972. Economic determinants of fertility. Mimeo. University of Wisconsin.

Calder, Ritchie. 1973, Some views from an expert on experts. *Population Dynamics Quarterly* 1, no. 3 (Summer): 6.

Caldwell, J. C. 1965. Extended family obligations and education: a study of an aspect of demographic transition amongst Ghanaian university students. *Population Studies* 19: 183–204.

——. 1966. The erosion of the family: a study of the fate of the family in Ghana. *Population Studies* 20: 5-26.

——. 1967. Fertility attitudes in three economically contrasting rural regions of Ghana. *Economic Development and Cultural Change* 15:217-238.

——. 1968a. The control of family size in tropical Africa. *Demography* 5: 598-619.

——. 1968b, *Population growth and family change in Africa.* Canberra: Australian National University Press.

Campbell, B. O. 1963. Long swings in residential construction: the post-war experience. *American Economic Review* 53: 508-518.

Campbell, Flann. 1960. Birth control and the Christian churches. *Population Studies* 14: 131-147.

Cannan, Edwin. 1928. *Wealth.* London: P. S. King.

Carr-Saunders, A. M. 1922. *The population problem, a study in human evolution.* Oxford: Oxford University Press.

——. 1925. *Population.* London: Oxford University Press.

——. 1936. *World population: past growth and present trends.* Oxford: Clarendon Press.

Cassel, Gustav. 1932. *The theory of social economy.* 5th ed., trans. New York: Harcourt Brace.

Centers, Richard, and Hadley Cantril. 1936. Income satisfaction and income aspirations. *Journal of Abnormal and Social*

Psychology 41: 64-69.

Chacko, V. I. 1975. Family planners earn retirement bonus on plantations in India. *Population Dynamics Quarterly* 3: 1-8.

Chambers, Jonathan. 1957. The vale of Trent 1760-1800. *Economic History Review* (2d ser.) Supplement No. 3: 1-63.

Chapelle, Anthony, and Georgette Dickey Chapelle. 1956. New life for India's villagers. *The National Geographic Magazine* 109: 572-595.

Chayanov, A. V. 1966. *The theory of peasant economy.* D. Thorner *et al.,* eds. Homewood: Irwin.

Chenery, Hollis B, 1960. Patterns of industrial growth. *American Economic Review* 50: 624-654.

Chenery, Hollis B. and Lance Taylor. 1968. Development patterns: among countries and over time. *Review of Economics and Statistics* 50: 391-416.

Chesnais, Jean-Claude and Alfred Sauvy. 1973. Progrès économique et accroissement de la population; une expérience commentée. *Population* 28: 843-857.

Cheung, Steven N. S. 1968. Private property rights and sharecropping. *Journal of Political Economy* 76: 1107-1122.

Childe, V. Gordon. 1937. *Man makes himself.* London: Watts.

——. 1950. *What happened in history.* Middlesex, England: Penguin Books.

Cho, Lee-Jay, Wilson H. Grabill, and Donald J. Bogue. 1970.

Differential current fertility in the United States. Chicago: Community and Family Study Center.

Choldin, Harvey and M. J. McGinty. 1972. Bibliography: population, density, "crowding," and social relations. *Man-Environment Systems* 2: 131–158.

Chow, L. P. 1966. Taiwan: experimental series. *Studies in Family Planning* 13:3.

Cipolla, Carlo M. 1962. *The economic history of world population.* Baltimore: Pelican.

Clark, Colin. 1951. *Conditions of economic progress.* 2d ed. New York: Macmillan.

———. 1957. *Conditions of economic progress.* 3d ed. New York: Macmillan.

———. 1960. *The economics of irrigation in dry climates.* Oxford: Institute for Research in Agricultural Economics.

———. 1953/1963. Population growth and living standards. *International Labor Review* 68: 99–117. Reprinted in *The economics of underdevelopment.* A. N. Agarwala and S. P. Singh, eds. New York: Oxford.

———. 1967. *Population growth and land use.* New York: St. Martins.

———. 1969a. *Land requirements in peasant agriculture.* International Population Conference, London.

———. 1969b. Misconceptions on hunger, population. *Chicago*

Sun Times, October 3: 28.

Clark, Colin and Margaret Haswell. 1967. *The economics of subsistence agriculture.* New York: St. Martins.

Clelland, Wendell. 1936. *The population problem in Egypt.* Lancaster: Science Press.

Coale, Ansley J. 1960. Population change and demand, prices, and the level of employment. In *Demographic and economic change in developed countries.* Ansley Coale, ed. Princeton: Princeton University Press.

——. 1963. Population and economic development. In *The population dilemma.* Philip Hauser, ed. Englewood Cliffs: Prentice-Hall.

——. 1967a. The decline of fertility from the French Revolution to World War II. In *Fertility and Family Planning. A World View.* S. J. Behrman, Leslie Corsa, and Ronald Freedman, eds. Ann Arbor: University of Michigan Press.

——. 1967b. The voluntary control of human fertility. *American Philosophical Society Proceedings* 11: 164–169.

——. 1968. Should the United States start a campaign for fewer births? *Population Index* 34: 467–474.

——. 1970. Man and his environment. *Science* 170: 132–136.

Coale, Ansley J. and Paul Demeny. 1966. *Regional model life tables and stable populations.* Princeton: Princeton University Press.

Coale, Ansley J. and Edgar M. Hoover. 1958. *Population growth and economic development in low-income countries.* Princeton: Princeton University Press.

Coale, Ansley J. and Melvin Zelnik. 1963. *New estimates of fertility and population in the United States.* Princeton: Princeton University Press.

Coase, Ronald H. 1960. The problem of social cost. *Journal of Law and Economics* 3: 1-44.

Conlisk, John and Donald Huddle. 1969. Allocating foreign aid: an appraisal of a self-help model. *Journal of Development Studies* 5: 245-251.

Connell, K. H. 1950a. The colonization of waste land in Ireland, 1780-1845. *Economic History Review* (2d. ser) 3: 44-71.

——. 1950b. *The population of Ireland, 1750-1845.* Oxford: Clarendon Press.

——. 1965. *Land and population in Ireland, 1780-1845.* In *Population in history.* D. V. Glass and D. E. C. Eversley, eds. Chicago: Aldine.

Cook, Sherburne F. 1947. The inter-relation of population, food supply, and building in pre-conquest central Mexico. *American Antiquity* 13: 45-52.

Cook, Sherburne F. and Woodrow Borah. 1971. *Essays in population history: Mexico and the Carribean,* Vol. 1. Berkeley: University of California Press.

Correa, Hector. 1963. *The economics of human resources.* Amsterdam: North-Holland.

Cummings, Ralph W., Jr. 1970. U.S. expert potentials and prospects with recent trends in world food production and needs: the green revolution in Asia agriculture. Mimeo.

Curwen, E. Cecil and Gudmund Hatt. 1953. *Plough and pasture.* New York: Collier.

Cyert, Richard and James G. March. 1963. *A behavioral theory of the firm.* New York: Wiley.

Dalton, Hugh. 1928. The theory of population. *Economica* 8: 28-50.

Dandekar, V. M. 1969. Overpopulation and the "Asian Drama." *Ceres* 2: 52-55.

Danhof, Clarence. 1941. Farm making costs and the "safety valve" 1850-1860. *Journal of Political Economy* 49: 317-359.

Dasgupta, Partha. 1969. On the concept of optimum population. *The Review of Economic Studies* 36: 295-318.

DaVanzo, Julie. 1971. *The determinants of family formation in Chile, 1960.* Santa Monica: Rand, R-830-AID.

Davis, Joseph S. 1953. The population upsurge and the American economy, 1945-1980. *Journal of Political Economy* 61: 369-388.

Davis, Kingsley. 1937. Reproductive instructions and the pressure for population. *Sociological Review* 29: 289-306.

———. 1951. *The population of India and Pakistan.* Princeton: Princeton University Press.

———. 1963. The theory of change and response in modern demographic history. *Population Index* 4: 345-365.

———. 1967. Population policy: will current programs succeed? *Science* 158: 730-739.

———. 1970. The climax of population growth. *California Medicine.* 113: 33-39.

Davis, Kingsley and Judith Blake. 1956. Social structure and fertility: an analytical framework. *Economic Development and Cultural Change* 4: 211-235.

Davis, Wayne H. 1970. Overpopulated America. *New Republic* 162: 13-15.

Day, Lincoln H. and Alice. 1964. *Too many Americans.* New York: Houghton Mifflin.

Deane, Phyllis. 1967. *The first industrial revolution.* Cambridge: Cambridge University Press.

Deane, Phyllis and W. A. Cole. 1964. *British economic growth, 1688-1959.* Cambridge: Cambridge University Press.

Deevey, Edward S. 1956. The human crop. *Scientific American* 194: 105-112.

———. 1960. The human population. *Scientific American* 203: 195-204.

De Grazia, Sebastian. 1962. *Of time, work and leisure.* New York: Twentieth Century Fund.

De Jong, Gordon. 1965. Religious fundamentalism, socio-economic status, and fertility attitudes in the southern Appalachians. *Demography* 2: 540–548.

Demeny, Paul. 1961. The economics of government payments to limit population: a comment. *Economic Development and Cultural Change* 9: 641–645.

——. 1965. Investment allocation and population growth. *Demography* 2: 203–232.

Denison, Edward F. 1962. *The sources of economic growth in the United States and the alternatives before us.* New York: CED.

——. 1967. *Why growth rates differ.* Washington: The Brookings Institution.

——. 1969. The contribution of education to the quality of labor: comment. *American Economic Review* 59: 935–943.

Denton, Frank T. and Byron G. Spencer. 1974. Household and population effects on aggregate consumption. Mimeo. McMaster University.

De Tray, Dennis N. 1970. *An economic analysis of quantity-quality substitution in household fertility decisions.* Santa Monica, Cal.: Rand, P–4449.

——. 1972. The interaction between parent investment in children and family size: an economic analysis. Mimeo. Rand, R-1003-RF.

———. 1973. Child quality and the demand for children. *Journal of Political Economy* 81, Supplement: S70-95.

Digby, Adrian. 1949. Techniques and the time factor in relation to economic organization. *Man* 49: 16-18.

Dorn, Harold F. 1957. Mortality. In *The study of population*. Philip M. Hauser and Otis Dudley Duncan, eds. Chicago: University of Chicago Press.

———. 1963. World population growth. In *The population dilemma*. Philip M. Hauser, ed. Englewood Cliffs: Prentice-Hall.

Douglas, Mary. 1966. Population control in primitive groups. *British Journal of Sociology* 17: 263-273.

Dovring, Folke. 1965a. *Land and labor in Europe in the twentieth century*. The Hague: M. Nijhoff.

———. 1965b. The transformation of European agriculture. Chapter 6 in *The Cambridge economic history of Europe,* Vol. 6. H. J. Habakkuk and M. Postan, eds. Cambridge: Cambridge University Press.

———. 1966. Review of Boserup. *Journal of Economic History* 26: 380-381.

Dublin, Louis 1. 1928. *Health and wealth*. New York: Harper and Bros.

Dublin, Louis I. and A. J. Lotka. 1946. *The money value of a man.* New York: Ronald.

Duesenberry, James S. 1960. Comment. In *Demographic and economic change in developed countries.* Ansley J. Coale, ed. Princeton: Princeton University Press.

Dunn, Theodore F. 1973. Quoted in *Advertising Age,* September 3: 6.

Easterlin, Richard A. 1960a. Interregional differences in per capita income, 1840-1950. In *Trends in the American economy in the nineteenth century.* Princeton: Princeton University-NBER, Studies in Income and Wealth 24: 73-141.

——. 1960b. Regional growth of income: long term tendencies. In *Population redistribution and economic growth: United States, 1870-1950.* Vol. IL Simon Kuznets and Dorothy Swaine Thomas, eds. Philadelphia: American Philosophical Society.

——. 1961. The American baby boom in historical perspective. *American Economic Review* 51: 869-911. Reprinted as Chapter 4 in Easterlin 1968.

——. 1967. Effects of population growth in the economic development of developing countries. *The Annals of the American Academy of Political and Social Science* 369: 98-108.

——. 1968. *Population, labor force, and long swings in economic growth.* New York: NBER.

——. 1969. Towards a socio-economic theory of fertility: survey of recent research on economic factors in American fertility. In *Fertility and family planning: a world view.* S. J. Behrman, Leslie Corsa, and Ronald Freedman, eds. Ann Arbor: University of Michigan Press.

——. 1972. Comment on Allen C. Kelley Demographic changes and American economic development: past, present and future. In U.S. Commission on Population Growth and the American Future, *Economic Aspects of Population Change.* Elliot R. Morse and Ritchie H. Reed, eds. Vol. II. Washington: Government Printing Office.

——. In press. Relative economic status and the American fertility swing. In *Social structure, family life styles, and economic behavior.* Eleanor B. Sheldon, ed. Philadelphia: J. B. Lippincott for the Institute of Life Insurance.

Eaton, Joseph W. and Albert J. Mayer. 1953/1968. The social biology of very high fertility among the Hutterites: the demography of a unique population. *Human Biology* 25: 256–262. Reprinted by Charles B. Nam in *Population and society.* New York: Houghton Mifflin.

Edin, K. A. and Edward P. Hutchinson. 1935. *Studies of differential fertility in Sweden.* London: P. G. King.

Ehrlich, Paul R. 1968. *The population bomb.* New York: Ballantine.

——. 1969a. World population: is the battle lost? *Reader's Di-*

gest 94: 137-140.

——. 1969b. Eco-catastrophe. *Ramparts* 7: 24-28.

Eizenga, W. 1961. *Demographic factors and savings.* Amsterdam: North-Holland.

El-Badry, M. A. 1965. Trends in the components of population growth in the Arab countries of the Middle East: a survey of present information. *Demography* 2: 140-186.

Encarnacion, Jose. 1972. Family income, educational level, labor force participation and fertility. Mimeo.

——. 1974. Fertility and labour force participation: Philippines 1968. ILO Population and Employment Working Paper 2.

Enke, Stephen. 1960a. The gains to India from population control: some money measures and incentive schemes. *Review of Economics and Statistics* 42: 175-180.

——. 1960b. The economics of government payments to limit population. *Economic Development and Cultural Change* 8: 339-348.

——. 1961a. A rejoiner to comments on the superior effectiveness of vasectomy-bonus schemes. *Economic Development and Cultural Change* 9: 645-647.

——. 1961b. Some reactions to bonuses for family limitation. *Population Review* 5: 33-40.

——. 1962. Some misconceptions of Krueger and Sjaastad regarding the vasectomy-bonus plan to reduce births in overpopulated and poor countries. *Economic Development and Cultural Change* 10: 427-431.

———. 1963. *Economics for development*. New York: Prentice-Hall.

———. 1966. The economic aspects of slowing population growth. *Economic Journal* 76: 44-56.

———. 1969. Birth control for economic development. *Science* 164: 798-802.

Enke, Stephen, et al. 1970. *Economic benefits of slowing population growth*. Santa Barbara: Tempe.

Enke, Stephen, and Richard G. Zind. 1969. Effect of fewer births on average income. *Journal of Biosocial Sciences* 1: 41-55.

Epstein, Trude Scarlett. 1962. *Economic development and social change in South India*. Manchester: Manchester University Press.

———. 1965. Economic change and differentiation in new Britain. *Economic Record* 41: 173-192.

Espenshade, Thomas J. 1972. Estimating the cost of children and some results from urban United States. Mimeo. International Population and Urban Research, University of California, Berkeley.

Eversley, D. E. C. 1965. Population, economy and society. In *Population in history*. D. Glass and D. E. C. Eversley, eds. London: Aldine.

——. 1967. The home market and economic growth in England, 1750-1780. In *Labour and population*. E. L. Jones and G. E. Mingay, eds. London: Arnold.

Fabricant, Solomon. 1963. Study of the size and efficiency of the American economy. In *The economic consequences of the size of nations*. E. Robinson, ed. London: Macmillan.

Fanon, Franz. 1968. *The Wretched of the Earth*. New York: Grove Press.

Farooq, Ghazi M. and Baran Tuncer. 1974. Fertility and economic and social development in Turkey: a cross-sectional and time series study. *Population Studies* 28: 263-276.

Fawcett, James T. 1970. *Psychology and population*. New York: Population Council.

Fei, John C. H. and Gustav Ranis. 1964. *Development of the labor surplus economy*. Homewood: Irwin.

Fellner, William. 1963. Introduction. In *The principles of political economy and taxation*. D. Ricardo. Homewood: Irwin.

——. 1969. Specific interpretations of learning by doing. *Journal of Economic Theory* 1: 119-140.

——. 1970. Trends in the activities generating technological progress. *American Economic Review* 60: 1-29.

Felson, Marcus and Mauricio Solaun. 1974. The effect of crowded apartments on fertility in a Colombian public housing project. Mimeo. University of Illinois.

Firth, Raymond W. 1936. *We, the Tikopia.* London: Allen and Unwin.

———. 1939, 1965. *Primitive Polynesian economy.* London: Routledge and Kegan Paul.

Firth, Raymond W. and Basil S. Yamey. 1964. *Capital, saving and credit in peasant societies.* Chicago: Aldine.

Fisher, Joseph L. and Neal Potter. 1969. Natural resource adequacy for the United States and the world. In *The population dilemma.* 2d ed. Philip H. Hauser, ed. Englewood Cliffs: Prentice-Hall.

Fisher, W. Holder. 1971. The anatomy of inflation: 1953-1975. *Scientific American* 225: 15-22.

Fishlow, Albert. 1965. *American railroads and the transformation of the anti-bellum economy.* Cambridge: Harvard University Press.

Fisk, E, K. and R. T. Shand. 1969. The early stages of development in a primitive economy: the evolution from subsistence to trade and specialization. In *Subsistence agriculture and economic development.* C. R. Wharton, Jr., ed. Chicago: Aldine.

Ford, Clellan S. 1952. Control of conception in cross-cultural perspective. *World population problems and birth control. Annals of the New York Academy of Sciences* 54: 763-768.

Forrester, Jay W. 1971. *World dynamics.* Cambridge: Wright Allen.

Frankd, Marvin. 1957. British and American manufacturing pro-ductivity, a com-parison and interpretation. *University of Illinois Bulletin.* February, 1957.

Frederiksen, Harald. 1966. Determinants and consequences of mortality and fertility trends. *Public Health Reports* 81: 715-727.

——. 1960/1968a. Malaria control and population pressure in Ceylon. *Public Health Reports 75:* 865-868. Reprinted in *Readings on population.* David M. Heer, ed. Englewood Cliffs: Prentice-Hall.

——. 1961/1968b. Determinants and consequences of mortality trends in Ceylon. *Public Health Reports* 76: 659-663. Reprinted in *Readings on population.* David M. Heer, ed. Englewood Cliffs: Prentice-Hall.

Freedman, Deborah. 1963. The relation of economic status to fertility. *American Economic Review* 53: 414-426.

——. 1970. The role of the consumption of modern durables in economic development. *Economic Development and Cultural Change* 19: 25-48.

——. 1972a. Consumption of modern goods and services and their relation to fertility: a study in Taiwan. Mimeo. Population Studies Center, University of Michigan.

——. 1972b. Consumption aspirations as economic incentive in

a developing economy—Taiwan. Mimeo. Population Studies Center, University of Michigan.

——. 1972c. Family size and economic welfare in a developing economy. Social Statistics Section, American Statistical Association.

Freedman, Ronald. 1961-1962. The sociology of human fertility. *Current Sociology* 10 and 11: 35-121.

——.1965a. Family planning programs today. *Studies in Family Planning* 8: 1-7.

——. 1965b. The transition from high to low fertility: challenge to demographers. *Population Index* 31: 417-430.

——. 1967. Applications of the behavioral sciences to family planning programs. *Studies in Family Planning* 23: 5-9.

——. 1963/1968. Norms for family size in underdeveloped areas. *Proceedings of the Royal Society,* b. 159: 240-245. Reprinted in *Readings on population,* David M. Heer, ed. Englewood Cliffs: Prentice-Hall.

Freedman, Ronald and Bernard Berelson. 1974. The human population. *Scientific American* 231: 30-39.

Freedman, Ronald and Lolagene Coombs. 1966a. Child spacing and family economic position. *American Sociological Review* 31: 631-648.

——.1966b. Economic considerations in family growth decisions. *Population Studies* 20: 197-222.

Freedman, Ronald *et al.* 1974, Trends in fertility, family size preferences and practice of family planning: Taiwan, 1965-1973. *Studies in Family Planning* 5: 270-288.

Freedman, Ronald, Albert Hermalin, and J. H. Sun. 1972. Fertility trends in Taiwan: 1961-1970. *Population Index* 38: 141-165.

Freedman, Ronald and Joanna Muller. 1966. The continuing fertility decline in Taiwan: 1965. Mimeo.

Freedman, Ronald and John Y. Takeshita. 1969. *Family planning in Taiwan.* Princeton: Princeton University Press.

Freeman, Orville L. 1969. The green revolution. Statement before the Subcommittee on National Security Policy and Scientific Development, Committee on Foreign Affairs, H.R., 91st Congress, 1st session, December 5.

Friedlander, Dov. 1969. Demographic responses and population change. *Demography* 6: 359-381.

Friedlander, Stanley, and Morris Silver. 1967. A quantitative study of the determinants of fertility behavior. *Demography* 4: 30-70.

Friedman, David. 1972. Laissez-faire in population: the least bad solution. Population Council Occasional Paper.

Friedman, Milton. 1957. *A theory of the consumption function.* Princeton: Princeton University Press.

Friedman, Milton and Leonard J. Savage. 1952. The expectedutility hypothesis and the measurability of utility. *Journal of Political Economy* 60: 463-474.

Friendly, Alfred. 1970. British stand fast in battle against pollution of environment. *Washington Post,* February 5: A10.

Fuchs, Claudio J. and Henry A. Landsberger. 1973. "Revolution of rising expectations" or "traditional life ways"? A study of income aspirations in a developing country. *Economic Development and Cultural Change* 21: 212-226.

Fuchs, Victor R. 1967. *Differentials in hourly earning by region and city size, 1959.* New York: Columbia University Press.

——.1973. Some notes on the optimum size of population, with special reference to health. In *Is there an optimum level of population?* S. Fred Singer, ed. New York: McGraw-Hill.

Furnivall, J. S. 1957. *An introduction to the political economy of Burma.* 3d ed. Rangoon: Peoples Literature.

Galbraith, Virginia, and Dorothy S. Thomas. 1941/1956. Birth rates and the interwar business cycles. *Journal of the American Statistical Association* 36: 465-476. Reprinted in *Demographic analysis.* J. J. Spengler and O. D. Duncan, eds, Glencoe: Free Press.

Gardner, Bruce. 1973. Economics of the size of North Carolina rural families. *Journal of Political Economy* 81, Supplement: S99-122.

Gayer, David. 1974. The effects of wages, unearned income and taxes on the supply of labor. Mimeo. World Institute, Jerusalem.

Gemery, Henry A. No date. Absorption of population pressure in 19th century Sweden. Mimeo. Colby College.

Gendell, Murray. 1967. Fertility and development in Brazil. *Demography* 4: 143-157.

Gilbert, Milton and Irving B. Kravis. 1954. *An international comparison of national products and the purchasing power of currencies.* Paris: OECD.

Gilboy, Elizabeth W. 1932/1967. Demand as a factor in the industrial revolution. In *Facts as factors in economic history.* A. H. Cole, ed. Boston: Harvard University Press. Reprinted in *The causes of the industrial revolution in England.* R. M. Hartwell, ed. London: Methuen.

Gille, Halver. 1949. The demographic history of the northern European countries in the eighteenth century. *Population Studies* 3: 3-70.

Gillespie, Robert. No date. Economic incentives in family planning programs. Mimeo. Population Council.

——. 1969. *Second Five-Year Plan for Economic and Social Development.* United Republic of Tanzania, Dar es Salaam: Government Printing Office. Quoted from Harbison.

——. 1971, Economic dis-incentives for population control. Mimeo. Faculty Working Papers, College of Commerce and

Business Administration, University of Illinois.

Gintis, Herbert. 1971. Education, technology and the characteristics of worker productivity. *American Economic Review* 61: 266-279.

Glaser, Daniel and Kent Rice. 1959/1962. Crime, age and employment. *American Sociological Review* 24: 679-686. Reprinted in *The sociology of crime and delinquency,* M. E. Wolfgang, L. Savitz and N. Johnson, eds. New York: Wiley.

Glass, David V. 1940. *Population policies and movements in Europe.* Oxford: Calrendon Press.

——. 1969. Fertility trends in Europe since the Second World War. In *Fertility and family planning: a world view.* S. J. Behrman, Leslie Corsa, and Ronald Freedman, eds. Ann Arbor: University of Michigan Press.

Glass, David V. and D. E. C. Eversley. 1965. *Population in history.* Chicago: Aldine.

Glover, Donald and Julian L. Simon. 1975. The effects of population density upon infra-structure: the case of road building. *Economic Development and Cultural Change* 23: 453-468.

Glueck, Nelson. 1959. *Rivers in the desert.* New York: Farrar Straus.

Godwin, William. 1820. *Of population.* London: J. McGowan.

Goldsmith, Raymond. 1962. *The national wealth of the United*

States in the postwar period. Princeton: Princeton University Press.

Gottlieb, Manuel. 1945/1956. The theory of optimum population for a closed economy. *Journal of Political Economy* 53: 289-316. In *Population theory and policy*. J. J. Spengler and O. D. Duncan, eds. Glencoe: Free Press.

Gould, Ketayun H. 1976. The twain never meet: Sherapin and the family planning program. John F. Marshall and Steven Polgas, eds. *Culture, Natality and Family Planning*. Chapel Hill, N.C,: Carolina Population Center, University of N.C.

Gourou, Pierre. 1966. *The tropical world, its social and economic conditions and its future status*. New York: Wiley.

Gregory, Paul R. 1973. Differences in fertility determinants: developed and developing countries. *The Journal of Development Studies* 9: 233-341.

———. In press. A cost-inclusive simultaneous equation model of birth rates. *Econometrica*.

Gregory, Paul R., John M. Campbell, and Benjamin S. Cheng. 1972. A simultaneous equation model of birth rates in the United States. *The Review of Economics and Statistics* 54: 374-380.

Griliches, Zvi. 1960. Congruence versus probability: a false dichotomy. *Rural Sociology* 25: 35-56.

Gronav, Reuben. 1974. The allocation of time of the Israeli married woman. Mimeo, Falk Institute. November.

Grunfeld, Yehuda. 1961, The interpretation of cross-section estimates in a dynamic model. *Econometrica* 29: 397-404.

Gupta, P. B. and C. R. Malaker. 1963. Fertility differentials with levels of living and adjustment of fertility, birth, and death rates. *Sankya,* b, 25: 23-48.

Guthrie, Harold W. 1965. Who moonlights and why? *Illinois Business Review* 21: 6-8.

——. 1966. Some explanations of moonlighting. Business and Economic Statistics Section, *Proceedings of the American Statistical Association.*

Habakkuk, John. 1960. Family structure and economic change in nineteenth century Europe. In *A modern introduction to the family.* N. W. Bell and E. F. Vogel, eds. New York: Free Press.

——. 1963. Population problems and European economic development in the late eighteenth and nineteenth centuries. *American Economic Review* 53: 607-618.

——. 1971. *Population growth and economic development since 1750.* Leicester: Leicester University Press.

Habakkuk, John and Michael Postan, eds. 1941-1967. The industrial revolution and after: income, population and technological change. In *The Cambridge economic history of Europe,* Vol. 6. Cambridge: Cambridge University Press.

Hagen, Everett E. 1953. The incremental capital-output ratio. Mimeo.

———. 1959. Population and economic growth. *American Economic Review* 49: 310–327.

———. 1975. *The economics of development.* Homewood: Irwin.

Hagen, Everett E. and Oli Hawrylyshyn. 1969. Analysis of world income and growth, 1955–1964. *Economic development and cultural change* 18: Part II.

Hajnal, Jan. 1954. Analysis of changes in the marriage pattern by economic groups. *American Sociological Review* 19: 295–302.

———. 1964. European marriage patterns in perspective. In *Population in history.* David V. Glass and D. E. C. Eversley, eds. Chicago: Aldine.

Handler, Philip. 1971. Interview in *U. S. News and World Report,* January 18: 30–34.

Handlin, Oscar. 1951. *The uprooted.* Boston: Little, Brown.

Hansen, Alvin H. 1939. Economic progress and declining population growth. *American Economic Review* 29: 1–15.

Hansen, W. Lee. 1957. A note on the cost of children's mortality. *Journal of Political Economy* 65: 257–262.

Harbison, Frederick H. and Charles A. Myers. 1964/1969. *Education, manpower and economic growth.* New York: McGraw-Hill. Excerpted in *Economics of education 2.* M.

Blaug, ed. Harmondsworth: Penguin.

Hardy, Thomas. *The Mayor of Casterbridge.* New York: Signet, 1962.

Harman, Alvin J. 1970. Fertility and economic behavior of families in the Philippines. Mimeo. Rand, RM-6385-A1D.

Harris, John R. and Michael Todare. 1970. Migration, unemployment and development: a two section analysis. *American Economic Review* 60: 126-142.

Hartweil, Robert M. 1965. The causes of the industrial revolution: an essay in methodology. *Economic History Review* 18: 164-182.

Harvey, Philip D. 1969. Development potential in famine relief: the Bihar model. *International Development Review* 11: 7-9.

Hauser, Philip M. 1967. Family planning and population programs: a book review article. *Demography* 4: 397-414.

Hawkins, Edward K. *Roads and road transport in an underdeveloped country.* London: Colonial Office.

Hawley, Amos H. 1950. *Human ecology.* New York: Ronald Press.

——. 1969. Population and society: an essay on growth. In *Fertility and family planning: a world view.* S. J. Behrman, Leslie Corsa, and Ronald Freedman, eds. Ann Arbor: University of Michigan Press.

——. 1972. Population density and the city. *Demography* 9:

521-530.

Hawley, Amos H. and Visid Prachuabmoh. 1966. Family growth and family planning in a rural district of Thailand, In *Family planning and population programs.* B. Berelson *et al.,* eds. Chicago: University of Chicago Press.

Haworth, C. T. and D. W. Rasmussen. 1973. Determinants of metropolitan cost of living variations. *Southern Economic Journal* 40: 183-192.

Hawthorn, Geoffrey. 1970. *The sociology of fertility.* London: Collier-Macmillan.

Heady, Earl O. 1949. Basic economic and welfare aspects of farm technological advance. *Journal of Farm Economics* 31: 293-316.

Heer, David M. 1966, Economic development and fertility. *Demography* 3: 423-444.

——. 1968. *Readings in population.* Englewood Cliffs: Prentice-Hall.

Heer, David M. and Dean O. Smith. 1968. Mortality level, desired family size, and population increase. *Demography* 5: 104-121.

Heisel, Donald R. 1968a. Attitudes and practice of contraception in Kenya. *Demography* 5: 632-641.

——. 1968b. Fertility limitation among women in rual Kenya. Mimeo.

Henderson, A. M. 1949. The cost of a family. *The Review of Economic Studies* 17: 127–148.

——. 1949/1950. The cost of children. Parts I and II. *Population Studies* 3: 130–150 and 4: 267–298.

Herdt, Robert W. 1970. A disaggregate approach to aggregate supply. *American Journal of Agricultural Economics* 52: 512–570.

Herfindahl, Orris C. and Allen V. Kneese. 1965. *Quality of the environment.* Baltimore: Johns Hopkins University Press.

Herlihy, D. 1965. Population, plague, and social change in rural Pistoia, 1201–1430. *Economic History Review* 2: 225–244.

Heuser, Robert L., Stephanie J. Ventura, and Frank H. Godley. 1970. *Natality statistics analysis, 1965–1976.* National Center for Health Statistics, Ser. 21, No. 19.

Hicks, John R. 1942. *The social framework.* Oxford: Oxford University Press.

——. 1969. *A theory of economic history.* Oxford: Oxford University Press.

——. 1974. Capital controversies: ancient and modern. *American Economic Review* 64: 307–316.

Hicks, Whitney W. 1974. Economic development and fertility change in Mexico, 1950–1970. *Demography* 11:407–421.

Higgs, Robert. 1971. American inventiveness, 1870–1920. *Journal of Political Economy* 79: 661–667.

Hill, Rueben, J. Mayone Stycos, and Kurt B. Back. 1959. *The family and population control.* Chapel Hill: University of North Carolina Press.

Himes, Norman E. 1936. *The medical history of contraception.* Baltimore: Williams and Wilkins.

Hirschman, Albert O. 1958. *The strategy of economic development.* New Haven: Yale University Press.

Ho, Ping-Ti. 1959. *Studies on the population of China.* Cambridge: Harvard University Press.

Ho, Yhi-Min. 1966. *Agricultural development of Taiwan 1903–1960.* Nashville: Vanderbilt University Press.

Hobsbawn, E. J. and R. M. Hartwell. 1963. The standard of living during the industrial revolution: a discussion. *Economic History Review* 16: 120–146.

Hollingsworth, Thomas Henry. 1969. *Historical Demography.* London: Hodder and Stoughton.

Holmberg, Allan R. 1950. *Nomads of the Long Bow: the Sirione of eastern Bolivia.* Washington: The Smithsonian.

Hooley, R. 1967. Measurement of capital formation in underdeveloped countries. *Review of Economics and Statistics* 49: 199–208.

Hoover, Edgar M. 1969. Economic consequences of population growth. *Indian Journal of Economics* 196: 101–111.

Hoover, Edgar M. and M. Perlman. 1966. Measuring the effect of population control in economic development: a case study of Pakistan. *Pakistan Development Review* 6: 545-566.

Hoselitz, Bert F. 1964. Capital formation and credit in Indian agricultural society. In *Capital, saving and credit in peasant societies*. R. Firth and B. S. Yamey, eds. Chicago: Aldine.

Hubbert, M. King. 1969. Energy resources. In *Resources and man*. San Francisco: Freeman.

Hymer, Stephen and Stephen Resnick. 1969. A model of an agrarian economy with nonagricultural activities. *American Economic Review* 59: 493-506.

Hyrrenius, H. 1946. The relation between birth rates and economic activity in Sweden, 1920-1944, *Bulletin of the Oxford Institute of Statistics* 8: 14-21.

Government of India. Various years. *Studies in Farm Management*.

International Road Federation. Various years. *Highway expenditures, road and motor vehicle statistics*. Washington: International Road Federation.

Shah of Iran. 1974. Quoted in the *Jerusalem Post*, September 27.

Isaac, Julius. 1947. *Economics of migration*. London: Kegan Paul.

Ishii, Ryoichi. 1937. *Population pressure and economic life in Japan*. Chicago: University of Chicago Press.

Iyoha, Milton Ame. 1973. Human fertility, population change, and economic development. Econometric Society paper. December.

Jaffe, A. J. and K. Azumi. 1960. The birth rate and cottage industries in underdeveloped countries. *Economic Development and Cultural Change* 9: 52-64.

Jain, Anrudh. 1973. Marketing research in the Nirodh program. *Studies in Family Planning* 4: 184-190.

Jerome, Harry. 1926. *Migration and business cycles.* New York: NBER.

Jevens, W. Stanley. 1865. *The coal question.* Cambridge: Macmillan and Co.

Johnson, D. Gale. 1974. Population, food, and economic adjustment. *American Statistician* 28: 89-93.

Jones, Eric L. and G. Mingay. 1967. *Land, labour and population in the industrial revolution.* London: Arnold.

Jones, Gavin. 1969. The economic effect of declining fertility in less developed countries. An occasional paper of the Population Council, New York. February.

Jones, K. and A. D. Smith. 1970. *The economic impact of commonwealth immigration.* London: Cambridge University Press.

Jorgenson, Dale W. 1961. The development of a dual economy. *Economic Journal* 71: 309-334.

——. 1967. Surplus agricultural labour and the development of a dual economy. *Oxford Economic Papers* 19: 288-312.

Kanovsky, Eliyahu. 1966. *The economy of the Israeli kibbutz.* Cambridge, Mass.: Harvard University Press.

Kao, Charles, Kurt Anschel, and Carl Eicher. 1972. Disguised unemployment in agriculture: a survey. In *Readings in economic development.* W. L. Johnson and D. R. Kamersohen, eds. Cincinnati: Southwestern.

Kasarda, John D. 1971. Economic structure and fertility: a comparative analysis. *Demography* 8: 307-318.

Katona, George B. and Ernest Zahn. 1971. *Aspirations and affluence.* New York: McGraw-Hill.

Keeny, Samuel M. and George P. Cernada. 1970. Taiwan. *Country Profiles.* February.

Keeny, Samuel M., George P. Cernada, and John Ross. 1968. Korea and Taiwan: the record for 1967. *Studies in Family Planning* 29: 1-9.

Keesing, Donald B. 1968. Population and industrial development: some evidence from trade patterns. *American Economic Review* 57: 448-455.

Keesing, Donald B. and Donald B. Sherk. 1971. Population density in patterns of trade and development. *American Economic Review* 61: 956-961.

Kelley, Allen C. 1965. International migration and economic growth: Australia, 1865-1935. *The Journal of Economic*

History 31: 729-776.

——. 1968. Demographic change and economic growth: Australia, 1861-1911. *Explorations in Entrepreneurial History* 5: 207-277.

——. 1969. Demand patterns, demographic change and economic growth. Quarterly Journal of Economics 83: 110-126.

——. 1976, Saving, demographic change, and economic development. *Economic evelopment and Cultural Change* 24: 683-693.

Kelley, Allen C. and Jeffrey G. Williamson. 1971. Writing history backwards: Meiji Japan revisited. *The Journal of Economic History* 31: 729-776.

Kelley, Allen C., et al. 1972. *Economic dualism in theory and history.* Chicago: University of Chicago Press.

Keynes, John Maynard. 1937. Some economic consequences of a declining population. *Eugenics Review* 29: 13-17.

——. 1951. *Essays in biography.* New York: Norton.

Kindleberger, Charles P. 1958. *Economic development.* New York: McGraw-Hill.

——. 1965. *Economic development.* 2d ed. New York: McGraw-Hill.

King, Peter S. 1964. *Proposals for family planning promotion: a marketing plan.* Calcutta: Indian Institute of Management Mimeo.

Kirk, Dudley. 1942/1956. The relation of employment levels to births in Germany. *Milbank Memorial Fund Quarterly* 20: 126-138. Reprinted in *Demographic Analysis*. J. J. Spengler and O. D, Duncan, eds. Glencoe: Free Press.

——. 1960. The influence of business cycles on marriage and birth rates. In *Demographic and economic change in developed countries*. Ansley J. Coale, ed. Princeton: Princeton University Press.

——. 1969. Natality in the developing countries: recent trends and prospects. In *Fertility and family planning: a world view*. S. J. Behrman, Leslie Corsa, and Ronald Freedman, eds. Ann Arbor: University of Michigan Press.

Kiser, Clyde V. 1970. Changing fertility patterns in the United States. *Social Biology* 17: 312-315.

Kiser, Clyde V. et al. 1968. *Trends and variations in fertility in the United States*. Cambridge: Harvard University Press.

Kleiman, Ephraim. 1967. A standardized dependency ratio. *Demography* 4: 876-893. Kleinman, David S. 1961. Fertility variation and resources in rural India. *Economic Development and Cultural Change*. 21: 679-696.

Klein, Lawrence R. 1962. *An introduction to econometrics*. Englewood Cliffs: Prentice-Hall

Klotz, Benjamin P. 1972. Some consequences of declining population growth. Mimeo.

Knight, Frank H. 1936. *The ethics of competition and other essays*. New York: Harper.

Knodel, John, 1968. Infant mortality and fertility in three Bavarian villages: an analysis of family histories from the 19th century. *Population Studies* 2: 297-318.

Knodel, John and Etienne Van DeWalle. 1967. Breast feeding, fertility and infant mortality: an analysis of some early German data. *Population Studies* 21: 109-131.

Kocher, James E. 1972. Agricultural development, equity, and fertility declines: a review of the evidence. Mimeo. Population Council.

——. 1973. Rural development, income distribution, and fertility decline. Population Council Occasional Paper.

Koya, Yoshio. 1964. Does the effect of a family planning program continue? *Eugenics Quarterly* 11: 141-147.

Krause, J. T. 1958. Changes in English fertility and mortality, 1781-1850. *Economic History Review* 11: 52-70.

——. 1963. English population movements between 1700 and 1850. *International Population Conference Proceedings*, 1961: 583-590, London.

——. 1967. Some aspects of population change, 1690-1790. In *Land, labour, and population in the industrial revolution*. B. L. Jones and G. E. Mingay, eds. London: Arnold.

Kreps, Juanita M. 1967. *Lifetime allocation of work and leisure*.

Research Report No. 22. U. S. HEW, Social Security Administration.

Krishnakumar, S. 1972. Kerala's pioneering experiment in massive vasectomy camps. *Studies in Family Planning* 3: 177–185.

Krishnamurty, K. 1966. Economic development and population growth in low income countries: an empirical study of India. *Economic Development and Cultural Change* 15: 70–75.

Kroeber, Alfred L. *Anthropology.* New rev. ed. New York: Harcourt Brace.

Krueger, Anne O. and Larry A. Sjaastad. 1962. Some limitations of Enke's economics of population. *Economic Development and Cultural Change* 10: 423–426.

Krzywicki, Ludwik. 1934. *Primitive society and its vital statistics.* London: Macmillan.

Kuh, Edwin and John R. Meyer. 1955. Correlation and regression estimates when the data are ratios. *Econometrica* 23: 400–416.

Kumar, Joginder. 1973. *Population and land in world agriculture.* Berkeley: University of California Press.

Kupinsky, Stanley. 1971. Non-familial activity and socio-economic differentials in fertility. *Demography* 8: 353–368.

Kuznets, Simon. 1956. Quantitative aspects of the economic

growth of nations. 1: Levels and variability of rates of growth. *Economic Development and Cultural Change* 5: 5-94.

——. 1958. Long swings in the growth of population and in related economic variables. *Proceedings of the American Philosophical Society* 102: 25-52.

——. 1960. Population change and aggregate output. In *Demographic and economic change in developed countries*. Princeton: Princeton University Press.

——. 1963. Quantitative aspects of the economic growth of nations. VIII: Distribution of income by size. *Economic Development and Cultural Change* 11: 1-80.

——. 1965. Demographic aspects of modern economic growth. Paper presented at World Population Conference, Belgrade, September.

——. 1966. *Modern economic growth*. New Haven: Yale University Press.

——. 1967. Population and economic growth. *Proceedings of the American Philosophical Society* 111: 170-193.

——. 1968. *Toward a theory of economic growth of nations*. New York: Norton.

——. 1971. *Economic growth of nations*. Cambridge: Harvard University Press.

——. 1973. *Population, capital and growth*. New York: Norton.

——. 1974. Rural-urban differences in fertility: an international comparison. *Proceedings of the American Philosophical Society* 118: 1-29.

Kuznets, Simon *et al* 1957-1964. *Population redistribution and economic growth, United States 1870-1950.* 3 vols. Philadelphia: University of Pennsylvania Press.

Lambert, Richard D. and Bert F. Hoselitz. 1963. Southern Asia and the West. In *The role of savings and wealth in southern Asia and the West.* Richard D. Lambert and Bert F. Hoselitz, eds. Paris: UNESCO.

Landsberg, Hans H. 1964. *Natural resources for U.S. growth.* Baltimore: Johns Hopkins University Press.

Landsberger, Michael. 1971. An integrated model of consumption and market activity: The children effect. Social Statistics Section. *Proceedings of the American Statistical Association:* 137-142.

Langer, William L. 1963/1968. Europe's initial population explosion. *American Historical Review* 69: 1-17. Reprinted in *Readings on population.* David M. Heer, ed. Englewood Cliffs: Prentice-Hall.

——. 1972. Checks on population growth: 1750-1850. *Scientific American* 226: 93-99.

Lau, Lawrence J. and Pan A. Yotopoulos. 1971. A test for relative efficiency and application to Indian agriculture. *American Economic Review* 61: 94-109.

Leasure, J. William. 1967. Some economic benefits of birth prevention. *The Milbank Memorial Fund Quarterly* 45: 417–426.

Lebergott, Stanley. 1960. Population change and the supply of labor. In *Demographic and economic change in developed countries*. Ansley J. Coale, ed. Princeton: Princeton University Press.

——. 1964. *Manpower in economic growth.* New York: McGraw-Hill.

Lee, Richard B. 1968. What hunters do for a living, or, how to make out on scarce resources. In *Man the hunter.* R. B. Lee and Irvin Devore, eds. Chicago: Aldine.

Lee, Richard B. and Irvin Devore. 1968. *Man the hunter.* Chicago: Aldine.

——. 1968. Problems in the study of hunters and gatherers. In *Man the hunter.* Chicago: Aldine.

Lee, Ronald. 1971. Population in pre-industrial England: an econometric analysis. Mimeo. Ann Arbor: Department of Economics and Population Studies Center, University of Michigan.

——. 1972a. Models of pre-industrial population dynamics, applications to England. Mimeo.

——. 1972b. Spectral implications of a stochastic birth-marriage model with various applications. Mimeo.

Leff, Nathaniel H. 1969. Dependency rates and saving rates. *American Economic Review* 59: 886-896.

Leibenstein, Harvey. 1954. *A theory of economic demographic development,* Princeton: Princeton University Press.

——. 1957. *Economic backwardness and economic growth.* New York: Wiley.

——. 1964. An econometric analysis of population growth: comment. *American Economic Review* 54: 134-135.

——. 1968. The demographic impact of nurture and education on development. Mimeo.

——. 1969. Pitfalls in benefit-cost analysis of birth prevention. *Population Studies* 23: 161-170.

——. 1972. The impact of population growth on the American economy. In *The report of the Commissions on Population Growth and the American Future.* Vol. 2: *Economic aspects of population change.*

Lele, Uma J. and John W. Mellor. 1964. Estimates of change and causes of change in food grains production: India 1949-1950 to 1960-1961. *Cornell University Agricultural Development Bulletin* 2.

Levine, Gilbert. 1966. Irrigation costs in the Philippines. *Philippine Economic Journal* 5: 28ff.

Lewis, Anthony. 1970. How pointless it all seems now. *The New York Times Magazine,* February 8.

Lewis, Oscar. 1951. *Life in a Mexican village.* Urbana: University of Illinois Press.

Lewis, William Arthur. 1955. *The theory of economic growth.* London: George Allen and Unwin.

Lindert, Peter H. 1973. The relative cost of American children. Mimeo.

——. 1973. Remodeling the household for fertility analysis. Working Paper 73-114. Center for Demography and Ecology. University of Wisconsin. May.

——. 1974. American fertility patterns since the Civil War. Working Paper 74-127. Center for Demography and Ecology. University of Wisconsin, Madison. September.

——. Forthcoming. *Fertility and scarcity in America.* Princeton: Princeton University Press, (forthcoming).

Lipson, Gerald and Dianne Wolman. 1972. Polling Americans on birth control and population. *Family Planning Perspectives* 4: 39-42.

Little, Arthur D., Inc. 1972. Commercial distribution of contraceptives in Columbia, Iran, and the Philippines. *Reports on Population/Family Planning.* March.

Lloyd, Cynthia Brown. 1972. The effect of child subsidies in fertility: an international study. Ph.D. abstract. Columbia University.

Lockridge, Kenneth. 1968. Land, population, and the evolution of N. England society 1630-1790. *Past and Present* 30: 62-80.

Losch, August. 1937/1956. Population cycles as a cause of business cycles. *Quarterly Journal of Economics:* 649-662. In *Population theory and policy.* Spengler and Duncan, eds. Glencoe: Free Press.

Maital, Shlomo. 1971. Economy and population. Mimeo. Tel Aviv University.

Malinvaud, Edmond. 1966. *Statistical methods of econometrics.* New York: Humanities.

Malthus, Thomas R. 1798. *An Essay on the principle of population, as it affects the future improvements of society.* London: J. Johnson.

——. 1798. *Population: The first essay.* Ann Arbor: University of Michigan Press, 1959.

——. 1803. *An essay on the principle of population, or a view of its past and present effects on human happiness.* London: J. Johnson. A new edition, very thick, enlarged.

——. 1817. *Principle of population.* Vol. 2. London: John Murray.

——. 1817/1963. Principles of population. 5th ed. Homewood: Irwin.

Mamdani, Mahmood. 1972. The myth of population control (family, caste, and class in an Indian village). New York and

London: Monthly Review Press.

Mandle, Jay R. 1970. The decline in mortality in British Guiana, 1911-1960. *Demography* 7: 301-316.

Masefield, John. 1967. In *The Cambridge economic history of Europe*. B. J. Habakkuk and M. Postan, eds. Vol. 6. Cambridge: Cambridge University Press.

Mason, Karen O. *et al*. 1971. Social and economic correlates of family fertility: a survey of the evidence. Mimeo, Near East-South Asia Bureau/Office of Population Programs, U.S.A.I.D.

Mason, Karen O. and Barbara S. Schultz. No date. Fertility, work experience, potential earnings and occupation of American women age 30-44: evidence in survey data. Research Triangle Park, North Carolina: Research Triangle Institute.

Mathias, Peter. 1969. *The first industrial nation.* London: Methuen.

Matras, Judah. 1973. *Populations and societies.* Englewood Cliffs: Prentice-Hall.

May, David A. and David M. Heer. 1969. Son survivorship, motivation, and family size in India: a computer simulation. *Population Studies* 23: 199-210.

McCarthy, Frederick D. and Margaret McArthur. 1960. The food quest and the time factor in aboriginal economic life. In *Records of the American-Australian scientific expedition* to *Arnhem Land,* Vol. 2. Melbourne: Melbourne University Press.

McIntyre, Robert J. 1974. Pro-natalist programs in Eastern Europe. PAA.

McIntyre, Robert J. No date. Population policy in Eastern Europe: abortion liberalization and pro-natalist counter measures. Mimeo.

McInnis, R. Marvin. 1972. Birth rates and land availability in 19th century Canada. PAA Paper.

McKeown, Thomas, and R. G. Brown. 1955/1968. Medieval evidence related to English population changes in the eighteenth century. *Population Studies* 9: 119–141. Reprinted in *Readings on population.* David M. Heer, ed. Englewood Cliffs: Prentice-Hall.

McMahon, Walter W. 1970. An economic analysis of major determinants of expenditures on public education. *Review of Economics and Statistics* 52: 242–251.

Mead, Margaret, ed. 1954. *Cultural patterns and technical change.* Paris: UNESCO.

Meade, James E. 1937. An introduction to economic analysis and policy. London: Oxford University Press.

——. 1955. *The theory of international economic policy.* Vol. II: *trade and welfare.* London: Oxford University Press.

——. 1961. Mauritius: a case study in Malthusian economics.

The Economic Journal 71: 521-534.

——. 1967. Population explosion, the standard of living and social conflict. *The Economic Journal* 11: 233-256.

——. 1968. *The growing economy.* Chicago: Aldine.

Meadows, Donella H., Dennis L. Meadows, Jorgen Randers, and William W. Behrens 111. 1972. *The limits to growth.* New York: Potomac Assoc.

Mehta, Jamshed K. 1967. *Rhyme, rhythm and truth in economics.* London: Asia.

Meier, Richard L. 1959. *Modern science and the human fertility problem.* New York: Wiley.

Mellor, John W, 1963. The use and productivity of farm family labor in early stages of agricultural growth. *Journal of Farm Economics* 45: 517-534.

——. 1966. *The economics of agricultural development.* Ithaca: Cornell University Press.

Mellor, John W. *et al.* 1968. *Developing rural India.* Ithaca: Cornell University Press.

Mendels, Franklin F. 1970. Industry and marriages in Flanders before the industrial revolution. In *Population and economics.* Paul Deprez, ed. Winnipeg: University of Manitoba Press.

——. 1971. Industrialization and population pressure in eighteenth century Flanders. Ph.D. University of Wisconsin.

Michael, Robert T. 1970a. Education and fertility, Mimeo.

———. 1970b. Education and the derived demand for children. Mimeo.

———. 1971. Dimensions of household fertility: an economic analysis. American Statistics Association Annual Meeting, Social Statistics Section: 126-136.

———. 1973. Education and the derived demand for children. *Journal of Political Economy* 81, Supplement: S128-164.

Michael, Robert T. and Edward P. Lazear. 1971. On the shadow price of children. Mimeo.

Michael, Robert T. and Willis, Robert J. 1973. The "imperfect contraceptive" population: An economic analysis. Preliminary Draft prepared for presentation at the PAA Meeting in New Orleans, La. April 26-28.

Michael, Robert T. and Willis, Robert J. 1973. Contraception and Fertility: household production under uncertainty. Working Paper No. 21. Center for Economic Analysis of Human Behavior and Social Institutions, New York. December.

Mills, Robert. 1826. *Statistics of South Carolina.* Charleston: Hunburt and Lloyd.

Mills, Stephanie. 1970. Saving the human race. In *The Family Planners* (Syntex Laboratory) 3:11.

Miles, Macura. 1967. The long-range population outlook: a summary of current estimates. Paper presented at the University of Indiana, April.

Mincer, Jacob. 1960. Labor supply, family income, and consumption. *American Economic Review* 50: 574-583.

———. 1962. Labor force participation of married women. In *Aspects of labor economics*. H. Gregory Lewis, ed. Princeton: Princeton University Press.

———. 1963. Market prices, opportunity costs, and income effects. In *Measurement in economics: studies in mathematical economics and econometrics in memory of Yehuda Grunfeld*. C. Christ, ed. Stanford: Stanford University Press.

Miner, Jerry. 1963. *Social and economic factors in spending for public education*. Syracuse: Syracuse University Press.

Mirrlees, James A. 1972. Population policy and the taxation of family size. *Journal of Public Economics* 1: 169-198.

Mishler, E. G. and L. F. Westoff. 1955. A proposal for research in social psychological factors affecting fertility. *Milbank Memorial Fund Quarterly, Current Research in Human fertility* 121-150.

Mitra, Asok. 1969. Possible demographic changes consequent on rising pressure in India of population on land. International Population Conference.

Modigliani, France. 1949. Fluctuations in the saving-income ratio: a problem in economic forecasting. *Studies in Income and Wealth* 11: 371-443.

——. 1966. The life cycle hypothesis of saving, the demand for wealth and the supply of capital. *Social Research* 33: 160-217.

Moore, Barrington, Jr. 1966. *Social origin of dictatorship and democracy.* Boston: Beacon.

Moore, Geoffrey H. and Janice Neipert Hedges. 1971. Trends in labor and leisure. *Monthly Labor Review* 94: 3-11

Morss, Elliott R. and Susan McIntosh. Family life styles, the childbearing decision, and the influence of federal activities, and quantitative approach. *Economic aspects of population change.* Elliott R. Morss and Ritchie H. Reed, eds. Vol. 2.

Mott, Frank. The dynamics of demographic change in a Nigerian village. Human Resources Research Unit, University of Lagos, Nigeria.

Mott, Paul E. 1965. Hours work and moonlighting. *Hours of work.* Clyde E. Dankert, ed. New York: Harper and Row.

Mountford, Charles P., ed. 1960. *Arnhem Land.* Vol. 2. Melbourne: Melbourne University Press.

Mueller, Eva. 1973. The Impact of Agricultural Change in Demographic Development in the Third World. To be published in a volume on Demographic growth and development in the third world. International Union for the Scientific Study of Population.

——. 1975 The economic value of children in peasant agriculture. Conference on Population Policy, Resources for the Future.

Munroe, Gretel S. and Gavin W. Jones. 1971. Mobile units in family planning. *Reports on Population/Family Planning.* October.

Myint, Hla. 1964. *The economics of the developing countries.* New York: Praeger.

——. 1969. The peasant economies of today's underdeveloped areas. In *Subsistence agriculture and economic development.* Clifford R. Wharton, ed. Chicago: Aldine.

Myrdal, Alva. 1941/1968. *Nation and family.* Cambridge: Massachusetts Institute of Technology Press: re-issued 1968.

Myrdal, Gunnar. 1940. *Population: a problem for democracy.* Cambridge: Harvard University Press.

——. 1968. *Asian drama.* New York: Pantheon.

Nag, Meni. 1962. *Factors affecting fertility in non-industrial societies: a cross-cultural study.* New Haven: Yale University Publishers in Anthropology.

——. 1967. Family type and fertility. *World Population Conference.* Vol. 2: 160-163.

Nair, Kusum. 1962. *Blossoms in the dust.* New York: Praeger.

Nakajima, Chihiro. 1969. Subsistence and commercial family farms: some theoretical models of subjective equilibrium. In

Subsistence agriculture and economic development. Clifton R. Wharton, ed. Chicago: Aldine.

Namboodiri, N. Krishnan. 1970, Economic status and family size preference. *Population Studies* 24: 235–237.

———. 1972. Some observations on the economic framework for fertility analysis. *Population Studies* 26: 185–206.

———. 1974. Which couples at given parities expect to have additional births? *Demography* 11: 45–56.

Narveson, Jan. 1967. Utilitarianism and new generations. *Mind* 76: 62–72.

———. 1973. Moral problems of population. *The Monist* 37; 62–86.

Nath, Pran. 1929. *A study in the economic condition of ancient India.* London: Royal Asiatic Society.

Nelson, Richard R. 1956. A theory of the low-level equilibrium trap in underdeveloped economies. *American Economic Review* 46: 894–908.

———. 1970. Microeconomic theory and economic development. Mimeo.

Nerlove, Marc, and T. Paul Schultz. 1970. Love and life between the censuses: model of family decision-making in Puerto Rico, 1950–1960. Mimeo. The Rand Corporation, RM-6322-AID,

Newman, Peter. 1970. Malaria control and population growth.

The Journal of Development Studies 6: 133-158.

Nordhaus, William D. and James Tobin. 1972. *Is growth obsolete?* New York: NBER.

North, Douglas C. and Robert P. Thomas. 1970. An economic theory of the growth of the western world. *Economic History Review,* 2d ser., 23: 1-17.

Nortman, Dorothy. 1969. Population and family planning programs: a factbook. *Reports on Population! Family Planning.* December.

——. 1971. Population and family planning programs: A factbook. *Reports on Population! Family Planning,* no. 2, June.

Notestein, Frank W. 1966. Closing remarks. *Family planning and population growth* B. Berelson, *et al.,* eds. Chicago: University of Chicago Press.

——. 1966. Some economic aspects of population change in the developing countries. *Population dilemma in Latin America.* M. Stycos and J. Arias, eds. Washington, D.C.: Potamac Books.

——. 1970. Zero population growth. Mimeo. PAA Meeting.

Oechsli, Frank Wm. and Dudley Kirk. 1975. Modernization and the demographic transition in Latin America and the Caribbean. *Economic Development and Cultural Change* 23: 391-420.

O'Hara, Donald J. 1972a. Mortality and fertility: Three avenues of interaction. University of Rochester.

——. 1972b. Mortality risks, sequential decisions on births, and population growth. *Demography* 9: 485-498.

Ohkawa, K. 1970. Phases of agricultural development and economic growth. In *Agriculture and economic growth, Japan's experience*. K. Ohkawa, B. Johnston and H. Kaneda, eds. Princeton: Princeton University Press.

Ohlin, Goran. 1955. The positive and the preventive checks: a study of the rate of growth of pre-industrial populations. Ph.D. Harvard University.

——. 1961. Mortality, marriage and growth in pre-industrial population. *Population Studies* 14: 190-197

——. 1970. Historical evidence of Malthusianism. In *Population and economics*. Paul Deprez, ed. Winnipeg: University of Manitoba Press.

Okun, Bernard. 1958. *Trends in birth rates in the United States since 1870.* Baltimore: Johns Hopkins University Press.

——. 1960. Comment. In *Demographic and economic change in developed countries*. Ansley J. Coale, ed. Princeton: Princeton University Press.

Olson, E. and G. S. Tolley. 1971. The interdependence between income and education. *Journal of Political Economy.* 79: 461-480.

Olson, Mancur, Jr. 1965. *The logic of collective action.* Cambridge: Harvard University Press.

Olson, Sherry H. 1971. *The Depletion Myth. History of Railroad Use of Timber.* Cambridge, Mass: Harvard University Press.

Olusanya, P. O. 1969. Cultural barriers to family planning among the Yorubas. *Studies in Family Planning* 37: 13-16.

Owen, Wilfred. 1964. *Strategy for mobility.* Washington: The Brookings Institution.

——. 1968. *Distance and development.* Washington: The Brookings Institution.

Ozbay, Ferhunde, and Frederic C Shorter. 1970. Turkey: changes in birth control practices, 1963-1968. *Studies in Family Planning* 51: 1-7.

Paglin, Morton. 1965. Surplus agricultural labor and development: facts and theories. *American Economic Review* 55: 815-834.

Paige, Deborah and Cottfried Bombach 1959. *A comparison of national output and productivity of the United Kingdom and the United States.* Pans: OECD.

Pakrasi, Kanti, and Chitaaranjan Malaker. 1967. The relationship between family type and fertility. *Milbank Memorial Fund Quarterly* 45: 451-460.

Patinkm, Don. 1965. *Money, interest, and prices.* 2d ed. New York: Harper and Row.

Peel, John. 1963. The manufacturing and retailing of contraceptives in England. *Population Studies* 17: 113-125.

Peled, Tsiyona. 1969. Problems and attitudes m family planning. Israel Institute of Applied Social Research, March, in Hebrew, a, and English summary, b.

Peller, Sigismund. 1965. Births and deaths among Europe's ruling families since 1500 In *Population in history.* D. V. Glass and D. E. L. Eversley, eds. Chicago: Aldine.

Perella, Vera C. Moonlighters: their motivations and characteristics. *Monthly Labor Renew* 93: 57-64.

Perkins, Dwight. 1969. *Agricultural development in China, 1368-1968.* Chicago: Aldine.

Petersen, William. 1955/1956. Family subsidies in the Netherlands. *Marriage and Family Living,* August. Reprinted in *Population theory and policy.* J. J. Spengler and O. D. Duncan, eds. Glencoe: Free Press.

——. 1961. *Population.* New York: Macmillan.

Pfanner, David E. 1969. A semisubsistence village economy in lower Burma.

Phelps, Edmund S. 1966. The golden rule of procreation. In *Rules of economic growth.* New York; Norton.

——. 1968. Population increase. *Canadian Journal of Economics* 1: 497-518.

Phillips, Llad, Harold L. Votey, Jr., and Darold E. Maxwell. 1969. A synthesis of the economic and demographic models of fertility: An econometric test. *Review of Economics and Statistics* 51: 298-308.

Pilarski, Adam and Julian L. Simon. 1975a. The effect of population growth upon the quantity of education per child. Mimeo.

———. 1975b. A preliminary study of the effect of population growth on unemployment. Mimeo.

Pirie, N. W. 1963. Future sources of food supply: scientific problems. In Royal Statistical Society. Symposium on Food Supplies and Population Growth, London, 1962, *Food supplies and population growth.* Edinburgh: Oliver and Boyd.

Pitchford, J. D. 1974. *Population in Economic Growth.* Amsterdam: North Holland.

Poffenberger, Thomas. 1969. Husband-wife communication and motivational aspects of population control in an Indian village. New Delhi: Central Family Planning Institute,

Pohlman, Edward. 1969. *Psychology of birth planning.* Cambridge: Schenkman.

———. 1971. Incentives and compensations in birth planning. Carolina Population Center Monograph No. 11. Chapel Hill: Carolina Population Center.

Pope Paul VI. 1965. Address to the United Nations, October 5. Reported in *The New York Times,* October 6: 6.

Population Chronicle. July 1972.

Poti, S. J. and S. Datta. 1960/1967. *Pilot study on social mobility and differential fertility.* New Delhi: Government of India. As cited by Nag, 1967.

Potter, Robert G. 1969. Estimating births averted in a family planning program. In *Fertility and family planning: a world view.* S. J. Behrman, Leslie Corsa, and Ronald Freedman, eds. Ann Arbor: University of Michigan Press.

President's Science Committee. 1967, *The world food problem.* Washington, D.C.: Government Printing Office.

Prest, W. 1963. Note on size of states and cost of administration in Australia. In *The economic consequences of the size of nations.* E. A. G. Robinson, ed. London: Macmillan.

Preston, Samuel H. 1972. Marital fertility and female employment opportunity: United States, 1960. Mimeo. Department of Demography, University of California, Berkeley.

Price, Daniel O. ed. *The 99th Hour* Chapel Hill: University of North Carolina Press, 1967.

Price, Derek de Solla. 1972. The relations between science and technology and their implications for policy formation. FOA Reprint. 1972/3:26. Stockholm.

Rainwater, Lee. 1965. *Family design marital sexuality, family size, and contraception.* Chicago: Aldine,

Rainwater, Lee, and Karen K. Weinstein. 1960. *And the poor get children.* Chicago: Quadrangle.

Ramsey, Frank P. 1928/1969. A mathematical theory of saving. *The Economic Journal* 38: 543-559. Reprinted in *Reading in welfare economics.* K. J. Arrow and T. Scitovsky, eds. Homewood: Irwin.

Rao, V. V. Bhaaeji and B. P. Ley. 1968. Birth rates and economic development: some observations from Japanese data. *Sankhya,* Ser. b, 30: 149-156.

Reddaway, William. 1939. *Economics of a declining population.* New York: Macmillan.

Redfield, Robert. 1930. *Tepoztlan—a Mexican village.* Chicago: University of Chicago Press.

——. 1957. *A village that chose progress.* Chicago: University of Chicago Press.

Redfield, Robert and Villa Rojas. 1934. *Chan Kon. a Maya village.* Washington: Carnegie.

Repetto, Robert. 1968. India; a case study of the Madras vasectomy program. *Studies in Family Planning* 31: 8-16.

——. 1972. Micro-economic theories of fertility: prediction and policy aspects. Mimeo.

——. 1974. The interaction of fertility and the size distribution of income. Mimeo.

——. 1975. A survey of policy prospects and research approaches in the relationship between fertility and the direct economic costs and value of children in the less developed countries.

Conference on Population Policy, Resources for the Future.

Requena, Mariano B. 1968. The problem of induced abortion in Latin America. *Demography* 5: 785-799.

Research and Marketing Services. 1970/1971. A study in the evaluation of the effectiveness of the Tata incentive program for sterilization. Bombay, unpublished, 1970. Quoted by Rogers, 1971.

Revelle, Roger, ed. 1971. *Rapid population growth: consequences and policy implications.* Baltimore: Johns Hopkins University Press.

——. 1974. Food and population. *Scientific American* 231: 160-171.

Ricardo, David. 1963. *The principles of political economy and taxation.* Homewood: Irwin.

Rich, William. 1973. *Smaller families through social and economic progress.* Washington: Overseas Development Council.

Richthoven, Baron von. 1871/1959. Letter on the Provinces of Chekiang and Nganhwei (Shanghai, 1871). Written for the *North China Daily News:* 12-14. Quoted by Ho, 1959: 244.

Ridker, Ronald. 1968. A scheme for a family planning retirement bond (not exact title). Mimeo.

——. 1972. Resource and environmental consequences of population growth and the American future. In *Population, resources, and the environment.* The Commission on Population Growth and the American Future. Ronald Ridker, ed. Washington: Government Printing Office.

——. 1974. Incentives and disincentives for fertility reduction. *Population Policies and Economic Development,* IBRD: 481.

Robbins, Lionel. 1927. The optimum theory of population. In *London essays in economics: in honour of Edwin Lannan.* T. Gregory and H. Dalton, eds. London: Routledge.

Roberto, Eduardo L. 1972. Social marketing strategies for diffusing the adoption of family planning. *Social Science Quarterly* 53: 33-51.

Robinson, Edward A. G., ed. 1960. *Economic consequences of the size of nations.* New York: St. Martins.

——. 1963. The size of the nation and the cost of administration. In *The economic consequences of the size of nations.* Robinson, ed. London: Macmillan.

Robinson, S. 1971. Sources of growth in less developed countries: a cross-section study. *Quarterly Journal of Economics* 75: 391-408,

Robinson, Warren C. 1963. Urbanization and fertility: the non-western experience. *Milbank Memorial Fund Quarterly* 41: 291-308,

——. 1969. Some tentative results of a cost effectiveness study of selected national family planning programs. Mimeo.

Rogers, Everett M. 1971. Incentives in the diffusion of family planning observations. *Studies in Family Planning* 2: 241-248.

——. 1972. Field experiments on family planning incentives. Mimeo, Department of Communication, Michigan State University.

Rogers, Everett M. and J. David Stanfield. 1968. Adoption and diffusion of new products: emerging generalizations and hypotheses. In *Applications of the sciences in marketing management.* F. M. Bass *et al.,* eds. New York: Wiley.

Rosenberg, W. 1971. A note on the relationship of family size and income in New Zealand. *Economic Record* 47: 399-409.

Ross, Edward Alsworth. 1927. *Standing room only.* New York: Century.

Ross, John A. 1966a. Cost analysis of the Taichung experiment. *Studies in Family Planning* 10: 6-15.

——. 1966b. Cost of family planning programs. In *Family planning and population programs.* B. Berelson, et al., eds. Chicago: University of Chicago Press.

Ross, John A. and David P. Smith. 1969. Korea: trends in four national KAP surveys, 1964-1967. *Studies in Family Planning* 43: 6-10.

Ross, Sue Goetz. 1973. The effect of economic variables on timing and spacing of births. Paper presented to the PAA.

Rostas, Leo. 1948. *Comparative productivity in British and American Industry.* Occasional Paper 13. NBER. Cambridge.

Rozenthal, Alek A. 1970. A note on the sources and uses of funds in Thai agriculture. *Economic Development and Cultural Change* 18: 383-390.

Ruggles, Richard, and Nancy Ruggles. 1960. Differential fertility in United States census data. In *Demographic and economic change in developed countries,* Ansley J. Coale, ed. Princeton: Princeton University Press.

Russett, B. B. *et al.* 1964. *World handbook of social and political indicators.* New Haven: Yale University Press.

Ruttan, Vernon W. 1969. Two sector models and development policy comment. In *Subsistence agriculture and economic development.* Clifford R. Whanton, Jr., ed. Chicago: Aldine.

Ryder. Norman B. 1969. The emergence of a modern fertility pattern: United States 1917-1966. In *Fertility and family planning a world view.* S. J. Behrman, Leslie Corsa, and Ronald Freedman, eds. Ann Arbor: University of Michigan Press.

Ryder, Norman B. and Charles F. Westoff. 1969. Relationships among intended, expected, desired, and ideal family size: United States, 1965. Center for Population Research. Washington, March,

Sahlins, Marshall D. 1968. Notes on original affluent society. In *Man the Hunter*. Richard B. Lee and Iven Devore, eds. Chicago-Aldine.

Salaman, Redcliffe N. 1949. *History and social influence of the potato*. Cambridge: Cambridge University Press.

Salter, Wilfred Edward Graham. 1966. *Productivity and technical change*. Cambridge: Cambridge University Press.

Sanderson, Warren, and Robert J. Willis. 1971. Economic models of fertility: some examples and implications. *NBER Annual Report*: 32–42.

Sato, Ryuzo, and V. Niho. 1971. Population growth and the development of a dual economy. *Oxford Economic Papers* 23: 415–436.

Sauvy, Alfred. 1968. Public opinion and the population problems. In *World views of population problems*. Egon Szabady, ed. Budapest: Akademiai Kiado.

——. 1969. *General theory of population*. New York: Basic Books.

Schmookler, Jacob. 1962. Changes in industry and in the state of knowledge as determinants of industrial invention. In *The Rate and Direction of Inventive Activity: Economic and Social Factors*. Richard R. Nelson, ed. Princeton: Princeton University Press.

Schorr, Alvin. 1965/1970. Income maintenance and the birth rate. *Social Security Bulletin* 27: 22–30. Reprinted in *Social demography.* T. Ford and G. DeJong, eds. Englewood Cliffs: Prentice-Hall.

Schramm, Wilbur. 1971. Communication in family planning. *Reports on Population/Family Planning* April no. 7

Schran, Peter. 1969. *The development of Chinese agriculture 1950–1959.* Urbana: University of Illinois Press.

Schultz, T. Paul. 1969a. An economic perspective on population growth. Mimeo.

———. 1969b. An economic model of family planning and fertility. *Journal of Political Economy* 77: 153–180.

———. 1973. Explanation of birth rate changes over space and time: a study of Taiwan. *Journal of Political Economy* 81, Supplement: S238–274.

———. 1975. Interrelationships between mortality and fertility. Presented to Resources for the Future Conference, February.

Schultz, T. Paul and Julie DaVanzo. 1970. An analysis of demographic change in East Pakistan: a study of retrospective survey data. Mimeo. Rand: R-564- AID.

Schultz, Theodore W. 1964. *Transforming traditional agriculture.* New Haven: Yale University Press.

———. 1965. *Economic crises in world agriculture.* Ann Arbor: University of Michigan Press.

——. 1972. Production opportunities in Asian agriculture: an economist's agenda. In *Readings in Economic Development.* Walter L. Johnson and David R. Kamerschen, eds. Cincinnati: Southwestern.

Schumpeter, Joseph. 1947. The creative response in economic history. *Journal of Economic History* 7: 149-159.

Scully, John J. 1962. The influence of family size on efficiency within the farm—an Irish study. *The Journal of Agricultural Economics* 5: 116-121.

Second five-year plan for economic and social development of the United Republic of Tanzania. 1969. Dar Es-Salaam: Government Printing Office. Quoted from Rarbison.

Seiver, Daniel A. 1974. An empirical study of declining fertility in the United States: 1960-1970. Ph.D. Yale University.

Selvin, Hanan, and Warren O. Hagstrom. 1963. The empirical classification of formal groups. *American Sociological Review* 28: 399-411.

Sen, Amartya K. 1959. The choice of agricultural techniques in under-developed countries. *Economic Development and Cultural Change* 7: 279-285.

——. 1966. Peasants and dualism with or without surplus labor. *Journal of Political Economy* 74: 425-450.

Seppilli, T, 1960. Social conditions of fertility in a rural community in transition in Central Italy. In *Culture, Science and*

Health, Annals of the N.Y. Academy of Sciences. V. Rubin, ed. 84: 959-962.

Sheffer, Daniel. 1970. Comparable living costs and urban size: a statistical analysis. *American Institute of Planners Journal* 36: 417-423.

Sidgwick, Henry. 1901. *The methods of ethics.* London: Macmillan.

Silver, Morris. 1965. Births, marriages, and business cycles in the United States. *Journal of Political Economy* 73: 237-255.

——. 1966. Birth, marriages, and income fluctuations in the United Kingdom and Japan. *Economic Development and Cultural Change* 14: 302-315.

Simmons, George B. 1969. The Indian investment in family planning. Ph.D. University of California, Berkeley.

Simon, Herbert A, 1957. *Administrative behavior.* New York: Macmillan.

Simon, Julian L. 1965. Are there economies of scale in advertising? *Journal of Advertising Research* 5: 15-19.

——. 1966. The demand for liquor in the U.S., and a simple method of determination. *Econometrica* 34: 193-205.

——. 1968. The role of bonuses and persuasive-propaganda in the reduction of birth rates. *Economic Development and Cultural Change,* vol. 16, no. 3.

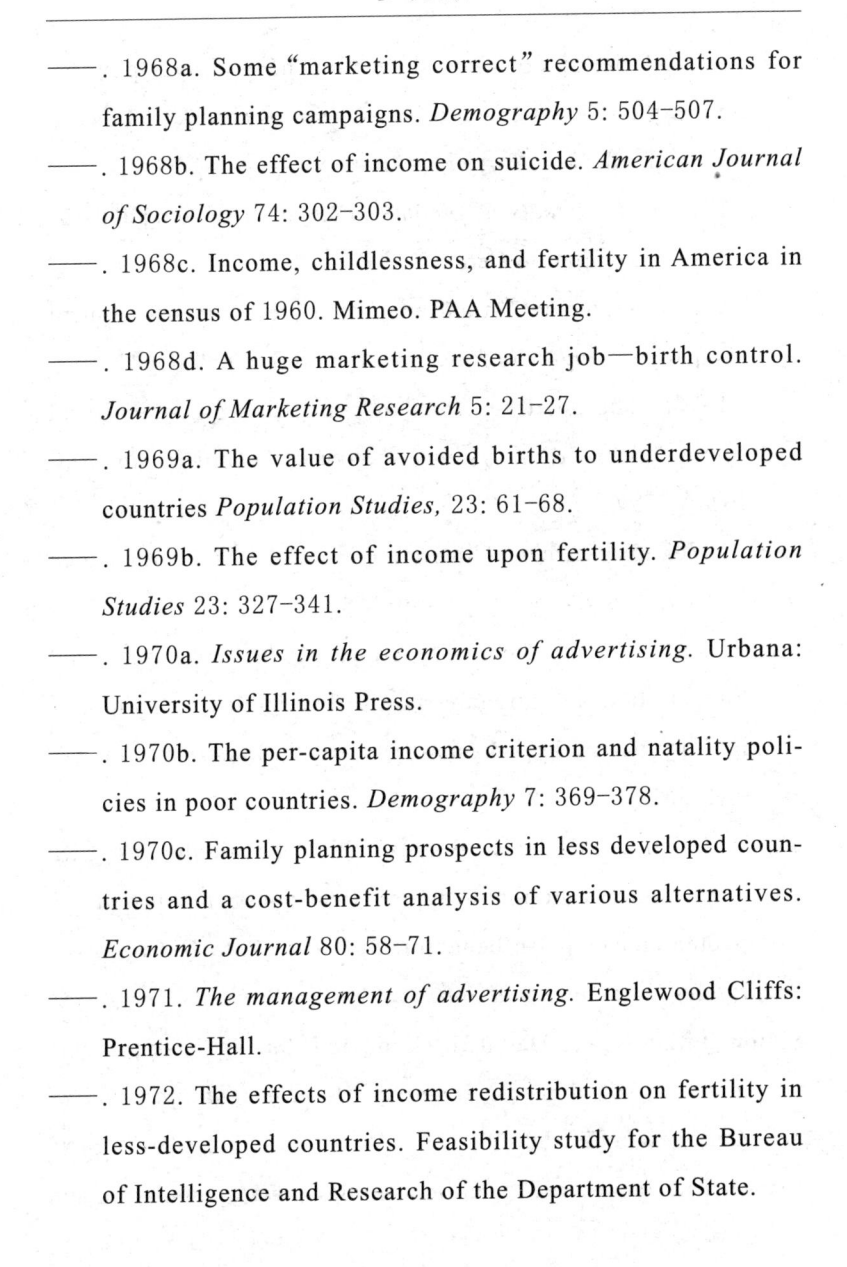

——. 1968a. Some "marketing correct" recommendations for family planning campaigns. *Demography* 5: 504–507.

——. 1968b. The effect of income on suicide. *American Journal of Sociology* 74: 302–303.

——. 1968c. Income, childlessness, and fertility in America in the census of 1960. Mimeo. PAA Meeting.

——. 1968d. A huge marketing research job—birth control. *Journal of Marketing Research* 5: 21–27.

——. 1969a. The value of avoided births to underdeveloped countries *Population Studies,* 23: 61–68.

——. 1969b. The effect of income upon fertility. *Population Studies* 23: 327–341.

——. 1970a. *Issues in the economics of advertising*. Urbana: University of Illinois Press.

——. 1970b. The per-capita income criterion and natality policies in poor countries. *Demography* 7: 369–378.

——. 1970c. Family planning prospects in less developed countries and a cost-benefit analysis of various alternatives. *Economic Journal* 80: 58–71.

——. 1971. *The management of advertising*. Englewood Cliffs: Prentice-Hall.

——. 1972. The effects of income redistribution on fertility in less-developed countries. Feasibility study for the Bureau of Intelligence and Research of the Department of State.

——. 1973. Science does not show that there is over-population in the U.S. In *Population: a clash of prophets*. Edward Pohlman, ed. New York: Mentor.

——. 1974a. *The effects of income upon fertility*. Chapel Hill: Carolina Population Center.

——. 1974b. Segmentation and market strategy in birth-control campaigns. *Studies in Family Planning* 5: 90-97.

——. 1975a. The positive effect of population on agricultural savings in irrigation systems. *Review of Economics and Statistics* 57: 71-79.

——. 1975b. The effect of income on suicide: reply. *American Journal of Sociology* 81: 1460-1462.

Simon, Julian L. and Dennis J. Aigner. 1970. Cross sectional budget studies, aggregate time-series studies, and the permanent income hypothesis. *American Economic Review* 60: 341-351.

Simon, Julian L. and Carl E. Barnes. 1971. The middle-class U.S. consumption function: a hypothetical-question study of expected consumption behavior. *Bulletin of the Oxford Institute of Economics and Statistics* 33: 73-80.

Simon, Julian L. and David H. Gardner. 1969. The new proteins and world food needs. *Economic Development and Cultural Change* 17: 520-526.

Simon, Rita James. 1971. Public attitudes toward population and pollution. *Public Opinion Quarterly* 35: 95–101.

Simon, Rita James and Julian L. Simon, 1974/1975. The effect of money incentives on family size; a hypothetical-question study. *Public Opinion Quarterly* (Winter): 585–595.

Simon, Sheldon R. 1968. The village of Senapur. In *Developing rural India*. John W. Mellor, ed. Ithaca: Cornell University Press.

Singer, Hans W. 1959. Differential population growth as a factor in international economic development. *Economic Journal* 69: 820–822.

——. 1964. Population and economic development. In *International development: growth and change*. Singer, ed. New York: McGraw-Hill.

Slicher van Bath, B. H. 1963. *The agrarian history of western Europe, A.D. 500–1850*. London: Arnold.

Smith, Larry J. 1973. *Black-white reproductive behavior: an economic interpretation*. Ph.D, University of Chicago.

Snyder, Donald W. 1974. Economic Determinants of Family Size in West Africa. *Demography* 11: 613–627.

Sollins, Alfred D. and Raymond L. Belsky. 1970. Commercial production and distribution of contraceptives. *Reports on Population/Family Planning* 4.

Solow, Robert. 1957. Technical change and the aggregate production function. *The Review of Economics and Statistics*

39: 312-320.

Spengler, Joseph J. 1952. Population theory. In *A survey of contemporary economics,* Vol. 2. B. Haley, ed. Homewood: Irwin.

——. 1958. The economic effects of migration. In *Selected studies of migration since World War II* F. G. Boudreau and C. V. Kiser, eds. New York: Milbank Memorial Fund.

——. 1964. Population and economic growth. In *Population: the vital revolution.* R. Freedman, ed. New York: Doubleday Anchor,

——. 1966. The economist and the population question. *American Economic Review* 56: 1-24.

——. 1967. Population optima. In *The 99th hour.* Daniel O. Price, ed. Chapel Hill: University of North Carolina Press.

——. 1966/1968. Values and fertility analysis. *Demography* 3: 109-130. In *Readings on population.* David M. Heer, ed. Englewood Cliffs: Prentice Hall.

Stafford, Frank P. 1969. Student family size in relation to current and expected income. *Journal of Political Economy* 77: 474-477.

Stearns, J. Brenton. 1972. Ecology and the indefinite unborn. *The Monist* 56: 612-625.

Stevenson, Robert F, 1968. *Population and political systems in tropical Africa.* New York: Columbia University Press.

Stigler, George J. 1961. Economic problems in measuring changes in productivity. *Output, Input, and Productivity Measurement, Studies in Income and Wealth* 25: 42-63. Conference in Research in Science in Wealth. Princeton: Princeton University Press.

Stockwell, M. 1972. Some observations on the relationship between population growth and economic development during the 1960's. *Rural Sociology* 37: 628-632.

Stolnitz, George. 1965. Recent mortality trends in Latin America, Asia, and Africa. *Population Studies* 19: 117-138.

Studies in Family planning. Roman Catholic fertility and family planning. 34:1-24.

Stycos, J. Mayone. 1955. *Family and fertility in Puerto Rico.* Ithaca: Cornell University Press.

——. 1968. *Human fertility in Latin America.* Ithaca: Cornell University Press.

Stycos, J. Mayone, and Kurt W. Back. 1964. *The control of human fertility in Jamaica.* Ithaca: Cornell University Press.

Stycos, J. Mayone, Kurt W. Back, and Reuben Hill. 1956. Problems of communication between husband and wife on matters relating to family limitation. *Human Relations* 9: 207-215.

Stys, W. 1957. The influence of economic conditions on the fertility of peasant women. *Population Studies* 11: 136-148.

Subremian Swamy, and Shadid Javer Burki. 1970. Food grain output in the People's Republic of China, 1958-1965. *China Quarterly* 41: 58-63.

Sweet, James A. 1968. *Family composition and the labor force activity of married women in the United States*. Ph.D. University of Michigan.

——. 1970. Family composition and the labor force activity of American wives. *Demography* 7: 195-209.

Sweezy, Alan. 1971. The economic explanation of fertility changes in the United States. *Population Studies* 25: 255-267.

Tabah, Léon, and Raúl Samuel. 1962. Preliminary findings of a survey in fertility and attitudes toward family formation in Santiago, Chile. *Research in family planning*. C. V. Kiser, ed. Princeton: Princeton University Press.

Taeuber, Irene B. 1958. *The population of Japan*. Princeton: Princeton University Press.

——. 1960. Japan's demographic transition re-examined. *Population Studies* 14: 28-39.

Tarver, J. D. 1956. Costs of rearing and educating farm children. *Journal of Farm Economics* 28: 144-153.

Tawney, R. H. 1932. *Land and labour in China*. London: George Allen and Unwin.

Taylor, Carl E. 1965. Health and population. *Foreign Affairs* 43:

475-486.

Thirlwall, Anthony P. 1972. A cross section study of population growth and the growth of output and per capita income in a production function framework. *Manchester School of Economics and Social Studies* 40: 339-356.

Thomas, Brimley. 1954. *Migration and economic growth.* Cambridge: Cambridge University Press.

———. ed. 1959. *Economics of international migration.* New York: St. Martin's.

———. 1961. *International migration and economic development a trend report and bibliography.* New York: UNESCO.

———. 1973. *Migration and economic growth.* 2d ed. Cambridge University Press.

Thomas, Dorothy S. 1925. *Social and economic effects of business cycles.* London: Dutton.

———. 1941. *Social and economic aspects of Swedish population movements.* New York: Macmillan.

Thomsen, Moritz. 1969. *Living poor.* New York: Ballantine.

Thorner, Daniel and Alice. 1962. *Land and labour in India.* New York: Asia Publishing House.

von Thunen, Johann H. 1966. *The isolated state.* New York: Pergamon.

Tinbergen, Jan. 1967. *Development planning.* New York: McGraw-Hill.

Tolley, G. S. and E. Olson. 1971. The interdependence between income and education. *Journal of Political Economy* 79: 461-480.

Tomasson, Richard. 1946. Why has American fertility been so high? In *Kinship and family organization*. Bernard Farber, ed. New York: Wiley.

Tussing, A. R. 1969/1972. The labor force in Meiji economic growth: a quantitative study of Yamanishi prefecture. In *Agriculture and economic growth Japan's experience*. K. Ohkawa, B. F. Johnston, and H. Kaneda, eds. Tokyo: University of Tokyo Press.

United Nations. 1953. *The determinants and consequences of population trends*. New York: U.N.

——. 1956. The aging of populations and its economic social implications. *Population studies* 26: 1-168.

——. 1963. *Compendium of social statistics*. Ser. K, No. 2.

——. 1965. *Population bulletin of the United Nations, No. 7, 1963*. New York: U.N.

——. 1973. The determinants and consequences of population trends. *Population Studies*. Vol. 1, No, 50.

——. 1974. *The world food problem—proposals for national and international actions*. Rome.

United Nations Economic Commission for Africa. 1970. *Statistical bulletin for Africa*, Part 1. New York: U.N.

United Nations Statistical Office. 1970. *Yearbook of national accounts, 1969*. Vol. 1: *Individual country data*, and Vol. 2: *International tables*. New York: U.N.

United States Department of Agriculture, Economic Research Service. 1974. The world food situation and prospects to 1985. Washington: Government Printing Office. December.

United States Department of Commerce, Bureau of Public Roads. 1952. *Highway statistics 1950*. Washington: Government Printing Office.

U.S. Department of Commerce, Bureau of the Census. *Statistical abstract of the United States*. Various years. Washington: Government Printing Office.

———. 1960. *Historical statistics of the United States: colonial times to 1957*. Washington: Government Printing Office.

———. 1964. *1960 Census of population. women by number of children ever born*. PC-(2)-3A. Washington: Government Printing Office.

United States, The White House. 1967. *The world food problem*. Washington: Government Printing Office.

———. 1972. Population and the American future. *The report of the Commission on Population Growth and the American Future*. New York: Signet.

Usher, Abbott Payson. 1930/1956. The history of population and settlement in Urasia. In *Demographic analysis*. Spengler and Duncan, eds. Glencoe: Free Press. *Geographical Review,* January, 1930.

Van de Walle, Etienne. 1972. Implications of increases in rural density. In *Population growth and economic development in Africa.* Ominde and Ejiogu, eds. New York: Population Council.

van Vleck, David B. 1970. A biologist urges stabilizing U.S. population growth, *University: A Princeton Quarterly* Spring: 16-18.

Verdoorn, Peter J. 1951. On an empirical law governing the productivity of labor. *Econometrica* 19: 209-210.

Vielrose, Egon. 1968. Family budgets and birth rates. In *World views of population problems.* Egon Szabady, ed. Budapest: Akademiai Kiade,

Votey, Harold L., Jr. 1969. The optimum population and growth: a new look. *Journal of Economic Theory* 1: 273-290.

Vries, Jan de. 1970. The role of the rural section in the development of the Dutch economy: 1500-1700. Ph.D. Yale University.

Wang, L. M. and S. Y. Chen. 1973. Evaluation of the first year of the educational savings program in Taiwan. *Studies in Family Planning* 4: 157-161.

Warriner, Doreen. 1957. *Land reform and development in the Middle East.* New York: Royal Institute of International Affairs.

Weckstein, Richard S. 1962. Welfare criteria and changing tastes. *American Economic Review* 52: 133-153.

Weintraub, Robert. 1962. The birth rate and economic development. *Econometrica* 40: 812-817.

Wertham, Frederick. 1966. *A sign for Cain.* New York: Macmillan.

West, E. G. 1968. Social legislation and the demand for children: comment. *Western Economic Journal* 6: 419-424.

Westoff, Charles and Norman Ryder. 1969. Recent trends in attitudes toward fertility control and in the practice of contraception in the United States. In *Fertility and family planning: a world view.* S. J. Behrman, Leslie Corsa, and Ronald Freedman, eds. Ann Arbor: University of Michigan Press.

Wharton, Clifford R., Jr. 1969a. *Subsistence agriculture and economic development.* Chicago: Aldine.

——. 1969b. The green revolution: cornucopia or Pandora's Box? *Foreign Affairs* 47: 464-476.

Whelpton, P. K., Arthur A. Campbell, and J. E. Patterson. 1966. *Fertility and family planning in the United States.* Princeton: Princeton University Press.

Whelpton, P. K. and C. V. Kiser, eds. 1946/1950/1952/1954/1958. *Social and psychological factors affecting fertility.* Vols. 1-5. New York: Mlbank Memorial Fund.

White, Lynn, Jr. 1962. *Medieval technology and social change*. New York: Oxford.

Wicksell, Knut. 1928. *Forelasninger i nationalekonomi*. Stockholm.

Wilder, Frank, and D. K. Tyagi. 1968. India's new departures in mass motivation for fertility control. *Demography* 5: 773–779.

Wilensky, Harold. 1963. The moonlighter: a product of relative deprivation. *Industrial Relations* 3: 105–124.

Wilkinson, Maurice. 1967. Evidences of long swings in the growth of Swedish population and related economic variables. *Journal of Economic History* 27: 17–38.

——. 1973. An Econometric Analysis of Fertility in Sweden. *Economeirica* 41: 433–641. July.

Willis, Robert J. 1969. A new approach to the economic theory of fertility behavior, Mimeo. Wesleyan University, December.

——. 1973. A new approach to the economic theory of fertility behavior. *Journal of Political Economy* 81, Supplement: S14–65.

Willis, Robert J. and Warren Sanderson. 1970. Is economics relevant to fertility behavior? Mimeo. NBER: New York.

Wilson, George W., Barbara R. Bergmann, Leon V. Hinser, Martin S. Klein. 1966. *The impact of highway investment on development*. Washington: The Brookings Institution.

Winsborough, H. H., and Peter Dickinson. 1970. Age, cohort, and period effects in U.S. fertility. Mimeo.

Winston, Gordon C. 1966. An international comparison of income and hours of work. *Review of Economics and Statistics* 48: 28-39.

Wold, Herman O. 1966. The approach of model building. In *Model building in the human science.* Wold, ed. Monaco.

Wolfers, David. 1971. The case against zero growth. *International Journal of Environmental Studies* 1: 227-232.

Woodburn, James. 1968. An introduction to Hadza ecology. In *Man the hunter.* Richard B. Lee and lrven DeVore, eds. Chicago; Aldine.

Wrigley, Edward A. 1969. *Population and history.* New York: McGraw-Hill.

Wyon, John B. and John E. Gordon. 1971. *The Khanna study: population problems in the rural Punjab.* Cambridge: Harvard University Press.

Yaari, Shmuel. 1974. World over a barrel. *Jerusalem Post Magazine,* October 4: 4.

Yasuba, Yasukichi. 1962. *Birth rates of the white population in the United States, 1800-1860 An economic study.* Baltimore: Johns Hopkins University Press.

Yaukey, David. 1961. *Fertility differences in a modernizing country,* Princeton: Princeton University Press.

Yotopoulos, Pan A. and Lawrence J. Lau. 1974. On modeling the agricultural sector in developing economies: an integrated approach of micro and macroeconomics. *Journal of Development Economics* 1: 105-127.

Young, J. H. 1955. Comparative economic development: Canada and the United States. *American Economic Review* 45: 80-93.

Yule, G. U. 1906. On changes in the marriage- and birth-rates in England and Wales during the past half century. *Journal of the Royal Statistical Society* 69: 88-132.

Zaidan, George C. 1967. Benefits and costs of population control with special reference to the United Arab Republic (Egypt). Ph.D, Harvard University.

——. 1968. The foregone benefits and costs of a prevented birth: conceptual problems and an application to the U.A.R. Mimeo. IBRD Economics Department Working Paper.

——. 1969. Population growth and economic development. *Studies in Family Planning* 42. Population Council of New York. May.

Zimmerman, L. J. *Poor Lands, Rich Lands.* New York: Random House, 1965.

Zitter, Meyer. 1970. Population trends in metropolitan areas. *American Statistical Association Proceedings, Social Statistics Section.*

经济学名著

第一辑书目

凯恩斯的革命	〔美〕克莱因 著
亚洲的戏剧	〔瑞典〕冈纳·缪尔达尔 著
劳动价值学说的研究	〔英〕米克 著
实证经济学论文集	〔美〕米尔顿·弗里德曼 著
从马克思到凯恩斯十大经济学家	〔美〕约瑟夫·熊彼特 著
这一切是怎么开始的	〔美〕W.W.罗斯托 著
福利经济学评述	〔英〕李特尔 著
增长和发展	〔美〕费景汉 古斯塔夫·拉尼斯 著
伦理学与经济学	〔印度〕阿马蒂亚·森 著
印度的货币与金融	〔英〕约翰·梅纳德·凯恩斯 著

第二辑书目

社会主义和资本主义的比较	〔英〕阿瑟·塞西尔·庇古 著
通俗政治经济学	〔英〕托马斯·霍吉斯金 著
农业发展：国际前景	〔日〕速水佑次郎 〔美〕弗农·拉坦 著
增长的政治经济学	〔美〕保罗·巴兰 著
政治算术	〔英〕威廉·配第 著
歧视经济学	〔美〕加里·贝克尔 著
货币和信用理论	〔奥地利〕路德维希·冯·米塞斯 著
繁荣与萧条	〔美〕欧文·费雪 著
论失业问题	〔英〕阿瑟·塞西尔·庇古 著
十年来的新经济学	〔美〕詹姆斯·托宾 著

第三辑书目

劝说集	〔英〕约翰·梅纳德·凯恩斯 著
产业经济学	〔英〕阿尔弗雷德·马歇尔 玛丽·佩利·马歇尔 著
马歇尔经济论文集	〔英〕阿尔弗雷德·马歇尔 著
经济科学的最终基础	〔奥〕路德维希·冯·米塞斯 著
消费函数理论	〔美〕米尔顿·弗里德曼 著

货币、就业和通货膨胀	〔美〕罗伯特·巴罗　赫歇尔·格罗斯曼 著
论资本用于土地	〔英〕爱德华·威斯特 著
财富的科学	〔英〕J.A.·霍布森 著
国际经济秩序的演变	〔美〕阿瑟·刘易斯 著
发达与不发达问题的政治经济学	〔美〕查尔斯·K.威尔伯 编

第四辑书目

中华帝国的专制制度	〔法〕魁奈 著
政治经济学的特征与逻辑方法	〔英〕约翰·埃利奥特·凯尔恩斯 著
就业与均衡	〔英〕阿瑟·塞西尔·庇古 著
大众福利	〔西德〕路德维希·艾哈德 著
外围资本主义	〔阿根廷〕劳尔·普雷维什 著
资本积累论	〔英〕琼·罗宾逊 著
凯恩斯以后	〔英〕琼·罗宾逊 编
价值问题的论战	〔英〕伊恩·斯蒂德曼　〔美〕保罗·斯威齐等 著
现代经济周期理论	〔美〕罗伯特·巴罗 编
理性预期	〔美〕史蒂文·M.谢弗林 著

第五辑书目

宏观政策	〔英〕基思·卡思伯森 著
经济学的边际革命	〔英〕R.D.C.布莱克 A.W.科茨　克劳弗德·D.W.古德温 编
国民经济学讲义	〔瑞典〕克努特·维克塞尔 著
过去和现在的政治经济学	〔英〕L.罗宾斯 著
1914年以后的货币与外汇	〔瑞典〕古斯塔夫·卡塞尔 著
政治经济学的范围与方法	〔英〕约翰·内维尔·凯恩斯 著
政治经济学论文五篇	〔英〕马尔萨斯 著
资本和收入的性质	〔美〕欧文·费雪 著
政治经济学	〔波兰〕奥斯卡·R.兰格 著
伦巴第街	〔英〕沃尔特·白芝浩 著

第六辑书目

对人进行投资	〔美〕西奥多·舒尔茨 著

经济周期的规律与原因	〔美〕亨利·勒德韦尔·穆尔 著
美国经济史 上卷	〔美〕福克讷 著
美国经济史 下卷	〔美〕福克讷 著
垄断资本	〔美〕保罗·巴兰,保罗·斯威齐 著
帝国主义	〔英〕约翰·阿特金森·霍布森 著
社会主义	〔奥〕路德维希·冯·米塞斯 著
转变中的美国经济	〔美〕马丁·费尔德斯坦 编
凯恩斯经济学的危机	〔英〕约翰·希克斯 著
就业理论导论	〔英〕琼·罗宾逊 著

第七辑书目

社会科学方法论探究	〔奥〕卡尔·门格尔 著
货币与交换机制	〔英〕威廉·斯坦利·杰文斯 著
博弈论与经济模型	〔美〕戴维·M.克雷普斯 著
英国的经济组织	〔英〕威廉·詹姆斯·阿什利 著
赋税论 献给英明人士 货币略论	〔英〕威廉·配第 著
经济通史	〔德〕马克斯·韦伯 著
日本农业的发展过程	〔日〕东畑精一 著
经济思想史中的经济发展理论	〔英〕莱昂内尔·罗宾斯 著
传记集	〔英〕约翰·梅纳德·凯恩斯 著
工业与贸易	〔英〕马歇尔 著

第八辑书目

经济学说与方法史论	〔美〕约瑟夫·熊彼特 著
赫克歇尔-俄林贸易理论	〔瑞典〕伊·菲·赫克歇尔 戈特哈德·贝蒂·俄林 著
论马克思主义经济学	〔英〕琼·罗宾逊 著
政治经济学的自然体系	〔德〕弗里德里希·李斯特 著
经济表	〔法〕魁奈 著
政治经济学定义	〔英〕马尔萨斯 著
价值的尺度 论谷物法的影响 论地租的本质和过程	〔英〕马尔萨斯 著
新古典宏观经济学	〔美〕凯文·D.胡佛 著
制度的经济效应	〔瑞典〕托斯坦·佩森 〔意〕吉多·塔贝林尼 著

第九辑书目

资本积累论	〔德〕罗莎·卢森堡 著
凯恩斯、布卢姆斯伯里与《通论》	〔美〕皮耶罗·V.米尼 著
经济学的异端	〔英〕琼·罗宾逊 著
理论与历史	〔奥〕路德维希·冯·米塞斯 著
财产之起源与进化	〔法〕保罗·拉法格 著
货币数量论研究	〔美〕米尔顿·弗里德曼 编
就业利息和货币通论	〔英〕约翰·梅纳德·凯恩斯 著 徐毓枬 译
价格理论	〔美〕米尔顿·弗里德曼 著
产业革命	〔英〕阿诺德·汤因比 著
黄金与美元危机	〔美〕罗伯特·特里芬 著

第十辑书目

货币改革论	〔英〕约翰·梅纳德·凯恩斯 著
通货膨胀理论	〔奥〕赫尔穆特·弗里希 著
资本主义发展的长波	〔比〕欧内斯特·曼德尔 著
资产积累与经济活动/十年后的稳定化政策	〔美〕詹姆斯·托宾 著
旧世界 新前景	〔英〕爱德华·希思 著
货币的购买力	〔美〕欧文·费雪 著
社会科学中的自然实验设计	〔美〕萨德·邓宁 著
马克思《资本论》形成史	〔乌克兰〕罗斯多尔斯基 著
如何筹措战争费用	〔英〕约翰·梅纳德·凯恩斯 著
通向繁荣的途径	〔英〕约翰·梅纳德·凯恩斯 著

第十一辑书目

经济学的尴尬	〔英〕琼·罗宾逊 著
经济学精义	〔英〕阿尔弗雷德·马歇尔 著
更长远的观点——政治经济学批判论文集	〔美〕保罗·巴兰 著
经济变迁的演化理论	〔美〕理查德·R.纳尔逊 悉尼·G.温特 著
经济思想史	〔英〕埃里克·罗尔 著
人口增长经济学	〔美〕朱利安·L.西蒙 著
长波周期	〔俄〕尼古拉·D.康德拉季耶夫 著

自由竞争的经济政策	〔美〕亨利·西蒙斯 著
社会改革方法	〔英〕威廉·斯坦利·杰文斯 著
人类行为	〔奥〕路德维希·冯·米塞斯 著

第十二辑书目

自然的经济体系	〔美〕唐纳德·沃斯特 著
产业革命	〔美〕查尔斯·A.比尔德 著
当代经济思想	〔美〕悉尼·温特劳布 编
论机器和制造业的经济	〔英〕查尔斯·巴贝奇 著
微积分的计算	〔美〕欧文·费雪 著
和约的经济后果	〔英〕约翰·梅纳德·凯恩斯 著
国际经济政策理论（第一卷）：国际收支	〔英〕詹姆斯·爱德华·米德 著
国际经济政策理论（第二卷）：贸易与福利	〔英〕詹姆斯·爱德华·米德 著
投入产出经济学（第二版）	〔美〕沃西里·里昂惕夫 著

图书在版编目(CIP)数据

人口增长经济学/(美)朱利安·L.西蒙著;彭松建,胡健颖译.—北京:商务印书馆,2024
(经济学名著译丛)
ISBN 978-7-100-23020-9

Ⅰ.①人… Ⅱ.①朱… ②彭… ③胡… Ⅲ.①人口增长—人口经济学 Ⅳ.①C92-05

中国国家版本馆CIP数据核字(2023)第194139号

权利保留,侵权必究。

经济学名著译丛
人口增长经济学
〔美〕朱利安·L.西蒙 著
彭松建 胡健颖 译

商 务 印 书 馆 出 版
(北京王府井大街36号 邮政编码100710)
商 务 印 书 馆 发 行
北京市白帆印务有限公司印刷
ISBN 978-7-100-23020-9

2024年4月第1版	开本 850×1168 1/32
2024年4月北京第1次印刷	印张 26⅜

定价:118.00元